Die aktienrechtliche Abhängigkeit
vor dem dinglichen Erwerb
einer Mehrheitsbeteiligung

Europäische Hochschulschriften
Publications Universitaires Européennes
European University Studies

Reihe II
Rechtswissenschaft

Série II Series II
Droit
Law

Bd./Vol. 3011

PETER LANG
Frankfurt am Main · Berlin · Bern · Bruxelles · New York · Oxford · Wien

Peter Letixerant

Die aktienrechtliche Abhängigkeit vor dem dinglichen Erwerb einer Mehrheitsbeteiligung

Eine fallgruppenorientierte Untersuchung der mitgliedschaftlichen und der nicht-, außer- und vormitgliedschaftlichen Abhängigkeit von Zielaktiengesellschaften in den verschiedenen Phasen einer Akquisition unter Einbeziehung fusionskontrollrechtlicher Sachverhalte

PETER LANG
Europäischer Verlag der Wissenschaften

Die Deutsche Bibliothek - CIP-Einheitsaufnahme

Letixerant, Peter:

Die aktienrechtliche Abhängigkeit vor dem dinglichen Erwerb einer Mehrheitsbeteiligung : eine fallgruppenorientierte Untersuchung der mitgliedschaftlichen und der nicht-, außer- und vormitgliedschaftlichen Abhängigkeit von Zielaktiengesellschaften in den verschiedenen Phasen einer Akquisition unter Einbeziehung fusionskontrollrechtlicher Sachverhalte / Peter Letixerant. - Frankfurt am Main ; Berlin ; Bern ; Bruxelles ; New York ; Oxford ; Wien : Lang, 2001
(Europäische Hochschulschriften : Reihe 2, Rechtswissenschaft ; Bd. 3011)
Zugl.: Köln, Univ., Diss., 2000
ISBN 3-631-37275-2

D 38
ISSN 0531-7312
ISBN 3-631-37275-2

www.peterlang.de

Meiner Mutter und meinem Bruder zugedacht
in gemeinsamer Erinnerung an meinen Vater

Inhaltsübersicht

Inhaltsverzeichnis ____ 9

Literaturverzeichnis ____ 17

Rechtsprechungs- und Entscheidungsverzeichnis ____ 33

Abkürzungen ____ 35

Verzeichnis der Übersichten ____ 39

Stichwortverzeichnis ____ 41

Einführung in den Untersuchungsgegenstand und Gang der Untersuchung ____ 47

Abschnitt I: Phasen der Akquisition und Möglichkeiten ihrer schuldrechtlichen Ausgestaltung ____ 53

Abschnitt II: Besondere Abreden über die Ausgestaltung einer mittelbaren wirtschaftlichen Teilhabe des Käufer-Unternehmens an der Zielgesellschaft im Vorfeld des dinglichen Rechtsübergangs ____ 75

Abschnitt III: Der kautelarjuristische Gestaltungsspielraum innerhalb der Grenzen des autorisierten Handelns und der Stimmbindung ____ 107

Abschnitt IV: Der kautelarjuristische Gestaltungsspielraum bei Sachverhalten, die der Fusionskontrolle unterliegen ____ 143

Abschnitt V: Die abhängigkeitsrechtliche Prüfung ____ 175

Zusammenfassung der Ergebnisse und Ausblick ____ 307

Inhaltsverzeichnis

Einführung in den Untersuchungsgegenstand und Gang der Untersuchung 47

Abschnitt I: Phasen der Akquisition und Möglichkeiten ihrer schuldrechtlichen Ausgestaltung 53

1. Share deal und asset deal 54
2. Die Phasen der Akquisition beim share deal 56
   a) Vorbereitungsphase 56
   b) Vorabschlußphase 58
   c) Interimszeit 59
3. Die technische Ausgestaltung vertragsvorbereitender Instrumente 63
   a) Letter of Intent (LoI) 64
   b) Memorandum of Understanding (MoU), Heads of Agreement (HoA) und Traktate 64
   c) Instruction to proceed (Itp) und Vorfeldvereinbarungen 65
   d) Vorhand 66
   e) Optionsgestaltungen 67
   f) Vorvertrag 69
   g) Rahmenvertrag/Mantelvertrag 70
4. Die Bedeutung des Closings und des Übergabestichtags 72

Abschnitt II: Besondere Abreden über die Ausgestaltung einer mittelbaren wirtschaftlichenTeilhabe des Käufer-Unternehmens an der Zielgesellschaft im Vorfeld des dinglichen Rechtsübergangs 75

1. Charakterisierung der mittelbaren Unternehmensbeteiligung und Gang der Untersuchung im zweiten Abschnitt 75
2. Nießbrauch 76
   a) Mögliche Gestaltungsformen und Zielsetzungen eines Nießbrauchs an dem Aktienpaket des V 76
   b) Auswirkungen des Nießbrauchs auf das Stimmrecht 79
      aa) Konsequenzen für die materielle Zuordnung des Stimmrechts und für die Legitimation 79
         (1) Überblick über den Meinungsstand im Schrifttum 79
         (2) Stellungnahme 82
      bb) Konsequenzen des Nießbrauchs für das Innenverhältnis und die Ausübung des Stimmrechts 86
      cc) Ergebnis 87
   c) Auswirkungen des Nießbrauchs auf die Vermögensrechte 88
3. Treuhand 91

a) Mögliche Gestaltungsformen und Zielsetzungen einer Treuhand an dem Aktienpaket des V 92
b) Auswirkungen der Vereinbarungstreuhand auf das Stimmrecht 95
aa) Weisungsrecht des Treugebers und Stimmbindungen zugunsten des Treugebers 96
bb) Bevollmächtigung des Treugebers 97
c) Auswirkungen der Vereinbarungstreuhand auf die Vermögensrechte 97
4. Unterbeteiligung 98
a) Mögliche Gestaltungsformen und Zielsetzungen einer Unterbeteiligung an dem Aktienpaket des V 98
b) Auswirkungen der Unterbeteiligung auf das Stimmrecht 101
c) Auswirkungen der Unterbeteiligung auf die Vermögensrechte 102

Abschnitt III: Der kautelarjuristische Gestaltungsspielraum innerhalb der Grenzen des autorisierten Handelns und der Stimmbindung 107

1. Zur Fragestellung 107
2. Die Begrenzungen des autorisierten Handelns 108
a) Arten des autorisierten Handelns 108
b) Die Stimmrechtsvollmacht 109
aa) Voraussetzungen für die Erteilung und Legitimation 109
bb) Die Begrenzungen der Stimmrechtsvollmacht durch das gesellschaftsrechtliche Abspaltungsverbot 110
(1) Dogmatische Herleitung des Abspaltungsverbotes 110
(2) Meinungsstand zur Problematik der Stimmrechtsabspaltung und zu der einer Abspaltung äquivalenten Stimmrechtsvollmacht 112
(3) Stellungnahme und Schlußfolgerungen für den kautelarjuristischen Gestaltungsspielraum der Parteien bei der Erteilung einer Stimmrechtsvollmacht 117
(a) Stimmrechtsvollmacht zur Durchsetzung einer auf K vorverlagerten Partizipation an Z 117
(b) Isolierte Erteilung einer Stimmrechtsvollmacht 120
(4) Beispiele aus dem kautelarjuristischen Schrifttum 121
cc) Die Begrenzungen der Stimmrechtsvollmacht durch die Treupflichten des Mehrheitsaktionärs 122
c) Gemeinsamer Bevollmächtigter 125
d) Die Legitimationszession 126
aa) Voraussetzungen für die Erteilung 126
bb) Die Begrenzungen der Legitimationszession durch das gesellschaftsrechtliche Abspaltungsverbot und durch die Treupflichten 128
3. Die Begrenzungen der Stimmbindung 128
a) Zulässigkeit und Arten der Stimmbindung 128
b) Die Grenzen der Stimmbindung 133
aa) Die Begrenzungen der Stimmbindung durch das gesellschaftsrechtliche Abspaltungsverbot 133

bb) Die Begrenzungen der Stimmbindung durch die Treupflichten des Mehrheitsaktionärs 135
(1) Pflichtenkollisionsproblematik und Rechtsfolgen 135
(2) Kautelarjuristische Vermeidungsstrategien der Kollisionsproblematik 137
4. Gesamtübersicht über den kautelarjuristischen Gestaltungsspielraum in der Interimszeit bei Fällen ohne fusionskontrollrechtlichen Anwendungsbereich 138
a) Fehlen besonderer Abreden 139
b) Vereinbarung einer Auskunftsverpflichtung 139
c) Vereinbarung einer vorherigen Erörterung 139
d) Vereinbarung einer Interessenwahrungsklausel 140
e) Vereinbarung eines generellen oder spezifizierten Zustimmungserfordernisses 140
f) Vereinbarung eines Weisungsrechtes/ Stimmbindungsverträge 141
g) Autorisiertes Handeln 141
h) Kombinationsfallgruppen 141

Abschnitt IV: Der kautelarjuristische Gestaltungsspielraum bei Sachverhalten, die der Fusionskontrolle unterliegen 143

1. Zur Fragestellung 143
2. Aufgreifschwellen, Zusammenschlußtatbestände beim Anteilserwerb und Verfahren der deutschen Fusionskontrolle 143
a) Fusionskontrolle vor der 6. GWB-Novelle 143
aa) Aufgreifschwellen und Zusammenschlußtatbestand 143
bb) Verfahren bei der präventiven Zusammenschlußkontrolle 145
b) Fusionskontrolle im Rahmen der 6. GWB-Novelle 145
aa) Aufgreifschwellen und Zusammenschlußtatbestand 145
bb) Verfahren 146
c) Europäische Fusionskontrolle 147
aa) Aufgreifschwellen und Zusammenschlußtatbestand 147
bb) Verfahren 148
3. Der kautelarjuristische Gestaltungsspielraum im Rahmen der fusionskontrollrechtlichen Vollzugsverbote 149
a) Die Begrenzungen im Rahmen der deutschen Fusionskontrolle 149
aa) Prüfungsmaßstab unter Geltung der 6. GWB-Novelle 149
bb) Allgemeine Rechtswirkungen des Vollzugsverbotes 149
cc) Der sachliche Anwendungsbereich des Vollzugsverbotes 153
dd) Die konkreten Gestaltungsmöglichkeiten im Rahmen des Vollzugsverbotes 156
(1) Fallgruppe 1 (Kombinationsfälle) 157
(a) Beurteilung nach § 24 a IV GWB a.F. i.V.m. § 23 II Nr.2 S.2 2.Var., Nr.6 GWB a.F. 157
(aa) Kombinationsfälle mit vollständiger Verlagerung der Stimmrechtsmacht auf K 158

(bb) Kombinationsfälle mit partieller Verlagerung der Stimmrechtsmacht auf K 160
(b) Beurteilung nach § 41 GWB n.F. 161
(2) Fallgruppe 2 (Vereinbarung einer mittelbaren Unternehmensbeteiligung ohne besondere Abrede über eine Stimmrechtsverlagerung auf K oder unter ausdrücklicher Belassung des Stimmrechts bei V) 163
(a) Beurteilung nach § 24 a IV GWB a.F. i.V.m. § 23 II Nr. 2 S.2 2.Var. GWB a.F. 163
(b) Beurteilung nach § 41 GWB n.F. 167
(3) Fallgruppe 3 (Stimmrechtsverlagerung auf K ohne Vereinbarung einer mittelbaren Unternehmensbeteiligung) 168
(a) Beurteilung nach § 24 a IV GWB a.F. 168
(b) Beurteilung nach § 41 I GWB n.F. 169
b) Die Begrenzungen im Rahmen der europäischen Fusionskontrolle 169
aa) Das Vollzugsverbot nach Art. 7 I FKVO 169
bb) Sachlicher Anwendungsbereich des europäischen Vollzugsverbotes und Rechtsfolgen bei Verstoß 170
cc) Die konkreten Gestaltungsmöglichkeiten im Rahmen des europäischen Vollzugsverbotes 171
4. Gesamtzusammenfassung und Schlußfolgerungen 172

Abschnitt V: Die abhängigkeitsrechtliche Prüfung 175

1. Zur Fragestellung 175
2. Kategorisierung der Hauptfallgruppen 175
3. Erste Hauptfallgruppe: Fusionskontrollrechtlich unbeachtliche Fälle mit besonderen Abreden über die Vorverlagerung der Partizipation an Z und/oder der Stimmrechtsausübung in der Hauptversammlung der Z auf K 178
a) Kategorisierung der Unterfallgruppen 178
b) Unterfall 1: Begründung einer mittelbaren Unternehmensbeteiligung und Vorliegen einer besonderen Abrede über die Stimmrechtsausübung 179
aa) Die Zurechnungsnorm des § 16 IV 2.Var. 179
(1) Voraussetzungen des Haltens für Rechnung 179
(2) Anwendung der Voraussetzungen des § 16 IV 2.Var. auf die einzelnen Institute der mittelbaren Unternehmensbeteiligung 187
(a) Treuhand und atypische Unterbeteiligung 187
(b) Nießbrauch 188
(c) Typische Unterbeteiligung 188
(3) Rechtsfolgen des § 16 IV 2.Var. 189
(a) Absorption durch Zurechnung? 189
(b) Unwiderlegbarkeit der durch § 16 IV. 2. Var. verursachten Abhängigkeitsvermutung zu Lasten des Vereinbarungstreugebers K? 191

(c) Unwiderlegbarkeit der Abhängigkeitsvermutung zu Lasten des Treuhänders V trotz Weisungsbefugnissen des Treugebers? 195
bb) Allgemeine Anforderungen der abhängigkeitsrechtlichen Untersuchung und Voraussetzungen einer Widerlegung der Abhängigkeitsvermutung 195
(1) Qualifikation der zu widerlegenden Beherrschungsmittel und der für eine Widerlegung geeigneten Abreden 196
(a) Die Personalhoheit als zentraler Bezugspunkt des Abhängigkeitsbegriffs 196
(b) Erfordernis der Widerlegung auch sonstiger Beherrschungsmittel? 199
(c) Besondere Abreden über die Stimmrechtsausübung jenseits von Stimmbindungen als taugliche Widerlegungsmittel? 202
(2) Perspektive und Maßstab der abhängigkeitsrechtlichen Untersuchung 203
(a) Persönliche Sicht und Maßstab der Perspektive 204
(b) Kenntnis der Abreden seitens des Vorstands der Zielgesellschaft 205
(c) Konkrete oder abstrakte Sicht? 206
(3) Spezielle Voraussetzungen für die Widerlegung der Abhängigkeitsvermutung? 209
(a) Scheinvertragsproblematik 209
(b) Eigenständiges Interesse des K an der Abrede? 210
(4) Zusammenfassung 210
cc) Die abhängigkeitsrechtliche Prüfung der Vereinbarung einer Treuhand oder einer atypischen Unterbeteiligung 211
(1) Fälle der Stimmbindung oder der Einräumung von Weisungsrechten zugunsten des K 211
(a) Interimskonsortialvertrag mit K als Gesellschafter der Z 211
(aa) Mehrheitsprinzip als Einigungsmechanismus 212
(aaa) Aufsichtsratswahlen in der Interimszeit 212
(bbb) Keine Absehbarkeit des Zeitpunkts der nächsten Aufsichtsratswahlen im Verhältnis zur Interimszeit 214
(ccc) Aufsichtsratswahlen nach Beendigung der Interimszeit 215
α) Positive Akquisitionsprognose 215
β) Negative Akquisitionsprognose 220
(bb) Einstimmigkeitsprinzip als Einigungsmechanismus 220
(cc) Abstimmung im Pool nach Maßgabe des K 221
(b) Stimmbindungsvertrag mit K als Drittem 221
(aa) Generelles Weisungsrecht des K 221
(aaa) Aufsichtsratswahlen in der Interimszeit 221
α) Kündbarkeit der Stimmbindung 222

β) Begrenzung des Weisungsrechtes durch Treupflichten des V 224
(bbb) Aufsichtsratswahlen nach Beendigung der Interimszeit 226
α) Negative Akquisitionsprognose 226
β) Positive Akquisitionsprognose 227
(ccc) Keine Absehbarkeit des Zeitpunkts der nächsten Aufsichtsratswahlen im Verhältnis zur Interimszeit 227
(bb) Punktuelles Weisungsrecht des K 227
(2) Fälle der Autorisation 229
(a) Stimmrechtsvollmacht 229
(aa) „Unwiderrufliche und verdrängende" Stimmrechtsvollmacht 229
(aaa) Aufsichtsratswahlen in der Interimszeit 230
(bbb) Keine Absehbarkeit des Zeitpunkts der nächsten Aufsichtsratswahlen im Verhältnis zur Interimszeit 230
(ccc) Aufsichtsratswahlen nach Beendigung der Interimszeit 231
α) Positive Akquisitionsprognose 231
β) Negative Akquisitionsprognose 231
γ) Zweifelbehaftete Akquisitionsprognose 232
(bb) Widerrufliche und verdrängende Stimmrechtsvollmacht 232
(cc) Widerrufliche Stimmrechtsvollmacht ohne schuldrechtlichen Verzicht auf die Stimmrechtsausübung 233
(b) Legitimationszession 233
(c) Gemeinsamer Bevollmächtigter 234
(3) Sonstige Abreden 235
(4) Zusammenfassung und Systematisierung der Fallgruppen 236
dd) Die abhängigkeitsrechtliche Prüfung der Vereinbarung eines Nießbrauchs oder einer typischen Unterbeteiligung 239
(1) Ausgangssituation 239
(2) Prinzipielle Widerlegungsmöglichkeiten seitens V 239
(3) Abhängigkeit der Z von K? 240
(a) Abhängigkeit von K als Minderheitsgesellschafter? 240
(b) Abhängigkeit bei fehlender Gesellschaftereigenschaft des K? 243
(aa) Das Erfordernis der gesellschaftsrechtlich bedingten oder vermittelten Einwirkungsmöglichkeit 243
(aaa) Meinungsstand 243
(bbb) Argumente für das Erfordernis der gesellschaftsrechtlichen Vermittlung des beherrschenden Einflusses 245
(ccc) Vereinbarkeit einer vormitgliedschaftlichen Abhängigkeitsbegründung mit dem Erfordernis ei-

nes gesellschaftsrechtlich bedingten oder vermittelten beherrschenden Einflusses? 247
(bb) Vereinbarkeit der vormitgliedschaftlichen Abhängigkeit mit dem zentralen Ansatzpunkt der Personalhoheit? 250
(cc) Vormitgliedschaftliche Abhängigkeit und teleologische Auslegung des Abhängigkeitsbegriffs 256
(dd) Vormitgliedschaftliche Abhängigkeit und systematische Auslegung des Abhängigkeitsbegriffs 257
(aaa) § 20 II Nr.1 i.V.m. § 16 e contrario? 257
(bbb) § 117 als ausreichende Schutznorm? 259
(ccc) Vormitgliedschaftliche Abhängigkeitsbegründung und andere Regelungskomplexe 262
(ee) Erforderlicher Grad der Einflußintensität 263
(ff) Dauer der Beherrschungsmöglichkeit 265
(gg) Grad der Konkretisierung des Machtwechsels 266
(hh) Vormitgliedschaftlicher Konzern als Gegenargument? 269
(i i) Rechtssicherheit versus Zielerreichung? 270
Zwischenergebnis 272
(4) Abhängigkeitsrechtliche Gesamtbetrachtung 272
(a) Möglichkeiten der abhängigkeitsrechtlichen Beziehungen 272
(b) Fälle der erfolgreichen Widerlegung durch V 273
(aa) Konstellation 1: Rechtliches Ausübungshindernis und Aufsichtsratswahlen in der Interimszeit 273
(bb) Konstellation 2: Positive Akquisitionsprognose und Aufsichtsratswahlen nach Beendigung der Interimszeit 274
(cc) Konstellation 3: Positive Akquisitionsprognose und rechtliches Ausübungshindernis in der Interimszeit bei fehlender Absehbarkeit des Zeitpunkts der nächsten Aufsichtsratswahlen im Verhältnis zur Interimszeit 275
(c) Fälle der fehlenden Widerlegung durch V 275
(aa) Fälle singulärer Abhängigkeit der Z von V 275
(bb) Fälle des Zusammentreffens der Abhängigkeitsvermutung zu Lasten des V mit einer denkbaren vormitgliedschaftlichen Abhängigkeit der Z von K 275
c) Unterfall 2: Vereinbarung einer mittelbaren Unternehmensbeteiligung ohne besondere zusätzliche Abreden über die Stimmrechtsausübung 279
aa) Fälle des § 16 IV 2.Var. 279
bb) Nießbrauch und typische Unterbeteiligung 280
d) Unterfall 3: Besondere Abreden über die Stimmrechtsausübung ohne Vereinbarung einer mittelbaren Unternehmensbeteiligung 280
4. Zweite Hauptfallgruppe: Fälle, die der Fusionskontrolle unterliegen oder keine sonstigen Vereinbarungen neben dem Aktienkaufvertrag aufweisen 282
a) Ausgangssituation 282
b) Vollzugsverbot und Möglichkeit vormitgliedschaftlicher Abhängigkeitsbegründung bei vollzugsverbotskonformen Vorgehen der Parteien 283

c) Kriterien für eine auf objektiven Umständen beruhende Akquisitionsprognose bei Fusionskontrollsachverhalten 283
d) Rezension des Feno-Urteils des OLG Düsseldorf 286
aa) Zum Sachverhalt 286
bb) Hauptargumentationsansätze des OLG Düsseldorf 287
(1) Der Ausgangspunkt der abhängigkeitsrechtlichen Prüfung 287
(2) Die Besonderheit des Höchststimmrechts 288
(3) Die These vom Exklusivitätsverhältnis der Beherrschung unter alleiniger Anknüpfung an die Abhängigkeitsvermutung des § 17 II 288
(4) Die Reduzierung einer nichtmitgliedschaftlichen Abhängigkeitsbegründung auf vertragliche Beherrschungsmöglichkeiten und besondere Abreden 289
cc) Würdigung des Sachverhalts und Stellungnahme 289
(1) Zur rechtlichen Argumentation des Gerichts 289
(2) Würdingung der tatsächlichen Umstände des Sachverhaltes 290
e) Fälle des nicht-vollzugsverbotskonformen Verhaltens der Parteien 294
aa) Abhängigkeitsrechtliche Beurteilung hinsichtlich V 295
(1) Freigabeentscheidung 295
(a) Aufsichtsratswahlen in der Interimszeit 295
(b) Aufsichtsratswahlen nach Beendigung der Interimszeit 296
(c) Keine Absehbarkeit des Zeitpunkts der nächsten Aufsichtsratswahlen im Verhältnis zur Interimszeit 296
(2) Untersagungsverfügung 296
(a) Aufsichtsratswahlen in der Interimszeit 297
(b) Aufsichtsratswahlen nach Beendigung der Interimszeit 297
(c) Keine Absehbarkeit des Zeitpunkts der nächsten Aufsichtsratswahlen im Verhältnis zur Interimszeit 298
bb) Abhängigkeitsrechtliche Beurteilung hinsichtlich K 298
(1) Vereinbarung einer Treuhand oder einer atypischen Unterbeteiligung 298
(a) Freigabeentscheidung 298
(b) Untersagungsverfügung 299
(2) Vereinbarung eines Nießbrauchs oder einer typischen Unterbeteiligung / Besondere Abreden über die Stimmrechtsausübung ohne Vereinbarung einer mittelbaren Unternehmensbeteiligung 300
f) Fehlen besonderer Abreden außerhalb von Fusionskontrollsachverhalten 300
5. Dritte Hauptfallgruppe: Fälle in der Vorabschlußphase und Sukzessiverwerb 301
a) Optionsgestaltungen, bindende Angebote, Vorhand und Vorverträge 301
b) Sukzessiverwerb beim Rahmenvertrag und Haftungsfälle 304

Zusammenfassung der Ergebnisse und Ausblick 307

Literaturverzeichnis

Adler, Hans/ Düring, Walther/ Schmaltz, Kurt u.a.	Rechnungslegung und Prüfung der Aktiengesellschaft, Handkommentar, Band 1, Rechnungslegung, §§ 148-160, 311-313 AktG 1965, § 14 EG, 4. Aufl., Stuttgart 1968 (zit.: A/D/S)
Assmann, Heinz-Dieter/ Basaldua, Nathalie/ Bozenhardt, Friedrich/ Peltzer, Martin	Übernahmeangebote, Berlin / New York 1990 (ZGR-Sonderheft 9)
Ball, Hartwig/ Wissel, Holger	Die Auflösung von Unternehmenszusammenschlüssen im Fusionskontrollverfahren, WuW 1980, 235-241
Baron, Michael	Das neue Kartellgesetz, Einführung in die 6. GWB-Novelle und das Vergaberecht, Köln 1999
Baumbach, Adolf (Begr.)/ Hueck, Alfred (Fortf.)/ Hueck, Götz (Fortf.)	Aktiengesetz, 13. Aufl., München 1968 (zit.: Baumbach)
Bechstein, Eberhard	Die „Unwirksamkeit" verbotswidriger Zusammenschlüsse, Erwiderung zu Lutter, BB 1976, 1619, BB 1977, 224-226
Bechtold, Rainer	Kartellgesetz Gesetz gegen Wettbewerbsbeschränkungen, München 1993 (zit.: Bechtold, Kartellgesetz)
Beckerhoff, Tom	Treupflichten bei der Stimmrechtsausübung und Eigenhaftung des Stimmrechtsvertreters, Frankfurt am Main; Berlin; Bern; New York; Paris; Wien 1996
Beck\`sches Formularbuch zum Bürgerlichen,Handels- und Wirtschaftsrecht	4. Aufl., München 1986 (zit.: Verf. in Beck\`sches Formularbuch)
Beisel, Wilhelm/ Klumpp, Hans-Hermann	Der Unternehmenskauf, Gesamtdarstellung der zivil- und steuerrechtlichen Vorgänge einschließlich gesellschafts-, arbeits- und

kartellrechtlicher Fragen bei der Übertragung eines Unternehmens, 2.Aufl., München 1991

Bernhardt, Wolfgang — Mitteilungs-, Bekanntmachungs- und Berichtspflichten über Beteiligungen nach neuem Aktienrecht, BB 1966, 678 – 683

Beuthien, Volker — Treuhand an Gesellschaftsanteilen, ZGR 1974, 26-85

Bilsdorfer, Peter — Gesellschafts- und steuerrechtliche Probleme bei Unterbeteiligung von Familienangehörigen, NJW 1980, 2785-2789

Binder, Christof U. — Beteiligungsstrategien in der Konzernpraxis, Eine empirische Untersuchung der Beteiligungshöhen in deutschen Konzernen, AG 1994, 391-396

Blaurock, Uwe — Unterbeteiligung und Treuhand an Gesellschaftsanteilen: Formen mittelbarer Teilhabe an Gesellschaftsverhältnissen, Baden-Baden 1981

Bork, Reinhard — Zurechnung im Konzern, ZGR 1994, 237-265

Brüggemeier, Gert — Die Einflußnahme auf die Verwaltung einer Aktiengesellschaft, Zur Struktur und zum Verhältnis der §§ 117 und 317 AktG, AG 1988, 93-102

Büssemaker, Arnold — Stimmbindungsverträge bei Kapitalgesellschaften in Europa, Ein Vergleich der Rechtslagen in Deutschland, Frankreich und dem Vereinigten Königreich, Baden-Baden 1999

Bundeskartellamt — Koordinierungsergebnisse zur Fusionskontrolle, Sammlung der Spruchpraxis der Beschlußabteilungen, Berlin (ab 1973)

Merkblatt zur deutschen Fusionskontrolle, – §§ 23 ff. GWB –, Berlin (Stand: Juni 1995)

Merkblatt zur Fusionskontrolle – §§ 35 ff. GWB –, Bonn (Stand: Januar 1999)

Burgard, Ulrich — Die Offenlegung von Beteiligungen bei der Aktiengesellschaft, AG 1992, 41- 55

Canenbley, Cornelis/ Moosecker, Karlheinz	Fusionskontrolle, Handbuch für die Praxis, Köln 1982
Dierdorf, Josef	Herrschaft und Abhängigkeit einer Aktiengesellschaft auf schuldvertraglicher und tatsächlicher Grundlage, Köln / Berlin / Bonn / München 1978
Dreher. Meinrad	Kurzkommentar zu LG Hannover, Urt. v. 29.5.1992 – 23 O 64 u. 77/91 (nicht rechtskräftig), ZIP 1992, 1236, in EwiR § 20 AktG 1/92, 949-950
ders.	Treuepflichten zwischen Aktionären und Verhaltenspflichten bei der Stimmrechtsbündelung, ZHR 157 (1993), 150-171
Ehlke, Michael	Zur Behandlung von Treugeber und Treuhänder an einem GmbH-Anteil – Zugleich eine Besprechung des Urteils des OLG Hamburg vom 27.4. 1984, DB 1984,1515-, DB 1985, 795-803
Emmerich, Volker/ Habersack, Mathias	Aktienkonzernrecht, Kommentar zu den §§ 15-22 und 291-328 AktG, München 1998 (zit.:Verf. in Emmerich/Habersack)
Ensthaler, Jürgen	Haftungsrechtliche Bedeutung von Qualitätssicherungsvereinbarungen, NJW 1994, 817-823
Esch, Günter	Die Unterbeteiligung an Handelsgesellschaftsanteilen, NJW 1964, 902-907
Eschenbruch,Klaus	Konzernhaftung, Haftung der Unternehmen und der Manager, Düsseldorf 1995
Finger, Peter	Der Nießbrauch am Gesellschaftsanteil einer Personengesellschaft, DB 1977, 1033-1040
Fleck, Hans-Joachim	Stimmrechtsabspaltung in der GmbH ?, Festschrift für Robert Fischer, 107-129, Berlin / New York 1979
Fleischer, Holger	Finanzielle Unterstützung des Aktienerwerbs und Leveraged Buyout, § 71 a Abs.1 AktG im Lichte italienischer Erfahrungen, AG 1996, 494 – 507

Flume, Werner	Allgemeiner Teil des Bürgerlichen Rechts, Erster Band, Zweiter Teil Die juristische Person, Berlin Heidelberg New York Tokyo 1983
Fortun, Steffen	Erfordernis vormundschaftsgerichtlicher Genehmigung bei Unternehmensakquisitionen, NJW 1999, 754-757
Frankfurter Kommentar zum Gesetz gegen Wettbewerbsbeschränkungen	3. Aufl., Köln 1993, Loseblattstand: Juli 1993 (zit.: Verf. in Frankfurter Kommentar)
Geßler, Ernst	Probleme des neuen Konzernrechts, DB 1965, 1691 – 1696 (Teil I, Heft Nr. 46); 1729 – 1731 (Teil II, Heft Nr. 47)
Geßler, Ernst/ Hefermehl, Wolfgang u.a.	Aktiengesetz, Kommentar, Band I, §§ 1- 75, München (Stand: April 1984) Band II, §§ 76-147, 5. Lfg., München 1974 (zit.: Verf. in Geßler/Hefermehl)
Godin, Freiherr von/ Wilhelmi, Hans (Begr.)	Aktiengesetz, Kommentar, 4. Aufl., neubearbeitet von Sylvester Wilhelmi, Band I, §§ 1-178, Berlin• New York 1971 (zit.: Godin/Wilhelmi)
Götz. Jürgen	Der Entherrschungsvertrag im Akienrecht, Frankfurt am Main / Bern / New York / Paris 1991
Gramlich, Ludwig (Red.)	Gabler-Bank-Lexikon, 11. Aufl., Wiesbaden 1995
Großkommentar zum Aktiengesetz	Erster Band, 1. Halbband, §§ 1-75, Berlin / New York 1973 (zit.: Würdinger in Großkommentar zum Aktiengesetz)
	Erster Band, 2. Halbband, §§ 76 – 147, Berlin / New York 1973 (zit.: Barz in Großkommentar zum Aktiengesetz)
	Erster Band- Neuauflage, 4.Aufl. 1999 (zit.: Windbichler in Großkommentar zum Aktiengesetz) ; Stand: 1.7.1998)

Großkommentar zum Handelsgesetzbuch | Zweiter Band, 1.Halbband, §§ 105-144, Berlin / New York 1973 (zit.: Verf. in Großkommentar zum Handelsgesetzbuch)

Hachenburg, Max (Begr.)/ Ulmer, Peter (Hrsg.) | Gesetz betreffend die Gesellschaften mit beschränkter Haftung (GmbHG) Großkommentar

Erster Band, Allgemeine Einleitung ; §§ 1-34, 8. Aufl., Berlin / New York 1992 (zit.: Raiser in Hachenburg)

Zweiter Band, §§ 35-52, 8. Aufl., Berlin / New York 1997 (zit.: Hüffer in Hachenburg)

Zweiter Band,§§ 13 – 52, 7. Aufl., Berlin, New York 1979 (zit.: Schilling in Hachenburg)

Handbuch der GmbH | Band I, 7.Aufl., Köln 1973 (zit.: Verf. in Handbuch der GmbH)

Handbuch der Personengesellschaften | 4. Aufl., Köln 1998, Loseblattstand: Mai 1998 (zit.: Verf. in Handbuch der Personengesellschaften)

Handbuch des Unternehmens- und Beteiligungskaufs | Grundfragen / Bewertung / Finanzierung / Steuerrecht / Arbeitsrecht / Vertragsrecht / Kartellrecht / Vertragsbeispiele, 4. Aufl., Köln 1997 (zit.: Verf. in Handbuch des Unternehmens- und Beteiligungskaufs)

Happ, Wilhelm | Die Legitimationsübertragung im Aktienrecht – Tarnkappe mit beschränkter Wirkung –, Festschrift für Heinz Rowedder zum 75. Geburtstag, 119-140, München 1994

Henn, Günter | Handbuch des Aktienrechts, 3. Aufl., Heidelberg 1987

Henssler, Martin | Verhaltenspflichten bei der Ausübung von Aktienstimmrechten durch Bevollmächtigte, Zivilrechtliche Grundlagen, ZHR 157 (1993), 91-124

Hentzen, Matthias | Der Entherrschungsvertrag im Aktienrecht, ZHR 157 (1993), 65-73

Henze, Hartwig | Die Treupflicht im Aktienrecht, Gedanken

zur Rechtsprechung des Bundesgerichtshofes von „Kali und Salz“ über „Linotype“ und „Kochs-Adler“ bis zu „Girmes“, BB 1996, 489-499

ders. | Treupflichten der Gesellschafter im Kapitalgesellschaftsrecht, ZHR 162 (1998), 186-196

ders. | Zur Treupflicht unter Aktionären, Festschrift für Kellermann zum 70. Geburtstag, zugleich ZGR-Sonderheft 10, 141-152

Hertel, Karl-August | Rechtsgeschäfte im Vorfeld eines Projekts, BB 1983, 1824-1826

Herzig, Norbert | Steuerorientierte Grundmodelle des Unternehmenskaufs, DB 1990, 133-138

Hirsbrunner, Simon | Die revidierte EG-Fusionskontroll-Verordnung, EuZW 1998, 69-75

Hirte, Heribert | Die Nichtbestellung von Sonderprüfern im Feldmühle-Verfahren – Zugleich eine Besprechung des Beschlusses des AG Düsseldorf vom 4. Mai 1988 – HR B 20461, ZIP 1988, 970 –, ZIP 1988, 953-957

Hoffmann-Becking, Michael | Der Einfluß schuldrechtlicher Gesellschaftervereinbarungen auf die Rechtsbeziehungen in der Kapitalgesellschaft, ZGR 1994, 442 – 464

Holzapfel, Hans-Joachim/ Pöllath, Reinhard | Recht und Praxis des Unternehmenskaufs: rechtliche und steuerliche Aspekte, 4. Aufl., Köln 1989

Hommelhoff, Peter | Praktische Erfahrungen mit dem Abhängigkeitsbericht – Ergebnisse einer rechtstatsächlichen Umfrage –, ZHR 156 (1992), (295 – 313

ders. | Zur Abgrenzung von Unternehmenskauf und Anteilserwerb, ZGR 1982, 366 – 390

Hübner, Klaus | Die vorzeitige Beendigung des Vollzugsverbotes von Unternehmenszusammenschlüssen gemäß § 24 a Abs. 4 GWB, DB 1976, 31-32

Hübner, Ulrich — Die Ausgliederung von Unternehmensteilen in aktien- und aufsichtsrechtlicher Sicht, Festschrift für Walter Stimpel zum 68. Geburtstag am 29. November, 791 – 809, Berlin / New York 1985

Hüffer, Uwe — Aktiengesetz, 3. Aufl., München 1997 (zit.: Hüffer, AktG)

Immenga, Ulrich/ Mestmäcker, Ernst-Joachim u.a. — GWB Gesetz gegen Wettbewerbsbeschränkungen, Kommentar, München 1992 (zit.: Verf. in Immenga/Mestmäcker)

Joussen, Edgar — Die Treuepflicht des Aktionärs bei feindlichen Übernahmen, BB 1992, 1075- 1081

Kapp, Thomas — Nochmals: Schadensersatz aus culpa in contrahendo beim gescheiterten Abschluß eines formbedürftigen Vertrages – Erwiderung zu Küpper, DB 1990, S.2460 –, DB 1991, 1265-1267

Kleinmann, Werner/ Bechtold, Rainer — Kommentar zur Fusionskontrolle, 2. Aufl., Heidelberg 1989 (zit.: Verf. in Kleinmann/Bechtold)

Klönne, Werner — Nießbrauch am Anteil einer offenen Handelsgesellschaft, Bonn 1971

Köhler, Helmut — Der Schutz des abhängigen Unternehmens im Schnittpunkt von Kartell- und Konzernrecht, NJW 1978, 2473 – 2481

Kölner Kommentar zum Aktiengesetz — Band1, §§1-147 AktG, 1.Aufl., Köln / Berlin / Bonn / München 1985 (zit.: Zöllner in Kölner Kommentar)

Band 1, §§ 1-75, 2. Aufl., Köln/ Berlin/ Bonn / München 1988
§§ 15 – 22, Stand: Januar 1986 (zit.: Koppensteiner in Kölner Kommentar)
§§ 53 a – 75, Stand: Juli 1988 (zit.: Lutter in Kölner Kommentar)

Kohte, Wolfhard — Kurzkommentar zu OLG Düsseldorf EwiR § 17 AktG, 1/94 in EwiR, März 1994, 211-212

Koppensteiner, Hans-Georg	Einige Fragen zu § 20 AktG, Festschrift für Heinz Rowedder zum 75. Geburtstag, 213-228, München 1994
Krieger, Gerd	Vorwirkende Abhängigkeit ?, Festschrift für Johannes Semler zum 70. Geburtstag am 28. April 1993, 503-515, Berlin / New York 1993
Kropff, Bruno	Aktiengesetz, Textausgabe des Aktiengesetzes vom 6.9.1965 mit Begründung des Regierungsentwurfs und Bericht des Rechtsausschusses des Deutschen Bundestages, Düsseldorf 1965 (zit.: Kropff, Aktiengesetz)
Langen, Eugen/ Bunte, Hermann-Josef	Kommentar zum deutschen und europäischen Kartellrecht, Band 1, 8. Aufl., Neuwied; Kriftel; Berlin 1998 (zit: Verf. in Langen/Bunte)
Leipelt, Silvia	Abhängigkeit und gemeinsame Beherrschung im Recht der Wettbewerbsbeschränkungen, Berlin 1991
Lutter, Marcus	Anmerkung zu BGH, Urteil v.16.2.1976 – II ZR 61/74, JZ 1976, 562-563
ders.	Due diligence des Erwerbers beim Kauf einer Beteiligung, ZIP 1997, 613-620
ders.	Die Treupflicht des Aktionärs, ZHR 153 (1989), 446 – 471
ders.	Treupflichten und ihre Anwendungsprobleme, ZHR 162 (1998), 164-185
ders.	Vermögensveräußerung einer abhängigen Aktiengesellschaft – Haftungsrisiken beim „asset stripping", Festschrift für Ernst Steindorff zum 70. Geburtstag am 13. März 1990, 125-150, Berlin / New York 1990
Lutter, Marcus/ Timmm, Wolfram	Sanierungsfusion und Heilung verbotswidrig vollzogener Zusammenschlüsse, Zweifelsfragen im Verfahren der präventiven Fusionskontrolle nach § 24 a GWB, BB 1976, 1617-1622

Lutter,Marcus/ Wahlers, Henning W.	Der Buyout: Amerikanische Fälle und die Regeln des deutschen Rechts, AG 1989, 1-16
Marsch-Barner, Reinhard	Treuepflichten zwischen Aktionären und Verhaltenspflichten bei der Stimmrechtsbündelung, Prinzipienbildung und Differenzierung in der Praxis, ZHR 157 (1993), 172-195
Martens, Klaus-Peter	Stimmrechtsbeschränkung und Stimmbindungsvertrag im Aktienrecht, AG 1993, 495-502
MeierJohann, Anne	Konzentrationswirkungen des Aktienrechts in der Bundesrepublik Deutschland, Tübingen 1974
Meilicke, Heinz/ Meilicke, Wienand	Mitbestimmung im Konzern, BB 1978, 406-412
Meixner, Rüdiger	Das dritte Finanzmarktförderungsgesetz, Kapitalmarktrecht in stetigem Wandel, NJW 1998, 1896- 1902
Merkt, Hanno	Due Diligence und Gewährleistung beim Unternehmenskauf, BB 1995, 1041-1048
Mertens, Hans-Joachim	Verpflichtung der Volkswagen AG, einen Bericht gemäß § 312 AktG über ihre Beziehungen zum Land Niedersachsen zu erstatten ?, AG 1996, 241- 249
ders.	Zur Berücksichtigung von Treuhandverhältnissen und Stimmbindungsverträgen bei der Feststellung von Mehrheitsbeteiligung und Abhängigkeit, Festschrift für Karl Beusch zum 68. Geburtstag am 31. Oktober 1993, 583-591, Berlin • New York 1993
Mertens, Kai	Die Information der Erwerbers einer wesentlichen Unternehmensbeteiligung an einer Aktiengesellschaft durch deren Vorstand, AG 1997, 541-547
Messer, Herbert	Kreditbesicherung im Konzern, ZHR 159 (1995), 375 – 387

Mestmäcker, Ernst-Joachim — Die Prävention in der Fusionskontrolle, Festschrift für Helmut Coing zum 70. Geburtstag, Band 2, 373-394, München 1982

Möhring, Philipp — Vertraglicher Ausschluss von Abhängigkeit und Konzernvermutung, Festschrift für Harry Westermann zum 65. Geburtstag, 427 – 441, Karlsruhe 1974

Müller, Hans-Peter — Zur Zurechnung von Anteilen gemäß § 16 Abs. 4 AktG insbesondere bei der Feststellung der Mehrheitsbeteiligung, AG 1968, 277-280

Münchener Handbuch des Gesellschaftsrechts — Band 4. Aktiengesellschaft, München 1988 (zit.: Verf. in Münchener Handbuch des Gesellschaftsrechts)

Münchener Kommentar zum Bürgerlichen Gesetzbuch — Band 1, Allgemeiner Teil (§§ 1-240), 3.Aufl., München 1993 (zit.: Verf. in MüKo)

Münchener Vertragshandbuch — Band 1. Gesellschaftsrecht, 4. Aufl., München 1996 (zit.: Verf. in Müncher Vertragshandbuch)

Band 2. Handels- und Wirtschaftsrecht, 4. Aufl., München 1997 (zit.: Günther in Münchener Vertragshandbuch)

Nagel, Bernhard — Der Lieferant On Line – Unternehmensrechtliche Probleme der Just- In- Time-Produktion am Beispiel der Automobilindustrie, DB 1988, 2291- 2294

Nagel, Bernhard/ Riess, Birgit — Der faktische Just-in-Time-Konzern – Unternehmensübergreifende Rationalisierungskonzepte und Konzernrecht am Beispiel der Automobilindustrie, DB 1989, 1505 – 1511

Noack, Ulrich — Gesellschaftervereinbarungen bei Kapitalgesellschaften, Tübingen 1994

Oechsler, Jürgen — Die Anwendung des Konzernrechts auf Austauschverträge mit organisationsrechtlichem Bezug, ZGR 1997, 464- 492

Otto, Hans-Jochen — Fremdfinanzierte Übernahmen – Gesellschafts- und steuerrechtliche Kriterien des Leveraged Buy-Out, DB 1989, 1389-1396

Palandt, Otto (Begr.) — Bürgerliches Gesetzbuch, 58. Aufl., München 1999 (zit.: Verf. in Palandt)

Paulick, Heinz — Die Unterbeteiligung in gesellschaftsrechtlicher und steuerrechtlicher Sicht, ZGR 1974, 253-295

Peltzer, Martin — Hostile Takeovers in der Bundesrepublik Deutschland ? Möglichkeiten und Hindernisse, ZIP 1989, 69 – 79

ders. — Rechtliche Problematik der Finanzierung des Unternehmenskaufs beim MBO, DB 1987, 973-978

Peters, Egbert — Die Ausübung des Stimmrechts bei nutznießungsbelasteten Aktien, Mainz 1952

Pohlmann, Petra — Verzicht auf die aufschiebende Bedingung einer GmbH-Anteilsübertragung, NJW 1999, 190-192

Prühs, Hagen — Grundprobleme der aktienrechtlichen Abhängigkeit im Spiegel der neuen Literatur, AG 1972, 308-311

ders. — Die tatsächliche Abhängigkeit aus aktienrechtlicher Sicht, DB 1972, 2001- 2005

Pyszka, Tillmann — Paketzuschlag nach § 11 Abs. 3 BewG bei der Bewertung von wesentlichen Beteiligungen an börsennotierten Aktiengesellschaften, AG 1997, 461-464

Rechtsformularbuch — 12. Aufl., Köln 1989 (zit.: Langenfeld in Rechtsformularbuch)

Reuter, Dieter — Stimmrechtsvereinbarungen bei treuhänderischer Abtretung eines GmbH-Anteils – Besprechung der Entscheidung vom 11.10.1976 – II ZR 119/75 – ZGR 1978, 633-642

Richter, Bernd — Umgehung der Konzernvorschriften des Mitbestimmungsgesetzes 1976 durch Widerlegung der Abhängigkeits- und/oder Konzernvermutung ? – Einige empirische Befunde –, AG 1982, 261-268

Riesenkampff, Alexander — Treuhandverhältnisse in der Fusionskontrolle und die Zurechnungsklausel des § 23 Abs. 2 Nr.2 Satz 2 GWB, WuW 1996, 5- 14

Rittner, Fritz — Die Beteiligung als Grund der Abhängigkeit einer Aktiengesellschaft, DB 1976, 1465-1470 (Teil I, Heft Nr.31),1513-1515 (Teil II, Heft Nr.32)

Rohlff, Reimer — Die Verwendung des Nießbrauchs am Anteil einer Personenhandelsgesellschaft zur Ersparung von Schenkungs- und Erbschaftssteuer, *Zum Aufsatz von Sudhoff in NJW 71, 481*, NJW 1971, 1337-1342

Roschmann, Christian/ Frey, Johannes — Geheimhaltungsverpflichtungen der Vorstandsmitglieder von Aktiengesellschaften bei Unternehmenskäufen, AG 1996, 449-455

Schäfer, Dietrich — Aktuelle Probleme des neuen Aktienrechts BB 1966, 229 – 233

Scharff, Christian R. — Der Nießbrauch an Aktien im Zivil- und Steuerrecht, Köln / Berlin / Bonn / München 1982

Schlegelberger, Franz (Begr.)/ Geßler, Ernst (Mitverf.) — Handelsgesetzbuch: Kommentar, Band 3, Halbband 2, §§ 161-177a, §§ 335-342 (§§ 230-237 n.F.), 5. Aufl., München 1986 (zit.: Karsten Schmidt in Schlegelberger)

Schmidt, Karsten — Gesellschaftsrecht, 3. Aufl., Köln, Berlin, Bonn, München 1997

Schmidt-Rimpler, Walter — Die Ausübung des Stimmrechts bei nutznießungsbelasteten Aktien, Rezension zur Abhandlung von Peters, NJW 1953, 1503

Schneider, Herbert — Über die Unterbeteiligung an Anteilen an einer Personengesellschaft als stille Gesellschaft, Festschrift für Philipp Möhring zum 65. Geburtstag, München und Berlin 1965, 115 – 125

Schneider, Uwe H. — Anwendungsprobleme bei den kapitalmarktrechtlichen Vorschriften zur Offenlegung von wesentlichen Beteiligungen an börsennotierten Aktiengesellschaften, (§§ 21 ff. WpHG), AG 1997, 81 – 87

Schön, Wolfgang — Kreditbesicherung durch abhängige Gesellschaften, ZHR 159 (1995), 351 -374

ders. — Der Nießbrauch am Gesellschaftsanteil, ZHR 158 (1994), 229 – 270

Schröder, Jan — Stimmrechtskonsortien unter Aktionären: Gesellschafts- und erbrechtliche Probleme, ZGR 1978, 578- 607

Schulte, Josef L. — Änderungen der Fusionskontrolle durch die 6. GWB-Novelle, AG 1998, 297- 308

Schwintowski, Hans-Peter — Verschwiegenheitspflicht für politisch legitimierte Mitglieder des Aufsichtsrates, NJW 1990, 1009-1015

Soergel, Hans Theodor (Begr.)/ Siebert, Wolfgang (Hrsg.) — Bürgerliches Gesetzbuch mit Einführungsgesetz und Nebengesetzen,
Band 1, Allgemeiner Teil (§§ 1-240), Stuttgart, Berlin, Köln, Mainz, Stand: Sommer 1987 (zit.: Wolf in Soergel)

Band 6, Sachenrecht, (§§ 854-1296), Stuttgart, Berlin, Köln, Stand: Sommer/Herbst 1989 (zit.: Stürner in Soergel)

Sonnenhol, Jürgen/ Groß, Wolfgang — Besicherung von Krediten Dritter an Konzernunternehmen, ZHR 159 (1995), 388 – 417

Staudinger, Julius von (Begr.) — J. von Staudingers Kommentar zum Bürgerlichen Gesetzbuch mit Einführungsgesetz und Nebengesetzen

Erstes Buch, Allgemeiner Teil, (§§ 134-163), Dreizehnte Bearbeitung, Berlin 1996 (zit.: Bork in Staudinger)

Staudinger, Julius von (Begr.) — Drittes Buch, Sachenrecht, §§ 1018-1296, 12. Aufl., Berlin 1981 (zit.: Promberger in Staudinger)

Sudhoff, Heinrich — Nochmals: Der Nießbrauch am Gesellschaftsanteil, NJW 1974, 2205-2211

Superczynski, Dieter — Das Stimmrecht beim Nießbrauch an Aktien und GmbH-Geschäftsanteilen, Köln 1963

Tank, Gerhard — Stimmrechtsabkommen im Lichte des Mitbestimmungsgesetzes, AG 1977, 34-40

Tetsch, Friedemann/ Benterbusch, Ulrich/ Letixerant, Peter — Die Bund-Länder-Gemeinschaftsaufgabe „Verbesserung der regionalen Wirtschaftsstruktur": ein Leitfaden zur regionalen Wirtschaftsförderung in Deutschland, Köln 1996

Than, Jürgen — Verhaltenspflichten bei der Ausübung von Aktienstimmrechten durch Bevollmächtigte, Rechtsfragen der Bankpraxis, ZHR 157 (1993), 125-149

Thurnher, Victor — Die Treuhand bei Unternehmensverbindungen, DB 1994, 1709-1714

ders. — Zur Zurechnung des Treugutes im Fusionskontrollrecht, WuW 1994, 303 – 319

Timm, Wolfram — Treuepflichten im Aktienrecht, WM 1991, 481- 494

Ulmer, Peter — Aktienrechtliche Beherrschung durch Leistungsaustauschbeziehungen ?, ZGR 1978, 457 – 475

ders. — Zur Treuhand an GmbH-Anteilen: Haftung des Treugebers für Einlageansprüche der GmbH ?, ZHR 156 (1992), 377-393

Weber, Martin — Haftung für in Aussicht gestellten Vertragsabschluß, AcP 192 (1992), 390-435

ders. — Vormitgliedschaftliche Abhängigkeitsbegründung – Zugleich eine Besprechung des Urteils des OLG Düsseldorf vom 22. Juli 1993, ZIP 1993, 1791, ZIP 1993, 1791 –, ZIP 1994, 678-690

Werder, Axel von — Shareholder Value- Ansatz als (einzige) Richtschnur des Vorstandshandelns ?, ZGR 1998, 69-91

Werner, Horst S. — Der aktienrechtliche Abhängigkeitstatbestand: Eine Untersuchung der Herrschaftsmöglichkeiten von Unternehmen über Unternehmen in den faktischen Konzernverbindungen, Göttingen 1979

Wessing, Kurt — Vertragsklauseln beim Unternehmenskauf, ZGR 1982, 455-471

Westermann, Harm Peter — Neuere Entwicklungen der Verkäuferhaftung beim Kauf von Unternehmensbeteiligungen, ZGR 1982, 45-62

Wiedemann, Herbert — Entwicklungen im Kapitalgesellschaftsrecht, DB 1993, 141-153

ders. — Gesellschaftsrecht, Ein Lehrbuch des Unternehmens- und Verbandsrechts, Band I • Grundlagen, München 1980
(zit.: Wiedemann, Gesellschaftsrecht)

ders. — Minderheitenschutz und Aktienhandel, Eine rechtsvergleichende Studie zum amerikanischen und deutschen Gesellschaftsrecht, Stuttgart 1968

ders. — Die Übertragung und Vererbung von Mitgliedschaftsrechten bei Handelsgesellschaften, München und Berlin 1965
(zit.: Wiedemann, Übertragung)

ders. — Unternehmerische Verantwortlichkeit und formale Unternehmensziele in einer zukünftigen Unternehmensverfassung. Eine rechtsvergleichende und rechtspolitische Studie, Festschrift für Carl Hans Barz zum 65. Geburtstag, Berlin / NewYork 1974, 561-577

Wirtschaftsprüfer-Handbuch 1981 — Düsseldorf 1981, (zit.: Zilias in Wirtschaftsprüferhandbuch)

Ziemons, Hildegard/ Jaeger, Carsten — Treupflichten bei der Veräußerung einer Beteiligung an einer Aktiengesellschaft, AG 1996, 358 – 366

Zöllner, Wolfgang — Zu Schranken und Wirkung von Stimmbindungsverträgen, insbesondere bei der GmbH, ZHR 155 (1991), 168-189

Zutt, Jürg — Einstweiliger Rechtsschutz bei Stimmbindungen, ZHR 155 (1991), 190-208

ders. — Stimmbindungen gegenüber Dritten – Ergebnisse einer Umfrage, ZHR 155 (1991), 213 – 215

Rechtsprechungs- und Entscheidungsverzeichnis

Entscheidungen des Reichsgerichtes

RGZ 55, 41
RGZ 69, 134
RGZ 111, 405
RGZ 118, 330
RGZ 167, 40

Entscheidungen des Bundesgerichtshofes

BGHZ 3, 354
BGHZ 43, 267
BGHZ 48, 163
BGHZ 50, 316
BGHZ 58, 316
BGHZ 62, 193
BGHZ 69, 334 = BGH BB 1977, 1665
BGHZ 74, 359
BGHZ 83, 122
BGHZ 90, 381
BGHZ 103, 184
BGHZ 129, 136 = BGH NJW 1995, 1739
BGH WuW/ E 1547
BGH WuW/E 1556
BGH BB 1968, 973
BGH BB 1969, 464
BGH BB 1969, 1154
BGH NJW 1970, 468
BGH WM 1971, 956
BGH BB 1976, 10
BGH GmbH-Rdsch. 1977, 244 = BGH BB 1977, 10
BGH NJW 1983, 1727
BGH WM 1987, 326
BGH NJW 1987, 780
BGH DB 1988, 1260
BGH NJW 1989, 3152
BGH NJW 1992, 3167
BGH AG 1997, 374

BGH NJW 1997, 943
BGH NJW 1997, 1855

Entscheidungen der Oberlandesgerichte

OLG Düsseldorf WuW/E OLG 1833
OLG Bremen DB 1970, 1436
OLG Hamburg DB 1984, 1515
KG AG 1985, 167
OLG Stuttgart AG 1991, 69
OLG Köln AG 1991, 140
OLG Düsseldorf ZIP 1993, 1791
OLG Braunschweig AG 1996, 271

Entscheidungen der Landgerichte

LG Düsseldorf AG 1979, 290
LG Darmstadt AG 1987, 218
LG Mainz AG 1991, 30
LG Köln AG 1992, 238
LG Hannover ZIP 1992, 1236 = LG Hannover WM 1992, 1239 =
LG Hannover AG 1993, 187
LG Berlin AG 1994, 378
LG Frankfurt AG 1998, 45
LG Düsseldorf AG 1999, 94

Entscheidungen der Amtsgerichte

AG Düsseldorf ZIP 1988, 970
AG Wolfsburg AG 1995, 238

Sonstige Entscheidungen

BFH BB 1985, 638
BKartA AG 1983, 314
BKartA AG 1983, 338
BKartA AG 1995, 522

Abkürzungen

a.a.O.	am angegebenen Ort
ABl.	Amtsblatt
Abs.	Absatz
AcP	Archiv für die civilistische Praxis
A/D/S	Adler/Düring/Schmaltz
a.E.	am Ende
a.F.	alte Fassung
AG	Die Aktiengesellschaft
AktG	Aktiengesetz
Anh.	Anhang
Anm.	Anmerkung
Art.	Artikel
BB	Betriebsberater
Begr.	Begründer
Begr.RegE.	Begründung des Regierungsentwurfs
BGB	Bürgerliches Gesetzbuch
BGBl.	Bundesgesetzblatt
BGH	Bundesgerichtshof
BGHZ	Entscheidungen des Bundesgerichtshofs in Zivilsachen
BKartA	Bundeskartellamt
BT	Bundestag
BT-Drs.	Drucksachen des Deutschen Bundestages
cic	culpa in contrahendo
DB	Der Betrieb
ders.	derselbe
ECU	European Currency Unit
EG	Europäische Gemeinschaft
etc.	et cetera
EU	Europäische Union
EuZW	Europäische Zeitung für Wirtschaftsrecht
evtl.	eventuell
EWG	Europäische Wirtschaftsgemeinschaft
EWiR	Entscheidungen zum Wirtschaftsrecht
EWR	Europäischer Wirtschaftsraum (Abkommen)
f.	folgend
FAZ	Frankfurter Allgemeine Zeitung
F & E	Forschung und Entwicklung
ff.	fortfolgend(e)
FGG	Gesetz über die Angelegenheiten der freiwilligen Gerichtsbarkeit

FKVO	Fusionskontrollverordnung
Fn.	Fußnote
Fortf.	Fortführer
GD	Generaldirektion der Europäischen Kommission
ggf.	gegebenenfalls
GmbH	Gesellschaft mit beschränkter Haftung
GmbH-Rdsch.	GmbH-Rundschau
GuV	Gewinn- und Verlustrechnung
GWB	Gesetz gegen Wettbewerbsbeschränkungen
Hervorh.	Hervorhebung
HGB	Handelsgesetzbuch
h.M.	herrschende Meinung
HoA	Heads of Agreement
HS	Halbsatz
HV	Hauptversammlung
i.e.	id est
i.E.	im Ergebnis
i.e.S.	im engeren Sinne
i.S.d.	im Sinne des/ der
i.S.v.	im Sinne von
Itp	Instruction to proceed
i.ü.	im übrigen
i.V.m.	in Verbindung mit
i.w.S.	im weiteren Sinne
JiT	Just in Time
KG	Kammergericht
KonTraG	Gesetz zur Kontrolle und Transparenz im Unternehmensbereich
KVV	Kostenverteilungsvereinbarungen
li.Sp.	linke Spalte
lit.	Litera
LoI	Letter of Intent
M & A	Mergers & Acquisitions
m.E.	meines Erachtens
MitbestG	Mitbestimmungsgesetz 1976
MoU	Memorandum of Understanding
MüKo	Münchener Kommentar zum Bürgerlichen Gesetzbuch
m.w.N.	mit weiteren Nachweisen
N.C.	Numerus Clausus
n.F.	neue Fassung
NJW	Neue Juristische Wochenschrift
Nr.	Nummer
o.a.	oben angeführt(en)
OLG	Oberlandesgericht
pVV	positive Vertragsverletzung
Rdn.	Randnummer

Red.	Redakteur/ Redaktion
resp.	respektive
RG	Reichsgericht
RGZ	Entscheidungen des Reichsgerichts in Zivilsachen
Rn.	Randnummer
r.Sp.	rechte Spalte
Rz.	Randziffer
s.	siehe
S.	Satz
SchweizOR	Schweizer Obligationenrecht
sect.	section
s.o.	siehe oben
sog.	sogenannte(r)
Sp.	Spalte
TOP	Tagesordnungspunkt
u.a.	unter anderem
u.ä.	und ähnliches/ und ähnlichem
v.a.	vor allem
Verf.	Verfasser
vgl.	vergleiche
Vorb.	Vorbemerkung
WM	Wertpapier-Mitteilungen
WpHG	Wertpapierhandelsgesetz
WuW	Wirtschaft und Wettbewerb
WuW/E	WuW-Entscheidungssammlung zum Kartellrecht
z.B.	zum Beispiel
ZGR	Zeitschrift für Unternehmens- und Gesellschaftsrecht
ZHR	Zeitschrift für das gesamte Handels- und Wirtschaftsrecht
ZIP	Zeitschrift für Wirtschaftsrecht
zit.	zitiert
zzgl.	zuzüglich

Verzeichnis der Übersichten

Übersicht 1:	Phasen des Akquisitionsprozesses beim Beteiligungskauf	62
Übersicht 2:	Vertragsvorbereitende Instrumente	71
Übersicht 3:	Auswirkungen einer mittelbaren Unternehmensbeteiligung des K auf das Stimmrecht in der Hauptversammlung der Z und auf die Vermögensrechte an Z	105
Übersicht 4:	Mögliche Arten und Inhalte eines Stimmbindungsvertrages zwischen V und K in der Interimszeit	132
Übersicht 5:	Schuldrechtliche Abreden der Parteien in der Interimszeit anläßlich des Aktienkaufvertrages oder zur Konkretisierung einer mittelbaren Unternehmensbeteiligung	142
Übersicht 6:	Kriterien des Haltens für Rechnung	182

Stichwortverzeichnis

Abhängigkeit
- außermitgliedschaftliche s.dort
- Mehrfachabhängigkeit s.dort
- nichtmitgliedschaftliche s.dort
- tatsächliche 244
- vormitgliedschaftliche s.dort

Abhängigkeitsbericht 255 f., 260, 272, 286

Abhängigkeitsvermutung
- Funktion 201
- Halten für Rechnung s.dort
- Personalhoheit s.dort
- Reichweite 201 f.
- Sperrwirkung 276, 278, 289
- Widerlegung s.dort
- Zusammentreffen mit vormitgliedschaftlicher Abhängigkeit 275 ff.

Abspaltungsverbot
- Dogmatische Herleitung 110
- Stimmbindung 133 ff.
- Stimmrechtsvollmacht 117 ff.

Akquisition
- asset deal 54
- Beteiligungskauf 54 ff.
- due diligence 58, 177
- Phasen 56 ff., 62 f.
- Prognose 212 f., 215 ff., 226 ff., 231 ff., 238 ff., 267 ff., 296 ff.
- share deal s.dort

Akquisitionsprognose s.Akquisition

Aktienkaufvertrag
- Bedingungen s.dort
- Interimszeit s.dort
- Koordinierung der Interessen 280 ff.

Anteilserwerb s. Fusionskontrolle

asset deal
- Abgrenzung zum share deal 54
- Begriff 54

asset stripping 251

Atypische Unterbeteiligung s. Unterbeteiligung

Aufgreifschwellen
- Europäische Fusionskontrolle 147 f.
- Fünfte GWB-Novelle 143 f.
- Sechste GWB-Novelle 145 f.

Aufsichtsrat
- Mitbestimmung 294
- Wiederbestellungsinteresse 197 ff.

Ausgliederung 255

Auskunftsverpflichtung 139, 142, 235, 238

Außermitgliedschaftliche Abhängigkeit
- Begriff 243, 248, 290, 307
- Vollzugsverbot 283

Außermitgliedschaftliche Treupflicht 123

Autorisiertes Handeln
- Arten 108 f.

s.a. Legitimationszession, Stimmrechtsvollmacht

Bedingungen
- fusionskontrollrechtliche Bedingungen 59 f.
- Kategorisierung 59 ff.
- Länge der Interimszeit 48, 61 f., 212
- Rechtsbedingungen 59
- Sonstige Bedingungen 61
- Zustimmungsvorbehalt 60

Beherrschung
- gemeinsame Beherrschung 213
- Koordinierungserfordernis 280 ff.

s.a. Abhängigkeit, Abhängigkeitsvermutung, Personalhoheit

Besicherungsfälle 255

Beteiligungskauf s. Akquisition

bidding process 56 f.
- Betriebs- und Geschäftsgeheimnisse 57
- vormitgliedschaftliche Abhängigkeit 176 f.

BuM 242 f.

closing 72

data rooms 58
due diligence 58,177

Einflußkonformes Verhalten 198
Erörterungsverpflichtung 139 f., 142, 235, 238

Faktischer Einigungszwang 235
Fallgruppen
- Bedeutung 49 f., 271
- Ergebnisfallgruppen unter Geltung der zweifachen Abhängigkeitsvermutung 236 ff.
- fusionskontrollrechtliche Fallgruppen 157
- Hauptfallgruppen 175 ff.
- Unterfallgruppen 178 f.

Feldmühle Nobel AG
- erster Feno-Fall 47, 250 f.
- zweiter Feno-Fall 47, 286 f.

Finanzierungsrisiko 182
Franchiseverträge 244
Freigabe 295 ff., 298 f.
Fusionskontrolle
- Akquisitionsprognose 283 ff.
- Anteilserwerb als Zusammenschluß 144
- Aufgreifschwellen s.dort
- Europäische Fusionskontrolle 147 ff., 169 ff.
- Freigabe s.dort
- Fusionskontrollverordnung 147 ff., 169 ff.
- Hauptprüfverfahren 146, 148
- joint control 171
- Kontrollerwerb s.dort
- Monatsbrief 146
- Präventive Zusammenschlußkontrolle 143 f.
- sole control 171
- Untersagung s. dort
- Verfahren 143 ff., 146
- Vollzugsverbot s.dort
- Wettbewerbliche Einflußmöglichkeit 159, 161, 163, 167
- Zurechnung bei Treuhand 164 ff.
- Zusammenschluß 143 ff., 147 f.

Gemeinsame Beherrschung
- allgemeine Voraussetzungen 213
- Mehrheitsprinzip 214

GWB s. Aufgreifschwellen, Fusionskontrolle

Halten für Rechnung
- Abhängigkeitsvermutung 195
- Absorption 189 ff.
- Anwendung auf die Institute der mittelbaren Unternehmensbeteiligung 187 ff.
- Pirelli 180 ff.
- Voraussetzungen 179 ff.
- Widerlegbarkeit der Abhängigkeitsvermutung 191 ff.

heads of agreement 65, 71, 177
Holzmüller 158, 163

Insolvenzrisiko 182
Instruction to proceed 65, 71, 178
Interessenkoordination 280 ff.
Interessenwahrungsklausel 140, 142, 235, 238
Interessenwahrungspflicht
- Auswirkungen auf die Widerlegung der Abhängigkeitsvermutung 194, 228 f.
- Treuhand 94

Interimszeit 59 ff.

Just-in-Time-Verträge 244

Kapitalerhöhung
- Nießbrauch 88 ff.
- partielle Stimmrechtsverlagerung 160 f.
- Treuhand 98
- Unterbeteiligung 101
- wettbewerbliche Kontrolle 163

Konsortium
- Einigungsmechanismen 129 f.
- Interimskonsortialvertrag 129 f., 211 f.
- Vorhand eines Poolmitgliedes 304

Kontrollerwerb
- deutsche Fusionskontrolle 161 ff., 167 f.
- europäische Fusionskontrolle 170 ff.

Konzernbegriff 264, 269 f.
Konzernvermutung 269 f.
Koordinierung der Herrschaftsmittel s. Beherrschung
Kostenverteilungsvereinbarungen 66, 178
Kursgewinnchance 90 f., 182, 186

Legitimationszession
- Abspaltungsverbot 128
- Ermächtigung 127
- Erteilung 126
- Possessorische Voraussetzungen 127
- Treupflichten 128
- Widerlegung der Abhängigkeitsvermutung 202 f.

letter of intent 64, 71, 177
Liquiditätsrisiko 182

Mantelvertrag s. Rahmenvertrag
Markt für Unternehmenskontrolle 153, 155
Mehrfachabhängigkeit 278 ff.
memorandum of intent 65, 71
memorandum of understanding 64 f., 71, 177
Mitbestimmung 294
Mitteilungspflichten 180 f., 257 ff.
Mittelbare Unternehmensbeteiligung
- Begriff 75
- Nießbrauch s.dort
- Treuhand s.dort
- Unterbeteiligung s.dort
- Vorrang der Individualabrede 75, 78, 88

Nachteilsveranlassung 256 f., 259 ff.
Nichtmitgliedschaftliche Abhängigkeit 49, 54, 247, 275, 307
Nießbrauch
- Abhängigkeitsbegründung 188, 195, 239 ff.
- Geborener Vertreter 81, 86
- Gestaltungsformen 76 ff.
- Halten für Rechnung 188
- Kapitalerhöhungen 88 ff.
- Kursgewinne 90 f.
- Liquidation 90
- Stimmrecht 79 ff.
- Vermögensrechte 88 ff.

öffentliche Übernahmeangebote 55
Offenlegungspflichten 258
offering memorandum 56
Optionsgestaltungen
- Abhängigkeitsbegründung 301 ff.
- Arten 67 ff., 71
- Auslegungsregeln der europäischen Fusionskontrolle 263, 303
- bedingter Hauptvertrag 68
- Festofferte 68
- Optionsvertrag 68
- Zugriffsrecht 303

Pakethandel 55 f.
Personalhoheit
- Bedeutung 196 ff.
- Konkreter Beurteilungsmaßstab 206 ff., 216 ff.
- Menschenbild 252 ff.
- praktische Erfahrungen 198 f.
- rechtssoziologische Wirkungskette 197

– theoretische Personalhoheit 216, 219, 226
– Vormitgliedschaftliche Abhängigkeit 253 f.
– Wiederbestellungsinteresse 197 ff., 251 ff.
Pflichtenkollision s. Stimmbindung
Pirelli s. Halten für Rechnung
Plünderung s.asset stripping
Pool s. Konsortium
principles of agreement 65, 71
Privilegierungsfunktion 256 f.
Punktation s. memorandum of understanding

Qualifiziert-faktischer Konzern 261
Qualitätssicherungsvereinbarungen 244

Rahmenvertrag 70 f.

Seitz 270 f.
share deal
– Bedeutung 55 f.
– Begriff 54
Stichtagsregelung s. Übergabestichtag
Stille Gesellschaft 99
Stillschweigende Harmonisierung 197, 199 s.a. Einflußkonformes Verhalten, Personalhoheit
Stimmbindung
– Abspaltungsverbot 133 ff.
– Arten 129 ff., 132
– Beendigung 131 f.
– Einstimmigkeitsprinzip 130, 220 f.
– Inhalt 131
– Interimskonsortialvertrag 129 f., 211 ff.
– Kündbarkeit 131 f., 222 ff.
– Mehrheitsprinzip 130, 212 ff.
– Nebenabreden 131
– Pflichtenkollision 135 ff.
– Relativität 136
– Suspension der Bindungswirkung 137 f.
– Treupflicht 135 ff.
– Vollstreckung 136
– Wahlabsprachen 131 f.
– Widerlegung der Abhängigkeitsvermutung 202
– Zulässigkeit 128 f.
Stimmenpool s. Konsortium
Stimmrechtsvollmacht
– Abspaltungsverbot 110 ff.
– Abstimmungsermessen des Stimmrechtsvertreters 124 f.
– Gemeinsamer Bevollmächtigter 125, 234 f.
– Isolierte Erteilung 120 f.
– Kautelarjuristische Optionen 120
– Legitimation 109
– Partizipationsfälle 117 ff.
– Treupflichten 122 ff.
– Unwiderrufliche und verdrängende Stimmrechtsvollmacht 113 ff., 229 ff.
– Widerruflichkeit 232 f.
– Zurückweisung des Bevollmächtigten durch die Hauptversammlung 123 f., 230
Sukzessiverwerb
– Abhängigkeitsbegründung 304 f.
– Rahmenvertrag s. dort

Traktat 64 f., 71
Treuhand
– Abhängigkeitsbegründung 187 f., 195, 211 ff.
– Gestaltungsformen 92 ff.
– Halten für Rechnung 187 f.
– Interessenwahrungspflicht s. dort
– Stimmrecht 95 ff.
– Vereinbarungstreuhand 92 f.
– Vermögensrechte 97 f.
– Weisungsrecht 96, 279
– Zielsetzungen 94 f.
Treupflicht
– Auswirkungen auf Abhängigkeit 224 ff.
– Girmes 124

- nichtmitgliedschaftliche Treupflichten 123
- Pflichtenkollision bei Stimmbindung 135 ff.
- Stimmrechtsvollmacht 122 ff.

Typenzwang 117

Überbrückungsregelungen
- Fusionskontrolle 156 ff., 172 f.
- wirtschaftliches Bedürfnis 48, 62, 176

Übergabestichtag 72 f.
Unterbeteiligung
- Abhängigkeitsbegründung 187 ff., 211 ff., 239 ff.
- atypische Unterbeteiligung 101 ff., 188, 211 ff.
- Gestaltungsformen 98 ff.
- Halten für Rechnung 188 f.
- Stimmrecht 101 f.
- typische Unterbeteiligung 101 ff., 188 f., 239 ff.
- Unterbeteiligungsgesellschaft 99
- Unterbeteiligungskonto 103
- Unterbeteiligungsquote 100, 102
- Vermögensrechte 102 ff.

Unternehmenskauf 54 ff.
Untersagung 296 ff., 299

VEBA/Gelsenberg 241
Vereinbarungstreuhand s.Treuhand
Vertragsvorbereitende Instrumente 63 ff.
Vollmacht s. Stimmrechtsvollmacht
Vollzugsverbot
- Abhängigkeitsbegründung 283, 294 ff.
- Anwendungsbereich 154 ff., 170
- Befreiung vom Verbot 153, 173
- Blockierung strategischer Entscheidungen 171 f.
- Bußgeldsanktion 152 f., 170, 295 f.
- deutsches Vollzugsverbot 149 ff.
- europäisches Vollzugsverbot 169 f.
- Freigabe s. dort
- Gestaltungsmöglichkeiten unter Geltung der Vollzugsverbote 156 ff., 171 f.
- Rechtsfolgen bei Verstoß 149 ff., 170
- Untersagung s. dort

Vorabschlußphase 58
Vorbereitungsphase 56 f., 176 f.
Vorfeldvereinbarungen 65 f.
Vorhand
- Abhängigkeitsbegründung 304
- Ausgestaltungsmöglichkeiten 66 f.

Vormitgliedschaftliche Abhängigkeit
- Begriff 243, 252 ff., 290, 307 f.
- Dauer der Beherrschungsmöglichkeit 265 f.
- gesellschaftsrechtlich bedingte oder vermittelte Einwirkungsmöglichkeit 243 ff.
- Konkretisierung des Machtwechsels 266 ff. s.a. Akquisitionsprognose
- Personalhoheit 250 ff.
- Rechtssicherheit 270 ff.
- Schutzniveau 259 ff.
- Solidität des beherrschenden Einflusses 263 ff.
- systematische Auslegung 257 ff.
- teleologische Auslegung 256 f.
- Zusammentreffen mit Abhängigkeitsvermutung 275 ff.

Vormitgliedschaftliche Treupflicht 123
Vormitgliedschaftlicher Konzern 269 f.
Vorstand
- Vorstandsautonomie 196 f.
- Wiederbestellungsinteresse s. Personalhoheit

Vorvertrag 69 f., 71
Vorwirkende Abhängigkeit 251 ff.

Wahrscheinlichkeit einflußkonformen Verhaltens 198 s.a. Personalhoheit
Weisungsrecht 96, 102, 279 f.

Widerlegung der Abhängigkeitsvermutung
- allgemeine Anforderungen an die Widerlegung 195 ff.
- Darlegungs-und Beweislast 200 ff.
- Fallgruppen 211 ff., 239 f., 273 ff.
- konkreter Beurteilungsmaßstab 207 ff.
- Personalhoheit s.dort
- Perspektive der Widerlegung 204
- Scheinvertragsproblematik 209 f.
- taugliche Widerlegungsmittel 202 f.
- vollzugsverbotswidrige Abreden 294 ff.
- zu widerlegende Beherrschungsmittel 199 ff.

Wiederbestellungsinteresse s. Personalhoheit

Zurechnungsklausel
- abhängigkeitsrechtliche 189 ff. s.a. Halten für Rechnung
- fusionskontrollrechtliche 163 ff.

Zusammenschluß s. Fusionskontrolle
Zustimmungserfordernis 140, 235 f., 238 f.

Einführung in den Untersuchungsgegenstand und Gang der Untersuchung

Im Jahr 1993 befand das OLG Düsseldorf[1] über eine aktienrechtliche Anfechtungsklage, die im Zusammenhang mit der Übernahme der Feldmühle Nobel AG (Feno) durch die schwedische Stora-Gruppe erhoben wurde. Im Rahmen der angefochtenen Entlastungsbeschlüsse der Feno-Hauptversammlung warf der Sachverhalt die Frage auf, ob Vorstand und Aufsichtsrat der Feno ihre Berichtspflichten verletzt hatten. Das Gericht prüfte als Kernproblem, ob eine Abhängigkeit der Feno von Stora nach § 17 I AktG bereits in einem Zeitraum vorgelegen hatte, in dem die zwischen der Stora- Gruppe als Käuferin und der damaligen Mehrheitsaktionärin VEBA AG als Verkäuferin abgeschlossenen Aktienkaufverträge über ein die Mehrheitsbeteiligung verschaffendes Aktienpaket wegen der ausstehenden Prüfung des Zusammenschlußvorhabens durch das Bundeskartellamt noch nicht *dinglich* vollzogen worden waren. Das OLG Düsseldorf verneinte eine Abhängigkeit und bestätigte die Vorgehensweise des Feno-Vorstandes, der die Stora-Gruppe erst für den Zeitraum nach Genehmigung und dinglicher Vollendung der Akquisition in den Abhängigkeitsbericht aufgenommen hatte.

Diesem Sachverhalt, der im Laufe der weiteren Untersuchung als zweiter Feno-Fall bezeichnet werden soll, war im Jahre 1985 ein erster Feno-Fall vorausgegangen, der die Geschehnisse um die Verkäufe mehrerer wertvoller Finanzbeteiligungen der Feno betraf. Die crown jewels der Feno wurden in einem Zeitraum veräußert, der wiederum durch einen anstehenden, aber noch nicht dinglich vollzogenen Wechsel des Mehrheitsgesellschafters der Feno geprägt war. Die beiden Flick-Neffen hatten zu diesen Geschehnissen eine Sonderprüfung beantragt und waren vom Amtsgericht Düsseldorf[2] abgewiesen worden. *Lutter*[3] und *Krieger*[4] haben den ersten Feno-Fall literarisch mit unterschiedlichen Ergebnissen fortgeführt und sich der Frage gewidmet, ob die Feno im Zeitpunkt der Veräußerungen ihrer Finanzbeteiligungen bereits von der Deutschen Bank abhängig war. Diese hatte im fraglichen Zeitraum als Optionsberechtigte bzw. Käuferin der Mehrheitsbeteiligung noch nicht die dingliche Inhaberschaft der Mehrheitsbeteiligung erlangt.

Die beiden Feno-Fälle illustrieren eine Problematik, die nicht nur aus dem deutschen Abstraktionsprinzip resultiert, sondern auch durch die immer komplexer werdenden Unternehmensübernahmen gekennzeichnet ist. Schließen der bisherige Inhaber einer Mehrheitsbeteiligung an einer Aktiengesellschaft und der Übernehmer einen Aktienkaufvertrag, wird dieser Kaufvertrag regelmäßig nicht sofort dinglich vollzogen. Vielmehr entsteht nach dem Abschluß des Kaufvertrages eine Zeitspanne, die durch vielfältige Ur-

1 OLG Düsseldorf, Urteil v. 22.07.1993 – 6 U 84/92 – ZIP 1993, 1791 ff. = AG 1994, 36 ff..

2 Vgl. AG Düsseldorf, Beschluß vom 4. Mai 1988 – HR B 20461 – ZIP 1988, 970 ff.. Anmerkungen zu dem Beschluß finden sich bei Hirte, ZIP 1988, 953 ff..

3 S. Lutter in Festschrift für Steindorff, 125 ff.. Vgl. auch die Sachverhaltsdarstellung zum ersten Feno-Fall auf S. 250 f..

4 Vgl. Krieger in Festschrift für Semler, 503 ff..

sachen hervorgerufen werden kann. Die Ursachen liegen in Rechtsbedingungen oder in Bedingungen, die zwischen den Parteien für ihre spezifischen Bedürfnisse eigens vertraglich vereinbart werden. In der Zeitspanne bis zum beabsichtigten dinglichen Vollzug der Akquisition kann sich für die Akteure je nach Sachverhaltsgestaltung der Machtwechsel bzw. die zukünftige Inhaberschaft der Mehrheitsbeteiligung bereits konkret abzeichnen.

Je länger der Zeitraum bis zur angestrebten dinglichen Übereignung der Mehrheitsbeteiligung dauert, desto eher kann für die Parteien ein wirtschaftliches Bedürfnis entstehen, die Rechtsstellung des Käufers noch vor dem dinglichen Vollzug des Aktienkaufvertrages durch besondere schuldrechtliche Abreden der Rechtsstellung eines dinglichen Inhabers der Mehrheitsbeteiligung anzugleichen. Ein wirtschaftliches Bedürfnis für Überbrückungsregelungen kann v.a. daraus folgen, daß die zeitliche Streckung der Akquisition die mit der Übernahme bezweckte Realisierung betriebswirtschaftlicher Zielsetzungen des Käufers verteuert. So führt eine spätere Übernahme nicht nur zu einem erst später möglichen Bezug von Dividenden der Zielgesellschaft, sondern auch dazu, daß der Übernehmer erst zu einem späteren Zeitpunkt strukturelle Weichenstellungen, die in der Hauptversammlung der Zielgesellschaft beschlossen werden, beeinflussen kann[5]. Eine Annäherung an die Rechtsstellung des Mehrheitsgesellschafters zur Überbrückung des möglicherweise langandauernden Zeitraums bis zum dinglichen Abschluß der Akquisition kann dementsprechend die wirtschaftliche Teilhabe des Käufers an der Zielgesellschaft (Partizipation) betreffen. Sie kann zusätzlich oder alternativ die Möglichkeit des Käufers beinhalten, Entscheidungen in der Hauptversammlung der Zielgesellschaft bereits vor dem angestrebten Erwerb des Aktienpakets beeinflussen zu können (Stimmrechtsmacht).

Mit einer durch schuldrechtliche Abreden bewirkten Annäherung des Käufers an die Rechtsstellung eines Mehrheitsgesellschafters der Zielgesellschaft stellt sich die Frage nach dem Gleichlauf von Herrschaft und Haftung. Der Zielgesellschaft, deren Minderheitsaktionären oder deren Gläubigern drohen nun möglicherweise neue Gefahren, die von dem Käufer der Mehrheitsbeteiligung ausgehen. Im Zeitalter der Fusionswellen und des stark wachsenden Marktes für Unternehmenskontrolle ist damit zu rechnen, daß diese Gefahren wegen der Vielzahl der Fälle virulenter werden.

Ausgehend von dieser ersten Skizzierung der Problematik ist zu überlegen, unter welchen Voraussetzungen die aktienrechtlichen Schutznormen des Rechts der abhängigen Unternehmen herangezogen werden können, um den angedeuteten Gefahren begegnen zu können. Eine Anwendbarkeit der in §§ 312 ff. statuierten Berichts- und Prüfungspflichten und der in §§ 317, 318 normierten Schadensersatzpflichten bedingt, daß der in § 17 I definierte Abhängigkeitsbegriff im Verhältnis der Zielgesellschaft zum Käufer der Mehrheitsbeteiligung erfüllt wird. Verfügt der Käufer über keine eigene Beteiligung an der Zielgesellschaft, ist zu untersuchen, ob und ggf. in welchen Formen eine nichtmitgliedschaftliche Abhängigkeitsbegründung möglich ist und wie sie sich zu einer evtl. noch

5 In diesem Zusammenhang kann die Holzmüller-Doktrin des BGH eine wichtige Rolle spielen, vgl. die Nachweise in Fn. 609. Zu den legitimen Zielen, die die Parteien zur Begründung einer Treuhand vor Beendigung des Fusionskontrollverfahrens veranlassen können vgl. Riesenkampff, WuW 1996, S. 5 (6). Die Verteuerung einer Akquisition durch die zeitliche Verzögerung schlägt sich beim Beteiligungskauf im net-present-value-Ansatz nieder, bei dem mittel- und langfristige Ertragsziele kapitalisiert und auf die Gegenwart abgezinst werden.

fortdauernden mitgliedschaftlichen Abhängigkeit der Zielgesellschaft vom Verkäufer und (Noch-) Mehrheitsaktionär verhält. Soweit der Käufer bereits Minderheitsaktionär ist, ist zu prüfen, ob schuldrechtliche Abreden seine Rechtsstellung schon vor der Übereignung der Aktien derart verstärken können, daß der Abhängigkeitsbegriff erfüllt wird.

Der bisherige Stand der Rechtswissenschaft erschöpft sich in fragmentarischen Abhandlungen zu Teilfacetten der Problematik. Neben den bereits erwähnten Untersuchungen von *Lutter* und *Krieger* zur Möglichkeit einer „vorwirkenden"[6] Abhängigkeit ist insbesondere die Abhandlung von *Weber*[7] zu nennen. Sie beschäftigt sich mit dem zweiten Feno-Fall und ist daher durch die Besonderheiten eines Fusionskontrollsachverhaltes geprägt. Andere Autoren haben sich en passant mit weiteren Teilfragen der Gesamtproblematik auseinandergesetzt. So finden sich in der Untersuchung von *Werner*[8] zum Abhängigkeitsbegriff längere Zeit vor den Ereignissen der Feno-Fälle Überlegungen, ob die Einräumung von Optionsrechten zu einer Abhängigkeit der Gesellschaft vom Optionsberechtigten führen kann. *Werner* knüpft dabei an die Abhandlung von *Möhring*[9] an, der bereits 1974 dieses Problem diskutierte und eine Subsumtion unter den Abhängigkeitsbegriff ablehnte. *Noack*[10] streift im Rahmen seiner Habilitation zu den Wirkungen von Gesellschaftervereinbarungen im Kapitalgesellschaftsrecht die Frage, ob im Konsortium anzutreffende Erwerbsvorrechte abhängigkeitsrechtliche Wirkungen entfalten können. Insgesamt wird auch in der jüngsten Kommentatur zum Aktienrecht deutlich, daß die Problematik einer nichtmitgliedschaftlichen Abhängigkeit oder einer auf schuldrechtlichen Abreden zwischen Mehrheitsaktionär bzw. Verkäufer und zukünftigem Mehrheitsaktionär bzw. Käufer basierenden Abhängigkeit der Zielgesellschaft vom Käufer als ungeklärt gilt. *Hüffer* betont, daß die Annahme einer „vorwirkenden" Abhängigkeit noch keine gesicherte Basis[11] habe. *Emmerich* schlußfolgert, daß eine Abhängigkeit „grundsätzlich"[12] erst mit dem Übergang der Aktien auf den Käufer eintrete.

Im Lichte des bisherigen Standes der Rechtswissenschaft verfolgt die vorliegende Arbeit die Zielsetzung, die Möglichkeiten und Spielarten einer Abhängigkeit der Zielgesellschaft von einem Unternehmen, das (noch) nicht die dingliche Rechtsstellung eines Mehrheitsaktionärs erlangt hat, in systematischer Weise zu untersuchen. Die Arbeit konzentriert sich nicht nur auf die Frage nach einer Abhängigkeitsbegründung im unmittelbaren Vorfeld des dinglichen Rechtsübergangs, sondern erfaßt darüber hinaus auch die Fallkonstellationen, die typischerweise bei einer geplanten Unternehmensübernahme noch vor Abschluß des schuldrechtlichen Aktienkaufvertrages eine Rolle spielen. Da die denkbaren Sachverhalte so vielfältig sind, wie die kautelarjuristische Phantasie der grundsätzlich im Rahmen der Privatautonomie handelnden Akteure des Beteiligungskaufs, basiert die abhängigkeitsrechtliche Untersuchung auf der Bildung von Fallgruppen. Für die Typisie-

---

6 Dieser Ausdruck findet sich bei Krieger in Festschrift für Semler, 505 ff.. Zur terminologischen Eignung des Begriffs s. die Ausführungen auf S. 248.

7 S. Weber in ZIP 1994, 678 ff..

8 Vgl. die Untersuchung von Werner aus dem Jahre 1979, a.a.O., 116.

9 S. Möhring in Festschrift für Westermann, 430 und 436.

10 Vgl. Noack, Gesellschaftervereinbarungen bei Kapitalgesellschaften, 88 ff..

11 So Hüffer, AktG, § 17, Rdn. 9.

12 So Emmerich in Emmerich/Habersack, § 17, Rdn.10.

rung der Chronologie eines typischen Beteiligungskaufes sind hierzu einige neue terminologische Festsetzungen erforderlich. Weiterhin legt die Untersuchung einen besonderen Schwerpunkt auf die für die Praxis bedeutsamen Empfehlungen des kautelarjuristischen Schrifttums.

Auch die konsequenteste Fallgruppenbildung kann nicht alle Besonderheiten eines komplexen Sachverhaltes im Sinne eines mechanistischen Weltbildes vorwegnehmen. Wenngleich die Untersuchung auch den Zweck verfolgt, für die in der Praxis am häufigsten vorkommenden Fälle Kriterien zu entwickeln, die beispielsweise im Rahmen einer richterlichen oder gutachterlichen Beurteilung herangezogen werden könnten, erfaßt die Arbeit nicht alle Rädchen des Befundes „Abhängigkeit". Hier gilt der Leitgedanke des Gesetzgebers, daß ein beherrschender Einfluß auf den verschiedensten[13] Grundlagen beruhen kann, womit letztlich die Beurteilung an den konkreten Gesamtumständen des Einzelfalles festzumachen ist. Diese Beurteilung kann die vorliegende Untersuchung nicht ersetzen, wohl aber die für die Beurteilung maßgeblichen Gesichtspunkte kategorisieren.

Die Untersuchung ist in fünf Abschnitte eingeteilt. Bevor die abhängigkeitsrechtlichen Probleme der Fallgruppen im fünften Abschnitt vertieft werden, sind eine Reihe von Vorarbeiten notwendig, die in den vier vorausgehenden Abschnitten der Arbeit behandelt werden.

Der **erste Abschnitt** beginnt mit der Selektion der für die Untersuchung relevanten Art des Unternehmenskaufes. Die der dinglichen Übereignung der Aktien typischerweise vorausgehenden bzw. mit ihr verbundenen Zeitabschnitte sowie die den Parteien zur Verfügung stehenden rechtlichen Gestaltungsmittel werden einer näheren Betrachtung unterzogen. Zu diesem Zwecke werden die zeitlichen Phasen einer Akquisition kategorisiert und die mit den Phasen einhergehenden rechtlichen Gestaltungsmittel auf ihre Bindungswirkung untersucht. Zum Abschluß des Abschnittes wird ein Blick auf die zeitpunktbezogenen Regelungen des Aktienkaufvertrages geworfen.

Im **zweiten Abschnitt** werden die Möglichkeiten der Parteien eines Aktienkaufvertrages behandelt, bereits vor Übereignung der Aktien dem Käufer eine wirtschaftliche Teilhabe an der Zielgesellschaft zu ermöglichen. Für eine Partizipation bieten sich die Institute der mittelbaren Unternehmensbeteiligung an, wobei das Augenmerk auf die Belastung der Beteiligung mit einem Nießbrauch, auf die Begründung eines Treuhandverhältnisses sowie auf die Ausprägungen einer Unterbeteiligung gelenkt wird. Hierbei erfolgt für jedes Institut eine Analyse der idealtypischen Folgen für die mit der Beteiligung verbundenen Stimm- und Vermögensrechte. Untersucht wird insbesondere, ob mit der Begründung einer mittelbaren Unternehmensbeteiligung auch eine Verlagerung der Stimmrechtsmacht auf den Käufer verbunden ist.

Eine mittelbare Unternehmensbeteiligung zugunsten des Käufers kann durch vielgestaltige besondere Abreden flankiert und evtl. modifiziert werden. Besondere schuldrechtliche Abreden zwischen den Parteien können insbesondere die aus der Beteiligung resultierenden Stimmrechte in der Hauptversammlung der Zielgesellschaft betreffen. Da diese Abreden anbei des Aktienkaufvertrages auch isoliert – d.h. ohne gleichzeitige Vereinbarung einer mittelbaren Unternehmensbeteiligung – getroffen werden können, werden sie gesondert behandelt, was zum **dritten Abschnitt** der Untersuchung führt. Er befaßt

13 Vgl. die Regierungsbegründung, zit. bei Kropff, a.a.O., S.31.

sich mit den Gestaltungsmitteln der Autorisation des Käufers in Form der Stimmrechtsvollmacht oder der Legitimationszession. Weiterhin werden die verschiedenen Arten der Stimmbindung beleuchtet. Für die abhängigkeitsrechtliche Beurteilung ist der kautelarjuristische Gestaltungsspielraum, den die Parteien zur Überbrückung des Zeitraums zwischen Aktienkaufvertrag und dinglicher Übereignung nutzen können, von herausragender Bedeutung. Deshalb wird untersucht, welche konkreten Gestaltungsmittel die Parteien im Dickicht des gesellschaftsrechtlichen Abspaltungsverbotes und der den Mehrheitsgesellschafter gegenüber der Zielgesellschaft treffenden Treupflichten für ihre Zwecke einsetzen können.

Als letzte Vorarbeit werden im **vierten Abschnitt** die Fälle angesprochen, die wegen ihrer Größenordnung der deutschen oder europäischen Fusionskontrolle unterfallen. Hier gilt es, den kautelarjuristischen Handlungsspielraum der Parteien für Überbrückungsregelungen im Lichte der sog. vorläufigen Vollzugsverbote detailliert herauszuarbeiten. Zudem werden die Rechtsfolgen eines Verstoßes gegen die Vollzugsverbote diskutiert. Mit der sechsten Novelle zum GWB wurde im Bereich der deutschen Zusammenschlußkontrolle das Fusionskontrollverfahren geändert. Die Untersuchung berücksichtigt jedoch nicht nur die Regelungen des neuen GWB, sondern auch des alten GWB. Dies hat einen zweifachen Grund: Zum einen existiert zum Vollzugsverbot der sechsten GWB-Novelle noch keine neuere bzw. abweichende Rechtsprechung. Zum anderen ist an die alte Regelung durch den Rechtsanwender anzuknüpfen. Etwaige Besonderheiten des neuen Fusionskontrollrechtes werden erörtert.

Der **fünfte Abschnitt** bildet das Kernstück der Untersuchung. Hier wird auf Basis der Vorarbeiten eine Systematik der Fallgruppen entwickelt. Für jede der Haupt- bzw. Unterfallgruppen wird anschließend untersucht, unter welchen Voraussetzungen eine Abhängigkeitsbegründung der Zielgesellschaft vom Käufer bzw. Übernehmer bejaht werden kann, wie sich ggf. eine solche Abhängigkeit auf eine mögliche Abhängigkeit der Zielgesellschaft vom aktuellen Mehrheitsgesellschafter auswirken kann bzw. vice versa und welche Kriterien oder Indizien für die Beurteilung ausschlaggebend sind. Behandelt werden nicht nur die Fallgruppen, die unter dem Begriff „vorwirkende" Abhängigkeit eingeordnet werden könnten. Darüber hinaus sollen auch die Besonderheiten der mittelbaren Unternehmensbeteiligung, der Zurechnungsvorschrift des § 16 IV 2. Var. AktG, der Gestaltungsmittel der Autorisation und der Stimmbindung, der Fusionskontrollsachverhalte und der Optionsgestaltungen Berücksichtigung finden. Hierzu bedarf es nicht nur einer Differenzierung nach der jeweiligen abhängigkeitsrechtlichen Ausgangslage. Zudem erfolgt auch eine bislang im Schrifttum nicht erfolgte Präzisierung der Erscheinungsformen einer Abhängigkeit, die an Umstände anknüpft, die außerhalb der dinglichen Rechtsstellung des Mehrheitsaktionärs liegen. Auf Basis der gewonnenen Erkenntnisse wird das Urteil des OLG Düsseldorf zum zweiten Feno-Fall einer Rezension unterzogen.

Zur Vereinfachung werden die Parteien des Aktienkaufvertrages personalisiert als V (Verkäuferunternehmen) und K (Käuferunternehmen), die Zielgesellschaft als Z bezeichnet. Die Abkürzungen V, K und Z können aber z.B. auch für den Optionsgeber, den Optionsnehmer und die Gesellschaft oder für eine andere Bezeichnung stehen, soweit eine zeitliche Phase der Akquisition behandelt wird, die dem Abschluß des Aktienkaufvertrages vorausgeht.

Es wird vorausgesetzt, daß die Parteien den abhängigkeitsrechtlichen Unternehmensbegriff erfüllen.
Zitierte Seiten ohne weitere Angaben beziehen sich auf die Seiten der Untersuchung.
Alle §§ ohne nähere Bezeichnung sind solche des Aktiengesetzes.

Abschnitt I: Phasen der Akquisition und Möglichkeiten ihrer schuldrechtlichen Ausgestaltung

Der Gesetzgeber hat für den Unternehmenskaufvertrag keinen[14] eigenen Vertragstypus zur Verfügung gestellt. Dadurch ergibt sich für die Beteiligten die Notwendigkeit, in jedem Einzelfall eine eigene Rechtsordnung[15] festzulegen, die innerhalb des Gestaltungsspielraums ihren konkreten Zielsetzungen gerecht wird. Aus dem grundsätzlich[16] weiten Spielraum der Vertragsautonomie folgt, daß es beim Unternehmenskauf zwar wegen der Einzigartigkeit jeden Falles keine typischen und statischen Vertragsklauseln i.S. eines kautelarjuristischen Passepartouts[17] gibt, wohl aber eine Typik der regelungsbedürftigen Punkte[18]. Deshalb soll als erste Vorarbeit für die abhängigkeitsrechtliche Prüfung erörtert werden, welche Art der Akquisition in Betracht kommt bzw. aus der weiteren Prüfung ausscheidet. Anschließend werden die zeitlichen Phasen des Unternehmenskaufs bis zum dinglichen Abschluß der Akquisition beleuchtet, bevor auf die technische Ausgestaltung im einzelnen eingegangen wird.

Hierzu noch eine Vorbemerkung: wenngleich die Verwendung von Anglizismen in der deutschen Rechtssprache nur mit Vorsicht erfolgen sollte, ist es für das rechtstechnische Verständnis und die wirtschaftsrechtliche kautelarjuristische Praxis unumgänglich, die im M&A- Bereich durch angloamerikanische Investmentbanken geprägte[19] Terminologie und Verfahrenspraxis zu beachten. Dabei steht die Frage nach den deutschen Rechtswirkungen der jeweiligen Rechtsfigur im Vordergrund der Betrachtungen.

---

14 Auf die dadurch entstehenden Probleme der Haftung beim Unternehmenskauf und insbesondere beim Anteilskauf sei nur am Rande verwiesen, vgl. Westermann, Neuere Entwicklungen der Verkäuferhaftung beim Kauf von Unternehmensbeteiligungen, ZGR 1982, 45 (47 ff. m.w.N.) sowie Hommelhoff, Zur Abgrenzung von Unternehmenskauf und Anteilserwerb, ZGR 1982, 366, 385 speziell zum Verkauf von Aktienpaketen.

15 S. Beisel/Klumpp, Der Unternehmenskauf, Rdn.1026.

16 Der kautelarjuristische Gestaltungsspielraum, über den die Parteien bei der Stimmrechsvollmacht und der Stimmbindung verfügen, wird im dritten Abschnitt auf S. 110 ff. bzw. S. 133 ff. behandelt. Zu den Einschränkungen des Gestaltungsspielraums in den Fällen der deutschen und der europäischen Fusionskontrolle vgl. die Ausführungen im vierten Abschnitt, S. 156 ff..

17 S. Günther in Münchener Vertragshandbuch, Band 2, II.1,A.,Anm.2 (6). Günther spricht plastisch davon, daß jeder Unternehmenskaufvertrag ein *Unikat* sei, der in allen Punkten neu durchdacht werden müsse.

18 So auch Wessing, Vertragsklauseln beim Unternehmenskauf, ZGR 1982, 455 (458).

19 Vgl. Hölters in Handbuch des Unternehmens- und Beteiligungskaufs, Abschnitt I, Rdn.95 unter Hinweis auf die durch die M&A-Erfahrungen beeinflußte deutsche Akquisitionslandschaft und das Bieterverfahren.

1. Share deal und asset deal

Eine Akquisition kann durch zwei Grundmodelle[20] verwirklicht werden, dem Vermögenserwerb (asset deal) und dem Anteils- bzw. Beteiligungserwerb (share deal). Beim asset deal wird das unternehmensbezogene Vermögen im Kaufvertrag unmittelbar einzelgegenständlich erfaßt und vom Verkäufer als dem bisherigen Rechtsträger auf den Käufer als neuen Rechtsträger übertragen[21]. Ist eine Handelsgesellschaft Trägerin des Unternehmens, kann der Käufer demnach die einzelnen Sachen, Rechte und sonstigen Vermögensgegenstände unmittelbar im Wege der Singularsukzession[22] übernehmen. Bei der AG kommt ein asset deal beispielsweise beim spin-off[23] einer Tochtergesellschaft in Betracht. Ein Schwerpunkt der Vertragsgestaltung liegt beim asset deal auf der einzelgegenständlichen Zuordnung sowie der Bestimmung und Übertragung des dem Käufer zu verschaffenden Vermögens[24].

Beim share deal wird dagegen unmittelbar nur die Beteiligung des Verkäufers am Rechtsträger veräußert. Da jedoch durch den Beteiligungskauf die vermögens- und herrschaftsrechtliche Teilhabe an dem vom Rechtsträger gehaltenen Vermögen vermittelt wird, läßt sich im Rahmen des share deals auch von einem mittelbaren[25] Unternehmenskauf sprechen, sofern eine zur Beherrschung des Zielunternehmens ausreichende Beteiligung erworben wird.

Die vorliegende Untersuchung hat die Frage zum Gegenstand, ob und unter welchen Voraussetzungen bereits in der Zeit vor dem dinglichen Erwerb der Beteiligung an Z abhängigkeitsrechtliche Folgen zu Lasten des K entstehen können und wie sich ggf. diese Folgen ihrerseits auf das Verhältnis des Mehrheitsgesellschafters V zu Z auswirken. Dies bedeutet, daß der asset deal aus der weiteren Betrachtung ausscheidet, da bei dieser Art der Akquisition die Gesellschaft selbst als Rechtsinhaberin die Verkäuferrolle einnimmt und sich die Frage nach einer nichtmitgliedschaftlichen Machtverlagerung vom aktuellen Mehrheitsgesellschafter auf den Käufer nicht stellt. Letzterer wird bei einem asset deal weder Mehrheitsgesellschafter, noch tritt er überhaupt mit dem gegenwärtigen Mehrheitsgesellschafter in vertraglichen Kontakt. Folglich wird das abhängigkeitsrechtliche Augenmerk nur auf den Beteiligungserwerb als ohnehin in der Praxis häufigere[26] Erscheinungsform gerichtet. Ein wesentlicher Grund für die Bevorzugung des share deals in der Praxis liegt in der Kapitalbeteiligung als das dominierende konzernkonstituierende Element[27]. Wie die rechtstatsächliche Untersuchung von *Binder* zeigt, lag 1994 die statistische Beteiligungshöhe bei der AG in dem Intervall zwischen kleiner als 100 % und größer als 50 % bei 39 %[28]. Diese Zahl veranschaulicht, daß sich die AG als ideale[29] Rechtsform

20 S. Herzig, Steuerorientierte Grundmodelle des Unternehmenskaufs, DB 1990, 133.

21 Zur Definition vgl. Günther in Münchener Vertragshandbuch, Band 2, II.1, A., Anm.1, (1) a).

22 Vgl. Semler in Handbuch des Unternehmens- und Beteiligungskaufs, Abschnitt VI., Rdn.5.

23 S. dazu Otto, Fremdfinanzierte Übernahmen, DB 1989, 1389 (1395/1396).

24 S. Günther in Münchener Vertragshandbuch, Band 2, II.1, A., Anm. 1.,(1) a).

25 So Günther in Münchener Vertragshandbuch, Band 2, II.1, A., Anm. 1., (1) b). Dagegen liegt beim Erwerb einer bloßen Minderheitsbeteiligung nur ein Rechtskauf vor.

26 Wie Fußnote zuvor.

27 S. Binder, Beteiligungsstrategien in der Konzernpraxis, AG 1994, 391.

28 Vgl Binder, a.a.O., S.393, r.Sp..

von Konzernbeteiligungen in den Fällen darstellt, in denen die Beteiligungsunternehmung nicht vollständig mit eigenen Mitteln, sondern auch durch fremde Eigenkapitalgeber in Gestalt der Minderheitsbeteiligten finanziert werden soll, ohne dadurch wesentliches Einflußpotential zu verlieren.

Der Untersuchung werden somit share deals in Form des Pakethandels[30] zugrunde gelegt. Allerdings werden Paketkäufe innerhalb der Börse gleichfalls aus der Untersuchung ausgeklammert. Der Handel innerhalb der Börse weist zum einen nicht die hier interessierenden spezifischen abhängigkeitsrechtlichen Probleme auf, da ein solcher Paketaufkauf weder auf einem individuell ausgestalteten Aktienkaufvertrag beruht, noch eine zeitlich signifikante Streckung zwischen schuldrechtlichem und dinglichem Individualgeschäft beinhaltet. Anders ausgedrückt gelangt die Order und die Depotgutschrift entweder zur Ausführung oder nicht. Bei einem Paketerwerb, der sich aus Aufkäufen von vielen Kleinanlegern zusammensetzt, gilt dies erst recht. Zum anderen ist die Veräußerung einer Mehrheitsbeteiligung in toto über die Börse zum aktuellen Kurswert nicht praktikabel, da bei einer entsprechenden Verkaufsorder i.d.R.[31] sofort auch der Kurs sinken würde[32]; Transaktionen dieser Natur werden folglich außerhalb der Börse abgewickelt.

Auch öffentliche Übernahmeangebote scheiden aus der weiteren Betrachtung aus. Zwar handelt es sich um Erwerbsvorgänge auf kaufvertraglicher Grundlage; der Übernehmer diktiert jedoch die Bedingungen, womit die für Unternehmenskaufverträge typische Verhandlungssituation fehlt[33]. Durch das auf Publikumsgesellschaften mit breit gestreutem und an der Börse gehandeltem Aktienbesitz abzielende Übernahmeangebot wird dem Übernehmer bzw. Käufer zudem im Vorfeld des dinglichen Rechtsübergangs keine individuell ausgestaltete Rechtsstellung in Gestalt von Vermögensrechten oder Stimmrechten mit Blick auf die Zielgesellschaft eingeräumt.

Der Gegenstand der vorliegenden Untersuchung bildet somit auch bei börsennotierten Aktien der praktisch häufigste[34] Fall des Paketverkaufes, der auf *Verhandlungen* und ei-

---

29 S. Binder, a.a.O., S. 393 r.Sp. und S. 391 r.Sp.. Binder verweist auf das „Spannungsfeld zwischen einem maximalen unternehmerischen Einfluß und einem minimalen finanziellen Engagement". Dieser Hinweis erinnert allerdings an das in der Ökonomie als unzulässig bekannte „Minimaxprinzip", da die betrachtete Extremwertaufgabe pro Optimierung nur ein Extremum aufweisen kann. Richtigerweise geht es also darum, entweder einen gegebenen unternehmerischen Einfluß mit minimalem finanziellen Einsatz zu erreichen oder aber mit einem gegebenen Budget einen maximalen unternehmerischen Einfluß zu sichern.

30 S. zur Definition des Aktienpaketes Gabler- Bank-Lexikon, S.33.

31 Ausnahmen sind hier nur bei zeitgleicher kurskompensierender Nachfrage vorstellbar.

32 S. Pyszka, Paketzuschlag, AG 1997, S.462. Pyszka spricht etwas ungenau davon, daß die Veräußerung zum „Börsenpreis" rein faktisch nicht möglich sei; gemeint ist aber wohl, daß die Veräußerung zum aktuellen Kurswert, der z.B. als Kassakurs zuletzt vor Abgabe der Verkaufsorder festgestellt wurde, wegen des Rutschbahneffekts nicht möglich ist. Hölters weist aus Käufersicht darauf hin, daß die Übernahme einer mit unternehmerischen Einfluß verbundenen Beteiligung über die Börse wegen des Kursauftriebes i.d.R. ausscheidet, s. Hölters in Handbuch des Unternehmens- und Beteiligungskaufs, Abschnitt I, Rdn. 20.

33 S. Hölters in Handbuch des Unternehmens- und Beteiligungskaufs, Abschnitt I, Rdn.21.

34 Vgl. dazu Hölters in Handbuch des Unternehmens- und Beteiligungskaufs, Abschnitt I, Rdn.20.

nem *individuellen Kaufvertrag* beruht. Der Schwerpunkt der Vertragsgestaltung im Rahmen von außerbörslichen Paketkäufen liegt dabei nicht nur auf der vertraglichen Erfassung der unmittelbar zu veräußernden Beteiligung. Darüber hinaus muß eine Abstimmung des Kaufgegenstandes (i.e. die Beteiligung) mit dem vom Rechtsträger (also Z) gehaltenen unternehmensbezogenen Vermögen erfolgen. Hierzu bedarf es Festlegungen, in welchem Bestand und in welchem rechtlichen, wirtschaftlichen und technischen Zustand das dem K mittelbar[35] zu verschaffende Vermögen der Z am Übergabestichtag[36] vorhanden sein muß.

2. Die Phasen der Akquisition beim share deal

Wenngleich jeder Beteiligungskauf seine eigene Charakteristik aufweist, lassen sich chronologische Abschnitte unterscheiden, die typisiert werden können. Für die abhängigkeitsrechtliche Prüfung soll der Beteiligungskauf in folgende drei Phasen unterteilt werden.

a) Vorbereitungsphase

Die erste Phase wird durch die unternehmerischen Entscheidungen von Verkaufs- und Kaufinteressent eingeleitet, wobei es sich anfangs um rein interne Entscheidungsprozesse handelt. Die Ausschau nach einem geeigneten Käufer kann dabei entweder auf Grundlage bereits vorhandener Geschäftskontakte zwischen den Vorständen der beteiligten Unternehmen erfolgen oder in Form des sog. Bieterverfahrens (bidding process), das insbesondere bei einer Vielzahl potentieller Interessenten angewandt wird. Das Bieterverfahren[37] wird – i.d.R. bei größeren Akquisitionen begleitet durch die M&A-Abteilung einer Investmentbank und externen Wirtschaftsprüfern und Anwälten – typischerweise durch Übergabe eines Verkaufsprospektes (offering memorandum) an ausgewählte Interessenten initiiert. Bei der Erstellung des Verkaufsprospekts taucht das Problem auf, daß die für die Einleitung des bidding process benötigten Daten der Ziel-AG häufig Betriebs- oder Geschäftsgeheimnisse sind. Es stellt sich dann die Frage, ob der Vorstand von Z befugt ist, diese sensiblen Daten dem Mehrheitsgesellschafter und potentiellen Verkäufer bzw. unmittelbar der Investmentbank oder sogar dem Kaufinteressenten zur Verfügung zu stellen[38]. Hierbei werden drei Auffassungen vertreten. *Lutter*[39] will grundsätzlich[40] die In-

35 Zu den Anforderungen der Vertragsgestaltung beim share deal vgl. Günther in Münchener Vertragshandbuch, Band 2, II. 1, A., Anm. 1., (1) b).

36 Zur Bedeutung von Stichtag und Closing s. die Ausführungen im ersten Abschnitt, S. 72 f..

37 Zum Bieterverfahren vgl. Hölters in Handbuch des Unternehmens- und Beteiligungskaufs, Abschnitt I, Rdn.95.

38 Vgl. auch Roschmann/Frey, Geheimhaltungsverpflichtungen, AG 1996, 449. Als Einführungsbeispiel wird die typische Situation bei einem durch eine Investmentbank begleiteten bidding process genannt.

39 S. Lutter, Due diligence des Erwerbers beim Kauf einer Beteiligung, ZIP 1997, 613.

formationsweitergabe auf die Möglichkeit beschränken, daß ein neutraler Sachverständiger mit der Bewertung beauftragt wird und das Prüfergebnis (also nicht die einzelnen Daten) weitergibt. Dagegen schließen *Roschmann/Frey*[41] aus ihrer auch strafrechtlichen Analyse, daß die Weitergabe von Betriebs- oder Geschäftsgeheimnissen dann nicht unbefugt erfolgt, wenn ein entsprechender Vorstandsbeschluß vorliegt und jeder Datenempfänger eine Geheimhaltungsverpflichtung abgibt. Schließlich will *Mertens*[42] die Weitergabe dann zulassen, falls nach sorgfältiger Abwägung ein sachlicher Grund vorliegt. Der Meinungsstand soll hier nicht[43] weiter vertieft werden, zeigt aber exemplarisch, daß in der ersten Phase der Kontaktherstellung im Rahmen des bidding process eine mögliche Einwirkung auf den Vorstand der Z zum Nachteil der Gesellschaft nur in der Pression auf Weitergabe sensibler Daten liegen könnte, die aus Sicht der Gesellschaft nicht in die Hände der Konkurrenz fallen dürfen. Diese hypothetische Pression könnte dann regelmäßig auch nur vom Mehrheitsaktionär und Verkaufsinteressenten ausgehen, nicht jedoch vom Kaufinteressenten. Letzterer wird regelmäßig[44] nicht über die erforderliche Möglichkeit verfügen, um ggf. einer Pression gegenüber dem Vorstand der Z Nachdruck zu verleihen. Da der Vorstand der Z überdies regelmäßig nicht absehen kann, ob sich die weiteren Verhandlungen ausschließlich auf den fraglichen Interessenten konzentrieren werden oder ob neue Kandidaten für den bidding process zugelassen werden, besteht aus seiner Sicht auch kein Grund, einseitigen Wünschen des Kaufinteressenten schon in diesem frühen Stadium nachzukommen.

Der Abschluß der ersten Phase bildet der Zeitpunkt, in dem nach der Filterung des Bieterkreises erstmals konkrete Vertragsverhandlungen mit einem Kaufinteressenten geführt werden.

---

40 Ausnahme bildet nach Lutter die existenzsichernde Anlehnung an einen „großen Bruder". In diesem Fall soll der Vorstand sogar zur Weitergabe verpflichtet sein, s. Lutter, ZIP 1997, S. 617 mit Fn. 37.

41 S. Roschmann/Frey, AG 1996, 455.

42 Vgl. Mertens, AG 1997, 547. Mertens erkennt auch außerhalb von Sanierungsfällen sachliche Gründe an.

43 Die Auffassung von Mertens hat den Vorteil, daß sie zu einem flexiblen und die Besonderheiten des Einzelfalles erfassenden Verfahren führt. Damit kann das Geheimhaltungsinteresse der Z, das Veräußerungsinteresse des Verkaufsinteressenten und das Informationsinteresse des Kaufinteressenten in die Abwägung einfließen. In der Praxis überwiegen Geheimhaltungs- und Nichtverwertungsvereinbarungen mit präziser Festlegung der Geheimnisträger und der Sanktionsfolgen, wobei allerdings aufgrund der Beweisschwierigkeiten der Verkäufer nur begrenzten Schutz genießt, vgl. auch Günther in Münchener Vertragshandbuch, Band 2, II. 1, B., Anm. 5. (1).

44 Ausnahmen sind vorstellbar, wenn der Kaufinteressent bereits eine Beteiligung an Z hält und diese Beteiligung durch wirtschaftliche Momente (z.B. bedeutsame Rolle des K als Lieferant oder Gläubiger der Z) verstärkt wird. Anknüpfungspunkt einer möglichen Abhängigkeit der Z von K in der frühen Vorbereitungsphase wäre dann aber nicht die aus Sicht des Z-Vorstandes wahrscheinliche zukünftige Position des K als Mehrheitsgesellschafter der Z oder eine durch besondere schuldrechtliche Abreden der Parteien bereits aktuell verstärkte Minderheitsbeteiligung des K an Z, sondern das Zusammenspiel aus Minderheitsbeteiligung und tatsächlichen Umständen i.S. der BuM-Entscheidung des BGH, s.a. die Erläuterungen auf S. 242 zusammen mit Fußnote 864.

b) Vorabschlußphase

Die zweite Phase einer typischen Akquisition läßt sich als Vorabschlußphase bezeichnen und dauert von der Aufnahme der ersten Vertragsverhandlungen mit einem konkretisierten Verhandlungspartner bis zum Zeitpunkt des Zustandekommens des schuldrechtlichen Aktienkaufvertrages. In der Vorabschlußphase beginnt typischerweise die sorgfältige und detaillierte Überprüfung von Z durch den Verhandlungspartner im Rahmen der due diligence-procedure[45]. In der Praxis erfolgt die Einsichtnahme und Prüfung von Unterlagen häufig in eigens konzipierten Datenräumen (data-rooms[46]), deren Daten nur unter Aufsicht und bestimmten Bedingungen[47] eingesehen werden können. Der Datenraum kann auch schon in der Vorbereitungsphase bei einer Vielzahl von Kaufinteressenten für eine erste Filterung zur Anwendung gelangen. Bei der due diligence- Prüfung taucht wiederum die bereits oben beschriebene Geheimhaltungsproblematik[48] auf.

In der Vorabschlußphase können differenzierte rechtliche Instrumentarien eine Rolle spielen, die im Rahmen der Vertragsanbahnung teilweise mit und teilweise ohne rechtliche Bindungswirkung eingesetzt werden. Sie reichen vom letter of intent über verschiedene Optionsgestaltungen bis hin zum Abschluß eines Vorvertrages und sollen einer gesonderten Betrachtung unterzogen werden (vgl. in diesem Abschnitt unter 3., S. 63 ff.).

Zudem können während der Vorabschlußphase je nach Verhandlungsfortschritt bereits Haftungsfolgen[49] wegen einer dem Verhandlungspartner zurechenbaren Enttäuschung von Abschlußerwartungen entstehen. Beispielsweise billigt der BGH dem einen Vertragspartner Schadensersatzansprüche zu, falls er berechtigterweise auf das Zustandekommen des Vertrages mit dem ausgehandelten Inhalt vertrauen durfte und der andere Vertragspartner den Vertragsschluß „am Ende dennoch ohne triftigen Grund“[50] ablehnt.

---

45 Zum Begriff der due diligence vgl. Merkt, Due diligence und Gewährleistung, BB 1995, S.1041. Der Begriff reicht von „Durchleuchtung“ des Zielunternehmens über „weitgehende rechtliche Überprüfung einer zu erwerbenden Gesellschaft“ bis zum Instrument „to determine any defects prior to take-over“. I.w.S. kann due diligence auch als Sammelbegriff für sämtliche Arbeiten bis zur unterschriftsreifen Vorbereitung dienen.

46 Vgl. Hölters in Handbuch des Unternehmens- und Beteiligungskaufs, Abschnitt I, Rdn.82.

47 Zu den abgestuften Bedingungen s. Mertens, AG 1997, 547 l.Sp.. Demnach kann unterschieden werden, ob die Einsichtnahme mit oder ohne Aufzeichnungsmöglichkeit erfolgt, ob Schriftstücke geschwärzt werden oder ob nur eine mündliche Erläuterung stattfindet.

48 Das Problem wird noch durch das „Informationsparadoxon“ verschärft, da die Offenlegung der sensiblen Daten einerseits Voraussetzung für die Kaufentscheidung des Interessenten ist, andererseits die Gefahr besteht, daß durch die Verschaffung des Informationswertes bereits das Ziel erreicht wird, das Gegenstand des Erwerbsinteresses ist, vgl. dazu Günther in Münchener Vertragshandbuch, Band 2, II. 1, B., Anm. 5., (1).

49 Zu den einzelnen Fallgruppen einer Haftung für den in Aussicht gestellten Vertragsabschluß s. Weber, AcP 192 (192), 390, 393 ff..

50 So BGH BB 1969, 464.

c) *Interimszeit*

Die dritte und letzte Phase reicht vom Zustandekommen des schuldrechtlichen Aktienkaufvertrages bis zum Vollzug oder Scheitern der dinglichen Übereigung der Aktien an K. Diese Phase soll als Interimszeit[51] bezeichnet werden und damit die Perspektive des Vorstandes der Zielgesellschaft hervorheben, da für diesen angesichts des Aktienkaufvertrages ein Machtwechsel bevorstehen kann. Die Bezeichnung wird zugleich der Perspektive der Vertragsparteien gerecht, da ein wesentliches wirtschaftliches Motiv von K in der Übernahme der bislang bei V liegenden Leitungsmacht zu sehen ist[52].

Die Länge und die rechtliche Ausgestaltung der Interimszeit hängen von den im Aktienkaufvertrag festgelegten Bedingungen und ggf. auch von anbei vereinbarten besonderen Abreden ab. Diese besonderen Abreden können eine wirtschaftliche Teilhabe des K an Z und/oder die Ausübung des Stimmrechts in der Hauptversammlung der Z für die Interimszeit regeln. Die im Kaufvertrag vereinbarten Bedingungen, die zu einer Streckung des Zeitraumes zwischen Abschluß des Aktienkaufvertrages und Übereignung der Aktien führen, können vielfältiger Natur sein und sollen exemplarisch erörtert werden.

Die praktisch wichtigste Kategorie von Bedingungen, die sich in Beteiligungskaufverträgen findet, gründet auf den Vollzugsverboten der deutschen oder europäischen Fusionskontrolle[53]. Die Parteien haben dabei die Folgen zu regeln, die sich ergeben, falls die zuständige Fusionskontrollbehörde – d.h. BKartA oder EU-Kommission (merger task force der Generaldirektion Wettbewerb) – eine Untersagungsverfügung erläßt oder eine Genehmigung verweigert. Diese Problematik wird in der kautelarjuristischen Praxis entweder durch eine auflösende oder eine aufschiebende Bedingung oder eine Kombination aus beiden erfaßt. Allerdings darf diese kautelarjuristische Lösung nicht darüber hinwegtäuschen, daß die mit Vollzugsverbot ausgestattete Rechtsbedingung des § 24 a Abs. 4 GWB a.F. keine Bedingung i.S.d. §§ 158 ff. BGB ist und diese Eigenschaft auch beibehält[54], wenn sie im Vertrag ausdrücklich als Wirksamkeitsbedingung bezeichnet wird. Diese Einordnung gilt auch für § 41 I. S.2 GWB n.F..

In der Vertragspraxis wird die *aufschiebende* Bedingung bei der präventiven Fusionskontrolle dazu verwandt, die Wirksamkeit des Vertrages davon abhängig zu machen, daß

---

51 In der Literatur zum Unternehmenskaufvertrag findet sich diese Bezeichnung auch bei Günther in Münchener Vertragshandbuch, Band 2, II.1, G., Anm. 58. Holzapfel spricht von „Übergangsperiode“ bzw. in Rdn. 38 von „ Zwischenperiode“, vgl. Holzapfel, Recht und Praxis des Unternehmenskaufs, Rdn. 30.

52 S. zu dieser Motivation Wessing, Vertragsklauseln beim Unternehmenskauf, ZGR 1982, 469.

53 Hierbei empfiehlt Günther, jeden Unternehmenkaufvertrag schon vorsorglich daraufhin zu untersuchen, ob er der Fusionskontrolle unterliegt, s. Günther in Münchener Vertragshandbuch, Band 2, II.1, N., Anm. 121. Zur Reichweite des Vollzugsverbotes vgl. die Ausführungen im vierten Abschnitt, S. 153 ff.. Nach Hölters ist Ziel der Vertragsgestaltung, einen Vollzug des Zusammenschlusses zu vermeiden, bevor nicht die fusionskontrollrechtliche Unbedenklichkeit feststeht, vgl. Hölters in Handbuch des Unternehmens- und Beteiligungskaufs, Anhang II, Fn. 5 (für anzeigepflichtige Vorhaben).

54 Vgl. Weber, ZIP 1994, S. 688, l.Sp..

das BKartA das Zusammenschlußvorhaben nicht mehr untersagen kann[55], sei es durch Mitteilung nach § 24 a IV S.2 GWB a.F., sei es durch Fristablauf nach § 24 a II GWB a.F. oder nach Einführung der generellen[56] präventiven Kontrolle durch die 6. GWB-Novelle nach den Verfahrensvorschriften des § 40 GWB n.F.. Die *auflösende* Bedingung kann darauf abstellen, daß das BKartA eine Untersagungsverfügung[57]erläßt. Denkbar ist auch, diese Bedingungen miteinander zu kombinieren, was vor der 6.GBW-Novelle v.a. dann sinnvoll war, wenn nicht feststand, ob das Anmelde- oder das Anzeigeverfahren einzuschlagen war. Schließlich findet sich in der Vertragsgestaltung anstelle der auflösenden Bedingung die Vereinbarung eines Rücktrittsvorbehaltes[58] für die Fälle, in denen sich die Parteien noch die Entscheidung darüber offenhalten wollen, ob gegen eine Untersagungsverfügung Rechtsmittel eingelegt werden soll. I.d.R. werden bei den fusionskontrollrechtlichen Bedingungsklauseln auch Mitteilungs-bzw. Handlungspflichten[59] der Parteien für das Verfahren festgelegt.

Eine zweite Kategorie von Bedingungen basiert auf Zustimmungsvorbehalten bei Akquisitionen. Regelmäßig bedarf der Vorstand von K bzw. von V noch der Zustimmung bzw. Genehmigung durch den jeweiligen Aufsichtsrat. In diesen Fällen wird der Beteiligungskaufvertrag unter der aufschiebenden Bedingung[60] der Zustimmung durch die entsprechenden Organe geschlossen.

Die dritte Kategorie von Bedingungen umfaßt alle sonstigen Bedingungen, die entweder ein gesetzlich vorgegebenes Erfordernis im Vertragstext wiederholen oder aber im besonderen Interesse einer Partei oder im Interesse beider Parteien liegen. Ein Beispiel für eine weitere gesetzliche Regelung bildet das Erfordernis der vormundschaftlichen Genehmigung bei der Unternehmensakquisition nach § 1822 Nr.3, 1.Alt. BGB[61].

Ein sonstiger Grund für einen vertraglichen Vollzugsaufschub kann z.B. in der Prüfung eines problematischen Komplexes durch Sachverständige liegen[62]. Weiterhin kom-

---

55 Vgl. das Beispiel bei Hölters in Handbuch des Unternehmens- und Beteiligungskaufs, Anhang I, § 11 I Abs. a) zur alten Gesetzeslage des GWB.

56 S. dazu Baron, Das neue Kartellgesetz, S.38.

57 Vgl. dazu Hölters in Handbuch des Unternehmens- und Beteiligungskaufs, Anhang I, § 11 I Abs.b) für die alte Gesetzeslage.

58 Zum Verhältnis der auflösenden Bedingung zum Rücktrittsvorbehalt s. Günther in Münchener Vertragshandbuch, Band 2, II. 1, N., Anm. 124 (1).

59 Ein Beispiel findet sich bei Hölters in Handbuch des Unternehmens- und Beteiligungskaufs, Anhang I, § 11 II: „ Zeigt sich, daß das Zusammenschlußvorhaben oder der Zusammenschluß untersagt zu werden drohen, so haben die Vertragsparteien unverzüglich miteinander Verbindung aufzunehmen, um die dem Zusammenschluß entgegenstehenden Umstände nach Möglichkeit zu beseitigen.".

60 S. Wessing, ZGR 1982, 470; Beisel/Klumpp, Unternehmenskauf, Rdn. 474.

61 Vgl. Fortun, NJW 1999, S. 754 (756 l.Sp.) zur Frage, ob das Genehmigungserfordernis einen Beteiligungserwerb des Pakets unter 100 % erfaßt und zu dem Differenzierungskriterium des Unternehmerrisikos. Von vormitgliedschaftlicher abhängigkeitsrechtlicher Relevanz dürfte der Fall einer der vormundschaftsgerichtlichen Prüfung unterliegenden beabsichtigten Akquisition eher selten sein. Zu denken wäre hier z.B. an den damals noch minderjährigen Jungunternehmer *Lars Windhorst*, der schon als „Wirtschaftswunderkind" zahlreiche Beteiligungen erwarb.

62 S. Holzapfel, a.a.O., Rdn. 40. Zu denken ist an das Gutachten einer Unternehmensberatung oder einer Wirtschaftsprüfergesellschaft, das noch einen im Rahmen der due- diligence-

men als praktisch wichtige sonstige Bedingungen Abreden in Betracht, die die Wirksamkeit des Vertrages oder dessen Vollzug an die gesicherte Finanzierung der Akquisition bzw. an die Bonität von K knüpfen. Eine aufschiebende Bedingung könnte z.B. in der noch ausstehenden Bürgschaft einer Ober- oder Schwestergesellschaft von K liegen oder in einer noch abzugebenden Patronatserklärung zugunsten von K[63]. Denkbar wäre auch eine Bedingung, die die dingliche Übereignung der Aktien von der Erteilung einer Landes- oder Bundesavalbürgschaft im Rahmen einer Kreditvergabe an K oder von der Zusage eines zinsverbilligten Kredites oder von der Bewilligung eines Investitionskostenzuschusses im Rahmen der regionalen Wirtschaftsförderung abhängig macht. Ferner kann der Verkäufer beim share deal die Übertragung der Beteiligung an die aufschiebende Bedingung der Erfüllung seiner Kaufpreisansprüche[64] knüpfen. Häufig wird die aufschiebende Bedingung auch in der Erteilung einer unbedingten Durchfinanzierungsbestätigung durch die begleitende Hausbank von K liegen. Handelt es sich um eine komplexe Finanzierung, die aus vielen Töpfen stammt, kann die Durchfinanzierungsbestätigung der beteiligten Kreditinstitute noch von einem Bewertungsgutachten oder Kreditsicherungsgutachten abhängen.

Zu nennen sind darüber hinaus auch folgende Bedingungen, die in der Vertragsgestaltung[65] auftauchen: Zustimmung wichtiger Geschäftspartner von Z zum Beteiligungserwerb durch K, Aus- oder Eingliederung unternehmensbezogener Aktivitäten, Teilstillegungen oder Einbringung von Z oder deren Unternehmensteilen in neue Objektgesellschaften sowie Beseitigung der Rechte Dritter.

Zusammenfassend bleibt festzuhalten, daß eine Vielzahl von denkbaren Bedingungen zu einer deutlichen[66] zeitlichen Verschiebung des Vollzugseintritts führen kann. Werden die Parteien in der Interimszeit nicht durch das Vollzugsverbot der Fusionskontrolle in ihrem vertraglichen Gestaltungsspielraum eingeschränkt[67], sind verschiedene

---

procedure nicht überprüften Teilaspekt betrifft. Will der Übernehmer hier sicherstellen, daß er das Aktienpaket nicht an andere Interessenten verliert, wird er einen aufschiebend bedingten Aktienkaufvertrag abschließen oder sich eine entsprechende Option einräumen lassen. Als weiteres Beispiel ist ein Bodengutachten über eine etwaige Kontamination des Betriebsgrundstückes der Z zu nennen, an dessen Ausgang der Aktienkaufvertrag geknüpft wird.

63 Vgl. Semler in Handbuch des Unternehmens- und Beteiligungskaufs, Abschnitt VI, Rdn.70.

64 S. Semler in Handbuch des Unternehmens- und Beteiligungskaufs, Abschnitt VI, Rdn.72.

65 Vgl. Günther in Münchener Vertragshandbuch, Band 2, II.1, B., Anm. 4 für Optionsbedingungen, die sich dem aufschiebend bedingten Unternehmenskaufvertrag annähern.

66 Vgl. als Beispiel LG Berlin AG 1994, 378: Am 23.10.1992 erfolgte der Abschluß des Aktienkaufvertrags, Übergang am 30.04.1993, 24.00 Uhr. Als Extrembeispiel – allerdings in Form einer Option – ist die zwanzigjährige Option der Advanta Management AG auf weitere 20 % eines von der Lufthansa an der Kempinski AG in Berlin gehaltenen Aktienpakets zu nennen (neben bereits erworbenen 50 % des Grundkapitals) s. AG 1992, AG-Report, R 464. Beispiel aus der Fusionskontrolle: „Erwerb" eines Degussa-Pakets in Höhe von 36,4 % im Mai 1997 durch VEBA, Genehmigung durch die EU-Kommission Anfang 1998. Günther bezeichnet eine längere Interimszeit etwa in Fällen der Fusionskontrolle als unvermeidbar, s. Günther in Münchener Vertragshandbuch, Band 2, II. 1, G., Anm. 58.

67 S. zu diesen Einschränkungen im Rahmen des vorläufigen Vollzugsverbotes die Gesamtzusammenfassung im vierten Abschnitt, S. 172 f..

„Überbrückungsregelungen“[68] gerade in einer längeren Interimszeit denkbar, die auf die Vorverlagerung der ansonsten erst mit dem dinglichen Vollzug des Aktienkaufvertrages eintretenden wirtschaftlichen Konsequenzen abzielen. Zur Erreichung dieser angestrebten wirtschaftlichen Vorverlagerung bietet sich die Vereinbarung eines der Institute der mittelbaren Unternehmensbeteiligung an, die eine Partizipation des K an Z bereits in der Interimszeit gestatten und deren Auswirkungen auf die Vermögens- und Stimmrechte im zweiten Abschnitt untersucht werden sollen.

Die Interimszeit endet entweder mit der dinglichen Übertragung der Aktien, die i.d.R. nach den Vorschriften des DepotG[69] erfolgt, oder aber mit dem endgültigen Scheitern der Akquisition.

Die drei Phasen der Akquisition und die dazu jeweils korrespondierende rechtstechnische Ausgestaltung werden in *Übersicht 1* zusammengefaßt:

Übersicht 1: Phasen des Akquisitionsprozesses beim Beteiligungskauf

Zeitlicher Ablauf	Technische Ausgestaltung
⇓	⇓
Vorbereitungsphase	
Unternehmerische Entscheidung, daß die Beteiligung an Z veräußert bzw. erworben werden soll	Interner Entscheidungsprozeß in den Unternehmen
Erste Kontaktaufnahme zwischen V und K	Direktkontakt zwischen den Vorständen von V und K oder bidding process: Einschaltung einer Investmentbank / offering memorandum /Verkaufsexposé
⇓	⇓

68 Bezeichnung bei Günther in Münchener Vertragshandbuch, Band 2, II.1, N., Rdn.122.

69 S. dazu Wiesner in Münchener Handbuch des Gesellschaftsrechts, § 14, Rdn. 5 und 6, wonach in der Praxis die Sammelverwahrung bei einer Wertpapiersammelbank überwiegt. Zur Übertragung bedarf es einer Einigung über den Übergang des Sammeldepotanteils und einer Übergabe in Form der Einräumung von Mitbesitz unter Eintragung ins Verwahrungsdepotbuch, wobei die Umbuchung identisch mit der nach § 929 BGB erforderlichen Übergabe ist.

Vorabschlußphase	
Beginn der Vertragsverhandlungen	due-diligence-procedure
Zeitraum vor Zustandekommen des Aktienkaufvertrages	ggf. Sondierungsgespräche mit BKartA/ EU-Kommission Instrumente der Vertragsanbahnung: letter of intent / heads of agreement / memorandum of understanding/ Punktation / instruction to proceed/ Vorfeldregelungen Bindendes Angebot durch V Optionsgestaltungen Vorvertrag / Vorhand

⇓ ⇓

Interimszeit	
Zustandekommen des Aktienkaufvertrages	Aufnahme von Bedingungen in den Aktienkaufvertrag aufgrund von: – gesetzlichen Erfordernissen – Zustimmungs-/ Genehmigungserfordernissen – besonderen Abreden – Wollensbedingungen (Ausübung eines Optionsrechts)
	Closing/ Stichtagsregelung
Beendigung der Interimszeit	Gelingen oder endgültiges Scheitern der Akquisition

3. Die technische Ausgestaltung vertragsvorbereitender Instrumente

Insbesondere bei komplexeren Akquisitionen werden typischerweise vielfältige rechtliche Instrumente zur Anbahnung des Hauptvertrages eingesetzt. Diese sind hauptsächlich durch die M&A-Praxis im angloamerikanischen Raum geprägt, beruhen z.T. aber auch auf der kautelarjuristischen Fortentwicklung bzw. Präzisierung des deutschen Vertragsrechtes. Diesen typischen Gestaltungsmöglichkeiten soll nunmehr nachgegangen werden. Hier gilt, daß in jedem Einzelfall sorgfältig zu prüfen ist, welchen Erklärungswert das Instrument trotz einer ggf. anderslautenden oder sogar unzutreffenden[70] Bezeichnung aufweist und ob bereits eine vertragliche Bindungswirkung eingetreten ist.

70 Ein Paradebeispiel hierfür bildet der sorglose Gebrauch des Letter of Intent. Günther warnt eindrücklich vor der Verursachung unbeabsichtigter Bindungswirkungen durch das Zustandekommen eines Vorvertrages oder eines verbindlichen Vertragsangebotes, wenn die Grenze zur rechtsgeschäftlichen Willenserklärung überschritten wird, s. Günther in Münchener Vertrags-

a) Letter of Intent (LoI[71])

Der LoI wird in erster Linie für verhandlungspsychologische[72] Zwecke eingesetzt. Er soll beim Verhandlungspartner das Vertrauen in die Ernstlichkeit[73] der eigenen Verhandlungsabsichten wecken oder bekräftigen. Der LoI formuliert – häufig unter Nennung der Eckwerte des in Aussicht genommenen Vertrages – die Bereitschaft, in ernsthafte Vertragsverhandlungen zu treten[74]. Der fehlende Rechtsbindungswille wird dann i.d.R. durch die „no binding clause"[75] dokumentiert, worunter man den ausdrücklichen Hinweis versteht, daß der LoI noch nicht als rechtlich verbindliche Offerte aufgefaßt werden kann. Durch den LoI mit no binding clause können allerdings bereits vertrauensbegründende Wirkungen ausgehen, die sich in einer cic- Haftung[76] manifestieren, falls sich später herausstellt, daß ernsthafte Verhandlungen in Wirklichkeit nie[77] beabsichtigt waren.

Der LoI kann im Laufe fortgeschrittener Vertragsverhandlungen trotz der im Hinblick auf den angestrebten Hauptvertrag festgestellten Unverbindlichkeit bestimmte Vorfeldvereinbarungen initiieren. Diese Vorfeldvereinbarungen können z.B. die Aufteilung der Verhandlungs- und Vertragsnebenkosten oder Informationspflichten betreffen[78].

b) Memorandum of Understanding (MoU), Heads of Agreement (HoA) und Traktate

Das MoU läßt sich auch als Dokumentation des ernsthaften Willens, aktiv zu einer endgültigen Vereinbarung zu gelangen, definieren[79]. Gewöhnlich ist in dem MoU eine Punktation[80] zu sehen, die die Dokumentation durch die Fixierung eines bestimmten Stands der Verhandlungen und die Zusammenfassung des bisher Erreichten vollzieht. Auf die Punktation ist § 154 I S.2 i.V.m. S.1 BGB[81] anzuwenden, wonach die Verständigung

---

handbuch, Band 2, II.1, B., Anm. 5 (5). Deshalb hat der Wortlaut des Instruments allenfalls indizielle Bedeutung. Auch Semler verweist darauf, daß die Grenze zum Vorvertrag fließend werden kann, vgl. Semler in Handbuch des Unternehmens- und Beteiligungskaufs, Abschnitt VI, Rdn. 20.

71 Die Abkürzungen werden im Schrifttum unterschiedlich gehandhabt und sollen hier aus Gründen der Systematik einheitlich gebraucht werden.

72 Vgl. Günther in Münchener Vertragshandbuch, Band 2, II. 1, B, Anm. 5 (5).

73 S. Semler in Handbuch des Unternehmens- und Beteiligungskaufs, Abschnitt VI, Rdn.20.

74 S. Bork in Staudinger, § 145, Rdn. 14.

75 Zur no binding clause s. Kramer in MüKo, a.a.O., Vor § 145, Rdn.34.

76 Zur cic-Haftung vgl. Wolf in Soergel, Vor § 145, Rdn. 60 a.E.; Semler in Handbuch des Unternehmens- und Beteiligungskaufs, Abschnitt VI, Rdn. 20; Bork in Staudinger, § 145, Rdn.14.

77 In diesem Fall dürfte der LoI ein klassisches Anwendungsbeispiel für enttäuschtes Abschlußvertrauen i.S. von BGH BB 1969, S.464 sein.

78 Vgl. Bork in Staudinger, § 145, Rdn.14.

79 So Hertel, Rechtsgeschäfte im Vorfeld eines Projekts, BB 1983, 1825 l.Sp.. Das MoU findet sich nicht nur beim Unternehmenskauf, sondern auch häufig bei Verhandlungen im Außenwirtschaftsbereich, wenn die EU-Kommission als Mandatar der Mitgliedstaaten auftritt.

80 S. Semler in Handbuch des Unternehmens- und Beteiligungskaufs, Abschnitt VI, Rdn.19.

81 Vgl. Günther in Münchener Vertragshandbuch, Band 2, II.1, B., Anm. 5 (4).

über einzelne Punkte auch im Falle ihrer Aufzeichnung „im Zweifel“ nicht bindend ist. Aus dieser Auslegungsregel folgt auch, daß eine Bindung dennoch gewollt sein kann, was v.a. bei der tatsächlichen Durchführung[82] des Vertrages angenommen werden kann. Liegt kein Rechtsbindungswille vor, entfaltet das MoU (nur) dieselben vertrauensbegründenden bzw.- verstärkenden Rechtsfolgen wie der LoI, da lediglich das Vertrauen der anderen Partei in den Abschlußwillen gestärkt werden soll[83].

Unter HoA versteht man einen Vertragsentwurf oder Richtlinien zur Erstellung des Entwurfs[84]. Wie beim LoI fehlt bei den HoA im Regelfall der Rechtsbindungswille, da sich der in Vertragsform gekleidete Text nur als Diskussionsentwurf[85] versteht und nicht als Vertragsangebot, das der Empfänger durch Annahme der HoA zum Vertragsabschluß bringen könnte.

Das Traktat als eine kommentierende Erörterung[86] im Zusammenhang mit Vorverhandlungen steht auf derselben Stufe wie die HoA. Daneben wird in der kautelarjuristischen Praxis eine Reihe hybrider Bezeichnungen wie das „Memorandum of Intent“ oder die „Principles of Agreement“ verwendet. Ihnen allen ist gemeinsam, daß die Bezeichnung nur ein widerlegliches Indiz[87] für die mangelnde Bindungsabsicht jedenfalls hinsichtlich des Hauptvertrages ist.

c) Instruction to proceed (Itp) und Vorfeldvereinbarungen

Die Itp, die nicht nur bei industriellen Großprojekten, sondern auch bei Zusammenschlüssen[88] praktiziert wird, gliedert sich herkömmlich in zwei Teile. Sie enthält zum einen die Erklärung der Bereitschaft, unter bestimmten Voraussetzungen einen Vertrag schließen zu wollen; zum anderen werden in die Itp ausdrücklich Vorfeldvereinbarungen übernommen[89]. Neben dem Willen des Itp-Gebers, dem Itp-Nehmer seine Absicht zu erklären, demnächst mit ihm den Hauptvertrag abzuschließen, tritt demnach die Bewältigung einer Einzelaufgabe[90]. Im Unterschied zum LoI, in der die Absichtserklärung im Vordergrund steht, ist bei der Itp das Augenmerk auf die konkrete Vorbereitungsleistung

82 Ein illustratives Beispiel findet sich in BGH NJW 1983, 1727. Danach war ein Handelsvertretervertrag zustande gekommen, obwohl ein auf den Ausgleichsanspruch anzurechnender Übernahmepreis noch nicht feststand. Der BGH leitete den Bindungswillen trotz lückenhafter Vereinbarung aus der Durchführung des Vertrages ab; die allgemeine Lebenserfahrung ergebe, daß die Parteien nicht in einem vertragslosen Zustand leben wollten, s. BGH, a.a.O., S.1728, r.Sp..

83 S. Semler in Handbuch des Unternehmens- und Beteiligungskaufs, Abschnitt VI, Rdn.19 a.E..

84 Vgl. Hertel, BB 1983, 1825, l.Sp..

85 S. Semler in Handbuch des Unternehmens- und Beteiligungskaufs, Abschnitt VI, Rdn.20.

86 S. Hertel, BB 1983, 1825, l.Sp..

87 Vgl. Semler in Handbuch des Unternehmens- und Beteiligungskaufs, Abschnitt VI, Rdn. 20. Semler unterstreicht, daß gerade bei den hybriden Bezeichnungen die Auslegung unter Berücksichtigung aller Umstände aus dem Empfängerhorizont zu erfolgen hat.

88 Vgl. zum Anwendungsbereich Hertel, BB 1983, 1824 mit einem Praxisbeispiel.

89 Zum zweigliedrigen Aufbau der Itp vgl. Wolf in Soergel, Vor § 145, Rdn.60.

90 S. Hertel, BB 1983, 1825, r.Sp..

gerichtet und der Hinweis auf den zukünftigen Vertragsabschluß dient nur als Begründung für die Vorwegnahme der Aufgabe[91]. K und V können z.B. die Gründung eines Gemeinschaftsunternehmens, eine Kooperation im Vertriebsbereich oder andere vorbereitende Verträge als Einzelaufgaben festlegen, die dem Abschluß des Beteiligungskaufvertrages als Teil einer unternehmerischen Gesamtstrategie der Parteien vorausgehen sollen. Im Verhältnis zum Hauptvertrag bleibt die Itp als selbständiger Vertrag bestehen, wobei sich im Falle des Scheiterns des Hauptvertrages Ansprüche aus GoA, cic oder ungerechtfertigter Bereicherung ergeben können[92].

Vorfeldvereinbarungen über die Aufteilung der Verhandlungsnebenkosten oder sonstige Absprachen können nicht nur durch den LoI, sondern auch durch die Itp initiiert werden[93]. Zudem besteht bei der Anbahnung eines Unternehmenskaufvertrages aufgrund der schon vor Vertragsschluß entstehenden erheblichen Kosten[94] ein Bedürfnis für einzelfallbezogene Vereinbarungen im Vorfeld des intendierten Vertrages. In der Praxis kommen hierfür Kostenverteilungsvereinbarungen (KVV)[95] in Betracht, durch die die finanziellen Belastungen der Parteien ex ante exakt festgeschrieben werden sollen.

d) Vorhand

Unter Vorhand versteht man allgemein die Verpflichtung, bei Verkaufsabsicht mit dem Berechtigten zu verhandeln und ggf. mit ihm zu den von einem Dritten gebotenen Bedingungen abzuschließen[96]. Die Vorhand kann in drei Spielarten[97] auftauchen, je nach Intensität der Bindung. Die Verpflichtung kann sich darauf beschränken, den Berechtigten über die Verkaufsabsicht zu informieren und ihm Gelegenheit zur Stellungnahme zu geben, ohne daß eine Verpflichtung konstituiert wird, das Angebot des Vorhandberechtigten anzunehmen. Zweitens kann die Vorhand so ausgestaltet sein, daß eine Annahmepflicht nur dann entsteht, wenn der Vorhandberechtigte ein mindestens gleichwertiges Angebot macht. Schließlich kann die Vorhand eine Anbietungspflicht vorsehen, wobei es sich dann um einen einseitig bindenden Vorvertrag handelt, der als aufschiebende Bedingung

---

91 Vgl. Hertel BB 1983, 1826, r.Sp..

92 S. Wolf in Soergel, Vor § 145, Rdn. 60 a.E. Die genannten Ansprüche sind einzelfallbezogen und können insbesondere greifen, falls Leistungen im Rahmen der vorbereitenden Aufgabe nur wegen der engen Konnexität zum Hauptvertrag erfolgten.

93 S. Bork in Staudinger, § 145, Rdn.14.

94 Vgl. Günther in Münchener Vertragshandbuch, Band 2, II. 1., B., Anm.5 (6). Günther nennt hier beispielsweise die Kosten für technische und betriebswirtschaftliche Untersuchungen, Gutachten für die Unternehmensbewertung, Bodenuntersuchungen, behördliche Verfahren etc..

95 Daß die KVV keine Wunderwaffe im Kampf gegen Vorfeldkostenrisiken sind, zeigt die Problematik eines Scheiterns des Hauptvertrages. Hierbei ist streitig, in welchem Verhältnis die KVV zur Haftung aus cic stehen, vgl. Kapp, Nochmals: Schadensersatz aus culpa in contrahendo beim gescheiterten Abschluß eines formbedürftigen Vertrages, DB 1991, 1265.

96 S. zur Bedeutung der Vorhand bei Gesellschaftervereinbarungen Noack, a.a.O., S.16.

97 Vgl. zu den nachfolgenden Varianten der Vorhand Bork in Staudinger, Vorb zu §§ 145 ff., Rdn.78.

den Willen des Verpflichteten zur Veräußerung vorsieht[98]. Die praktische Bedeutung der Vorhand liegt v.a. in der dritten Variante, soweit es um Verfügungen eines Poolmitgliedes[99] geht. Hier kann sich dann ebenso wie bei den Optionsgestaltungen die Frage stellen, ob bereits eine Anbietungspflicht[100] des V zugunsten des Mitgesellschafters K abhängigkeitsrechtliche Folgen entfalten kann.

e) Optionsgestaltungen

Auch bei den Optionsgestaltungen hält sich die Vertragspraxis nur selten[101] streng an die im Schrifttum anzutreffende Terminologie. Gemeinsamer Nenner der Optionen ist die befristete oder unbefristete Möglichkeit[102] für den Berechtigten, durch einseitige Willenserklärung einen Vertrag mit inhaltlich bereits fixiertem Inhalt zustande zu bringen, ohne daß dieser Möglichkeit auch eine Verpflichtung des Optionsberechtigten gegenübersteht.

Jenseits dieser gemeinsamen Merkmale ist die jeweilige Optionsvereinbarung einzelfallbezogen, wobei in der Vertragspraxis[103] insbesondere festzulegen ist, wie lange die Optionsfrist dauern soll (Annahmefrist), welche Modalitäten für die Abgabe und den Zugang der Annahmeerklärung gelten sollen, ob eine Optionsgebühr zu entrichten ist und welche Rechtsfolgen für die Verletzung von Bindungs-, Handlungs- und Verhaltenspflichten entstehen sollen. Zur Regelung des letztgenannten Aspekts werden häufig Vertragsstraferegelungen vereinbart, wobei dann auch die Möglichkeit der Geltendmachung weitergehender Schäden spezifiziert[104] wird.

Die Option in Gestalt des Ankaufsrechts[105] kann *rechtstechnisch* auf drei verschiedenen Wegen begründet werden:

---

98 S. Bork in Staudinger, Vorb zu §§ 145, Rdn. 78 a.E..

99 S. die vorgeschlagene Formulierung bei Noack, a.a.O., § 5 Abs. (3) des Anhangs: „Beabsichtigt ein Poolmitglied, seine Aktien ganz oder teilweise auf andere....Personen zu übertragen, so hat es diese Aktien allen übrigen Poolmitgliedern durch eingeschriebenen Brief zum Erwerb anzubieten.".

100 Zu dieser Frage s. die Ausführungen auf S. 303 f..

101 So Bork in Staudinger, a.a.O.,Vorb zu §§ 145 ff., Rdn.69.

102 Kramer weist auf die Möglichkeit des Optionsberechtigten hin, unmittelbar durch einseitigen Gestaltungsakt vertragliche Verpflichtungen zu begründen, s. Kramer in MüKo, Vor § 145, Rdn. 41. Dagegen legt Wolf je nach Schwerpunkt das Gewicht auf die Bedingung oder die Gestaltungserkärung, vgl. Wolf in Soergel, Vor § 145, Rdn. 68. Semler spricht von der rechtsgeschäftlichen Einräumung einer Gestaltungsbefugnis, durch die der begünstigten Partei ermöglicht wird, einseitig den Vertragsschluß herbeizuführen, s. Semler in Handbuch des Unternehmens- und Beteiligungskaufs, Abschnitt VI, Rdn. 21.

103 Zu den geläufigen Regelungen im Zusammenhang mit einer Optionsvereinbarung vgl. Günther in Münchener Vertragshandbuch, Band 2, II. 1, B., Anm. 4.

104 S. Günther in Münchener Vertragshandbuch, Band 2, II. 1, B., Anm. 4. Die Geltendmachung weitergehender Schäden kann ausgeschlossen werden oder es kann vereinbart werden, daß der Vertrauens- oder der Nichterfüllungsschaden zu ersetzen ist.

105 Die Option auf einen Kaufvertrag wird als Ankaufsrecht bezeichnet, vgl. Bork in Staudinger, Vorb. §§ 145 ff., Rdn. 69.

Die erste Möglichkeit besteht darin, daß der Optionsgeber dem Optionsnehmer einseitig das Optionsrecht verschafft, indem er ihm ein befristetes oder unbefristetes Angebot als Festofferte unterbreitet. In diesem Fall besteht kein Unterschied zu einem normalen Vertragsangebot, das inhaltlich hinreichend bestimmt sein muß, um durch die Optionserklärung als Akzept[106] angenommen werden zu können. Eine besondere Spielart der Einräumung mittels Festofferte findet sich bei der Überkreuzoption[107], die dadurch gekennzeichnet ist, daß beiderseits Angebote abgegeben werden und somit jede Partei den Vertrag mit dem von der anderen Seite angebotenen Inhalt zustande bringen kann.

Der zweite Weg der Optionseinräumung liegt in dem Abschluß eines Optionsvertrages bzw. Angebotsvertrages, der die bindende Offerte des Optionsverpflichteten enthält und gleichzeitig die Bedingungen festlegt, unter denen der Begünstigte sein Gestaltungsrecht geltend machen kann. Bei dieser Variante liegt die Willenserklärung des Optionsgebers in dem Abschluß des Optionsvertrages und die des Optionsnehmers nicht nur in dem Abschluß, sondern auch in der Ausübung der Optionsrechts[108].

Eine dritte[109] und in der Praxis häufig anzutreffende[110] Möglichkeit liegt in dem Abschluß eines bedingten Kaufvertrages als Hauptvertrag. Die Bedingung stellt dann die Ausübung des Optionsrechts als zulässige Wollensbedingung[111] dar. Der Unterschied zu der ersten und zweiten Variante der Optionseinräumung ist demnach darin zu sehen, daß bei der dritten Variante bereits ein (allerdings bedingter) Kaufvertrag vorliegt. Da der Aktienkaufvertrag demnach bedingt zustande gekommen ist, wird die dritte Variante der Optionsgestaltung in der *Übersicht 1* der Interimsphase zugeordnet und nicht der Vorabschlußphase, wohin nur die ersten beiden Varianten gehören.

Wurde in dem Kaufvertrag über die Aktien auch bereits aufschiebend bedingt verfügt, wäre die Rechtsstellung des Optionsnehmers grundsätzlich nach § 161 I BGB stärker[112] geschützt als bei der Optionseinräumung qua Festofferte. Nach § 161 III i.V.m. § 935 II BGB erfährt dieser Schutz jedoch für die hier interessierenden Fälle des Aktienkaufvertrages über Inhaberaktien wiederum eine praktisch wichtige Einschränkung.

---

106 Zur Möglichkeit der Optionseinräumung durch Festofferte s.a. Kramer in MüKo, Vor. § 145, Rdn. 43.

107 S. Günther in Münchener Vertragshandbuch, Band 2, II. 1, B., Anm.4.

108 Zur Begründung qua Optionsvertrag s. Kramer in MüKo, Vor § 145, Rdn.44.

109 Kramer sieht die über einen bedingten Hauptvertrag mit Optionsvorbehalt begründete Option allerdings nicht als echte rechtliche Gestaltungsalternative an, sondern lediglich als dogmatisch abweichende Deutung gegenüber der Einräumung des Optionsrechts qua Optionsvertrag, vgl. den Nachweis in der Fußnote zuvor. Dagegen beurteilt Bork die beiden Varianten nicht als unterschiedliche dogmatische Erklärungsversuche, sondern als verschiedene materielle Wege, zwischen denen die Parteien die freie Wahl haben, s. Bork in Staudinger, Vorbem zu §§ 145 ff., Rdn. 72. Ähnlich auch Wolf, der ebenfalls von unterschiedlichen rechtlichen Wegen ausgeht, s. Wolf in Soergel, Vor § 145, Rdn. 68.

110 S. Wolf in Soergel, Vor § 145, Rdn. 68. Wolf geht von dem regelmäßigen Weg der Optionseinräumung durch bedingten Hauptvertrag aus.

111 Vgl. Bork in Staudinger, Vorb. zu §§ 145 ff. in Abgrenzung zur Potestativbedingung.

112 Auf diesen Unterschied weist auch Semler hin, s. Semler in Handbuch des Unternehmens- und Beteiligungskaufs, Abschnitt VI, Rdn.22.

In der Vertragspraxis tauchen Fallgestaltungen mit Optionsfristen auf, die von mehreren Monaten bis viele Jahre reichen. Beispielsweise wurde der ASKO-AG[113] von einem privaten Aktionär eine langjährige Option auf 1000 Stimmrechtsaktien bei der Massa AG eingeräumt, die dieser bei Ausübung der Option die Mehrheitsbeteiligung ermöglicht hätte. Ein weiteres Beispiel findet sich im Fall der Advanta Management AG, die auf ein 20%-iges Aktienpaket der Lufthansa an der Kempinski AG eine zwanzigjährige[114] Option eingeräumt erhielt. Zu nennen ist auch die Option von Siemens auf 2,8 Mio. Aktien der Familie Nixdorf[115].

Diese Beispiele[116] zeigen, daß Optionsgestaltungen bei der Untersuchung der abhängigkeitsrechtlichen Folgen gerade auch in der Vorabschlußphase eine praktisch wichtige Rolle spielen.

f) Vorvertrag

Der Vorvertrag ist ein schuldrechtlicher Vertrag, in dem die Verpflichtung zum späteren Abschluß eines in seinem äußeren Rahmen festgelegten Hauptvertrages eingegangen wird[117]. Kennzeichen des Vorvertrages ist demnach der *vertragliche Kontrahierungszwang*, der darin liegt, daß eine Partei oder beide Parteien[118] verpflichtet wird bzw. werden, das Hauptvertragsangebot[119] unter den im Vorvertrag genannten Voraussetzungen anzunehmen. Von den Optionsgestaltungen unterscheidet[120] sich der Vorvertrag dadurch, daß nicht ein Gestaltungsrecht ausgeübt wird, sondern eine einseitige oder gegenseitige Verpflichtung zum Vertragsschluß begründet wird.

In der Literatur zum Unternehmenskaufvertrag wird beim Vorvertrag als Gestaltungsmittel häufig auf die damit verbundenen Risiken hingewiesen. So unterstreicht *Günther*[121] die Notwendigkeit, daß angesichts der Möglichkeit ergänzender Vertragsauslegung durch richterliche Entscheidung nach §§ 315, 316 BGB möglichst alle Punkte erfaßt sein müßten. Andernfalls bestehe die Gefahr, daß der endgültige Vertragsinhalt der

---

113 Vgl. den Sachverhalt bei LG Mainz AG 1991, S.30. Die ASKO Deutsche Kaufhaus AG hielt an der Massa AG 50 % des stimmberechtigten Kapitals *minus* einer Aktie. Die Option über 1000 Stimmrechtsaktien wurde der ASKO bereits 1988 eingeräumt, von ASKO aber (zumindest) bis Oktober 1990 (Zeitpunkt des Urteils) nicht ausgeübt, s. LG Mainz, a.a.O., S.31 r.Sp.: „ bis heute nicht ausgeübt".

114 S. AG- Report, AG 1992, R 464.

115 S. FAZ v. 13.12.1991.

116 Ein weiteres Beispiel findet sich in NJW 1990, 1233 (Option aus einem einseitig verpflichtenden Kaufvertrag auf die Übernahme eines Busbetriebes).

117 Vgl. die Definition bei Wolf in Soergel, Vor § 145, Rdn. 55.

118 Der Vorvertrag kann einseitig oder beidseitig verpflichtend sein, je nachdem, ob sich jede Partei dazu verpflichtet, den Hauptvertrag abzuschließen oder nur eine Partei das Recht erwirbt, auf Abschluß des Hauptvertrages zu drängen.

119 S. Bork in Staudinger, Vorbem zu §§ 145 ff., Rdn. 56.

120 S. Semler in Handbuch des Unternehmens- und Beteiligungskaufs, Abschnitt VI, Rdn. 25.

121 Vgl. Günther in Münchener Vertragshandbuch, Band 2, II. 1, B, Anm. 5 (3).

Disposition durch die Parteien entzogen werde. Auch *Semler*[122] erwähnt die Gefahr des Dispositionsverlustes und betont zudem die Notwendigkeit hinreichender Bestimmtheit[123] des Vorvertrages, um überhaupt rechtsgeschäftliche Bindungswirkung entfalten zu können. Um beide Risiken zu vermeiden, muß der Vorvertrag demnach i.d.R. bereits weitgehend im Detail durchgearbeitet sein, womit ebensogut auch der Hauptvertrag abgeschlossen werden könnte.

g) Rahmenvertrag/Mantelvertrag

Rahmen- oder Mantelverträge legen die Einzelheiten künftiger Verträge fest, ohne eine Hauptpflicht zum Abschluß eines Einzelvertrages zu begründen[124]. Die Verweigerung des Abschlusses eines Einzelvertrages durch eine Partei kann jedoch im Rahmen des durch den Rahmenvertrag begründeten Dauerschuldverhältnisses eine pVV[125] des Rahmenvertrages darstellen. Für die hier interessierenden Fälle verdient ein Rahmenvertrag Aufmerksamkeit, falls es sich um einen sukzessiven[126] Anteilserwerb handelt. Im Rahmenvertrag könnten dann die Höhe der einzelnen Tranchen und die Zeitpunkte der beabsichtigten Übertragung auf K festgelegt werden.

Eine Zusammenschau der vertragsvorbereitenden Instrumente ergibt sich aus *Übersicht 2*:

122 S. Semler in Handbuch des Unternehmens- und Beteiligungskaufs, Abschnitt VI, Rdn. 25.

123 Zum Bestimmheitsgebot vgl. Bork in Staudinger, Vorbem zu §§ 145 ff., Rdn. 57 m.w.N.; Wolf in Soergel, Vor § 145, Rdn.60..

124 S. Bork in Staudinger, Vorb zu §§ 145 ff., Rdn.54.

125 Wie Fußnote zuvor.

126 Vgl. Hölters in Handbuch des Unternehmens- und Beteiligungskaufs, Abschnitt I, Rdn. 87; Semler in Hölters, Abschnitt VI, Rdn. 27.

Übersicht 2: Vertragsvorbereitende Instrumente

Instrument	Beschreibung	Rechtswirkungen
LoI	Bekräftigung des Verhandlungswillens	I.d.R. „no binding clause", d.h. keine Rechtsbindung bez. Hauptvertrag; c.i.c.-Haftung möglich
MoU HoA Traktat Mischformen: Memorandum of Intent; Principles of Agreement	Punktation Vertragsentwurf/Richtlinien Kommentierende Erörterung Dienen der Förderung der Verhandlungen unter Festhalten von Zwischenergebnissen	im Zweifel keine Bindung, cic-Haftung möglich dito dito dito
Itp	2 Bestandteile: Bekräftigung des Verhandlungswillens Einzelvertrag	Keine Bindung bez. Hauptvertrag Ansprüche aus GoA, cic oder ungerechtfertigter Bereicherung möglich, falls Hauptvertrag scheitert
Vorhand	3 Varianten: - bloße Informationspflicht - Annahmepflicht bei mindestens gleichwertigem Angebot - Anbietungspflicht	 keine Bindung Bindung bei Erfüllen der Voraussetzungen Bindung
Optionen	3 Möglichkeiten - durch Festofferte - durch Optionsvertrag - durch bedingten Hauptvertrag	Bindung des Optionsgebers und Gestaltungsrecht des Optionsnehmers bei allen Möglichkeiten
Vorvertrag	vertraglicher Kontrahierungszwang	Bindung bei hinreichender Bestimmtheit; ein- oder zweiseitige Verpflichtung zur Annahme des Hauptvertragsangebotes
Rahmen-/ Mantelvertrag	Festlegung künftiger Verträge im Rahmen eines Sukzessiverwerbs von Beteiligungen an Z	Keine Bindung bez. Hauptvertrag; pVV des Rahmenvertrags möglich

4. Die Bedeutung des Closings und des Übergabestichtags

Beim Beteiligungserwerb sind wie beim asset deal zwei Zeitpunkte zu unterscheiden[127], die in der vertraglichen Gestaltungspraxis regelmäßig definiert werden und die zusammenfallen können, aber nicht müssen.

Beim „closing" handelt es sich um den zentralen Abwicklungspunkt[128], in dem die eigentliche Unternehmensübertragung vollzogen wird. Er kann in der Vertragspraxis v.a. beim asset deal sehr vielschichtig konzipiert sein und versteht sich als zusammenfassende[129] Umschreibung der in diesem Zeitpunkt vorzunehmenden Rechtshandlungen. Beim share deal betrifft das closing demnach den Zeitpunkt der Übertragung des Aktienpaketes als exakte zeitliche Fixierung, aber z.B. auch die Kaufpreiszahlung durch K, die Feststellung von Bezugsbilanzen der Z etc..

Dagegen ist der Übergabestichtag als zeitlicher Bezugspunkt und Abgrenzungszeitpunkt für die schuldrechtliche[130] Beziehung zwischen Käufer und Verkäufer relevant. Der Stichtag hat beim share deal v.a. die Funktion, das Unternehmen als wirtschaftlichen Kaufgegenstand durch eine zeitgenaue Zuordnung zu den Vermögensgegenständen der Zielgesellschaft[131] zu erfassen. Dies geschieht i.d.R. durch Erstellung einer Abrechnungsbilanz zum Abrechnungsstichtag[132]. Darüber hinaus hat der Stichtag auch Bedeutung für die Abgrenzung der Gefahren und die Aufteilung der *Nutzen und Lasten* zwischen V und K[133]. Die Stichtagsregelung kann somit als vertragstechnisches Einfallstor für alle Absprachen eingesetzt werden, die die wirtschaftliche Partizipation des Käufers an der Ziel-

---

127 Einige Autoren unterscheiden nicht zwischen closing und Stichtagsregelung. So sieht z.B. Hölters Übergabestichtag und closing als Synonima an, vgl. Hölters in Handbuch des Unternehmens- und Beteiligungskaufs, Abschnitt I, Rdn. 149. Dagegen weist Semler im selben Werk darauf hin, daß das closing z.B. auch auf den Akt des Vertragsschlusses abzielen kann, s. Semler in Handbuch des Unternehmens- und Beteiligungskaufs, Abschnitt VI, Rdn. 40.

128 Vgl. Holzapfel, a.a.O., Rdn. 18.

129 Vgl. Holzapfel, a.a.O., Rdn. 17. Eine besondere Schwierigkeit besteht bei der Übertragung ins deutsche Zivilrecht darin, daß das closing aus der M&A-Bereich stammt, das anglo-amerikanische Recht das deutsche Abstraktionsprinzip jedoch nicht kennt. Deshalb ist jeder Transfer des Begriffs auf den deutschen Unternehmenskaufvertrag in Gestalt des Aktienpaketkaufvertrages mit Ungenauigkeiten behaftet.

130 Am deutlichsten tritt die Unterscheidung bei Holzapfel hervor, vgl. Holzapfel, a.a.O., Rdn. 23. Demnach habe das closing Abwicklungscharakter, während der Stichtag in erster Linie schuldrechtliche Bedeutung aufweise.

131 Vgl. Semler in Handbuch des Unternehmens- und Beteiligungskaufs, Abschnitt VI, Rdn. 42.

132 S. z.B. die Formulierung bei Hölters, Handbuch des Unternehmens- und Beteiligungskaufs, Anhang I, § 2 Abs. (1): „Die Höhe des Kaufpreises wird anhand einer zum...(Abrechnungsstichtag) zu erstellenden Abrechnungsbilanz bestimmt. Für die Abrechnungsbilanz vereinbaren die Beteiligten:..." (es folgen Festlegungen zur Bilanzierung und zu Wahlrechten).

133 Vgl. Holzapfel, a.a.O., Rdn. 22. Günther, spricht davon, daß das Unternehmen vom Übergangsstichtag an vom Käufer „beherrscht und auf dessen Rechnung und Risiko fortgeführt" wird, s. Günther in Münchener Vertragshandbuch, Band 2, II.1., G. Anm. 57. Gemeint ist die Beherrschung im untechnischen Sinne.

gesellschaft im Verhältnis zum Verkäufer auf einen Zeitpunkt verlegen, der vor[134] der im Rahmen des closings vorgesehenen Übereignung des Aktienpakets liegt.

Regelungen im Zusammenhang mit dem Stichtag können beim asset deal zudem vorsehen, daß bestimmte Geschäftsführungsmaßnahmen[135] nur mit Zustimmung oder in Fällen des Vollzugsverbotes nur nach Konsultationen des Käufers vorgenommen werden dürfen. Für die hier interessierenden Fälle des share deals bei einer AG könnten Absprachen wegen der Vorstandsautonomie jedoch nicht dahingehend erfolgen, daß auf K unmittelbare Zustimmungs- oder gar Weisungsbefugnisse gegenüber dem Vorstand der Zielgesellschaft für deren Leitung übertragen werden. Auch V als aktueller Mehrheitsgesellschafter hat solche Weisungsrechte mangels § 308 I S.1 und angesichts von § 76 I nicht inne. Denkbar ist jedoch, daß K im Rahmen einer Stichtagsregelung bereits vor dem dinglichen Vollzug der Akquisition Befugnisse hinsichtlich der Ausübung des Stimmrechts in der Hauptversammlung der Z eingeräumt erhält[136].

Zudem kann die Stichtagsregelung in einem Beteiligungskaufvertrag eine der kautelarjuristischen Techniken darstellen, um den Parteien – vorbehaltlich der noch ausstehenden Prüfung der Fälle, die der Fusionskontrolle unterliegen und vorbehaltlich der sonstigen Begrenzungen der Gestaltungsfreiheit – die Möglichkeit zu eröffnen, eine zeitliche Vorverlagerung der wirtschaftlichen Teilhabe des K an Z festzulegen.

---

134 Die hier angesprochene Möglichkeit einer Vorverlagerung der wirtschaftlichen Teilhabe des K an Z im Rahmen einer Stichtagsregelung betrifft die Interimszeit, die erst nach Zustandekommen des Aktienkaufvertrages einsetzt. Nicht gemeint ist die in der Literatur zum Unternehmenskaufvertrag häufig erörterte Problematik einer Vorverlagerung des Stichtags auf einen Zeitpunkt, der sogar noch vor Abschluß des Vertrages selbst liegt. Letztere Art der Vorverlagerung kann wegen der von den Parteien angestrebten Rückwirkung insbesondere Probleme bei einer Sorgfaltspflichtverletzung im Rahmen eines Geschäftsbesorgungsverhältnisses zwischen Käufer und Verkäufer aufwerfen. Das Problem folgt dann daraus, daß der Verkäufer im Zeitpunkt der Verletzung noch gar nicht zur Wahrnehmung des Käuferinteresses in der Lage war, da die Rückwirkung erst zu einem späteren Zeitpunkte vereinbart wurde, vgl. Günther in Münchener Vertragshandbuch, Band 2, II. 1, G, Anm. 59 b).

135 S. Holzapfel, a.a.O., Rdn. 30.

136 S. dazu die Ausführungen im dritten Abschnitt zum autorisierten Handeln auf S. 109 ff. und zur Stimmrechtsbindung auf S. 128 ff..

Abschnitt II: Besondere Abreden über die Ausgestaltung einer mittelbaren wirtschaftlichen Teilhabe des Käufer-Unternehmens an der Zielgesellschaft im Vorfeld des dinglichen Rechtsübergangs

Die bisherigen Überlegungen haben gezeigt, daß der Beteiligungskaufvertrag in Gestalt des Aktienkaufvertrages grundsätzlich[137] vielfältige Möglichkeiten bietet, noch vor der dinglichen Übereignung des Aktienpaketes auf K die Nutzen und Lasten der Mehrheitsbeteiligung beispielsweise im Rahmen einer Stichtagsregelung abweichend von der dinglichen Rechtslage festzulegen. Abreden mit dieser Zielsetzung können eine mittelbare wirtschaftliche Teilhabe des K an Z vorsehen. Im zweiten Abschnitt soll deshalb untersucht werden, welche Gestaltungsformen der sog. mittelbaren Unternehmensbeteiligung in der Interimszeit durch die Parteien gewählt werden können. Es wird vorausgesetzt, daß die konkrete vertragliche Ausgestaltung der mittelbaren Unternehmensbeteiligung des K an Z nicht in den Anwendungsbereich der Vollzugsverbote der deutschen oder europäischen Fusionskontrolle fällt, weil z.B. die fusionskontrollrechtlichen Aufgreifschwellen nicht erreicht werden.

1. Charakterisierung der mittelbaren Unternehmensbeteiligung und Gang der Untersuchung im zweiten Abschnitt

Die mittelbare Unternehmensbeteiligung ist dadurch gekennzeichet, daß sie nicht von dem Mitglied einer Außengesellschaft gehalten wird, sondern nur intern[138] als meist[139] rein schuldrechtliche Beteiligung. Hauptanwendungsfälle der mittelbaren Beteiligung bilden der Treuhandvertrag, die Unterbeteiligung und der Nießbrauch. Bei der Untersuchung, welche Konsequenzen die Vereinbarung eines bestimmten Instituts der mittelbaren Unternehmensbeteiligung für die abhängigkeitsrechtliche Beurteilung hinsichtlich Z hat, ist zu berücksichtigen, daß aufgrund der erheblichen kautelarjuristischen Variationsbreite[140] immer eine Einzelfallprüfung des konkreten Vertrages anhand aller bekannten Gesamtumstände vorzunehmen ist. Die Notwendigkeit einer sorgfältigen Einzelfallprüfung muß umso mehr betont werden, als die von den Parteien gewählte Ausgestaltung der mittelbaren Unternehmensbeteiligung des K an Z von deren idealtypischen bzw. dispositiven gesetzlichen Folgen abweichen kann. Um die abhängigkeitsrechtliche Vorarbeit in systematischer Weise durchzuführen, sollen die Institute der mittelbaren Unternehmensbeteili-

137 Zu den Einschränkungen der Gestaltungsfreiheit im Rahmen der Fusionskontrolle s. die Zusammenfassung auf S. 172 f..

138 Vgl. Karsten Schmidt, Gesellschaftsrecht, S. 1819.

139 Im Falle eines Nießbrauchs an den von V gehaltenen Aktien handelt es sich um die dingliche Belastung der Mitgliedschaft.

140 Vgl. z.B. Schramm in MüKo, Vor § 164, Rdn. 30 zu den vielfältig differenzierten Treuhandverträgen; Karsten Schmidt, Gesellschaftsrecht, S. 1820. S.a. Schön, ZHR 158 (1994), S. 270 zur Möglichkeit, durch privatautonome Vereinbarung Konfliktfälle, die aus dem Nießbrauch folgen könnten, auszuräumen.

gung in diesem Abschnitt ohne Mischformen[141] *idealtypisch* unter drei Aspekten beleuchtet werden:

Der erste Aspekt betrifft die Frage, welche Ausgestaltung innerhalb des jeweiligen Instituts für die wirtschaftliche Zielsetzung einer *Überbrückung* der Interimszeit in Betracht kommt. Sie spielt v.a. bei der Treuhand und der Unterbeteiligung eine Rolle[142].

Der zweite Aspekt umfaßt die Prüfung, wie sich die Vereinbarung einer mittelbaren Unternehmensbeteiligung des K auf das *Stimmrecht* auswirkt. Hierbei ist auch zu prüfen, ob und ggf. in welchem Umfang K (Mit-)Verwaltungsrechte im Innenverhältnis zu V erlangt, die ihrerseits Wirkungen auf die Stimmrechtsmacht des V in der Hauptversammlung der Z entfalten könnten.

Schließlich ist zu klären, wie weitgehend K in der Interimszeit an den *Vermögensrechten* der Mehrheitsbeteiligung partizipiert. Zu diesem Fragenkomplex gehört die Analyse, in welchem Ausmaß durch die Begründung der mittelbaren Unternehmensbeteiligung die wirtschaftlichen Chancen und Risiken der Beteiligung auf K vorverlagert werden.

Auf die Ergebnisse des zweiten Abschnittes wird im Verlauf der Abhängigkeitsprüfung im Rahmen des § 16 IV 2.Var. i.V.m. § 17 Abs. II zurückgegriffen[143]. Dort wird – differenziert nach den Möglichkeiten der Ausgestaltung einer mittelbaren Unternehmensbeteiligung – erörtert werden, wie nah K zu Z bereits vor der dinglichen Übereignung der Aktien steht und ob diese Nähe abhängigkeitsrechtliche Folgen mit sich bringt. Um ein Bild *Blaurocks*[144] zu verwenden: es wird geprüft werden, wie weit K aufgrund seiner von V erhaltenen Befugnisse vom „Lichtkegel" der Zielgesellschaft erfaßt wird, ob er nur im Halbdunkel verbleibt oder aber abhängigkeitsrechtlich zur Gänze ins Licht tritt.

2. Nießbrauch

a) Mögliche Gestaltungsformen und Zielsetzungen eines Nießbrauchs an dem Aktienpaket des V

Schon eine kursorische Sichtung der umfangreichen Literatur[145] zur Problematik der gesellschaftsrechtlichen Folgewirkungen des Nießbrauchs erweckt den Eindruck, daß ein juristisches Minenfeld betreten wird. Der Gesetzgeber des BGB hatte für den Nießbrauch an Aktien bewußt[146] auf eine Regelung des Stimmrechts verzichtet, weil er der Auffassung

141 Eine solche Mischform stellt beispielsweise die (Nutzungs-)Treuhand zu Nießbrauchszwecken dar; s. dazu Schmidt, Gesellschaftsrecht, S. 1828.

142 S. dazu die Ausführungen unter 3. a), S. 92 ff. und 4. a), S. 98 ff. in diesem Abschnitt.

143 Vgl. dazu die Untersuchung im fünften Abschnitt, S. 187 ff..

144 Vgl. zu diesem Bild Blaurock, Unterbeteiligung und Treuhand an Gesellschaftsanteilen, S.19.

145 S. statt vieler Karsten Schmidt in Schlegelberger, § 335 (§ 230 n.F.), Vorbem., Rdn. 24 ff.; Schön, Der Nießbrauch am Gesellschaftsanteil, ZHR 158 (1994), 229 ff.; Stürner in Soergel, § 1068, 7 c ff. m.w.N., Blaurock, 142 ff., Wiedemann, Übertragung, S.397 ff. m.w.N..

146 Vgl. Motive zum BGB III, S.556. S.a. Promberger in Staudinger, Anh. zu §§ 1068, 1069, Rdn. 99. Eine detaillierte Darstellung der Gesetzgebungsgeschichte und des von den Gesetzge-

war, daß sich bei der von den Gesellschaftsstatuten abhängenden verschiedenartigen Gestaltung der Fälle keine allgemeinen Vorschriften aufstellen ließen. Im Gegensatz zu Regelungen in anderen europäischen Ländern[147] fehlt es somit an gesetzlichen Vorgaben.

Als kleinster gemeinsamer Nenner des Schrifttums läßt sich bislang nur ausmachen, daß der Nießbrauch an Aktien für Inhaberaktien nach § 1081 BGB und bei Namensaktien nach § 68 i.V.m. §§ 1069,1070 BGB bestellt werden kann und daß die Dividende in diesen Fällen als bestimmungsgemäßer Ertrag der Mitgliedschaft nach § 1068 II i.V.m. §§ 1030 I, 100, 2.Var., 99 II BGB anzusehen ist[148]. Jenseits dieses sicheren „Erkenntnisstandes" beginnt das besagte Minenfeld[149], das sich um im Bild zu bleiben durch drei Fronten schlängelt. Sie werden durch das gesellschaftsrechtliche Abspaltungsverbot[150], Rechtssicherheitsbedenken[151] und schlichte Praktikabilitätserwägungen[152] demarkiert. Die Ursachen für die außerordentliche Meinungsvielfalt der Literatur und das unsichere Terrain, auf dem man sich bewegt, liegen in der Schwierigkeit, daß die (allgemeinen) gesetzlichen Vorschriften zum Nießbrauch und die gesellschaftsrechtlichen Regelungen nicht aufeinander abgestimmt sind[153]. Ähnlich wie bei der Frage der erbrechtlichen Nachfolge in die Mitgliedschaft läßt sich auch für die Beurteilung der Rechtsfolgen des Nießbrauchs eine Divergenz[154] allgemein-zivilrechtlicher und gesellschaftsrechtlicher Erfordernisse ausmachen. Sie resultiert daraus, daß der in § 1068 II BGB enthaltene grundsätzliche Verweis auf die Anwendbarkeit der §§ 1036 ff. BGB verwaltungsrechtliche Kompetenzen des Nießbrauchers normiert, die für den Sachnießbrauch zugeschnitten sind. Aus dem spezifischen Zuschnitt ergibt sich die nicht leichte Aufgabe, einen entsprechenden – dogmatisch und praktisch gleichermaßen vertretbaren – Transfer auf die mitgliedschaftlichen Befugnisse durchzuführen. Der Transfer wird zusätzlich durch den Gebrauch einer höchst uneinheitlichen Terminologie erschwert, die insbesondere die Grenzen zwischen Treu-

---

bungskommissionen nicht aufgegriffenen § 340 des von Reinhold Johow 1880 eingebrachten sachenrechtlichen Vorentwurfs findet sich bei Schön, ZHR 158 (1994), S. 230-233.

147 Art. 690 II SchweizOR und Art. 2352 Codice Civile ordnen das Stimmrecht dem Nießbraucher zu. Art. 92 I des Entwurfs der Europäischen Kommission für ein Statut für Europäische Aktiengesellschaften vom 30.04.1975 differenziert nach dem Beschlußgegenstand. Bei satzungsändernden Beschlüssen soll nur der Aktionär stimmberechtigt sein, während ansonsten eine Zuordnung zugunsten des Nießbrauchers erfolgt, s. dazu auch Schön, ZHR 158 (1994), S.232 m.w.N..

148 S. Promberger in Staudinger, Anh. zu §§ 1068,1069, Rdn. 94; OLG Bremen, DB 1974, S.1436, l.Sp.; Karsten Schmidt in Schlegelberger, § 335 (§ 230 n.F.), Vorbem., Rdn. 25.

149 Wiedemann spricht von einem „ bunten Bild ", vgl. Wiedemann, Übertragung, S.409.

150 Dazu allgemein Karsten Schmidt, Gesellschaftsrecht, S. 606 ff. und Fleck in Festschrift für Robert Fischer, S.107 ff..

151 S. beispielsweise Stürner in Soergel, Rdn. 7 f. zum Aspekt der kaum tragbaren Unklarheit im Verhältnis zur Gesellschaft.

152 Zum Praktikabilitätsargument vgl. Sudhoff, NJW 1974, 2208.

153 So auch Sudhoff, NJW 1974, 2205.

154 Vgl. Stürner in Soergel, § 1068, Rdn. 7 c zum Widerstreit von nießbrauchlicher Verwaltungsbefugnis und dem Verbot der abspaltenden Übertragung gesellschaftsrechtlicher Verwaltungsrechte. Schön spricht von einer „Vielzahl dogmatischer Hindernisse zwischen Sachenrecht und Gesellschaftsrecht", s. Schön, ZHR 158 (1994), S. 233.

hand und Nießbrauch verwischt[155]. Zur Vorbereitung der abhängigkeitsrechtlichen Untersuchung im fünften Abschnitt sollen deshalb drei Zielsetzungen verfolgt werden:

Erstens kann es nicht darum gehen, den umfangreichen Untersuchungen von *Schön*[156], *Scharff*[157], *Peters*[158], *Wiedemann*[159], *Blaurock*[160] und *Karsten Schmidt*[161] in den Feinverästelungen eine weitere Studie hinzuzufügen, was den Rahmen der Untersuchung sprengte. Für die Prüfung der abhängigkeitsrechtlichen Folgen wird sich die Analyse deshalb nur den wichtigsten Auswirkungen des Nießbrauchs auf das Stimmrecht und auf die Vermögensrechte widmen.

Zweitens wird für die Analyse die Bestellung eines Nießbrauchs an der Mitgliedschaft „Aktie" *in toto* zugrunde gelegt. Damit werden sonstige Nießbrauchsformen[162], die sich auf einzelne, aus der gesamten Beteiligung entspringende[163] selbständige Vermögensrechte beziehen, aus der weiteren Betrachtung ausgeblendet. Die Gestaltungsform des Nießbrauchs, die sich auf die gesamte Mitgliedschaft bezieht, dürfte im Regelfall vereinbart werden, falls die Parteien innerhalb der zur Verfügung stehenden Nießbrauchsformen die weitestgehende Partizipation von K an Z in der Interimszeit anstreben.

Drittens werden hier auch nicht die Fallkonstellationen vertieft, die durch die Übertragung oder Verlagerung der Stimmrechtsausübung auf K mittels einer weiteren und *gesonderten Abrede* anläßlich der Bestellung des Nießbrauchs vorstellbar sind. Diese Variationen[164] des autorisierten Handelns[165] oder der Stimmbindung[166] stellen keine besondere Typik des Nießbrauchs dar, sondern können bei allen Formen der mittelbaren Unternehmensbeteiligung auftauchen[167]. Deshalb wird auf sie gesondert im dritten Abschnitt der Untersuchung eingegangen.

Von der Einräumung einer Stimmrechtsvollmacht durch V zugunsten des K mittels *gesonderter* Abrede ist die Frage zu unterscheiden, ob aus der Bestellung eines Nieß-

---

155 Ein Beispiel für die Typenvermischung stellt die sog. Treuhandlösung dar, s. Stürner in Soergel, § 1068, Rdn. 7 d.

156 Vgl. Schön, ZHR 158 (1994), S. 229-270.

157 S. Scharff, Der Nießbrauch an Aktien im Zivil- und Steuerrecht, dort S. 9-167.

158 Vgl. Peters, Die Ausübung des Stimmrechts bei nutznießungsbelasteten Aktien, dort S.7-32.

159 Vgl. Wiedemann, Übertragung, dort v.a. S.397 - 417.

160 S. Blaurock, a.a.O., S.142 ff..

161 S. Karsten Schmidt in Schlegelberger, § 335 (§ 230 n.F.),Vorbem., Rdn. 24 ff..

162 Vgl. dazu Promberger in Staudinger, Anh.zu §§ 1068, 1069, Rdn. 93, 67 ff..

163 Vgl. Wiedemann, Übertragung, S. 400.

164 Zur Bevollmächtigung anläßlich des Nießbrauchs vgl. z. B. Langenfeld in Rechtsformularbuch, Muster 122 c.

165 Zur Terminologie vgl. Wiedemann, Übertragung, S. 265 ff..

166 S. die *Übersicht 4* im dritten Abschnitt, S. 132.

167 Aus diesem Grund erscheint es sinnvoll, die Behandlung der gesetzlichen bzw. idealtypischen Folgen der mittelbaren Unternehmensbeteiligung von den Möglichkeiten einer gesonderten schuldrechtlichen Abrede der Parteien über Handlungs- bzw. Teilhabebefugnisse des K zu trennen. Die gesonderten Abreden können den idealtypischen Inhalt der mittelbaren Unternehmensbeteiligung wiederholen oder auf die Bedürfnisse der Parteien zuschneiden. Die theoretischen Kombinationsmöglichkeiten, die aus der Vereinbarung eines Instituts der mittelbaren Unternehmensbeteiligung und einer gesonderten Abrede über ein autorisiertes Handeln bzw. über eine Stimmbindung resultieren können, sind Legion.

brauchs an den Aktien nicht auch automatisch ein schuldrechtlicher Anspruch des Nießbrauchers K gegen V auf Erteilung einer Stimmrechtsvollmacht folgt. Da diese Frage eine idealtypische Betrachtungsweise des Instituts „Nießbrauchs" voraussetzt, soll ihr auch im zweiten Abschnitt nachgegangen werden[168].

Diese Vorüberlegungen gelten sinngemäß auch für die anderen Institute der mittelbaren Unternehmensbeteiligung.

b) Auswirkungen des Nießbrauchs auf das Stimmrecht

Die Frage, welche (idealtypischen) Konsequenzen in der Interimszeit aus der Bestellung eines Nießbrauchs an den noch nicht übereigneten Aktien für das Stimmrecht des V in der Hauptversammlung der Z folgen, bedarf zunächst einer Präzisierung. Es ist zu überlegen, ob sich aufgrund des Nießbrauchs die materielle Zuordnung des Stimmrechts als Teil der Verwaltungsrechte der Mitgliedschaft zugunsten des K ändert. Diese Fragestellung läßt sich auch kürzer umschreiben: wem *steht* das Stimmrecht aus den Aktien nach der Begründung des Nießbrauchs zu ? Hiervon ist gedanklich die Frage zu trennen, ob sich die formelle Legitimation gegenüber Z infolge der nach § 1081 II BGB vorgesehenen Einräumung des Mitbesitzes an den Inhaberaktien ändert. Gleichwohl werden beide Aspekte zusammenhängend erörtert, da ein enger Konnex besteht. Die Legitimation präjudiziert dabei nicht etwa die materielle Zuordnung des Stimmrechts; vielmehr kann der materiell Berechtigte verlangen, daß ihm auch die Legitimation gegenüber der Gesellschaft überlassen wird[169]. Ein wiederum von den vorstehenden Fragen zu unterscheidender Aspekt betrifft das Innenverhältnis der Parteien, nachdem der Nießbrauch bestellt worden ist ; er bedarf einer getrennten Abhandlung.

aa) Konsequenzen für die materielle Zuordnung des Stimmrechts und für die Legitimation

(1) Überblick über den Meinungsstand im Schrifttum

Im Schrifttum[170] können bei allen Nuancierungen im Einzelfall drei große Hauptrichtungen ausgemacht werden.

Die erste und wohl vorherrschende Strömung[171] spricht sich mit unterschiedlicher Begründung für das exklusive Stimmrecht des Aktionärs bzw. Nießbrauchbestellers aus.

---

168 S. zu diesem Problem die Überlegungen auf S. 86 f..

169 Vgl. zu dieser Konsequenz auch Wiedemann, Übertragung, S.402.

170 S. statt aller Blaurock, a.a.O., S. 142 ff. und Scharff, a.a.O., S.91 ff..

171 S. beispielsweise Promberger in Staudinger, Anh. zu §§ 1068, 1069, Rdn. 103; Karsten Schmidt in Schlegelberger, § 335 (§ 230 n.F.), Vorbem., Rdn. 26; Bassenge in Palandt, § 1068, Rdn.3; Eder in Handbuch der GmbH, I Rdn. 373; Scharff, a.a.O., S.166, 100 ff.. Im Ergebnis auch Klönne, Nießbrauch am Anteil einer offenen Handelsgesellschaft, S. 177. Klönne schlußfolgert zwar, daß sich unter nießbrauchlichen Gesichtspunkten das Stimmrecht nach dem jeweiligen Abstimmungsgegenstand richten müßte (s. Klönne, a.a.O., S.78), lehnt diese Lösung aber aus gesellschaftsrechtlichen Gründen ab (vgl. Klönne, a.a.O., S.98).

Demnach entfiele eine Neuzuordnung zugunsten des Nießbrauchers K ; das Stimmrecht in der Hauptversammlung der Z verbliebe zur Gänze alleine bei dem Besteller V.

Die zweite Ansicht vertritt die diametral entgegengesetzte Position[172]. Durch die Bestellung des Nießbrauchs werde der Nießbraucher auch Inhaber des Stimmrechts und zwar *in toto* und nicht nur partiell je nach Abstimmungsgegenstand. Folgt man dieser Meinung, würde K trotz des noch ausstehenden dinglichen Vollzugs des Aktienkaufvertrages durch die Begründung eines Nießbrauchs am Aktienpaket des V zum neuen Inhaber der Stimmrechtsmacht in der Hauptversammlung der Z.

Schließlich beinhaltet eine dritte Strömung[173] Lösungen in allen denkbaren Abstufungen, die zwischen den o.a. Extrempositionen liegen.

Schön[174] gelangt in seiner Untersuchung zu dem Ergebnis, daß Nießbraucher und Besteller das Stimmrecht gemeinsam ausüben. Im Konfliktfall – der allerdings durch privatautonome Vereinbarung ausgeschlossen werden könne – verfalle das Stimmrecht.

Peters[175] befürwortet generell ein dem Nießbraucher und dem Besteller gemeinsam zustehendes Stimmrecht, da nur auf diese Weise dem Prinzip der Einheitlichkeit der Stimmrechtsausübung Rechnung getragen werden könne. Nach *Peters*[176] kann die Stimmrechtsausübung nur durch einen gemeinsamen Vertreter erfolgen, dessen Bestellung jedoch nichts an der gemeinsamen Stimmberechtigung ändere. Dies bedeutet, daß K und V bei allen Abstimmungen ohne Rücksicht auf den Beschlußgegenstand der Hauptversammlung der Z das Stimmrecht gemeinsam innehätten und durch einen gemeinsamen Vertreter auch ausüben müßten.

Eine andere Möglichkeit[177], die zwischen den beiden Extrempositionen liegt, besteht darin, das Stimmrecht exklusiv und fallweise entweder dem Nießbraucher oder dem Besteller zuzuordnen. Die Zuordnung hängt dann von dem jeweiligen Beschlußgegenstand in der Hauptversammlung ab. Beträfe der Beschlußgegenstand die Nutzung, stünde das Stimmrecht K als Nießbraucher zu; soweit die Substanz der Mitgliedschaft betroffen wäre, verbliebe das Stimmrecht bei V als Aktionär und Besteller.

Eine weitere Auffassung[178] sieht die Ausübung des Stimmrechts dinglich an die Rechtsgemeinschaft Nießbraucher-Gesellschafter gebunden. Sie unterscheidet danach, wer im Außenverhältnis zur Gesellschaft stimmberechtigt ist und dementsprechend auch über die Legitimation verfügen darf und wie die Interessen zwischen Gesellschafter und

---

172 Vgl. Superczynski, Das Stimmrecht beim Nießbrauch an Aktien und GmbH-Geschäftsanteilen, S. 104/105, wonach das Stimmrecht in vollem Umfang dem Nießbraucher zuzubilligen ist und der Gesellschafter auf schuldrechtliche Ansprüche beschränkt wird. S. weiterhin Schmidt-Rimpler, NJW 1953, 1503; Sudhoff, NJW 1974, S.2209, l.Sp.; Barz in Großkommentar zum Aktiengesetz, § 134, Rdn. 6 ; Godin/Wilhelmi, § 134, Anm. 4.

173 S. Ulmer in Großkommentar zum Handelsgesetzbuch, § 139, Anm. 94 ; Klönne, Nießbrauch am Anteil einer offenen Handelsgesellschaft, S.69 ff.; Peters, Die Ausübung des Stimmrechts bei nutznießungsbelasteten Aktien, 1952, S.25 ff..

174 Vgl. Schön, ZHR 158 (1994), S. 270, These 3.

175 So Peters, a.a.O., S.26

176 Wie Fußnote zuvor.

177 Vgl. die Nachweise bei Scharff, a.a.O., S.96 ff..

178 Wiedemann, Übertragung, S. 411.

Nießbraucher intern auszugleichen[179] sind. Als Ausgangspunkt wird dabei bewußt keine Analogie zum Sacheigentum gebildet, sondern zu anderen Rechtsgemeinschaften. Aufgrund dieser Anlehnung gelangt *Wiedemann* zu der Schlußfolgerung, daß der Gesellschafter als „geborener Vertreter“[180] der Gemeinschaft Gesellschafter-Nießbraucher auftritt und nicht der Nießbraucher. Für diese Konzeption führt *Wiedemann* an[181], daß die gegenteilige Annahme (i.e. der Nießbraucher als Vertreter der Rechtsgemeinschaft) einen Ausgleich im Innenverhältnis viel häufiger erforderlich machte, da die nutzungsbezogenen Interessen des Nießbrauchers im Regelfall weniger umfassend seien als die substanzbezogenen Interessen des Aktionärs. Letztlich gründet die Figur des geborenen Vertreters demnach auf einer angestrebten Minimalisierung des erforderlichen internen Interessenausgleichs. *Wiedemann* sieht auch im Innenverhältnis keine vollständige Äquivalenz der mittelbaren Beteiligung des Nießbrauchers zur Inhaberschaft des Bestellers[182]. Obwohl der Gesellschafter verpflichtet sei, den Nießbraucher über die Vorgänge in der Gesellschaft zu unterrichten und soweit möglich mit ihm die Stimmabgabe zu besprechen, verbleibe dem Gesellschafter im Zweifel „das letzte Wort“[183]. Für die an späterer Stelle erfolgende Untersuchung der abhängigkeitsrechtlichen Folgen des Nießbrauchs bedeutet dies: der Gesellschafter (also V) bliebe stimmberechtigt. Sollten sich V und K im Innenverhältnis nicht einigen können, bestünde nach der Ansicht von *Wiedemann* für V zudem *keine* Verpflichtung, auf die Stimmabgabe zu verzichten[184]. K könnte als Nießbraucher – um die wertpapierrechtliche Terminologie fortzuführen – nur dann verlangen, vom Besteller V zur Stimmabgabe bevollmächtigt zu werden und damit zum „gekorenen Vertreter“ der Rechtsgemeinschaft zu werden, falls V es verabsäumt, an der Hauptversammlung teilzunehmen bzw. sobald sich dieses sicher abzeichnet[185]. Soweit V als stimmberechtigter Aktionär die nutzungsbezogenen Interessen[186] von K verletzt, wird er ihm nach dieser Auffassung im Innenverhältnis zwar ersatzpflichtig, allerdings ohne Konsequenzen für den späteren Gebrauch seines Stimmrechts.

---

179 S. Wiedemann, Übertragung, S. 412.

180 So Wiedemann, Übertragung, S. 413.

181 Vgl. zu dieser Argumentation Wiedemann, Übertragung, S.413.

182 S. Wiedemann, Übertragung, S.414.

183 So Wiedemann, Übertragung, S.415.

184 Wie Fn. zuvor.

185 Nach Wiedemann kann der Nießbraucher verlangen, zur Stimmabgabe bevollmächtigt zu werden, wenn der Gesellschafter die Gesellschafterversammlungen versäumt, weil er z.B. bei einem auf unabsehbare Zeit eingeräumten Nießbrauch kein Interesse an der Abstimmung hat, vgl. Wiedemann, Übertragung, S.415. Um zu vermeiden, daß der Nießbraucher erst einen Anspruch auf Bevollmächtigung erhält, wenn Wiederholungsgefahr droht und das Kind möglicherweise bereits in den Brunnen gefallen ist, wäre ein solcher Anspruch auch anzunehmen, wenn sich abzeichnet, daß der Gesellschafter nicht an der nächsten Versammlung teilnehmen wird.

186 Anhaltspunkte für einen geeigneten Maßstab des nutzungsbezogenen Interesses des Nießbrauchers können nach Wiedemann die durchschnittlichen Gewinne der der Nießbrauchsbestellung vorausgehenden Jahre und die entsprechenden Gewinne anderer Unternehmen der gleichen Branche sein, vgl. Wiedemann, Übertragung, S. 415.

(2) Stellungnahme

Aus der Fülle der unter (1) aufgeführten Ansichten soll im folgenden eine eigene Position im Wege der negativen Auswahl[187] entwickelt werden.

Gegen die von der Theorie eines exklusiven Stimmrechts des Nießbrauchers vorgebrachten Argumente lassen sich dogmatische und rein logische Erwägungen anführen. Soweit das Stimmrecht aus der am Sachnießbrauch angelehnten Verwaltungsbefugnis des Nießbrauchers hergeleitet wird, ist festzustellen, daß damit der Vorrang des Gesellschaftsrechts nicht hinreichend berücksichtigt wird. Ein Primat des Gesellschaftsrechts besteht insofern, als der Nießbrauch stets nur[188] im Umfang der Nutzbarkeit des zugrundeliegenden Gegenstandes begründet werden kann. Deshalb ist durch den bloßen Pauschalhinweis auf die Verwaltungsbefugnis des Sachnießbrauchers keine Erkenntnis gewonnen, da nicht geklärt wird, ob die exklusive Zuordnung des Stimmrechts zugunsten des Nießbrauchers überhaupt durch das Gesellschaftsrecht zugelassen wird. Letzteres könnte zumindest ohne weitergehende Prüfung Zweifel hervorrufen, da die dauerhafte Trennung des Stimmrechts von der noch bestehenden Mitgliedschaft des Aktionärs in den Anwendungsbereich des gesellschaftsrechtlichen Abspaltungsverbotes fallen könnte[189]. Unabhängig von diesem Gedanken spricht auch gegen ein exklusives Stimmrecht des Nießbrauchers, daß der Besteller von allen Entscheidungen in der Hauptversammlung der Z ausgeschlossen wäre, die sich auf die Substanz der Beteiligung beziehen oder auswirken.

Noch weniger überzeugt die Argumentation von *Sudhoff*[190]. Er begründet das alleinige Stimmrecht des Nießbrauchers zunächst mit der mangelnden Praktikabilität einer Aufsplittung zwischen Nießbraucher und Besteller. Aus der Notwendigkeit einer allseitig zweifelsfreien Abgrenzung der Kompetenzverteilung will *Sudhoff* den Nießbraucher in alle wirtschaftlichen Rechte und Pflichten des Bestellers einrücken lassen und deshalb als „Voll-Gesellschafter"[191] behandeln. Die Abgrenzung zur Vollabtretung sieht *Sudhoff* schließlich darin, daß der Nießbraucher die Rechte und Pflichten in der Gesellschaft nur[192] für die Dauer des Nießbrauchs beanspruchen könne. Diese Argumentation ist bereits deshalb abzulehnen, weil sie zwar zunächst von einem richtigen Ausgangspunkt startet, jedoch durch die Umformulierung der Ausgangsfrage zu falschen Antworten führt. Sie vermengt das Institut des Nießbrauchs in unzulässiger Weise mit dem Institut der

---

187 Die Methodik des negativen Ausleseverfahrens findet sich bei Wiedemann, Übertragung, S.409 und bei Blaurock, a.a.O., S.143.

188 Zu dieser Einschränkung s. Promberger in Staudinger, Anh. zu §§ 1068,1069, Rdn. 49.

189 Unter welchen Voraussetzungen tatsächlich von einem Verstoß gegen das Abspaltungsverbot auszugehen ist, wird im dritten Abschnitt für die Stimmrechtsvollmacht auf S. 110 ff. und für die Stimmbindung auf S. 133 ff. behandelt. Die Frage soll an dieser Stelle nicht vertieft werden, da es sich um ein allgemeines Problem handelt, das auch bei den anderen Formen der mittelbaren Unternehmensbeteiligung auftritt.

190 Vgl. Sudhoff, NJW 1974, 2208.

191 So Sudhoff, a.a.O., 2208. Dieser Ausgangspunkt wird auch von Schön vertreten, s. Schön, ZHR 158 (1994), S. 269, These 2. Schön sieht den Nießbraucher neben dem Besteller als *Mitglied* der Gesellschaft an, gelangt aber anders als Sudhoff zur gemeinschaftlichen Ausübung des Stimmrechts.

192 S.zu dieser Unterscheidung Sudhoff, a.a.O., 2209, l.Sp..

(treuhänderischen) Vollübertragung. Beim Nießbrauch als dinglicher Belastung der Mitgliedschaft verbleiben die substanzbezogenen Interessen beim Aktionär, während der Nießbraucher nur in die nutzungsbezogenen Positionen einrückt. Die Problematik der Abgrenzung etwaiger mitgliedschaftlicher Befugnisse des Nießbrauchers von denen des Aktionärs läßt sich nun nicht dadurch lösen, indem die zugrunde liegende Ausgangsproblematik – i.e. die dingliche Belastung der Aktien – kurzer Hand ignoriert oder sogar negiert wird und somit die Parameter des Problems durch Zugrundelegung eines anderen Instituts der mittelbaren Unternehmensbeteiligung geändert werden. Gerade diese Methodik wendet *Sudhoff* aber an, wenn er den Nießbrauch gleichsam in eine part-time-Innehabung der *gesamten* Mitgliedschaft umdeutet[193]. Die „Treuhandlösung" behandelt somit in Wirklichkeit eine vollkommen andere Fragestellung und leugnet die Tatsache, daß bei der Bestellung des Nießbrauchs die Mitgliedschaft beim Aktionär verbleibt.

Soweit Befürworter eines exklusiven Stimmrechts des Nießbrauchers aus der Möglichkeit des Alleinbesitzes auf die Zuordnung des Stimmrechts schließen[194], ist dem entgegenzuhalten, daß die formelle Legitimation nicht die materielle Zuordnung bestimmt, sondern daß vice versa die materielle Berechtigung die Verschaffung der notwendigen Legitimation mit sich bringt[195].

Eine exklusive Zuordnung des Stimmrechts zugunsten des Nießbrauchers K ist folglich abzulehnen.

Gegen die Ansicht, die das Stimmrecht sowohl dem Gesellschafter als auch dem Nießbraucher zuordnet, sprechen neben pragmatischen auch dogmatische Gründe. Dogmatisch betrachtet bedeutet die gemeinsame Ausübung des Stimmrechts, daß dem Nießbraucher auch für die nicht nutzungsbezogenen Beschlußgegenstände eine Stimmrechtsmacht zugebilligt würde. Er erhielte eine überschießende[196] Rechtsmacht, da die gemeinsame Ausübung des Stimmrechts gleichsam als Spiegelseite der Medaille eine Bindung des Gesellschafters mit sich brächte, die über das für den Nießbrauch erforderliche Maß hinausginge. Die Ansicht *Schöns*, die zu einer gemeinsamen Ausübung des Stimmrechts durch Besteller und Nießbraucher gelangt, ist dogmatisch bereits aus denselben Gründen abzulehnen wie die Auffassung von *Sudhoff*. Denn wie *Sudhoff* schreibt *Schön* dem Nießbraucher eine Rolle zu, die eine unzulässige Umdeutung der Ausgangsproblematik darstellt. Nach *Schön* soll im Falle des Beteiligungsnießbrauchs der Nießbraucher als „ Gesellschafter auf Zeit" und der Besteller als „Gesellschafter auf Dauer" anzusehen sein[197].

193 Auch Blaurock weist darauf hin, daß dann de facto aufgrund der überschießenden Rechtsmacht des Nießbrauchers wieder ein Treuhandverhältnis vorläge, vgl. Blaurock, a.a.O., S. 144. Dieses Treuhandverhältnis ist gerade nicht der Ausgangspunkt des Problems, da nach den Folgen des Nießbrauchs gefragt war.

194 Vgl. Baumbach, § 134, Anm. 4; Zöllner in Kölner Kommentar, § 134, Rdn. 21.

195 S. Wiedemann, Übertragung, S. 412.

196 So Blaurock, a.a.O., S. 144.

197 Vgl. Schön, ZHR 158 (1994), S. 256. Es handelt sich also im Ausgangspunkt um dieselbe unzulässige Umdeutung des Nießbrauchs in eine part-time-Innehabung der gesamten Mitgliedschaft wie bei Sudhoff.

Pragmatisch weisen viele Autoren[198] zu Recht auf die Schwerfälligkeit des Entscheidungsprozesses bei Spannungen zwischen den beiden Parteien hin. Ein gemeinschaftliches Stimmrecht hätte sogar evtl. die Konsequenz, daß der Gebrauch der Verwaltungsrechte de facto ausgeschlossen[199] sein könnte – eine Folge, die auch nicht im Interesse des Nießbrauchers läge. Aus diesem Grunde ist auch die Ansicht von *Schön* abzulehnen, die sogar einen Verfall[200] des Stimmrechts im Konfliktfall annimmt.

An dieser Stelle lohnt es sich, einen Moment innezuhalten und zu fragen, ob das pragmatische Argument gegen die Gemeinschaftslösung für die besondere Situation und die Interessenlage der Parteien überhaupt zutreffen kann. Hintergrund der Befürchtung, daß ein gemeinsames Stimmrecht zu einer gegenseitigen Blockierung führen könnte und dann im besten Fall schwerfällig wäre, im worst-case-Szenario allerdings in einer gegenseitigen Blockierung mündete, sind strukturelle Überlegungen. *Wiedemann* hat auf den schwelenden Konflikt zwischen Nießbraucher und Besteller hingewiesen. Die Rivalität zwischen Kapitalansammlung und Ausschüttung könne eine strukturelle Konfliktsituation[201] begründen, da der Nießbraucher eine möglichst gute Verzinsung der Beteiligung erwarte, während der Besteller eher an dem Erhalt oder Schutz der Beteiligung beispielsweise durch Verschiebung des Periodengewinns gelegen sei. Je länger allerdings die Dauer des Nießbrauchs sei, desto eher könne sich auch der Nießbraucher mit einer kargen Dividende einverstanden erklären[202], da ihm die Maßnahme in einem anderen Jahr zugute käme. Zu fragen ist, ob diese generelle Betrachtungsweise, die für den Regelfall des Nießbrauchs auf die unterschiedlichen Interessen – hier Thesaurierung, dort maximale Ausschüttung- abstellt, auch für die Zielsetzungen, auf denen eine Bestellung des Nießbrauchs durch V basieren könnte, zutrifft. Hauptzielsetzung der Parteien des Aktienkaufvertrages ist es, K für die noch ungewisse Dauer der Interimszeit bis zur dinglichen Übereignung der Aktien durch die Einräumung einer mittelbaren Unternehmensbeteiligung als Überbrückungsregelung in den wirtschaftlichen Genuß der noch von V gehaltenen Aktien gelangen zu lassen. Man könnte deshalb zu der Schlußfolgerung gelangen, daß die für den Normalfall des Nießbrauchs anzunehmenden strukturell gegenläufigen Interessen hier gerade nicht vorliegen, da es ohnehin nur eine Frage der Zeit sei, bis V auch sein Substanzinteresse an den Aktien durch den dinglichen Vollzug des Aktienkaufvertrages verlieren

---

198 Vgl. Sudhoff, NJW 1974, S.2207, r.Sp. und Rohlff, NJW 1971, S.1340, r.Sp.. Beide Autoren unterstreichen, daß die Notwendigkeit einer Einigung zwischen Nießbraucher und Gesellschafter bei vielen Entscheidungen zu Verzögerungen führen dürfte, die einem auf schnelle Entscheidung abgestellten Geschäftsbetrieb kaum förderlich wäre. Stürner hebt hervor, daß die „Gemeinschaftslösung“ beim Ausgleich der konträren Interessen ggf. langwierige gerichtliche Auseinandersetzungen zur Ermittlung des Ausübungsberechtigten mit sich brächte, s. Stürner in Soergel, § 1068, Anm. 9 a. Wiedemann kritisiert diesen Ansatz ebenfalls unter Hinweis auf die Schwerfälligkeit bei eiligen Entscheidungen, vgl. Wiedemann, Übertragung, S.414.

199 S. dazu Wiedemann, Übertragung, S.414; Sudhoff, NJW 1974, S.2207, r.Sp..

200 Vgl. Schön, ZHR 158 (1994), S. 270, These 3. Schön kann dementsprechend zur Konfliktbewältigung nur eine goldene Brücke über abweichende privatautonome Vereinbarungen der Parteien konstruieren, die jedoch von der idealtypischen Beurteilung des Nießbrauchs zu unterscheiden sind.

201 S. Wiedemann, Übertragung, S. 410.

202 So Wiedemann, Übertragung, S. 411.

wird. Fiele beispielsweise eine Beschlußfassung der Hauptversammlung der Z über die Gewinnverwendung gemäß § 174 in die Interimszeit, könnte man die Ansicht vertreten, daß eine im Rahmen des festgestellten Jahresabschlusses maximierte Ausschüttung, die K in seiner Eigenschaft als Interims-Nießbraucher zugute käme, für V nur noch von untergeordneter Rolle sei, weil V bald oder zumindest in absehbarer Zeit seine Beteiligung verlieren werde. Diese Schlußfolgerung wäre jedoch vorschnell. Sie berücksichtigt nicht, welche Folgen ein Scheitern der Übereignung durch Nichteintritt der Bedingung hätte, wenn z.B. die Genehmigung durch den Aufsichtsrat einer der beiden Parteien versagt würde oder aber der von K noch abzuschließende Kreditvertrag nicht zustande käme und damit die Finanzierung platzte. In diesen Fällen stünden die Parteien unabhängig von der Frage einer möglichen Rückabwicklung im Hinblick auf die zurückliegende Zeit ad hoc vor der oben beschriebenen Konfliktsituation. V hätte dann wieder ein Interesse daran, daß die in der Interimszeit zugunsten des K beschlossene Ausschüttung nicht zu üppig ausgefallen ist, da er auf seiner Mitgliedschaft „sitzen" bleibt. Folglich ist der strukturelle Konflikt schon während der Interimszeit als *potentieller* Konflikt virulent. Deshalb treffen die für den Normalfall der idealtypischen Vereinbarung eines Nießbrauchs angeführten strukturellen Überlegungen und somit ebenfalls die pragmatischen Einwände gegen die Gemeinschaftslösung auch auf die Nießbrauchsbestellung zu, die eine Partizipation des Käufer-Unternehmens in der Interimszeit ermöglichen soll.

Ein gemeinsames Stimmrecht ist folglich abzulehnen.

Gegen die Meinung[203], die zur gemeinsamen Ausübung des Stimmrechts die Bestellung eines Repräsentanten fordert, sprechen dieselben Argumente, die bereits gegen die Gemeinschaftslösung vorgebracht wurden. An die Stelle einer Sachdiskussion innerhalb der Gemeinschaft Nießbraucher-Besteller träte nur die Diskussion um die Person des Repräsentanten[204], womit nichts gewonnen wäre.

Schließlich vermag auch nicht der Lösungsansatz zu überzeugen, der das Stimmrecht je nach Abstimmungsgegenstand mal dem Nießbraucher, mal dem Gesellschafter zuordnet. Ihm ist zwar zuzubilligen, daß seine Anhänger durch die Differenzierung den verschiedenen Interessen des Nießbrauchers und des Bestellers gerecht werden wollen. Die Unterscheidung nach dem Abstimmungsgegenstand muß jedoch im Theoretischen verhaftet bleiben und dies ist ihr entscheidender Nachteil. Das dem Nießbraucher zuwachsende Stimmrecht könnte sich nur auf Bereiche beziehen, die nutzungsbezogen sind, während substanzbezogene Entscheidungen beim Aktionär verblieben. Bei sich überschneidenden Grenzbereichen müßte eine Einigung[205] zwischen den Parteien herbeigeführt werden, womit ein weiteres praktisches Problem entstünde. Sollen z.B. Kompetenzveränderungen in der Gesellschaft nur als substanzbezogen anzusehen sein? Entscheidet die Hauptversammlung der Z über die Zusammensetzung des nächsten Aufsichtsrates, ist höchst zweifelhaft, ob eine solche Entscheidung nur die Substanz der Mitgliedschaft betrifft. Da die Überwachung der Geschäftsführung des Z-Vorstandes dem Gedeihen des

203 Vgl. Peters, a.a.O., S.26.

204 So auch Wiedemann,Übertragung, S.414. Wiedemann hebt hervor, daß ein Problem lediglich durch ein anderes ersetzt würde und somit die Theorie vom gemeinsamen Repräsentanten eher einen Umweg mit sich bringt, als eine Lösung zu liefern.

205 So auch Blaurock, a.a.O., S. 143.

Unternehmens zugute kommen soll, müßte man hier ansetzen. Dies bedeutet aber, daß bei erfolgreicher Geschäftsführung sowohl die Substanz der Aktien (z.B. durch entsprechendes Wachstum des Kurswertes) als auch der Spielraum für Ausschüttungen gleichermaßen betroffen ist. Dieser Gedanke läßt sich ebenfalls auf viele andere Entscheidungen der Hauptversammlung ausdehnen (z.B. auf Auslagerungen, Fusionen, Umwandlungen etc.). Existieren somit zahlreiche Grenzbereiche, bei denen eine Einigung zwischen den Parteien des Nießbrauchs zwingend erforderlich wäre, da beide Kompetenzen betroffen sind, wäre eine Abstimmungsunsicherheit und Stimmenvielfalt[206] programmiert, die die Aufteilungslösung als nicht[207] praktikabel erscheinen läßt.

Folglich bleibt festzuhalten, daß nur den beiden Auffassungen gefolgt werden kann, die eine im Außenverhältnis zur Gesellschaft eindeutige Kompetenzabgrenzung zugunsten des Aktionärs bzw. Bestellers vornehmen. Ob hierbei die Rechtsfigur des geborenen Vertreters[208] oder aber die allgemeine[209] materielle Zuordnung an den Aktionär zu bevorzugen ist, kann dahinstehen.

bb) Konsequenzen des Nießbrauchs für das Innenverhältnis und die Ausübung des Stimmrechts

Welche Kompetenzen des Nießbrauchers ergeben sich im Innenverhältnis zum Besteller?

Wird der Gesellschafter als geborener Vertreter der aus Aktionär und Nießbraucher bestehenden Rechtsgemeinschaft angesehen, hat der Nießbraucher im Innenverhältnis Informations- und Mitspracherechte[210]. Die Stimmabgabe soll im größtmöglichen Umfang mit dem Nießbraucher besprochen werden[211]. Allerdings verbleibt dem Gesellschafter das *letzte Wort.* Somit kann K als Nießbraucher die konkrete Stimmabgabe von V in der Hauptversammlung der Z auch dann nicht unterbinden, falls diese seine nutzungsbezogenen Interessen über Gebühr beeinträchtigt. Der Nießbraucher bleibt in diesem Fall auf etwaige Ersatzanspüche im Innenverhältnis gegen den Aktionär angewiesen. Demnach verfügt der Nießbraucher auch über kein Vetorecht hinsichtlich der Stimmabgabe durch den Gesellschafter. Der Besteller kann ohne Zustimmung autonom handeln, läuft aber bei pflichtwidriger -d.h. den Nießbraucher über Gebühr beeinträchtigender- Stimmabgabe Gefahr, sich ersatzpflichtig zu machen.

---

206 Wie Fußnote zuvor.

207 So Stürner in Soergel, § 1068, Rdn. 9 a. Auch Scharff, a.a.O., S. 97 betont, daß ein gutes Management sowohl auf die Nutzungen in Form von Gewinnanteilen als auch auf die Substanz des Anteilsrechtes Einfluß hat; selbst der auf den ersten Blick als „Klassiker“ der nutzungsbezogenen Verwaltung erscheinende Gewinnverwendungsbeschluß sei ambivalent, da der Umfang von Ausschüttung und Thesaurierung unmittelbar sowohl auf den Nutzungs- als auch auf den Substanzwert durchschlägt. Scharff gelangt deshalb zu der Schlußfolgerung, daß einer Aufteilung der Stimmrechtsbefugnisse „schier unlösbar erscheinende praktische Schwierigkeiten entgegenstehen“, s. Scharff, a.a.O., S.97, unter bb).

208 S. Wiedemann, Übertragung, S.413.

209 S. die Nachweise in Fußnote 172.

210 So Wiedemann, Übertragung, S. 415.

211 Wie Fußnote zuvor.

Auf Basis der Lehre[212], die dem Aktionär das Stimmrecht ausschließlich zubilligt, ergeben sich gegenüber der Rechtsfigur des geborenen Vertreters keine[213] abweichenden Folgen im Innenverhältnis.

Es bleibt zu klären, ob der Nießbraucher allein[214] schon aufgrund der Vereinbarung eines Nießbrauchs einen Anspruch gegen den Besteller auf eine Bevollmächtigung oder Ermächtigung zur Stimmabgabe in der Hauptversammlung erlangt. *Karsten Schmidt*[215] will dem Nießbraucher einen solchen Anspruch einräumen, soweit Beschlußgegenstände in Rede stehen, die nur die Nutzung betreffen. Wie bereits zur Aufteilungslösung erörtert[216], läßt sich eine Trennung zwischen rein nutzungs- und rein substanzbezogenen Interessen nicht stringent durchhalten. Deshalb könnten auch die Voraussetzungen eines Bevollmächtigungs- oder Ermächtigungsanspruchs des K gegen V als Besteller nicht hinreichend präzisiert werden, was gegen die Annahme eines solchen Anspruchs spricht. Mit *Wiedemann*[217] ist deshalb davon auszugehen, daß ein Anspruch auf autorisiertes Handeln erst dann besteht, falls der Aktionär seiner Pflicht zur Teilnahme an der Hauptversammlung bzw. seiner Pflicht zur Vertretung in seiner Eigenschaft als geborener Vertreter nicht nachkommt.

Eine von den vorstehenden Erwägungen wiederum zu unterscheidende Frage betrifft die Zulässigkeit[218] einer Bevollmächtigung des Nießbrauchers durch den Besteller, ohne daß dieser Bevollmächtigung auch ein korrespondierender Anspruch des Nießbrauchers gegenübersteht.

Dieser Frage wird allgemein im dritten Abschnitt[219] über die Formen des autorisierten Handelns nachgegangen.

cc) Ergebnis

Für die abhängigkeitsrechtliche Prüfung ist von folgenden Parametern auszugehen:

Durch die idealtypische Vereinbarung des Nießbrauchs ändert sich an der exklusiven materiellen Zuordnung des Stimmrechts zugunsten des V nichts. Allerdings stehen K im Innenverhältnis Informationsrechte, Mitspracherechte ohne Vetorecht sowie ggf. auch Ersatzansprüche gegen V zu, falls dieser die nutzungsbezogenen Interessen des K verletzt.

---

212 Vgl. die Nachweise in Fußnote 172.

213 Blaurock, a.a.O., S. 144. Blaurock sieht als Befürworter eines exklusiven Stimmrechts des Aktionärs für den Schutz des Nießbrauchers vor der mißbräuchlichen Stimmabgabe seitens des Aktionärs lediglich die Möglichkeit vor, schuldrechtliche Vereinbarungen schützender Natur zu treffen.

214 Zur Möglichkeit, im Rahmen der Privatautonomie zugunsten des Nießbrauchers eigens eine Stimmrechtsvollmacht einzuräumen, vgl. Langenfeld in Rechtsformularbuch, a.a.O., Muster 122c. An dieser Stelle wird nur geprüft, ob sich ohne weitergehende besondere Abrede schon aus dem Institut per se ein Anspruch auf Bevollmächtigung oder Ermächtigung herleiten läßt.

215 S. Karsten Schmidt in Schlegelberger, § 335 (§ 230 n.F.), Vorbem., Rdn. 26.

216 Zur Aufteilungslösung s. die Ausführungen auf S. 85 f..

217 Vgl. Wiedemann, Übertragung, S. 415.

218 Die Möglichkeit der Bevollmächtigung im Wege privatautonomer Vertragsgestaltung wird in der kautelarjuristischen Literatur bejaht, vgl. Fußnote 214.

219 S. dazu die Ausführungen auf S. 107 ff..

Ein Anspruch des K gegen V auf autorisierte Teilnahme an der Hauptversammlung der Z läßt sich nicht aus der bloßen Vereinbarung des Nießbrauchs herleiten.

c) *Auswirkungen des Nießbrauchs auf die Vermögensrechte*

Unstreitig[220] stehen die Dividenden als Früchte der Mitgliedschaft i.S.d. § 99 II BGB dem Nießbraucher zu. Jenseits dieser Erkenntnis beginnt der Meinungsstreit, der sich bei den übrigen Vermögensrechten v.a. an unterschiedlichen Auffassungen zum Begriff der Früchte bzw. der Gebrauchsvorteile der Mitgliedschaft entzündet. Für den Untersuchungszweck soll es ausreichen, sich einen Überblick darüber zu verschaffen, inwieweit der Nießbraucher in die wirtschaftlichen Chancen und Risiken des Aktionärs einrückt[221].

Bei der Kapitalerhöhung gegen Einlagen gemäß § 182 ist fraglich, in welchem Umfang der Nießbraucher zu „beteiligen“ ist. Hier ist es zweckmäßig, zwei Fragen zu trennen:

Die erste Frage betrifft das Problem, wer das Bezugsrecht nach § 186 I *ausüben* darf, sofern es nicht ohnehin als mittelbares[222] Bezugsrecht nach § 186 V ausgestaltet wird. Dabei besteht weitgehend[223] Einigkeit, daß die Ausübung des gesetzlichen Bezugsrechts beim Aktionär verbleibt. Der BGH[224] hatte in einem Urteil, das den Nießbrauch an einem Kommanditanteil betraf, festgestellt, daß das Bezugsrecht auf junge Anteile weder als Frucht noch als Gebrauchsvorteil der Mitgliedschaft anzusehen sei. Vielmehr sei das Bezugsrecht die aus der Mitgliedschaft fließende und dem Gesellschafter selbst vorbehaltene Befugnis, die eigene vermögens- und personenrechtliche Stellung in der Gesellschaft ihrer Substanz nach zu erhalten oder zu verstärken[225]. Diese Beurteilung soll nach Auffassung des BGH für Kapitalgesellschaften -also auch für die AG- gleichermaßen zutreffen[226]. Dem BGH ist beizupflichten. § 186 bezweckt den Schutz des einzelnen Aktionärs vor dem prozentualen Absinken des Anteils am Grundkapital, vor Verschlechterungen bei der Gewinn- und Liquidationsverteilung und vor Kursverwässerungen[227]. Obgleich somit auch in einem gewissen Umfang nutzungsbezogene Rechte aufrechterhalten bleiben sollen, liegt der Schwerpunkt des Regelungsziels in der Möglichkeit, die mitgliedschaftliche Stellung einschließlich der Bezüge pro rata beizubehalten. Das Bezugsrecht kann zudem als neu erworbenes[228] selbständiges Vermögensrecht betrachtet werden, welches das Stammrecht des Eigentümers der Stammaktie vermehren soll. Dieser Verwurzelung im

---

220 S. nur Karsten Schmidt in Schlegelberger, § 335 (§ 230 n.F.), Vorbem., Rdn. 25.

221 In diesem Abschnitt werden etwaige zusätzliche Parteiabreden, die die idealtypische Zuordnung der wirtschaftlichen Chancen und Risiken ändern könnten, nicht vertieft behandelt. Zum Vorrang der Parteiabrede vgl. auch Wiedemann,Übertragung, S.405.

222 S. dazu auch Scharff, a.a.O., S.51.

223 S. Promberger in Staudinger, Anh. zu §§ 1068, 1069, Rdn. 97; Wiedemann, Übertragung, S.405; Scharff, a.a.O., S.166.

224 S. BGHZ 58, 316,318.

225 Wie Fußnote zuvor.

226 Wie Fußnote 224.

227 Vgl. Hüffner, AktG, § 186, Rdn. 2.

228 So Promberger in Staudinger, Anh. zu §§ 1068, 1069, Rdn. 97.

Stammrecht ist zu entnehmen, daß die Ausübung des Bezugsrechts nicht[229] von einer Zustimmung des Nießbrauchers abhängig gemacht werden kann. Billigte man dem Nießbraucher ein Zustimmungsrecht zu, verliehe man ihm eine Verfügungsbefugnis, die ihm als nur Nutzungsberechtigten nicht zusteht[230].

Die zweite Frage der vermögensrechtlichen Erfassung des Nießbrauchs im Rahmen der Kapitalerhöhung gegen Einlagen betrifft die Überlegung, ob sich das Nutzungsrecht des Nießbrauchers *ipso iure* oder aber auf Grundlage eines Anspruchs auf Bestellung eines entsprechenden Nießbrauchs auch auf die jungen Aktien erstreckt oder erstrecken läßt. Hierbei ist zu bedenken, daß der Aktionär eigene Mittel aufwendet, um die jungen Aktien zu beziehen; andererseits ist zu berücksichtigen, daß das von der AG eingeräumte Bezugsrecht einen unterschiedlichen wirtschaftlichen Wert aufweisen kann. Wird der Erwerb der Aktien durch das eingeräumte Bezugsrecht zu einem Preis ermöglicht, der unter dem Verkehrswert liegt, basiert der wirtschaftliche Wert des Bezugsrechts auf der Realisierung von Reserven[231]. Diese Realisierung ist wirtschaftlich betrachtet auf Mittel zurückzuführen, die im Falle ihrer Ausschüttung gerade dem Nießbraucher zugeflossen wären. Man kann diesen Gedanken auch weniger technisch so ausdrücken: warum sollte dem Aktionär die Verbilligung des Bezugs der jungen Aktien durch „Quersubventionierung" des Nießbrauchers ermöglicht werden ? Deshalb hat sich die vermögensrechtliche Zuordnung an den unterschiedlichen Vermögensquellen auszurichten: einerseits an dem Einsatz von eigenen[232] Mitteln des Aktionärs, andererseits an der Verbilligung des Bezugsrechts aus Mitteln, die nur wegen ihrer Thesaurierung nicht dem Nießbraucher zugeflossen sind.

Daraus ergibt sich, daß der dem Wert des Bezugsrechts entsprechende Teil der neuen Anteile dem Nießbrauch unterfallen, der übrige Teil, der auf der Eigenleistung des Aktionärs beruht, allerdings nießbrauchsfrei bleibt[233]. Ob der Nießbrauch dann ipso iure entsteht oder ob dem Nießbraucher ein entsprechender Anspruch[234] auf Erstreckung des Nießbrauchs zugebilligt wird, ist eine Frage der Rechtstechnik und mag dahinstehen.

Handelt es sich um eine Kapitalerhöhung aus Gesellschaftsmitteln nach § 207, fließen der Gesellschaft keine neuen Mittel im Sinne einer Kapitalbeschaffung zu. Vielmehr wird lediglich vorhandenes Gesellschaftsvermögen durch Umbuchung des Bilanzpostens „Eigenkapital" in Haftkapital umgewandelt[235]. Damit ist für die im Rahmen der Kapitalerhöhung gegen Einlagen präferierte Betrachtungsweise, die nach Vermögensquellen differenziert, hier kein Raum, da die durch Umbuchung entstehenden und gemäß § 212 dem Aktionär zugeteilten neuen Aktien nicht aus eigenen Mitteln des Aktionärs stammen. Wird die Kapitalerhöhung allein aus Gesellschaftsmitteln gespeist, muß der Nießbrauch auch

229 Vgl. Stürner in Soergel, § 1068, Rdn. 9 b.

230 S. zu diesem Gedanken Wiedemann, Übertragung, S. 405.

231 Vgl. Blaurock, a.a.O., S. 146.

232 S. Wiedemann, Übertragung, S. 406. Wiedemann vergleicht die Verwendung eigener Mittel durch den Aktionär zur Bestreitung des Bezugsrechts mit der Situation, in der der Inhaber der Aktien privates Vermögen anderwärtig anlegt.

233 So auch Blaurock, a.a.O., S.146.

234 So wohl h.M., vgl. Stürner in Soergel, Rdn. 9 a; Promberger in Staudinger, Anh. zu §§ 1068, 1069, Rdn. 98.

235 S. Hüffer, AktG, § 207, Rdn. 3.

den erhöhten Anteil umfassen, weil die Speisung letztlich aus stehengelassenen Gewinnen, die bei Ausschüttung dem Nießbraucher zugefallen wären, resultiert[236].

Zum Thema der Kapitalerhöhung sei an dieser Stelle noch bemerkt, daß V und K im Innenverhältnis die Ausübung des Bezugsrechts und die Erstreckung des Nießbrauchs zugunsten des K abweichend[237] von den vorstehend aufgezeigten Rechtsfolgen des idealtypischen Nießbrauchs vereinbaren können. Eine derartige Vereinbarung ist zur Sicherstellung des Akquisitionsziels insbesondere dann angebracht, wenn eine in der Interimszeit erfolgende Kapitalerhöhung bei der Z im Falle der Nichtausübung des Bezugsrechts seitens V zu einer Kapitalverwässerung führte, die sich für die Stimmrechtsmacht des K nach erfolgter Übereignung der Aktien v.a. durch die Nichterreichung der ursprünglich angestrebten Mehrheitsherrschaft negativ auswirkte. Um diesen Fall auszuschließen, kann es sinnvoll sein, K bereits in der Interimszeit die Möglichkeit einzuräumen, seinen zukünftigen „Anteil" am Grundkapital nicht verwässern bzw. absinken zu lassen.

Im Falle der Liquidation wird der Liquidationserlös nach § 271 I gemeinhin[238] als Surrogat der Mitgliedschaft angesehen. I.E. übereinstimmend wird dem Nießbraucher im Schrifttum deshalb ein Nutzungsrecht an dem Liquidationsguthaben zugebilligt, sei es rechtstechnisch als Konsequenz eines eigenen Anspruchs auf Neubestellung[239] des Nießbrauchs nach § 1079 BGB analog, sei es ipso iure nach §§ 1074, 1075 BGB[240].

Der Aktionär ist durch den Nießbrauch nicht darin beschränkt, über die Aktien zu verfügen, da im Falle ihrer Veräußerung der Nießbrauch an ihnen bestehen bleibt[241]. Veräußert der Aktionär einzelne Aktien, bleibt für eine Zuordnung der Chancen der Beteiligung zu fragen, wem der Kursgewinn idealtypisch gebührt. Das OLG Bremen hat in einer Entscheidung[242] zum Verkauf nießbrauchsbelasteter Aktien allein dem Aktionär den erzielten Kursgewinn zugesprochen. Hierbei wird zur Begründung angeführt, daß der im Kursgewinn einer Aktie zum Ausdruck kommende, vom Unternehmen erwirtschaftete Mehrwert – d.h. ein nicht durch Spekulation heraufgetriebener Börsenkurs – ebenfalls in einem erhöhten Gewinn zum Ausdruck komme. Dieser erhöhte Gewinn schlage sich entweder in einer erhöhten Rücklage oder in einer erhöhten Dividende nieder, die wiederum dem Nießbraucher zufließe[243]. Diese Argumentation hätte nicht nur beim Altmeister der Spekulation – *André Kostolany*- ein Stirnrunzeln hervorgerufen. Es stimmt schon verwunderlich, daß jenseits von rein spekulativen Wertsteigerungen der Aktienkurs des Unternehmens stringent parallel zur Steigerung des Unternehmenswertes verlaufen soll,

---

236 S. Blaurock, a.a.O., S.146.

237 Hier gilt der Vorrang der Privatautonomie; vgl. Fußnote 221.

238 S. Scharff, a.a.O., S.166 ; Karsten Schmidt in Schlegelberger, § 335 (§ 230 n.F.), Vorbem., Rdn. 25; Promberger in Staudinger, Anh. zu §§ 1068, 1069, Rdn. 96.

239 Promberger führt für die analoge Anwendung dieser Norm an, daß die Parteien beim Aktiennießbrauch von einem Nießbrauch ausgehen, der mit einem regelmäßigem Gewinn verknüpft sei und daher dem Nießbrauch an einer verzinslichen Forderung nahestehe, s. Promberger in Staudinger, Anh. zu §§ 1068, 1069, Rdn. 96.

240 So Scharff, a.a.O., S.81 ff..

241 S. Scharff, a.a.O., S. 46.

242 Vgl. OLG Bremen, DB 1970, 1436.

243 So OLG Bremen, DB 1970, 1436, r.Sp..

hängt ersterer doch von einer Vielzahl außerspekulativer[244] und externer Faktoren ab, während letzterer sich vollkommen vom Kurswert entkoppeln kann. *Scharf*[245] drückt sich deshalb in seiner Untersuchung etwas weniger apodiktisch dahingehend aus, daß der Mehrwert der Aktien „zumindest auch" auf thesaurierten Gewinnen beruhen kann. Dem OLG Bremen ist i.E. dennoch zu folgen, da der Erlös aus dem Aktienverkauf weder einen bestimmungsgemäßen Ertrag darstellt, noch auf einem Gebrauchmachen beruht. Damit stellt der Kursgewinn auch keinen Gebrauchsvorteil dar, sondern allenfalls einen „Verbrauchsvorteil"[246], der nicht unter § 100 BGB fällt. Somit gebührt der Kursgewinn allein dem Aktionär.

3. Treuhand

Als zweite Möglichkeit einer mittelbaren Unternehmensbeteiligung des K bietet sich die Vereinbarung eines Treuhandverhältnisses zwischen den Parteien in der Interimszeit an. Die Treuhandabrede weist einen großen Gestaltungsspielraum auf, der den BGH zur Feststellung veranlaßt, daß es einen typischen Treuhandvertrag nicht gebe[247]. Im Schrifttum[248] wird ebenfalls hervorgehoben, daß die kautelarjuristische Praxis sehr differenzierte Treuhandverträge kennt. Zudem bringt der uneinheitliche[249] Sprachgebrauch in den Verträgen[250] die bereits beim Nießbrauch deutlich gewordene Notwendigkeit einer Trennung zwischen der Zielsetzung (z.B. Treuhand mit Nießbrauchselementen) und der technischen Ausgestaltung des Instituts der mittelbaren Unternehmensbeteiligung mit sich. Aus diesem Grunde ist es sinnvoll, zuerst eine Selektion vorzunehmen und zu prüfen, welche Gestaltungsformen aus dem Füllhorn der Möglichkeiten[251] überhaupt für eine Partizipation des K an Z vor dinglicher Übereignung nutzbar gemacht werden könnten. Erst im An-

---

244 Als solche externen Faktoren sind beispielsweise zu nennen: die Bewertungsmethode selbst und die Portfolioanalyse, die sich nicht immer nach der klassischen und fundamentalen ertragswertorientierten Analyse richten muß und die je nach Bewertung wiederum Rückwirkungen auf die Kurswertentwicklung zeitigt (self-fulfilling prophecy) ; die Volatilität der gehandelten Aktie; Umfang der Börsenkapitalisierung; Art der Börsenplattform; gewähltes Marktsegment; bei stark außenhandelsorientierten Unternehmen die Wechselkursrisiken, die die Produktivitätssteigerung des Unternehmens auf der Ertragsseite kompensieren, etc..

245 Vgl. Scharff, a.a.O., S.46.

246 Das OLG Bremen weist zu Recht darauf hin, daß die rechtsgeschäftliche Verwertung eines Gegenstandes weit über die bloße Gebrauchmachung hinausgeht, s. OLG Bremen, DB 1970, 1436.

247 So BGH BB 1976, S.10, r.Sp..

248 Vgl. z.B. Mertens, Zur Berücksichtigung von Treuhandverhältnissen und Stimmbindungsverträgen bei der Feststellung von Mehrheitsbeteiligung und Abhängigkeit, S. 583; Schramm in MüKo, Vor § 164, Rdn.30.

249 S. dazu Blaurock, a.a.O., S. 73.

250 Vgl. Wiedemann, Übertragung, S.275. Wiedemann unterstreicht, daß man auf die im Vertragstext benutzten Wörter kein allzu großes Gewicht legen dürfe, sondern auf die Absichten und Vorstellungen der Parteien abstellen müsse.

251 Vgl. grundlegend zur Kategorisierung der unterschiedlichen Treuhandformen Beuthien, Treuhand an Gesellschaftsanteilen, ZGR 1974, S.26 ff..

schluß an diese Filterung soll der Blick auf die Folgen für das Stimmrecht und die Vermögensrechte gelenkt werden.

a) Mögliche Gestaltungsformen und Zielsetzungen einer Treuhand an dem Aktienpaket des V

Als kleinster gemeinsamer Nenner ist jedem Treuhandverhältnis zu eigen, daß dem Treuhänder durch den Treugeber eine Rechtsmacht verliehen wird, die im Innenverhältnis durch einen Treuhandvertrag begrenzt wird[252]. Eine erste Differenzierung kann somit nach der Art der dem Treuhänder eingeräumten Rechtsmacht erfolgen, wobei drei Kategorien denkbar sind[253]: die fiduziarische Vollrechtstreuhand, die Ermächtigungs- und die Vollmachtstreuhand. Die beiden letztgenannten Kategorien unterscheiden sich von der ersten dadurch, daß bei ihrem Vorliegen der Treuhänder *nicht* Inhaber des von ihm zu verwaltenden Rechts ist bzw. wird, m.a.W. also nicht Inhaber der Mitgliedschaft bzw. der Aktien ist[254]. Da V die Partizipation des K in einem Zeitpunkt ermöglichen will, in dem wegen des noch ausstehenden Eintritts der im Aktienkaufvertrag festgeschriebenen Bedingung(en) nur V die Mitgliedschaft innehat, kann V schon aus strukturellen Gründen nur im Rahmen einer fiduziarischen Vollrechtstreuhand Treuhänder des K werden. Die fiduziarische Vollrechtstreuhand kommt insbesondere bei allen übertragbaren Mitgliedschaftsverhältnissen vor, v.a. also bei Aktien[255].

Auf welche Weise könnte eine fiduziarische Vollrechtstreuhand zwischen den Parteien des Aktienkaufvertrages begründet werden ?

Herkömmlicherweise werden drei[256] mögliche Begündungsformen dieses Treuhandtypus angeführt. Bei der Übertragungstreuhand überträgt der Treugeber seine Beteiligung auf den Treuhänder. Diese Begründungsform scheidet aus, da V als Aktionär bereits vor Begründung des Treuhandverhältnisses der Eigentümer der Aktien ist und die Stellung des Treuhänders folglich nicht durch Übertragung der Aktien seitens K erlangen könnte. Weil V bereits Aktionär der Z ist, kommt ebensowenig die Begründungsform der für Strohmanngeschäfte[257] angedachten Erwerbstreuhand in Betracht, die dadurch gekennzeichnet ist, daß der Treuhänder die Beteiligung für Rechnung und im Auftrag eines Treugebers von einem Dritten erwirbt. Damit verbleibt nur die Möglichkeit der sog. Ver-

---

252 S. Karsten Schmidt in Schlegelberger, § 335 (§ 230 n.F.), Vorbem., Rdn. 30. Zur rechtlichen Struktur von Treuhandverhältnissen, die durch sehr differenzierte Verträge gekennzeichnet sind, s.a. Schramm in MüKo, Vor § 164, Anm. 27, 30 ff..

253 Vgl. Beuthien, Treuhand, a.a.O., S.29; Blaurock, a.a.O.,S.123.

254 S. Karsten Schmidt, Gesellschaftsrecht, S.1827.

255 Vgl. Karsten Schmidt, Gesellschaftsrecht, S.1827. Die zitierten Entscheidungen des Reichsgerichts hatten jedoch nicht die Vollrechtstreuhand an Aktien zum Gegenstand, sondern eine Ermächtigungstreuhand in RGZ 111, 405,407 ff. und eine Legitimationsübertragung in RGZ 118, 330,331.

256 Zu den Möglichkeiten der Begründung vgl. Karsten Schmidt, Gesellschaftsrecht, S.1829.

257 Vgl. Beuthien, Treuhand, S. 77; Karsten Schmidt in Schlegelberger, § 335 (§ 230 n.F.), Vorbem., Rdn. 48 unter Hinweis auf Stohmanngründung und Strohmannerwerb.

einbarungstreuhand[258]. Durch sie wird der bisherige Gesellschafter nicht mittels treuhänderischer Anteilsübertragung zum Treugeber – wie es der Übertragungstreuhand entspräche –, sondern er wird zum Treuhänder allein[259] aufgrund der fiduziarischen Abrede. Die Beteiligung wird damit einer Metamorphose unterzogen: durch den Treuhandvertrag mit dem künftigen Treugeber wird sie in eine treuhänderische Beteiligung umgewandelt. Hierbei ist es wichtig, sich vor Augen zu halten, daß für die Begründung der Vereinbarungstreuhand keine dingliche Änderung mit Blick auf die Beteiligung erfolgt[260]. Um es mit *Blaurock*[261] zu präzisieren: V erlangt die Stellung eines Treuhänders des K für die Dauer der Interimszeit allein dadurch, daß die Parteien „einfach vereinbaren", daß V künftig seine Aktien als Treuhänder des K bis zur dinglichen Übereignung des Aktienpaketes halten werde[262]. Da die Vereinbarungstreuhand auch formfrei und konkludent vereinbart werden kann, kommt der präzisen Abgrenzung zum Nießbrauch und zur Unterbeteiligung eine noch größere Bedeutung zu. Allerdings dürften die Parteien schon aus Rechtssicherheitserwägungen i.d.R. die Begründung der mittelbaren Unternehmensbeteiligung schriftlich festhalten.

Wie könnte eine Überbrückungsregelung in Form der Vereinbarungstreuhand kautelarjuristisch in Beziehung zu dem noch ausstehenden dinglichen Vollzug gesetzt werden?

Zu denken ist hier bei Eintritt der im Aktienkaufvertrag festgelegten Bedingung(en) zunächst daran, daß die Vereinbarungstreuhand als fiduziarische Vollrechtstreuhand ex lege beendet wird, da V mit dem dinglichen Übergang der Aktien auf K seine Eigentümerstellung verliert und damit auch seine Eigenschaft als (Vollrechts-) Treuhänder. Das Treuhandverhältnis könnte auch aufgrund der in der Person des K eintretenden Konfusion von Eigentümerstellung und Treugeberschaft erlöschen.

Auf schuldrechtlicher Ebene wäre davon unabhängig und angesichts des kautelarjuristischen Perfektionsstrebens der Praxis auch vorstellbar, daß die Treuhandabrede das Treuhandverhältnis unter zwei Bedingungen[263] stellt.

Eine auflösende Bedingung könnte die Beendigung des Treuhandverhältnisses von dem (positiven) Bedingungseintritt des Aktienkaufvertrages abhängig machen. Auf diese Weise wäre eine Synchronisierung zwischen dem Datum des dinglichen Vollzugs und dem Datum der Beendigung der als Überbrückungsregelung dann überflüssig gewordenen mittelbaren Unternehmensbeteiligung des K in Gestalt der Vereinbarungstreuhand erreicht. Die bereits ex lege eintretende Folge des Erlöschens der Treuhand wäre zusätzlich schuldrechtlich verankert. Sobald die im Kaufvertrag vorgesehene Bedingung (z.B. die Finanzierungszusage des Bankenkonsortiums, die Bestätigung der Durchfinanzierung

258 S. Blaurock, a.a.O., S.151.

259 So Karsten Schmidt in Schlegelberger, § 335 (§ 230 n.F.), Vorbem., Rdn.47.

260 S. BFH BB 1985, S.638,639, r.Sp. unter Hervorhebung des reinen Vereinbarungscharakters.

261 S. Blaurock, a.a.O., S.151.

262 Vgl. zur Vereinbarungstreuhand auch die Formulierung von Schmidt-Hern in Beck'sches Formularhandbuch, Form IX. 21, § 1 (2): „ Die Vertragsparteien sind darüber einig, daß Herr B den Geschäftsanteil künftig als Treuhänder des Herrn A auf dessen Gefahr und für dessen Rechnung hält.".

263 Zur grundsätzlichen Möglichkeit der Vereinbarung einer Beendigung des Treuhandverhältnisses qua Bedingungseintritt vgl. Karsten Schmidt in Schlegelberger, § 335 (§ 230 n.F.), Vorbem., Rdn.78.

seitens der Hausbank des K, die Erteilung der Bürgschafts- oder der Patronatserklärung, die Zustimmung des Aufsichtsrates von K oder V etc.) eintritt, wäre der Weg zur dinglichen Übereignung des Aktienpakets geebnet und könnte gleichzeitig das Treuhandverhältnis, das ja nur der Partizipation in der Interimszeit dient, beendet werden.

Eine zweite auflösende Bedingung könnte die Beendigung des Treuhandverhältnisses davon abhängig machen, daß die im Kaufvertrag vorgesehene Bedingung *nicht* eintritt. Dies wäre beispielsweise der Fall, wenn K die zur aufschiebenden Bedingung des Aktienkaufvertrages gemachte Finanzierungszusage nicht erhielte. Scheitert die geplante Akquisition wegen Nichteintritts der im Kaufvertrag festgelegten Bedingung(en), entfällt auch der Grund für die Partizipation des K an Z als Überbrückung der Interimszeit und die Treuhandabrede ist obsolet. Die Vereinbarung dieser zweiten Art der auflösenden Bedingung ist kautelarjuristisch prioritärer als die erste, da im Falle des Scheiterns der Akquisition das Treuhandverhältnis nicht wegen einer Konfusion der Eigentümerstellung mit der Treugeberstellung erlischt. Scheitert der Anteilserwerb, wäre zudem eine Vereinbarung in der Treuhandabrede erforderlich, die die Rückabwicklung hinsichtlich der ggf. von K zwischenzeitlich erhaltenen Auskehrungen des V aus dem Geschäftsbesorgungsverhältnis regelt.

Weiterhin könnte eine Beendigung des Treuhandverhältnisses auch von einer Kündigung abhängig gemacht werden[264], wobei diese Möglichkeit allerdings den Nachteil aufweist, daß die Partizipation des K an Z nicht automatisch entfiele, sondern erst mit Zugang der Kündigungserklärung und/oder dem Verstreichen einer evtl. vereinbarten Kündigungsfrist.

Der *Zweck*[265] der zwischen K und V abgeschlossenen Vereinbarungstreuhand leitet sich unmittelbar aus der beabsichtigten Überbrückung der Interimszeit qua Partizipation ab. Mangels Sicherungszwecks scheidet eine eigennützige Treuhand und auch eine Nutzungstreuhand hinsichtlich V aus. V übt im Rahmen einer zugunsten des K eingeräumten Verwaltungstreuhand fremdnützige Interessen aus. Er vermittelt dem K als Treugeber eine wirtschaftliche Beteiligung an Z, die K bereits vor dinglicher Übereignung der Aktien in Genuß der mit der Mitgliedschaft zusammenhängenden Vermögensrechte bringen soll. Diese Zielsetzung läßt sich in das von *Beuthien*[266] entwickelte System der Erscheinungsformen der Treuhand nicht einordnen, sondern besteht sui generis. Von den bei *Beuthien* genannten Erscheinungsformen der vereinfachenden, der verbergenden und der umgehenden Treuhand scheidet die erste prima vista aus. Die klassischen Anwendungsfälle der umgehenden Treuhand[267] liegen ebenfalls nicht vor, da die Vereinbarung der Treuhand für die Interimszeit i.d.R. nicht dazu dient, persönliche Beschränkungen zu umschiffen oder aber die beispielsweise bei vinkulierten Namensaktien nicht erteilte Genehmigung zur Anteilsübertragung zu umgehen. Vorsicht ist ohnehin bei dem Begriff der „umgehenden" Treuhand geboten, da diese einen pejorativen Beigeschmack aufweist, der ihr nicht

264 Vgl. Karsten Schmidt in Schlegelberger, § 335 (§ 230 n.F.), Vorbem., Rdn.78.

265 S. zu den unterschiedlichen Zwecken der Treuhand die Kategorisierung von Karsten Schmidt, Gesellschaftsrecht, S.1827 f..

266 Beuthien, Treuhand, a.a.O., S.76 ff..

267 S. dazu Blaurock, a.a.O., S.71 ff..

automatisch zufällt. So wird zu Recht darauf hingewiesen[268], daß diese Terminologie den irrigen Eindruck hervorrufen könnte, als ob jede Vereinbarung einer Treuhand zu diesem Zweck unerlaubt oder doch illegitim sei. Eine andere Bewertung ist angebracht, wenn die Treuhand nur dazu dient, als Überbrückungsregelung die Vollzugsverbote[269] der Fusionskontrolle auszuhebeln.

Eine verbergende Treuhand, die losgelöst von den aktien- und wertpapierhandelsrechtlichen Mitteilungs- und Offenlegungspflichten auch nicht zur Kenntnis des Z-Vorstandes gelangen *soll*, wird gerade in den Fällen, in denen die Parteien den Vorstand frühzeitig in ihre Akquisitionspläne einbinden wollen, kaum eine Rolle spielen[270].

Folglich ist grundsätzlich von einer Erscheinungsform sui generis auszugehen, die jenseits der herkömmlichen Kategorisierung der Treuhandformen auf die Vorverlagerung der Partizipation des K an Z zur Überbrückung der Interimszeit abzielt. *Riesenkampff*[271] unterstreicht hierbei zutreffend, daß für die Zeit vor Vollerwerb durchaus legitime Zwekke vorliegen können, die für die Zwischenlösung einer Treuhandkonstruktion sprechen.

Als **Zwischenergebnis** bleibt festzuhalten:

Zur Ermöglichung einer in die Interimszeit vorverlagerten wirtschaftlichen Partizipation des K an Z im Rahmen eines mit V vereinbarten Treuhandverhältnisses bietet sich die Begründung einer fremdnützigen, fiduziarischen Vollrechtstreuhand an. Diese kann als Vereinbarungstreuhand begründet werden mit dem Inhalt, daß V die Aktien für K treuhänderisch verwaltet bis zu dem Zeitpunkt, in dem entweder die Voraussetzungen für die dingliche Übereignung des Aktienpakets erfüllt sind oder aber feststeht, daß die Übereignung wegen Nichterfüllung der in den Aktienkaufvertrag festgelegten Bedingung(en) nicht mehr vollzogen werden kann.

b) Auswirkungen der Vereinbarungstreuhand auf das Stimmrecht

Ausgangspunkt der Überlegungen zu den Konsequenzen für das Stimmrecht ist die Feststellung, daß V bei der Vereinbarungstreuhand Inhaber der Mitgliedschaft bleibt. Grundsätzlich und vorbehaltlich einer anderweitigen Ausgestaltung im Treuhandvertrag übt V als Aktionär somit auch das Stimmrecht in der jeweiligen Hauptversammlung von Z im eigenen Namen[272] aus. Allerdings kann V sein Stimmrecht schon aufgrund seiner treuhänderischen Bindung gegenüber K nicht vollständig autonom ausüben. Er unterliegt im

---

268 Vgl. den Hinweis vor der Anm. bei Semler/von der Heydt in Münchener Vertragshandbuch, Band 1, Form VIII., 14.

269 Zur Frage, ob in der Interimszeit überhaupt Überbrückungsregelungen getroffen werden können, falls die Vollzugsverbote der deutschen oder europäischen Fusionskontrolle greifen, s. die Untersuchung auf S. 156 ff..

270 Eine „Geheimdiplomatie" auch gegenüber dem Z-Vorstand ist v.a. in den kritischen Fällen einer beabsichtigten Nachteilszufügung in der Interimszeit wenig sinnvoll, da die Parteien z.B. beim asset stripping auf die Geschäftsführungshandlungen des Vorstands angewiesen sind. Vgl. i.ü. die Ausführungen im fünften Abschnitt, S. 205 f..

271 Vgl. Riesenkampff, WuW 1996, S.5/6.

272 Vgl. Karsten Schmidt, Gesellschaftsrecht, S. 1829 und S. 1832.

Rahmen seiner Pflichtbindung Einschränkungen, die in der kautelarjuristischen Praxis bei der Ausgestaltung der Treuhandverträge in unterschiedlichem Umfang abgestuft werden.

aa) Weisungsrecht des Treugebers und Stimmbindungen zugunsten des Treugebers

Der schuldrechtliche Treuhandvertrag ist stark durch Geschäftsbesorgungselemente geprägt[273], wobei die Geschäftsbesorgung entweder unentgeltlich (§ 662 BGB) oder entgeltlich (§ 675 BGB) erfolgt[274]. Damit verbindet sich insbesondere mit der Verwaltungstreuhand ein Weisungsrecht[275] des Treugebers, das sich nach dem Auftrag richtet (arg. § 665 BGB[276]). Im kautelarjuristischen Schrifttum wird dieses Weisungsrecht v.a. hinsichtlich des Stimmrechts präzisiert und mit unterschiedlichen[277] Schranken versehen. Das dahinter stehende Problem läßt sich wie folgt beschreiben: Der Treugeber verfügt über kein allumfassendes und uneingeschränktes Weisungsrecht gegenüber dem Treuhänder, das im Wege der Vertragsautonomie zulässig festgelegt werden könnte. Ansonsten wären Fallkonstellationen denkbar, in denen sich der Treuhänder in eine Pflichtenkollision[278] begäbe. Diese Pflichtenkollision entstünde, wenn eine durch den Treugeber K erteilte Weisung gegen die V in seiner Eigenschaft als Gesellschafter der Z treffende Treupflicht verstoßen würde. Die an dieser Stelle nur skizzierte Problematik wird im dem Maße akuter, in dem Rechtsprechung und Lehre die Treupflichten des Aktionärs fortentwickelt[279] haben. Da die Problematik auch Fälle der Stimmbindung betreffen kann, soll sie als allgemeine Fragestellung bei der Untersuchung des autorisierten Handelns[280] und der Stimmbindung[281] behandelt werden, bevor daran anschließend die abhängigkeitsrechtliche[282] Beurteilung erfolgen kann.

---

273 S. Karsten Schmidt in Schlegelberger, § 335 (§ 230 n.F.), Vorbem., Rdn. 64.

274 S. auch BGH BB 1969, S.1154.

275 Vgl. Karsten Schmidt in Schlegelberger,, § 335 (§ 230 n.F.), Vorbem., Rdn. 65.

276 S.auch Beuthien, Treuhand, a.a.O.,S.41.

277 Vgl. Semler/ von der Heydt in Münchener Vertragshandbuch, Band 1, Form VIII. 14, § 2 (1) einerseits und § 3 (1) andererseits. S. a. Langenfeld in Rechtsformularbuch, Muster 122 d, § 3; Schmidt-Hern in Beck`sches Formularbuch, Form IX, 21, § 3 a), § 5.

278 Zum Gedanken der Pflichtenkollision vgl. Beuthien, Treuhand, S. 82 mit Verweis auf S. 41 f. seiner Abhandlung.

279 Zur Fortentwicklung der Treupflichten des Aktionärs s. Lutter, Treupflichten und ihre Anwendungsprobleme, ZHR 162 (1998), 164 (167/168); Henze, Treupflichten der Gesellschafter im Kapitalgesellschaftsrecht, ZHR 162 (1998), 186 (192 zu Girmes); ders. in Festschrift für Kellermann, 141; Wiedemann, Entwicklungen im Kapitalgesellschaftsrecht, DB 1993, 141, 143 ff.; ders., Minderheitenschutz und Aktienhandel, S. 51 ff. zur Haftung des Mehrheitsgesellschafters im deutschen Recht und S. 61/62 für eine zeitlich frühere Anwendung der Mitteilungspflichten; Timm, Treuepflichten im Aktienrecht, WM 1991, 481.

280 Vgl. dazu die Ausführungen im dritten Abschnitt, S. 122 ff. für die Stimmrechtsvollmacht und S. 128 für die Legitimationszession.

281 S. die Untersuchung im dritten Abschnitt, S. 135 ff..

282 S. dazu die Ausführungen im fünften Abschnitt, S. 224 ff. für die Stimmbindung und S. 229 ff. für die Stimmrechtsvollmacht.

bb) Bevollmächtigung des Treugebers

Das kautelarjuristische Schrifttum[283] sieht neben dem bereits erwähnten abgestuften Weisungsrecht des Treugebers regelmäßig auch eine Bevollmächtigung des Treugebers zur Ausübung des Stimmrechts vor. Grundsätzlich ist dabei schon aufgrund des § 134 III von der Zulässigkeit einer solchen Vollmacht auszugehen[284]. Allerdings ist mit dieser Erkenntnis noch nichts gewonnen, da bei der Prüfung, ob die konkrete Ausgestaltung der Stimmrechtsvollmacht dem gesellschaftsrechtlichen Abspaltungsverbot genügt, der Teufel im Detail steckt. Auch stellt sich die weitergehende Frage, wie sich Stimmbindung, Weisungsrecht und Bevollmächtigung zueinander verhalten. Beiden Fragen soll ebenfalls bei der Untersuchung des autorisierten Handelns[285] bzw. im Rahmen der Abhängigkeitsprüfung[286] nachgegangen werden.

c) Auswirkungen der Vereinbarungstreuhand auf die Vermögensrechte

Als Vorarbeit für die abhängigkeitsrechtliche Prüfung ist auch bei der Vereinbarungstreuhand erforderlich, einige Überlegungen zur Aufteilung der vermögensrechtlichen Positionen bzw. zur Zuordnung der wirtschaftlichen Chancen und Risiken der Beteiligung anzustellen. Begründen die Parteien eine Vereinbarungstreuhand, ist diese dadurch gekennzeichnet, daß sich das wirtschaftliche Interesse an Z auf K verlagern soll, ohne daß während der Interimszeit ein Wechsel im Aktionärstatus bei der Z eintritt. V soll also im Regelfall als verlängerter Arm[287]des K auftreten. Das zugrundeliegende gesetzliche Leitbild orientiert sich bei der Vereinbarungstreuhand als Verwaltungstreuhand an dem Auftrag bzw. der entgeltlichen Geschäftsbesorgung. Damit stehen dem V idealtypisch und vorbehaltlich einer abweichenden Regelung[288] die aus §§ 669, 670 BGB resultierenden Ansprüche auf Vorschuß und Ersatz von Aufwendungen (z.B. anläßlich der Hauptversammlung) zu[289]. Hinzu treten die Freistellungs- bzw. Erstattungsanspüche und die Befreiung von Haftungsrisiken.

Welche wirtschaftlichen Chancen und Risiken aus der Beteiligung hat bzw. trägt nun typischerweise K ?

---

283 Vgl. Semler, von der Heydt in Münchener Vertragshandbuch, Band 1, Form VIII. 14, § 5 (2); Langenfeld in Rechtsformularbuch, Form 122 d, § 4; Schmidt-Hern in Beck`sches Formularbuch, Form IX. 21, § 5.

284 S. Karsten Schmidt in Schlegelberger, § 335 (§ 230 n.F.), Vorbem., Rdn. 57.

285 Zur Problematik einer den Erfordernissen des Abspaltungsverbotes genügenden Ausgestaltung der Stimmrechtsvollmacht s. die Überlegungen auf S. 117 ff..

286 Vgl. dazu die Ausführungen im fünften Abschnitt, S. 229 ff..

287 Vgl. zu diesem Bild Blaurock, a.a.O., S.153.

288 Zur Möglichkeit einer abweichenden Regelung im Treuhandvertrag s. Karsten Schmidt in Schlegelberger, § 335 (§ 230 n.F.), Vorbem., Rdn. 67.

289 Vgl. dazu auch Beuthien, Treuhand, S. 78 mit Verweis auf S. 40 seiner Abhandlung. Dabei trifft die auf die Personenhandelsgesellschaften abzielende Einbeziehung der risikotypischen Begleitschäden -z.B. die persönliche Inanspruchnahme durch Gesellschaftsgläubiger – auf die AG nicht zu.

Nach §§ 667, 668 BGB folgt aus dem gesetzlichen Leitbild eine Herausgabepflicht v.a. der durch V als Treuhänder und Vollgesellschafter bezogenen Dividenden. *Beuthien*[290] schlägt vor, daß die vermögensrechtlichen Interessen des Treugebers – also des K – dadurch gewahrt werden können, daß er sich vom Treuhänder – also von V – die aus der Treuhandbeteiligung fließenden vermögensrechtlichen Anspüche abtreten läßt. Diese Möglichkeit findet sich auch bei anderen Autoren des kautelarjuristischen Schrifttums[291]. Damit könnte zwischen V und K die Abtretung der Ansprüche aus dem bereits festgestelltem Gewinn nach §§ 58 IV, 119 I Nr.2, des Bezugsrechts nach § 186[292] und des Anspruchs auf das Liquidationsguthaben nach § 271 vereinbart werden. Zusätzlich und neben der Abtretungsvereinbarung wird teilweise[293] auch noch expressis verbis eine Abführungs- bzw. Auskehrungspflicht in die kautelarjuristische Empfehlung aufgenommen. Die Vereinbarung einer Abtretung bzw. einer Auskehrung der Erträge und der anderen vermögensrechtlichen Positionen aus den Aktien dürfte vorgesehen werden, wenn beabsichtigt wird, den K vor dinglichem Vollzug in weitestgehendem Umfang an den Erträgen der Mitgliedschaft partizipieren zu lassen und insofern die Wirkungen des dinglichen Vollzugs zu antizipieren.

Durch die aus der Treuhand folgenden Freistellungs- und Erstattungsansprüche des V trifft K auch das Risiko einer Insolvenz der Z oder einer Zwangsvollstreckung in das Vermögen der Z bei entsprechender Entwertung der Beteiligung. Das Kursverlustrisko wird ebenso wie die Kursgewinnchance auf K als Treugeber verlagert.

4. Unterbeteiligung

a) Mögliche Gestaltungsformen und Zielsetzungen einer Unterbeteiligung an dem Aktienpaket des V

Die mittelbare Unternehmensbeteiligung in Form der Unterbeteiligung ist mangels ausdrücklicher gesetzlicher Regelung für vielgestaltige[294] Vereinbarungen im Rahmen der Vertragsfreiheit[295] offen. Der typische Anwendungsbereich der Unterbeteiligung umfaßt die Unterbeteiligung an einem Konsortialanteil im Rahmen von Emissionskonsortien[296],

290 S. Beuthien, Treuhand, S.81.

291 S. zur Abtretungsvereinbarung Semler/von der Heydt in Münchener Vertragshandbuch, Band 1., Form VIII. 14, § 5 (1) mit Anm. 2..

292 S. auch Beuthien, a.a.O., S. 81.

293 So Langenfeld in Rechtsformularbuch, Form 122d, § 3, Satz 2.

294 S. Bilsdorfer, NJW 1980, S. 2785.

295 Wie bei den anderen Formen der mittelbaren Unternehmensbeteiligung ist auch bei der Unterbeteiligung ein großer Gestaltungsspielraum vorhanden. Karsten Schmidt fordert die Gestaltungspraxis wegen der Lückenhaftigkeit der gesetzlichen Regelung insbesondere bei der Regelung der Rechtsverhältnisse innerhalb der Unterbeteiligungsgesellschaft zu großer Sorgsamkeit auf, s. Karsten Schmidt in Schlegelberger, § 335 (230 n.F.), Rdn. 223.

296 Vgl. Blaurock, a.a.O.,S. 50 ff..

die Unterbeteiligung an Handelsgesellschaftsanteilen aus privatrechtlichen Gründen[297] und die Unterbeteiligung aus steuerrechtlichen[298] Gründen.

Die Unterbeteiligung ist dadurch gekennzeichnet, daß der Gesellschafter einer Kapital- oder Personengesellschaft als Hauptbeteiligter mit einem Unterbeteiligten einen Gesellschaftsvertrag abschließt, vermöge dessen der Unterbeteiligte mit einer Einlage an dem Gesellschaftsanteil beteiligt wird und eine Gewinnbeteiligung erhält[299]. Demzufolge sind zwei Gesellschaften auseinanderzuhalten: Die Hauptgesellschaft und die Gesellschaft bestehend aus dem Hauptgesellschafter und dem Unterbeteiligten[300]. Letztere ist als reine Innengesellschaft einzustufen, da sie nach außen nicht in Erscheinung tritt und Inhaber des Gesellschaftsvermögens – i.e. der Gesellschaftsanteil an der Hauptgesellschaft – allein der Hauptbeteiligte ist[301].

Ob die Unterbeteiligungsgesellschaft als reine Innengesellschaft den Regeln der GbR folgt, ist streitig. Der BGH[302] sieht die Unterbeteiligung an einem Gesellschaftsanteil als eine Art der mittelbaren Beteiligung in mehrfacher Hinsicht der stillen Gesellschaft angenähert. Obwohl die Unterbeteiligung grundsätzlich als GbR-Innengesellschaft eingeordnet wird, greifen der BGH[303] und ein Teil der Literatur[304]auch auf Bestimmungen zur stillen Gesellschaft zurück. Andere Stimmen im Schrifttum[305] ordnen die Unterbeteiligung unmittelbar als stille Gesellschaft ein. Mit *Karsten Schmidt* ist davon auszugehen, daß beide Normenpakete benötigt werden, da das Recht der stillen Gesellschaft ohnehin weitgehend den §§ 705 BGB entnommen wird.

Aus der Charakterisierung als reine Innengesellschaft folgt, daß K durch die Einräumung einer Unterbeteiligung keine Vertretungsmacht erhält, da eine Vertretung der Gesellschaft selbst ausgeschlossen ist[306]. Auch die Geschäftsführungsbefugnis steht allein dem Hauptbeteiligten V als Inhaber der Aktien zu[307]. Bevor auf die möglichen Gestaltungsformen näher eingegangen wird, ist noch zu überlegen, unter welchen Voraussetzungen die Vereinbarung einer Unterbeteiligung für die Interessenlage von K und V sinnvoll wäre. Primär geht es erneut darum, wie bei den anderen Instituten der mittelbaren Unternehmensbeteiligung den K zur Überbrückung bereits während der Interimszeit an

---

297 S. Blaurock, S. 54 ff. mit den weiteren Fallgruppen des gemeinsamen Anteilserwerbs zur Kapitalbeschaffung (S. 55 f.), zur verdeckten Beteiligung (S. 57 ff.), zur Erbfolgeregelung (S. 59 ff.), zur Förderung des wirtschaftlichen Interesses (S. 60 ff.) und zur Zusammenfassung (S. 62 ff.).

298 Vgl. Blaurock, a.a.O., S.65 und Paulick, ZGR 1974, S. 284 ff.. S.a. Bilsdorfer, NJW 1980, S.2786. Bilsdorfer unterstreicht die beträchtlichen Steuerprogressionsvorteile.

299 Zu den einzelnen Definitionsmerkmalen s. Karsten Schmidt, Gesellschaftsrecht, S.1864.

300 Zur Trennung der beiden Gesellschaften vgl. Bilsdorfer, NJW 1980, S.2785.

301 Vgl. Esch, NJW 1964, S.903; Bilsdorfer, a.a.O., S.2785; Karsten Schmidt, Gesellschaftsrecht, S. 1867.

302 S. BGHZ 50, 316, 320, 323.

303 Vgl. BGH BB 1968, 973, 974 zur Frage eines Informationsrechtes des Unterbeteiligten.

304 S. Esch, a.a.O., S. 903. Nach Esch finden die Vorschriften der §§ 705 BGB Anwendung, soweit sie nicht durch die Sondervorschriften der stillen Gesellschaft ersetzt sind.

305 Schneider in Festschrift für Möhring 1965, S.115; Esch, a.a.O., S. 903 m.w.N..

306 Vgl. Esch, a.a.O., S.903; Karsten Schmidt in Schlegelberger, § 335 (§ 230 n.F.), Rdn. 224.

307 S. Karsten Schmidt in Schlegelberger, § 335 (§ 230 n.F.), Rdn.225.

der Beteiligung partizipieren zu lassen. Die typische Unterbeteiligung weist als konstitutives Merkmal auf, daß dem Unterbeteiligten lediglich *partiell* die Gewinn- und Verlustaussichten des Hauptgesellschafters eingeräumt werden[308]. Dies bedeutet, daß die typische Unterbeteiligung sich als Gestaltungsform nur dann anbietet, falls V in der Interimszeit auch einen Teil der Erträge der Mitgliedschaft weiterhin für sich beanspruchen will. Denkbar wäre eine solche Interessenlage insbesondere für den Fall, daß V dem K nur eine der beabsichtigten Übertragung der Aktienmehrheit entsprechende Höhe der Partizipation einräumt, weil V nach erfolgter Übereignung beispielsweise eine Schachtelbeteiligung an Z behalten möchte[309].

Wie könnte die konkrete Ausgestaltung der Unterbeteiligung ausfallen ?

Die Begründung der Unterbeteiligung des K an den Aktien des V kann formfrei erfolgen, wobei jedoch wie bei der Treuhand auch hier davon auszugehen ist, daß aus Rechtssicherheitsgründen wegen des breiten Gestaltungsspielraums[310] eine exakte privatschriftliche Vereinbarung vorgezogen würde. Der Unterbeteiligungsvertrag müßte als Gesellschaftsvertrag einen gemeinsamen Zweck definieren, der hier in dem Halten und der Nutzung der Hauptbeteiligung an Z für die Dauer der Interimszeit läge[311]. Als Beitrag des K wäre dann entweder ein Teil des später nach dinglichem Vollzug fällig werdenden Kaufpreises[312] oder aber eine dem Partizipationsinteresse äquivalente Anzahlung, die gleichfalls bei erfolgreichem dinglichen Vollzug des Aktienkaufvertrages auf den später noch zu entrichtenden Kaufpreis angerechnet werden könnte, vorstellbar. Aber auch ohne die konkrete Vereinbarung einer Einlageleistung könnte zwischen V und K eine Unterbeteiligung begründet werden, da auch ohne Einlage*leistung* die Konstituierung eines bilanzierungsfähigen Einlage*verhältnisses* möglich ist[313].

Die Beendigung des Unterbeteiligungsvertrages könnte durch die Zweckerreichung herbeigeführt werden. Hierbei ist vorstellbar, daß die Unterbeteiligung als *Vorstufe* zur Hauptbeteiligung festgelegt wird[314]. Mit der endgültigen Übertragung der Aktien auf K wäre dann der Zweck der (Interims-)Unterbeteiligungsgesellschaft erfüllt. Denkbar wäre auch, die Beendigung durch eine expressis verbis vereinbarte auflösende Bedingung herbeizuführen. Schließlich könnte die Beendigung auch ohne Vereinbarung einer Bedingung durch Konfusion[315] in dem Moment eintreten, in dem K als Unterbeteiligter auch das Eigentum an den Aktien erlangt.

---

308 Vgl. Paulick, a.a.O., S.253. Paulick spricht von einem Bedürfnis im Wirtschaftsleben, daß Gewinn und Verlust zwischen Unterbeteiligtem und Hauptgesellschafter geteilt werden.

309 S. Bilsdorfer, a.a.O., S.2786.

310 S. Karsten Schmidt in Schlegelberger, § 335 (§ 230 n.F.), Rdn.223.

311 Zu den Voraussetzungen des gemeinsamen Zwecks s. Karsten Schmidt, Gesellschaftsrecht, S.1865.

312 Dieser ist eigentlich nur die Gegenleistung im synallagmatischen Verhältnis K -V aus dem Kaufvertrag, könnte aber gleichzeitig als erst später fällig werdende Beitragsleistung des K im Unterbeteiligungsvertrag festgelegt werden.

313 S. zu dieser Unterscheidung Karsten Schmidt in Schlegelberger, § 335 (§ 230 n.F.), Rdn. 217.

314 Vgl. dazu den Formularvorschlag von Hengeler in Beck`sches Formularbuch, Form VIII.D.2., § 6 (1). Demnach ist die Unterbeteiligung als *Vorstufe zur Hauptbeteiligung* geplant.

315 Zur Konfusion als Beendigungsgrund vgl. Karsten Schmidt, Gesellschaftsrecht, S.1872.

Bei der inhaltlichen Ausgestaltung könnte sich die Vereinbarung an der typischen oder der atypischen Unterbeteiligung orientieren. Die erstgenannte Form beinhaltet für den Unterbeteiligten lediglich einen Anspruch auf anteiligen Jahresgewinn, während die atypische Unterbeteiligung den Unterbeteiligten schuldrechtlich so stellt, als sei er Mitinhaber oder alleiniger Inhaber der Hauptbeteiligung[316].

b) Auswirkungen der Unterbeteiligung auf das Stimmrecht

Da V als Hauptbeteiligter seine Gesellschafterstellung beibehält, steht ihm das Stimmrecht im Außenverhältnis zu Z ausschließlich zu[317]. Wiederum stellt sich die Frage, ob für die Ausübung des Stimmrechts aus dem Innenverhältnis etwas anderes folgt.

Vereinbaren die Parteien eine typische Unterbeteiligung, resultiert daraus kein[318] generelles Weisungsrecht des Unterbeteiligen K. Im Rahmen einer typischen Unterbeteiligung können jedoch auch im Innenverhältnis Mitwirkungsbefugnisse des Unterbeteiligten festgelegt werden. So könnten bestimmte Rechtshandlungen von V von der Einwilligung oder der Genehmigung des K abhängig gemacht werden, beispielsweise wenn es um die Zustimmung des V zu einer während der Interimszeit von der Hauptversammlung der Z zu beschließenden Kapitalerhöhung/-herabsetzung geht[319]. Zu beachten ist jedoch, daß Handlungen des V in der Z als Hauptgesellschaft auch dann wirksam sind, wenn der Unterbeteiligungsvertrag im Innenverhältnis einen Einwilligungs- oder Genehmigungsvorbehalt festschreibt[320]. Ausnahmen hiervon wären allenfalls bei der offengelegten Unterbeteiligung im Rahmen eines kollusiven Handelns zwischen V und seinen Mitaktionären zum Nachteil des K vorstellbar- ein wohl seltener Fall.

Im Innenverhältnis können im Rahmen einer atypischen Unterbeteiligung die Befugnisse des K hinsichtlich der Stimmrechtsausübung seitens V in der Hauptversammlung der Z wesentlich weiter gehen. Die Rechtsstellung des atypisch Unterbeteiligten kann im Unterbeteiligungsvertrag so festgelegt werden, *als ob*[321] er selbst an der Hauptgesellschaft beteiligt sei. Auf Basis dieser durch das Innenverhältnis festgelegten Fiktion wird es für möglich erachtet[322], zu vereinbaren, daß der Hauptgesellschafter sein Stimmrecht in der Hauptgesellschaft nach Weisung des atypisch Unterbeteiligten auszuüben hat. Wird die

---

316 Zur atypischen Unterbeteiligung s. Karsten Schmidt, Gesellschaftsrecht, S. 1866. Bei der atypischen Unterbeteiligung liegen gleichzeitig auch Treuhandelemente vor, womit die Grenzziehung zwischen den beiden Instituten im Einzelfall problematisch werden kann.

317 S. Esch, a.a.O.,S.903; Karsten Schmidt, Gesellschaftsrecht, S.1870.

318 So auch Karsten Schmidt in Schlegelberger, § 335 (230 n.F.), Rdn. 219.

319 Vgl. Paulick, a.a.O., S.272. Paulick nennt für das Zustimmungserfordernis das Beispiel der Änderung der Beteiligungsverhältnisse an der Hauptgesellschaft.

320 Zur beschränkten Wirkung der Zustimmungsvorbehalte s. Paulick, S.276.

321 Vgl. die Formulierung von Hengeler in Beck'sches Formularbuch, Form VIII.D.2., § 1 (2). Demnach wird die Unterbeteiligte im Innenverhältnis zum Hauptbeteiligten hinsichtlich der Beteiligung so gestellt, als ob sie „an Stelle des Hauptbeteiligten" beteiligt wäre.

322 S. Blaurock, a.a.O., S.189ff.; Hengeler in Beck'sches Formularbuch, Anm. 8 zu Form VIII.D.2..

atypische Unterbeteiligung der Treuhand strukturell stark angenähert[323], dürfte nach dem Sinn der Vereinbarung regelmäßig ein Weisungsrecht des K auch ohne entsprechende expressis-verbis- Abrede zu bejahen sein.

Wie bereits bei den anderen Instituten angedeutet, stellen sich auch im Zusammenhang mit der Begründung einer Unterbeteiligung die allgemeinen Fragen nach der Auswirkung des Abspaltungsverbotes auf die Möglichkeit einer Stimmrechtsbevollmächtigung des Unterbeteiligten K und nach den Folgen einer möglichen Pflichtenkollision seitens V auf die Reichweite der Stimmbindung, denen an anderer[324] Stelle zusammenhängend nachgegangen wird.

c) Auswirkungen der Unterbeteiligung auf die Vermögensrechte

Der typische Unterbeteiligungsvertrag räumt dem Unterbeteiligten einen Anteil an dem Gewinnrecht des Hauptgesellschafters ein[325]. Technisch erfolgt diese Partizipation durch Festlegung einer Unterbeteiligungsquote, die sich an der vom Hauptbeteiligten beizubringenden Rechnungslegung und GuV anlehnt[326].

Für die materielle Ausgestaltung der Beteiligung stehen den Parteien zahlreiche Möglichkeiten offen[327]. Denkbar ist, daß K durch die Vereinbarung einer strikt nach dem ausgeschütteten Bilanzgewinn vorgegebenen Beteiligungsquote das Risiko trifft, daß seitens Z entweder kein Gewinn erzielt wird oder aber nicht im größtmöglichen Umfang ausgeschüttet wird (Thesaurierungsrisiko). Ein derartiges Risiko kann sich auch bei nur kurzer Interimszeit realisieren, wenn sich die Unterbeteiligungsquote nach dem anteiligen ausgeschütteten Bilanzgewinn richtet. Allerdings – und dies ist zu betonen – trägt K das Thesaurierungsrisiko bei der typischen Unterbeteiligung nur *begrenzt* auf die Unterbeteiligungsquote und nicht im Hinblick auf die gesamte Hauptbeteiligung.

Denkbar ist auch, daß K einen gleichbleibenden, vom Ergebnis der Z unabhängigen Betrag erhalten soll oder eine Festverzinsung[328]. Der Gewinnverteilungsschlüssel könnte auch vorsehen, daß V in Gänze von einer Gewinnbeteiligung ausgeschlossen wird. Dann wird der Unterbeteiligte K wie der wirtschaftliche Eigentümer gestellt[329] und die Unterbeteiligung verliert ihren typischen Charakter, der auf der Begrenzung auf die Quote basiert.

Gleichermaßen flexibel kann eine Verlustbeteiligung des K vorgesehen werden. Auch hier kann bei entsprechender Zielsetzung der Parteien die vollständige Verlusttragung vereinbart werden. Rechtlich betrachtet gibt es bei der AG zwar keine Verlustzuweisung

---

323 Vgl. Karsten Schmidt, Gesellschaftsrecht, S.1866. Schmidt spricht von einer Unterbeteiligung mit Treuhandelementen.

324 Vgl. die Überlegungen auf S. 117 ff. und S. 135 ff..

325 Vgl. Esch, NJW 1964, S.902/903.

326 S. Hengeler in Beck'sches Formularbuch, Form VIII., D.2, § 2 (1) sowie § 3 unter ausdrücklicher Festschreibung der Rechnungslegungs- und Auskunftspflicht des Hauptbeteiligten.

327 S. dazu die ausführliche Darstellung bei Paulick, a.a.O., S.258/259 sowie S.264 ff..

328 S. zu diesen Möglichkeiten Paulick, S.265/266.

329 Vgl. Paulick, S.266. In diesem Fall ist nach Paulick der Unterbeteiligte im Innenverhältnis „der eigentliche Eigentümer der Gesellschaftsanteils an der Hauptgesellschaft".

an den Aktionär, sondern es bleibt nur eine Ausschüttung aus. Eine Verlusttragung des Unterbeteiligten K kann jedoch wirtschaftlich dadurch herbeigeführt werden, daß im Unterbeteiligungskonto ein kalkulatorischer Verlustvortrag gebucht wird, der in späteren Perioden mit den auf die Unterbeteiligung anfallenden Ausschüttungen verrechnet wird[330]. Der Verlust könnte jedoch auch je nach Interessenlage unterschiedlich auf K und V umgelegt werden Im Zweifel ist davon auszugehen, daß sich die Unterbeteiligung gleichermaßen auf Gewinn und Verlust bezieht, auch wenn in dem Unterbeteiligungsvertrag nur von einer „Gewinnunterbeteiligung“ die Rede ist[331]. Bei der atypischen Unterbeteiligung ergibt sich darüber hinaus die Möglichkeit, daß der Unterbeteiligte *über die Quote hinaus* allein den Verlust zu tragen hat[332].

Der Unterbeteiligte kann vertraglich auch an einer Kapitalerhöhung bei der Hauptgesellschaft partizipieren[333]. Möglich ist auch die optionale Beteiligung an der Kapitalerhöhung durch eine der Quote entsprechende Einzahlung auf die Kapitalerhöhung[334]. Im Rahmen der atypischen Unterbeteiligung könnte K im Innenverhältnis zu V schließlich so gestellt werden, als ob er sich unmittelbar an der Kapitalerhöhung bei der Z beteiligt hätte[335]. Im Falle der Liquidation kann bei der Unterbeteiligung vorgesehen werden, daß im Innenverhältnis der Unterbeteiligte in Höhe der Unterbeteiligungsquote am Liquidationserlös beteiligt wird[336].

Sieht die atypische Unterbeteiligung eine Partizipation an der Substanz[337] der Mitgliedschaft vor, hätte dies zur Folge, daß K schon in der Interimszeit auch das Risiko von Kursschwankungen im Falle der Veräußerung von börsennotierten Aktien durch V tragen müßte. Die Möglichkeit der Veräußerung von Aktien in der Interimszeit durch V an Dritte könnte im Aktienkaufvertrag bis zur unteren Grenze der Mehrheitsbeteiligung vorgesehen werden und für beide Parteien sinnvoll sein, wenn einerseits V z.B. eine gewisse Flexibilität zur kurzfristigen Kapitaleindeckung benötigt und K andererseits schuldrechtlich nur sichergestellt wissen will, daß er zumindest die Mehrheitsbeteiligung an Z (50 % plus eine Aktie) erhält. Zudem ist denkbar, daß der atypische Unterbeteiligungsvertrag eigens vorsieht, daß K im Innenverhältnis zu V die Chancen und Risiken einer Veräußerung alleine trägt. Technisch ließe sich eine derartige Regelung durch die Vereinbarung einer

---

330 S. Paulick, S.267. Paulick erwähnt die Möglichkeit, daß das Unterbeteiligungskonto auch einen etwaigen Verlust zunächst im Wege der Wiederauffüllung durch spätere anteilige Gewinne auffängt. Bei der AG könnte dementsprechend im Falle einer langfristigen Interimszeit zwischen den Parteien vereinbart werden, daß das Verlustjahr bzw. die ausbleibende Dividende im Folgejahr durch eine entsprechend abgesenkte oder ausbleibende Gutschrift auf dem Unterbeteiligungskonto Berücksichtigung findet.

331 Vgl. hierzu Paulick, a.a.O., S.267.

332 Wie Fußnote zuvor.

333 Vgl. Karsten Schmidt in Schlegelberger, § 335 (§ 230 n.F.), Rdn. 222. Nach Schmidt kann sich ein Bezugsrecht aus dem Sinn und Zweck des Vertrages ergeben.

334 S. Hengeler in Beck´sches Formularbuch, Form VIII.D.2, § 1 (7), Satz 2, wobei es gemäß Satz 1 im freien Ermessen des Hauptbeteiligten steht, ob er sich an der Kapitalerhöhung beteiligt.

335 Wie Fußnote zuvor. S. a. Paulick, a.a.O., S. 258. Paulick geht von der Möglichkeit aus, daß der Unterbeteiligte an der *Substanz*, d.h. an allen Wertschwankungen beteiligt werden kann.

336 Vgl. Hengeler in Beck´sches Formularbuch, Form VIII.D.2, § 5 (1) a.E..

337 S. Paulick, a.a.O.,S.258.

ggf. erforderlichen Verlustausgleichung seitens K bzw. eines garantierten Veräußerungserlöses darstellen.

Aus den hier gefundenen Ergebnissen zu den Rechtsfolgen der Institute der mittelbaren Unternehmensbeteiligung ergibt sich folgende *Übersicht 3*:

Übersicht 3: Auswirkungen einer mittelbaren Unternehmensbeteiligung des K auf das Stimmrecht in der Hauptversammlung der Z und auf die Vermögensrechte an Z

Institut	**Stimmrecht**	**Vermögensrechte**
Nießbrauch	• Stimmrecht bleibt idealtypisch allein beim Besteller, sei es als geborener Vertreter, dem das letzte Wort gebührt, sei es aufgrund ausschließlicher materieller Zuordnung	• Bei Kapitalerhöhung gegen Einlagen nach § 186 I entscheidet allein der Besteller über die Ausübung des Bezugsrechts; nießbrauchsfrei bleibt der Wert, der auf der Eigenleistung des Aktionärs beruht • Bei Kapitalerhöhung aus Gesellschaftsmitteln umfaßt Nießbrauch den erhöhten Anteil • Kursgewinn bei der Veräußerung nießbrauchsbelasteter Aktien gebührt allein dem Besteller
Treuhand als fremdnützige und fiduziarische Vollrechtstreuhand	• Ausübung des Stimmrechts grundsätzlich durch Aktionär • Weisungsrecht des Treugebers aus dem Geschäftsbesorgungsverhältnis • Bevollmächtigungsmöglichkeit zugunsten des Treugebers	• Herausgabe der bezogenen Dividenden durch den Treuhänder an den Treugeber aus der Geschäftsbesorgung • Möglichkeit einer (Voraus-) Abtretung der Vermögensrechte an den Treugeber • Treugeber trägt das Kurswert- und Ertragsrisiko der Aktien ebenso wie das Risiko einer Zwangsvollstreckung in das Vermögen der Z und das Risiko einer Insolvenz der Z
Typische Unterbeteiligung	• Ausübung des Stimmrechts bleibt beim Hauptbeteiligten • kein Weisungsrecht des Unterbeteiligten	• Gewinnrechte und Verlustrisiken werden auf die Unterbeteiligungsquote begrenzt • Kursrisiko liegt beim Hauptbeteiligten
Atypische Unterbeteiligung	• strukturelle Annäherung an die Vereinbarungstreuhand, womit die Ausübung des Stimmrechts grundsätzlich beim Aktionär verbleibt • Weisungsrecht des atypisch Unterbeteiligten für die Ausübung des Stimmrechts durch den Hauptbeteiligten V in der Hauptversammlung der Z ergibt sich regelmäßig aus Sinn und Zweck des atypischen Unterbeteiligungsvertrages	• Behandlung des atypisch Unterbeteiligten als wirtschaftlichen Eigentümer • Begrenzung der Gewinnrechte und der Verlustrisiken auf die Quote wird aufgehoben • bei substanzbezogener Partizipation können Kurschancen und –risiken auf atypisch Unterbeteiligten vollständig verlagert werden

Abschnitt III: Der kautelarjuristische Gestaltungsspielraum innerhalb der Grenzen des autorisierten Handelns und der Stimmbindung

1. Zur Fragestellung

Bei der Untersuchung der Institute der mittelbaren Unternehmensbeteiligung im zweiten Abschnitt wurde bereits deutlich, daß – losgelöst von den idealtypischen Konsequenzen des jeweiligen Instituts auf das Stimmrecht – unterschiedliche, zwischen den Parteien des Aktienkaufvertrages besonders vereinbarte Formen einer Mitwirkung bzw. Einflußnahme des K in der Hauptversammlung der Z vorstellbar sind. Hierbei lassen sich drei generelle Arten der Einflußnahme des K unterscheiden, die dieser von V während der Interimszeit für Abstimmungen in der Hauptversammlung der Z eingeräumt erhalten könnte.

Eine erste Möglichkeit betrifft die Autorisation des K, im Namen des V als Stimmrechtsbevollmächtigter oder im eigenen Namen als Legitimationszessionar in der Hauptversammlung der Z aufzutreten. Die zweite Möglichkeit der Ausgestaltung einer Mitwirkung beläßt das Auftreten in der Hauptversammlung zwar bei V, beschränkt diesen aber im Innenverhältnis zu K bei der Ausübung des Stimmrechts mittels Vereinbarung einer Stimmbindung und/oder durch die Einräumung von Weisungs-, Zustimmungs- oder sonstigen Rechten des K. Die dritte Möglichkeit kombiniert die beiden erstgenannten, indem beispielsweise ein generelles oder partielles Weisungsrecht des K oder ein zu seinen Gunsten eingeräumter Zustimmungsvorbehalt mit den Möglichkeiten des autorisierten Handelns verknüpft und in ein bestimmtes Verhältnis[338] zueinander gesetzt wird.

Diese denkbaren Arten der Einflußnahme in der Hauptversammlung der Z können K durch V jedoch nicht unbegrenzt bzw. im beliebigen Umfang vertraglich eingeräumt werden. Insbesondere die durch das gesellschaftsrechtliche Abspaltungsverbot und die durch die Treupflichten vorgegebenen Grenzen privatautonomer Vereinbarungen schränken den Aktionsspielraum der Parteien ein. Für die Abhängigkeitsuntersuchung ist deshalb zur Analyse der aus § 17 II folgenden Abhängigkeitsvermutung und zur Klärung der Möglichkeiten ihrer Widerlegung als weitere Vorarbeit erforderlich, die konkreten Grenzen der Gestaltungsfreiheit auszuloten. Erst wenn auf diese Weise der kautelarjuristische Bewegungsspielraum festgelegt ist, innerhalb dessen der Einfluß des V auf Z bereits in der Interimszeit auf K verlagert werden kann, ist es möglich, die Kategorien der zulässigen Vereinbarungen auf ihre abhängigkeitsrechtliche Substanz zu untersuchen. Diese Vorüberlegungen gelten unabhängig von den differenzierten Ansichten des Schrifttums zu den Detailvoraussetzungen der Abhängigkeit. Wie ein kurzer Blick auf die Literatur zeigt, stimmen die unterschiedlichen Ansätze darin überein, daß eine Machtverlagerung vom Mehrheitsaktionär auf ein außenstehendes Unternehmen oder auf einen anderen Aktionär unmittelbare Folgen für die Widerlegung der zu Lasten des Mehrheitsaktionärs geltenden

338 Zur zusätzlichen Absicherung des Treugebers durch Erteilung einer Stimmrechtsvollmacht, die neben die Stimmbindung tritt, s.a. Fn. 530.

Abhängigkeitsvermutung haben kann. So führt *Koppensteiner*[339] zur Widerlegung der Abhängigkeitsvermutung auch Vereinbarungen des Inhabers einer Stimmenmehrheit mit anderen Aktionären oder außenstehenden Dritten an, sofern diese Vereinbarungen den Inhaber an der Einsetzung der Stimmenmehrheit hindern. *Geßler*[340] sieht die Widerlegung der aus der Mehrheitsbeteiligung folgenden Abhängigkeitsvermutung als möglich an, falls die Beherrschungsmittel entweder beseitigt oder aber so eingeschränkt werden, daß aus ihnen kein beherrschender Einfluß mehr ausgeübt werden kann. Eine Einschränkung sei insbesondere anzunehmen, wenn aus Stimmbindungsverträgen oder aus anderen Verträgen folge, daß sich die Ausübung der Stimmrechte aus der Mehrheitsbeteiligung nicht mehr nach dem Willen des mit Mehrheit beteiligten Unternehmens richte, sondern letztlich von dem anderen Vertragspartner abhängig sei[341]. *Hüffer*[342] fordert für die Widerlegung die rechtliche Verfestigung des Ausübungshindernisses und *Krieger*[343], daß die Unmöglichkeit beherrschenden Einflusses aus Rechtsgründen bestehen müsse. Auch *Meilicke/Meilicke*[344] betonen, daß die Widerlegung erfolgen könne, falls der Einfluß der Stimmrechtsmehrheit durch Stimmrechtsbindungen[345] geschmälert sei oder falls Drittpersonen aus anderen Gründen einen selbständigen Einfluß auf die Geschäftsführung hätten.

Demnach bleibt festzuhalten, daß eine sinnvolle abhängigkeitsrechtliche Prüfung erst erfolgen kann, nachdem die Möglichkeiten und Grenzen einer Machtverlagerung zugunsten des K in der Interimszeit feststehen und geklärt ist, welche konkrete Bandbreite die besonderen Abreden zwischen den Parteien des Aktienkaufvertrages aufweisen können.

2. Die Begrenzungen des autorisierten Handelns

a) Arten des autorisierten Handelns

Im Rahmen des autorisierten Handelns i.w.S. kommen isoliert oder zur Absicherung einer dem dinglichen Rechtsübergang vorgelagerten wirtschaftlichen Partizipation des K an Z prinzipiell fünf Modalitäten in Betracht: die Stimmrechtsvollmacht, die Legitimationszession, die Bestellung eines gemeinsamen Stimmrechtsvertreters, die Stimmrechtsausübung im Namen dessen, den es angeht, und die Treuhand. Die beiden letztgenannten Modalitäten werden aus der weiteren Prüfung ausgeklammert. Die Stimmrechtsausübung im Namen dessen, den es angeht, scheidet wegen des unmittelbaren Zuschnitts der aktienrechtlichen Regelungen auf Kreditinstitute, Aktionärsvereinigungen und die sonstigen in § 135 IX Nr.2 und Nr.3 genannten Personen aus. Außerhalb dieses Adressatenkreises

---

339 Vgl. Koppensteiner in Kölner Kommentar, 2.Auflage, § 17, Rdn. 88.

340 S. Geßler in Geßler/Hefermehl, Band I, § 17, Rdn. 101.

341 Vgl. Geßler in Geßler/Hefermehl, Band I, § 17, Rdn.106.

342 S. Hüffer, AktG, § 17, Rdn. 19.

343 Vgl. Krieger in Münchener Handbuch des Gesellschaftsrechts, § 68, Ziff. 55.

344 S. Meilicke, Heinz/Meilicke,Wienand, BB 1978, 406 (407).

345 So auch Eschenbruch, Konzernhaftung, Rdn. 2040; A/D/S, Vorbem. zu §§ 311- 313, Rdn.50; Emmerich in Emmerich/Habersack, § 17, Rdn.28.

dürfen sonstige natürliche oder juristische Personen nicht[346] Stimmrechte im Namen dessen, den es angeht, ausüben. Die stärkste[347] Form der Einschaltung eines Dritten für die Ausübung von Stimmrechten aus Aktien kann zwar in der Begründung einer Treuhand liegen. Diese (übertragende) Treuhand scheidet jedoch ebenfalls aus der weiteren Betrachtung aus, da es hier um die Untersuchung des autorisierten Handelns in der Interimszeit geht. Die Interimszeit ist gerade durch die noch *ausstehende* dingliche Übertragung der Aktien auf K gekennzeichnet, womit eine Autorisation mittels Übertragung der Aktien auf K und dessen auf diese Weise herbeigeführte Treuhänder- und Vollgesellschafterstellung mit der in der Untersuchung vorausgesetzten Problemstellung unvereinbar ist[348].

b) Die Stimmrechtsvollmacht

aa) Voraussetzungen für die Erteilung und Legitimation

Nach § 134 III S.2 ist zur Erteilung der Stimmrechtsvollmacht für K zwingend Schriftform erforderlich, aber auch genügend. K müßte demnach weder Eigentum noch Besitz an den Aktien erlangen[349] und bei Namensaktien nicht im Aktienbuch vermerkt werden. Der erforderliche Nachweis der Legitimation erfolgt gemäß § 134 III S.3, indem K die Vollmachtsurkunde der Z im Original vorlegt und diese sie in Verwahrung nimmt. Solange die Vollmachtsurkunde dem V als Aktionär nicht zurückgegeben wird, folgt[350] aus § 172 II BGB die Vertretungsmacht vorbehaltlich § 173 BGB (Kenntnis oder Kennenmüssen des Vollmachtswiderrufs). In die Teilnehmerliste der Hauptversammlung der Z würde K nach erfolgter Legitimation als Stimmrechtsbevollmächtigter nach § 129 I S. 2 auf Grundlage der offenen Stellvertretung[351] neben V als vertretenem Aktionär aufgenommen.

---

346 Zu diesem Ausschluß vgl. Than, Verhaltenspflichten bei der Ausübung von Aktienstimmrechten durch Bevollmächtigte, ZHR 157 (1993), S.135. Die Reform des Depotstimmrechts hat hieran nichts geändert.

347 So auch Than, a.a.O., S.128.

348 Die Vereinbarungstreuhand als mittelbare Unternehmensbeteiligung des K an Z kann jedoch mit einer Form des autorisierten Handelns verbunden werden, beispielsweise indem der Vereinbarungstreuhänder V eine Stimmrechtsvollmacht zugunsten des Vereinbarungstreugebers K erteilt oder zwischen den Parteien eine Legitimationszession vereinbart wird.

349 Vgl. Than, Verhaltenspflichten bei der Ausübung von Aktienstimmrechten durch Bevollmächtigte, ZHR 157 (1993), S. 129.

350 S. Hüffer, AktG, § 134, Rdn.23.

351 Zur offenen Stellvertretung vgl. Hüffer, AktG, § 129, Rdn. 2.

bb) Die Begrenzungen der Stimmrechtsvollmacht durch das gesellschaftsrechtliche Abspaltungsverbot

(1) Dogmatische Herleitung des Abspaltungsverbotes

Das gesellschaftsrechtliche Abspaltungsverbot besagt[352] dem Grundsatz nach, daß Mitgliedschaftsrechte im Gegensatz zu einzelnen, aus ihnen erwachsenen Ansprüchen von der Mitgliedschaft nicht abtrennbar sind. In seiner frühesten[353] Entscheidung zum Abspaltungsverbot stellte der BGH fest: „Die Abspaltung einzelner Verwaltungsrechte von dem Gesellschafteranteil in der Weise, daß sie auf einen anderen übertragen werden, ist mit dem Wesen der Gesamthandsgemeinschaft nicht zu vereinbaren. Die Verwaltungsrechte sind vielmehr mit dem Gesellschafteranteil notwendig verbunden und können von ihm nicht losgelöst und selbständig übertragen werden"[354]. Diese Entscheidung bezog sich auf die Erteilung einer unwiderruflichen Stimmrechtsvollmacht unter gleichzeitigem Verzicht auf eigene Stimmrechtsausübung zugunsten eines Kommanditisten durch eine andere Kommanditistin im Kontext mit einer noch nicht durch die Gesellschaft genehmigten (Teil-)Übertragung des Kommanditanteils.

In BGHZ 43, 261,267 wurde über das Wesen der Gesamthandsgemeinschaft hinausgehend das Abspaltungsverbot auch auf die juristischen Personen erstreckt.

Die dogmatischen Geltungsgründe für das Abspaltungsverbot lassen sich in drei[355] unterschiedliche Anknüpfungspunkte einteilen und sollen im folgenden erörtert werden.

Der BGH[356] leitet das Abspaltungsverbot bei der juristischen Person aus der Einheitlichkeit der Mitgliedschaft ab. Dieser Ansatz läßt sich gleichsam von der anderen Seite der Medaille auch so definieren, daß die Mitgliedschaftsrechte nicht als tauglicher Gegenstand von isolierten Verfügungen in Betracht kommen[357] und somit nicht sonderrechtsfähig[358] sind. Eng mit der Einheitlichkeit der Mitgliedschaft verknüpft ist die Stützung des Abspaltungsverbotes auf den gesellschaftsrechtlichen Typenzwang. Da das Gesellschaftsrecht am Numerus Clausus der dinglichen Rechtsstellungen teilnimmt, sehen einige Autoren[359] die Herleitung auch darin, daß beschränkte Mitgliedschaftsrechte, die über den vom Gesetz ausdrücklich zugelassenen Rahmen hinausgehen, ausgeschlossen seien.

---

352 Diese knappe Definition findet sich bei Karsten Schmidt, Gesellschaftsrecht, S. 560.

353 S. BGHZ 3, 354 ff..

354 Zitat aus BGHZ 3, 357.

355 Reuter will die Wertungsgrundlagen in eine *technische* und eine *materielle* Richtung einteilen, wobei letztere allerdings mehrere Ausprägungen aufweist, vgl. Reuter, Stimmrechtsvereinbarungen bei treuhänderischer Abtretung eines GmbH-Anteils, ZGR 1978, S. 643. Bei der hier vorgenommenen Kategorisierung wird nicht verkannt, daß zwischen den verschiedenen Geltungsgründen Interdependenzen bestehen. Deshalb wird die Herleitung auch in der Literatur nicht nur auf einen Aspekt gestützt, sondern kumulativ auf verschiedene Ansatzpunkte.

356 Vgl. BGHZ 43, 267.

357 S. dazu Wiedemann, Übertragung, S. 277.

358 Vgl. Karsten Schmidt, Gesellschaftsrecht, S. 560.

359 S. dazu die Darstellung bei Reuter, ZGR 1978, S.634; Westermann in Handbuch der Personengesellschaften, I Rdn. 644 (§ 29) ; Wiedemann, Übertragung, S.283 ff..

Die zweite Argumentationsrichtung stützt das Abspaltungsverbot auf die Autonomie der Willensbildung und Selbststeuerung[360] bzw. auf die Funktion der Mitverwaltungsrechte als Legitimationsmedien[361]. Die Stimmrechtsabtretung läßt sich nach dieser Auffassung nicht mit den Institutionen des Gesellschaftsrechts vereinbaren, da unter den Gesellschaftern jedenfalls eine idealtypische Interessenparallelität[362] vorliegen müsse. Eine vom Verbandsrecht vorausgesetzte gemeinsame Interessenbasis sei zur Konfliktbewältigung nicht mehr vorhanden, falls im Wege der Stimmrechtsabspaltung außenstehenden Dritten interne Mitgliedsbefugnisse eingeräumt würden und sich die Gesellschafter somit in unkontrollierte Abhängigkeit[363] begäben. Der von *Wiedemann* entwickelte Ansatzpunkt findet sich auch bei anderen Stimmen aus dem Schrifttum. *Reuter*[364] sieht in dem Einfluß Dritter auf die Willensbildung in der Gesellschaft eine tendenzielle Bedrohung des Zusammenhangs zwischen Entscheidungsmacht und Verantwortung. Nur dieser Konnex gewährleiste, daß die für den Gläubigerschutz grundlegende Vorstellung realisiert werde, daß der Schuldner im eigenem Interesse Vermögenseinbußen vermeidet und das Haftungsrecht Präventivfunktion[365] entfaltet. Auch *Beckerhoff*[366] leitet das Abspaltungsverbot aus der Binnenstruktur der Gesellschaft ab: lägen abweichend von der idealtypischen Interessenparallelität gegenläufige Interessen in der Gesellschaft vor, so könne eine angemessene Konfliktlösung aufgrund der gemeinsamen Interessenbasis erfolgen, nicht jedoch, falls durch außenstehende Dritte gesellschaftsexterne Interessen verfolgt würden.

Eine dritte Ausprägung[367] der dogmatischen Herleitung begründet das Abspaltungsverbot gleichsam auf einer „makrojuristischen" Ebene mit einem ordre-public-Ansatz in der Privatautonomie. Da die Vereinsautonomie voraussetze, daß das Stimmrecht als die autonome Befugnis, bei der Herstellung des Willens für die Körperschaft mitzuwirken, ausgestaltet sei, sieht *Flume* in dem Verstoß gegen das Verbot der Fremdbestimmung auch einen Verstoß gegen den Grundsatz der Vereinsautonomie. Man könnte es auch da-

---

360 Büssemaker spricht von Verbandssouveränität, vgl. Büssemaker, S.111; s.a. Raiser in Hachenburg, § 14, Rdn.32.

361 Das Legitimationsproblem ist dadurch gekennzeichnet, daß für den Regelungsadressaten eine Ordnung gilt, an deren Aufstellung er nicht beteiligt wurde und der er auch nicht im einzelnen zugestimmt hat, vgl. dazu die systematische Erörterung bei Wiedemann, Gesellschaftsrecht, S.370 mit Übersicht 8.

362 Zu dem von vielen Autoren modifizierten Grundansatz der idealtypischen Interessenparallelität s. Wiedemann, Gesellschaftsrecht, S.370.

363 Dabei geht es primär um den Selbstschutzgedanken, vgl. Wiedemann, Gesellschaftsrecht, S.372/373. Die in diesem Zusammenhang erwähnte „Abhängigkeit" ist nicht als konzernrechtliche zu verstehen, sondern nur als persönliche.

364 Vgl. Reuter, ZGR 1978, S.640, 641.

365 Eine ganz andere Frage betrifft die Überlegung, ob nicht gerade durch das Bejahen einer abhängigkeitsrechtlichen Haftung die Präventivfunktion in den Fällen wiederhergestellt bzw. intensiviert werden könnte, in denen man Entscheidungsbefugnisse von Nichtgesellschaftern anerkennt.

366 S. Beckerhoff, Treuepflichten bei der Stimmrechtsausübung und Eigenhaftung des Stimmrechtsvertreters, S. 153/154. Der Ansatz läßt sich auch rechtssoziologisch begreifen.

367 S. dazu Flume, Juristische Person, § 7 II, S.202.

hingehend ausdrücken, daß der „mikrojuristische“ Befund eines Verstoßes gegen den Autonomiegedanken zugleich die „makrojuristische“ Stipulierung mit sich bringt[368].

(2) Meinungsstand zur Problematik der Stimmrechtsabspaltung und zu der einer Abspaltung äquivalenten Stimmrechtsvollmacht

Bei allen Differenzierungen in Literatur und Rspr. im Detail besteht Einigkeit[369] in einem Ausgangspunkt, den man als kleinster gemeinsamer Nenner so formulieren könnte: die isolierte, willkürliche und zeitlich unbegrenzte Loslösung und Übertragung des Stimmrechts eines Gesellschafters auf einen außenstehenden Dritten, der weder eine wirtschaftliche Interessenbindung zur Gesellschaft aufweist, noch Partei kraft Amtes ist, ist wegen Verstoßes gegen das Abspaltungsverbot unwirksam.

Bereits bei der isolierten Übertragung des Stimmrechts im Rahmen bestimmter Institute der mittelbaren Unternehmensbeteiligung werden jedoch unterschiedliche Ansätze deutlich. Nach Ansicht von *Flume*[370] könne für die Treuhand zwar durch geeignete Ausgestaltung einer Stimmbindung bzw. einer Stimmrechtsvollmacht dem Treuhandverhältnis Rechnung getragen werden; eine isolierte Übertragung des Stimmrechts auf den Treugeber scheide jedoch aus, da nach geltendem Recht „ nun einmal...der Treuhänder der Inhaber des Rechts“[371] sei. Für den Nießbrauch sieht *Flume* unter der Voraussetzung[372], daß man dem Nießbraucher ein eigenes Stimmrecht zubillige, kein Verstoß gegen das Abspaltungsverbot, da bei Nießbrauchbestellung der Besteller ohnehin nur das *nudum ius*[373] zurückbehalte. *Raiser*[374] tritt dieser Ansicht für den Nießbrauch bei, da es hier nicht um die isolierte Abtretung einzelner Mitgliedsrechte gehe, sondern um die prinzipiell zulässige dingliche Belastung des Mitgliedschaftsrechts als solchem. I.ü. verneint *Raiser* die Zulässigkeit von Stimmbindungsverträgen im Rahmen von Treuhand und Unterbeteiligung, da sich die wirtschaftlichen Bedürfnisse auf andere Weise[375] befriedigen ließen.

---

368 Zu diesen Interdependenzen vgl. auch die Ausführungen von Fleck, Stimmrechtsabspaltung, a.a.O.,S.111. Fleck betont den Zusammenhang zwischen Legitimationsfunktion und Ordnungsbild. Das Ordnungsbild werde in seinen charakteristischen Zügen entstellt, falls die mitgliedschaftliche Stimmausübung aus dem gesellschaftsrechtlichen Gefüge völlig herausgebrochen wird und dadurch ihre Eignung einbüßt, ein typisches Institut zur Verwirklichung des gemeinschaftlichen Gesellschaftszweckes zu sein.

369 Vgl. auch Wiedemann, Gesellschaftsrecht, S.372, Fn.19 m.w.N.; die dort zitierte differenzierende Ansicht von Fleck umfaßt Fallgruppen, die nicht die isolierte und zeitlich unbegrenzte Übertragung auf einen Nichtgesellschafter betreffen.

370 Vgl. Flume, Juristische Person, S.204/205. Zu beachten ist, daß Flume auf die übertragende Treuhand mit anschließender Abtretung des Stimmrechts an den Treugeber Bezug nimmt.

371 So Flume, Juristische Person, S.205.

372 Dieser Voraussetzung wird hier nicht gefolgt, vgl. das Ergebnis im zweiten Abschnitt, S.87.

373 So Flume, Juristische Person, S.203.

374 S. Raiser in Hachenburg, § 14, Rdn.34.

375 Vgl. Raiser in Hachenburg, § 14, Rdn. 32 entgegen der von Schilling in der Vorauflage vertretenen Meinung, s. dazu Schilling in Hachenburg, § 14, Rdn. 31 ff..

Fleck öffnet in seiner vielzitierten Untersuchung[376] das Tor zu einer Zulässigkeit der Stimmrechtsabspaltung unter bestimmten Bedingungen. Ausgangspunkt seiner Analyse stellt die Erkenntnis dar, daß ein legitimes[377] wirtschaftliches Interesse daran bestehen könne, daß ein anderer als der rechtliche Inhaber des Gesellschaftsanteils in eigener Zuständigkeit bei Gesellschafterbeschlüssen mitstimmen kann. Zwar sei eine dauernde und unabänderliche Loslösung der Stimmrechts von der Mitgliedschaft ausgeschlossen[378], jedoch könne eine vorübergehende Abspaltung des Stimmrechts insbesondere dann zugelassen werden, falls der Dritte zumindest partiell in einem nicht unerheblichen Umfang die wirtschaftliche Stellung eines Gesellschafters habe. Eine Abspaltung sei dann jedoch nur zulässig, wenn der akzessorische[379] Charakter des Stimmrechts gewahrt bleibe und es sich folglich bei Beendigung der Abspaltung wieder mit der Mitgliedschaft vereinige. Weiterhin müsse dem Gesellschafter immer ein Kernbereich[380] unverfügbarer Mitgliedschaftsrechte verbleiben, es sei denn, der Geschäftsanteil werde treuhänderisch gehalten; dann könne sich der Treugeber das Stimmrecht auch in den wichtigsten Angelegenheiten selbst vorbehalten. Für den Nießbrauch sieht *Fleck* eine Stimmrechtsaufspaltung vor, wonach bei nutzungsbezogenen Entscheidungen das Stimmrecht beim Nießbraucher verbleibe und bei substanzbezogenen beim Besteller[381].

Die intensive Diskussion über das Abspaltungsverbot setzt sich vor dem Hintergrund der Reichweite des privatautonomen Gestaltungsspielraums bei der Erteilung der Stimmrechtsvollmacht fort. Sie betrifft die Folgeproblematik der sog. „unwiderruflichen und verdrängenden" Stimmrechtsvollmacht. Bevor auf die einzelnen Ansichten eingegangen wird, bedarf es noch einiger terminologischer Präzisierungen, da die Beschreibung des Vollmachtstypus im Schrifttum häufig ohne weitere Klarstellung übernommen wird. Der Begriff der „Verdrängung" ist insofern mißverständlich, als eine den Vollmachtgeber mit dinglicher Wirkung substituierende Vollmacht nicht existiert. Der BGH[382] stellte in einer Entscheidung zu den Rechtsfolgen einer unwiderruflich erteilten Vollmacht zur Übertragung eines Erbteils fest, daß auch eine unwiderrufliche Vollmacht angesichts § 137 BGB die Erbin nicht hindert, den Erbteil anderweitig zu veräußern. Ebenso kann die Erteilung einer unwiderruflichen Vollmacht den Stimmrechtsinhaber nicht mit dinglicher Wirkung seines Stimmrechts entheben. Vielmehr[383] geht es bei der „verdrängenden" Vollmacht darum, daß sich der Stimmrechtsinhaber mit der Erteilung der Vollmacht gleichzeitig *schuldrechtlich* dazu verpflichtet, gegen den Willen des Bevollmächtigten nicht von sei-

376 Vgl. Fleck in Festschrift für Robert Fischer, S. 107 ff..

377 S. Fleck, a.a.O.,S.108.

378 Fleck, a.a.O., S.112/113 unter Hinweis, daß es ein „freischwebendes" Stimmrecht nicht gebe.

379 Fleck, a.a.O., S.128.

380 Wie Fn. zuvor.

381 Dieses Splitting, das nach Fleck, a.a.O., S. 128 /129 für den Besteller die Entscheidungsbefugnis reservieren soll, falls die Entscheidungen die „Rechtsstellung in ihrer Substanz beeinträchtigen oder sich sonst dauerhaft in sachlicher oder persönlicher Hinsicht auf das Gesellschaftsverhältnis auswirken", wurde hier schon bei der Behandlung des Nießbrauchs wegen nicht praktikabler Abgrenzungsschwierigkeiten abgelehnt, s. die Ausführungen im zweiten Abschnitt, S. 85 f..

382 Vgl. BGH WM 1971, 956 (957, r.Sp.).

383 S. zu dieser Präzisierung BGH NJW 1970, 468.

nem Stimmrecht Gebrauch zu machen. M.a.W. geht es um die Zulässigkeit dieser schuldrechtlichen Gestaltungsformen[384].

Eine von diesen materiellen Wirkungen zu trennende *praktische* Überlegung ist jedoch, ob die Erteilung der Stimmrechtsvollmacht bei der AG für die Teilnahme an der Hauptversammlung nicht bereits durch die Legitimationserfordernisse mit sich bringt, daß es zu einer kollidierenden Teilnahme des Bevollmächtigten und des Aktionärs nicht kommen kann. *Schröder*[385] sieht durchaus die Möglichkeit, daß der Vollmachtgeber neben dem Bevollmächtigten auftreten könne. In diesem Fall eines konkurrierenden Handelns[386] nimmt *Schröder* bei widersprüchlicher Stimmabgabe über denselben Abstimmungsgegenstand die Nichtigkeit der entgegengesetzten Stimmabgaben wegen Perplexität an. Allerdings erscheint es m.E. zweifelhaft, ob es zu dieser Konstellation in praxi wirklich kommen kann. In der Bankpraxis[387] ist es üblich, daß der Aktionär seine Depotbank beauftragt, für die in seinem Depot verbuchten und ihm gehörenden Aktien eine Eintritts- und Stimmkarte auf den Namen des bevollmächtigten Dritten ausstellen zu lassen. Die Stimmkarte verschafft dem Bevollmächtigten i.V.m. der Legitimation durch die Vollmachtsurkunde den physischen Zugang zur Tagungsstätte der Hauptversammlung. Unwahrscheinlich dürfte es nun sein, daß der Aktionär eine weitere Stimmkarte für dieselbe Hauptversammlung und dieselbe Depotnummer ausgestellt erhält. Nur wenn ausnahmsweise einmal eine konkurrierende Teilnahme erfolgen sollte, wird der Versammlungsleiter für die im Teilnehmerverzeichnis[388] unter Eigenbesitz geführten Aktien feststellen, daß sowohl K als auch V zum selben TOP abgestimmt haben und dann die Stimmabgaben im Falle der Widersprüchlichkeit wegen Perplexität für insgesamt ungültig erklären, im Falle des übereinstimmenden Votums die Stimmen nur einfach gewichten bzw. nur einmal zählen. Für den Regelfall bedeutet dies somit, daß die Bevollmächtigung den V von der Stimmrechtsabgabe in der Hauptversammlung der Z de facto ausschließt, nicht jedoch de iure, da bei einer rein schuldrechtlich wirkenden Verzichtserklärung die Abgabe der Stimme neben dem Bevollmächtigten möglich bleibt. Wenn in der Untersuchung nachfolgend von der „unwiderruflichen und verdrängenden" Stimmrechtsvollmacht die Rede ist, ist demnach die Terminologie nur unter den genannten Einschränkungen bzw. Vorbehalten zu verstehen.

Die Zulässigkeit der Erteilung einer unwiderruflichen und verdrängenden Stimmrechtsvollmacht wird von *Fleck* unter denselben[389] Bedingungen als möglich erachtet, unter denen seiner Ansicht nach die Abspaltung des Stimmrechts erfolgen kann. Nach *Fleck* stellt es für die rechtsgrundsätzliche[390] Wertung keinen erheblichen Unterschied

384 S. Reuter, Stimmrechtsvereinbarungen, ZGR 1978, 634; vgl. auch Büssemaker, S.111/112.

385 Vgl. Schröder, Stimmrechtskonsortien unter Aktionären – Gesellschafts- und erbrechtliche Probleme, ZGR 1978, 593 (594, dort Fußnote 56).

386 Hier geht es also auch nicht um eine „Verdrängung" im dinglichen Sinn.

387 Diese Vorgehensweise ist die übliche Praxis, die für die Bevollmächtigung angewandt wird (und für die Legitimationszession nicht ausreicht), s. Than, ZHR 157 (1993), 132.

388 Zum Teilnehmerverzeichnis s. Hüffer, AktG, § 129, Rdn.2.

389 S. Fleck, a.a.O., S.129, Ziff. 6. Nach Fleck sind Stimmrechtsübertragung, unwiderrufliche Stimmrechtsvollmacht und Stimmbindung hinsichtlich ihrer Zulässigkeit grundsätzlich gleich zu bewerten.

390 S. dazu Fleck, a.a.O., S.117.

dar, ob das Stimmrecht übertragen oder eine unwiderrufliche Stimmrechtsvollmacht erteilt wird.

Raiser will den Spielraum für die Bevollmächtigung grundsätzlich dahingehend einschränken, daß das Weisungsrecht und der Widerruf in den Händen[391] des Gesellschafters verbleiben müsse, wonach eine weisungsfreie und unwiderrufliche Vollmacht nicht zulässig wäre[392]. Allerdings durchbricht Raiser diesen Grundsatz bei Nießbrauch und Verpfändung sowie der treuhänderischen Übertragung, da bei den beiden erstgenannten Fällen keine isolierte Abtretung einzelner Mitgliedsrechte, sondern eine zulässige[393] dingliche Belastung erfolge und es bei der Treuhand in Form der Sicherungstreuhand[394] zulässig sei, wenn der wirtschaftlich eigentlich Berechtigte sich die Verwaltungsrechte vorbehalte.

Flume sieht zwar die Rechtswirkungen[395] einer unwiderruflichen Stimmrechtsvollmacht und der Stimmrechtsabspaltung als identisch an, da der Bevollmächtigte eine Eigenposition erlange und damit entgegen dem Willen des Vollmachtsgebers für diesen rechtsgeschäftliche Regelungen treffen könne. Für die Treuhand sei die unwiderrufliche Stimmrechtsvollmacht aber zuzulassen, da der Treugeber als wirtschaftlicher Inhaber und wahrer Träger des Gesellschaftsinteresses das erhalte, was ihm gebühre[396]. Über die Besonderheit des Treuhandrechts hinaus will *Flume* im Gegensatz zu *Raiser* keine[397] weitere Ausnahme zulassen.

Die umfangreiche Rspr.[398] des BGH zum Abspaltungsverbot und zu den mit ihm verbundenen Annexproblemen zeigt eine Entwicklungslinie, die von einer anfänglichen restriktiven Haltung hin zu einer Öffnung und Akzeptanz eines breiteren privatautonomen Gestaltungsspielraums gekennzeichnet ist. In der frühen Entscheidung BGHZ 3, 354 hatte der Zweite Zivilsenat die unwiderrufliche und verdrängende Stimmrechtsvollmacht noch pauschal als unzulässig angesehen. Die Begründung, die sich auf Kommanditgesellschaften[399] bezog, stützte sich im wesentlichen auf die *praktische* Wirkung und den Zweck der Bevollmächtigung. Der BGH sah die praktische Wirkung in so engem Zusam-

---

391 Vgl. Raiser in Hachenburg, § 14, Rdn. 35.

392 In der Vorauflage hat Schilling in Hachenburg, § 14, Rdn. 36 die Vertreterklausel auf die Grenze des unverzichtbaren Kernbereichs beschränkt. Diese Grenze wird laut Schilling dann nicht überschritten, falls dem Gesellschafter zumindest die Möglichkeit der Kündigung aus wichtigem Grunde verbleibt.

393 So Raiser in Hachenburg, § 14, Rdn.34.

394 Wie Fn. zuvor. Raiser bezieht sich bei der Ausnahme also nicht auf die Vereinbarungstreuhand, um die es u.a. hier geht.

395 Vgl. Flume, Juristische Person, S. 207.

396 Wie Fn. zuvor.

397 S. Flume, Juristische Person, S.208. Flume vertritt die Ansicht, daß es beim Nießbrauch und beim Pfandrecht keines Ausgleichs durch eine unwiderrufliche Stimmrechtsvollmacht bedürfe, da Nießbrauchs- und Pfandrechtsbesteller ohnehin verpflichtet seien, die berechtigten Interessen ihres Gegenparts zu beachten.

398 Vgl. BGHZ 3, 354 ff.; BGH NJW 1970, 468 ff.; BGH GmbH- Rdsch. 1977, 244 = BGH BB 1977, 10; BGH NJW 1987, 780 ; BGH DB 1988, 1260 ; BGH NJW 1989, 3152.

399 Der Sachverhalt betraf zwei Abtretungen der Beklagten, die sich auf Kommanditanteile an den Kommanditgesellschaften OKG und KGT bezogen und nicht – wie die Überschrift 47 suggeriert- an einer OHG (wahrscheinlich wurde in der amtlichen Sammlung die „OKG" des Sachverhaltes mit der OHG als Rechtsform verwechselt).

menhang mit der dinglichen Abtretung des Stimmrechts, daß „nur bei einer rein formalen Beurteilung dieser Zusammenhang außer acht gelassen und allein der gewählten Rechtsform die ausschlaggebende Bedeutung beigemessen werden könnte"[400]. Mit BGHZ 43, 261 (267) wurde die auf Personengesellschaften zugeschnittene Rspr. auf die Verwaltungsrechte in einer juristischen Person erstreckt und aus der Einheitlichkeit der Mitgliedschaft deduziert. Eine Änderung der restriktiven Haltung erfolgte Mitte der siebziger Jahre[401]. Der BGH erkannte, daß bei einer Stimmrechtsabrede, die im Rahmen eines Treuhandverhältnisses eine grundsätzlich unwiderrufliche Stimmrechtsvollmacht vorsieht, die Konstruktion dann trägt, falls der Widerruf der Vollmacht *nur* in Verbindung mit einer Kündigung des Grundverhältnisses[402] möglich ist. Diese Konstruktion soll dann auch in Kombination[403] mit einer – schuldrechtlich – verdrängenden Vollmacht zulässig sein. Diese neue Linie findet ihre argumentative Stütze in zwei Erwägungen des BGH. Erstens diente die Stimmrechtsabrede[404] im entschiedenen Fall dazu, die Rechtsstellung des Treugebers zu verstärken. Der BGH sah in dieser Verstärkungsfunktion die Möglichkeit des Treugebers, seine Interessen als wirtschaftlicher Anteilsinhaber unmittelbar durch Teilnahme an den (GmbH-) Gesellschafterbeschlüssen zu wahren[405]. Gleichzeitig betonte der BGH, daß die Einräumung der Möglichkeit eines *gesonderten* Widerrufs der Vollmacht den Zweck der Treuhand in Frage[406] gestellt hätte. Nur das Erlöschen der treuhänderischen Bindung habe das Ende eines mit ihr verknüpften Vollmachtrechtsverhältnisses herbeiführen können. Die zweite Erwägung beruht folglich auf der Überprüfung der Auswirkungen einer Konstruktion der geschilderten Art. Der BGH erblickt in ihr keine erhebliche Störung des gesellschaftlichen Gefüges und verneint auch die Gefahr der Rechtsunsicherheit, da durch die ordentliche Kündigung des zugrundeliegenden Schuldverhältnisses keine völlige Verselbständigung eines Teils der Mitgliedschaft drohe[407].

Eine weitere Auflockerung ist bei genauer Analyse auch in dem speziell auf die AG bezogenen jüngeren Urteil des BGH[408] trotz des auf den ersten Blick anderslautenden

---

400 So BGHZ 3, 359.

401 Vgl. BGH BB 1977, 10 ff. = BGH GmbH-Rdsch. 1977, 244. S. dazu Reuter, ZGR 1978, S.633.

402 S. BGH BB 1977, 12, l.Sp..

403 Wie Fn. zuvor. Der BGH stellt dazu expressis verbis fest: „ Zulässig ist aber, soweit der Gesellschaftsvertrag nicht entgegensteht, eine widerrufliche Stimmrechtsvollmacht... Dasselbe muß zumindest bei der GmbH auch dann gelten, wenn der Widerruf, wie hier, nur in Verbindung mit einer Kündigung des Grundverhältnisses möglich ist **und** (*Hervorhebung durch Verf.*) dem Vollmachtgeber für die Dauer dieses Verhältnisses schuldrechtlich... die eigene Stimmrechtsausübung gegen den Willen des Bevollmächtigten verwehrt sein soll...".

404 Dem Sachverhalt ist zu entnehmen, daß die Anteile „verpfändet" wurden und während der Dauer der „Verpfändung" das Stimmrecht „übertragen" wurde. Der BGH ordnete diese Vorgänge „sinnvoll" (s. BGH BB 1977, 10, r.Sp.) in den Zusammenhang mit einer vorweggenommenen Erbfolge ein und urteilte – alternativ – unter Umdeutung der Übertragung des Stimmrechts in eine unwiderrufliche Vollmacht (s. BGH, a.a.O., S.11, r.Sp.: „Die Beklagte hat die hier unterstellte Vollmacht nicht wirksam widerrufen").

405 BGH BB 1977, 11, r.Sp..

406 Wie Fn. zuvor.

407 S. BGH BB 1977, 12, l.Sp..

408 BGH NJW 1987, 780.

Leitsatzes zu sehen. Dieses Urteil soll in der eigenen Stellungnahme einer näheren Prüfung unterzogen werden.

(3) Stellungnahme und Schlußfolgerungen für den kautelarjuristischen Gestaltungsspielraum der Parteien bei der Erteilung einer Stimmrechtsvollmacht

Für eine eigene Positionierung soll im folgenden zwischen der Erteilung einer Stimmrechtsvollmacht zur Flankierung der wirtschaftlichen Teilhabe des K an Z und der isolierten Stimmrechtsvollmacht unterschieden werden.

(a) Stimmrechtsvollmacht zur Durchsetzung einer auf K vorverlagerten Partizipation an Z

Die Frage nach dem vertraglichen Gestaltungsspielraum, der den Parteien des Aktienkaufvertrages für die Erteilung einer Stimmrechtsvollmacht zugunsten des K in der Interimszeit zur Verfügung steht, wird am häufigsten Sachverhaltskonstellationen betreffen, die durch *drei Parameter* gekennzeichnet sind:

- K soll zur Überbrückung der Interimszeit durch V im Vorfeld des dinglichen Rechtsübergangs in die Lage versetzt werden, an Z wirtschaftlich zu partizipieren.
- Die Partizipation erfolgt durch die Vereinbarung einer Form der mittelbaren Unternehmensbeteiligung, deren Dauer von vornherein begrenzt ist bis zum Wechsel der Mitgliedschaft oder Scheitern der Akquisition.
- Anläßlich der Vereinbarung der mittelbaren Unternehmensbeteiligung soll K durch V in die Lage versetzt werden, weisungsfrei und mit (Noch-)Wirkung für V als Stimmrechtsbevollmächtigter in der Hauptversammlung der Z abzustimmen, um auf diese Weise ggf. sein Partizipationsinteresse an Z wahrnehmen zu können.

Werden diese Parameter auf die dogmatischen Geltungsgründe des Abspaltungsverbotes dekliniert, ergibt sich für die Erteilung einer unwiderruflichen und verdrängenden Stimmrechtsvollmacht folgende Wertung:

Ausgehend von der Einheitlichkeit der Mitgliedschaft und dem mit ihr verbundenen Typenzwang ist zunächst festzustellen, daß der Typenzwang nur die Wahl bestimmter Rechts*formen* gebietet, nicht[409] aber bestimmte Rechts*folgen*. Berücksichtigt man diese Differenzierung, dann muß auch die in BGHZ 3, 359 anzutreffende logische Schlußfolgerung von der in ihren praktischen Wirkungen mit der echten Abspaltung und Übertragung des Stimmrechts übereinstimmenden unwiderruflichen und verdrängenden Vollmacht auf die Unzulässigkeit der Konstruktion relativiert werden. Die Argumentation wäre nur dann zutreffend, falls man die unwiderrufliche Vollmacht selbst als gesetzlich nicht möglichen Typus[410] ansähe, was angesichts von § 134 III S.1 mit § 135 II S.2 e contrario zu verneinen ist.

---

409 Zur fehlenden Einschlägigkeit der Typenzwangargumentation vgl. Schröder, Stimmrechtskonsortien unter Aktionären, ZGR 1978, 593. Schröder führt zutreffend das Beispiel des Verbotes besitzloser Pfandrechte an, das einer Begründung von Sicherungseigentum nicht entgegensteht, da letzteres in einer nach § 930 BGB möglichen *Form* begründet wird.

410 Vgl. Schröder, ZGR 1978, 593/594.

Losgelöst von dieser rechtstechnischen Überlegung sprechen auch die materiellen Geltungsgründe des Abspaltungsverbotes für die Zulässigkeit einer i.S. von BGH BB 1977, S.10 ff. verstandenen „Unwiderruflichkeit“ der verdrängenden Vollmacht. Der Autonomiegedanke beruht auf der idealtypischen Interessenparallelität der Gesellschafter. Unter Zubilligung eines losgelösten Stimmrechts oder durch eine i.E. identische schuldrechtliche Gestaltung wäre diese Interessenbalancierung von einem tatsächlich außenstehenden Dritten bedroht. Bei den hier in Rede stehenden Fallgruppen ist K jedoch nicht als außenstehender Dritter anzusehen, selbst wenn er in der Interimszeit keine eigene Beteiligung an Z hält. Die auf ihn vorverlagerte Partizipation antizipiert im Wechselspiel mit der ihm verliehenen Stimmrechtsmacht nur seine sich bereits abzeichnende spätere Gesellschafterposition. Angesichts der Partizipation wäre jede Einflußnahme des K auf Z nicht als ein unabhängiger und von Z losgelöster Dritteinfluß, sondern als der Einfluß des wirtschaftlichen Gesellschafters zu qualifizieren[411]. Eine lediglich in Verbindung mit dem Grundverhältnis widerrufliche Stimmrechtsvollmacht stellt damit nur das Korrektiv[412] der ohnehin bereits geänderten materiellen Rechtslage dar, die von der formellen Inhaberschaft aufgrund des Abstraktionsprinzips noch abweicht. Zudem bleibt hier auch der Gleichlauf von Herrschaft und Haftung gewahrt[413]. K kann in der Position des mittelbar Beteiligten an Z nicht wie ein unabhängiger und von Z losgelöster Dritter agieren, weil ihn seine gegenwärtigen Entscheidungen, die in der Interimszeit erfolgen, auch schon gegenwärtig wirtschaftlich treffen. Beispielsweise wirkt sich die Entscheidung des K für eine bestimmte Höhe der Ausschüttung in der Hauptversammlung der Z unmittelbar auf die Erträge aus, die K als Nießbraucher, Unterbeteiligter oder Treugeber bezieht. K ist somit nicht als ein außenstehender Dritter anzusehen, der gegen die Konsequenzen seiner in der Gesellschaft getroffenen Entscheidungen immun wäre und damit im Abstimmungsprozeß auch keine Rücksicht im Selbstschutzinteresse üben müßte. Der Interessengleichlauf ist sogar anzunehmen, wenn der Paketwechsel fehlschlägt, sofern K in der konkreten Entscheidungssituation während der Interimszeit noch von einem Gelingen der Akquisition ausgeht[414]. Weiterhin gelten diese Überlegungen erst recht, falls K vor Abschluß des Aktienkaufvertrages bereits eine Beteiligung an Z hält bzw. es nur um die Aufstockung der Beteiligung zur Erlangung der Mehrheitsbeteiligung geht.

---

411 Vgl. zu diesem Gedanken Reuter, ZGR 1978, S. 642.

412 S. Karsten Schmidt, Gesellschaftsrecht, 562. Schmidt unterstreicht, daß in diesen Fällen keine willkürliche Abspaltung von Mitgliedschaftsrechten vorliege, sondern nur eine Offenlegung und rechtliche Sanktionierung der wirtschaftlich *bereits vollzogenen* Spaltung der Mitgliedschaft. Vgl. auch Büssemaker, S. 114 für Stimmbindungen im Rahmen von Treuhandverhältnissen; Büssemaker spricht von einer wünschenswerten Korrektur der formalen Kompetenzordnung auf die materiellen Verhältnisse hin.

413 Hier geht es um Herrschaft im Sinne der Möglichkeit, in der Hauptversammlung der Z abzustimmen und um Haftung im Sinne des persönlichen Betroffenseins von den Konsequenzen der eigenen Entscheidungen. Ob diese Möglichkeit auch unter abhängigkeitsrechtlichen Gesichtspunkten einen beherrschenden Einfluß des K begründen kann, ist noch zu prüfen.

414 Ein Interessengleichlauf wäre unter der Voraussetzung zu verneinen, daß K die Stimmrechtsvollmacht für die Hauptversammlung der Z über den Zeitpunkt des Scheiterns der Akquisition hinaus ausüben könnte. Diese Möglichkeit dürfte im Rahmen einer vernünftigen Vertragsgestaltung jedoch von den Parteien regelmäßig ausgeschlossen sein.

Aus der somit zu bejahenden Vereinbarkeit der Partizipationsfälle mit den materiellen Geltungsgründen des Abspaltungsverbotes läßt sich ebenfalls auf die Erreichung des im ordre-public-Gedanken *Flumes* zum Ausdruck kommenden Zieles schließen. Stellt die idealtypische Interessenparallelität in den Partizipationsfällen die Legitimations- und Steuerungsfunktion sicher, wird dadurch gleichzeitig auch die Vereinsautonomie gewahrt.

Die bereits zuvor erwähnte Entscheidung des BGH[415] zur Unzulässigkeit einer isolierten Übertragung des Aktionärsstimmrechts steht dem bisher gefundenen Ergebnis nicht entgegen. Analysiert man den Sachverhalt[416] des Urteils, fällt auf, daß es hier in Wirklichkeit um einen Fall der versuchten Umgehung einer Vinkulierung ging. Diese Vinkulierungsproblematik war auch der entscheidende Begründungpunkt des Urteils, da der BGH die Stimmrechtsabspaltung „unter dem Deckmantel der Stimmrechtsvollmacht"[417] letztlich nur aufgrund des Umgehungscharakters[418] für unwirksam erklärte. Die Frage, ob eine echte Stimmrechtsabspaltung bzw. eine mit den Wirkungen der Stimmrechtsabspaltung vergleichbare Vollmachtskonstruktion in den von *Fleck* behandelten Fallgruppen zugelassen werden kann, wurde vom BGH ausdrücklich[419] offen gelassen. Tendenziell kommt in dem Leitsatz der Entscheidung sogar eine weitere Liberalisierung der Haltung zur Abspaltungsproblematik zum Ausdruck. Dies wird deutlich, wenn im Leitsatz nur davon die Rede ist, daß das Stimmrecht nicht „regelmäßig"[420] von der Aktie abgespalten und ohne diese übertragen werden kann.

Abschließend bleibt noch festzuhalten, daß in den Partizipationsfällen auch die von *Fleck* genannten Gründe gegen ein „freischwebendes" Stimmrecht nicht greifen. Durch die von vornherein zeitlich begrenzte Dauer der Stimmrechtsvollmacht zugunsten des K, die mit der mittelbaren Unternehmensbeteiligung steht und fällt, ist gewährleistet, daß der akzessorische[421] Charakter des Stimmrechts nicht beeinträchtigt wird. Sogar bei Vorliegen einer echten Stimmrechtsabspaltung wird sich das Stimmrecht wieder mit der Mitgliedschaft vereinigen, sei es bei K im Falle des Gelingens der Akquisition, sei es bei V im Falle ihres Scheiterns. Damit ist eine für alle Ewigkeit perpetuierte Verselbständigung des Stimmrechts ausgeschlossen.

---

415 BGH NJW 1987, 780.

416 Der Gesellschafter hatte seine Aktien verkauft, obwohl beide Parteien wußten, daß der Aufsichtsrat die Zustimmung verweigern würde; um den Kläger als Käufer wie den Gesellschafter zu stellen, hatte der Verkäufer und Aktionär sein Stimmrecht „unter dem Deckmantel der Stimmrechtsvollmacht" (BGH NJW 1987, 780, r.Sp.) abgetreten.

417 So die Feststellungen des Berufungsgerichts, s. BGH NJW 1987, 780, r.Sp..

418 Der BGH, NJW 1987, 781, l.Sp. stellte hierzu fest, daß der Grundsatz der Stimmrechtsabspaltung „jedenfalls dann uneingeschränkt" gilt, wenn die Stimmrechtsabspaltung „ dem Zessionar eine Rechtsstellung verschaffen soll, **die ihm nach der Satzung ohne Zustimmung des Aufsichtsrats** (*Hervorhebung durch Verf.*) nicht zukommt ".

419 S. BGH NJW 1987, 781 unter Bezugnahme auf Fleck und Schilling.

420 BGH NJW 1987, 780, r.Sp.; vgl. auch die Einschätzung von Than, ZHR 157 (1993), 131. Than macht auf die besondere Fallkonstellation aufmerksam und bezeichnet den Leitsatz als nur „scheinbar" furchterregend. Noch nicht einmal hiervon kann jedoch angesichts des Wortes „regelmäßig" die Rede sein. Vgl. weiterhin auch die Ausführungen von Happ in Festschrift für Rohwedder, 122/123.

421 S. Fleck, a.a.O., S.128.

Unter Berücksichtigung der vorgenannten Argumente ist nicht nur die Zulässigkeit einer nur in Verbindung mit dem Grundverhältnis widerruflichen Stimmrechtsvollmacht zu bejahen; man könnte darüber hinaus sogar die Übertragung des Stimmrechts selbst auf K für zulässig erachten, sofern sie im Zusammenhang mit einer mittelbaren Unternehmensbeteiligung erfolgt. Allerdings soll diese echte Übertragung nicht weiter betrachtet werden. Zur Wahrnehmung des Partizipationsinteresses des K an Z genügt die Einräumung einer weisungsfreien[422] und nur in Verbindung mit dem Grundverhältnis widerruflichen Vollmacht. Auf diesem Wege wird derselbe Grad an Autonomie des K erreicht wie bei Anerkennung einer rechtstechnisch davon zu unterscheidenden echten Übertragung des Stimmrechts. Die Verlagerung der Stimmrechtsmacht von V auf K mittels Einräumung einer Vollmacht stellt jedoch rechtsdogmatisch und aus holistischer Sicht einen geringfügigeren Eingriff in das Gesamtgefüge der Mitgliedschaft dar, als eine echte Übertragung des Stimmrechts mit sich brächte. Zudem ist zu bedenken, daß die Parteien die Konstruktion einer echten Übertragung nur dann wählen dürften, falls diese rechtssicher durch die höchstrichterliche Rspr. expressis verbis abgesegnet würde. Dies trifft trotz der tendenziellen Öffnung des BGH (noch) nicht zu. Warum sollten die Parteien ein größeres vertragsgestalterisches Risiko eingehen, als für die Verlagerung der Stimmrechtsmacht notwendig ?

Zusammenfassend stellen sich die kautelarjuristischen Optionen der Parteien für die Erteilung einer Stimmrechtsvollmacht in den Partizipationsfällen unabhängig davon, ob K bereits Aktionär der Z ist oder noch nicht, in steigender Intensität der Autonomie des K wie folgt dar:

- Es könnte ohne schuldrechtliche Verdrängung lediglich eine widerrufliche Stimmrechtsvollmacht zugunsten des K erteilt werden;
- eine widerrufliche Vollmacht zugunsten des K könnte zusammen mit einer schuldrechtlichen Ausübungsverzichtserklärung seitens V erteilt werden;
- die Widerruflichkeit der Vollmacht könnte dahingehend eingeschränkt werden, daß sie nur zusammen mit dem Grundverhältnis der mittelbaren Unternehmensbeteiligung beendet werden kann ;
- zur im dritten Tiret genannten Einschränkung der Widerrufsmöglichkeit der Vollmacht könnte zusätzlich ein schuldrechtlicher Stimmrechtsverzicht durch V hinzutreten.

(b) Isolierte Erteilung einer Stimmrechtsvollmacht

Läßt sich das unter (a) gefundene Ergebnis auch auf Fälle übertragen, die dadurch gekennzeichnet sind, daß K in der Interimszeit eine Stimmrechtsvollmacht ohne gleichzeitige Vereinbarung einer mittelbaren Unternehmensbeteiligung eingeräumt erhält ?

---

422 Zur Frage der Weisungsfreiheit vgl. Karsten Schmidt, Gesellschaftsrecht, 562. Die Zulässigkeit der Weisungsfreiheit bei der Treuhand und der atypischen Unterbeteiligung ergibt sich bereits daraus, daß im Innenverhältnis ohnehin Weisungen an das Mitglied erteilt werden können. Wird eine Stimmrechtsvollmacht zugunsten des mittelbar Beteiligten erteilt, würde das Verbot einer weisungsfreien Vollmacht diese Weisungsrechte des mittelbar Beteiligten negieren.

Dagegen könnte sprechen, daß Entscheidungen in der Hauptversammlung der Z, die durch K mittels der Stimmrechtsvollmacht herbeigeführt werden, mangels wirtschaftlicher Partizipation des K an Z in der Interimszeit keine unmittelbaren Auswirkungen auf seinen wirtschaftlichen Status in diesem Zeitraum hätten. Man könnte deshalb Zweifel hegen, ob das Erfordernis einer idealtypischen Interessenparallelität erfüllt ist. Jedoch ist zu bedenken, daß K die Auswirkungen einer jeden Entscheidung, die er als Bevollmächtigter in der Hauptversammlung der Z mit Wirkung für V in der Interimszeit trifft, in der Zukunft einholen werden. Gegenwärtige Entscheidungen in der Hauptversammlung der Z wirken sich auf den Substanzwert der zukünftigen Mehrheitsbeteiligung aus. M.a.W. wird K aus seiner Sicht in seiner Eigenschaft als zukünftiger Mehrheitsaktionär bereits in der Interimszeit unmittelbar mit den Konsequenzen etwaiger durch ihn mitgetragener Fehlentscheidungen der Gegenwart konfontriert. Aus diesem Grunde ist K auch in den Fällen einer isolierten Stimmrechtsvollmacht nicht als außenstehender Dritter anzusehen, der dem Anwendungsbereich des Abspaltungsverbotes unterfällt. Die idealtypische Interessenparallelität wird ebenso wie der Gleichlauf von Herrschaft und Haftung durch die Vorstellung des K von seiner Position als zukünftiger Mehrheitsgesellschafter gewährleistet. Die isolierte Stimmrechtsvollmacht dient ebensowenig wie die Vollmacht in den Partizipationsfällen dazu, eine Trennung zwischen Mitgliedschaft und Stimmrechtsmacht ad infinitum herbeizuführen. Zwar ist der Wegfall der Stimmrechtsvollmacht mangels Vorliegens einer mittelbaren Unternehmensbeteiligung nicht an ein solches Grundverhältnis gekoppelt. Jedoch wird die Stimmrechtsvollmacht im Falle des Gelingens der Akquisition beendet. Scheitert die Akquisition, wird eine vernünftige Vertragsgestaltung die Möglichkeit des Widerrufs der Stimmrechtsvollmacht durch V vorsehen. Damit verstößt auch die Erteilung einer isolierten und für die Dauer der Interimszeit unwiderruflichen, weisungsfreien und schuldrechtlich verdrängenden Stimmrechtsvollmacht nicht gegen das Abspaltungsverbot.

(4) Beispiele aus dem kautelarjuristischen Schrifttum

Ein Blick auf die gängigen Formularhandbücher zeigt, daß das unter (3) gefundene Ergebnis in zwei Varianten auch *in praxi* empfohlen[423] wird.

Eine erste Variante sieht beispielsweise beim Nießbrauch die Erteilung einer verdrängenden und unwiderruflichen Vollmacht vor, um die umstrittene Zuordnung des Stimmrechts zu bewältigen. So findet sich bei *Langenfeld*[424] die Passage: „ Der Nießbraucher übt alle Gesellschafterrechte einschließlich des Stimmrechts aus. Hilfsweise erteilt der Gesellschafter dem Nießbraucher hiermit verdrängende Stimmrechtsvollmacht. Die Vollmacht ist für die Dauer des Nießbrauchs unwiderruflich.“ Hinzuweisen ist insbesondere auf die damit in Anlehnung an BGH BB 1977, 10 ff. hergestellte Kopplung zwischen

423 Bei aller Vorsicht gegenüber Musterempfehlungen darf nicht verkannt werden, daß diese häufig das Grundgerüst für die kautelarjuristische Praxis in den Anwaltskanzleien darstellen und auch von diesen fortentwickelt werden. Beziehen sich die Muster auf die GmbH, kann die Empfehlung unter Beachtung evtl. Besonderheiten auf die AG entsprechend übertragen werden.

424 S. Langenfeld in Rechtsformularbuch, Muster 122 c, 4. Abs., Zeile 1-3.

Grundverhältnis und Dauer der Stimmrechtsvollmacht. Für die Treuhand findet sich bei *Langenfeld*[425] folgende Formulierung für die GmbH, die die verdrängende Wirkung der Vollmacht schuldrechtlich festschreibt und auf die AG entsprechend übertragbar ist: „Der Treuhänder erteilt hiermit dem Treugeber Vollmacht, das Stimmrecht aus dem Geschäftsanteil bei Gesellschafterbeschlüssen auszuüben. Soweit der Bevollmächtigte von dieser Vollmacht Gebrauch macht, ist der Treuhänder von der Ausübung des Stimmrechts ausgeschlossen. Die Vollmacht ist unwiderruflich, solange dieser Vertrag besteht.".

In einer zweiten Variante wird die Einräumung der unwiderruflichen Vollmacht als zusätzliche Sicherung des Treugebers neben der ohnehin vereinbarten Stimmbindung des Treuhänders eingesetzt. Der Treugeber soll auf diese Weise die Ausübung des Stimmrechts an sich ziehen können, falls ein weisungswidriger Gebrauch des Stimmrechts zu besorgen ist. Beispiele hierzu finden sich bei *Semler/von der Heydt*[426] und *Schmidt-Hern*[427], der den Treuhänder zur Einholung vorheriger Weisungen verpflichtet, gleichzeitig aber auch eine unwiderrufliche Vollmacht vorsieht.

cc) Die Begrenzungen der Stimmrechtsvollmacht durch die Treupflichten des Mehrheitsaktionärs

Erteilt V dem K eine weisungsfreie Stimmrechtsvollmacht isoliert oder zur Flankierung einer mittelbaren Unternehmensbeteiligung des K an Z, ist neben den durch das Abspaltungsverbot bedingten Anforderungen auch zu beachten, daß durch Treupflichten, die V als Mehrheitsaktionär gegenüber Z und gegenüber den Minderheitsaktionären der Z obliegen, zusätzliche Einschränkungen in der Disposition der Parteien über die Stimmrechtsmacht resultieren können. Am deutlichsten treten diese Einschränkungen in allen Fällen hervor, in denen K bereits Aktionär der Z ist, bevor die Stimmrechtsvollmacht erteilt wird. Hier leuchtet unmittelbar ein, daß unter Berücksichtigung der dogmatischen Herleitung der Treupflicht die eigene, schon vorhandene Treubindung des K auch im Lichte des Girmes-Urteils[428] durch die von V erhaltene Stimmrechtsvollmacht nicht beseitigt werden kann, sondern im Gegenteil noch eine Verstärkung[429] erfährt. Die Verstärkung der Treubindung folgt aus dem BGH-Ansatz, daß „dem Maß des Einflusses des Gesellschafters das Maß seiner Verantwortung mit der sich daraus ergebenden Pflicht zur Rücksichtnahme auf die Interessen der Gesellschaft und die gesellschaftsbezogenen Belange der Mitgesellschafter entspricht"[430].

---

425 Vgl. Langenfeld in Rechtsformularbuch, Muster 122 d, § 4.

426 Vgl. Semler/ von der Heydt, in Münchener Vertragshandbuch, Band 1, Form VIII.14, § 5, (2) i.V.m. § 2, (1), S.1.

427 S. Schmidt-Hern in Beck'sches Formularbuch, Form IX.21, § 3, a) einerseits und § 5 andererseits unter Hinweis in Anm. 6, daß der Treugeber sich die Stimmrechtsvollmacht nur vorsorglich einräumen läßt.

428 S. BGHZ 129, 136 und dazu Beckerhoff, a.a.O., S.63 ff.; Henze, BB 1996, 489 (490); Lutter, ZHR 162 (1998), S. 164 ff.; Henze, ZHR 162 (1998), 186 (192 ff.).

429 Zu dieser Schlußfolgerung vgl. Marsch-Barner, Treupflichten zwischen Aktionären und Verhaltenspflichten bei Stimmrechtsbündelung, ZHR 157 (1993), 183.

430 So BGH NJW 1995, S. 1741, l.Sp.. Da die Rücksichtsnahmepflicht als „ Gegengewicht " zur Möglichkeit der Einflußnahme auf die Geschäftsführung (s. BGHZ 103, 184 (195)) gesehen

Fraglich ist, wie die Fallgruppen zu beurteilen sind, in denen K die Vollmacht erhält, ohne bereits Aktionär der Z zu sein. Hier sollen zwei Anknüpfungspunkte für eine Begrenzung der Dispositionsfreiheit erörtert werden. Ein dritter Anknüpfungspunkt könnte in der Annahme einer außermitgliedschaftlichen Treupflicht[431] des K gegenüber Z bzw. gegenüber deren Aktionären liegen, die durch die von V erhaltene Stimmrechtsmacht entsteht. Dieser Anknüpfungspunkt soll in der vorliegenden Untersuchung ebensowenig wie die Möglichkeit einer vormitgliedschaftlichen Treupflicht des K vertieft werden. Die damit zusammenhängenden Fragen würden den Rahmen dieser Untersuchung sprengen und müssen einer gesonderten Abhandlung vorbehalten bleiben.

Der erste Anknüpfungspunkt betrifft die Frage nach der personellen Auswahl des Bevollmächtigten. Insbesondere *Hüffer*[432] sieht die personelle Auswahlfreiheit des Aktionärs als durch seine Treupflicht zur Gesellschaft und zu den Mitaktionären begrenzt an. Der Hauptversammlung soll es demnach gestattet sein, einen Konkurrenten der Gesellschaft als Bevollmächtigten zurückzuweisen, ebenso eine durch ihr früheres Verhalten unzumutbare Person. *Hüffer*[433] will zudem Satzungsbestimmungen zulassen, in denen die Person des Bevollmächtigten auf den Aktionärskreis begrenzt wird. Ein in Anlehnung an *Hüffer* der Hauptversammlung von Z einzuräumendes Zurückweisungsrecht erscheint jedoch selbst dann zweifelhaft, wenn K in unmittelbarer Konkurrenz zu Z stünde. Die bloße Tatsache einer wirtschaftlichen Betätigung auf einem identischen Markt dürfte weder zu einer Vermutung der Verletzung einer wie auch immer gearteten Treupflicht führen, noch

---

wird, folgt aus einer gesteigerten Stimmrechtsmacht des K auch eine korrespondierende Verstärkung seiner Treupflicht, um die Waage im Gleichgewicht zu halten.

431 Eine *außer*mitgliedschaftliche Treupflicht des K gegenüber Z oder deren Aktionären als Unterfall einer nichtmitgliedschaftlichen Treupflicht ließe sich als ergänzendes Pendant zu einer außermitgliedschaftlichen Abhängigkeitsbegründung begreifen. Rechtsdogmatisch könnte eine solche Treupflicht auf die Möglichkeit des K gestützt werden, schon im Vorfeld des dinglichen Rechtsübergangs qua besonderer schuldrechtlicher Abrede durch die von V delegierte Stimmrechtsmacht auf die gesellschaftsbezogenen Belange der Z-Gesellschafter Einfluß zu nehmen. Unter diesem Blickwinkel wäre die Klippe des Erfordernisses einer mitgliedschaftlich vermittelten Einwirkungsmöglichkeit umschiffbar, vgl. zu diesem Erfordernis Ziemons/Jäger, AG 1996, 360, l.Sp.. Gleiches gälte für die Annahme einer *vor*mitgliedschaftlichen Treupflicht als Pendant zu einer vormitgliedschaftlichen Abhängigkeitsbegründung mit Blick auf die (mutmaßlich) künftige Rechtsstellung des K als Mehrheitsaktionär der Z. Auch hier würde sich dann entgegen Joussen, BB 1992, 1079, l. Sp. der Kreis schließen. Lutter, der die Möglichkeit einer vormitgliedschaftlichen Abhängigkeitsbegründung bejaht, wendet sich in ZHR 153 (1989), 460 gegen jedwede besondere *mitgliedschaftliche* Rücksichtspflicht des außenstehenden Dritten als Erwerber einer Mehrheitsbeteiligung an einer AG. Seine (späteren) Erkenntnisse zum ersten Feno-Fall (s. dazu die Ausführungen auf S. 250 f.) sprechen jedoch dafür, auch das Kapitel „ vormitgliedschaftliche Treupflicht" neu zu überdenken. Vgl. zu diesem Thema auch die Untersuchung von Assmann/Basaldua/Bozenhardt/Peltzer, a.a.O., S. 74. Die Autoren fordern hier einen Perspektivwechsel *weg* vom Blick auf die vorhandene Mitgliedschaft *hin* zur Betrachtung der Umstände der Begründung einer solchen Position; Verhaltenspflichten des Bieters beruhten dann auf dem Versuch der Erlangung einer Position, die es gestattet, zukünftig maßgeblichen unternehmerischen Einfluß in der Zielgesellschaft auszuüben.

432 Vgl. Hüffer, AktG, § 134, Rdn. 25; Hüffer in Hachenburg, § 47, Rdn. 100.

433 S. Hüffer, AktG, § 134, Rdn.26.

gar bewirken, daß eine Verletzung bereits als bewiesen anzusehen wäre. Diese Problematik erkennt auch *Hüffer*, wenn er in seiner Kommentierung zur GmbH die Notwendigkeit einer stets erforderlichen sorgfältigen Prüfung der Zurückweisung des Bevollmächtigten betont, da diese das Risiko einer Anfechtungsklage begründe[434]. Die Bejahung der Zulässigkeit einer einschränkenden Satzungsbestimmung stößt zudem auf rechtshistorische Auslegungsprobleme[435] und auch auf materielle Bedenken. Rechtshistorisch legt ein Vergleich mit der früheren Regelung des § 114 VII AktG 1937 eher nahe, daß eine Satzungsregelung an der heutigen Bestimmung des § 23 V scheitert. § 114 VII AktG 1937 sah im Gegensatz zur gegenwärtigen Regelung vor, daß sich die „Bedingungen" und die Form der Ausübung des Stimmrechts i.ü. nach der Satzung richteten. Das Reichsgericht[436] hatte im Rahmen des damaligen § 252 IV HGB eine Beschränkungsregelung der Vollmacht unter die „übrigen Bedingungen" subsumiert. Materiell relativiert *Hüffer* seine Auffassung selbst, indem er unterstreicht, daß Satzungsbestimmungen der genannten Art nur dann zulässig seien, falls sie die Entscheidungsfreiheit des Aktionärs nicht unzumutbar einschränkten[437]. Aus diesen Gründen lassen sich ein Zurückweisungsrecht in der Hauptversammlung wie auch die Zulässigkeit statuarischer Eingrenzungen allenfalls bei krassen Ausnahmefällen anerkennen. Wird K in – aufgrund objektiver Umstände nachweisbarer – doloser Absicht von V bevollmächtigt, um Z beispielsweise treuwidrig zu zerschlagen, könnte man ohnehin nach §§ 138, 826 BGB von der Unwirksamkeit der Bevollmächtigung und von einem korrespondierenden Zurückweisungsrecht der Hauptversammlung ausgehen. Es bleibt jedoch auch in diesen Ausnahmefällen bei dem Risiko der Belastung von entsprechenden Beschlüssen mit Anfechtungsmöglichkeiten. Dieses Risiko wird ein sorgfältiger Versammlungsleiter in praxi nur in gravierenden Ausnahmefällen auf sich nehmen.

Ein zweiter Ansatzpunkt für die Begrenzung der Möglichkeiten, eine Stimmrechtsvollmacht zu erteilen, betrifft nicht die Person des Bevollmächtigten, sondern die Reichweite des Abstimmungsermessens des Stimmrechtsvertreters. Losgelöst von der im Nachgang zu der Rspr.[438] zum Fall Girmes erfolgten Diskussion über die Herleitung einer Haftung des Stimmrechtsvertreters und von der durch den Stimmbündelungseffekt charakterisierten Besonderheit des Falles läßt sich hier ein Gedanke aufgreifen, der auch bei der Durchsetzung von Höchststimmrechten eine Rolle spielt. Der in seiner Stimmkraft Beschränkte soll sich nicht durch Zwischenschaltung eines Vertreters der Beschränkung entziehen oder diese aufweichen können[439]. Gleichfalls soll der durch die Treupflicht gebundene Aktionär sich nicht durch die Stimmrechtsvertretung seinen Treubindungen entziehen können. Dieser Ansatzpunkt gilt übergreifend und unabhängig davon, ob man eine originäre[440], eine derivative[441], eine von der mitgliedschaftlichen Treupflicht zu trennende

434 Zu diesem Risiko s. Hüffer in Hachenburg, § 47, Rdn.100.
435 Vgl. die Ausführungen des OLG Stuttgart in AG 1991, 69 f..
436 S. RGZ 55, 41, 42 a.E..
437 Vgl. Hüffer, AktG, § 134, Rdn.26.
438 S. zuletzt die Entscheidung des BGH in BGHZ 129, 136 = NJW 1995, 1739.
439 S. dazu Marsch-Barner, ZHR 157 (1993), S.182.
440 Zu diesem Ansatz vgl. Marsch-Barner, a.a.O., S.182.

eigenständige aktienrechtliche[442] Treupflicht des Stimmrechtsvertreters oder aber eine auf § 179 BGB analog[443] basierende Eigenhaftung annimmt. Er ergibt sich bereits aus allgemeinem Vertretungsrecht[444], da der Vertreter das fremde Stimmrecht nur in dem Umfang ausüben kann, in dem es dem Vertretenen selbst zusteht. M.a.W. kann durch die Verlagerung der Stimmrechtsmacht auf einen (hier sogar weisungsfreien) Vertreter die Möglichkeit, mit Wirkung für den Vertretenen zu handeln, nicht dahingehend erweitert werden, daß der Vertreter nunmehr eine größere Einwirkungsmöglichkeit erlangt, als sie der Vertretene vor der Bevollmächtigung gehabt hätte. Auch hier gilt demnach, daß V durch die Erteilung der Stimmrechtsvollmacht zugunsten des K nicht einfach seine Treupflicht in der Garderobe[445] abgeben kann. Welche konkreten Auswirkungen diese im Einzelfall greifende inhaltliche Beschränkung der Stimmrechtsvollmacht auf die Frage hat, ob überhaupt abhängigkeitsrechtlich relevante Einflußnahmen durch K auf Z vorstellbar sind, oder ob die inhaltliche Beschränkung der Stimmrechtsvollmacht dies verhindert, wird bei der abhängigkeitsrechtlichen Prüfung[446] vertieft.

c) Gemeinsamer Bevollmächtigter

Die gemeinsame Bevollmächtigung einer dritten Person durch die Parteien des Aktienkaufvertrages kommt bei Poolverträgen in Betracht. Hierbei können K und V als Aktionäre der Z dem jeweils amtierenden Poolsprecher[447] Vollmacht für die Vertretung in der Hauptversammlung der Z erteilen. Welchen Weisungen der gemeinsame Vertreter dann nachzukommen hat, richtet sich nach den Kautelen der internen Meinungsbildung bzw. nach dem im Poolvertrag vorgesehenen Entscheidungsmechanismus[448].

---

441 Vgl. Dreher, Treupflichten zwischen Aktionären bei Stimmrechtsbündelung, ZHR 157 (1993), S.163. Nach Dreher läßt sich die gesellschaftsrechtliche Treupflicht des Stimmrechtsbevollmächtigten allenfalls aus der Treupflicht des Aktionärs ableiten.

442 Vgl. Beckerhoff, Treupflichten bei der Stimmrechtsausübung und Eigenhaftung des Stimmrechtsvertreters, S. 214/ 215. Beckerhoff nimmt eine kraft Gesetzes entstehende Rechtspflicht an, welche von ihm als *aktienrechtliche* Treupflicht bezeichnet wird und von der *mitgliedschaftlichen* Treupflicht des Aktionärs zu unterscheiden sei.

443 Vgl. BGH NJW 1995, 1739 (1742 ff.).

444 Zu dieser Argumentation s. auch Marsch-Barner, ZHR 157 (1993), 182.

445 Vgl. Wiedemann in Festschrift für Barz, 569. Der die Geschicke seines Unternehmens beeinflussende Großaktionär könne demnach ebensowenig von seiner Verantwortung freigestellt werden wie ein Personenhandelsgesellschafter. Dies zeige sich besonders deutlich bei der Umwandlung einer Personengesellschaft in eine GmbH oder AG. Vgl. auch Lutter, JZ 1976, 563, l.Sp.. Lutter lehnt eine Entbindung von der Treupflicht ebenfalls ab, nur weil die „Max Müller GmbH" jetzt „Max Müller AG" heißt.

446 S. die Überlegungen auf S. 230.

447 S. beispielsweise den Vorschlag bei Noack in § 4 Abs. (1) des Musters für ein Gesellschafterkonsortium, Anhang, S.340.

448 Hierbei sind die bei der Stimmbindung aufgeführten Einigungsmechanismen denkbar, s.S. 129 f..

d) *Die Legitimationszession*

aa) *Voraussetzungen für die Erteilung*

Eine Autorisation zur Stimmrechtsausübung ist für die hier interessierenden Fälle nicht nur durch die Erteilung einer Stimmrechtsvollmacht möglich, sondern auch in Form der Stimmrechtsermächtigung oder anders ausgedrückt der Legitimationszession[449]. Diese hat eine Zwitterstellung[450], da sie sich einerseits von der schlichten Bevollmächtigung dadurch unterscheidet, daß das Stimmrecht wie bei der (Übertragungs-) Treuhand im eigenen Namen ausgeübt wird, andererseits der Legitimationszessionar aber nicht[451] wie bei der Treuhand Vollrechtsinhaber wird. Kreditinstitute und geschäftsmäßig Handelnde dürfen Stimmrechte aus Inhaberaktien nicht im Wege der Legitimationszession im eigenen Namen ausüben[452].

Bei der Legitimationszession sind zwei Elemente zu unterscheiden[453]: die Übertragung des Rechtsscheins auf den Berechtigten und die besondere materielle Ermächtigung nach oder entsprechend § 185 BGB[454]. Demzufolge sind auch bei der rechtstechnischen Begründung der Legitimationszession zwei Wirksamkeitsvoraussetzungen auseinanderzuhalten. Zur Übertragung der formellen Legitimation ist die Verschaffung des unmittelbaren oder mittelbaren Besitzes an den Aktien erforderlich[455], was in der Praxis häufig übersehen wird[456]. Dabei kann die Besitzverschaffung zugunsten des K ermöglicht werden, indem V als mittelbarer Besitzer der in Girosammelverwahrung oder Streifbanddepot bei einem Kreditinstitut befindlichen Aktien mit K nach § 871 BGB ein weiteres Besitzmittlungsverhältnis i.S.d. § 868 BGB herstellt. Diese Vorgehensweise hätte für V gegen-

---

449 Zur Terminologie und zu den drei Möglichkeiten der Stimmrechtsausübung durch Dritte vgl. die Darstellung bei Henssler, Verhaltenspflichten bei der Ausübung von Aktienstimmrechten durch Bevollmächtigte, ZHR 157 (1993), 94 ff..

450 S. Than, ZHR 157 (1993), 130.

451 Hier geht es also nicht um die sog. Ermächtigungstreuhand, bei der anstelle einer Vollrechtsübertragung nur eine Legitimationsübertragung vorgenommen wird; vgl. auch Henssler, a.a.O., S.96.

452 Vgl. Hüffer, AktG, § 134, Rdn. 32; Wiesner in Münchener Handbuch des Gesellschaftsrechts, § 14, VI (Rdn. 53).

453 Vgl. Wiedemann, Übertragung, S.288/289. Wiedemann bezeichnet den Terminus „Legitimationszession" zwar als zutreffend, soweit es um die Übertragung des Rechtsscheins geht, jedoch als unvollständig, da die Ermächtigung nicht zum Ausdruck kommt.

454 Zur Ableitung aus § 185 BGB vgl. Wiesner in Münchener Handbuch des Gesellschaftsrechts, § 14, VI (Rdn. 53). Das Reichsgericht folgert die Zulässigkeit unmittelbar aus § 185 BGB, s. RGZ 118, 330. Hüffer spricht davon, daß die Legitimationszession nach dem „Vorbild" des § 185 konstruiert sei, vgl. Hüffer, AktG, § 134, Rdn. 32.

455 Vgl. Than, ZHR 157 (1993), 132, Fn. 17 m.w.N..

456 Vgl. Happ, Legitimationsübertragung im Aktienrecht, S.124. Than schildert die geläufige Praxis, daß ein Aktionär seine Depotbank beauftragt, für die in seinem Depot verbuchten und ihm gehörenden Aktien nur eine Eintritts- und Stimmkarte auf den Namen des Dritten auszustellen, ohne daß die notwendigen possessorischen Schritte unternommen werden, s. Than, a.a.O., S. 132.

über der Abtretung des Herausgabeanspruches den Vorteil, daß er die Verfügungsbefugnis[457] über die Aktien behält. Denkbar sind auch andere Wege der Besitzverschaffung[458].

Die materielle Ermächtigung richtet sich hinsichtlich Inhalt und Dauer nach dem schuldrechtlichen Innenverhältnis[459] zwischen V und K. Wichtig ist hierbei, daß die Ermächtigungserklärung ausdrücklich oder konkludent die Befugnisse des Zessionars umschreiben muß, da die Legitimationszession kein Rechtsinstitut mit einer gesetzlich[460] definierten Umfang ist. Damit stellt die enumerative oder zumindest durch Auslegung zu ermittelnde Angabe der zur Ausübung übertragenden Befugnisse sogar – vorbehaltlich des durch den Besitz bedingten Gutglaubenschutzes – eine Voraussetzung für die externe Wirksamkeit der Legitimationszession dar[461]. Handelt der Zessionar ohne eine korrespondierende Ermächtigung, ist auch eine nachträgliche Genehmigung durch den Aktionär nicht möglich, da das Stimmrecht nicht[462] den Zustand rechtlicher Ungewißheit in Form einer schwebenden Unwirksamkeit verträgt. Die Notwendigkeit einer Festlegung des Ermächtigungsinhaltes dürfte durch die Parteien i.d.R. bereits bei der Begründung der mittelbaren Unternehmensbeteiligung bzw. bei der Erteilung der Legitimationszession beachtet werden. Hier ist vorstellbar, daß K durch V bis zur Beendigung der mittelbaren Unternehmensbeteiligung generell oder speziell für bestimmte Abstimmungspunkte ermächtigt wird, in der Hauptversammlung der Z im eigenen Namen das Stimmrecht auszuüben. Von der Zielrichtung her betrachtet wäre diese Art der Legitimationszession insofern atypisch, als es nicht um die Ermächtigung zur Durchsetzung von fremden (Aktionärs-) Interessen geht, sondern um die Wahl eines Autorisationsmittels zur Durchsetzung und Flankierung des auf die Interimszeit vorverlagerten eigennützigen Partizipationsinteresses des K an Z bzw. in den Fällen einer isolierten Legitimationszession zur Durchsetzung von Interessen des K, die seine zukünftige Stellung als Mehrheitsgesellschafter der Z betreffen.

---

457 S. zu diesem Aspekt Happ in Festschrift für Rowedder, 124; Than, a.a.O., S. 133. Solange der Zedent seine Depotbank von der Abtretung des Herausgabeanspruchs nicht unterrichtet hat, führt diese etwaige Dispositionen durch den Legitimationszessionar nicht aus, s.Than, a.a.O., 133, Fn. 23.

458 Vorstellbar sind hier: die Einräumung unmittelbaren Besitzes oder die Einräumung mittelbaren Besitzes durch Begründung eines konkreten Besitzmittlungsverhältnisses z.B. eines Verwahrungsvertrages, falls V selbst unmittelbarer Besitzer ist oder die Abtretung des Herausgabeanspruchs gegen die Hinterlegungsstelle nach § 870 BGB. Bei der Begründung eines weiteren konkreten Besitzmittlungsverhältnisses bleibt V erststufiger mittelbarer Eigenbesitzer, der Legitimationszessionar wird zweitstufiger mittelbarer Fremdbesitzer und der Verwahrer bleibt unmittelbarer Fremdbesitzer. Vgl. dazu auch Happ in Festschrift für Rowedder, 124.

459 S. Happ, a.a.O., 121.

460 Gegenbeispiel ist die gesetzliche Legitimationszession für Kapitalanlagegesellschaften nach § 10 des Gesetzes über Kapitalanlagegesellschaften. Vgl. Than, a.a.O., S.135.

461 Zu den Voraussetzungen der externen Wirksamkeit s. die Ausführungen bei Happ, a.a.O., S.125.

462 Nach Happ, a.a.O., S. 126 ist deshalb keine Heilung des Mangels möglich, falls in einem Rechtsstreit das Gericht zu der Überzeugung gelangt, daß die von dem Legitimationszessionar abgegebenen Erklärungen nicht vom Inhalt der Ermächtigung erfaßt waren.

bb) Die Begrenzungen der Legitimationszession durch das gesellschaftsrechtliche Abspaltungsverbot und durch die Treupflichten

Hier gelten die Ausführungen zu den Begrenzungen der Stimmrechtsvollmacht entsprechend.

3. Die Begrenzungen der Stimmbindung

a) Zulässigkeit und Arten der Stimmbindung

Wenngleich die vielzitierte Entscheidung in BGHZ 48, 163 ff. keinen[463] pauschalen und generalisierten Freibrief zur Zulässigkeit von Stimmbindungsverträgen enthält, sondern sich (für die GmbH) mit der Frage auseinandersetzt, ob die Verpflichtung zur Abtretung einer vinkulierten Beteiligung zugleich die Nebenpflicht[464] enthält, die erforderliche Genehmigung herbeizuführen, finden sich bereits in diesem Urteil Argumente für die Anerkennung von Stimmbindungen. Der BGH akzeptiert nicht nur ein „berechtigtes Interesse“[465] an Abstimmungsverträgen und an ihrer Durchsetzbarkeit, sondern tritt auch der Gegenargumentation eines Eingriffs in die Entschließungsfreiheit[466] bzw. eines Eingriffs in die Willensbildung[467] der Gesellschaft entgegen.

Mit den zahlreichen befürwortenden Stimmen aus der Literatur[468] ist von der prinzipiellen Zulässigkeit der Stimmbindung nicht nur im Falle der Bindung zwischen zwei Gesellschaftern, sondern auch im Falle der Bindung gegenüber einem gesellschaftsfremden Dritten auszugehen. Für die prinzipielle Zulässigkeit einer Stimmbindung auch gegenüber einem Nichtaktionär spricht zumindest für die hier interessierenden Fälle ein Bedürfnis nach „Fernsteuerung“[469]. Soweit zwischen den Parteien eine mittelbare Unternehmensbeteiligung zur Überbrückung der Interimszeit vereinbart wird, folgt dieses Bedürfnis aus der Durchsetzung der wirtschaftlichen Teilhabe des K an Z in deren Hauptversammlung. Soweit keine Vorverlagerung der Partizipation an Z vorgesehen wird, folgt das Bedürfnis für „Fernsteuerung“ aus dem Interesse des K, schon in der Interimszeit an den Weichenstellungen für seine zukünftige Mehrheitsmitgliedschaft in der Hauptversammlung der Z

463 Auf die begrenzte Aussagekraft v.a. des Leitsatzes weist auch Flume, Juristische Person, S. 245 hin.

464 S. BGHZ 48, 163 (166).

465 Vgl. BGHZ 48, 171 u. 172, wo auf die Bedeutung von Stimmbindungen im Rechts- und Wirtschaftsleben hingewiesen wird.

466 Dies v.a. mit der Überlegung, daß sich auch andere Gesellschafter, die keiner Stimmbindung unterliegen, schon vor der eigentlichen Abstimmung festlegen können, s. BGHZ 48, 171.

467 Für die Vollstreckbarkeit führt der BGH nicht nur das Vertragstreueprinzip an, sondern auch das Argument, daß sich der Vollstreckungszwang nur gegen den Gesellschafter richte.

468 Zur generellen Zulässigkeit der Stimmbindung s. statt vieler Büssemaker, S. 29 ff.. Nach Büssemaker steht die grundsätzliche Anerkennung des Stimmbindungsvertrages am Ende einer Entwicklung, deren Ausgangspunkt seine grundsätzliche Ablehnung ist. S.a. Martens, Stimmrechtsbeschränkung und Stimmbindungsvertrag, AG 1993, 497, Fn.7 m.w.N..

469 S.dazu Karsten Schmidt, Gesellschaftsrecht, 619.

mitzuwirken. Auch *Flume*, der Stimmbindungsverträge zugunsten von Nichtmitgliedern entgegen der h.M. grundsätzlich wegen der nur dem Mitglied der juristischen Person überlassenen „ Autonomie der Entscheidung über die Ausübung der Vereinsautonomie“ als unzulässig[470] ansieht, räumt für die Treuhand und den Nießbrauch Ausnahmen ein. Hier erkennt *Flume* an, daß ungeachtet der Rechtsstellung des Treuhänders oder Nießbrauchbestellers der dahinterstehende Treugeber bzw. Nießbraucher das „wirkliche“ Mitglied der juristischen Person sei[471]. Für die Unterbeteiligung will *Flume* jedoch eine Ausnahme nicht zulassen, da es insoweit bei dem Autonomiegedanken verbleibe[472]. Da sich diese Argumentation nur auf den Normaltypus der Unterbeteiligung bezieht, nicht jedoch auf die atypische Unterbeteiligung abzielt, die ebenso wie die Vereinbarungstreuhand auf eine maximale Partizipation[473] des K an Z zugeschnitten sein kann, wäre unter Zugrundelegung und Fortführung des Autonomiegedankens von *Flume* eine dritte Ausnahme zu konzedieren. Denn auch im Falle der atypischen Unterbeteiligung bildet die Stimmbindung nur das Korrektiv[474] gegenüber der Abhängigkeit des Stimmrechts von der Mitgliedschaft und trägt dazu bei, die formelle Rechtslage der materiellen anzunähern[475]. Die rechtstatsächliche Untersuchung[476] von *Zutt* bestätigt, daß bei Unterbeteiligungen und Treuhandverträgen in der kautelarjuristischen Wirtschaftspraxis Stimmbindungen mit konkretem oder generellem Weisungsrecht des mittelbar Beteiligten üblich[477]sind.

Von der oben bejahten prinzipiellen Zulässigkeit der Stimmbindung zu trennen ist die Frage, in welchem Umfang die Stimmbindung im Einzelfall zulässig ist. Ihr soll sogleich unter b) nachgegangen werden, nachdem an dieser Stelle noch eine Kategorisierung der denkbaren Arten der Stimmbindung des V in der Interimszeit vorgenommen wird.

Eine erste Differenzierung setzt beim *Status* von K an. Ist dieser bereits Aktionär der Z, können V und K einen „Interimskonsortialvertrag“ abschließen, der als Poolvertrag die einheitliche[478] Stimmabgabe bis zum dinglichen Vollzug der Akquisition sicherstellt. In diesem Rahmen sind verschiedene Abstimmungsverfahren möglich, die im Vorfeld der Hauptversammlung der Z einen Einigungsmechanismus bewirken. Würde dieser Einigungsmechanismus die Stimmkraft jedes Poolmitgliedes (also K`s und V`s und ggf. auch

---

470 Vgl. Flume, Juristische Person, 242.

471 So Flume, a.a.O., 244.

472 Wie Fußnote zuvor.

473 Zu den Zielen und Gestaltungsmöglichkeiten der atypischen Unterbeteiligung s. die Ausführungen im zweiten Abschnitt, S. 101 f..

474 S. dazu Karsten Schmidt, Gesellschaftsrecht, 619. Der Korrektivgedanke gilt bei der Stimmbindung im gleichen Umfang wie bei der Abspaltungsproblematik im Zusammenhang mit der Stimmrechtsvollmacht.

475 Vgl. auch die Erörterung bei Noack, Gesellschaftervereinbarungen, 151. Noack sieht in der Begründung der „mittelbaren Gesellschaftsbeteiligung“ die Entstehung einer neuen Rechtsgemeinschaft zwischen dem Inhaber und dem partiell Berechtigten, die eine sachgerechte Aufteilung der mitgliedschaftlichen Befugnisse trage.

476 S. Zutt, Stimmbindungen gegenüber Dritten – Ergebnisse einer Umfrage, ZHR 155 (1991), 213 ff..

477 Zutt weist hier zudem auf die möglicherweise noch viel höher liegende Dunkelziffer in der Vertragspraxis hin, vgl. Zutt, a.a.O., 214.

478 S.beispielsweise das Muster von Noack, a.a.O., S. 337, § 2, Abs.(1).

die Stimmkraft dritter Poolmitglieder) nach den Nennwerten der der Poolvereinbarung unterliegenden Stammaktien[479] oder nach der Anzahl der Stückaktien unter gleichzeitiger Vereinbarung des einfachen Mehrheitsprinzips bemessen, wäre eine der Hauptversammlung der Z vorausgehende Abstimmung im Konsortium immer durch V als aktuellem Mehrheitsaktionär majorisiert. Denkbar ist auch, daß der Abstimmungsmodus im Pool das Einstimmigkeitsprinzip festschreibt. Kommt in diesem Fall kein Beschluß der Poolmitglieder über das Abstimmungsverhalten in der Hauptversammlung der Z zustande, könnte vereinbart werden, daß die freie Entscheidung wieder[480] auflebt. Die Alternative, daß bei Nichteinigung keines der Poolmitglieder abstimmen darf bzw. sich der Stimme generell oder für bestimmte TOP's enthalten muß, werden die Konsortialmitglieder im Regelfall nicht vereinbaren, weil sie zum Verlust der einzelnen Stimmrechtsmacht führte und damit ohne sachlichen Grund die Stimmkraft von Drittaktionären der Z, die nicht Poolmitglieder sind, aufgewertet würde.

Man wird sich fragen, ob die Parteien in einem Interimskonsortialvertrag nicht regelmäßig vereinbaren werden, daß K eine Abstimmung im Konsortium im Vorgriff auf seine zukünftige Mehrheitsgesellschafterstellung dominieren kann und somit Fälle, in denen die Stimmgewichtung zugunsten des V und das Mehrheitsprinzip oder das Einstimmigkeitsprinzip (unter Wiederaufleben der Entscheidungsautonomie) vereinbart werden, nicht eher selten sind. Das Verkäufer-Unternehmen kann jedoch beabsichtigen, auch nach der Veräußerung der Mehrheitsbeteiligung noch eine Minderheitsbeteiligung an Z zu halten oder weiterhin im intensiven geschäftlichen Kontakt zu Z zu stehen. Daraus kann ein Interesse des V folgen, in der Interimszeit noch über bestimmte Entscheidungen und Weichenstellungen in der Hauptversammlung der Z zu befinden. Deshalb ist es eine Frage der konkreten Interessenlage und des Verhandlungsgeschicks, welcher Einigungsmechanismus für den Interimskonsortialvertrag gewählt wird und auf welche Abstimmungspunkte er sich beziehen soll. In der abhängigkeitsrechtlichen Untersuchung werden die verschiedenen Varianten eines Einigungsmechanismus berücksichtigt (s. S. 212 ff. und S. 220 f.).

Ist K nicht Aktionär der Z, scheidet ein Stimmpoolvertrag als Interimskonsortialvertrag mangels Gesellschaftereigenschaft des K aus. V könnte sich auch dann gegenüber K auf technisch unterschiedliche[481] Weise binden. Vorstellbar ist, daß die zukünftige Stimmabgabe seitens V im Vertrag bereits konkretisiert und inhaltlich festgelegt wird. Der Stimmbindungsvertrag könnte dabei als gesonderter Vertrag oder als Bestandteil des Aktienkaufvertrages konzipiert werden. Denkbar ist auch, daß im Stimmbindungsvertrag

---

479 S. die Bestimmungen zum Einigungsmechanismus in dem Muster bei Noack, a.a.O., S. 339, § 2 (5) und (6). Nach § 8 AktG können Nennwertaktien oder Stückaktien ausgegeben werden.

480 Vgl. die Formulierung im Muster eines Schutzgemeinschaftsvertrages bei Hengeler in Beck'sches Formularbuch, Form VIII.A 2, § 3, Abs. IX: „ Ist in der Schutzgemeinschaft ein Beschluß über die Ausübung des Stimmrechts... nicht zustande gekommen, gelten die Bestimmungen des Abs. 8 nicht. Die Mitglieder können in diesem Fall frei darüber entscheiden, ob sie sich an der Abstimmung...selbst oder durch einen Vertreter beteiligen und in welchem Sinne sie ihre Stimme abgeben.".

481 Zu den unterschiedlichen technischen Ausgestaltungen s.a. Zöllner, ZHR 155 (1991), S.168 mit Fn.1.

selbst keine Konkretisierung erfolgt, sondern V nach Weisung[482] des K abstimmt und diese Weisung anläßlich der jeweiligen Hauptversammlung der Z zu erteilen ist. Schließlich könnte V verpflichtet werden, wie bestimmte andere Aktionäre der Z abzustimmen, mit denen K z.B. Allianzen eingegangen ist (paralleles Abstimmungsverhalten nach Weisung).

Eine zweite Differenzierung der denkbaren Stimmbindungsarten setzt beim *Inhalt* der Stimmbindung an. Hier ist vorstellbar, daß das Abstimmungsverhalten des V generell durch K vorgegeben wird oder nur für bestimmte Sachverhalte. Steht in der Interimszeit eine neue Wahl des Aufsichtsrates durch die Hauptversammlung der Z an, könnten V und K im Wege der Wahlabsprache[483] schon einzelne Personen festlegen. Die inhaltliche Festlegung könnte sich aber auch beispielsweise auf das Votum für bestimmte Kapitalmaßnahmen bei der Z beschränken.

Eine dritte Differenzierung unterscheidet danach, welche *Nebenabreden* anläßlich der Stimmbindung getroffen werden. In Betracht kommt hier die expressis-verbis vereinbarte Strafbewehrung in Form der Vertragsstrafe[484]. Von besonderem Interesse für die Abhängigkeitsprüfung ist die Regelung der Kündbarkeit oder der sonstigen Beendigung der Stimmbindung. Eine Beendigung der Stimmbindung ist immer dann zweckmäßig, wenn der Paketverkauf gescheitert ist. Sofern die Akquisition gelingt, bedarf es keiner Kündigung der Stimmbindung, da K als Berechtigter des Stimmbindungsvertrages neuer Inhaber der Mehrheitsbeteiligung wird. Insofern werden die Parteien im Regelfall vereinbaren, daß die Stimmbindung entweder mittels einer auflösenden Bedingung beendet wird oder mittels Kündigung beendet werden kann, wenn die Akquisition gescheitert ist. Eine Kündigungsmöglichkeit der Stimmbindungsabrede noch während der Interimszeit dürfte – wenn überhaupt – nur als außerordentliche aus wichtigem Grunde vorgesehen werden. Eine ordentliche Kündigungsmöglichkeit des V in den Partizipationsfällen ist[485] in der Interimszeit nicht sinnvoll, solange die Parteien an der Überbrückungsregelung festhalten wollen. Gleiches trifft für die Fälle zu, in denen keine mittelbare Unternehmensbeteili-

482 In diesem Fall hat der Stimmbindungsvertrag Auftragscharakter, vgl. Zöllner in Kölner Kommentar, § 136, Rdn. 88.

483 Zu den Stimmrechtsabsprachen im Zusammenhang mit der Wahl von Aufsichtsratsmitgliedern s. Tank, Stimmrechtsabkommen im Lichte des Mitbestimmungsgesetzes, AG 1977, 34 (36). Eine Wahlabsprache i.e.S. setzt die Aktionärseigenschaft des K voraus; andernfalls wäre die Wahl aufgrund einer Weisung im Stimmbindungvertrag denkbar.

484 Vgl. die Formulierung bei Noack, a.a.O., 346, 347, § 8 I, a.A.: Vertragsstrafe unter Ausschluß des Fortsetzungszusammenhangs. Zutt unterstreicht, daß sich die Sanktionierung nur bei Konsortialverträgen findet, während bei Stimmbindungen gegenüber Dritten die Stimmbindung überwiegend nicht auf Dauer angelegt sei und somit die Kündigung der Abrede oder die Geltendmachung von Schadensersatzansprüchen aus Sicht des Bindenden die effektivere Sanktion darstelle, s. Zutt, ZHR 155 (1991), 215. Allerdings darf man auch hier nicht die hohe Dunkelziffer im Bereich der (sensiblen) Vertragsgestaltung vergessen.

485 Zutt sieht in der Kündigungsmöglichkeit ein Sanktionsinstrument, s. Zutt, a.a.O., 215. Sofern das Abstimmungsverhalten des V sich nicht in dem durch K vorgegebenen Rahmen hält, wäre eine Kündigung seitens K zwar vorstellbar, jedoch hätte K für die Interimszeit seine Steuerungsmöglichkeit verloren, womit er Steine statt Brot erhielte. Eine Kündigung der Stimmbindung seitens V in der noch andauernden Interimszeit würde regelmäßig auch das Gelingen der Akquisition gefährden.

gung vereinbart wurde, sondern nur eine Stimmbindung. Auch hier wird regelmäßig keine ordentliche Kündigungsmöglichkeit vorgesehen werden, die K in der noch andauernden Interimszeit wieder die Möglichkeit nimmt, die Entscheidungen, die sich auf seine zukünftige Inhaberschaft der Mehrheitsbeteiligung an Z auswirken, mitzugestalten.

Eine Zusammenfassung der Differenzierungskriterien bei der Stimmbindung liefert *Übersicht 4*:

Übersicht 4: Mögliche Arten und Inhalte eines Stimmbindungsvertrages zwischen V und K in der Interimszeit

Differenzierungskriterien	**Weitergehende Unterscheidungen**
„Interimskonsortialvertrag", falls K Aktionär:	➧ Stimmgewichtung zugunsten V oder K ➧ Poolvertrag verlangt *Mehrheitsprinzip* ➧ Poolvertrag sieht *Einstimmigkeit* vor ➧ Wiederaufleben der *Entscheidungsautomie*, falls keine Einigung im Pool ➧ *Stimmrechtsverzicht/Enthaltung*, falls keine Einigung (wenig zweckmäßig)
Stimmbindungsvertrag mit K als Drittem:	➧ *Ex-ante-Konkretisierung* des Abstimmungsverhaltens im Vertrag ➧ Abstimmungsverpflichtung des V in HV der Z *auf jeweilige Weisung* des K ➧ Verpflichtung zur *parallelen* Abstimmung mit Drittaktionären in HV der Z
Vertrag sieht generelle Vorgaben durch K vor	———————————
Vertrag sieht nur punktuelle Vorgaben durch K vor:	➧ ***Wahlabsprachen*** für Aufsichtsrat ➧ *Kapitalmaßnahmen* bei der Z
Vertrag sieht Strafbewehrung (Vertragsstrafe) vor	———————————
Kündbarkeit/Beendigung des Vertrages:	➧ mit Scheitern der Akquisition ➧ mit Beendigung der *mittelbaren Unternehmensbeteiligung* ➧ als *Sanktion* bei Verstoß gegen Stimmbindung (kaum zweckmäßig, da K seine Steuerungsmöglichkeit verliert) ➧ außerordentliche Kündigungsmöglichkeit

b) Die Grenzen der Stimmbindung

aa) Die Begrenzungen der Stimmbindung durch das gesellschaftsrechtliche Abspaltungsverbot

Wird die Stimmbindung gegenüber Nichtaktionären zumindest in den Fällen der mittelbaren Unternehmensbeteiligung allgemein als zulässig erachtet, stellt sich die weitere Frage, ob im Einzelfall dennoch ein Verstoß gegen das Abspaltungsverbot vorliegen kann. Die Stimmbindung ist im wirtschaftlichen Effekt[486] mit der Stimmrechtsabtretung jedenfalls dann vergleichbar, wenn sie generell konzipiert ist, da der Dritte, der eine Stimmabgabe notfalls nach § 894 ZPO durchsetzen könnte, an der Einräumung eines eigenen Stimmrechts kein gesteigertes Interesse mehr hat. Auch ist vorstellbar, daß eine Stimmbindung gegenüber Dritten dann zur schuldrechtlichen Abspaltung des mitgliedschaftlichen Stimmrechts führt, falls die Stimmbindung Unterwerfungscharakter[487] aufweist. Wie jedoch schon bei der generellen Diskussion über die Zulässigkeit der Stimmbindung gegenüber Dritten dargestellt, zeigt nicht nur ein Blick auf die im Zusammenhang mit einer mittelbaren Unternehmensbeteiligung eingegangene Stimmbindung seitens V, daß auch im Einzelfall kein Verstoß gegen das Abspaltungsverbot vorliegt. *Hüffer* sieht die Stimmbindung gegenüber Dritten zwar als prinzipiell[488] unzulässig an, durchbricht dieses angenommene Regelverhältnis aber in den Fällen leistungssichernder Nebenabreden[489]. Darunter versteht er die beispielsweise bei Treuhandverträgen anzutreffende Nebenleistungspflicht, die einen anderen wirtschaftlichen Erfolg sichern soll, auf den die Absprache der Parteien hauptsächlich gerichtet ist. Die Stimmbindung ist in den Partizipationsfällen nichts anderes als eine solche technische Absicherung der in das Vorfeld der dinglichen Übereignung verlagerten wirtschaftlichen Teilhabe des K an Z. *Büssemaker*[490] ist beizupflichten, daß die Berechtigung am Stimmrecht des formalen Gesellschafters den Zusammenhang von Macht und Verantwortung nicht behindert, sondern erst wahrt. Aber auch ohne die Vereinbarung einer mittelbaren Unternehmensbeteiligung dient eine Stimmbindung letztlich einem anderen wirtschaftlichen Erfolg. K soll bei einer isolierten Stimmbindung mit Blick auf seine zukünftige Stellung als Mehrheitsgesellschafter in die Lage versetzt werden, bereits aktuell Einfluß auf die Abstimmung in der Hauptversammlung der Z via V zu nehmen. Damit kommt der bereits bei der Diskussion zur allgemeinen Zulässigkeit der Stimmbindung angeführte Korrektivgedanke zum Tragen, der einerseits sicherstellt, daß keine dauernde und umfassende Abtrennung des Stimmrechts von der Mitgliedschaft erfolgt, und andererseits die Möglichkeiten der Rechtsgestaltung der wirtschaftlichen Interessenlage anpaßt[491].

---

486 Zum Vergleich zwischen Stimmbindung und Stimmrechtsabtretung vgl. Fleck, a.a.O.,115 f.. Für die wirtschaftliche Vergleichbarkeit spricht sich auch Hüffer aus, s. Hüffer in Hachenburg, § 47, Rdn. 75 mit Fn. 166.

487 Vgl. Karsten Schmidt, Gesellschaftsrecht, 619.

488 S. Hüffer, AktG, a.a.O., § 134, Rdn. 27 und Hüffer in Hachenburg, § 47, Rdn. 75.

489 S. Hüffer in Hachenburg, § 47, Rdn.78.

490 So Büssemaker, S. 114 für die Treuhand.

491 S.Büssemaker, S. 115/116. Büssemaker sieht beim künftigen Erwerber eines Gesellschaftsanteils eine Vermutung für den Gleichlauf seines Interesses mit dem seiner künftigen Gesell-

Auch das Axiom der idealtypischen Interessenparallelität taucht bei der Diskussion über Einschränkungen der Stimmbindung durch das Abspaltungsverbot wieder auf. So stellt *Zöllner* fest, daß das Hauptproblem der Stimmbindung gegenüber Dritten darin liege, daß Nichtgesellschaftern Einfluß auf die Geschicke der Gesellschaft eingeräumt werde, ohne daß diese Personen irgendein Kapitalrisiko[492] trügen. Das Kapitalrisiko des Stimmbindungsberechtigten K ist in den Fällen einer mittelbaren Unternehmensbeteiligung darin zu sehen, daß etwaige negative Einflußnahmen durch K in der Interimszeit sein bereits aktuell vorhandenes wirtschaftliches Interesse an Z beeinträchtigen. Im Falle einer isolierten Stimmbindung manifestiert sich das Kapitalrisiko in der zukünftigen Mehrheitsmitgliedschaft selbst. Denn Entscheidungen in der Hauptversammlung der Z, die K vermöge der Stimmbindung mit der Stimmrechtsmacht des Mehrheitsgesellschafters steuert, wirken sich unmittelbar auf die Substanz seiner eigenen zukünftigen Mehrheitsmitgliedschaft aus. Anders ausgedrückt kann K nicht Einfluß nehmen, ohne entweder bereits in seinem vorverlagerten Partizipationsinteresse an Z in der Interimszeit oder aber in seiner Eigenschaft als zukünftiger Mehrheitsaktionär der Z betroffen zu sein. Diese Überlegung zeigt, daß eine idealtypische Interessenparallelität auch in den Fällen der Stimmbindung vorliegt.

Schließlich läßt sich auch kein Verstoß gegen den Verbandsautonomiegedanken von *Flume* feststellen, da es hier um Fälle der durch den Gesellschafter V selbst vermittelten[493] Stimmrechtsausübung geht, die zwar durch K determiniert wird, jedoch angesichts vielfältiger anderweitiger Determinanten, die das Abstimmungsverhalten der Aktionäre auch außerhalb der Stimmbindung beeinflussen, nicht stipuliert werden darf.

---

schaft, wenn die Übertragung soweit durchgeführt ist, daß der Erwerb nicht mehr vom Willen des Dritten abhängt. Diese Voraussetzung bejaht Büssemaker bei einem aufschiebend bedingten Erwerb oder bei einem Erwerb, der nur noch von der Genehmigung durch die Gesellschafterversammlung abhängt. Damit beschränkt sich die Unwirksamkeit der Stimmbindung auf solche Fallgruppen, die mit der Unübertragbarkeit bzw. Vinkulierung im Zusammenhang stehen, vgl. z.B. schon RGZ 69,134 (137): „Gegen die guten Sitten verstößt aber die vertragliche Bindung des Gesellschafters einer Ges. m.b.H., seine Rechte als Gesellschafter und **insbesondere sein Stimmrecht** (*Hervorh. durch Verf.*) unter Hintansetzung seines eigenen Willens nur nach dem Willen eines Dritten auszuüben, und zwar jedenfalls dann, wenn in dem Gesellschaftsvertrag die Übertragung der Geschäftsanteile von der Genehmigung eines Gesellschaftsorgans – hier des Aufsichtsrates – abhängig gemacht, und danach durch eine gesetzlich zugelassene autonomische Satzung der Gesellschaft die rechtsgeschäftliche Verfügung über den Geschäftsanteil der privatgeschäftlichen Willkür entzogen ist.".

492 Zöllner in Kölner Kommentar, § 136, Rdn.93.

493 Der Gedanke der Gleichwertigkeit von Entscheidungsdeterminanten findet sich bei Zöllner, ZHR 155 (1991), 181. Zöllner weist zutreffend darauf hin, daß es hier in Wirklichkeit allein um das Problem der klaren institutionellen Grenzen für die korporationsrechtliche Gestaltung der Mitgliedschaftsrechte geht.

bb) Die Begrenzungen der Stimmbindung durch die Treupflichten des Mehrheitsaktionärs

(1) Pflichtenkollisionsproblematik und Rechtsfolgen

Die spezifische Problematik der Stimmbindung unter dem Gesichtspunkt der Treupflichten läßt sich dadurch kennzeichnen, daß der verpflichtete Aktionär auf zwei Schultern trägt[494]. Einerseits geht er schuldrechtlich im Verhältnis zum Weisungsgeber bzw. Berechtigten Bindungen im Hinblick auf sein Stimmverhalten ein, andererseits unterliegt er der mitgliedschaftlichen Bindung aus dem Verhältnis zur Gesellschaft. Diese doppelte Pflichtenstellung kann dann Kollisionsprobleme hervorrufen, falls sich der Aktionär zu einem Stimmverhalten verpflichtet bzw. zu einem Stimmverhalten angewiesen wird, das bei seiner Realisierung eine Treupflichtverletzung gegenüber der Gesellschaft oder den Aktionären darstellte. Durch die in Rspr. und Literatur vollzogene Fortentwicklung[495] des Anwendungsbereiches und der Ausprägungen der mitgliedschaftlichen Treupflichten des Aktionärs verschärft[496] sich die Kollisionsproblematik. Als Vorarbeit für die abhängigkeitsrechtliche Untersuchung ist deshalb zu prüfen, welche Rechtsfolgen ein Stimmbindungsvertrag zwischen K und V unter der Voraussetzung zeitigt, daß er die Möglichkeit treuwidriger Weisungen resp. Bindungen vorsieht.

Ein in der Literatur mit unterschiedlicher Akzentuierung häufig anzutreffender Ausgangspunkt besagt, daß die schuldrechtlich eingegangene Stimmbindung nur in dem Umfang wirksam sein soll, in dem sie mit den mitgliedschaftlichen Pflichten des Verpflichteten vereinbar ist. Dieser Ansatz läßt sich auch als Komplementarität[497] zwischen Stimmbindung und mitgliedschaftlicher Bindung bezeichnen. So stellt *Eckardt*[498] fest, daß der Aktionär trotz Stimmbindung nicht gezwungen sei, das Stimmrecht unter Verstoß gegen § 243 II auszuüben oder die Stimmabgabe entsprechend der Verpflichtung vorzunehmen, falls die Schädigung der Gesellschaft auf andere Art herbeigeführt würde. *Hüffer*[499] sieht die aus einem Stimmbindungsvertrag gewollte Verpflichtung, unter Verletzung der mitgliedschaftlichen Treupflicht abzustimmen, als nichtig an. Noch deutlicher findet sich der Komplementaritätsgedanke bei *Karsten Schmidt*, der auch bei einer wirksamen Stimmbindung das Verbandsmitglied nur im Rahmen seines Abstimmungsermessens[500] als gebunden ansieht. Auch *Zöllner* hatte in seiner Kommentierung[501] zum Aktien-

---

494 Zu diesem Bild vgl. Zöllner, ZHR 155 (1991), 169.

495 Vgl. hierzu die Nachweise in Fußnote 279.

496 Dies hebt auch Zöllner hervor, s. Zöllner, ZHR 155 (1991), 171. Der Anwendungsbereich der Kollisionsfälle ist in dem Maße gestiegen, in dem der ursprüngliche Ausgangspunkt einer Abstimmungsfreiheit des Gesellschafters, der seinerseits als Begründungsansatz für die Zulässigkeit von Stimmbindungsverträgen dient(e), durch ein breiteres Verständnis der Treupflichten eingeschränkt wurde.

497 Der Komplementaritätsansatz steht als dritter Lösungsweg der Kollisionsproblematik zwischen einem Totalverbot der Stimmbindung und der Befürwortung einer totalen Abstimmungsfreiheit, s. Zöllner, ZHR 155 (1991), 172.

498 Vgl. Eckardt in Geßler/Hefermehl, § 136, Rdn. 54.

499 S. Hüffer, AktG, § 133, Rdn.28 und Hüffer in Hachenburg, § 47, Rdn. 76.

500 So Karsten Schmidt, Gesellschaftsrecht, 620.

501 Vgl. Zöllner in Kölner Kommentar, § 136, Rdn.90.

recht die Wirksamkeit des Stimmbindungsvertrages vom Komplementaritätsgedanken abhängig gemacht und den Stimmbindungsvertrag nur insoweit Wirksamkeit zugesprochen, als er zur Stimmrechtsausübung innerhalb des dem Aktionär eingeräumten Ermessens verpflichte. Diesen Ansatz hat *Zöllner* in einer späteren Untersuchung[502] revidiert und einer differenzierten Lösung zugeführt. Aus der Relativität[503] der Schuldverhältnisse folgert *Zöllner* nunmehr grundsätzlich, daß entgegen der Komplementaritätsthese die treuwidrige Stimmabgabe vollstreckt werden könnte, jedoch diese Vollstreckung – da nur die *Abgabe* der Stimme ersetzend – der Gesellschaft gegenüber als treuwidrig unwirksam[504] wäre. Aus dieser Gegenthese folgert *Zöllner* je nach Inhalt des Stimmbindungsvertrages unterschiedliche Rechtsfolgen[505]. Handele es sich um Stimmbindungen gegenüber Dritten mit konkretem Bindungsinhalt, sei danach zu unterscheiden, ob der Verpflichtete nur die Stimmabgabe als solche (faktische Stimmabgabe) oder eine *wirksame* Stimmabgabe schulde. Ersterenfalls hätte der Verpflichtete unabhängig von der verbandsrechtlichen Zulässigkeit der Stimme seine Verpflichtung mit der Abgabe erfüllt, letzterenfalls wäre nicht § 306 BGB anzunehmen, sondern Unvermögen[506]. Welchen Verpflichtungsinhalt die Stimmbindung aufweise, soll sich dann durch Auslegung[507]des Vertrages ergeben.

Geht es um Stimmbindungen gegenüber Dritten ohne konkreten Bindungsinhalt (z.B. Stimmbindung auf Weisung), folgert *Zöllner*[508], daß sich bereits aus dem Innenverhältnis zwischen den Parteien ergebe, daß dem verpflichteten Gesellschafter nichts angesonnen werden könne, das im Widerspruch zur mitgliedschaftlichen Bindung steht.

Schließlich sieht *Zöllner*[509] bei Stimmbindungsverträgen zwischen Gesellschaftern in jedem Fall eine Begrenzung der Bindung bzw. Weisung, da der Gesellschafter gegen Treu

---

502 S. Zöllner, Zu Schranken und Wirkung von Stimmbindungsverträgen, insbesondere bei der GmbH, ZHR 155 (1991), 168 ff..

503 Zöllner führt hierzu das Beispiel des Abschlusses eines Kaufvertrages mit zwei verschiedenen Käufern über denselben Gegenstand an, s. Zöllner, ZHR 155 (1991), 173. In der ZHR-Diskussion wurde gegen diese These einer Trennung von Verbandsrechtsebene und Ebene des Stimmbindungsvertrages eingewandt, daß die Situation nicht mit dem Verhältnis zweier Kaufverträge über dieselbe Sache vergleichbar sei, da die verbandsinterne Willensbildung gegen die Einflußnahme von außen abgeschottet werden müsse, s. Diskussionsbericht bei Stimpel, ZHR 155 (1991), S. 210.

504 Zur Unterscheidung zwischen der Ersetzung der Stimmabgabe (und dem davon nochmals zu trennenden Zugang gegenüber der Gesellschaft) und der Frage, ob der Versammlungsleiter die treuwidrige Stimmabgabe bei der verbindlichen Beschlußfeststellung nicht berücksichtigen kann, s. Zöllner, a.a.O., S.174.

505 Die folgende Zusammenfassung basiert auf der Darstellung von Zöllner, a.a.O., S. 176 ff..

506 Zöllner warnt vor der Überstrapazierung des § 138 BGB und verneint § 306 BGB wegen der Möglichkeit aller Gesellschafter, dem Beschluß zuzustimmen, womit eine objektive Unmöglichkeit ausscheide, vgl. Zöllner, a.a.O., 176.

507 Zöllner sieht einen abgeschwächten Verpflichtungsmodus insbesondere als möglich an, wenn die Parteien sich darüber im unklaren sind, ob der vereinbarte Abstimmungsinhalt die Grenzen des rechtlich Zulässigen einhält; in diesem Fall komme eine Verpflichtung in Betracht, die nur die faktische Abgabe der Stimme beinhalte, s. Zöllner, a.a.O., 178.

508 Dies folgert Zöllner aus § 315 BGB, vgl. Zöllner, a.a.O., S.178.

509 S. Zöllner, a.a.O., S.178.

und Glauben verstoße, wenn er von einem anderen Gesellschafter eine Abstimmung verlangt, die er selbst nicht vornehmen dürfte.

Die hier nur verkürzte Zusammenfassung der differenzierenden Auffassung von *Zöllner* zeigt, daß der kautelarjuristische Bewegungsspielraum, der den Parteien des Aktienkaufvertrages zur Verfügung steht, jedenfalls dann mit erheblicher Rechtsunsicherheit behaftet ist, falls keine Aussagen zur Reichweite der Bindung getroffen werden. Diese Unsicherheit gilt unabhängig davon, ob eine ex-ante-Festlegung konkreter Abstimmungsinhalte erfolgt oder ein Weisungsrecht des K vereinbart wird. Sie wird noch verstärkt, wenn man einen kurzen Blick auf die sonst in der Literatur angenommenen Rechtsfolgen bei Kollisionssachverhalten wirft.

Karsten Schmidt will dem Verbandsmitglied durch Zubilligung eines Leistungsverweigerungsrechts[510] die Pflichtenkollision ersparen. Nach *Eckardt* entfällt ungeachtet der Wirksamkeit des Stimmbindungsvertrages i.ü.[511] die konkrete Verpflichtung für eine einzelne Abstimmung. *Hüffer* will „überschießend"[512] formulierte Vertragspflichten entsprechend einschränkend auslegen und weist zudem auf eine etwaige Anwendbarkeit des § 1 GWB hin. In der älteren Kommentierung zum Aktienrecht hatte *Zöllner* noch Teilnichtigkeit des Stimmbindungsvertrages angenommen und zur Frage der Auswirkungen auf den übrigen Vertragsinhalt auf § 139 BGB rekuriert[513].

Bedingt durch diese Rechtsunsicherheit werden die Parteien des Aktienkaufvertrages (bzw. die mit der Vertragsgestaltung betrauten Anwälte) in jedem Fall nach einer Gestaltung der Stimmbindung suchen, die die Kollisionsproblematik gleichsam von der Wurzel her angeht. Ein gangbarer Weg kann folglich nur darin liegen, eine Pflichtenkollision *erst gar nicht entstehen zu lassen,* was durch eine entsprechende expressis-verbis-Einschränkung[514] der Bindungswirkung des Vertrages erreicht werden könnte und sogleich unter (2) näher beleuchtet wird.

(2) Kautelarjuristische Vermeidungsstrategien der Kollisionsproblematik

Analysiert man die kautelarjuristischen Vorschläge zur Reichweite des Stimmbindungsvertrages, dominiert das Bestreben, durch geeignete Formulierungen den Verpflichtungen in der Gesellschaft den Vorrang zu geben und auf diesem Wege eine Kollision zu vermeiden.

In einem Beispiel für einen Stimmbindungsvertrag mit einem Dritten schlagen *Semler/ von der Heydt*[515] für die Treuhand eine Ausschlußformulierung dergestalt vor, daß der

---

510 S. Karsten Schmidt, Gesellschaftsrecht, S.620.

511 Vgl. Eckardt in Geßler/Hefermehl, § 136, Rdn. 54. Als Beispiel nennt Eckardt die Vorgabe eines Aufsichtsratskandidaten seitens des Stimmbindungsberechtigten, der der Stimmbindungsverpflichtete nicht nachkommen müsse, falls der Kandidat nicht vertrauenwürdig sei oder nicht über die für sein Amt nötigen Kenntnisse verfüge.

512 Vgl. Hüffer, AktG, § 133, Rdn. 28.

513 S. Zöllner in Kölner Kommentar, § 136, Rdn. 91.

514 In dem Diskussionsbericht bei Stimpel, ZHR 155 (1991), S. 209 wird hervorgehoben, daß die Verträge in der Praxis so exakt formuliert seien, daß sie keinen Raum für eine Auslegung ließen.

515 Vgl. Semler/von der Heydt in Münchener Vertragshandbuch, Band 1, Form VIII. 14, § 3 (1).

Treugeber dem Treuhänder keine Weisungen erteilen wird, „durch deren Befolgung der Treuhänder gegen seine gesellschaftsrechtlichen Verpflichtungen verstoßen würde". Gleichzeitig wird die Vermeidung der Pflichtenkollision auch materiell im Rahmen des Treuhandverhältnisses sichergestellt, da der Treuhänder sich zur Interessenwahrnehmung lediglich „im Rahmen der ihm in der Gesellschaft obliegenden Verpflichtungen"[516] bindet. Bereits diesem Passus könnte man die Einschränkung der Interessenwahrnehmung auf ein solches Abstimmungsverhalten entnehmen, das keine Treupflichtverletzung darstellt.

In einem Muster für einen Poolvertrag sieht *Hengeler* eine Ausnahme von der grundsätzlichen Befolgung der in der Schutzgemeinschaft gefaßten Beschlüsse vor. Demnach sind die Mitglieder der Schutzgemeinschaft verpflichtet, jeweils entsprechend dem in der Schutzgemeinschaft gefaßten Beschluß abzustimmen, „es sei denn, die Treuepflicht...gebiete eine abweichende Stimmabgabe"[517].

Die beiden Beispiele zeigen exemplarisch, daß die praktische Konkordanz zwischen generell zulässiger Stimmbindung und der durch die Treupflichten im Einzelfall bedingten Einschränkung des Stimmverhaltens mittels einer *Suspension der Bindungswirkung* in allen Fällen, in denen das konkrete Abstimmungsverhalten eine Treupflichtverletzung mit sich brächte, herbeigeführt wird. Diese gängige kautelarjuristische Gestaltung wird deshalb auch der abhängigkeitsrechtlichen Untersuchung[518] zugrunde gelegt.

4. Gesamtübersicht über den kautelarjuristischen Gestaltungsspielraum in der Interimszeit bei Fällen ohne fusionskontrollrechtlichen Anwendungsbereich

Am Ende dieses Abschnittes sollen fallgruppenbezogen die wesentlichen Möglichkeiten festgehalten werden, die den Parteien des Aktienkaufvertrages im Wege der besonderen Abrede außerhalb von Fusionskontrollsachverhalten zur Verfügung stehen. Der Überblick orientiert sich an der *Intensität* der schuldrechtlichen Vereinbarung zwischen K und V. Begonnen wird in aufsteigender Richtung mit der Fallgruppe, die die geringste Intensität der Machtverlagerung vom (Noch-)Mehrheitsgesellschafter V auf K im Hinblick auf die Befugnisse in der Hauptversammlung der Z aufweist. Die besonderen schuldrechtlichen Abreden können zur Konkretisierung oder Abänderung der Pflichten aus einer mittelbaren Unternehmensbeteiligung dienen oder die vertraglichen Nebenpflichten aus dem Aktienkaufvertrag für die Interimszeit ergänzen bzw. modifizieren, ohne daß zusätzlich noch eine mittelbare Unternehmensbeteiligung begründet wurde.

516 Wie Fußnote zuvor, § 2 (1) des Vertragsmusters.

517 S. die Formulierung bei Hengeler in Beck'sches Formularbuch, Form VIII.A.2, § 3 Abs.(8), Satz 1.

518 S. die Untersuchung im fünften Abschnitt, S. 224 ff..

a) *Fehlen besonderer Abreden*

Diese Fallgruppe ist dadurch gekennzeichnet, daß die Parteien für die Interimszeit keine besonderen[519] Mitsprache-, Zustimmungs-, Weisungs- oder sonstige Rechte des K festlegen. Dann können sich die Rechte des K aus der Vereinbarung einer mittelbaren Unternehmensbeteiligung *selbst* ergeben, wie beispielsweise beim Nießbrauch die Verpflichtung des V, auf die nutzungsbezogenen Rechte des K Rücksicht zu nehmen[520] und bei der Treuhand[521] das – allerdings durch die Treubindungen des V eingeschränkte[522] – Weisungsrecht des K. Bei der Unterbeteiligung ergeben sich in ihrer typischen Ausprägung keine generellen Weisungsrechte des K. Aus der zweckbezogenen Auslegung einer atypischen Unterbeteiligung folgt[523] regelmäßig ein Weisungsrecht des K auch ohne eine entsprechende ausdrückliche Abrede der Parteien, sofern sie der Treuhand strukturell angenähert wird.

b) *Vereinbarung einer Auskunftsverpflichtung*

In dieser Fallgruppe verpflichtet sich V, dem K bestimmte Vorgänge oder Geschäftsvorfälle, die sich bei der Z ereignen, zur Kenntnis zu bringen. Die Auskunftsverpflichtung kann dabei generell[524] gehalten oder auf bestimmte[525] Sachverhalte beschränkt werden. V verbleibt dann ebenso autonomer Akteur in der Hauptversammlung der Z wie in den unter a) genannten Fällen.

c) *Vereinbarung einer vorherigen Erörterung*

V kann sich durch besondere Abrede verpflichten, den Inhalt der von ihm beabsichtigten Stimmabgabe vor dem Stattfinden der Z-Hauptversammlung mit K zu erörtern[526], ohne

---

519 Diese Möglichkeit wird bei schriftlicher Festlegung einer mittelbaren Unternehmensbeteiligung im Regelfall ausscheiden, da bei sorgfältiger Vertragsgestaltung die Befugnisse des K *en passant* ebenfalls spezifiziert werden dürften.

520 Zu dem Innenverhältnis zwischen Nießbraucher und Besteller s. S. 86 f..

521 Zur Charakterisierung der Geschäftsbesorgungselemente des Treuhandvertrages vgl. S. 97.

522 S.a. die Darstellung zur Begrenzung der Weisungsrechte aus einem Stimmbindungsvertrag auf S. 135 ff..

523 Vgl. die Darstellung auf S. 102 und auf S. 280.

524 Vgl. z.B. Langenfeld in Rechtsformularbuch, Muster § 122d, § 3, S.4: „ Er (*i.e.der Treuhänder- Anm. des Verf.*) ist dem Treugeber zur Auskunft verplichtet. ".

525 Vgl. Hengeler in Beck`sches Formularhandbuch, Form VIII.D.2, § 1, (5) für die Unterbeteiligung in einer Kommanditgesellschaft: „ Der Hauptbeteiligte ist verpflichtet, der Unterbeteiligten Änderungen des Gesellschaftsvertrages unverzüglich mitzuteilen.". Übertragen auf die AG könnte eine solche Mitteilungspflicht sich v.a. auf die V zur Kenntnis gelangten Stukturentscheidungen in der Z beziehen.

526 Dann könnte die Formulierung z.B. wie bei Schmidt-Hern in Beck´sches Formularbuch, Form IX.23, II.,3. b) lauten: "B verpflichtet sich jedoch,...die Stimmabgabe rechtzeitig vor der je-

daß er sich verpflichtet, seine Stimmabgabe auch an eine Zustimmung seitens K zu binden.

d) Vereinbarung einer Interessenwahrungsklausel

Die aus einem Institut der mittelbaren Unternehmensbeteiligung folgende und v.a. bei der Treuhand besonders ausgeprägte Pflicht zur Interessenwahrnehmung der Belange des mittelbar Beteiligten kann durch die Parteien qua besonderer Abrede konkretisiert oder modifiziert werden. Darüber hinaus kann die besondere Abrede eine Interessenwahrung bestimmter Belange des Käufers durch den Verkäufer auch im Zusammenhang mit dem Aktienkaufvertrag festschreiben. Hierbei lassen sich zwei Möglichkeiten unterscheiden. Die Interessenwahrnehmung kann stringent festgelegt werden, indem das Stimmverhalten des V – vorbehaltlich seiner Treubindungen zu Z und zu seinen Mitgesellschaftern – ausschließlich[527] auf das Interesse von K ausgerichtet wird. Eine zweite Möglichkeit kann darin liegen, daß die Interessenwahrnehmung zwar erwähnt, jedoch gleichzeitig[528] die V verbleibende Möglichkeit einer Entscheidung nach eigenem Ermessen betont wird.

e) Vereinbarung eines generellen oder spezifizierten Zustimmungserfordernisses

V kann vertraglich verpflichtet werden, das Stimmrecht in der Hauptversammlung der Z nur nach vorheriger Zustimmung durch K auszuüben. Unterbleibt die Zustimmung, muß V sich der Stimme enthalten. Denkbar ist dabei eine generelle Verpflichtung, die Zustimmung des K einzuholen, oder die Vereinbarung eines NC's[529].

---

weiligen Gesellschafterversammlung mit C zu besprechen...".

527 Vgl. das Beispiel bei Semler/von der Heydt in Münchener Vertragshandbuch, Band 1, Form VIII. 14, § 2 (1), S. 1: „ Der Treuhänder wird seine Gesellschafterrechte im Rahmen der ihm in der Gesellschaft obliegenden Verpflichtungen ausschließlich im Interesse des Treugebers ausüben.".

528 S. zu dieser Möglichkeit Hengeler in Beck'sches Formularbuch, Form VIII.D.2., § 1, Abs. IV: „Der Hauptbeteiligte ist durch die Unterbeteiligung nicht daran gehindert, seine gesellschaftsrechtlichen Rechte...nach eigenem Ermessen auszuüben.... Jedoch wird er bei seinen Entscheidungen die Interessen des Unterbeteiligten angemessen berücksichtigen.". In die gleiche Richtung geht der Formulierungsvorschlag von Semler/von der Heydt in Münchener Vertragshandbuch, Band 1; Form VIII. 15, § 2, Abs.(1): „ Der Treuhänder übt seine Gesellschafterrechte in eigener Verantwortung, jedoch im wirtschaftlichen Interesse des Treugebers aus."

529 S. hierzu die illustrative Formulierung für den Nießbrauch bei Schmidt-Hern in Beck'sches Formularhandbuch, Form IX.23, II., 3. c): „ B verpflichtet sich jedoch,... in folgenden Fällen das Stimmrecht nicht auszuüben, falls keine Einigung mit C über den Inhalt der Stimmabgabe erzielt worden ist: – Verwendung des Bilanzgewinns, – Kapitalerhöhung oder -herabsetzung. ...".

f) Vereinbarung eines Weisungsrechtes/ Stimmbindungsverträge

Hier sei auf die Ausführungen auf S. 128 ff. und auf die *Übersicht 4* auf S. 132 verwiesen. V nimmt in dieser Fallgruppe zwar in der Hauptversammlung der Z teil; sein Stimmverhalten wird jedoch durch K vollständig oder partiell vorgegeben.

g) Autorisiertes Handeln

Auf die Darstellung auf S. 108 ff. wird Bezug genommen. Handelt es sich um die Erteilung einer weisungsfreien, „unwiderruflichen" und „verdrängenden" Vollmacht oder um eine Legitimationszession, erhält K einen noch größeren Grad an Autonomie als in der unter f) angeführten Fallgruppe, da er an der Hauptversammlung der Z auch selbst teilnimmt.

h) Kombinationsfallgruppen

In der Praxis dürften die Fallgruppen am häufigsten anzutreffen sein, bei denen die unter lit. a) bis g) erwähnten Gestaltungsmöglichkeiten vielfältig miteinander kombiniert werden. Beispielsweise kann die Erteilung einer Stimmrechtsvollmacht neben die Stimmbindung treten, um die Rechtsstellung des mittelbar Beteiligten noch zu verstärken[530]. Denkbar sind auch andere Kombinationen. Z.B. können neben Weisungsrechten des K aus der Stimmbindung auch Informationsrechte des K festgelegt werden. Zustimmungsvorhalte für enumerative Abstimmungspunkte in der Hauptversammlung der Z können mit reinen Abstimmungsverpflichtungen des V oder seinem freien Abstimmungsermessen für andere Punkte einhergehen. Zustimmungsvorbehalte mit der Rechtsfolge der Stimmenthaltung bei nicht erteilter Zustimmung seitens K können mit Weisungsrechten für andere Abstimmungsgegenstände verknüpft werden. Die Anzahl der denkbaren Kombinationen soll hier nur angedeutet werden. Die abhängigkeitsrechtliche Prüfung im fünften Abschnitt wird sich wegen der außerordentlichen Vielfältigkeit der Gestaltungsmöglichkeiten auf die für die Praxis wichtigsten Fälle konzentrieren.

Übersicht 5 illustriert die verschiedenen Gestaltungsmöglichkeiten:

530 Diese Verstärkung streben auch Semler/von der Heydt an, wenn sie bei der Treuhand eine Verdinglichung der Rechtsstellung des Treuhänders durch die parallel zur Stimmrechtsbindung eingeräumte Stimmrechtsvollmacht ermöglichen wollen, vgl. Semler/von der Heydt in Münchener Vertragshandbuch, Band 1, Form VIII. 14, Anm. 7.

Übersicht 5: Schuldrechtliche Abreden der Parteien in der Interimszeit anläßlich des Aktienkaufvertrages oder zur Konkretisierung einer mittelbaren Unternehmensbeteiligung

Vereinbarung	*Charakterisierung*
Fehlen einer speziellen Vereinbarung	Mitsprache-, Auskunfts-, und Weisungsrechte des K richten sich entweder nach der Art der mittelbaren Unternehmensbeteiligung oder nach den Nebenpflichten des Aktienkaufvertrages
Auskunftsverpflichtung ⇨ generell ⇨ speziell	V bleibt autonomer Akteur in der HV der Z und muß lediglich bestimmten Informationspflichten gegenüber K nachkommen
Erörterungsverpflichtung ⇨ generell ⇨ speziell	V muß allgemein oder für bestimmte TOP's sein beabsichtigtes Stimmverhalten in der HV der Z vorher mit K besprechen, ohne allerdings an die Präferenz des K gebunden zu sein
Interessenwahrungsklausel	V bleibt Akteur in der HV der Z; sein Abstimmungsermessen unterliegt aber im Innenverhältnis Beschränkungen
Zustimmungserfordernis ⇨ generell ⇨ N.C.	V bleibt Akteur in der HV der Z, unterliegt jedoch im Innenverhältnis einer schuldrechtlichen Enthaltungspflicht bei fehlender Zustimmung seitens K
Weisungsrechte/Stimmbindung	K gibt das Abstimmungsverhalten des V in der HV der Z generell oder für bestimmte TOP's vor
Autorisiertes Handeln	K ist selbst Akteur in der HV der Z via Stimmrechtsvollmacht oder Legitimationszession
Kombinationsfälle	Z.B. Verknüpfung zwischen Vollmacht und Stimmbindung; vielfältige andere Gestaltungen sind möglich

Abschnitt IV: Der kautelarjuristische Gestaltungsspielraum bei Sachverhalten, die der Fusionskontrolle unterliegen

1. Zur Fragestellung

Die bisherige Untersuchung hat die allgemeinen vertragsgestalterischen Spielräume aufgezeigt, die den Parteien des Aktienkaufvertrages zur Verfügung stehen, um im Vorfeld der dinglichen Übereignung der Aktien eine Partizipation des K an Z im Wege der mittelbaren Unternehmensbeteiligung zu ermöglichen und/oder die Stimmrechtsmacht des V in der Hauptversammlung der Z auf K teilweise oder vollständig durch Autorisation oder Stimmbindung zu verlagern. Diese Prüfung erfolgte ohne Berücksichtigung einer evtl. Einschränkung der privatautonomen Gestaltungsmittel durch fusionskontrollrechtliche Besonderheiten. Nunmehr soll der Fokus auf die Frage gerichtet werden, wieweit der Spielraum der Vorverlagerung von Rechten des Mehrheitsgesellschafters auf das Käufer-Unternehmen bei Sachverhalten reicht, die der Fusionskontrolle unterliegen. Hierzu erfolgt zunächst ein Überblick, in welchen Fällen des Anteilserwerbs die deutsche oder die europäische Fusionskontrolle greift. Im Anschluß soll analysiert werden, welche Vereinbarungen den Parteien unter Geltung der Fusionskontrolle vor der Freigabe des Zusammenschlusses bzw. vor dem Ablauf der Prüffristen möglich sind.

2. Aufgreifschwellen, Zusammenschlußtatbestände beim Anteilserwerb und Verfahren der deutschen Fusionskontrolle

a) Fusionskontrolle vor der 6. GWB-Novelle

aa) Aufgreifschwellen und Zusammenschlußtatbestand

Vor der 6. GWB-Novelle[531], die am 1. Januar 1999 in Kraft getreten ist, waren auf Basis der 5.GWB-Novelle[532] drei Klassen[533] von Zusammenschlüssen zu unterscheiden.

Die erste Klasse umfaßte kontrollpflichtige Zusammenschlüsse, die *vor Vollzug* beim BKartA anzumelden waren. Diese präventiv kontrollpflichtigen Zusammenschlüsse richteten sich nach § 24 a I S. 2 GWB a.F.. Demnach war das Vorhaben u.a.[534] anmeldepflichtig, wenn eines der am Zusammenschluß beteiligten Unternehmen im letzten abgeschlossenen Geschäftsjahr Umsatzerlöse von mindestens zwei Milliarden DM hatte (Nr.1)

531 In der Fassung der Neubekanntmachung vom 26.August 1998 (BGBl. I S.2546).

532 In der Fassung der Bekanntmachung vom 20. Februar 1990 (BGBl. I, S. 235).

533 Zu dieser Klassifizierung vgl. das Merkblatt des BKartA zur deutschen Fusionskontrolle (Stand: Juni 1995), S. 2 u.3.

534 Für Zusammenschlüsse nach Landesrecht durch Gesetz oder sonstigen Hoheitsakt bestand ebenfalls die präventive Kontrollpflicht nach § 24 a S.2 Nr.3 GWB a.F..

oder mindestens zwei der am Zusammenschluß beteiligten Unternehmen im letzten abgeschlossenen Geschäftsjahr Umsatzerlöse von jeweils einer Milliarde DM oder mehr hatten (Nr.2). Wie § 23 IV Nr.2 lit. a) und b) GWB a.F. zu entnehmen ist, sind die beteiligten Unternehmen beim Anteilserwerb der Erwerber und das Unternehmen, an dem die Anteile erworben werden, m.a.W. also K und Z, nicht jedoch V[535]. Die Aufgreifschwellen der präventiven Fusionskontrolle lagen auch der Feno-Entscheidung des OLG Düsseldorf[536] zugrunde.

Die zweite Klasse betraf kontrollpflichtige Zusammenschlüsse, die nach Vollzug beim Bundeskartellamt angezeigt werden mußten. Ein nachträglich kontrollpflichtiger Zusammenschluß lag gemäß § 23 I S.1 GWB a.F. vor, falls die Umsatzerlöse aller beteiligten Unternehmen (einschließlich verbundener Unternehmen) im letzten vor dem Zusammenschluß endenden Geschäftsjahr insgesamt mindestens 500 Millionen DM betrugen.

Eine dritte Klasse umfaßte nicht kontrollpflichtige Zusammenschlüsse, die gleichwohl nach Vollzug beim BKartA angezeigt werden mußten. Hierbei handelte es sich um Unternehmenszusammenschlüsse, die zwar die Umsatzgrößen einer der vorgenannten Klassen erreichten, jedoch[537] entweder die Voraussetzungen der Anschlußklausel[538] oder der Bagatellmarktklausel[539] erfüllten.

Die besondere Problematik des zivilrechtlichen Gestaltungsspielraumes in der Interimszeit betrifft nur Zusammenschlußvorhaben der ersten Klasse, da nur hier das Vollzugsverbot des § 24 a IV GWB a.F. Anwendung fand.

Der Zusammenschlußtatbestand für den Anteilserwerb wurde im Falle des Erwerbs der Mehrheitsbeteiligung ausdrücklich in § 23 II Nr. 2 c) GWB a.F. erwähnt.

---

535 Der Veräußerer ist unstreitig nur der Vertragspartner und nicht i.S.d. Gesetzes am Zusammenschluß beteiligt, s. Ruppelt in Langen/Bunte, § 23, Rdn. 80. Zur Bedeutung der 4. Novelle s. Mestmäcker in Immenga/Mestmäcker, a.a.O., § 23, Rdn. 70. Der Veräußerer wird nach § 23 IV Nr.2 lit. b) GWB a.F. jedoch der Anzeigeverpflichtung unterworfen, was § 39 II Nr. 2 GWB n.F. entspricht.

536 Vgl. OLG Düsseldorf ZIP 1993, 1791. In der Entscheidung wurde für den Anwendungsbereich der präventiven Zusammenschlußkontrolle auf Stora als Erwerberin und Feno als Zielunternehmen abgestellt.

537 Zu den sog. Toleranzklauseln s. Ruppelt in Langen/Bunte, § 24, Rdn.60.

538 Die Anschlußklausel des § 24 VIII Nr.2 GWB a.F. betraf Fälle, in denen sich ein nicht abhängiges Unternehmen mit Umsatzerlösen von weniger als 4 Millionen DM im letzten Geschäftsjahr einem anderen Unternehmen anschloß oder sich ein nicht abhängiges Unternehmen mit Umsatzerlösen von weniger als 50 Millionen DM einem anderen Unternehmen anschloß, das seinerseits einen Umsatz von weniger als 1 Milliarde DM erzielte. Zur Anschlußklausel als Toleranzklausel s. Mestmäcker in Immenga/Mestmäcker, § 24, Rdn. 196.

539 Die Bagatellmarktklausel sah in § 24 VIII Nr.3 GWB a.F. vor, daß ein Zusammenschluß *ausschließlich* einen Markt betraf, auf dem seit mindestens fünf Jahren Waren oder gewerbliche Leistungen angeboten wurden, und auf dem im letzten Kalenderjahr weniger als 10 Millionen DM umgesetzt wurde. Bagatellmärkte werden in der Kommentatur auch als Kleinmärkte bezeichnet, vgl. Mestmäcker in Immenga/Mestmäcker, § 24, Rdn.198.

bb) Verfahren bei der präventiven Zusammenschlußkontrolle

In den präventiv kontrollpflichtigen Fällen hatte das BKartA nach § 24 a II S.1 GWB a.F. grundsätzlich einen Prüfungszeitraum von 4 Monaten nach Eingang der vollständigen Anmeldung. Eine Untersagung bedingte eine Mitteilung (Monatsbrief[540]), daß das BKartA in die Prüfung des Zusammenschlusses eingetreten war. Die Untersagungsfrist unterlag in den Fällen des § 24 a II S.2 Nr.1 – Nr. 6 GWB a.F. einer Verlängerung. Hinzuweisen ist v.a. aus praktischer Sicht auf Nr.1, wonach die am Zusammenschluß beteiligten Unternehmen einer Fristverlängerung zustimmen konnten. Diese Vorschrift diente insbesondere der größeren Flexibilität, um den Unternehmen eine einvernehmliche Anpassung des Zusammenschlußvorhabens an die gesetzlichen Erfordernisse zu ermöglichen[541]. Bei fusionskontrollrechtlichen Grenzfällen stellte die einvernehmliche Fristverlängerung bislang sogar den Regelfall[542] dar. Weiterhin ist auf Nr. 5 hinzuweisen, wonach unvollständige Anmeldungen die Untersagungsfrist ausschließen. Bei komplizierteren Zusammenschlußvorhaben konnte auch diese Vorschrift zu einer Fristverlängerung in der Interimszeit beitragen. Die Untersagungsverfügung unterlag der Beschwerdemöglichkeit beim Kammergericht in Berlin und daneben der Möglichkeit der Ministererlaubnis durch den Bundesminister für Wirtschaft (§§ 65, 62 IV und § 24 III GWB a.F.).

b) Fusionskontrolle im Rahmen der 6. GWB-Novelle

aa) Aufgreifschwellen und Zusammenschlußtatbestand

Was hat sich im Rahmen der 6. GWB-Novelle seit dem 01.01.1999 geändert ?

Wichtigster Einschnitt ist die Einführung einer ausschließlich[543] präventiven Zusammenschlußkontrolle, womit die unter a) angeführte dreiteilige Klassifizierung entfallen ist. Damit sind in der Fusionskontrolle nach der 6. Novelle nur noch zwei Klassen zu unterscheiden: kontrollpflichtige und nicht kontrollpflichtige Vorhaben. Kontrollpflichtige Zusammenschlüsse sind nach § 39 I GWB n.F. stets vor Vollzug anzumelden, während bei nicht kontrollpflichtigen Zusammenschlüssen weder eine Anmeldepflicht noch eine Pflicht zur Vollzugsanzeige besteht.

Mit der Ausdehnung des Präventionsgedankens einher geht die Änderung der Schwellenwerte. Einer Kontrollpflicht unterliegen nach § 35 I GWB n.F. beteiligte Unternehmen, die im letzten Geschäftsjahr vor dem Zusammenschluß insgesamt weltweit Umsatzerlöse von mehr als einer Milliarde DM erzielt haben, wobei mindestens ein be-

540 Zum Monatsbrief vgl. Mestmäcker in Immenga/Mestmäcker, § 24 a, Rdn.22.

541 Vgl. Mestmäcker in Immenga/Mestmäcker, § 24 a, Rdn. 26. Eine einvernehmliche Verlängerung gestattet es den Unternehmen, eine drohende Untersagung durch neue Stellungnahmen und Beweismittel abzuwenden und dem BKartA, die notwendigen Ermittlungen in komplexen Fällen zu führen, s.a. Ruppelt in Langen/Bunte, § 24 a, Rdn. 17.

542 Zur Praxis der Fristverlängerung s. Canenbley/Moosecker, Fusionskontrolle, 4.2. (S.31). Diese Möglichkeit illustriert, wie lange die Interimszeit im Einzelfall dauern kann und wird auch unter Geltung des neuen GWB eine wichtige Rolle spielen, s. § 40 II S.3 Nr.1 GWB n.F. (Möglichkeit der Fristverlängerung des Hauptverfahrens).

543 Vgl. dazu Baron, Das neue Kartellgesetz, S. 38.

teiligtes Unternehmen im Inland Umsatzerlöse von mehr als 50 Millionen DM erzielt haben muß. Weder eine Kontrollpflicht noch eine Anzeigepflicht greifen bei Zusammenschlüssen, die folgende Kriterien erfüllen:

- der Zusammenschluß erreicht die o.a. Umsatzschwellen nicht;
- der Zusammenschluß hat keine Inlandsauswirkung i.S.d. § 130 II GWB n.F.;
- der Zusammenschluß erfüllt die Kriterien der gegenüber dem GWB a.F. modifizierten Anschlußklausel des § 35 II Nr.1 GWB n.F.(de minimis- Klausel[544]);
- die gegenüber dem GWB a.F. modifizierte Bagatellmarktklausel[545] des § 35 II Nr. 2 GWB n.F. wird erfüllt.

Die Erfassung des Zusammenschlusses erfolgt nicht mehr über die expressis-verbis-Nennung der Erlangung einer Mehrheitsbeteiligung. Im Rahmen der 6. GWB-Novelle wird in Anlehnung[546] an die europäische Fusionskontrolle und das dortige Kontrollkonzept beim Anteilserwerb der Mehrheitserwerb als solcher nicht mehr genannt, sondern nur der Erwerb von 50 % (§ 37 I Nr. 3 a) GWB n.F.) und von 25 % (§ 37 I Nr. 3 b) GWB n.F.).

bb) Verfahren

Die Fusionskontrolle auf Grundlage der 6. Novelle vollzieht sich in einem zweistufigen[547] Verfahren. Nach § 40 I GWB n.F. erfolgt zunächst eine summarische Prüfung im Vorverfahren, das längstens[548] einen Monat dauert. Innerhalb dieser Frist hat das BKartA darüber zu befinden, ob ein Hauptprüfverfahren einzuleiten ist. Dieses wird nach § 40 I S.1 GWB n.F. durch formlose Mitteilung (Monatsbrief) eingeleitet und dauert höchstens drei weitere Monate. Allerdings gilt auch hier wiederum, daß der Beginn der Gesamtfrist von 4 Monaten nach § 40 II S.2 GWB n.F. von dem Eingang der *vollständigen* Anmeldung abhängt und auch eine Fristverlängerung mit Zustimmung der anmeldenden Unternehmen möglich ist.

Untersagungen können durch förmliche Entscheidungen nur im Hauptprüfverfahren erfolgen, unterliegen der gerichtlichen Anfechtung und werden im Bundesanzeiger veröffentlicht.

---

544 Die de minimis-Klausel ist in Abänderung von § 24 VIII Nr.1 GWB a.F. erfüllt, wenn sich ein nicht abhängiges Unternehmen, das weniger als zwanzig Millionen DM weltweite Umsatzerlöse im letzten Geschäftsjahr aufweist, mit einem anderen Unternehmen zusammenschließt. Sie findet keine Anwendung, soweit der Zusammenschluß zu Beschränkungen des Wettbewerbs beim Verlag, bei der Herstellung oder beim Vertrieb von Zeitungen oder Zeitschriften oder deren Bestandteile führt (s.§ 35 II S.2 GWB n.F.).

545 Diese ändert § 24 VIII Nr.3 GWB a.F. dahingehend, daß im letzten Kalenderjahr weniger als 30 Millionen DM umgesetzt wurden.

546 Zum Konzept des Kontrollerwerbs s. Baron, a.a.O., S. 35. Baron unterstreicht aber, daß es sich nur um eine Annäherung handelt und die deutsche Regelung weiter gezogen bleibt als das europäische Recht.

547 Zum Vorverfahren und Hauptprüfverfahren vgl. Baron, a.a.O., S. 38/39.

548 Nach Ablauf dieser Frist kann ohne Monatsbrief eine Untersagung nicht mehr erfolgen.

c) *Europäische Fusionskontrolle*

aa) *Aufgreifschwellen und Zusammenschlußtatbestand*

Die Kompetenzverteilung zwischen der deutschen und der europäischen Fusionskontrolle bestimmt sich nach der im Jahr 1997 geänderten Fusionskontrollverordnung[549] des Rates (im folgenden FKVO). Die auf den ersten Blick sehr unübersichtlichen Aufgreifschwellen erklären sich durch zwei Determinanten. Ausgangspunkt für die Kompetenzabgrenzung ist die erste Determinante, wonach alle Zusammenschlüsse mit *gemeinschaftsweiter* Bedeutung erfaßt werden sollen. Diese Determinante findet sich in Art.1 II FKVO und wird durch Umsatzkriterien konkretisiert. Die zweite Determinante erklärt sich historisch aus dem Mechanismus der Mehrfachanmeldung[550] und findet sich in Art.1 III FKVO. Damit ergeben sich folgende Voraussetzungen für die Aufgreifschwellen:

Erzielen die beteiligten Unternehmen *jeweils* mehr als $^2/_3$ ihres gemeinschaftsweiten Umsatzes in einem und demselben Mitgliedstaat, ist auch bei Überschreiten der sonstigen Schwellenwerte keine Zuständigkeit der EU-Kommission[551]gegeben (vgl. Art. 1 II letzter Satzteil und Art. 1 III letzter Satzteil FKVO). Mit dieser Klausel verbleiben Fusionen, die sich ganz überwiegend in einem Mitgliedstaat auswirken, in der Zuständigkeit der nationalen Behörde.

Ansonsten richten sich die Aufgreifschwellen[552] entweder nach Art. 1 II oder III FKVO.

Nach Abs. II hat der Zusammenschluß gemeinschaftsweite Bedeutung unter folgenden Voraussetzungen:

- alle am Zusammenschluß beteiligten Unternehmen haben zusammen einen weltweiten Gesamtumsatz vom mehr als 5 Mrd. ECU <u>und</u>
- von mindestens zwei der beteiligten Unternehmen wird ein gemeinschaftsweiter Umsatz von jeweils mehr als 250 Mio ECU erzielt.

Nach Abs. III ergeben sich folgende Voraussetzungen:

- alle am Zusammenschluß beteiligten Unternehmen haben zusammen einen weltweiten Gesamtumsatz von mehr als 2,5 Mrd. ECU <u>und</u>
- von mindestens zwei der beteiligten Unternehmen wird ein gemeinschaftsweiter Umsatz von jeweils mehr als 100 Mio. ECU erzielt <u>und</u>

---

549 Verordnung (EWG) Nr. 4064/89 des Rates vom 21. Dezember 1989 über die Kontrolle von Unternehmenszusammenschlüssen (ABl. L 395 vom 30.12.1989 S.1 in der Fasssung der Neubekanntmachung ABl. L 257 vom 21.9.1990 S.13) in der durch Verordnung (EG) Nr.1310/97 (ABl. L 180 vom 9.7.1997 S.1, berichtigt ABl. L 3 vom 7.1.1998 S.16 und ABl. L 40 vom 13.2.1998 S.17) geänderten Fassung.

550 Zur historischen Ableitung der jetzigen Regelung aus der Problematik der Mehrfachanmeldung vgl. Hirsbrunner, EuZW 1998, S.71. Ursprünglich war vorgesehen, daß die Anmeldung in mindestens drei Mitgliedstaaten tatsächlich erfolgt war. Aufgrund der praktischen Schwierigkeiten einigten sich die Delegationen auf Ratsgruppenebene auf rein quantitative Kriterien, die in den Umsatzzahlen ihren Niederschlag finden.

551 In Praxi prüft die Merger Task Force der Generaldirektion Wettbewerb (vormals GD IV) die Fälle. Sie besteht zu einem großen Teil aus entsandten nationalen Experten.

552 Vgl. auch das Flußdiagramm bei Hirsbrunner, EuZW 1998, S. 75.

- alle am Zusammenschluß beteiligten Unternehmen haben zusammen in mindestens drei Mitgliedstaaten einen Gesamtumsatz von jeweils mehr als 100 Mio ECU erzielt und
- von mindestens zwei der beteiligten Unternehmen wird in jedem dieser drei Mitgliedstaaten ein Umsatz von jeweils mehr als 25 Mio ECU erzielt.

Der Anteilserwerb in Form des Mehrheitsbeteiligungserwerbs wird in der FKVO nicht expressis verbis als eigener Zusammenschlußtatbestand aufgeführt. Nach Art. 3 I lit. b) FKVO wird ein Zusammenschluß dadurch bewirkt, daß u.a. ein oder mehrere Unternehmen durch den Erwerb von Anteilsrechten die unmittelbare oder mittelbare *Kontrolle* über die Gesamtheit oder über Teile eines oder mehrerer anderer Unternehmen erwerben. Maßgeblich ist also das Kontrollkonzept, an das sich auch der deutsche Gesetzgeber in der 6. GWB-Novelle angelehnt[553] hat. Das Kriterium der Kontrolle wird in Art.3 III FKVO als Möglichkeit definiert, einen bestimmenden Einfluß auf die Tätigkeit eines Unternehmens auszuüben. Dieser Einfluß kann als sole control durch ein Unternehmen oder als joint control durch mehrere Unternehmen erlangt werden[554].

bb) Verfahren

Auch nach der Revision der FKVO bleibt das Prüfverfahren zweistufig. Nach Art.6 I FKVO prüft die Kommission in der ersten Prüfungsphase, ob der angemeldete Zusammenschluß überhaupt in den Anwendungsbereich der FKVO fällt und bejahendenfalls, ob Anlaß zu ernsthaften Bedenken[555] hinsichtlich seiner Vereinbarkeit mit dem Gemeinsamen Markt besteht. Die erste Prüfungsphase dauert grundsätzlich einen Monat[556], nach Art. 10 I S.3 FKVO sechs Wochen, wenn die Parteien Zusagen über die Änderung ihres Zusammenschlußvorhabens angeboten haben. Nach Art. 8 II FKVO kann die Kommission in der ersten Phase ihre Entscheidung auch mit Auflagen und Bedingungen aussprechen, was in praxi[557] auch schon vorher geschah.

Die zweite Prüfungsphase dauert nach Art. 10 III FKVO grundsätzlich[558] vier Monate nach der Einleitung des Hauptprüfverfahrens.

Abschließend sei noch auf die Möglichkeit der Rückverweisung nach Art.9 FKVO an das BKartA hingewiesen.

---

553 Zur Anlehnung an das Gemeinschaftsrecht vgl. Baron, a.a.O., S.15.

554 S. Löffler in Langen/Bunte, FKVO, Rdn. 6 ff. und 12 ff.; bei Minderheitsbeteiligungen stellt die Kommission regelmäßig auf die Hauptversammlungspräsenz ab, s. Rdn.10 der Kommentierung.

555 Diese materielle Voraussetzung hat der deutsche Gesetzgeber für die Eröffnung des Hauptprüfverfahrens nicht übernommen, s. Baron, a.a.O., S.38.

556 Diese Frist beginnt nach Art. 10 I S.2 FKVO mit dem Tag, der auf den Eingangstag folgt. Auch hier gilt der Grundsatz der Vollständigkeit, d.h., solange die Unterlagen noch unvollständig sind, beginnt die Frist für die erste Prüfungsphase nicht zu laufen.

557 Zur Sanktionierung dieser Praxis durch den Rat s. Hirsbrunner, EuZW, 1998, S.73.

558 Von dieser Frist sind die sog. Änderungsfristen zu unterscheiden, die die Änderungsvorschläge betreffen und zu deren Festlegung die Kommission nach Art. 23 FKVO nunmehr ausdrücklich ermächtigt wird, s. Hirsbrunner, EuZW 1998, S.73 r.Sp..

3. Der kautelarjuristische Gestaltungsspielraum im Rahmen der fusionskontrollrechtlichen Vollzugsverbote

a) Die Begrenzungen im Rahmen der deutschen Fusionskontrolle

aa) Prüfungsmaßstab unter Geltung der 6. GWB-Novelle

Nach § 41 I S.1 GWB n.F. dürfen Unternehmen einen Zusammenschluß, der vom BKartA nicht freigegeben worden ist, nicht vor Ablauf der in § 40 I S.1 und II S.2 genannten Fristen „vollziehen" oder „am Vollzug dieses Zusammenschlusses mitwirken". § 41 I S.2 GWB n.F. bestimmt, daß Rechtsgeschäfte, die gegen dieses Verbot verstoßen, „unwirksam" sind. § 24 a IV GWB a.F. enthielt die identische Rechtsfolge der Unwirksamkeit und erklärte die Vollziehung des Zusammenschlusses oder die Mitwirkung daran vor Ablauf der im Rahmen der präventiven Fusionskontrolle geltenden Fristen für unzulässig. Nach der Regierungsbegründung[559] zum Gesetzesentwurf erfolgt die Regelung des § 41 in Anlehnung[560] an den bisherigen § 24 a Abs. 4. Zu § 41 I GWB n.F. wird ausgeführt, daß die bisherige Vorschrift des § 24 a IV „inhaltlich"[561] übernommen werden sollte. Aus der weiteren Gesetzesgeschichte ergibt sich kein davon abweichender Anhaltspunkt. Damit wurde das Vollzugsverbot lediglich an die neuen Fristen und die generell präventive Zusammenschlußkontrolle der 6. Novelle angepaßt. Für die weitere Untersuchung kann deshalb grundsätzlich auf die Rspr. und Literatur vor der Novelle zurückgegriffen werden. Jedoch ist es unerläßlich, insbesondere angesichts der Änderungen des Zusammenschlußbegriffs unter Berücksichtigung der Übernahme des Kontrollkonzeptes in die deutsche Fusionskontrolle etwaig erforderliche Modifikationen der Ergebnisse zu prüfen. Im folgenden sollen die allgemeinen Rechtswirkungen und der sachliche Anwendungsbereich des Vollzugsverbotes präzisiert werden, bevor auf die konkreten Gestaltungsmöglichkeiten der Parteien unter Geltung der deutschen Fusionskontrolle eingegangen wird.

bb) Allgemeine Rechtswirkungen des Vollzugsverbotes

Das Vollzugsverbot normiert die Unwirksamkeit aller Rechtsgeschäfte, die eine Vollziehung des Zusammenschlusses bewirken, bis zu dem Zeitpunkt, in dem entweder die Untersagungsfristen ohne Entscheidung seitens des BKartA abgelaufen sind oder eine Untersagung aus anderen[562] Gründen ausscheidet. Welche Konsequenzen hätte diese „Unwirksamkeit" für Vereinbarungen der Parteien, die in der Interimszeit eine Partizipation des K

---

559 S. den Gesetzesentwurf der Bundesregierung, BT-Drucks. 13/9720 zitiert bei Baron, a.a.O., S.120 ff..

560 S. die Regierungsbegründung bei Baron, S.134, r.Sp..

561 Vgl. die Regierungsbegründung bei Baron, S.150, l.Sp..

562 Im Rahmen der 6. Novelle entweder durch formlose Freigabe im Vorverfahren oder durch förmliche Entscheidung im Hauptprüfverfahren nach § 40 II S.1 2.Var. GWB n.F. im Wege der Verfügung, s.a. Baron, a.a.O., S.39. Auf Basis des alten GWB konnte eine Unbedenklichkeitsbescheinigung ergehen, s. Lutter/Timm, BB 1976, 1620, l.Sp..

an Z und/oder eine Stimmrechtsverlagerung auf K ermöglichen, wenn man zunächst unterstellt, daß hierin ein Verstoß gegen das Vollzugsverbot läge ?

Die Beantwortung dieser Frage hängt davon ab, wie der Begriff der Unwirksamkeit i.S.d. § 24 IV GWB a.F. auszulegen ist, wobei drei Möglichkeiten in Betracht kommen.

Die erste Möglichkeit wäre die Gleichsetzung der Unwirksamkeit mit der *Nichtigkeit*[563] der entsprechenden Vereinbarung. Konsequenz der Nichtigkeit wäre die endgültige Unwirksamkeit der Vereinbarung von Anfang an.

Als zweite Möglichkeit könnte die Unwirksamkeit als schwebende Unwirksamkeit verstanden werden, die in den Fällen der Freigabe oder des Fristablaufes mit Wirkung *ex nunc*[564] endet. Dann wäre eine Vereinbarung zwischen V und K – ohne daß es eines weiteren[565]Aktes bedürfte – mit der Freigabe oder dem Fristablauf zwar wirksam. In diesem Zeitpunkt könnte jedoch ohnehin auch der dingliche Vollzug des Aktienkaufvertrages erfolgen. Zudem würde in den Fällen, in denen die Freigabe zugleich als auflösende Bedingung[566] der Interimsvereinbarung vorgesehen ist, der Zeitpunkt der Heilung mit dem Zeitpunkt der Beendigung einer mittelbaren Unternehmensbeteiligung des K zusammentreffen.

Die dritte Möglichkeit liegt in der Auslegung der Unwirksamkeit als schwebende Unwirksamkeit mit einer Heilungsmöglichkeit ex tunc[567].

Die besseren Argumente sprechen für die letztgenannte Auslegung. Der Wortlaut des § 24 a IV GWB a.F. könnte zwar als Oberbegriff sowohl die Nichtigkeit als auch die bloß schwebende Unwirksamkeit umfassen, jedoch spricht schon der systematische Zusammenhang gegen die Annahme der Nichtigkeit aus dem Wortlaut. Wie sich aus § 15 und insbesondere aus § 37 a I a.E. GWB a.F. ergibt, unterscheidet das Gesetz terminologisch deutlich[568] zwischen den beiden Rechtsfolgen. In § 24 a IV GWB a.F. ist aber die in § 15 genannte ausdrückliche Nichtigkeitsfolge nicht aufgenommen worden. In den Fällen des

563 Die Nichtigkeit wird von Bechstein, BB 1977, 225, l.Sp.angenommen.

564 Der BGH hat im Fall Metzeler Schaum, WuW/E 1547 (1548) ausdrücklich offen gelassen, ob die Wirkung ex tunc oder ex nunc eintritt, da es im entschiedenen Fall um die Frage ging, ob der Beteiligungserwerb zum Abschlußstichtag in die Bilanz der Bayer AG als Erwerberin aufgenommen werden durfte und der BGH es dafür ausreichen ließ, daß der Vollzug zumindest nicht nichtig sei.

565 Der Zusammenschluß bzw. das Vollzugsrechtsgeschäft würde dann *ipso iure* wirksam, sobald feststeht, daß eine Untersagung nicht mehr erfolgen kann, vgl. Rieger in Frankfurter Kommentar, § 24 a, Rdn. 161.

566 Vgl. zu den Möglichkeiten, den Bedingungseintritt des Aktienkaufvertrages mit der Beendigung der mittelbaren Unternehmensbeteiligung (zusätzlich) kautelarjuristisch zu synchronisieren die Ausführungen im zweiten Abschnitt zur Treuhand, S. 93 f..

567 Diese Auslegungsmöglichkeit wird von der h.M. in der Literatur vertreten, vgl. Rieger in Frankfurter Kommentar, § 24 a, Rdn. 162; Bechtold, Kartellgesetz, § 24 a, Rdn. 21; Lutter/Timm, Sanierungsfusion, BB 1976, 1617,1622; Günther in Münchener Vertragshandbuch, Band 2, II.1, N., Anm. 122 und von einem Teil der Rspr. vgl. OLG Düsseldorf WuW/E OLG 1833 (1836).

568 So auch Lutter/Timm, BB 1976, 1619, r.Sp..

§ 2 III GWB a.F. und des § 5 a III GWB a.F. tritt die Wirksamkeit[569] für Konditionen- und Spezialisierungskartelle bei Ausbleiben des Widerspruchs des BKartA ein. § 17 I GWB a.F. sieht für vertikale Preisbindungen eine Ermessensentscheidung des BKartA vor. Demnach kann die Preisbindung zu einem zu bestimmenden künftigen Zeitpunkt für unwirksam erklärt werden. Dann handelt es sich um eine erst ex nunc oder noch später einsetzende Unwirksamkeit. Wie sich somit aus dem systematischen Zusammenhang ergibt, gebraucht das Gesetz den Ausdruck „unwirksam" in höchst unterschiedlicher Weise.

Eine eindeutige Zuordnung läßt sich auch nicht durch eine historische Auslegung finden. Die Entstehungsgeschichte der Norm könnte zwar angesichts der Aufnahme eines Änderungsvorschlages[570] des Bundesrates auf schwebende Unwirksamkeit hindeuten; jedoch läßt sich aus der Ergänzung des § 24 a IV a.E. GWB a.F. (Rechtswirksamwerden für Umwandlung, Eingliederung u.ä. mit Eintragung in das zuständige Register) auch in die andere Richtung[571] argumentieren.

Entscheidend kommt es daher auf die teleologische Auslegung an. § 24 IV a GWB a.F. will durch die Statuierung des Vollzugsverbotes die mit einer nachträglichen Entflechtung verbundenen Schwierigkeiten vermeiden[572]. Die Praxis[573] des BKartA ging bislang dahin, eine Auflösungsanordnung im Wege informeller Absprachen mit den beteiligten Unternehmen bereits während des Untersagungsverfahrens durch Entflechtungszusage oder nach Untersagung durch freiwillige Maßnahmen zu vermeiden. Vergegenwärtigt man sich die praktischen Schwierigkeiten einer Entflechtung, wird klar, daß das Vollzugsverbot das Entstehen einer Entflechtungssituation im Keim ersticken will, indem alle Rechtshandlungen, die durch Vollzug des Vorhabens eine normative Kraft des Faktischen schaffen könnten, unterbunden werden. In dem regelmäßig langen Zeitraum zwischen dem Vollzug des Zusammenschlusses und dessen rechtskräftiger Untersagung können die Unternehmen durch betriebswirtschaftliche Entscheidungen erhebliche strukturelle Veränderungen vorgenommen haben. Denkbar sind hier bereits umgesetzte Investitionsentscheidungen, Produktionsumstellungen, Veräußerung von Unternehmensteilen,

---

569 Vgl. auch die Argumentation in OLG Düsseldorf WuW/E OLG 1833, 1836. Gemeint ist allerdings der Eintritt der *Wirksamkeit* bei Ausbleiben des Widerspruchs und nicht der Unwirksamkeit, wobei es sich um einen Redaktionsfehler handeln dürfte.

570 In diese Richtung argumentieren Lutter/ Timm, BB 1976, S.1619, r.Sp.

571 So Bechstein in seiner Erwiderung zu Lutter/ Timm, BB 1976, 225, l.Sp. Bechstein will aus der Ergänzung des § 24 a IV GWB a.F. um die Bestimmung zur Eintragung schlußfolgern, daß die Anregung des Bundesrates dahingehend modifiziert wurde, daß nur in den Eintragungsfällen eine schwebende Unwirksamkeit vorliegen soll, während in allen anderen Fällen Nichtigkeit anzunehmen sei. Hiergegen läßt sich wiederum einwenden, daß die Modifizierung für den Spezialfall der Eintragung keinen sicheren Umkehrschluß auf den objektivierten Willen des Gesetzgebers zuläßt.

572 Dieses Ziel der Norm ist auch Ausgangspunkt der Argumentation des BGH im Beschluß zu „Weichschaum III" WuW/E BGH 1556, 1559. Der BGH gelangt dabei zur schwebenden Unwirksamkeit unter ausdrücklicher Offenlassung des Heilungszeitpunktes. Auch das BKartA sieht die bei Entflechtungsmaßnahmen auftretenden Schwierigkeiten als maßgebenden Grund für das Vollzugsverbot an, s. BKartA, Koordinierungsergebnisse zur Fusionskontrolle, 24a(400) vom 18.12.1973 (Becker).

573 S. dazu Ball/Wissel, WuW 1980, 235/236.

Änderungen des Vertriebssystems etc.[574]. Höchst problematisch wäre eine Entflechtung auch in den Sanierungsfällen, bei denen eine Vielzahl von strukturellen Maßnahmen die ansonsten erforderliche Liquidation des Zielunternehmens verhindert[575]. Zudem stellt sich auch das besondere Problem einer vor rechtskräftiger Untersagung erfolgten faktischen Konzernierung[576] mit den zwischenzeitlich entstandenen konzernrechtlichen Ansprüchen. Verfolgt § 24 a IV GWB a.F. somit das Ziel, die Entflechtungsproblematik zu vermeiden bzw. zu entschärfen, reichen die Unwirksamkeit i.S. schwebender Unwirksamkeit und die in § 38 I Nr.8 GBW a.F.[577] vorgesehene Bußgeldandrohung aus, um den Zweck zu erreichen[578]. Damit bleibt festzuhalten, daß die besseren Argumente gegen die Nichtigkeitslösung sprechen.

Weiterhin ist im Rahmen der Annahme einer (bloß) schwebenden Unwirksamkeit die Auffassung vorzugswürdig, die eine Heilungsmöglichkeit ex tunc annimmt. Dies ergibt sich aus der Überlegung, daß der Zweck der Norm auch gewahrt wird, falls die vollziehende Vereinbarung als von Anfang an wirksam gilt, sobald eine Untersagung durch Freigabe oder auf sonstige Weise ausscheidet. Die Zweckerreichung ist zu bejahen, weil mit dem endgültigen Fehlen einer Untersagungsverfügung oder mit der Freigabe auch feststeht, daß eine Beeinträchtigung der Wettbewerbsfreiheit durch die (Teil-) Vorwegnahme des Zusammenschlusses objektiv betrachtet *von Anfang an* nicht bestanden hat[579]. Wollte man dann nur zulassen, daß die Wirksamkeit ex nunc eintritt, würde man die Beteiligten nötigen[580], das bereits bei Abschluß keine Wettbewerbsbeschränkung hervorrufende Rechtsgeschäft nur mit einer dem Prüfungszeitraum entsprechenden Zeitverschiebung ohne die Möglichkeit der Rückbeziehung gelten zu lassen. Dies widerspräche dem Grundsatz des geringstmöglichen Eingriffs[581] in die privatautonome Gestaltung, denn eine Verwirkung des Bußgeldes bleibt von der Rückwirkung der Heilung unberührt[582]. Das Bußgeld knüpft ausschließlich an den Verstoß gegen das Vollzugsverbot an, nicht jedoch

---

574 Vgl. Ball/Wissel, WuW 1980, 237.

575 Hier kann eine Entflechtung nur auf „ andere Weise" i.S.d. § 24 VI S. 1 GWB a.F. erfolgen, da ansonsten eine vorherige Demontage des Zusammenschlußobjektes mit volkswirtschaftlich und sozialpolitisch nicht vertretbaren Ergebnissen erforderlich wäre, vgl. Ball/Wissel, WuW 1980, 237. Die Entflechtung auf andere Weise ist auch in § 41 III S.3 GWB n.F. vorgesehen.

576 S. Lutter/Timm, BB 1976, S. 1621, l.Sp..Dieses Problem stellt sich zumindest bei *Übereignung* der Aktien trotz Vollzugsverbotes.

577 Entspricht der jetzigen Bußgeldandrohung in § 81 I Nr.1 GWB n.F..

578 So BGH WuW/E BGH 1556, 1559 (Weichschaum III).

579 Vgl. OLG Düsseldorf WuW/E OLG 1833, 1836. Etwas anderes würde materiell betrachtet nur dann gelten, wenn zwar eine Wettbewerbsbeeinträchtigung vorläge, das BKartA aber durch Fristversäumnis keine Untersagung mehr aussprechen dürfte, ein in praxi bis heute nur hypothetischer Fall.

580 Wie Fußnote zuvor.

581 Zum Grundsatz des möglichst geringen Eingriffs in der Fusionskontrolle s. Lutter/ Timm, BB 1976, 1621, l.Sp.. Vgl. auch Rieger in Frankfurter Kommentar, § 24 a, Rdn. 160. Rieger betont, daß bei einer Heilung, die lediglich ex nunc einsetzt, nur Schwierigkeiten und Verwirrung in die zivilrechtlichen Beziehungen der Parteien ohne anerkennenswertes sonstiges rechtliches Interesse gebracht würden.

582 S. Krieger in Frankfurter Kommentar, § 24 a, Rdn. 162 a.E..

etwa an die erst zeitlich später festgestellte objektive wettbewerbsrechtliche Lage[583]. Somit sind die Parteien mit dem Bußgeld genug „bestraft" ; einer darüber hinausgehenden Sanktion durch die Versagung einer rückwirkenden Heilung bedarf es nicht.

Zusammenfassend bleibt für § 24 a IV GWB a.F. festzuhalten, daß eine unter das Vollzugsverbot fallende Vereinbarung der Parteien des Aktienkaufvertrages schwebend unwirksam wäre mit der Möglichkeit einer rückwirkenden Heilung, sobald eine Freigabeentscheidung durch das BKartA ergeht oder die Untersagungsfristen abgelaufen sind.

Ein davon abweichendes Ergebnis ergibt sich auch nicht aus der 6. Novelle. Hätte der Gesetzgeber im Rahmen der nunmehr generell präventiven Zusammenschlußkontrolle die Nichtigkeit eines gegen das Vollzugsverbot verstoßenden Rechtsgeschäfts intendiert, so hätte er nicht wiederum in § 41 I GWB n.F. die Unwirksamkeit statuiert. Weiterhin ergibt sich auch aus der Entstehungsgeschichte des § 41, daß der Gesetzgeber die bisherige Regelung inhaltlich[584] übernehmen wollte. Schließlich gelten die Erwägungen zum Grundsatz des geringstmöglichen Eingriffs auch für die 6. Novelle. Jede Einschränkung privatautonomer Gestaltungsfreiheit im Rahmen der Fusionskontrolle stellt ihrerseits einen Eingriff in den Markt für Unternehmenskontrolle dar. Um dabei auch ein wettbewerbsrechtliches bzw. wettbewerbspolitisches Paradoxon zu vermeiden – einerseits Schutz der Wettbewerbsfreiheit der Marktakteure, andererseits Eingriff in den Markt für Unternehmenskontrolle durch die Fusionskontrollbehörde selbst – muß eine Behinderung oder Verzögerung von beabsichtigten Akquisitionen auf ein zur Zweckerreichung noch ausreichendes Minimum beschränkt werden. Damit gilt unter der 6. GWB-Novelle dasselbe Ergebnis.

Zur Vervollständigung der allgemeinen Rechtsfolgen des deutschen Vollzugsverbotes ist noch auf die Möglichkeit des BKartA hinzuweisen, nach § 41 II GWB n.F. Befreiungen vom Vollzugsverbot insbesondere bei drohenden schweren Schäden für die beteiligten Unternehmen oder Dritten zu erteilen. Diese Möglichkeit erfolgte in Anlehnung an Art. 7 IV FKVO und ist v.a. für Sanierungsfusionen gedacht[585].

cc) Der sachliche Anwendungbereich des Vollzugsverbotes

Wurden bislang die allgemeinen Rechtsfolgen eines Verstoßes gegen das Vollzugsverbot behandelt, stellt sich nunmehr die Frage, wie weit das Vollzugsverbot sachlich reicht. Hierzu bedarf es einer Klärung, welche Arten von Rechtsgeschäften als Vollzug oder Mitwirkung am Vollzug qualifiziert werden können. Zuvor noch eine terminologische Klarstellung: Der Begriff der „Mitwirkung" bezieht sich auf V, während beim eigentlichen Vollzug auf K und Z abzustellen ist. Verbotsadressat[586] der Mitwirkung ist V als

---

583 Auch bei einer späteren Freigabe des Zusammenschlusses ändert sich an dem subjektiven Unrechtsgehalt des Verstoßes nichts. Denkbar wäre jedoch, die konkrete *Höhe* des Bußgeldes im Rahmen der Zumessung abzusenken, da der objektive Unrechtsgehalt in Form einer Beeinträchtigung des Wettbewerbs von Anfang an fehlte.

584 S. die Regierungsbegründung zu § 41 Abs. 1, zitiert bei Baron, a.a.O., S.150. Abweichendes ergibt sich weder aus der Stellungnahme des Bundesrates noch aus den Ausschußberichten.

585 S. die Regierungsbegründung bei Baron, a.a.O.,S.150. Vgl. zur Aufhebung des Vollzugsverbots auch Schulte, AG 1998, 300, l.Sp..

586 Zur Unterscheidung der Mitwirkung von dem unmittelbaren Vollzug vgl. Rieger in Frankfurter Kommentar, § 24 a, Rdn.129.

Veräußerer der Aktien, da er sich nicht mit einem anderen Unternehmen zusammenschließt, sondern nur zu einem Zusammenschluß zwischen K und Z beiträgt. Fällt eine Vereinbarung zwischen V und K in der Interimszeit unter das Vollzugsverbot, stellt sich somit der Beitrag des V als Mitwirkung und der Beitrag des K als Vollzug dar.

Übereinstimmung besteht darin, daß sowohl der bedingte als auch der unbedingte[587] obligatorische Kaufvertrag und das aufschiebend bedingte Erfüllungsgeschäft[588] noch nicht unter den Begriff des Vollzugs fallen. Überwiegend werden auch vorläufige Maßnahmen zur Sicherung[589] des späteren Vollzugs als unschädlich angesehen. Hierunter kann die Hingabe eines Aktienpaketes an eine Bank (z.B. Deutsche Bundesbank oder EZB) zur Sicherung des Anspruchs auf Übertragung des Eigentums im Falle eines positiven Abschlusses der Prüfung fallen[590]. Als Sicherungsmaßnahmen kommen auch Informationsrechte[591] des Erwerbers über wesentliche Vorgänge beim Zielunternehmen oder die Stellung gegenseitiger Erfüllungsbürgschaften[592] in Frage. Schließlich stellt auch die Zahlung des Kaufpreises[593] für das Aktienpaket noch keinen Vollzug dar. Einigkeit[594] besteht ebenfalls darin, daß der dingliche Vollzug der Übertragung von Beteiligungsrechten unter das Vollzugsverbot fällt.

Umstritten ist jedoch, ob der Vollzug auch jenseits der formalen Eigentumsverschaffung an den Anteilen durch andere Vereinbarungen herbeigeführt werden kann. *Bechtold*[595] definiert Vollzug als Vollendung des Zusammenschlussses und will ausschließlich die Fälle unter das Vollzugsverbot fassen, in denen die Unternehmen den Zusammenschluß unmittelbar durch die Übertragung der Aktien mittels Einigung und Übergabe herbeiführen. Sonstige obligatorische Vereinbarungen sieht *Bechtold* ausdrücklich[596] als zulässig an. Dagegen erschöpft sich nach der Auffassung von *Mestmäcker*[597]das Vollzugsverbot nicht in der rechtlichen Vollendung des Zusammenschlußtatbestandes, son-

587 Der Abschluß des Kaufvertrages ist auch dann kein Vollzug des Zusammenschlußvorhabens, wenn er unbedingt geschlossen wurde, vgl. auch BKartA, Koordinierungsergebnisse zur Fusionskontrolle, 24a(400), I. 1. vom 28.11.1973 (Kirschstein).

588 Soweit ein Rechtsgeschäft selbst die Zusammenschlußdefinition erfüllt – wie hier der Erwerb der Anteile durch dingliche Übereignung – liegt noch kein Vollzug vor, wenn das Rechtsgeschäft aufschiebend bedingt oder befristet ist, s. Ruppelt in Langen/Bunte, § 24 a, Rdn.6.

589 S. Ruppelt in Langen/Bunte, § 24 a, Rdn.6.

590 Vgl. BKartA, Koordinierungsergebnisse zur Fusionskontrolle, 24a(400), I., 3 (Kirschstein).

591 S. Ruppelt in Langen/Bunte, § 24 a, Rdn.6.

592 S. Günther in Münchener Vertragshandbuch, Band 2, II.1, N., Anm.122.

593 So BKartA, Koordinierungsergebnisse zur Fusionskontrolle, 24a(400), I.2 (Kirschstein). Dagegen bejaht Günther wegen der seiner Ansicht nach durch die Zahlung faktisch entstehenden Abhängigkeit des Verkäufers eine Vollzugshandlung, s. Günther in Münchener Vertragshandbuch, Band 2, II. 1, N., Anm. 122. Ruppelt sieht die Zahlung des Kaufpreises als unschädlich an, solange der Erwerber nur in keiner Weise die Anteile erhält, s. Ruppelt in Langen/Bunte, § 24 a, Rdn.6.

594 S. BKartA, Koordinierungsergebnisse, 24a(400), lit. c) vom Herbst 1973 (Lanzenberger).

595 Vgl. Bechtold, Kartellgesetz, § 24 a, Rdn. 20.

596 Wie Fußnote zuvor.

597 Vgl. Mestmäcker, Die Prävention in der Fusionskontrolle, Festschrift für Helmut Coing zum 70. Geburtstag, Bd.2, 373 (383).

dern bezieht sich auch auf den tatsächlichen Vollzug. Auch *Günther*[598] will alle sonstigen rechtlichen und tatsächlichen Handlungen, die dem Käufer Nutzungs- und Einwirkungsmöglichkeiten hinsichtlich des Zielunternehmens verschaffen, unter das Vollzugsverbot einordnen.

Für die Ansicht von *Bechtold* spricht der Charme der Rechtssicherheit und Praktikabilität. Begrenzt man das Vollzugsverbot nur auf den letzten rechtlichen Akt der dinglichen Übereignung, wird man der Schwierigkeit entledigt, im Einzelfall definieren zu müssen, ab wann eine Vereinbarung wirtschaftlich betrachtet bereits als Zusammenschluß anzusehen ist und die Vorhabensqualität verliert. Für das BKartA als Rechtsanwender und die juristischen Begleiter der Akquisition wäre eine leicht nachprüfbare Abgrenzung ermöglicht, die auf dem Markt für Unternehmenskontrolle zudem die administrativen und sonstigen Transaktionskosten[599] und das Risiko der Verwirklichung einer Ordnungswidrigkeit[600] begrenzen würde. Allerdings wären diese Vorteile zu Lasten der Zielsetzung der präventiven Fusionskontrolle zu teuer erkauft. Wie bereits bei der Problematik des Heilungszeitpunktes ausgeführt, sollen durch das Vollzugsverbot die Schwierigkeiten einer möglichen späteren Entflechtung im Falle des negativen Ausgangs des Fusionskontrollverfahrens vermieden werden. Das *vorläufige* Vollzugsverbot zielt somit darauf ab, daß eine Verschlechterung der Marktstruktur[601] unterbunden wird, solange das Prüfungsverfahren noch nicht abgeschlossen ist. Für den sachlichen Anwendungsbereich des Vollzugsverbots ist deshalb entscheidend, unter welchen Umständen es zu einer Änderung der Marktstruktur kommen kann. *Bechtold* übersieht dabei, daß die Marktausrichtung, das Marktverhalten und die Marktstrategie der Zielgesellschaft bereits vor der dinglichen Übereignung der Aktien geändert werden können. Dies gilt losgelöst von der Frage, ob die strukturellen Änderungen auch abhängigkeitsrechtlich erfaßt werden können. Unter wettbewerbsrechtlichen Gesichtspunkten ist es wichtig, sich vor Augen zu halten, daß auf dem Markt für Unternehmenskontrolle der *Zeitfaktor* eine wichtige Rolle spielt. Beträgt der Prüfungszeitraum für die Fusionskontrolle mehrere Monate, kann z.B. ein erhebliches Interesse der Unternehmen bestehen, die Erzielung von Synergieeffekten[602] und Kosten-

---

598 S. Günther in Münchener Vertragshandbuch, Band 2, II.1, N., Anm. 122.

599 Reduzierte man den Anwendungsbereich des vorläufigen Vollzugsverbotes auf den formalen Abschluß der Akquisition, ließen sich aus Übernehmersicht die Transaktionskosten durch einen flexibleren Handlungsspielraum in der Interimszeit vermindern. Dem Käufer könnte dann die Möglichkeit eingeräumt werden, in der Hauptversammlung der Z im Rahmen der Holzmüller-Doktrin (s. dazu Fn.609) strukturelle Weichenstellungen (z.B. Veräußerungen von Unternehmensteilen im Rahmen von Umstrukturierungen der Z) herbeizuführen und auf diese Weise Synergieeffekte anzubahnen. Durch eine wirtschaftliche Partizipation an der Zielgesellschaft in der Interimszeit könnte der Käufer zudem schon von Ausschüttungen profitieren. Der Zeitgewinn könnte einen positiven Effekt auf die Ertragslage beim Übernehmer bewirken – eine Konsequenz, die den Markt für Unternehmenskontrolle zumindest tendenziell förderte.

600 § 81 I Nr. 1 i.V.m II GWB n.F. sieht die Möglichkeit einer Geldbuße bis zu einer Mio. DM vor und wiederholt die Regelung des § 38 I Nr. 8 i.V.m. IV GWB n.F..

601 S. Ruppelt in Langen/Bunte, § 24 a, Rdn. 5.

602 Zusammenschlüsse von Unternehmen sind v.a. dann vielversprechend, wenn es um Potentiale bei komplementären Geschäftsfeldern geht. Auch die Ausnutzung von absoluten Größen- oder

einsparungen[603] durch betriebliche Umstellungen und entsprechende Kooperationsvereinbarungen zwischen dem potentiellen Erwerber und dem Zielunternehmen bereits vor dem dinglichen Rechtswechsel zu ermöglichen. Dies gilt v.a., wenn aus Sicht der beteiligten Unternehmen eine hohe Prognosewahrscheinlichkeit für die Nichtuntersagung der Akquisition spricht. Dann sind Markstrukturänderungen vorstellbar, die sich bei einer Untersagung nur schwer rückgängig machen ließen. Noch deutlicher tritt diese Gefahr bei der Konzentration auf Kerngeschäftsfelder[604] zutage. Verfolgt der potentielle Erwerber dieses Ziel, können schon in der Interimszeit Maßnahmen zur Umstrukturierung der Z eingeleitet oder sogar durchgeführt werden. Zu denken wäre z.B. an die im Einvernehmen von V, K und Z-Vorstand in der Interimszeit eingeleitete oder schon realisierte Abstoßung von Randgeschäftsbereichen der Z. Eine Arrondierung der Z-Geschäftsfelder kann angebahnt werden, weil ansonsten die angestrebte Gesamtrentabilität nicht erreicht würde oder weil Geschäftsbereiche im globalen Maßstab nicht ausreichend wettbewerbsfähig sind oder nicht mehr in die von K vorgegebene neue Unternehmensausrichtung[605] passen. Diese Beispiele zeigen, daß eine Reduzierung des Vollzugsverbotes auf die dingliche Rechtsverschaffung den komplexen Akquisitionsprozeß simplifiziert. Sie verkennt die Möglichkeit einer tatsächlichen Umstrukturierung der betroffenen Unternehmen mit der daraus unmittelbar resultierenden Schwierigkeit einer Entflechtung angesichts vollendeter Tatsachen. Die Krux des Problems liegt damit nicht in der Feststellung, daß sonstige Vereinbarungen im Vorfeld des dinglichen Rechtsübergangs unter das Vollzugsverbot fallen können, sondern in der Frage, *welche konkreten* Vereinbarungen das Umschlagen eines Vorhabens in einen bereits vollzogenen Zusammenschluß bewirken. Ihr soll sogleich nachgegangen werden. An dieser Stelle ist als **Zwischenergebnis** festzuhalten, daß entgegen *Bechtold* nicht nur auf den formalen Abschluß der Akquisition in Form der Übereignung der Aktien abgestellt werden kann, sondern daß ein Vollzug auch durch sonstige, noch näher zu charakterisierende Vereinbarungen herbeigeführt werden kann.

dd) Die konkreten Gestaltungsmöglichkeiten im Rahmen des Vollzugsverbotes

Welche Vereinbarungen der Parteien sind im Lichte des unter cc) definierten Anwendungsbereiches als Vollzug bzw. als Mitwirkung am Vollzug des Zusammenschlusses einzustufen?

Skalenvorteilen (economy of scales) und Degressionsvorteilen ist häufiges Fusionsmotiv, um eine kritische Unternehmensgröße auf dem Weltmarkt nicht zu verfehlen.

603 Die Kosteneinsparungen werden branchenspezifisch für fusionierende Unternehmen auf 4 bis 6% geschätzt. Sie lassen sich insbesondere in Bereichen mit hohen versunkenen Kosten realisieren, was im F&E-Bereich, in der Logistik und bei Beschaffung und Absatz der Fall ist, s. Boston Consulting in Manager Magazin, Dezember 1997.

604 Beispiele für dieses Fusionsmotiv lassen sich im Rahmen der Restrukturierungsmaßnahmen von Siemens und VEBA finden. Die Strategie der Diversifizierung wurde in den letzten 10 Jahren zunehmend von dem Rückzug auf die Kerngeschäftsfelder abgelöst.

605 Als jüngeres Beispiel für die durch die Neuorientierung eines Unternehmens verursachten Umstrukturierungen läßt sich der Umbau von Hoechst vom Pharmaunternehmen zum Life- Sciences- Konzern nennen, der nach dem cross-border merger mit Rhône-Poulenc zu Aventis fortgesetzt wird.

Als Grundlage für die weitere Untersuchung können *drei Fallgruppen* unterschieden werden, die sich an der individualrechtlichen Ausgestaltung der im Rahmen des Aktienkaufvertrags erfolgten Vereinbarungen orientieren.

Die erste Fallgruppe umfaßt die Fälle, in denen die Parteien sowohl eine Form der mittelbaren Unternehmensbeteiligung des K an Z als auch eine darauf gründende Verlagerung der Stimmrechtsmacht von V auf K durch Stimmbindung oder Autorisation vereinbaren. Zu denken wäre beispielsweise an eine Vereinbarungstreuhand in Kombination mit einer Stimmbindung des V oder an einen Nießbrauch in Verbindung mit einer schuldrechtlich verdrängenden Stimmrechtsvollmacht zugunsten des K oder an eine atypische Unterbeteiligung, die durch eine Legitimationszession zugunsten des K begleitet wird.

Eine zweite Fallgruppe betrifft die Fälle, in denen zwar eine mittelbare Unternehmensbeteiligung vereinbart wird, jedoch *keine besondere* Abrede über eine Stimmrechtsverlagerung auf K getroffen wird oder sogar ausdrücklich[606] festgelegt wird, daß das Stimmrecht aus den Aktien bis zum positiven Abschluß des Fusionskontrollverfahrens bei V verbleiben soll.

Schließlich erfaßt eine dritte Fallgruppe diejenigen Fälle, die durch eine isolierte Verlagerung der Stimmrechtsmacht auf K ohne Vereinbarung einer Form der mittelbaren Unternehmensbeteiligung gekennzeichnet sind.

Zu differenzieren ist weiterhin nach dem Prüfungsmaßstab. Demnach ist jeweils zu erörtern, ob die Vereinbarungen unter das Vollzugsverbot des § 24 IV GWB a.F. fallen und/oder vom Vollzugsverbot des § 41 I S.2 GWB n.F. erfaßt werden.

(1) Fallgruppe 1 (Kombinationsfälle)

(a) Beurteilung nach § 24 a IV GWB a.F. i.V.m. § 23 II Nr.2 S.2 2.Var., Nr.6 GWB a.F.

Die Untersuchung[607] der denkbaren schuldrechtlichen Vereinbarungen über die Verlagerung der Stimmrechtsmacht des V auf K hat gezeigt, daß hier eine nach Intensität abgestufte Palette an Möglichkeiten zur Verfügung steht. Deshalb ist zur Beantwortung der Frage, wann die Grenze zum Vollzug bzw. Mitwirkung am Vollzug überschritten wird, im Rahmen der Stimmrechtsverlagerung nochmals zu unterscheiden.

Eine Unterfallgruppe der Kombinationsfälle betrifft die Fälle, in denen zur Vereinbarung einer mittelbaren Unternehmensbeteiligung eine *vollständige* Verlagerung der Stimmrechtsmacht hinzutritt. Für den Bereich des autorisierten Handelns wäre dies anzu-

---

606 Ein Beispiel für eine solche ausdrückliche Regelung findet sich im Metro/Kaufhof II- Fall, s.BKartA AG 1983, 338. Hier hatte die Metro mit einem Treuhänder vereinbart, „daß das aus den zu erwerbenden Aktien fließende Stimmrecht allein dem an Weisungen von Metro nicht gebundenen Treuhänder zusteht". Übertragen auf die hier u.a. interessierenden Fälle der Vereinbarungstreuhand hieße dies, daß expressis verbis festgelegt wird, daß V als Treuhänder des K auch nach Begründung der Vereinbarungstreuhand in der Interimszeit das Stimmrecht in der Hauptversammlung der Z frei von Weisungen des K weiterhin alleine ausüben kann.

607 Zu den Möglichkeiten einer Stimmrechtsvollmacht zugunsten des K s. die Darstellung im dritten Abschnitt, S. 117 ff.. Zu den Variationen der Stimmbindung vgl. S. 129 ff.. Vgl. a. die Gesamtübersicht zum kautelarjuristischen Gestaltungsspielraum in der Interimszeit auf S. 138 ff..

nehmen, falls V dem K eine weisungsfreie, schuldrechtlich verdrängende und nur im Zusammenhang mit der mittelbaren Unternehmsbeteiligung kündbare Stimmrechtsvollmacht erteilt oder falls K als Legitimationszessionar auftritt. Für den Bereich der Stimmbindung wäre eine Verlagerung der Stimmrechtsmacht als vollständig anzusehen, falls es sich um eine generelle Stimmbindung mit nicht beschränkter Weisungskompetenz des K handelt.

Die andere Unterfallgruppe umfaßt die übrigen Fälle, in denen zur mittelbaren Unternehmensbeteiligung nur eine *partielle* Verlagerung der Stimmrechtsmacht hinzutritt. Dies träfe z.B. für die jederzeit widerrufliche oder Weisungsrechten des V unterliegenden Stimmrechtsvollmacht zu. Im Bereich der Stimmbindung wäre eine partielle Verlagerung der Entscheidungskompetenz z.B. gegeben, falls K für Abstimmungen in der Hauptversammlung der Z als Vereinbarungstreugeber nur über punktuelle Weisungsrechte verfügte oder V nur bei bestimmten TOP`s der Zustimmung des K bedürfte[608].

(aa) Kombinationsfälle mit vollständiger Verlagerung der Stimmrechtsmacht auf K

Die Kombination aus mittelbarer Unternehmensbeteiligung und vollständiger Verlagerung der Stimmrechtsmacht auf K bewirkt eine wirtschaftliche Vorwegnahme des Zusammenschlusses in Form des Anteilserwerbs. Durch die Stimmrechtsverlagerung erhält K unabhängig davon, ob der aktienrechtliche Abhängigkeitsbegriff erfüllt ist, die Möglichkeit, über die Hauptversammlung der Z zumindest bei wichtigen Strukturentscheidungen, die der Vorstand nach der Holzmüllerdoktrin[609] des BGH der Hauptversammlung vorzulegen hat, mitzuwirken. Losgelöst von der Frage, ob im Einzelfall der Zusammenschlußtatbestand des § 23 II Nr.2 S.2, 2.Var. GWB a.F. verwirklicht wird, würde zumindest der subsidiäre Zusammenschlußtatbestand des § 23 II Nr. 6 GWB a.F. greifen[610].

---

608 Vgl. Thurnher, WuW 1994, 303 (310), der begrenzte Zustimmungserfordernisse als Beispiel für eine gespaltene Leitungsmacht nennt.

609 Bei schwerwiegenden Eingriffen in die Interessen der Aktionäre wie in Fällen der Ausgliederung eines crown jewel kann der Vorstand nicht nur berechtigt, sondern auch verpflichtet sein, nach § 119 II AktG eine Entscheidung der Hauptversammlung herbeizuführen, s. BGHZ 83, 122 (131ff.). Zur Reichweite der Holzmüller-Doktrin vgl. auch LG Düsseldorf AG 1999, 94, 95. Eine Ermessensschrumpfung des Vorstandes will das LG Düsseldorf jedenfalls dann ausschließen, wenn ein Vertrag über eine Beteiligungsveräußerung unterhalb der Grenze von mindestens 50 % der Aktiva der Gesellschaft in Rede steht *und* die Beteiligung nicht den Kernbereich der Unternehmenstätigkeit der Gesellschaft betrifft. S. a. LG Frankfurt AG 1998, 45, 46 in dem Urteil zur Diätetiksparte. Um die Verpflichtung des Vorstandes auszulösen, darf die Maßnahme nicht nur von unerheblicher Bedeutung für die Obergesellschaft sein.

610 Ruppelt unterstreicht, daß die Einräumung von Stimmrechten für sich allein genommen § 23 II Nr.6 GWB a.F. erfüllen kann, wenn der Anteilserwerb (auch über die Zurechnungsklausel) noch nicht nach § 23 II Nr.2 vollzogen ist, s. Ruppelt in Langen/Bunte, § 24 a, Rdn. 7. Auch Paschke weist darauf hin, daß § 23 II Nr. 6 GWB a.F. beim Erwerb von Stimmrechten anwendbar ist, vgl. Paschke in Frankfurter Kommentar, § 23, Tz. 108. Soweit die Auffangtatbestände des § 23 II Nr.5 und Nr.6 eine „sonstige Verbindung" bzw. eine „Verbindung" erforderlich machen, kann dafür bereits die treuhänderische Übertragung von mitgliedschaftlichen Verwaltungsrechten ausreichen, auch wenn in diesem Fall das betreffende Unternehmen – also Z – nur als Zielobjekt beteiligt ist, s. Paschke in Frankfurter Kommentar, § 23, Rdn. 91.

Demnach liegt ein Vollzug des Zusammenschlusses und damit ein Verstoß gegen § 24 a IV GWB a.F. bereits dann vor, falls die Verlagerung der Stimmrechtsmacht von V auf K die Möglichkeit eines *wettbewerblich erheblichen Einflusses* des K auf Z gestattet und die Möglichkeit eines beherrschenden Einflusses i.S.d. § 23 II Nr.5 GWB a.F. nicht geschaffen wird. Das bedeutet, daß an dieser Stelle ebenfalls offen bleiben kann, ob die Kombinationsfälle auch einen beherrschenden Einfluß des K auf Z im aktienrechtlichen Sinne begründen[611]. K wäre in den Fällen genereller Stimmbindung des V oder autonomer Stimmrechtsausübung mit Wirkung für V in der Lage, aufgrund *nicht* rein[612] faktischer Abhängigkeit der Z bereits Einfluß auf das Marktverhalten der Z zu nehmen bzw. auf die sie betreffenden unternehmerischen Dispositionen[613]. Damit erhielte K in diesen Fällen bereits in der Interimszeit die Möglichkeit, wettbewerblich relevante Strukturen bei der Z zu verändern, obwohl das Prüfverfahren der präventiven Fusionskontrolle noch andauert.

Als **Zwischenergebnis** ist demnach festzuhalten, daß in den Kombinationsfällen mit vollständiger Stimmrechtsverlagerung auf K ein Zusammenschluß zwischen K und Z entweder über die Zurechnungsnorm des § 23 II Nr.2 S.2 2. Var. GWB a.F. vollzogen wird oder falls diese nicht greift über § 23 II Nr.5 GWB a.F.. Sofern auch dieser Zusammenschlußtatbestand nicht vorliegt, ist ein Vollzug zumindest über den subsidiär[614] anwendbaren Zusammenschlußtatbestand des § 23 II Nr.6 GWB a.F. zu bejahen, falls die Stimmrechtsverlagerung „komplett" auf K erfolgt. Damit sind Vereinbarungen der Parteien über eine generelle Stimmbindung des V oder eine uneingeschränkte Autorisation des

611 S. Mestmäcker in Immenga/Mestmäcker, § 23, Rdn.248. Demnach verliert die Nr.5 in allen Fällen, in denen schon ein wettbewerblich erheblicher Einfluß vorliegt, ihre praktische Bedeutung. Auf Nr. 5 wird somit nur in Fällen rekuriert, in denen der Beherrschungstatbestand *eindeutig* ist. Diese Ansicht korrespondiert auch mit der Regierungsbegründung zur Einführung des § 23 II Nr. 6 GWB a.F., abgedruckt in WuW 1990, S. 343: „Handelt es sich jedoch um Fallgestaltungen, die ausschließlich durch diesen Auffangtatbestand (*Anm. des Verf.: gemeint ist der § 23 II Nr.5 GWB a.F.*) erfaßt werden könnten, so scheitert dessen Anwendung meist am fehlenden Nachweis der Beherrschung, auch wenn im Einzelfall eine Unternehmensverbindung vorliegt, die zu einem wettbewerbsschädlichen Einfluß auf ein anderes Unternehmen führt". Damit hat der Gesetzgeber den Auffangtatbestand des wettbewerblich erheblichen Einflusses gerade eingeführt, um dem Rechtsanwender die Schwierigkeit des Nachweises einer Beherrschung im aktienrechtlichen Sinne zu ersparen.

612 Das Erfordernis gesellschaftsrechtlicher Vermittlung des wettbewerblich erheblichen Einflusses wurde auch für § 23 II Nr. 6 GWB a.F. verlangt. Es wäre hier unproblematisch zu bejahen, wenn K bereits eine Minderheitsbeteiligung an Z hält. Aber auch, wenn K noch keine Beteiligung hält, wäre das Erfordernis erfüllt, weil die Einflußmöglichkeit nicht auf externen Faktoren wie z.B. auf einem Liefervertrag oder auf Kreditbeziehungen zwischen K und Z beruht, sondern auf der von V auf K delegierten Stimmrechtsmacht aus den Aktien. Zum Erfordernis der gesellschaftsrechtlichen Vermittlung s. Ruppelt in Langen/Bunte, § 23, Rdn. 47 sowie Paschke in Frankfurter Kommentar, § 23, Rz.100. Dasselbe Problem stellt sich auch im Rahmen der aktienrechtlichen Abhängigkeit und soll dort vertieft werden, vgl. die Ausführungen auf S. 243 ff. zum Erfordernis des gesellschaftsrechtlich bedingten oder vermittelten beherrschenden Einflusses für eine vormitgliedschaftliche Abhängigkeitsbegründung.

613 S. dazu BKartA, Koordinierungsergebnisse, 24a(400) v. 28.11.1973, Begründung zu I. (Kirschstein).

614 Zur Subsidiarität vgl. Ruppelt in Langen/Bunte, § 23, Rdn.46.

K zur Teilnahme an der Hauptversammlung der Z als Vollzug anzusehen und folglich vom vorläufigen Vollzugsverbot des § 24 a IV GWB a.F. erfaßt.

(bb) Kombinationsfälle mit partieller Verlagerung der Stimmrechtsmacht auf K

Für den praktisch wichtigsten Fall der Treuhand wurde im Schrifttum im Zusammenhang mit der Zurechnungsnorm des § 23 II Nr.2 S.2 2.Var. GWB a.F. diskutiert, ob trotz gespaltener Entscheidungsbefugnisse eine Zurechnung zu Lasten des Treugebers erfolgen kann und diesem damit die Beteiligteneigenschaft im Fusionskontrollverfahren zukommt. Hierbei sah eine Auffassung[615] die Zurechnung als möglich an, falls der Treugeber das Übergewicht der Entscheidungsbefugnisse erhält, während eine andere Ansicht[616] über die Konstruktion einer Gelegenheitsgesellschaft eine Zurechnung gegenüber Treuhänder und Treugeber erwog. Diese Diskussion soll nicht vertieft werden, enthält aber parallele Erwägungen zu der hier interessierenden Problematik des vorläufigen Vollzugsverbots. Soll ein Vollzug des Vorhabens z.B. schon dann anzunehmen sein, wenn V nur für Kapitalmaßnahmen bei der Z einem Zustimmungsvorbehalt zugunsten des K unterliegt, i.ü. aber frei abstimmen kann ? Für diesen Fall der gespaltenen Entscheidungsbefugnis ist durchaus vorstellbar, daß die Kapitalversorgung der Z unmittelbare Auswirkungen auf die vom Z-Vorstand seinerseits für die Zukunft geplanten Akquisitionen oder Umstrukturierungen der Z hat, weil der finanzielle Aktionsradius des Vorstands beschnitten wird, wenn K seine Zustimmung zu einer Kapitalerhöhung verweigert. Dann kann die Vereinbarung eines Zustimmungsvorbehalts einen über V vermittelten wettbewerblich erheblichen Einfluß des K auf Z ermöglichen. Dieses Beispiel zeigt, daß für die fusionskontrollrechtliche Beurteilung partieller Stimmrechtsverlagerungen zu unterscheiden ist:

Begründet die partielle Verlagerung bereits in der Interimszeit die Möglichkeit eines wettbewerblich erheblichen Einflusses des K auf Z, gelangt man wie in den Fällen vollständiger Stimmrechtsverlagerung zumindest zur Bejahung des Zusammenschlusses nach § 23 II Nr.6 GWB a.F.. Somit kann dahinstehen, ob ein Zusammenschluß nach § 23 II Nr.2 S.2 2.Var. GWB a.F. allein schon aufgrund der Vereinbarung einer mittelbaren Unternehmensbeteiligung zu bejahen ist. In diesen Fällen verstößt die partielle Verlagerung des Stimmrechtes ebenso gegen das Vollzugsverbot wie eine vollständige Verlagerung

Fälle, in denen eine begrenzte Stimmbindung des V oder eine begrenzte Stimmrechtsvollmacht zugunsten des K nicht zu einem wettbewerblich erheblichen Einfluß des K auf Z führen, sind vorstellbar, wenn K in der konkreten Situation des Einzelfalls weder einen potentiellen Einfluß auf Strukturentscheidungen noch auf wettbewerblich wichtige Weichenstellungen erlangt. Z.B. ist denkbar, daß K lediglich über eine etwaige Ausschüttung bzw. eine Thesaurierung des Jahresüberschusses in der Hauptversammlung der Z befinden kann, um sein durch die mittelbare Unternehmensbeteiligung begründetes Partizipationsinteresse an Z wahrnehmen zu können. Hierbei kann die Dividendenpolitik je nach Einzelfall von untergeordneter finanzieller Relevanz sein und keine Auswirkungen auf die

---

615 S. Thurnher, WuW 1994, S.310.

616 Vgl. Paschke in Frankfurter Kommentar, § 23, Tz.171. Paschke vertritt für den Fall einer gespaltenen Leitungsmacht die Ansicht, daß vielfach gar kein Treuhandverhältnis vorliege, sondern ein Gesellschaftsverhältnis.

Positionierung der Z auf dem betreffenden Markt haben[617]. Wird durch die partielle Stimmrechtsverlagerung kein wettbewerblich erheblicher Einfluß begründet, hängt die Bejahung eines verbotswidrigen Vollzugs des Zusammenschlusses davon ab, ob hierfür *allein* die Begründung einer mittelbaren Unternehmensbeteiligung ausreicht. Dann müßte ohne konkrete Berücksichtigung der Leitungsmacht ein Zusammenschluß über die Zurechnungsklausel des § 23 II Nr.2 S.2 2.Var. GWB a.F. anzunehmen sein. Diese Problematik soll im Rahmen der zweiten Fallgruppe vertieft werden.

(b) Beurteilung nach § 41 GWB n.F.

Nach § 41 GWB n.F. ist ein Verstoß gegen das Vollzugsverbot wie bei der alten Gesetzeslage immer dann anzunehmen, wenn durch die besonderen Vereinbarungen der Parteien des Aktienkaufvertrages bereits ein Zusammenschlußtatbestand verwirklicht wird. Wann dies der Fall ist, richtet sich nach § 37 GWB n.F.. Mit der 6. Novelle wurde in Annäherung[618] an Art. 3 FKVO das maßgebliche Kriterium des „Kontrollerwerbs" in den Katalog der Zusammenschlüsse aufgenommen und der Mehrheitserwerb als solcher nicht mehr aufgeführt. Zugleich wurde der Auffangtatbestand des wettbewerblich erheblichen Einflusses im vollen Umfang der präventiven Fusionskontrolle unterstellt[619]. Damit nimmt das deutsche Recht Abschied von der formalen Betrachtungsweise, was für die Unternehmen größere Schwierigkeiten mit sich bringt, auf Anhieb die Erfüllung eines Zusammenschlußtatbestandes zu erkennen[620]. Infolge der Anlehnung an die FKVO ist damit zu rechnen, daß das BKartA beim Kontrollerwerb auf die Auslegungspraxis der EU-Kommission zurückgreift[621]. Aus diesem Grunde ist schon im Rahmen der Untersuchung des deutschen Vollzugsverbotes ein Blick auf diese Auslegungsgrundsätze erforderlich.

Die Auslegungspraxis der Europäischen Kommission richtet sich insbesondere nach der Bekanntmachung[622] über den Begriff des Zusammenschlusses in der VO Nr. 4064/89. Wie stellt sich der Kontrollbegriff im Lichte dieser Bekanntmachung dar ? Ausgangs-

617 Auch hier wären wiederum Rückausnahmen vorstellbar, falls der Dividendenentscheidung in der Hauptversammlung der Z eine entscheidende wettbewerbliche Bedeutung zukommt. Dies wäre denkbar, wenn z.B. ein enger Konnex zu einer erst durch eine zu hohe Ausschüttung erforderlich werdenden Kapitalerhöhung besteht oder grundlegende Investitionsentscheidungen der Geschäftsleitung wegen zu geringer Thesaurierung behindert oder erschwert werden.

618 S. Baron, a.a.O., S.35.

619 Auch hier gilt, daß der Einfluß gesellschaftsrechtlich vermittelt sein muß und somit die Möglichkeit einer Einflußnahme aufgrund von Kreditverhältnissen oder bloßen Geschäftsbeziehungen nicht ausreicht, s. Baron, a.a.O., S.36. In den Kombinationsfällen geht es jedoch nicht um bloß externe Einflüsse, sondern um den Einfluß, der sich unmittelbar aus der Verlagerung der Stimmrechtsmacht von V auf K ergibt.

620 Vgl. Schulte, AG 1998, 297 (303, r.Sp.).

621 Diese Schlußfolgerung zieht auch Schulte, AG 1998, 304, l.Sp.. Baron betont, daß die von der Europäischen Kommission entwickelten Auslegungsgrundsätze auch für das GWB „im Grundsatz maßgeblich" sind, s. Baron, a.a.O., S.35.

622 Bekanntmachung 94/C 385/02 der Kommission über den Begriff des Zusammenschlusses der Verordnung (EWG) Nr. 4064/89 des Rates vom 21. Dezember 1989 über die Kontrolle von Unternehmenszusammenschlüssen, ABl. Nr.C 385/5 vom 31.12.1994.

punkt einer Subsumtion unter den Kontrollbegriff bilden materielle Kriterien, da ein Rückgriff auf formale Zusammenschlußtatbestände aufgrund der unterschiedlichen nationalen Rechtsordnungen der Mitgliedstaaten im Bereich des Gesellschafts- und Beteiligungsrechts von vornherein nicht in Frage kam[623]. Dem Vorteil der größeren Flexibilität steht zwar der Nachteil der schwierigeren Ermittlungen im Einzelfall gegenüber, jedoch lassen sich für die Kombinationsfälle konkrete Schlußfolgerungen ziehen, die für die daran anknüpfende zukünftige Auslegungspraxis des BKartA eine Prognose erlauben.

Den Regelfall für die Erlangung der alleinigen Kontrolle stellt für die Kommission nach Ziff. 13[624] der Bekanntmachung die Stimmrechtsmehrheit dar. Bereits aus der Einordnung als Regelfall wird deutlich, daß eine Subsumtion der Kombinationsfälle unter den Begriff des Kontrollerwerbs nicht daran scheitert, daß K noch nicht dinglicher Inhaber der Aktien ist[625]. Diese Beurteilung wird bestätigt, wenn man Ziff. 9 und 10 der Bekanntmachung analysiert. Nach Ziff. 9 ist die Erlangung von Eigentumsrechten oder Aktionärsabsprachen zwar wichtig, jedoch nicht das einzige Kriterium[626]. Nach Ziff. 10 erlangen Personen auch Kontrolle, wenn sie zwar nicht die Rechte „besitzen", sie aber „ausüben können", sofern die Rechte selbst die Kontrolle verleihen. In Ziff. 10 S.2 ff. wird klargestellt, daß auf die Person, die im Hintergrund *faktisch* das Zielunternehmen kontrolliert, abzustellen ist und nicht auf die vorgeschobene Person, die formal der Rechtsinhaber ist. Wenngleich die letztgenannte Konstellation in erster Linie auf den Strohmannerwerb[627] von Beteiligungen abzielen dürfte, ist dem Gesamtzusammenhang zu entnehmen, daß in den Kombinationsfällen mit vollständiger Stimmrechtsverlagerung ein Kontrollerwerb naheliegt. Um hier allerdings nicht tautologische Schlüsse zu ziehen, bedarf es noch einer Klärung, welche *Qualität* die Kontrolle haben muß. Aus den Auslegungsregeln in Ziff. 19 ergibt sich, daß der Begriff der Kontrolle nach Ansicht der Kommission zumindest erfüllt wird, falls das strategische Wirtschaftsverhalten eines Unternehmens bestimmt werden kann. Dies ergibt sich nicht nur ausdrücklich aus S.3, sondern auch aus einem argumentum a minore ad maius. Wenn bei der joint control schon die Macht ausreicht, Aktionen *blockieren* zu können, die das strategische Wirtschaftsverhal-

---

623 S. Schulte, AG 1998, 303, r.Sp..

624 Ziff. 13 der Bekanntmachung führt aus: „Eine alleinige Kontrolle entsteht in der Regel de jure dann, wenn ein Unternehmen die Stimmrechtsmehrheit eines anderen Unternehmens erwirbt.... Wenn nicht andere Faktoren hinzukommen, ist der Erwerb einer Beteiligung ohne Stimmrechtsmehrheit in der Regel nicht mit der Erlangung einer Kontrolle gleichzusetzen, selbst wenn die Aktienmehrheit erworben wird.".

625 Daß für die Erlangung der Kontrolle die Gesellschafterstellung nicht notwendige Voraussetzung ist, ergibt sich zudem aus Ziff. 15 der Bekanntmachung, wonach sogar Optionen, die zum Kauf berechtigen, unter bestimmten Bedingungen die sole control begründen können.

626 Ziff. 9 der Bekanntmachung besagt auch, daß ausnahmsweise eine wirtschaftliche Abhängigkeit „faktisch zur Erlangung der Kontrolle führen" kann. Hier bezieht sich die Kommission ausdrücklich z.B. auf langfristige Lieferverträge oder Lieferantenkredite in Verbindung mit strukturellen Verpflechtungen.

627 Ziff. 10., S. 3 der Bekanntmachung spricht davon, daß „ ein Unternehmen eine Person oder ein Unternehmen vorschiebt, um eine Beteiligung zu erwerben, die ihm die Kontrolle über das Unternehmen sichert, und die Kontrolle über diese vorgeschobene Person ausübt, auch wenn formal diese Person der Rechtsinhaber ist".

ten eines Unternehmens bestimmen, muß es erst recht genügen, daß K alleine die Strategie durch maßgebliches Abstimmen in der Hauptversammlung der Z *positiv* gestalten könnte. Die Möglichkeit des positiven Gestaltens kann Kapitalmaßnahmen, Desinvestitionsentscheidungen und Beteiligungsveräußerungen im Rahmen der Holzmüllerdoktrin und sonstige Strukturmaßnahmen umfassen. Die Kommission stellt für den Kontrollbegriff auf die Potentialität der Einflußnahme ab. Damit reicht es aus, daß K in der Interimszeit abstrakt die Strategie der Z über die Beschlußfassung in der Hauptversammlung vorgeben könnte. Dies bedeutet, daß der Anwendungsbereich des Kontrollbegriffs sehr breit angelegt wurde. Nicht erforderlich ist, daß K auch realiter von der Möglichkeit Gebrauch macht. Die weitergehende Überlegung, ob eine bloße Blockierungsmöglichkeit durch K ausreicht, um einen Kontrollerwerb bejahen zu können, wird bei der Abhandlung des europäischen Vollzugsverbots[628] vertieft.

Aus den Auslegungskriterien der Europäischen Kommission folgt somit, daß in den Kombinationsfällen mit vollständiger Stimmrechtsverlagerung i.d.R. ein Kontrollerwerb angenommen werden kann. Sofern sich das BKartA und die deutsche Rspr. angesichts der Verankerung des Kontrollkonzeptes im GWB an diesen Auslegungsgrundsätzen orientieren, ist nach § 37 I Nr.2 GWB n.F. ein Zusammenschluß und damit ein Verstoß gegen § 41 I S.1 GWB n.F. zu bejahen.

In den Kombinationsfällen mit partieller Stimmrechtsverlagerung auf K kann das BKartA grundsätzlich[629] auf den subsidiären Zusammenschlußtatbestand des § 37 I Nr. 4 GWB n.F. zurückgreifen, falls die Parteien des Aktienkaufvertrages durch die besondere Abrede die Möglichkeit eines wettbewerblich erheblichen Einflusses des K auf Z herbeiführen. Folglich gelangt man zu demselben Ergebnis wie unter Geltung der 5. GWB-Novelle.

(2) Fallgruppe 2 (Vereinbarung einer mittelbaren Unternehmensbeteiligung ohne besondere Abrede über eine Stimmrechtsverlagerung auf K oder unter ausdrücklicher Belassung des Stimmrechts bei V)

(a) Beurteilung nach § 24 a IV GWB a.F. i.V.m. § 23 II Nr.2 S.2 2.Var.GWB a.F.

Nach der Zurechnungsklausel des § 23 II Nr. 2 S.2 2.Var. GWB a.F. rechnen zu den Anteilen, die dem Unternehmen gehören, auch die für seine Rechnung von einem anderen gehaltenen Anteile. Das abhängigkeitsrechtliche Pendant[630] zur fusionskontrollrechtlichen Zurechnung findet sich in § 16 IV 2.Var.. Deshalb soll die Analyse, unter welchen Vor-

628 S. die Ausführungen auf S. 169 ff..

629 Ausnahmen sind vorstellbar, wenn im Einzelfall die partielle Stimmrechtsverlagerung auf K keine Möglichkeit eines wettbewerblich erheblichen Einflusses gestattet. Z.B. kann die Kapitalversorgung der Z so ausreichend sein, daß jedwede Entscheidung über die konkrete Höhe der Dividendenausschüttung keine Auswirkungen auf den wettbewerblichen Verhaltensspielraum der Z hätte und somit die vom Vorstand der Z für die Zukunft geplanten Investionen in neue Märkte oder in den Ausbau vorhandener Märkte von der Entscheidung der Hauptversammlung nicht beeinträchtigt werden könnten.

630 Die fusionskontrollrechtliche Zurechnungsklausel im Rahmen des GWB a.F. ist § 16 IV nachgebildet, s. Riesenkampff, WuW 1996, 7.

aussetzungen V seine Aktien in der Interimszeit im Rahmen einer mittelbaren Unternehmensbeteiligung für Rechnung des K hält, auch erst bei der abhängigkeitsrechtlichen Untersuchung[631] erfolgen. Zur Beantwortung der hier interessierenden Frage, ob *allein* die Vereinbarung einer mittelbaren Unternehmensbeteiligung ausreicht, um einen Zusammenschlußtatbestand zu erfüllen und damit gegen das Vollzugsverbot zu verstoßen, wird zunächst unterstellt, daß K mit der Begründung der mittelbaren Unternehmensbeteiligung die wirtschaftlichen Chancen und Risiken der noch im Eigentum des V stehenden Aktien übernimmt. Nun wird man sich fragen, ob damit nicht bereits die Untersuchung der Fallgruppe beendet ist, weil über die Zurechnungsklausel der Zusammenschlußtatbestand zu bejahen sei. Wie die rege Diskussion zur Treuhand zeigt, wäre eine solche Schlußfolgerung verfrüht.

Nach einer Auffassung reicht allein die *Begründung* einer Treuhand aus, um dem Treugeber die Beteiligung zuzurechnen. Dies bedeutet, daß eine Zurechnung nicht davon abhängt, ob K als Treugeber auch Weisungsrechte hinsichtlich des Stimmrechts eingeräumt werden oder die Stimmrechtsmacht auf sonstige Weise auf ihn verlagert wird. *Mestmäcker*[632] führt dafür zwei Argumente an. Zum einen lasse der Wortlaut des GWB a.F. keine andere Auslegung zu, da er gerade ausschließe, die Zurechnung auch von der Stimmrechtsmacht abhängig zu machen. Zum anderen würde das Erfordernis von Weisungsrechten des Treugebers gegenüber dem Treuhänder die Anwendung des Gesetzes zur Disposition der Beteiligten stellen. *Ruppelt*[633] will die Zurechnungsklausel auch im Falle eigenverantwortlicher Verwaltung des Treuhänders bejahen, da der Treuhänder die Stimmrechte auch ohne Weisung im Interesse des Treugebers auszuüben habe. Auch die bisherige Entscheidungspraxis des BKartA sieht es für die Erfüllung der Zurechnungsklausel nicht als erforderlich an, daß die Verwaltungs- und Stimmrechte auf den Treugeber übertragen werden müssen. Im Fall Klöckner/SEN[634] führte das BKartA dazu aus, daß der Wortlaut der Zurechnungsklausel allein auf den Risikoträger abstelle und der Gesetzeszweck, Umgehungen durch Strohmänner oder Treuhänder zu vermeiden, verfehlt würde, falls man die Zurechnung von der vertraglichen Regelung der Stimmrechtsausübung abhängig machen würde. Noch deutlicher wird diese Linie im Fall Metro/Kaufhof II[635]. Hier hatte die Metro in dem Entwurf eines Treuhandvertrages mit dem Treuhänder eigens vereinbart, daß diesem bei den zu erwerbenden Aktien der Kaufhof AG das Stimmrecht alleine zustehen sollte, ohne an Weisungen der Metro gebunden zu sein. Das BKartA schloß sich trotz dieser Vereinbarungen der Auffassung von *Mestmäcker* an[636]. Auch das Kammergericht trat dieser Auffassung bei und bejahte einen Zusammenschluß nach § 23

631 S. dazu die Ausführungen im fünften Abschnitt, S. 187 ff..

632 Vgl. Mestmäcker in Immenga/Mestmäcker, § 23, Rdn. 180.

633 S. Ruppelt in Langen/Bunte, § 23, Rdn.17.

634 S. BKartA, Beschluß vom 13.6.1983 – B 7 – 324610 – U 161/82, abgedruckt in AG 1983, 314 (315, l.Sp.).

635 Vgl. BKartA, Beschluß vom 20.6.1983- B 9 – 712000 – U 2056/82, abgedruckt in AG 1983, 338.

636 S. den Fundstellennachweis in BKartA AG 1983, 340, l.Sp..

II S.2 Nr.2 lit. a) GWB a.F., da der Metro „letztlich“[637] alle Rechte aus dem Aktienerwerb zufließen sollten.

Die Gegenauffassung stellt für die Bejahung der Zurechnungsklausel generell oder für bestimmte Fälle auf die Frage ab, ob *Weisungsbefugnisse* des Treugebers vereinbart wurden. *Bechtold*[638] sieht keine Grundlage für eine Zurechnung, falls dem Treugeber nur die Erträgnisse zufließen, ohne daß er weisungsbefugt wäre. *Riesenkampff*[639] unterscheidet bei der Zurechnungsklausel im Rahmen von Treuhandverhältnissen zwei Fallkonstellationen, da es eine typische Form des Treuhandvertrages nicht gebe. Handele es sich um einen Geschäftsbesorgungsvertrag nach § 675 BGB mit Weisungsbefugnis des Treugebers und Herausgabepflicht des Treuhänders, unterliege es keinem Zweifel[640], daß für die Zwecke der Fusionskontrolle der Treugeber am Zusammenschluß beteiligt sei. Dagegen sei in den Fällen, in denen eine Aufteilung zwischen wirtschaftlichem Risiko und der Leitungsmacht erfolge, um dem Treugeber für die Dauer des Fusionskontrollverfahrens die Möglichkeit des Zugriffs auf die Anteile zu erhalten, entscheidend auf die Leitungsmacht[641] abzustellen.

Der hier aufgeführte Meinungsstreit, der spezifisch zunächst nur Treuhandverhältnisse betrifft, zeigt die mit den Fällen mittelbarer Unternehmensbeteiligung generell verbundene Problematik auf, soweit aus der mittelbaren Unternehmensbeteiligung auch ein Halten der Beteiligung für Rechnung des K durch V folgt. Soll dann aus der Ausgangslage, daß K die wirtschaftlichen Chancen und Risiken der Beteiligung des V an Z innehat bzw. trägt und damit V die Beteiligung für Rechnung des K hält, zwingend über die Zurechnungsklausel ein Zusammenschlußtatbestand zwischen K und Z anzunehmen sein ? Die von *Mestmäcker* vorgebrachte schematische Argumentation, daß das GWB a.F. hier keine andere Auslegung gestatte, hat m.E. keinen Absolutheitsanspruch. Gelangt man zur Überzeugung, daß für den Begriff des Zusammenschlusses entscheidend darauf abzustellen ist, ob K mittels Stimmrechtsmacht auf die wettbewerblichen Dispostionen des Zielunternehmens Einfluß nehmen kann, läßt sich bei Fehlen einer solchen Stimmrechtsmacht entgegen *Mestmäcker* die Zurechnung methodisch auf drei Wegen verneinen. Man könnte bereits den Begriff des Haltens „für Rechnung“ derart auslegen, daß nicht nur die wirtschaftliche Übernahme der Chancen und Risiken erforderlich ist, sondern auch die Stimmrechtsmacht hinzutreten müsse. Denkbar wäre auch, zwar den Begriff des Haltens für Rechnung zu bejahen, aber für alle Zusammenschlüsse die implizite[642] Voraussetzung eines wettbewerblich erheblichen Einflusses zu verlangen. Dann läge bei Fehlen der Stimmrechtsmacht des K kein Zusammenschluß vor. Schließlich wäre vorstellbar, den

---

637 S. KG, Beschluß vom 16.10.1984 – Kart 14/83, abgedruckt in AG 1985, 167, (167, r.Sp.) ebenfalls unter Bezugnahme auf Immenga.

638 S. Bechtold in Kleinmann/Bechtold, § 23, Rdn. 383 und Rdn. 114.

639 Vgl. Riesenkampff, WuW 1996, 5.

640 So Riesenkampff, WuW 1996, 6. Als Beispiel nennt Riesenkampff ein Unternehmen, das zum Zwecke der Geheimhaltung seine Bank beauftragt, Anteile für seine Rechnung zu erwerben und ihr zusagt, alle Aufwendungen zu erstatten.

641 S. Riesenkampff, WuW 1996, 14.

642 Diesen Weg beschreitet Riesenkampff, WuW 1996, 8. Riesenkampff leitet diese gleichsam vor die Klammer gezogene Voraussetzung aus der seit der 5. GWB-Novelle einfügten Nr.6 ab.

grundsätzlich durch die Zurechnungsklausel erweiterten Zusammenschlußtatbestand bei Fehlen einer korrespondierenden Stimmrechtsmacht teleologisch wieder zu reduzieren.

Auch das von *Mestmäcker* angeführte Argument, bei Relevanz der Stimmrechtsmacht für die Zurechnungsklausel stellte man die Anwendung des GWB zur „Disposition" der Beteiligten, vermag nicht zu überzeugen. Wie *Riesenkampff*[643] zu Recht unterstreicht, ergibt sich die Antwort, ob ein Zusammenschlußtatbestand erfüllt ist, *durchweg* aus dem schuldrechtlichen Innenverhältnis der Parteien, die Anteile kaufen oder verkaufen.

Die eigentliche Problematik beruht auf der Frage, ob überhaupt Fälle denkbar sind, in denen das unmittelbar beteiligte Unternehmen zwar die Anteile für Rechnung eines anderen Unternehmens hält, jedoch die Stimmrechtsmacht davon unberührt bleibt. Der Volksmund würde diese Frage aus Sicht des unmittelbar Beteiligten mit der Feststellung beantworten: „Wes` Brot ich eß, des Lied ich pfeiff". *Paschke* nimmt an, daß es zwar möglich sei, daß der Treuhänder im Interesse des Treugebers zu wirtschaften hat, ohne die Unternehmensleitung zu verlieren; jedoch seien Fälle, in denen eine völlige Freizügigkeit des Treuhänders vorliegt, selten[644]. Eine noch differenziertere Betrachtung stellt *Thurnher*[645] an. Da mit der wirtschaftlichen Verlagerung der Beteiligung auf den Treugeber ein Interesse am wirtschaftlichen Fortkommen des Unternehmens entstehe, sei die Wahrscheinlichkeit einer Einflußnahme gegeben. Eine wirtschaftliche Verbindung zwischen Treuhänder und Treugeber könne dann von solcher Intensität sein, daß sie formelle Weisungsrechte *substituiere*. Anders ausgedrückt werde das Verhältnis vom Treugeber so nachhaltig dominiert, daß er nicht auch noch Weisungsrechte benötige, um seinen Willen gegenüber dem Treuhänder durchzusetzen[646]. Ist diese Wertung des Pudels Kern, ergibt sich für die Ausgangsfrage auf Basis des GWB a.F. folgende Beurteilung:

Wurde eine Vereinbarungstreuhand begründet, ist bei Fehlen einer besonderen Abrede über eine Stimmrechtsverlagerung auf K im Wege der Stimmbindung oder der Autorisation von der Einordnung der Treuhand als Geschäftsbesorgungsvertrag auszugehen. Dann ergibt sich aus der Vereinbarung des Institutes auch ohne besondere Abrede über die Ausübung des Stimmrechts ein Weisungsrecht des K. Folglich fallen die Verlagerung des wirtschaftlichen Partizipationsinteresses und die Stimmrechtsverlagerung zusammen. Ein Verstoß gegen das Vollzugsverbot wäre auch nach der Auffassung zu bejahen, die bei der Zurechnungsklausel auf die Stimmrechtsmacht abstellt.

Wird die Vereinbarungstreuhand abweichend vom Leitbild des Geschäftsbesorgungsvertrages dahingehend ausgestaltet, daß V zwar für Rechnung des K handeln soll, jedoch keinen Weisungsrechten des K für Abstimmungen in der Hauptversammlung der Z unterliegt, folgt aus der gesetzlichen Zurechnungsklausel *grundsätzlich* dennoch ein Zusammenschluß. In Fällen, in denen das Weisungsrecht sogar ausdrücklich ausgeschlossen

643 Vgl. Riesenkampff, WuW 1996, 8.

644 So Paschke in Frankfurter Kommentar, § 23, Tz.171 a.E.. Paschke will die Ansiedelung der Leitungsmacht beim Treuhänder bereits dann verneinen, falls der Treuhänder den Treugeber zu konsultieren hat und dieser das Treuhandverhältnis beenden kann, wenn seinen Vorstellungen nicht entsprochen wird.

645 S. Thurnher, WuW 1994, 312.

646 Ob hieraus resultiert, daß auch abhängigkeitsrechtlich eine „faktische" Leitungsmacht anzunehmen ist – wie Thurnher anzudeuten scheint – kann hier dahinstehen.

wird, um nicht in den Anwendungsbereich des Vollzugsverbots zu gelangen, muß den Parteien entgegen der Ansicht des BKartA gestattet sein, darzulegen und notfalls unter Beweis zu stellen, daß die Vereinbarungstreuhand ausnahmsweise keine Möglichkeit eines wettbewerblich erheblichen Einflusses des K auf Z schafft. Um die berechtigte Zielsetzung des BKartA, Umgehungsfälle zu erfassen, nicht zu beeinträchtigen, ist für diese Darlegung allerdings ein strenger Maßstab anzulegen, der insbesondere auch die tatsächliche Durchführung der Vereinbarung berücksichtigt.

Gleiches gilt für die Fälle der atypischen Unterbeteiligung, die der Treuhand strukurell angenähert sind.

In den Fällen des Nießbrauchs ergibt sich bei Fehlen einer besonderen Abrede keine aus dem Institut folgende Verlagerung der Stimmrechtsmacht, da allein dem Besteller das Stimmrecht materiell zusteht bzw. der Besteller das letzte Wort behält[647]. Gleiches gilt für die typische Unterbeteiligung, da diese kein generelles Weisungsrecht des Unterbeteiligten gegenüber dem Hauptbeteiligten begründet. Ob dann Fälle denkbar sind, in denen V die Stimmrechtsmacht behält, obwohl er die Beteiligung für Rechnung des K hält, hängt davon ab, ob der Begriff des Haltens für Rechnung überhaupt durch die Vereinbarung eines Nießbrauches bzw. einer typischen Unterbeteiligung erfüllt werden kann. Dieser Frage wird im Rahmen der Untersuchung des § 16 IV 2. Var. nachgegangen[648].

(b) Beurteilung nach § 41 GWB n.F.

Sind die zur Zurechnungsklausel des GWB a.F. gefundenen Ergebnisse auf die Rechtslage nach der 6. Novelle übertragbar ?

Der Gesetzgeber hat unter Übernahme des Kontrollkonzeptes in § 37 I Nr.2 GWB n.F. im Rahmen des § 37 I Nr. 3 S.2 GWB n.F. die Zurechnung von Anteilen beim Halten für Rechnung übernommen. Damit soll für das deutsche Fusionskontrollrecht eine Kombination[649] aus Beteiligungs- und Kontrollerwerb gelten. Das Kombinationsmodell, das auch Aufgreifschwellen unterhalb der Kontrollschwelle erfaßt, wurde insbesondere mit Hinblick auf Minderheitsbeteiligungen gewählt, um eine Absenkung des deutschen Schutzniveaus in der Fusionskontrolle zu verhindern[650]. Ist erklärtes Ziel der 6. Novelle somit, durch die Einführung des Kontrollkonzeptes die deutsche Fusionskontrolle nicht abzuschwächen, bleibt es bei der grundsätzlichen Geltung des Erfahrungssatzes, daß die Übernahme aller wirtschaftlichen Chancen und Risiken einer Beteiligung auch die Verlagerung der mit ihr verbundenen Möglichkeit eines wettbewerblich erheblichen Einflusses

647 Vgl. zu den idealtypischen Konsequenzen des Nießbrauchs für das Stimmrecht die Darstellung im zweiten Abschnitt, S. 79 ff..

648 S. die Prüfung im fünften Abschnitt, S. 188 f..

649 Die Regierungsbegründung zur 6. Novelle führt insofern aus: „Für überschaubar begrenzte Fallzahlen ist der europäische Weg zwar aufwendig, aber vertretbar. Bei einer größeren Zahl von Fällen sind feste Schwellen für alle Beteiligten einfacher handhabbar, aber nicht immer sachgerecht. Es bietet sich deshalb an, den Beteiligungserwerb mit dem „Kontrollerwerb“ zu kombinieren.“ Zitat nach Baron, a.a.O., S.133.

650 Die Regierungsbegründung, zitiert nach Baron, a.a.O., S.133, spricht davon, daß ein Verzicht auf diese Aufgreiftatbestände eine Absenkung des Schutzniveaus bedeutet hätte, „die wettbewerbspolitisch nicht gerechtfertigt ist“.

auf die Zielgesellschaft mit sich bringt. Wie auch unter Geltung des GWB a.F. sollte jedoch die Möglichkeit bestehen bleiben, trotz der Zurechnungsklausel für Ausnahmefälle eine Darlegung und ggf. einen entsprechenden Beweisantritt zuzulassen, daß mit dem Halten für Rechnung ausnahmsweise keine Stimmrechtsverlagerung zugunsten des Unternehmens, für das die Beteiligung gehalten wird, einhergeht.

Auch ein Blick auf die zukünftig für die deutsche Fusionskontrolle zunehmend an Bedeutung gewinnenden europäischen Auslegungsregeln zeigt, daß die Ergebnisse ohne Modifikationen übernommen werden können. Etwas anderes käme nur dann in Betracht, falls die FKVO ausschließlich auf die *positive* Feststellung von Stimmrechten beim Inhaber der Beteiligung abstellte und den Erfahrungssatz, daß die Übernahme aller wesentlichen Chancen und Risiken einer Beteiligung i.d.R. auch eine Stimmrechtsmachtverlagerung mit sich bringt, ausschließen würde. Dies ist jedoch nicht der Fall. Wem die Kontrolle zuzurechnen ist, hängt von den Umständen[651] des Einzelfalls ab. Wie Ziff. 10 S. 4 der Bekanntmachung[652] der Europäischen Kommission über den Begriff des Zusammenschlusses zeigt, kann nach Auffassung der Kommission die Stimmrechtsmacht durchaus von der formalen Inhaberschaft getrennt sein. Noch deutlicher schlägt sich die Möglichkeit, aus Indizien auf die Stimmrechtsmacht zu schließen, in Ziff. 15 nieder, wonach die Wahrscheinlichkeit einer Optionsausübung auf den Kauf von Aktien als „weiteres Indiz" „den Schluß nahe legt, daß eine alleinige Kontrolle vorliegt". Damit kann nach den Auslegungskriterien der Kommission auch das Halten für Rechnung als Indiz für das Vorliegen der Stimmrechtsmacht bei dem Unternehmen, für das die Beteiligung gehalten wird, herangezogen werden[653].

(3) Fallgruppe 3 (Stimmrechtsverlagerung auf K ohne Vereinbarung einer mittelbaren Unternehmensbeteiligung)

(a) Beurteilung nach § 24 a IV GWB a.F.

In dieser Fallgruppe stellt sich das Problem der Zurechnungsklausel nach § 23 II Nr. 2 S.2 2.Var. GWB a.F. mangels Vereinbarung einer mittelbaren Unternehmensbeteiligung nicht. Damit richtet sich die Beantwortung der Frage, ob die isolierte Verlagerung der Stimmrechtsmacht von V auf K bereits vor dinglicher Übereignung der Aktien einen Zusammenschlußtatbestand bewirkt, nach dem Ausmaß der Verlagerung.

---

651 Zutreffend insofern Riesenkampff, WuW 1996, 13.

652 Vgl. die Fundstelle in Fußnote 622.

653 Vgl. die Analyse von Riesenkampff, WuW 1996, 14. Riesenkampff nimmt – allerdings auch für das deutsche Fusionskontrollrecht auf Basis des GWB a.F.- bei der Treuhand zwar eine *indizielle* Wirkung der mittelbaren Unternehmensbeteiligung für die Stimmrechtsmacht an, eine „Vermutung" für deren Bestehen wird von ihm jedoch verneint. M.E. ist für den Bereich des deutschen Fusionskontrollrechts eine solche „Vermutung" jedoch schon durch die Wertung des Gesetzgebers in Form der Zurechnungsklausel gegeben, wobei allerdings der Treugeber durch Auslegung oder teleologische Reduktion die Möglichkeit erhalten sollte, bei Fallgestaltungen, in denen ausnahmsweise das Stimmrecht beim Treuhänder verbleibt, unter entsprechend strengen Anforderungen einen von der „Vermutung" abweichenden Sachverhalt darzulegen.

Bei vollständiger Verlagerung liegt entweder ein Zusammenschluß nach § 23 II Nr.5 oder zumindest nach § 23 II Nr.6 GWB a.F. vor.

Bei partieller Verlagerung liegt ein Verstoß gegen das Vollzugsverbot vor, falls K einen wettbewerblich erheblichen Einfluß auf Z erlangt.

(b) Beurteilung nach § 41 I GWB n.F.

Hier scheidet mangels Zurechnungsklausel ein Verstoß gegen das Vollzugsverbot wegen Realisierung eines Zusammenschlusses nach § 37 II Nr.3 GWB n.F. aus. Ein Verstoß liegt dann entweder vor, falls K durch die von V erhaltene Stimmrechtsmacht die unmittelbare Kontrolle über Z nach § 37 II Nr.2 GWB n.F. erlangt oder zumindest einen wettbewerblich erheblichen Einfluß i.S.d. § 37 II Nr. 4 GWB n.F. auf Z ausüben könnte.

b) Die Begrenzungen im Rahmen der europäischen Fusionskontrolle

aa) Das Vollzugsverbot nach Art. 7 I FKVO

Nach der alten Regelung des § 7 FKVO, die mit Wirkung zum 1.3.1998 durch die VO Nr.1310/97[654] geändert wurde, unterlagen grundsätzlich alle Unternehmenszusammenschlüsse, die die Aufgreifkriterien der europäischen Fusionskontrolle erfüllen, vor und bis drei Wochen nach ihrer Anmeldung einem Vollzugsverbot. Dieser dreiwöchige Zeitraum war demnach *kürzer* bemessen als die erste Prüfungsphase, die i.d.R. einen Monat und in Ausnahmefällen sechs Wochen dauert. Die aktualisierte Regelung in § 7 I FKVO sieht nunmehr vor, daß der Vollzug grundsätzlich solange ausgesetzt bleiben muß, bis der Zusammenschluß genehmigt ist. Durch die Synchronisation[655] der für das Vollzugsverbot geltenden Frist mit der Verfahrensfrist verlängert sich der Zeitraum, in dem auch bei europäischen Fusionskontrollsachverhalten ein Bedürfnis der Kaufvertragsparteien nach einer den angestrebten Machtwechsel wirtschaftlich vorwegnehmenden Regelung in der Interimszeit bestehen kann.

Eine Befreiung von der Pflicht zur Aussetzung des Vollzugs ist gemäß Art. 7 IV FKVO möglich. Demnach bedarf es eines Grundes für den Befreiungsantrag, über den die Kommission unter besonderer Abwägung der möglichen Auswirkungen des Vollzugsaufschubs auf die beteiligten Unternehmen oder auf Dritte und der möglichen Gefährdungen des Wettbewerbs durch den Zusammenschluß zu entscheiden hat. Im Unterschied zur alten Regelung wurden die materiellen Befreiungsvoraussetzungen gelockert, da nun nicht

654 Verordnung (EG) Nr.1310/97 des Rates vom 30.Juni 1997 zur Änderung der Verordnung (EWG) Nr. 4064/89 des Rates über die Kontrolle von Unternehmenszusammenschlüssen, ABl. L 180 vom 9.7.1997, berichtigt ABl. L 3 vom 7.1.1998 S.16 und ABl. L 40 vom 13.2.1998 S.17.

655 S. Hirsbrunner, EuZW 1998, 70, r.Sp..

mehr erforderlich ist, daß den beteiligten Unternehmen oder Dritten als Folge des Vollzugsaufschubs schwerer Schaden entsteht[656].

bb) Sachlicher Anwendungsbereich des europäischen Vollzugsverbotes und Rechtsfolgen bei Verstoß

Auch im Rahmen des europäischen Vollzugsverbotes stellt sich die Frage, welche Rechtsgeschäfte sich als „Vollzug" darstellen. Eine gemeinschaftsrechtliche Auslegung des Begriffs ergibt hier zunächst, daß ein Vollzug jedenfalls dann vorliegt, wenn ein Zusammenschlußtatbestand des Art. 3 FKVO erfüllt wird. M.a.W. dürfen die Vereinbarungen der Parteien nicht dazu führen, daß K unter Geltung des Kontrollkonzeptes bereits vor formalen Abschluß der Akquisition die Kontrolle über Z erhält.

Darüber hinaus zeigen die anderen Sprachfassungen der FKVO, daß das bloße Abstellen auf die Erlangung der Eigentümerposition und damit eine rein formale Betrachtungsweise nicht genügt, was unter Berücksichtigung der nationalen Rechtsordnungen, die das Abstraktionsprinzip nicht kennen, einleuchtet. In der englischen Fassung ist die Rede von „put into effect", in der französischen Fassung heißt es „être réalisé". Damit ist wie bei der deutschen Fusionskontrolle eine wirtschaftliche Betrachtungsweise erforderlich[657], die alle rechtlichen und tatsächlichen Handlungen ins Kalkül zieht.

Bei einem Verstoß gegen das Vollzugsverbot ist nach Art. 7 V FKVO die Wirksamkeit eines Rechtsgeschäftes von der Entscheidung der Kommission bzw. von der Genehmigungsvermutung bei Fristablauf ohne Entscheidung abhängig. Damit richten sich die zivilrechtlichen Folgen nach der materiellen Beurteilung des Zusammenschlusses durch die Kommission. Entsprechende Rechtsgeschäfte sind schwebend unwirksam[658], was durch den Wortlaut („ist...abhängig") noch deutlicher zum Ausdruck kommt als im deutschen Fusionskontrollrecht. Die Argumente[659], die bei der Untersuchung des deutschen Vollzugsverbotes angeführt wurden, sprechen auch hier dafür, daß eine Heilung *ex tunc* wirkt.

Im Falle eines Verstoßes gegen das Vollzugsverbot kann die Kommission nach Art. 14 II lit. b) FKVO bis zu 10 v.H. des von den beteiligten Unternehmen erzielten Gesamtumsatzes festsetzen, falls der Verstoß vorsätzlich oder fahrlässig erfolgt. Diese Bußgeldandrohung stellt für Umsatzmilliardäre eine einschneidende Sanktion dar.

656 Vgl. dagegen die Regelung in § 41 II GWB n.F., nach der die Geltendmachung eines wichtigen Grundes – insbesondere die Abwendung eines schweren Schadens – erforderlich ist.

657 Vgl. auch Löffler in Langen/Bunte, FKVO, Art.7, Rdn.3.

658 So auch Löffler in Langen/Bunte, FKVO, Art.7, Rdn.6.

659 Vgl. die Analyse in diesem Abschnitt, S. 149 ff..

cc) Die konkreten Gestaltungsmöglichkeiten im Rahmen des europäischen Vollzugsverbotes

Die Auslegungsregeln der Europäischen Kommission wurden bereits im Zusammenhang mit der 6. GWB-Novelle analysiert[660]. Damit ergibt sich für die drei Fallgruppen folgender Gestaltungsspielraum:

In den Kombinationsfällen und in den Fällen, in denen nur eine Stimmrechtsverlagerung vereinbart wird, ist ein Verstoß gegen das Vollzugsverbot zu bejahen, falls K in die Lage versetzt wird, das strategische[661] Wirtschaftsverhalten der Z zu bestimmen. Dies kann auch bei partieller Verlagerung der Stimmrechtsmacht zutreffen, falls K beispielsweise die Kapitalversorgung der Z über sein Stimmverhalten in der Hauptversammlung vorgeben und damit indirekt den finanziellen Aktionsradius des Vorstandes für Investitionen, Umstrukturierungen, Akquisitionen etc. festlegen könnte.

Fraglich ist, ob die Möglichkeit der *Blockierung* von strategischen Entscheidungen in der Z ebenfalls als ausreichend anzusehen ist und damit über die Erlangung der sole control ein Verstoß gegen das Vollzugsverbot anzunehmen wäre. Hiergegen scheint auf den ersten Blick die in Ziff. 19 der Bekanntmachung der Kommission formulierte Abgrenzung zu sprechen, wonach die sole control durch das Bestimmenkönnen des strategischen Wirtschaftsverhaltens gekennzeichnet sei, während bei der joint control der entscheidende Einfluß auf der Macht basiere, entsprechende Aktionen blockieren zu können. Jedoch sprechen gegen eine solche Schlußfolgerung drei Gesichtspunkte.

Erstens würde an die Qualität des wettbewerblichen Einflusses bei nur einem Herrschaftssubjekt höhere Anforderungen gestellt als bei mehreren Subjekten. Wenn überhaupt, müßte eine Verschärfung der Anforderungen jedoch in umgekehrter Richtung verlaufen, da sich bei mehreren Herrschaftssubjekten grundsätzlich die Frage nach einer Koordination der Herrschaftsmittel stellt.

Zweitens zeigt der Kontext der Auslegungsregel, daß hier der spezielle Fall von Gemeinschaftsunternehmen angesprochen ist. Es geht somit nicht um eine bewußte Verschärfung der Anforderungen, die an die sole control zu stellen sind, sondern um die Frage, wann bei Pattsituationen die joint control denkbar ist.

Drittens stellen die Auslegungsregeln keine abschließende Definition des Kontrollerwerbs dar, sondern dienen auf der Grundlage einer transparenten Entscheidungspraxis der Kommission als Leitfaden für den nationalen Rechtsanwender. Damit bleibt festzuhalten, daß im Rahmen der europäischen[662] Fusionskontrolle ein Verstoß gegen das Vollzugsverbot auch dann vorliegt, falls K in den Kombinationsfällen und in den Fällen isolierter Stimmrechtsverlagerung die Möglichkeit erhält, bei der Z wettbewerblich relevante strategische Entscheidungen blockieren zu können. Beispielsweise könnte die Stimmrechtsverlagerung auf K angesichts der Mehrheitserfordernisse des § 182 I zwar die Möglich-

660 S. die Ausführungen in diesem Abschnitt auf S. 161 ff..

661 Vgl. hierzu Ziff. 19 S.3 der Auslegungsregeln der Kommission (Fundstelle s. in Fn. 622).

662 Um hier den Kreis zu schließen, muß man sich vor Augen halten, daß bei der deutschen Fusionskontrolle wiederum die Möglichkeit besteht, die Blockademöglichkeit über den Auffangtatbestand des wettbewerblich erheblichen Einflusses zu erfassen.

keit eröffnen, eine geplante Kapitalerhöhung bei der Z zu verhindern, ohne daß K aber in der Lage wäre, die Erhöhung positiv herbeizuführen.

Wird lediglich eine mittelbare Unternehmensbeteiligung vereinbart, ohne daß eine besondere Abrede über die Stimmrechtsverlagerung auf K getroffen wird, folgt bei der Treuhand und der atypischen Unterbeteiligung bereits aus dem Institut selbst eine Stimmrechtsverlagerung auf K. Ein Kontrollerwerb ist dann wegen der generellen Weisungsbefugnis des K zu bejahen.

In den übrigen Fällen kommt der mittelbaren Unternehmensbeteiligung mangels einer speziellen Zurechnungsklausel nur indizielle Bedeutung zu, womit im Einzelfall aus der Vereinbarung kein Kontrollerwerb resultieren kann, falls das Stimmrecht bei dem unmittelbar Beteiligten V verbleibt und keine Weisungsbefugnisse des K bestehen.

4. Gesamtzusammenfassung und Schlußfolgerungen

Die Untersuchung im vierten Abschnitt hat gezeigt, daß die Parteien des Aktienkaufvertrages bei Fusionskontrollsachverhalten in ihrer kautelarjuristischen Gestaltungsfreiheit erheblich eingeschränkt sind.

In den Kombinationsfällen verstößt eine vollständige Verlagerung der Stimmrechtsmacht des Mehrheitsgesellschafters V auf K in der Interimszeit gegen alle Vollzugsverbote. Eine partielle Stimmrechtsverlagerung können die Parteien unter Geltung des deutschen Vollzugsverbotes zusammen mit einer mittelbaren Unternehmensbeteiligung nur dann vereinbaren, falls aus der Stimmrechtsverlagerung selbst nicht einmal die Möglichkeit des K zu einem wettbewerblich erheblichen Einfluß auf Z resultiert und sich auch keine Zurechnung der Beteiligung wegen eines Haltens für Rechnung des K ergibt. Unter Geltung des europäischen Vollzugsverbotes kann eine partielle Stimmrechtsverlagerung nur vereinbart werden, falls dadurch keine Möglichkeit des K begründet wird, die strategische Ausrichtung von Z im Wettbewerb zu bestimmen oder zu blockieren und das Indiz der Vereinbarung einer mittelbaren Unternehmensbeteiligung für die Verlagerung der Kontrolle auf K hinter anderen Umständen zurücktritt.

In den Fällen der alleinigen Vereinbarung einer mittelbaren Unternehmensbeteiligung ist ein Verstoß gegen das deutsche Vollzugsverbot regelmäßig nur dann zu verneinen, falls aus der Unternehmensbeteiligung kein Weisungsrecht des K folgt und auch keine Zurechnung der Beteiligung an K wegen eines Haltens für seine Rechnung vorzunehmen ist. Wird die Beteiligung von V für Rechnung des K gehalten, werden die Parteien nur in Ausnahmefällen darlegen können, daß mit der Begründung der mittelbaren Unternehmensbeteiligung keine Stimmrechtsverlagerung verbunden ist. Unter Geltung des europäischen Fusionskontrollrechts darf aus der mittelbaren Unternehmensbeteiligung keine Dispositionsbefugnis des K über die Ausübung des Stimmrechts durch V resultieren.

In den Fällen einer isolierten Stimmrechtsverlagerung von V auf K ohne gleichzeitige Begründung einer mittelbaren Unternehmensbeteiligung ist im Rahmen des deutschen Vollzugsverbots eine Vereinbarung nur bei partieller Verlagerung, die unterhalb der Schwelle eines potentiellen wettbewerblich erheblichen Einflusses des K auf Z bleibt, zulässig. Im Rahmen der europäischen Fusionskontrolle hat die Verlagerung des Stimmrechts nur dann Bestand, falls sie noch nicht einmal die potentielle Blockade strategischer Entscheidungen in der Z im Wettbewerb erlaubt.

Sichtet man dieses Gesamtergebnis, zeigt sich, daß bei vollzugsverbotskonformen Vorgehen der Parteien die Vorverlagerung der Rechte eines Mehrheitsgesellschafters der Z von V auf K in der Interimszeit kaum möglich ist. Wird die wirtschaftliche Partizipation an Z auf K verlagert, wird die Gefahr der Zurechnung virulent. Bei Verlagerung der Stimmrechtsmacht besteht die Gefahr der verbotswidrigen frühzeitigen Verwirklichung eines Kontrollerwerbstatbestandes oder eines subsidiären Auffangtatbestandes in Form des wettbewerblich erheblichen Einflusses. Deshalb halten sich die Empfehlungen des ohnehin vorsichtigen kautelarjuristischen Schrifttums[663] zu Recht für den Bereich der Überbrückungsregelungen bei fusionskontrollrechtlichen Sachverhalten zurück. Der einzige sichere Ausweg, der sich den Parteien anbietet, um ein im Einzelfall legitimes Interesse an der Vorverlagerung der Partizipation an Z von V auf K während der Interimszeit zu realisieren und diese Vorverlagerung mit einer korrespondierenden Stimmrechtsmacht des K zu flankieren, liegt dann in der Möglichkeit, einen Antrag auf die Befreiung vom Vollzugsverbot nach § 41 II GWB n.F. mit der dort allerdings vorgesehenen Restriktion eines wichtigen Grundes oder gemäß Art. 7 IV S.2 und S.3 FKVO zu stellen.

Für die abhängigkeitsrechtliche Untersuchung soll deshalb als Regelfall davon ausgegangen werden, daß die Parteien bei Akquisitionen mit fusionskontrollrechtlichem Anwendungsbereich weder eine Vorverlagerung der Partizipation in Form einer mittelbaren Unternehmensbeteiligung noch eine Stimmrechtsverlagerung vereinbaren. Dies dürfte auch in praxi am ehesten einer dem Vorsichtsprinzip verbundenen Rechtsberatung und -gestaltung entsprechen. Zur Vervollständigung werden aber auch die Fälle untersucht werden, in denen die Parteien entgegen dem Vollzugsverbot eine Überbrückungsregelung treffen.

---

663 Günther in Münchener Vertragshandbuch, Band 2, II. 1, N., Ziff. 122 zeigt sich hier gegenüber Überbrückungsregelungen besonders risikoavers.

Abschnitt V: Die abhängigkeitsrechtliche Prüfung

1. Zur Fragestellung

Die Vorarbeiten haben ergeben, daß die Parteien des Aktienkaufvertrages über vielfältige privatautonome Gestaltungsmittel verfügen, um die Rechtsstellung des K bereits vor der dinglichen Übereignung der Aktien in unterschiedlicher Intensität der Position eines Inhabers der Mehrheitsbeteiligung an der Zielgesellschaft anzunähern. Wie aufgezeigt, kann diese Annäherung sowohl die wirtschaftliche Teilhabe an Z als auch die Ausübung des Stimmrechts in der Hauptversammlung der Z betreffen. Die Intensität der Annäherung an die Rechtsstellung eines Mehrheitsaktionärs hängt von dem konkreten kautelarjuristischen Gestaltungsspielraum ab. Hier wurde nachgewiesen, daß der Gestaltungsspielraum im Rahmen der individuellen Zielsetzung der Akquisition von gesellschaftsrechtlichen und fusionskontrollrechtlichen Parametern abhängen kann. Je nach Sachverhaltskonstellation und Größe der beabsichtigten Akquisition ergibt sich dann ein wechselnd großer Spielraum, innerhalb dessen sich die Parteien bewegen können.

In den drei Phasen[664] der Akquisition verfügen V und K zudem über zahlreiche vertragliche und nicht-vertragliche Mittel, die von der ersten Übersendung eines offering memorandums über Optionsgestaltungen bis zum Abschluß des Aktienkaufvertrages reichen und unterschiedliche Bindungswirkungen entfalten.

Im folgenden soll im Kernstück der Untersuchung auf Basis der bislang gewonnenen Erkenntnisse analysiert werden, ob und ggf. unter welchen Voraussetzungen die Vereinbarungen der Parteien zu einer aktienrechtlichen Abhängigkeit der Z von K in einem Zeitraum führen können, in dem K noch nicht das Eigentum an der Mehrheitsbeteiligung erlangt hat.

Da die kombinatorische Variationsbreite der Gestaltungsmittel jeden Untersuchungsrahmen sprengen würde, kann die Prüfung nur bei der Bildung von Fallgruppen ansetzen, die nach erfolgter Kategorisierung unter dem Blickwinkel der in Rspr. und Literatur entwickelten spezifischen abhängigkeitsrechtlichen Kriterien durchleuchtet werden.

2. Kategorisierung der Hauptfallgruppen

Wie die bisherige Analyse gezeigt hat, bestimmt sich die Annährung des K an die Position eines Mehrheitsgesellschafters der Z einerseits durch die zeitliche Nähe und Konkretisierung des Machtwechsels, andererseits durch die besonderen Absprachen über eine Partizipation des K an Z und/oder über die Ausübung des Stimmrechts durch K bzw. über die Verlagerung der Stimmrechtsmacht auf K. Zur Kategorisierung der Hauptfallgruppen

---

664 Zu den drei Phasen vgl. die Ausführungen im ersten Abschnitt, S. 56 ff. und *Übersicht 1*, S. 62/63.

bietet sich deshalb die Anknüpfung an zwei Fragen an: In welcher *zeitlichen Phase* des Akquisitionsprozesses befinden sich die beteiligten Unternehmen ? Über welche vertraglichen *Gestaltungsmittel* können K und V in dem zu untersuchenden Zeitraum verfügen ? Aus der Verknüpfung dieser beiden Fragen ergeben sich vier Hauptfallgruppen, deren Einordnung beginnend mit der ersten Hauptfallgruppe durch eine zunehmende Begrenzung der Gestaltungsfreiheit bzw. einen abnehmenden Gebrauch von Gestaltungsmitteln und durch eine abnehmende Konkretisierung des bevorstehenden Machtwechsels bei der Z gekennzeichnet ist.

Die erste Hauptfallgruppe betrifft alle Fälle in der Interimszeit[665], die *nicht* der Fusionskontrolle unterliegen und besondere Abreden über eine mittelbare Unternehmensbeteiligung und/oder über die Ausübung des Stimmrechts als Überbrückungsregelungen aufweisen. Dabei kann die besondere Abrede über die Stimmrechtsausübung die idealtypischen Rechtsfolgen der mittelbaren Unternehmensbeteiligung wiederholen, Modifikationen festlegen oder eine partielle bzw. eine vollständige Verlagerung des Stimmrechts von V auf K in der Interimszeit vorsehen.

Die zweite Hauptfallgruppe umfaßt die Fälle in der Interimszeit, die nach Abschluß des Aktienkaufvertrages der Fusionskontrolle unterliegen und aufgrund des Vollzugsverbotes lediglich einen erheblich eingeschränkten Spielraum für etwaige Überbrückungsregelungen in Gestalt einer Vorverlagerung der Partizipation an Z und/oder der Verlagerung der Stimmrechtsmacht auf K bieten. Weiterhin sollen in die zweite Hauptfallgruppe auch die Sachverhaltskonstellationen einbezogen werden, in denen die Parteien des Aktienkaufvertrages zwar keinen fusionskontrollrechtlichen Beschränkungen unterliegen, jedoch aus anderen Gründen keine Vorverlagerung der Stimmrechtsmacht oder der wirtschaftlichen Teilhabe an Z auf K vereinbaren.

In einer dritten Hauptfallgruppe werden die Fälle zusammengefaßt, die in der Vorabschlußphase[666] liegen und trotz der bereits eingetretenen Konkretisierung eines möglichen Machtwechsels auf K *keine* besonderen Abreden über eine Stimmrechtsverlagerung und/oder über eine Verlagerung der Partizipation auf ihn enthalten. Dabei wird das abhängigkeitsrechtliche Augenmerk auf die Optionsgestaltungen und die sonstigen Gestaltungsmittel wie den Vorvertrag und die Vorhand gerichtet. Solange z.B. nicht feststeht, ob der Optionsnehmer K die Option ausübt, werden die Parteien keine Vorverlagerung der Rechtsstellung des V in der Z auf K vereinbaren. Auch nach Abschluß eines Vorvertrages werden die Parteien regelmäßig noch keine Überbrückungsregelungen treffen, solange unklar bleibt, ob der Hauptvertrag zustande kommen wird. Es stellt sich dann die Frage, ob und ggf. unter welchen Bedingungen bereits die Optionseinräumung oder der Vorvertrag als solche ausreichen können, um eine Abhängigkeit der Z vom Optionsnehmer oder Vorvertragsberechtigten zu begründen. Diese Frage wird entsprechend auch für die anderen Gestaltungsmittel erörtert.

Die vierte Hauptfallgruppe umfaßt zunächst die Fälle in der Vorbereitungsphase, in denen weder eine besondere Abrede getroffen wird, noch sich bereits eine Konkretisierung des Machtwechsels einzig auf K abzeichnet. Sie sollen bereits an dieser Stelle aus der weiteren Betrachtung ausscheiden, da der in der Vorbereitungsphase einsetzende bid-

---

665 Zum Begriff der Interimszeit s. die Ausführungen im ersten Abschnitt, S. 59 ff..

666 Zum Begriff der Vorabschlußphase vgl. die Darstellung im ersten Abschnitt, S. 58.

ding process zumindest keine abhängigkeitsrechtlichen Konsequenzen gegenüber K entfaltet, die aus einer sich bereits abzeichnenden zukünftigen Mehrheitsherrschaft des K abgeleitet werden könnten. In diesem Stadium des Akquisitionsprozesses ist noch völlig offen, wer als Verhandlungspartner von V überhaupt in die engere Wahl gelangen soll. Auch wenn das offering memorandum bereits an alle Interessenten versandt wurde und die ersten Sondierungsgespräche zwischen V und K stattgefunden haben, besteht noch keine hinreichende Konkretisierung eines möglichen Wechsels des Mehrheitsaktionärs der Z. In der Vorbereitungsphase gilt die Abhängigkeitsvermutung des § 17 II zu Lasten des V, dessen Stimmrechtsmacht in der Z (noch) nicht geschmälert ist. Einwirkungen auf den Vorstand der Z, die darauf abzielen, sensible Informationen an den Kaufinteressenten K weiterzugeben und ein etwaig damit verbundener Nachteil i.S.d. § 311 werden – wenn überhaupt – im Normalfall nur durch V veranlaßt[667] werden können. Die Möglichkeit einer Einwirkung auf Z, die von einem Unternehmen ausgeht, das noch nicht in die engere Wahl als Käufer gelangt ist, ist davon abweichend zwar vorstellbar, falls K z.B. bereits eine bedeutende Minderheitsbeteiligung an der Z hält und/oder eine maßgebliche Position im Rahmen von Kredit- oder Lieferbeziehungen einnimmt. In diesen Fällen würde eine abhängigkeitsrechtliche Prüfung mangels hinreichender Konkretisierung des Mehrheitsgesellschafterwechsels jedoch nicht an einer aus Sicht des Z-Vorstandes bereits wahrscheinlichen zukünftigen Mehrheitsgesellschafterstellung des K anknüpfen[668] oder an eine auf K bereits aktuell verlagerte Stimmrechtsmacht, sondern an andere Momente, die nicht Gegenstand dieser Untersuchung sind.

Die vierte Hauptfallgruppe umfaßt darüber hinaus auch die Fälle in der Vorabschlußphase, die reinen Sondierungs- oder Vorprüfungscharakter haben. Die Bildung von Projektgruppen bei K und V oder Prüfungen im Rahmen der due-diligence-procedure haben gemeinsam, daß aus ihnen vor Abschluß des Aktienkaufvertrages im Gegensatz zu einem bindenden Angebot seitens V oder Optionsgestaltungen noch keinerlei rechtliche Verfestigung eines zukünftigen Machtwechels folgt. Damit scheiden auch diese Fälle aus der weiteren Betrachtung aus.

Schließlich sind zu der vierten Hauptfallgruppe auch die vertragsvorbereitenden Instrumente der Vorabschlußphase zu rechnen, die keine Verpflichtung zum späteren Abschluß eines Hauptvertrages in Form des Aktienkaufvertrages mit sich bringen. Dies trifft für den LoI, die HoA und das MoU zu. Hier steht eine hinreichende Konkretisierung des Machtwechsels einzig auf K noch aus, da nur eine Bekräftigung des ernsthaften Ver-

---

667 S. auch Lutter, ZIP 1997, 618. Lutter geht davon aus, daß die Informationsweitergabe an den Kaufinteressenten auf Wunsch des Mehrheitsaktionärs zwar einen Nachteil i.S.d. § 311 darstellen kann ; ein Nachteilsausgleich soll nach Lutter aber an der Quantifizierbarkeit scheitern.

668 Bei Einwirkungen auf Z in der Vorbereitungsphase, die von K auf Basis einer tatsächlichen Machtposition ausgehen, ist im Rahmen des § 117 keine gesellschaftsrechtliche Vermittlung des Einflusses erforderlich, s. Hüffer, AktG, § 117, Rdn. 3. Die Frage, ob eine Minderheitsbeteiligung des K an Z i.V.m. tatsächlichen Momenten wie Kredit- oder Lieferverträgen eine Abhängigkeit der Z von K bereits in der Vorbereitungsphase zu begründen vermag, kann dahinstehen. Eine solche Abhängigkeit beruht nicht auf einem hinreichend konkretisierten zukünftigen Machtwechsel, sondern auf der schon in der Vorbereitungsphase vorliegenden Gesellschafterposition des K, die eine i.S. von BGHZ 90, 381 relevante Verstärkung durch die wirtschaftlichen Beziehungen zu Z erfährt.

handlungswillens seitens V vorliegt. Gleiches gilt für die Itp, die zwar eine Konkretisierung hinsichtlich des Einzelvertrages enthält, nicht jedoch hinsichtlich des später abzuschließenden Aktienkaufvertrages. Einzubeziehen sind auch die Vorfeldregelungen und die KVV. Im Unterschied zu den Optionsgestaltungen, die ebenfalls in der Vorabschlußphase eine Rolle spielen, erhält K bei den vorgenannten Instrumenten keine Dispositions- bzw. Gestaltungsbefugnisse, um den Abschluß des Aktienkaufvertrages herbeiführen zu können; es besteht auch kein vertraglicher Kontrahierungszwang des V. Folglich werden diese Fälle ebenfalls aus der weiteren Untersuchung ausgeklammert.

Haben die Parteien in einem Rahmenvertrag einen Sukzessiverwerb der Z-Aktien durch K festgelegt, liegt eine Gestaltungsbefugnis des K ebensowenig vor wie bei den ohne Bindungswirkung zur Vertragsvorbereitung eingesetzten Instrumenten der Vorabschlußphase. Jedoch ist dann zu erwägen, ob eine mögliche Haftung des V aus pVV des Rahmenvertrages wegen einer Verweigerung des Abschlusses eines weiteren (Teil)-Aktienkaufvertrages und der damit verbundenen Verweigerung der Übereignung einer weiteren Tranche abhängigkeitsrechtliche Folgen entfalten kann. Diese Frage stellt sich, wenn ein weiterer Teilerwerb als zweiter Schritt des Rahmenvertrages ansteht, der für K das Überschreiten der Mehrheitsbeteiligungsschwelle bei der Z bewirken könnte.

Die Frage nach der hinreichenden Konkretisierung des Mehrheitsmachtwechsels stellt sich schließlich auch in den Fällen, in denen ausnahmsweise die vertragsvorbereitenden Instrumente zu einer Situation führen, in der der Abbruch der Verhandlungen eine Haftung des V aus cic bewirkte.

Die beiden letztgenannten Fallkonstellationen sollen deshalb zur Prüfung in die dritte Hauptfallgruppe einbezogen werden.

3. <u>Erste Hauptfallgruppe</u>: Fusionskontrollrechtlich unbeachtliche Fälle mit besonderen Abreden über die Vorverlagerung der Partizipation an Z und/oder der Stimmrechtsausübung in der Hauptversammlung der Z auf K

a) Kategorisierung der Unterfallgruppen

Zur Kategorisierung der Unterfallgruppen bietet sich eine Anlehnung an die Einteilung an, die im vierten Abschnitt[669] bei der Analyse des kautelarjuristischen Gestaltungsspielraums im Zusammenhang mit den fusionskontrollrechtlichen Vollzugsverboten vorgenommen wurde. Gemeinsam ist allen Unterfällen der ersten Hauptfallgruppe, daß nach Zustandekommen des Aktienkaufvertrages aufgrund einer aufschiebenden Bedingung[670] eine Interimszeit entsteht. In dieser Interimszeit können die Parteien drei Arten von Vereinbarungen treffen: *kumulativ* die Begründung einer mittelbaren Unternehmensbeteiligung <u>und</u> zusätzlich eine besondere Abrede über die Stimmrechtsausübung (Unterfall 1) oder *alternativ* entweder nur eine Vereinbarung über die Begründung einer mittelbaren

---

669 S. die Kategorisierung der Fallgruppen im vierten Abschnitt, S. 157.

670 Zur Kategorisierung der Bedingungen außerhalb der Fusionskontrolle s. die Darstellung im ersten Abschnitt, S. 59 ff..

Unternehmensbeteiligung (Unterfall 2) oder nur eine besondere Abrede über die Stimmrechtsausübung (Unterfall 3).

b) *Unterfall 1: Begründung einer mittelbaren Unternehmensbeteiligung und Vorliegen einer besonderen Abrede über die Stimmrechtsausübung*

aa) Die Zurechnungsnorm des § 16 IV 2.Var.

Nach § 16 IV 2.Var. gelten als Anteile, die einem Unternehmen gehören, auch die Anteile, die einem anderen „für Rechnung" des Unternehmens gehören. Demnach ist hier zunächst zu untersuchen, ob *allein* schon aus der Vereinbarung einer mittelbaren Unternehmensbeteiligung zwischen V und K folgt, daß über § 16 IV 2.Var. i.V.m. § 16 I die Abhängigkeitsvermutung des § 17 II[671] zu Lasten des K ausgelöst wird, ohne daß es noch auf die zusätzlich getroffene besondere Abrede über die Stimmrechtsausübung ankäme.

(1) Voraussetzungen des Haltens für Rechnung

Das Halten für Rechnung ist einer allgemeinen, leicht subsumtionsfähigen Definition nicht zugänglich[672]. Unstreitig ist nur, daß einem Unternehmen, das bereits eine Beteiligung an einer AG hält, auch die im Eigentum eines anderen stehende Beteiligung zugerechnet wird, falls das Unternehmen trotz fehlender dinglicher Rechtsstellung *alle*[673] wirtschaftlichen Chancen und Risiken der Beteiligung innehat bzw. trägt. Aus diesem Ausgangspunkt ergeben sich zwei Fragen, denen im folgenden nachgegangen wird.

Die erste Frage betrifft das Problem, ob K für eine Zurechnung der Mehrheitsbeteiligung des V an Z bereits selbst über eine Beteiligung an der Z verfügen muß. Dafür könnte das Wort „auch" in § 16 IV sprechen. *Würdinger*[674] vertritt deshalb für § 16 IV ***1.Var.*** die Auffassung, daß eine Zurechnung nur dann in Betracht komme, falls das herrschende Unternehmen, für das ein abhängiges Unternehmen Anteile bei einer dritten Gesellschaft hält, selbst über Anteile an dieser Gesellschaft verfüge. *Würdinger* begründet diese Auffassung damit, daß andernfalls ein „perpetuum mobile" entstünde, wenn A an B, B an C und C wiederum an A mit Mehrheit beteiligt ist. Gegen die Ansicht *Würdingers* und damit auch gegen eine Übertragbarkeit dieses Gedankens auf die hier interessierende zweite

---

671 Liegen die Voraussetzungen der Zurechnungsnorm des § 16 IV 2.Var. vor, folgt daraus unmittelbar die Abhängigkeitsvermutung des § 17 II zu Lasten des Unternehmens, für dessen Rechnung die Beteiligung gehalten wird, s. Noack, a.a.O., S. 89 a.A.; Windbichler in Großkommentar zum Aktiengesetz, § 16, Rdn. 40.

672 Vgl. Dreher, Kurzkommentar zu LG Hannover, ZIP 1992, 1236 (Continental/Pirelli), EWiR § 20 AktG 1/92, 949 (950).

673 Zu diesem allgemein anerkannten Ausgangspunkt s. Koppensteiner in Festschrift für Rowedder, S.216. Koppensteiner bejaht für den Anwendungsbereich des § 20 das Tatbestandsmerkmal „für Rechnung" jedenfalls dann, falls der Dritte von *allen* Risiken und Kosten freigestellt wird und über keine eigene Gewinnchancen verfügt. Hüffer setzt den Begriff mit „auf Kosten und Risiko" gleich, vgl. Hüffer, AktG, § 16, Rdn.13.

674 S. Würdinger in Großkommentar zum Aktiengesetz, § 16, Anm. 5.

Variante des § 16 IV ist festzustellen, daß der Wortlaut „auch" keineswegs sprachlich zwingend ist, da es hier um eine Fiktion geht und der Rückschluß auf ein zusätzliches Tatbestandsmerkmal keine Stütze[675] in der Zurechnungsnorm findet. Das von *Würdinger* befürchtete „perpetuum mobile" scheitert zwar physikalisch betrachtet an den Hauptsätzen der Thermodynamik. Aktienrechtlich überzeugt dieses Argument jedoch nicht, da A, B und C sowohl mit Mehrheit beteiligte als auch in Mehrheitsbesitz stehende Unternehmen sind. Das wichtigste Argument gegen die Auffassung *Würdingers* gründet jedoch in der Zielsetzung des § 16 IV. Der Gesetzgeber will die Frage, welche Anteile einem Unternehmen gehören, „nicht nach formalrechtlichen Gesichtspunkten"[676] beantworten. Mit der Zurechnung „soll der Wirklichkeitswert der Vorschrift erhöht und Umgehungen vorgebeugt werden"[677]. Würde die Zurechnung der für Rechnung gehaltenen Aktien durch das bereits vorhandene Eigentum an weiteren Aktien bedingt, wäre der beabsichtigte Umgehungsschutz zum Scheitern verurteilt. Es wäre leicht, zur Vermeidung einer Zurechnung auch noch das Eigentum an etwaigen Restbeständen der Beteiligung aufzugeben. Mit der h.M.[678] ist demnach davon auszugehen, daß für eine Zurechnung nicht erforderlich ist, daß K bei Begründung der mittelbaren Unternehmensbeteiligung bereits Aktien der Z hält.

Die zweite Frage, die sich bei der Auslegung des § 16 IV 2.Var. stellt, betrifft die Fallkonstellationen, in denen das unmittelbar beteiligte Unternehmen – also V – sich nicht aller wirtschaftlicher Chancen und Risiken begibt, sondern einen Teil behält bzw. selbst trägt. Hier ist zu fragen, ob und bejahendenfalls unter welchen Voraussetzungen ein Splitting der Chancen und Risiken den Anforderungen des § 16 IV 2. Var. genügt.

In der Rspr. setzte sich das LG Hannover in dem medienwirksamen[679] Fall Pirelli SpA/Continental AG in einer Grundsatzentscheidung[680] u.a. mit der Frage auseinander, ob das bei Conti in § 20 der Satzung verankerte Höchststimmrecht, das eine Begrenzung auf 5 % des Grundkapitals vorsah, und die Mitteilungspflicht des § 20 I[681] verletzt wur-

---

675 Geßler stützt dieses Ergebnis auch auf die Entstehungsgeschichte der Vorschrift, da der Referentenentwurf noch von „rechnen" sprach und die spätere Änderung („gelten") klarstellte, daß es nicht um eine Addition von zuzurechnenden Anteilen und Anteilen, die im Eigentum des Unternehmens stehen, geht, s. Geßler in Geßler/Hefermehl, § 16, Rdn. 44.

676 Vgl. die Begründung zum Regierungsentwurf, zitiert bei Kropff, a.a.O., § 16.

677 Wie Fußnote zuvor. Vgl. weiterhin Windbichler in Großkommentar zum Aktiengesetz, § 16, Rdn. 25. S. auch Bork, ZGR 1994, 237, (245). Bork führt § 16 IV als typische Zurechnungsnorm zur Vereitelung einer Umgehungsstrategie an.

678 S. Henn, Handbuch des Aktienrechts, Rdn. 226, Fn.53; Wilhelmi in Godin/Wilhelmi, Band I, § 16, Anm.6; Müller, AG 1968, 277, r.Sp..; Geßler in Geßler/Hefermehl, § 16, Rdn.44.

679 Der Übernahmeversuch von Pirelli ist bei der Leitung des Reifenherstellers Continental AG unvergessen geblieben. Er prägt auch heute noch die Sensibilität hinsichtlich möglicher erneuter Übernahmeversuche seitens anderer Unternehmen, s. die Aussagen des scheidenden Vorstandschefs Hubertus von Grünberg, zitiert in Kölnische Rundschau Nr. 87 v. 15.04.1999.

680 LG Hanover AG 1993, 187 = LG Hannover WM 1992, 1239. Letztere Fundstelle weist eine umfangreichere Sachverhaltsschilderung auf.

681 Die aktienrechtlichen Mitteilungspflichten wurden durch das Gesetz zur Kontrolle und Transparenz im Unternehmensbereich (KonTraG) mit den Mitteilungspflichten des WpHG harmonisiert. § 20 VIII AktG n.F. sieht die ausschließliche Geltung des WpHG für börsennotierte

den. Obwohl der materiellrechtliche „Aufhänger" dieser Entscheidung somit u.a. die aktienrechtliche Mitteilungspflicht war, befaßte sich das Gericht über die Verweisungsnorm des § 20 I S.2 ausführlich mit dem Begriff des Haltens „ für Rechnung". Da der Sachverhalt[682] ein illustratives Beispiel für die zur Verfügung stehende kautelarjuristische Bandbreite mit Blick auf die besonderen Vereinbarungen zwischen Pirelli und den Dritten (Investoren) liefert, sollen die Abreden und die Argumentationslinie des Gerichts einer näheren Betrachtung unterzogen werden.

Pirelli hatte mit befreundeten Aktionären einen Poolvertrag geschlossen, der zumindest[683] 20,4 % der Conti-Aktien betraf. In dem Vertrag wurde ein allgemeines Weisungsrecht von Pirelli für die Ausübung der gesamten Stimmrechte und der sonstigen Aktionärsrechte auch im Hinblick auf künftig zu erwerbende Aktien festgelegt. Für die Bindungszeit des Poolvertrages, die regulär bis 1996 vorgesehen war, verpflichtete der Investor sich, die Conti-Aktien weder ganz noch teilweise zu verkaufen, es sei denn an Pirelli. Für den Fall einer vorzeitigen Kündigung, die frühestens 1994 zulässig war, mußte der Investor seine Aktien auf Wunsch von Pirelli an diese zum Marktpreis verkaufen. Für die Bindungszeit verpflichtete sich im Gegenzug Pirelli, den Investor von den durch das Halten der Aktien entstehenden Verlusten freizustellen. Ein etwaiger Kursgewinn – und hier liegt die Problematik des Falles – sollte beim Investor verbleiben. Das LG Hannover[684] bejahte trotz der beim Investor verbleibenden Gewinnchance ein Halten für Rechnung von Pirelli aus drei Gründen. Erstens sei die Wahrscheinlichkeit, daß der Investor einen Kursgewinn nach Ablauf der Bindungsfrist bzw. bei Kündigung erziele, gering[685]. Zweitens sei die Möglichkeit eines etwaigen Aktiengewinns nur als Entgelt für das Engagement des Investors für Pirelli anzusehen. Drittens gebiete die Zielsetzung des § 20 I eine weite Auslegung des Begriffs „für Rechnung". Insbesondere sei ein Halten für Rechnung zu bejahen, weil der beim Investor verbleibenden Gewinnchance die vollständige Übernahme des Verlustrisikos durch Pirelli und deren unbeschränkte Herrschaft über die Stimm- und Verwaltungsrechte gegenüberstehe.

Das BKartA[686] nahm im Rahmen der fusionskontrollrechtlichen Zurechnungsklausel[687] des § 23 II Nr.2 S.2 2.Var.GWB a.F. im Fall Klöckner/SEN ohne Rücksicht auf das Stimmrecht ein Halten für Rechnung an, falls der eine Beteiligte *im wesentlichen* die wirtschaftlichen Risiken der Beteiligung trägt. Hintergrund war eine als Optionsvereinbarung bezeichnete Vereinbarung zwischen Klöckner und der Badischen Kommunalen Landesbank Mannheim (Bakola), wonach Bakola u.a. 24 % SEN-Aktien[688] als Treuhänderin von

---

Gesellschaften i.S.d. § 21 II WpHG vor. Für nicht börsennotierte Gesellschaften bleibt es bei den alten aktienrechtlichen Meldepflichten und damit beim Verweis auf § 16 IV.

682 Zum Sachverhalt vgl. auch Burgard, AG 1992, 41 (42/43).

683 Die nachfolgenden Ausführungen beziehen sich auf den unstreitig gewordenen Sachverhalt, s.LG Hannover WM 1992, 1243, r.Sp.

684 Vgl. LG Hannover WM 1992, 1244.

685 Der Kurs der Conti-Aktien lag im Zeitpunkt des Hauptversammlungsbeschlusses mit 214 DM erheblich unter dem Einstandspreis von 310 DM, vgl. LG Hannover, WM 1992, 1244, l.Sp..

686 BKartA, Beschluß v. 13.06.1983 – B 7 – 324610 – U 161/82, abgedruckt in AG 1983, 314.

687 Vgl. zur fusionskontrollrechtlichen Zurechnungsklausel die Ausführungen im vierten Abschnitt, S. 163 ff..

688 Bei SEN handelt es sich um die Seitz Enzinger Noll Maschinenbau Aktiengesellschaft.

Klöckner zu erwerben hatte. Das BKartA stellte für die Zurechnung auf die von Klöckner übernommene jährliche Vergütung[689] in Höhe eines bestimmten Zinssatzes, auf die angesichts des bereits durchgeführten Sanierungsprogramms geringe Wahrscheinlichkeit[690] einer Insolvenz der SEN sowie auf die Option[691] ab.

Aus den vorstehenden Entscheidungen ergibt sich eine Reihe von Kriterien, die in *Übersicht 6* wie folgt zusammengefaßt werden können:

Übersicht 6: Kriterien des Haltens für Rechnung

Chancen der Beteiligung	⇔	*Risiken* der Beteiligung
• Kursgewinnchance		• Kursverlustrisiko/Erlösrisiko
• (verbilligte) Bezugsrechte		• Finanzierungsrisiko
• Dividendenausschüttung		• Ertragsrisiko
		• Liquiditätsrisiko
		• Insolvenzrisiko
		• Zwangsvollstreckungsrisiko

Die *Risiken* der Beteiligung können durch Freistellungsabrede und (Rück-)Kaufgarantie zum Einstandskurs (Kursverlustrisiko), durch arrangement fees[692] (Finanzierungsrisiko), durch Renditegarantien (Ertragsrisiko) und durch Besicherung (Liquiditätsrisiko[693]) sowie durch Bestands- bzw. Abfindungsgarantien für den Fall der Zwangsvollstreckung in die Zielgesellschaft resp. deren Insolvenz aufgefangen und damit vom formellen Inhaber der Beteiligung auf das dahinterstehende Unternehmen verlagert werden.

Die *Chancen* der Beteiligung können durch (Rück-)Kauf oder Andienungsrechte zum Einstandskurs[694] zuzüglich Finanzierungskosten (Kursgewinnchance), durch Abtretung oder Kapitalisierung der Bezugsrechte und der zukünftigen bzw. bedingten Ansprüche auf die Dividendenzahlungen (Ertragschance) vom unmittelbar Beteiligten auf das andere Unternehmen verlagert werden.

---

689 S. BKartA AG 1983, 314, r. Sp..

690 Vgl. BKartA AG 1983, 315, l.Sp..

691 Wie Fußnote zuvor.

692 Ein Beispiel für die Abgeltung des Finanzierungsrisikos im Rahmen der Anschaffungskosten findet sich beim Fall TN/Kolbenschmidt, BKartA AG 1995, 522 (523). Die Zins- und Tilgungslast als Teil der Finanzierungskosten kann entweder über eine entsprechende Kalkulation der arrangement fees abgegolten werden oder im Zusammenhang mit der Kalkulation einer jährlichen Vergütung wie im Fall Klöckner/SEN Berücksichtigung finden.

693 Eine Form des Liquiditätsrisikos kann sich realisieren, falls dem unmittelbar Beteiligten (V) zwar Freistellungsansprüche eingeräumt werden, jedoch die Durchsetzung dieser Ansprüche an der Zahlungsunfähigkeit bzw. Vermögenslosigkeit des anderen Unternehmens (K) scheitert; vgl. auch Koppensteiner in Festschrift für Rowedder, S.218.

694 In diesem Fall verpflichtet sich das Unternehmen bei börsennotierten Aktien gegenüber dem unmittelbar Beteiligten, die Aktien nicht zum aktuellen Kurswert an- oder zurückzukaufen, sondern zum Einstandspreis zzgl. Finanzierungskosten, womit einerseits das Risiko eines Kursverlustes und andererseits die Chance eines Kursgewinns vom unmittelbar Beteiligten auf das andere Unternehmen verlagert werden.

Die Übersicht verdeutlicht, daß insbesondere der Risikobereich der Beteiligung durch eine Fülle von Parametern bestimmt wird.

Werden *sämtliche* Chancen und Risiken der Beteiligung an Z durch die Vereinbarung der mittelbaren Unternehmensbeteiligung von V auf K verlagert, ist die Zurechnung nach § 16 IV 2.Var. zu bejahen.

Werden einzelne Elemente der Chancen bzw. der Risiken der Beteiligung durch die Vereinbarung nicht erfaßt, ist zu fragen, ob – wie im Conti- und Klöcknerfall geschehen – auf die *konkrete* wirtschaftliche Situation abgestellt werden kann und welcher Zeitpunkt dann relevant ist. Nach der Intention des Gesetzgebers soll § 16 IV den Wirklichkeitswert der Definitionsnorm der Mehrheitsbeteiligung erhöhen und Umgehungen vermeiden. Gerade für letztere Zielsetzung wäre es nicht zuträglich, falls die Parteien einer mittelbaren Unternehmensbeteiligung eine Zurechnung durch die Nichtverlagerung von gänzlich unwahrscheinlichen Risiken oder Chancen ausschließen könnten. Bliebe z.B. das Konkursrisiko bei V als unmittelbar Beteiligtem, stünde dies einer Zurechnung an K als mittelbar Beteiligtem nicht entgegen, solange Z keiner akuten oder absehbaren Überschuldung unterliegt. Gleiches gilt für das Liquididätsrisiko[695] oder das Zwangsvollstreckungsrisiko, falls die Bonität des K resp. der Z außer Frage steht. Die Nichtabtretung von Bezugsrechten wäre gleichfalls unschädlich, falls eine Kapitalerhöhung bei der Z in absehbarer Zeit ausscheidet oder unwahrscheinlich ist. Dabei ist für die Beantwortung der Frage, ob die Realisierung der Chance bzw. des Risikos unwahrscheinlich ist, auf den Zeitpunkt des Abschlusses der Vereinbarung – demnach auf den Zeitpunkt der Begründung der mittelbaren Unternehmensbeteiligung – abzustellen und nicht auf spätere Gegebenheiten. Andernfalls würde die Grenze einer rechtssicheren[696] Prognostizierbarkeit gesprengt. Atypische, in der Zukunft liegende Geschehnisse wie z.B. das Wegbrechen des Marktes der Z bei Krisen auf ausländischen Märkten führten zu einer nicht hinnehmbaren Umqualifizierung der Vereinbarung mit Wirkung ex tunc. Wollte man auf spätere Umstände rekurieren, ergäbe sich zusätzlich die Schwierigkeit, daß ein und dieselbe Vereinbarung – je nach Zeitpunkt – mal zur Zurechnung und mal nicht zur Zurechnung führte. Ein solches Changieren der Einordnung wäre auch im Hinblick auf die abhängigkeitsrechtlichen Konsequenzen nicht hinnehmbar. Folglich ist für die Beurteilung der Zurechnung allein auf den Zeitpunkt der Begründung der mittelbaren Unternehmensbeteiligung zwischen V und K abzustellen.

Zu klären bleibt, wie die Fälle zu beurteilen sind, in denen zwar alle hinreichend wahrscheinlichen Parameter in der Vereinbarung erfaßt werden, jedoch keine vollständige Verlagerung auf K stattfindet, etwa weil V bestimmte Kursgewinnchancen verbleiben oder V nach wie vor das Finanzierungsrisiko trägt. Das Landgericht Hannover hat im Lichte der Auslegung des § 20 zwei Gedanken zur Frage entwickelt, ob bei nur partieller Verlagerung eine Zurechnung erfolgen kann: zum einen die Erwägung, daß das Verbleiben gewisser Gewinnschancen *Entgeltcharakter* aufweisen kann; zum anderen die Über-

---

695 Zu demselben Ergebnis gelangt Koppensteiner in Festschrift für Rowedder, S. 218 für den Bereich des § 20 I.

696 Vgl. Koppensteiner in Festschrift für Rowedder, S.220. Koppensteiner kritisiert zu Recht, daß das LG Hannover für die Prognose der Kursentwicklung bei Conti auf den Zeitpunkt der Hauptversammlung abstellt.

legung, daß mangelnde Gewinnchancen durch Weisungsrechte – wie im Poolvertrag zwischen Pirelli und den Investoren vorgesehen – *kompensiert* werden können.

Fraglich ist, ob dieser Argumentationslinie, die für § 20 gilt, auch für die hier interessierenden Fälle der mittelbaren Unternehmensbeteiligung zu folgen ist und ob sie im spezifischen Kontext auf die Auslegung des § 16 IV 2.Var. übertragbar ist.

Ausgangspunkt der Argumentation bildet der in § 20 I S.2 festgelegte Umfang der aktienrechtlichen Mitteilungspflicht, wonach für die Feststellung, ob dem Unternehmen mehr als der vierte Teil der Aktien gehört, u.a. § 16 IV gilt. Das LG Hannover[697] sieht den Schutzzweck dieser Bestimmung darin, daß die vielfach auch für die Unternehmensleitung selbst nicht erkennbaren wahren Machtverhältnisse in der (Ziel-)Gesellschaft deutlich hervortreten sollen, da die Gefahr bestehe, daß das Unternehmen, das der Mitteilungspflicht unterliegt, die Rechte aus der Beteiligung zum Nachteil der (Ziel-)Gesellschaft für seine unternehmerischen Interessen ausnutze. Anders ausgedrückt soll die potentielle Beute vor dem heranpirschenden Jäger gewarnt werden. Dieser Normzweck sei nicht nur erfüllt, falls der andere für den Unternehmer die Aktien mit *allen* Risiken und Chancen halte, sondern auch, wenn ihm zwar die Gewinnchance in gewissen Umfange verbleibe, der Unternehmer aber die unbeschränkte Herrschaft über die mit den Aktien verbundenen übrigen Rechte, insbesondere Stimm- und Verwaltungsrechte, erhalte und das Verlustrisiko trage.

Die Literatur ist dieser Auslegung im Bereich des § 20 im Ergebnis mit unterschiedlicher Begründung gefolgt. *Dreher*[698] stimmt der weiten Auslegung des LG Hannover zu, tritt aber der einseitigen Betonung der Stimmbindung entgegen. Maßgeblich für die Beurteilung, ob ein Halten für Rechnung vorliege, sei vielmehr eine *Gesamtschau* der von den Beteiligten eingegangenen Bindungen und der vorgenommenen Risikoverteilung. Auch *Koppensteiner*[699] sieht den Grund für die aktienrechtliche Mitteilungspflicht in dem anbahnenden Zugewinn an Einflußmöglichkeiten. Ein Weisungsrecht könne als zusätzliches Element[700] die nicht vollständige Erfüllung der Bedingungen eines Haltens für Rechnung kompensieren. In diesen Fällen sei unter dem für § 20 leitenden Gesichtspunkt der Transparenz von Machtverhältnissen sichergestellt, daß der wörtliche Bedeutungsgehalt des Begriffs „ auf Rechnung" wenigstens zum Teil erfüllt sei und gleichzeitig ein rechtssicher abgrenzbarer Sachverhalt vorliege[701]. Sind diese Auslegungsergebnisse zu § 20 auf § 16 IV 2. Var. übertragbar ?

Der Gedanke, daß ein Teil der Chancen als Entgelt beim Inhaber der Aktien verbleiben könne, da im Geschäftsleben[702] Dienstleistungen in Form des Haltens der Beteiligung für einen anderen nicht umsonst erbracht werden, ist auf die spezifische wirtschaftliche Zielsetzung der mittelbaren Unternehmensbeteiligung in den hier interessierenden Fällen i.d.R. nicht übertragbar. V und K streben durch die Vereinbarung einer mittelbaren Un-

697 S. LG Hannover WM 1992, 1244, r.Sp. unter Übernahme der Kommentierung von Geßler/Hefermehl, § 20, Rdn.1.

698 S. Dreher, EWiR § 20 AktG 1/92, 949 (950).

699 S. Koppensteiner in Festschrift für Rowedder, S. 215.

700 Vgl. Koppensteiner in Festschrift für Rowedder, S.218.

701 S. Koppensteiner in Festschrif für Rowedder, S.218/219.

702 Vgl. LG Hannover WM 1992, 1244, l.Sp..

ternehmensbeteiligung an, eine Partizipation des K an Z als Überbrückungsregelung bereits in der Interimszeit zu ermöglichen. Als Entgelt für ein dann möglicherweise als Halten für Rechnung des K zu qualifizierende Tätigkeit des V kommt in diesen Fällen i.d.R. nur der Kaufpreis in Betracht. Etwas anderes mag gelten, wenn V und K bestimmte Vermögensrechte – wie z.B. den Anspruch auf zu erwartende Dividendenzahlungen der Z – splitten, um V unabhängig vom Gelingen der Akquisition noch Partizipationsrechte zu belassen.

Eine Übertragbarkeit des Kompensationsgedankens von *Koppensteiner* auf die Zurechnungsnorm des § 16 IV 2. Var. hängt davon ab, wie der Wortlaut mit dem telos in Übereinstimmung gebracht werden kann. Der Ausdruck „für Rechnung" deutet zunächst auf ein Auftragsverhältnis[703] hin. Demnach sind zumindest die Sachverhalte erfaßt, in denen V einerseits von allen Risiken und Kosten freigestellt wird, andererseits aber herausgeben muß, was er erlangt hat. Sachverhalte, in denen zwar ein Weisungsrecht des K zur Überbrückung der Interimszeit begründet wird, die wesentlichen Chancen <u>und</u> Risiken aber vollständig bei V bis zum dinglichen Abschluß[704] der Akquisition verbleiben, lassen sich auf der anderen Seite nicht mehr unter den Begriff subsumieren. Wie *Windbichler*[705] zutreffend ausführt, können Stimmrechtsvereinbarungen nur dann in der Auslegung des § 16 IV 2.Var. ihren Niederschlag finden, wenn die Funktion der Vorschrift dies zuläßt. Deshalb muß es zumindest ein Mindestmaß wirtschaftlicher Verknüpfung zwischen der Person, die für Rechnung hält, und der Person, für die gehalten wird, geben.

Fraglich bleibt somit, ob der Wortlaut in § 16 IV 2. Var. noch erfüllt ist, wenn feststeht, daß bei V zwar ein Teil der mit der Mitgliedschaft verbundenen Vermögensrechte belassen wird, K jedoch über ein Weisungsrecht verfügt. Wie bereits erwähnt, wollte der Gesetzgeber u.a. den Wirklichkeitswert der Norm steigern. Bei der fusionskontrollrechtlichen Zurechnungsklausel des § 23 II Nr.2 S.2 2.Var. GWB a.F. wurde die hinter der Zurechnung stehende Wertung bei Treuhandverhältnissen in der engen wirtschaftlichen Verbindung zwischen Treuhänder und Treugeber gesehen[706]. Erreicht die wirtschaftliche Verbindung eine bestimmte Intensität, spricht eine tatsächliche Vermutung dafür, daß der wirtschaftliche Inhaber (i.e. Treugeber) keine formellen Weisungsrechte mehr benötigt bzw. daß solche Weisungsrechte substituiert werden. Eine vergleichbare Wertung steht nach der hier vertretenen Auffassung hinter der Zurechnungsnorm des § 16 IV 2. Var.. Durch die enge wirtschaftliche Verknüpfung zwischen demjenigen, der als dinglicher Rechtsinhaber die Aktien für Rechnung hält und dem wirtschaftlichen Inhaber, für den gehalten wird, erfolgt eine Einbeziehung des wirtschaftlichen Inhabers in die Definitionsnorm der Mehrheitsbeteiligung. Dies hat die weitergehende Konsequenz, daß für den

---

703 Diese Auslegung vertritt auch Koppensteiner in Festschrift für Rowedder, S.216.

704 Beispielsweise, weil der Übergabestichtag mit dem Tag des dinglichen Vollzugs zusammenfällt. Zur Bedeutung des Übergabestichtages und des Closings s. a. die Darstellung im ersten Abschnitt, S. 72 f..

705 Windblichler gelangt deshalb zu der Schlußfolgerung, daß eine nur vertraglich vermittelte Stimmrechtsmacht, die nicht zugleich zur Anteilszurechnung führt, nicht die Stimmrechtsmehrheit i.S.d. § 16 und damit die Abhängigkeitsvermutung begründen kann; davon zu trennen sei die Frage, ob der Abhängigkeitstatbestand des § 17 begründet werden kann, s. Windbichler in Großkommentar zum Aktiengesetz, § 16, Rdn. 40.

706 Vgl. die Ausführungen im vierten Abschnitt, S. 166; Thurner, WuW 1994, 312.

wirtschaftlichen Inhaber auch die Abhängigkeitsvermutung des § 17 II ausgelöst wird. Welche Folgen das Auslösen der Abhängigkeitsvermutung zu Lasten des K für V hat, ist noch zu untersuchen. Für die Beantwortung der Ausgangsfrage nach der Kompensationsmöglichkeit ist jedenfalls festzustellen, daß sie sich in den telos des § 16 IV 2. Var. einfügt. Steht fest, daß K über Weisungsrechte verfügt und sind die wesentlichen Chancen und Risiken der Beteiligung auf K verlagert, so ist das Belassen eines Teils der Chancen bei V für die Zurechnung unschädlich. Bleibt man im Bild des Volksmundes („wes' Brot ich eß, des Lied ich pfeiff"), läßt sich diese Überlegung auch wie folgt begründen: auch wenn V teilweise sein eigenes Brot ißt, wird die Spruchweisheit nicht beeinträchtigt, wenn feststeht, daß K über die Möglichkeit verfügt, den V zum Trällern zu veranlassen.

Das Vorgesagte trifft auch zu, falls K nur die wesentlichen Risiken der Beteiligung trägt. Auch hier kann ein Weisungsrecht zur Kompensation führen, da der Sachverhalt dann noch unter den Begriff „für Rechnung" subsumierbar ist.

Allerdings bleibt die Frage zu klären, was unter einer *wesentlichen* Chance bzw. einem *wesentlichen* Risiko zu verstehen ist[707]. Hier lassen sich m.E. keine von den Besonderheiten des Einzelfalls losgelösten abstrakten Definitionen aufstellen, wohl aber Anhaltspunkte zur Einordnung der Fälle. Mit *Dreher* ist davon auszugehen, daß eine Gesamtschau[708]der Risikoverteilung vorzunehmen ist. Handelt es sich um börsennotierte Aktien, hängt die Einordnung davon ab, ob es sich um volatile Papiere handelt, die wegen ihres Kursentwicklungspotentials gekauft werden oder um eher statische Papiere, die v.a. wegen einer soliden Renditepolitik des Unternehmens eine bestimmte Mindestrendite erwarten lassen. Im ersteren Fall könnte sich die Kursgewinnchance bzw. das Kursverlustrisiko als wesentlich darstellen, während im zweiten Fall das Ertragsrisiko bzw. die Ertragschance dominieren könnte. Handelt es sich um nicht börsennotierte Aktien, kann die Wesentlichkeit u.a. von dem Aktionärskreis und der Fungibilität abhängen. Aber wohlgemerkt: auch bei diesen Kriterien handelt es sich nicht um allgemeingültige Maßstäbe, da nur eine Gesamtabwägung des Einzelfalls darüber entscheiden kann, ob die wesentlichen Chancen oder Risiken verlagert werden.

Damit ergibt sich **zusammenfassend**:

Werden im Rahmen einer mittelbaren Unternehmensbeteiligung des K an Z *alle* wirtschaftlichen Chancen und Risiken der Beteiligung auf K verlagert, kommt es für die Zurechnung nach § 16 IV 2. Var. nicht mehr auf den Inhalt der besonderen Abrede über die Stimmrechtsausübung an. Dies gilt auch, wenn nur die im Zeitpunkt der Begründung der mittelbaren Unternehmensbeteiligung *wahrscheinlichen* Chancen und Risiken erfaßt werden. Anders verhält es sich, falls im Zusammenhang mit der Vereinbarung einer mittelbaren Unternehmensbeteiligung nur ein Teil der Chancen oder der Risiken verlagert wird. Hier ist einzelfallbezogen unter Beachtung aller Gesamtumstände danach zu unterscheiden, ob *wesentliche* Chancen bzw. Risiken verlagert werden oder nicht. Ersterenfalls kann

707 Koppensteiner betont, daß bis heute unklar geblieben sei, was unter „wesentlichen" Risiken zu verstehen ist, s. Koppensteiner in Festschrift für Rowedder, S.218. Auch Windbichler stellt als entscheidendes Kriterium auf die wesentlichen wirtschaftlichen Risiken und Chancen der Beteiligung ab, präzisiert das Kriterium jedoch nicht weiter, s. Windbichler in Großkommentar zum Aktiengesetz, § 16, Rdn. 27.

708 S. Dreher in EWiR § 20 AktG 1/92, S.950.

§ 16 IV 2. Var. unter Berücksichtigung der besonderen Abreden über die Stimmrechtsausübung dann bejaht werden, wenn ein Weisungsrecht des mittelbar Beteiligten die fehlenden Parameter der Verlagerung kompensiert. Besteht zwar ein Weisungsrecht des K, ergibt die Gesamtwürdigung des Falles aber, daß weder wesentliche Chancen noch wesentliche Risiken der Beteiligung auf K verlagert werden, scheidet eine Zurechnung aus, da eine Subsumtion unter den Begriff des „Haltens für Rechnung" innerhalb der Grenzen des Wortlauts nicht mehr möglich ist.

(2) Anwendung der Voraussetzungen des § 16 IV 2.Var. auf die einzelnen Institute der mittelbaren Unternehmensbeteiligung

Auf Basis der Vorüberlegungen[709] zu den idealtypischen vermögensrechtlichen Auswirkungen des jeweiligen Instituts einer mittelbaren Unternehmensbeteiligung soll im folgenden untersucht werden, ob die Voraussetzungen eines Haltens „für Rechnung" erfüllt werden.

(a) Treuhand und atypische Unterbeteiligung

Das gesetzliche Leitbild der Vereinbarungstreuhand als Verwaltungstreuhand orientiert sich an dem Auftrag bzw. der entgeltlichen Geschäftsbesorgung. K trägt als Treugeber durch die Begründung von Freistellungs- und Erstattungsansprüchen des V das Erlös- und das Finanzierungsrisiko der Beteiligung. Das Kursverlustrisiko aber auch die Kursgewinnchance werden ebenfalls auf K verlagert. Die Ertragschance und das Ertragsrisiko in Form etwaiger Dividendenausschüttungen, Dividendenausfällen infolge der wirtschaftlichen Situation der Z oder Thesaurierungen liegen ebenfalls vollständig bei K, da V als Treuhänder die Herausgabepflicht der als Vollgesellschafter bezogenen Dividenden trifft bzw.ein Ausfall oder eine Thesaurierung zu Lasten des K erfolgen. Schließlich trägt K auch das Zwangsvollstreckungs- und Insolvenzrisiko. Damit liegen typischerweise alle Chancen und Risiken der von V treuhänderisch für K in der Interimszeit gehaltenen Beteiligung an Z beim Verwaltungstreugeber K. Sollten davon abweichend einzelne Chancen oder Risiken der Beteiligung nicht auf K verlagert werden, besteht die oben bejahte Kompensationsmöglichkeit in Gestalt des aus dem Treuhandverhältnis selbst folgenden Weisungsrechtes[710] des K. Folglich ist für die Treuhand regelmäßig § 16 IV 2.Var.[711] erfüllt.

---

709 Vgl. die Ausführungen im zweiten Abschnitt zum Nießbrauch auf S. 88 ff., zur Treuhand auf S. 97 f. und zur Unterbeteiligung auf S. 102 ff.. Zu betonen ist nochmals, daß im Einzelfall immer der Vorrang der Parteiabrede zu beachten ist. Im folgenden geht es demnach um eine Einordnung des Regelfalls und nicht um eine apodiktische Festlegung.

710 S. die Darstellung im zweiten Abschnitt, S. 96. Damit bedarf es regelmäßig keines Rückgriffs auf eine besondere Abrede, es sei denn, die Parteien modifizieren das aus dem Geschäftsbesorgungsverhältnis folgende Weisungsrecht.

711 Deshalb wird die Treuhand als Paradebeispiel für § 16 IV 2.Var. angeführt, vgl. z.B. Hüffer, AktG, § 16, Rdn.12, der die Treuhand als Hauptanwendungsfall nennt; s.a. Koppensteiner in Kölner Kommentar, § 16, Rdn. 17.

Gleiches gilt für die Fälle der atypischen Unterbeteiligung[712], in denen die Parteien die Rechtsstellung des K unter Aufhebung der Begrenzung auf die Unterbeteiligungsquote so festlegen, als ob K in toto selbst an Z beteiligt wäre. § 16 IV 2. Var. ist ebenfalls zu bejahen, wenn die atypische Unterbeteiligung strukturell[713] an die Treuhand angenähert wird, indem die wirtschaftlichen Chancen und Risiken der *gesamten* Hauptbeteiligung vom Hauptbeteiligten V auf den Unterbeteiligten K verlagert werden.

(b) Nießbrauch

Beim Nießbrauch trägt der Besteller das Kursverlustrisiko bzw. die Kursgewinnchance. Die Entscheidung über die Ausübung eines etwaigen Bezugsrechtes obliegt idealtypisch[714] der Disposition des Bestellers. Demgegenüber tritt die Dividendenbefugnis als Frucht der Mitgliedschaft ebenso zurück wie die Erstreckung der Nießbrauchs auf den nicht der Eigenleistung des Aktionärs entsprechenden Wert des Bezugsrechts, da die Entscheidung, *ob* ausgeschüttet wird, in den Händen des Bestellers verbleibt („letztes Wort" trotz Rücksichtsnahmepflicht) und auch die Frage, *ob* das Bezugsrecht ausgeübt wird, nicht vom Nießbraucher entschieden wird. Die wesentlichen Chancen und Risiken der Beteiligung an Z verbleiben daher typischerweise beim Besteller V. Eine Kompensationsmöglichkeit durch Weisungsrechte des Nießbrauchers besteht idealtypisch nicht, da das Stimmrecht beim Besteller verbleibt bzw. alleine durch ihn für die Rechtsgemeinschaft ausgeübt wird. Damit scheidet eine Zurechnung an K gemäß § 16 IV 2.Var. für den Nießbrauch regelmäßig aus.

(c) Typische Unterbeteiligung

Ein ähnliches Bild wie beim Nießbrauch ergibt sich im Rahmen der typischen Unterbeteiligung. Hier sind trotz vielfältiger Gestaltungsformen im Regelfall die Chancen und Risiken auf die Unterbeteiligungsquote begrenzt. Im Gegensatz zur atypischen Unterbeteiligung wird der Unterbeteiligte auch nicht über die Quote hinaus am Verlust beteiligt. Damit besteht im Rahmen der typischen Unterbeteiligung auch nicht die Möglichkeit, daß V sich als Hauptbeteiligter der wesentlichen Risiken der *gesamten* Beteiligung entledigen könnte. Bei Vertragsgestaltungen, die K einen gleichbleibenden Betrag oder eine Festverzinsung garantieren, trägt V das Ertragsrisiko. Auch bei Abreden, die K das Thesaurierungsrisiko zuweisen, läßt sich nicht von der Verlagerung eines wesentlichen Risikos *der Beteiligung* sprechen, solange das Risiko auf die Unterbeteiligungsquote *begrenzt* ist. Weiterhin kann die optionale Beteiligung an einer Kapitalerhöhung in Höhe einer der Quote entsprechenden Einzahlung auch nicht als Verlagerung der Ertragschancen angesehen werden, da V diese in Höhe der Hauptbeteiligung behält. Überschreitet die konkrete Vertragsgestaltung die Begrenzungen der Chancen und Risiken auf die Unterbeteili-

712 S. die Ausführungen im zweiten Abschnitt, S. 103.

713 Dann wird der Unterbeteiligte so gestellt, als sei er Inhaber des Hauptgesellschaftsanteils, s. Karsten Schmidt, Gesellschaftsrecht, S. 1866.

714 Vgl. dazu die Ausführungen im zweiten Abschnitt, S. 88 f.. Auch hier soll die Beurteilung auf Basis der idealtypischen Folgen des Nießbrauchs erfolgen.

gungsquote, kann eine atypische Unterbeteiligung vorliegen, die sich strukturell der Treuhand annähert und dann unter § 16 IV 2.Var. fällt. Dies gilt insbesondere für Fallgestaltungen, in denen V als Hauptbeteiligter in Gänze von einer Gewinnbeteiligung ausgeschlossen wird oder K als atypisch Unterbeteiligter über die Quote hinaus durch eine geeignete Ausgestaltung des Unterbeteiligungskontos allein einen etwaigen Verlust[715] der Z zu tragen hat.

Zusammenfassend ist festzustellen, daß eine Zurechnung über § 16 IV 2.Var. regelmäßig nur in den – allerdings praktisch wichtigsten – Fällen der Vereinbarungstreuhand sowie der atypischen Unterbeteiligung greift. Im Falle des Nießbrauchs und der typischen Unterbeteiligung verbleiben dagegen die wesentlichen wirtschaftlichen Chancen und Risiken der Beteiligung typischerweise bei V, womit eine Zurechnung über § 16 IV 2.Var. ausscheidet.

Bevor die abhängigkeitsrechtlichen Folgen dieses Zwischenergebnisses diskutiert werden können, bleibt noch zu klären, welche Konsequenzen eine Zurechnung mit sich bringt.

(3) Rechtsfolgen des § 16 IV 2.Var.

§ 16 IV 2. Var. sieht als Rechtsfolge vor, daß „auch" die von V in der Interimszeit für Rechnung des K gehaltenen Aktien als Anteile „gelten", die K „gehören". Damit stellen sich auf der Rechtsfolgenseite zwei Fragen, die für die abhängigkeitsrechtliche Ausgangssituation der Prüfung im Falle der Vereinbarungstreuhand und der atypischen Unterbeteiligung von Bedeutung sind. Die erste Frage betrifft die Rechtsstellung des Eigentümers V, der die Aktien als Vereinbarungstreuhänder bzw. (atypisch) Hauptbeteiligter hält. Führt hier die Zurechnung der Aktien an K dazu, daß V ab dem Zeitpunkt der Vereinbarung der mittelbaren Unternehmensbeteiligung fortan nicht mehr als mit Mehrheit an Z beteiligtes Unternehmen anzusehen ist ? Die zweite Frage betrifft die Wirkung der Zurechnung und ihr Verhältnis zur Abhängigkeitsvermutung.

(a) Absorption durch Zurechnung ?

In Teilen des Schrifttums wird die Auffassung vertreten, daß bei abhängigen Unternehmen im Rahmen des § 16 IV ***1.Var.*** und im Zusammenhang mit den aktienrechtlichen Meldepflichten die Zurechnung an das herrschende Unternehmen eine Absorption der zugerechneten Beteiligung zugunsten des anderen Unternehmens bewirke. *Schäfer* bejaht für den Bereich des § 20 I eine Verlagerung der Mitteilungspflicht auf das „höchste herrschende Unternehmen"[716]. Daraus folge dann weiter, daß alle abhängigen Zwischenunternehmen von der Mitteilungspflicht freigestellt seien, da ihr Aktienbesitz durch § 16 IV negiert werde, solange sie nur Durchgangsstadium für die Leitungsmacht des anderen Unternehmens seien. *Bernhardt*[717] vertritt die Meinung, daß zwar allein aus § 16 IV ein Hinwegdenken der Anteile beim abhängigen Unternehmen nicht geschlußfolgert werden

715 Vgl. die Darstellung auf S. 103.
716 Vgl. Schäfer in BB 1966, 229 (230, r.Sp.).
717 S. Bernhardt in BB 1966, 678 (681).

könne; für die aktienrechtlichen Mitteilungspflichten ergebe sich jedoch aus der Zielsetzung einer verbesserten Transparenz etwas anderes. Da eine doppelte Mitteilungspflicht zu noch größerer Verwirrung führte, müsse das Eigentum des wirklichen Inhabers hinwegfingiert werden.

Gegen eine Absorption für den Bereich des § 16 IV ***2.Var.*** spricht zunächst, daß dem Wortlaut nur eine positive Zurechnung zu entnehmen ist und nicht eine Negierung der Eigentümerstellung des Inhabers. Zwar genügt für eine Zurechnung die materielle Berechtigung bzw. die Inhaberschaft im wirtschaftlichen Sinne; daraus folgt jedoch nicht[718], daß die formelle Inhaberschaft für eine Mehrheitsbeteiligung nicht mehr ausreichen soll. Weiterhin wäre für den Bereich des § 16 IV ***1.Var.*** das Enkelunternehmen bei Annahme einer Absorption abhängigkeitsrechtlich schutzlos gestellt, wenn der Mutter die Widerlegung der Abhängigkeitsvermutung nach § 17 II gelingt und ein Rückgriff auf die Tochter wegen der Absorption von vornherein ausscheidet[719]. Dieser Gedanke läßt sich auch auf den hier interessierenden Bereich des § 16 IV ***2. Var.*** übertragen, falls K die Widerlegung[720] der Abhängigkeitsvermutung gelingt, weil trotz Verlagerung der wirtschaftlichen Chancen und Risiken der Beteiligung auf ihn der konkrete Treuhandvertrag die Leitungsmacht für die Interimszeit ausdrücklich allein bei V beläßt. Hier wäre V bei Befürwortung einer Absorptionswirkung der Zurechnung trotz der ihm verbleibenden Leitungsmacht gegenüber Z aus der abhängigkeitsrechtlichen Erfassung nach § 17 II entlassen. Die Argumentation der Absorptionsbefürworter im Bereich der aktienrechtlichen Mitteilungspflichten läßt sich zudem nicht auf § 16 IV ***2.Var.*** übertragen. Hier geht es um eine materielle Zurechnung, die v.a. für die Abhängigkeitsvermutung des § 17 II und die abhängigkeitsrechtlichen Haftungsnormen der §§ 317, 318 von Relevanz ist. Abgesehen von der fehlenden Übertragbarkeit ist auch der Ausgangsthese *Bernhardts* nicht zu folgen, daß die Transparenz der Mitteilung verloren ginge, wenn eine Doppelmeldung erfolgen würde. Vielmehr ist die Einbeziehung des wirtschaftlichen und des rechtlichen Inhabers der Beteiligung notwendig, um im Bereich der Mitteilungspflichten die Beteiligungsverhältnisse transparent zu machen und den Wirklichkeitswert der Mitteilung zu steigern. Dieser Wirklichkeitswert würde auch im Bereich des § 16 IV ***2. Var.*** erheblich beeinträchtigt, wenn nicht mehr das realiter (d.h. der dinglichen Rechtslage entsprechende) beteiligte Unternehmen als das mit Mehrheit beteiligte Unternehmen anzusehen wäre, sondern *nur* noch das Unternehmen, dessen Mehrheitsbeteiligung auf der Fiktion beruht[721].

---

718 S. BGHZ 114,203,213, wonach ein Halten für Rechnung nicht ausschließt, daß die Aktien dem formellen Eigentümer zugerechnet werden. Windbichler führt gegen eine Absorption als zusätzliches systematisches Argument die Fälle des Erwerbs eigener Aktien in Einkaufskommission durch ein Kreditinstitut und des in die Durchführung einer Kapitalerhöhung eingeschalteten Kreditinstituts auf, s. dazu Windbichler in Großkommentar zum Aktiengesetz, § 16, Rdn. 23. Vgl. auch Koppensteiner in Kölner Kommentar, § 16, Rdn. 27. S.a. Zilias in Wirtschaftsprüfer-Handbuch 1981, S.1542, wonach die Negierung einer Mehrheitsbeteiligung im Wege der Absorption zu unerwünschten Kapitalverpflechtungen führen kann, die auch nach Beendigung des Abhängigkeitsverhältnisses nicht mehr zu beseitigen wären.

719 Wie Fußnote zuvor.

720 Welcher Beurteilungsmaßstab für eine Widerlegung anzulegen ist, wird erst an späterer Stelle diskutiert, s. insbesondere die Ausführungen in diesem Abschnitt, S. 206 ff..

721 So auch Geßler in Geßler/Hefermehl, § 16, Rdn.45.

Zilias[722] weist zu Recht darauf hin, daß § 16 IV zwar dem wirtschaftlichen Sachverhalt Geltung verschaffen soll, die durch die unmittelbare Beteiligung begründeten rechtlichen Beziehungen von zwei Unternehmen jedoch dadurch keineswegs abgeschwächt werden.

Schließlich zeigt § 16 I, daß für die Definition der Mehrheitsbeteiligung und die durch sie ausgelöste Abhängigkeitsvermutung kein Exklusivitätsverhältnis vorliegen muß. Demnach führt sowohl die Mehrheit der Kapitalanteile als auch die Mehrheit der Stimmrechte zu einer Mehrheitsbeteiligung. Fallen Stimmrechts- und Kapitalmehrheit auseinander, bedeutet dies, daß die Abhängigkeits*vermutung* des § 17 II zunächst sowohl für das mit Stimmrechtsmehrheit als auch für das mit Kapitalmehrheit beteiligte Unternehmen gilt. Eine andere Frage ist dann, ob bereits die bloße Innehabung einer Kapitalmehrheit als solche zur Widerlegung[723] der Vermutung führen kann.

Damit ist eine Absorptionswirkung zu verneinen[724], womit die Abhängigkeitsvermutung mit der Begründung einer Vereinbarungstreuhand oder einer atypischen Unterbeteiligung zu Lasten des K über § 16 IV 2.Var. i.V.m. § 17 II ausgelöst wird und zu Lasten des V über § 16 I i.V.m. § 17 II bestehen bleibt. Die Frage, ob die Abhängigkeitsvermutung dann seitens K oder seitens V widerlegt werden kann, führt unmittelbar zum zweiten Problem.

(b) Unwiderlegbarkeit der durch § 16 IV 2. Var. verursachten Abhängigkeitsvermutung zu Lasten des Vereinbarungstreugebers K ?

Vor einigen Jahren hat sich *Mertens*[725] in einem Festschriftbeitrag mit der Frage beschäftigt, welche Wirkungen eine Zurechnung nach § 16 IV 2.Var. im Rahmen von Treuhandverhältnissen auf die Abhängigkeitsvermutung nach § 17 II entfaltet. Mit Ausnahme von Fällen, in denen eine vollkommene Eigennützigkeit[726] der Treuhand gegeben ist, sieht *Mertens* die Abhängigkeitsvermutung zu Lasten des Treugebers selbst dann *von vornherein* als nicht widerlegbar an, wenn der Treuhandvertrag die Weisungsfreiheit des Treuhänders festschreibt[727]. Für die fehlende Widerlegbarkeit führt Mertens vier Argumente an.

Erstens seien auch Entherrschungsverträge nur dann zur Beseitigung der Abhängigkeitsvermutung geeignet, wenn sie von Rechts wegen eindeutig ausschlössen, daß sich ein über Mehrheitsbesitz verfügendes Unternehmen auf der Stimmrechtsebene durchsetzen kann. Ein Entherrschungsvertrag, der die Überlassung der Aktien an einen Treuhänder

---

722 Vgl. Zilias in Wirtschaftsprüfer-Handbuch 1981, S.1542.

723 S. Meilicke/Meilicke BB 1978, 406 (407, l.Sp.), wonach die Abhängigkeitsvermutung von dem Inhaber der Kapitalmehrheit widerlegt ist, wenn ein anderer Gesellschafter mit Stimmenmehrheit an der Gesellschaft beteiligt ist. Vgl. a. Hüffer, AktG, § 17, Rdn. 20 m.w.N..

724 I.E. genauso Windbichler in Großkommentar zum Aktiengesetz, § 16, Rdn. 31,28,23; Würdinger in Großkommentar zum Aktiengesetz, § 16, Anm. 7; Zilias in Wirtschaftsprüfer-Handbuch 1981, S.1542/1543; Geßler in Geßler/Hefermehl, § 16, Rdn. 44; Henn, Handbuch des Aktienrechts, Rdn.226; Koppensteiner in Kölner Kommentar, § 16, Rdn. 27.

725 Mertens in Festschrift für Karl Beusch 1993, S.584.

726 Mertens, a.a.O., S.587.

727 Mertens, a.a.O., S.585/586

vorsehe, sei zur Widerlegung offensichtlich untauglich[728], auch wenn der Treuhänder keine Weisungsfolgepflicht habe.

Zweitens eröffnete man dem Treugeber die Möglichkeit, sich durch Einschaltung eines Treuhänders, dem selbst keine konzernrechtliche Verantwortlichkeit zufalle, den Bindungen des Konzernrechts zu entziehen[729].

Drittens sei die Annahme einer Widerlegbarkeit der zu Lasten des Treugebers ausgelösten Abhängigkeitsvermutung auch nicht mit der Informationslage und dem Informationsbedürfnis des Treugebers zu vereinbaren, weil er im Falle der Widerlegung keinen[730] Anspruch gegen das in seinem Mehrheitsbesitz befindliche Unternehmen habe, ihm alle Aufklärungen und Nachweise zur Verfügung zu stellen, die er für die Aufstellung des Konzernlageberichtes benötige. Der Treuhänder habe dagegen nur die Informationsrechte eines ganz normalen Aktionärs.

Als viertes und letztes Argument führt *Mertens* an, daß der Treuhänder stets die Interessen des Treugebers zu wahren habe, auch wenn er das Stimmrecht ohne Bindung an Weisungen ausüben könne.

Auch *Geßler*[731] spricht in seiner Kommentierung des § 16 IV – allerdings ohne nähere Begründung – davon, daß es sich um eine gesetzliche Fiktion handele, die durch „keine Umstände" widerlegt werden könne.

Die Argumentation von *Mertens* vermag nicht zu überzeugen.

Zunächst sind diejenigen Argumente auszuscheiden, die logisch widersprüchlich sind. Wenn *Mertens* feststellt, daß der Treugeber – ließe man die Widerlegungsmöglichkeit zu – in Informationsnöte für die Aufstellung des Konzernlageberichts geriete, macht diese Feststellung genauso viel Sinn wie die Frage, ob ein Nachtwächter eine Pension erhält, wenn er tagsüber stirbt. Denn im Falle der Widerlegung der Abhängigkeit bedarf es mangels Konzerns auch keines durch den Treugeber aufzustellenden Konzernlageberichts. Der These von *Mertens*, daß der Treugeber die Vermutung *nur* dann widerlegen könne, falls der Treuhänder vollkommen eigennützig handele, kann ebenfalls nicht gefolgt werden. Wird das Treuhandverhältnis ausschließlich im Interesse des Treuhänders als Sicherungstreuhand begründet (was in den hier interessierenden Fällen einer Vereinbarungstreuhand als Überbrückungsregelung für die Interimszeit ohnehin nicht in Betracht kommt), kann es zwar naheliegen, den Treuhänder von Weisungen des Sicherungstreugebers freizustellen. Die Parteien können jedoch auch bei anderen Treuhandformen das grundsätzlich dem Treugeber zustehende Weisungsrecht im Rahmen einer besonderen Abrede modifizieren, beschränken oder abbedingen. Umgekehrt bringt eine eigennützige Sicherungstreuhand nicht automatisch mit sich, daß der Treuhänder völlig frei schalten und walten kann. Diese Überlegungen zeigen, daß die These von *Mertens* mit dem ihr eigenen Absolutheitsanspruch nicht trägt. Gerade die Fälle einer gespaltenen Leitungsmacht erfordern eine differenzierende Betrachtungsweise, die abhängigkeitsrechtlich danach unterscheiden muß, welche Kompetenzen für die Befürchtung eines einflußkonformen Verhaltens des Vorstandes des betrachteten Unternehmens ausschlaggebend sind und wie

728 Mertens, a.a.O., S.586.

729 Wie Fußnote zuvor.

730 S. Mertens, a.a.O., S.586.

731 Vgl. Geßler in Geßler/Hefermehl, § 16, Rdn.43.

die Kompetenzen im Einzelfall zwischen Treugeber und Treuhänder aufgeteilt werden. Für die Untersuchung, ob die Abhängigkeitsvermutung durch den Treugeber widerlegt werden kann, ist folglich eine umfassende Gesamtbetrachtung aller schuldrechtlichen Abreden unter besonderer Berücksichtigung der wirtschaftlichen Zielsetzungen der Parteien erforderlich. Dabei mag es statistisch betrachtet zutreffen, daß in der Praxis die Freistellung des eigennützigen Treuhänders von Weisungen durch den Treugeber öfters vorgesehen wird als bei anderen Treuhandformen. Dann ist bei der eigennützigen Treuhand auch häufiger eine Widerlegung der Abhängigkeitsvermutung seitens des Treugebers möglich als bei anderen Treuhandformen. Dies führt jedoch nicht dazu, daß eine Widerlegung durch den Treugeber bei den anderen Treuhandformen ohne Ansehen des Einzelfalls per se präkludiert wäre.

Weiterhin ist nach der hier vertretenen Auffassung auch nicht den Argumenten von *Mertens* zu folgen, die auf einer implizit angenommenen Absorptionswirkung der Zurechnungsnorm des § 16 IV 2.Var. beruhen. Damit ist dem Argument, daß der Treugeber sich mittels Widerlegung der Abhängigkeitsvermutung den Bindungen des Konzernrechts entziehen könne, während dem Treuhänder selbst keine konzernrechtliche Verantwortung zufalle, nicht zu folgen. Ein konzernrechtliches „Vakuum" ist entgegen *Mertens* nicht zu befürchten, da die Abhängigkeitsvermutung zu Lasten des Treuhänders mangels Absorption nicht bei Zurechnung an den Treugeber hinwegfingiert wird.

Auch soweit *Mertens* seine Argumentation auf die Voraussetzungen, die an einen Entherrschungsvertrag zu stellen sind, stützt, vermag sie nicht zu überzeugen. Zwar muß sich der Mehrheitsaktionär beim Entherrschungsvertrag auch der Stimmrechtsmacht begeben, die aus Stimmbindungsverträgen und Treuhandverhältnissen[732] resultiert. Deshalb trifft es zu, daß ein Entherrschungsvertrag nicht zur Widerlegung der Abhängigkeitsvermutung ausreicht, falls der Mehrheitsaktionär die Aktien an einen *weisungsfolgepflichtigen* Treuhänder überläßt, um über die Hintertür die Leitungsmacht beizubehalten. Jedoch leuchtet nicht ein, warum diese Erkenntnis gegen die Widerlegbarkeit der Abhängigkeitsvermutung in einem vollkommen anderes gelagerten Sachverhalte streiten sollte. Der Entherrschungsvertrag betrifft ein spezielles schuldrechtliches[733] Widerlegungsmittel im Verhältnis Mehrheitsaktionär – Gesellschaft, während die von *Mertens* behandelte Fragestellung das Verhältnis zwischen Treuhänder und Treugeber im Hinblick auf seine abhängigkeitsrechtlichen Folgen beleuchtet. Aus der (berechtigten) Berücksichtigung von Treuhandverhältnissen zur Beurteilung des Umfangs der vom Mehrheitsaktionär im Rahmen eines Entherrschungsvertrages aufzugebenden Stimmrechtsmacht läßt sich kein Rückschluß dergestalt ziehen, daß bei Treuhandverhältnissen andere Widerlegungs- bzw. Entherrschungsmittel a priori ausscheiden. M.a.W. läßt sich entgegen *Mertens* nicht schlußfolgern, daß z.B. der ausdrücklich vereinbarte Ausschluß von Weisungsrechten des Treugebers als Widerlegungsmittel nur deshalb ausscheidet, weil Treuhandverhältnisse bei Entherrschungsverträgen zu beachten sind und man durch ihre Einbeziehung zu einer nur unzureichenden Begebung der Stimmrechtsmacht im Rahmen dieser Entherrschungs-

---

732 S. Hentzen, ZHR 157 (1993), 65 (69); Götz, Entherrschungsvertrag, 55 ff..

733 Nach ganz überwiegender Ansicht hat der Entherrschungsvertrag nur schuldrechtliche Wirkung, vgl. Hentzen, a.a.O., S.67 m.w.N..

form gelangt, sofern der Treugeber den Treuhänder zu einem bestimmten Stimmverhalten anweisen kann.

Gegen die Auffassung von *Mertens* spricht weiterhin ihre Konsequenz, daß die Widerlegbarkeit der Abhängigkeitsvermutung beim Treugeber, dem die Inhaberschaft eines anderen Unternehmens im Wege der Fiktion für die Mehrheitsbeteiligung erst zugerechnet werden muß, ausgeschlossen wird, während dem Eigentümer der Beteiligung alle Optionen der Widerlegung erhalten bleiben. Warum sollte man dem Unternehmen, das sich mangels dinglicher Rechtsstellung zunächst als beteiligungsentfernter darstellt und erst unter Berücksichtigung der wirtschaftlichen Sondersituation der Treuhand abhängigkeitsrechtlich erfaßt wird, die Widerlegungsmöglichkeit versagen, während einem Unternehmen, das aufgrund seiner dinglichen Rechtsstellung eine Mehrheitsbeteiligung hält, die Widerlegung möglich bleibt?

Losgelöst von den vorgenannten Überlegungen läßt sich gegen die Meinung von *Mertens* schließlich einwenden, daß die durch § 16 IV 2.Var. ausgelöste Abhängigkeits*vermutung* mit dem Befund „Abhängigkeit" selbst verwechselt wird. Dies widerspricht der vom Gesetzgeber im Laufe des parlamentarischen Verfahrens geänderten Fassung einer ursprünglich unwiderleglichen Vermutung in eine widerlegliche[734]. Damit darf die durch § 16 IV 2.Var. ausgelöste Abhängigkeitsvermutung nicht in eine unwiderlegliche Vermutung umgedeutet werden. Diese Überlegung streitet auch gegen die Ansicht von *Geßler*, sofern seine Kommentierung nicht ohnehin so zu verstehen ist, daß sich seine Annahme einer unwiderleglichen Fiktion nur auf die Zurechnung nach § 16 IV 2.Var. als solche[735] bezieht und nicht auf die erst aus der Zurechnung entstehende Abhängigkeitsvermutung des § 17 II.

Festzuhalten bleibt demnach, daß die durch § 16 IV 2.Var. zu Lasten des Treugebers ausgelöste Abhängigkeitsvermutung nicht als von vornherein unter keinen Umständen widerlegbare Fiktion umgedeutet werden kann.

Eine von der vorstehenden Erörterung zu trennende Frage betrifft das von *Mertens* ins Feld geführte Problem, ob die den Treuhänder treffende *Interessenwahrungspflicht* einer Widerlegung der Abhängigkeitsvermutung durch den Treugeber auch dann entgegensteht, falls besondere Abreden über einen autonomen Entscheidungsspielraum des Treuhänders für Abstimmungen in der Hauptversammlung getroffen werden oder die besonderen Abreden einem solchem Entscheidungsspielraum nicht entgegenstehen. Auf dieses Problem wird erst nach der Untersuchung der für die Widerlegung der Abhängigkeitsvermutung wesentlichen Kriterien zurückgekommen[736].

---

734 Aufgrund der Sachverständigenanhörung des Wirtschaftsausschusses wurde der Regierungsentwurf in der abgeschwächten Form der widerleglichen Vermutung beibehalten, vgl. Ausschußbericht bei Kropff, § 16, S.29.

735 Ein solches Verständnis scheint auch Windbichler zu haben, die unter Zitierung von Geßler die Zurechnung selbst als nicht widerleglich qualifiziert, vgl. Windbichler in Großkommentar zum Aktiengesetz, § 16, Rdn. 25.

736 S. die Ausführungen in diesem Abschnitt auf S. 228 f..

(c) Unwiderlegbarkeit der Abhängigkeitsvermutung zu Lasten des Treuhänders V trotz Weisungsbefugnissen des Treugebers ?

Zur Absorptionsproblematik wurde festgestellt, daß die Zurechnung an K die Mehrheitsbeteiligung des V nicht beseitigt und damit die Abhängigkeitsvermutung im Verhältnis zu V unberührt bleibt. *Koppensteiner* vertritt in einem solchen Fall die Auffassung, daß ein Treuhänder die Abhängigkeitsvermutung nicht mit dem Argument widerlegen könne, er sei auf Grund des Treuhandvertrages an die Weisungen des Treugebers gebunden[737]. Diese Schlußfolgerung stützt *Koppensteiner* auf den Sinn der Zurechnung, die die Abhängigkeitsvermutung gerade auslösen soll. Ebensowenig wie die Meinung von *Mertens* für die Unwiderlegbarkeit der Abhängigkeitsvermutung im Hinblick auf den Treugeber zu überzeugen vermag, leuchtet hier die parallele Argumentation im Verhältnis zum Treuhänder ein. Denn auch hier gilt, daß der Gesetzgeber die Abhängigkeitsvermutung bewußt widerleglich ausgestaltet hat[738]. Zudem läßt sich auch nicht nachvollziehen, warum aus dem Sinn der Zurechnungsnorm des § 16 IV 2.Var., die nur die Einbeziehung des *Treugebers* betrifft, folgen sollte, daß die mangels Absorption grundsätzlich fortgeltende Abhängigkeitsvermutung zu Lasten des Treuhänders nunmehr nicht mit Blick auf den Abschluß des Treuhandvertrages widerlegt werden kann. Diese These widerspricht zudem der von *Koppensteiner* an anderer Stelle[739] gezogenen Schlußfolgerung, wonach die Vermutung mit dem Nachweis, daß die Gesellschaft von einem *anderen* als dem mit Mehrheit beteiligten Unternehmen abhängt, widerlegt ist.

Zusammenfassend bleibt als Zwischenergebnis festzuhalten:

Die abhängigkeitsrechtliche Ausgangslage ist danach zu unterscheiden, welches Institut der mittelbaren Unternehmensbeteiligung als Überbrückungsregelung für die Interimszeit gewählt wird. Begründen die Parteien eine Treuhand oder eine atypische Unterbeteiligung an dem Aktienpaket des V, wird regelmäßig zu Lasten beider Parteien eine Abhängigkeit der Z vermutet. Diese zweifache Abhängigkeitsvermutung beruht hinsichtlich des K auf der Zurechnungsklausel des § 16 IV 2.Var. i.V.m. § 17 II und hinsichtlich des V mangels absorbierender Wirkung der Zurechnung auf § 16 I i.V.m. § 17 II. Die Abhängigkeitsvermutung ist weder für V noch für K als von vornherein und per se unwiderlegbar anzusehen.

Vereinbaren die Parteien als Überbrückungsregelung einen Nießbrauch oder eine typische Unterbeteiligung, kann die Beteiligung des V an Z dem K über § 16 IV 2.Var. regelmäßig nicht zugerechnet werden. Die Abhängigkeitsvermutung greift dann nur zu Lasten des V aufgrund von § 16 I i.V.m. § 17 II.

bb) Allgemeine Anforderungen der abhängigkeitsrechtlichen Untersuchung und Voraussetzungen einer Widerlegung der Abhängigkeitsvermutung

Bevor die einzelnen Kategorien der zwischen den Parteien getroffenen Abreden über die Stimmrechtsausübung im Wege der Autorisation des K oder mittels einer Stimmbindung

737 So Koppensteiner in Kölner Kommentar, § 17, Rdn. 88.

738 Vgl. Fußnote 734.

739 S. Koppensteiner in Kölner Kommentar, § 17, Rdn. 97.

des V auf ihre Widerlegungstauglichkeit untersucht werden, sollen die maßgeblichen Kriterien für die abhängigkeitsrechtliche Untersuchung und insbesondere für eine Widerlegung der Abhängigkeitsvermutung erörtert werden. Auf diesen Kriterien wird auch die abhängigkeitsrechtliche Prüfung der anderen Fallgruppen aufbauen.

Um eine Konzentration auf die Erarbeitung der maßgeblichen Beurteilungskriterien zu ermöglichen, wird kein rechtshistorischer Versuch unternommen, den auch nach zahlreichen literarischen Untersuchungen[740] schillernd gebliebenen Abhängigkeitsbegriff beginnend bei der Thega-Entscheidung[741] des Reichsgerichts in all seinen Facetten darzustellen. Vielmehr wird der Schwerpunkt gleichsam als roter Faden für die nachfolgende Analyse der Fallgruppen auf drei Fragen gelegt:

- Welche Beherrschungs*mittel* müssen widerlegt werden und welche *Abreden* der Parteien eignen sich für eine Widerlegung ? (wird sogleich unter (1) behandelt)
- Auf welche *Sicht* ist für die abhängigkeitsrechtliche Beurteilung abzustellen und welcher *Maßstab* ist für die Beurteilung anzulegen? (s. dazu die Ausführungen unter (2))
- Existieren für die hier interessierenden Fallgruppen weitergehende *spezielle* Voraussetzungen ? (vgl. die Darstellung unter (3))

(1) Qualifikation der zu widerlegenden Beherrschungsmittel und der für eine Widerlegung geeigneten Abreden

(a) Die Personalhoheit als zentraler Bezugspunkt des Abhängigkeitsbegriffs

So unterschiedlich die Konzeption der Abhängigkeit im einzelnen sein mag, besteht jedoch dahingehend Einigkeit[742], daß das Stimmrecht des Mehrheitsaktionärs als das praktisch wichtigste Beherrschungsmittel seine abhängigkeitsrechtliche Wirkung aufgrund der sog. Personalhoheit entfaltet. Dahinter verbirgt sich ein spezifischer Einflußmechanismus[743]: Der Mehrheitsaktionär kann nach §§ 119 I Nr.1, 101 I S.1 in den Aufsichtsrat Personen seines Vertrauens wählen. Der Aufsichtsrat ist nach § 84 für die Bestellung und die Abberufung der Vorstandsmitglieder zuständig. Obwohl dem Mehrheitsaktionär nach der Leitvorstellung der aktienrechtlichen Kompetenzabgrenzung kein[744] unmittelbarer Einfluß auf die Führung der Geschäfte der Gesellschaft durch den Vorstand zukommt, verfügt er via Aufsichtsrat über einen erheblichen mittelbaren Einfluß. Der Mehrheitsak-

---

740 S. zum Abhängigkeitsbegriff die beiden umfangreichen Untersuchungen von Werner, Der aktienrechtliche Abhängigkeitstatbestand und Dierdorf, Herrschaft und Abhängigkeit einer Aktiengesellschaft auf schuldvertraglicher und tatsächlicher Grundlage.

741 Vgl. RGZ 167, 40.

742 S. z.B. A/D/S, Vorb. zu §§ 311-313, Rdn. 37 und 45 ; Hüffer, AktG, § 17, Rdn. 5; Werner, a.a.O., S. 171 ff.; Richter AG 1982, 263, l.Sp.; MeierJohann, a.a.O., S.54; Dierdorf, a.a.O., 45 ff..

743 Vgl. dazu die Darstellung bei MeierJohann, a.a.O., S. 55 ff.; Götz, Entherrschungsvertrag, S.19 ff..

744 Im Rahmen der Holzmüller-Doktrin bejaht der BGH eine Vorlagepflicht des Vorstandes an die Hauptversammlung, sofern es um Strukturmaßnahmen geht, die einen schwerwiegenden Eingriff in die Interessen der Aktionäre mit sich bringen, s. ausführlicher Fußnote 609 m.w.N.. In diesen Fällen kann der Mehrheitsaktionär über die Hauptversammlung (mit-)entscheiden.

tionär hat zwar gegenüber den von der Hauptversammlung gewählten Aufsichtsratsmitgliedern kein formelles[745] Weisungsrecht; jedoch eröffnet sich ihm die *faktische* Möglichkeit zu Vorgaben. Diese Möglichkeit kann darauf basieren, daß im Aufsichtsrat bereits seine Gefolgsleute sitzen. Sie besteht aber aufgrund des Wiederwahlinteresses[746] auch bei den Aufsichtsratsmitgliedern, die nicht auf Initiative des Mehrheitsaktionärs gewählt wurden. Sie besteht nicht zuletzt auch in den Fällen, in denen nach § 103 I S.3 die für die Abberufung erforderliche Mehrheit auf die einfache Stimmenmehrheit abgesenkt wird. Dann wird die Personalhoheit des Mehrheitsaktionärs über den Aufsichtsrat noch dadurch verstärkt, daß für die Amtsbeendigung der Vertrauensentzug der Hauptversammlung ausreicht[747]. Da der Aufsichtsrat seinerseits über die Wiederbestellung des Vorstandes entscheidet, hängt eine Fortsetzung der Tätigkeit des Vorstandes letztlich und mittelbar von der Entscheidung des Mehrheitsaktionärs ab. Aus dieser Wirkungskette Mehrheitsaktionär → Hauptversammlung→Aufsichtsrat→Vorstand wird nun ein für das Verständnis des Abhängigkeitsbegriffs fundamentales rechtssoziologisches Phänomen abgeleitet, das an dieser Stelle kurz beleuchtet werden soll und auf das an späterer Stelle[748] zurückzukommen ist.

Die Literatur sieht in § 17 II einen Erfahrungssatz[749], der auf der vorstehend beschriebenen Personalhoheit beruht. Er geht bei einer Mehrheitsbeteiligung von der Beeinträchtigung der in § 76 I verankerten Vorstandsautonomie, die ausdrücklich nur bei Abschluß eines Beherrschungsvertrags (§ 308 I S.1) oder im Rahmen einer Eingliederung (§ 323 I S.1) durchbrochen wird, aus. So spricht *Richter* von einer „stillschweigenden Harmonisierung"[750] zwischen der vom Vorstand veranlaßten unternehmenspolitischen Ausrichtung und der Interessenlage des Mehrheitsaktionärs. *Koppensteiner*[751] sieht den inneren Grund für die Abhängigkeitsvermutung in der Möglichkeit des Mehrheitsaktionärs, den Aufsichtsrat und damit indirekt auch den Vorstand zu bestellen. Wenngleich der damit verbundene Einfluß keineswegs ausreiche, die abhängige Gesellschaft zu irgend etwas zu

---

745 S. Götz, a.a.O., S.19. Ein Weisungsrecht wird sogar gegenüber den aus öffentlich-rechtlichen Körperschaften entsandten Aufsichtsratsmitgliedern abgelehnt, es sei denn, das Gesellschaftsinteresse des zu kontrollierenden Unternehmens wird nicht berührt, s. Schwintowski, NJW 1990, 1015, r.Sp..

746 Zum Wiederwahlinteresse s. Koppensteiner in Kölner Kommentar, § 17, Rdn. 19; Dierdorf, a.a.O., S. 45. Dierdorf unterstreicht, daß der Mehrheitsaktionär auf die Tätigkeit des Aufsichtsrates nur über seine persönlichen Beziehungen zu den einzelnen Mitgliedern insbesondere unter dem Gesichtspunkt des Wiederwahlinteresses Einfluß nehmen kann. Die Personalhoheit hat somit eine doppelte Stoßrichtung: bei den Aufsichtsratsmitgliedern geht es um deren Wieder*wahl*; bei den Vorstandsmitgliedern um deren Wieder*bestellung* durch den von den Gefolgsleuten des Mehrheitsaktionärs besetzten Aufsichtsrat. Damit schafft das Wiederwahlinteresse der Aufsichtsratsmitglieder erst die Einflußmöglichkeit des Mehrheitsaktionärs auf den Vorstand.

747 Ein sachliches Erfordernis wie z.B. Pflichtverletzung oder Amtsunfähigkeit ist nicht erforderlich, s.a. Hüffer, AktG, § 103, Rdn. 3.

748 Vgl. zum Modell eines aus Schutzgründen idealtypisch als willfährig charakterisierten Vorstandes auch die Ausführungen in diesem Abschnitt auf S. 253 ff..

749 Vgl. Werner, a.a.O., S.171.

750 S. Richter in AG 1982, 261 (263, l.Sp.).

751 Vgl. Koppensteiner in Kölner Kommentar, § 17, Rdn. 19.

zwingen, ergebe sich die Möglichkeit des beherrschenden Einflusses aus der Erwartung, daß Aufsichtsrat und Vorstand den Wünschen des Mehrheitsaktionärs folgen werden, weil sie regelmäßig an der Wiederbestellung interessiert seien. Für die Abhängigkeit genüge somit die „Wahrscheinlichkeit einflußkonformen Verhaltens“[752], die sich daraus ergebe, daß die Stellung als Organmitglied auf die Dauer vom Wohlwollen desjenigen abhänge, der die Zusammensetzung der Gesellschaftsorgane bestimmt. Diese anschauliche und oft zitierte Formel von *Koppensteiner* hat das Schrifttum entscheidend geprägt. Deshalb kommt ihr im Verlauf der weiteren Untersuchung nicht nur für die Anforderungen, die an eine Widerlegung der Abhängigkeitsvermutung zu stellen sind, eine zentrale Bedeutung zu, sondern auch für die Frage, ob eine Abhängigkeit auf Faktoren beruhen kann, die außerhalb der gegenwärtigen dinglichen Innehabung einer Mehrheitsbeteiligung liegen.

Auch *Dierdorf*[753]gelangt in seiner Untersuchung zum Abhängigkeitsbegriff zu dem Ergebnis, daß sich die Vorstandsmitglieder einer AG trotz ihrer rechtlichen Selbständigkeit oft tatsächlich nicht in der Lage befänden oder erst gar nicht das Bedürfnis verspürten, sich den Wünschen des Aufsichtsrates bzw. des Mehrheitsaktionärs zu widersetzen. Zudem bedeute ein unfreiwilliges Ausscheiden aus dem Amt für ein Vorstandsmitglied ein erhebliches berufliches Risiko. I.ü. unterstreicht *Dierdorf* auch die Möglichkeit des Mehrheitsaktionärs, die Geschäftspolitik des Unternehmens außerhalb der Hauptversammlung im Wege des direkten Kontaktes[754] zu beeinflussen. Die Reihe der Autoren, die in der Personalhoheit des Mehrheitsaktionärs das Schlüsselelement der Abhängigkeit aufgrund von Stimmrechtsmacht sehen, ließe sich beliebig fortsetzen[755].

Daß das Kriterium der Personalhoheit in der Praxis kein blutleeres Konstrukt der Rechtslehre ist, sondern eine erhebliche Rolle spielt, verdeutlichen die Fallbeispiele[756] in der Untersuchung von *MeierJohann*. Sie zeigen, daß losgelöst von der Wirkungsweise des § 84 III S.2, wonach der Vertrauensentzug durch die Hauptversammlung und die verweigerte Entlastung ein wichtiger Grund für den Widerruf der Bestellung zum Vorstandsmitglied darstellt, der Großaktionär die Abberufung herbeiführen kann. *MeierJohann* gelangt zu dem Fazit, daß es in der Praxis kaum möglich sein dürfte, ein Unternehmen nach Grundsätzen zu führen, die denjenigen des Mehrheitsaktionärs entgegenstehen, zumal das betroffene Vorstandsmitglied im allgemeinen keine Feststellungsklage nach

752 Wie Fußnote zuvor.

753 S. Dierdorf, Herrschaft und Abhängigkeit einer Aktiengesellschaft auf schuldvertraglicher und tatsächlicher Grundlage, S.47.

754 Vgl. Dierdorf, a.a.O., S.48. S. a. A/D/S, Vorbem. zu §§ 311-313, Rdn.45. Die Autoren weisen auf die Praxis des Wirtschaftslebens hin, wonach Mehrheitsbeteiligungen häufig zu direkter Einflußnahme auf die Geschäftspolitik des in Mehrheitsbesitz stehenden Unternehmens führen.

755 S. beispielsweise Krieger in Münchener Handbuch des Gesellschaftsrechts, Band 4, § 68, Rdn.57; Emmerich in Emmerich/Habersack, § 17, Rdn.27; Hüffer, AktG, § 17, Rdn.5 ; Geßler in Geßler/Hefermehl, § 17, Rdn. 98; Werner, Der aktienrechtliche Abhängigkeitstatbestand, S.178; Rittner, Die Beteiligung als Grund der Abhängigkeit einer Aktiengesellschaft, DB 1976, 1465 (1468).

756 Vgl. die Schilderung der Fälle BMW und Zellstofffabrik Waldhof bei MeierJohann, Konzentrationswirkungen des Aktienrechts in der Bundesrepublik Deutschland, S.56/57.

§ 84 III S.4 anstrengen werde, sondern vielmehr Einigungen über Abfindungssummen herbeigeführt würden[757].

Damit bleibt festzuhalten, daß die Personalhoheit als zentrales Element der Abhängigkeit bei der stimmrechtsbezogenen Möglichkeit der Einflußnahme anzusehen ist. Eine erfolgreiche Widerlegung der Abhängigkeitsvermutung bedingt daher *zumindest*, daß der Mechanismus der stillschweigenden Harmonisierung beseitigt wird. Dies setzt grundsätzlich für den Widerlegenden voraus, daß seine Möglichkeit ausgeschlossen wird, den Aufsichtsrat zu wählen und damit mittelbar über die (Wieder-)Bestellung des Vorstandes zu befinden. Ob dieser Grundsatz noch weiterer Differenzierungen bzw. Einschränkungen bedarf, wird bei der Diskussion, ob eine konkrete oder eine abstrakte Beurteilung der Personalhoheit vorzuziehen ist, vertieft.

(b) Erfordernis der Widerlegung auch sonstiger Beherrschungsmittel ?

Für die konkrete Prüfung der Fallgruppen ist weiterhin zu überlegen, ob eine erfolgreiche Widerlegung der aus § 17 II folgenden Abhängigkeitsvermutung neben der Beseitigung der Personalhoheit auch die Eleminierung sonstiger Beherrschungsmittel bedingt. Hierbei kommen als sonstige Beherrschungsmittel insbesondere personelle Verpflechtungen zwischen den Organen der Unternehmen in Betracht, wenn z.B. die Vorstände der Gesellschaften im wesentlichen mit identischen Personen besetzt sind[758]. Weiterhin können sonstige Beherrschungsmittel in Gestalt der gesicherten Mitwirkung anderer Aktionäre aufgrund von Stimmrechtsbindungen vorliegen oder infolge tatsächlicher dauernder Übereinstimmung der Interessenlage im Rahmen gemeinsamer Beherrschung begründet werden[759].

Kann nun eine Widerlegung der Abhängigkeitsvermutung nach § 17 II nur gelingen, falls K oder falls V sich auch dieser Beherrschungsmittel begibt ?

Nach einer weit verbreiteten Auffassung[760] wäre dies zu bejahen. Sie stützt sich zum einen auf die Gesetzesgeschichte[761], da aus dem damaligen Rechtsausschußbericht des Deutschen Bundestages hervorgeht, daß es „ nur von dem Gesamtbild der Beziehungen zwischen den Unternehmen“ abhängt „ob eine Mehrheitsbeteiligung ausnahmsweise in Tat und Wahrheit keinen beherrschenden Einfluß gewährt“[762]. Zum anderen wird angeführt, daß § 17 II bloße Kapitalmehrheiten[763] genügen lasse, die allein keine Festlegung der Zusammensetzung des Aufsichtsrates ermögliche. Schließlich wird vorgebracht, daß die Gegenansicht die Widerlegung der Vermutung einseitig auf die aus der Mehrheitsbe-

757 S. MeierJohann, a.a.O., S.57.

758 Vgl. A/D/S, Vorbem. zu §§ 311-313, Rdn. 30 und Rdn.57.

759 Wie Fußnote zuvor.

760 S. Krieger in Münchener Handbuch des Gesellschaftsrechts, § 68, Rdn. 56; Eschenbruch, a.a.O., Rdn. 2038.; Hüffer, AktG, § 17, Rdn.19; Geßler in Geßler/Hefermehl, § 17, Rdn. 99; A/D/S, Vorbem. zu §§ 311-313, Rdn.57.

761 Vgl. Geßler in Geßler/Hefermehl, § 17, Rdn.99.

762 Ausschußbericht zu § 16, zit. bei Kropff, a.a.O.,S.29.

763 Zu diesem Argument s. Hüffer, AktG, § 17, Rdn.19.

teiligung sich ergebenden Rechte begrenze und damit die rechtliche Bedeutung der Vermutung beseitige[764].

Die besseren Argumente sprechen jedoch für die ebenso stark verbreitete Auffassung[765], die für die Widerlegung der Abhängigkeitsvermutung die Beseitigung der Personalhoheit ausreichen läßt.

Was zunächst die rechtsgeschichtliche Argumentation betrifft, muß die Aussage, daß das Gesamtbild über die Widerlegung entscheide, im *Kontext* gesehen werden. Der Ausschußbericht[766] bezieht sich in der zitierten Textpassage auf eine im Wirtschaftsausschuß erwogene Regelung, daß eine Widerlegung nur zugelassen werden sollte, wenn die Ausübung des beherrschenden Einflusses aus einer Mehrheitsbeteiligung durch die Satzung der Gesellschaft oder durch einen beim Registergericht hinterlegten Vertrag ausgeschlossen wird. Diese Restriktion der Widerlegungsmittel wurde nicht übernommen. Bei den Verträgen soll das Gesamtbild über die Frage entscheiden, ob möglicherweise ein Scheinvertrag vorliegt. Der Gesetzgeber will somit die Widerlegung der Vermutung dann ausschließen, wenn der Abschlußprüfer, der im Rahmen der Abschlußprüfung auch zu prüfen hat, ob ein Bericht über die Beziehungen zu den verbundenen Unternehmen nach § 312 zu erstatten ist, feststellt, daß zwar ein Entherrschungsvertrag vorliegt, dieser aber überhaupt nicht tatsächlich durchgeführt wird. Damit läßt sich aus der von *Geßler* angeführten Passage nicht entnehmen, daß für den *Umfang* einer Widerlegung der im Falle der Stimmrechtsmehrheit ausgelösten Abhängigkeitsvermutung auch sonstige Beherrschungsmittel einzubeziehen sind. Vielmehr zielt der Ausschußbericht nur darauf ab, daß eine *Gesamtwürdigung* der oftmals komplexen Sachverhalte insbesondere bei Entherrschungsverträgen zu erfolgen hat. Eine Aussage zur Qualifizierung und Quantifizierung der zu widerlegenden Beherrschungsmittel und insbesondere zur Frage, ob der Mehrheitsaktionär für eine erfolgreiche Widerlegung ein *abstraktes* Minimum an zu widerlegenden Beherrschungsmitteln einzuhalten hat, enthält der Ausschußbericht demnach nicht.

Auch das von *Hüffer* angeführte Argument, daß die Kapitalmehrheit die Abhängigkeitsvermutung auslöse, vermag nicht zu überzeugen. Denn daraus läßt sich kein Rückschluß ziehen, daß der die Stimmrechtsmehrheit innehabende Aktionär auch sonstige Beherrschungsmittel zu widerlegen habe. Liegt eine bloße Kapitalmehrheit vor, kann die Vermutung gerade dadurch widerlegt werden, daß ein anderer Aktionär über die Stimmrechtsmehrheit und dadurch auch über die erforderliche Personalhoheit verfügt[767]. *Rittner* vertritt hierzu sogar die Auffassung, daß eine bloße Kapitalmehrheit für sich genommen noch nicht einmal ausreicht, um die Vermutung aufrechtzuerhalten[768].

Schließlich kann der von *Geßler* gezogenen Schlußfolgerung, der Vermutung werde ihre Bedeutung genommen, beließe man es nur bei der Anknüpfung an die Personalho-

764 So Geßler in Geßler/Hefermehl, § 17, Rdn.99.

765 S. Emmerich in Emmerich/Habersack, § 17, Rdn. 27; besonders prononciert Koppensteiner in Kölner Kommentar, § 17, Rdn.82; Werner, a.a.O., Rdn.171; Rittner, DB 1976, 1465, 1470, l.Sp. unter Befürwortung der Auffassung von Koppensteiner; wohl auch Meilicke/Meilicke, BB 1978, 406 (407, l.Sp.).

766 Zu den folgenden Ausführungen s. den Ausschußbericht zu § 16, zit. bei Kropff, a.a.O., S.29.

767 S. Meilicke/Meilicke, BB 1978, 406 (407, l.Sp.).

768 Vgl. Rittner, DB 1976, 1469, r.Sp..

heit, nicht gefolgt werden. Die Vermutung des § 17 II hat in erster Linie die Funktion, den Rechtsanwender wenigstens z.T. die praktischen Schwierigkeiten[769] zu ersparen, die sich aus den unscharfen Konturen des Abhängigkeitsbegriffs ergeben. Sie muß im Gesamtzusammenhang mit § 17 I gesehen werden, woraus sich ihre Konzeption als Darlegungs- und Beweislastregel ergibt. Der Abhängigkeitsvermutung liegt der Erfahrungssatz[770] zugrunde, daß aus der Mehrheitsbeteiligung die Möglichkeit des beherrschenden Einflusses folgt. Da eine Analyse der aus der Mehrheitsbeteiligung resultierenden Rechte ergibt, daß nur[771] die Personalhoheit selbst einen Einfluß auf die wesentlichen Gebiete der Unternehmens- und Geschäftspolitik des Vorstandes gestattet, ist es spiegelbildlich für die Widerlegung als ausreichend anzusehen, wenn trotz der Mehrheitsbeteiligung keine Personalhoheit ausgeübt werden kann. Eine Ausdehnung des für die Widerlegung erforderlichen Umfangs auf Tatbestände, die überhaupt nicht von dem in § 17 II normierten Erfahrungssatz umfaßt werden, bedeutete somit gleichzeitig eine Ausdehnung der Vermutung selbst. Denn diese besagt gerade nicht, daß mit der Mehrheitsbeteiligung auch immer die von der Gegenansicht ins Auge gefaßten sonstigen Beherrschungsmittel wie z.B. eine personelle Verpflechtung einhergeht.

Die Auffassung, daß im Rahmen von § 17 ***Absatz II*** auch sonstige Beherrschungsmittel jenseits des mit der Mehrheitsbeteiligung spezifisch verbundenen Beherrschungsmittels der Personalhoheit zu widerlegen seien, verwechselt zudem die Widerlegung der *Vermutung* mit dem Nachweis fehlender *Abhängigkeit* selbst[772]. Denn die Möglichkeit des Vorliegens sonstiger Beherrschungsmittel wird durch die hier befürwortete Ansicht, die zur Widerlegung ausschließlich an die Personalhoheit anknüpft, keineswegs vernachlässigt oder gar geleugnet, da diese im Rahmen von § 17 ***Absatz I*** nach wie vor von Relevanz sind. Im Unterschied zu § 17 II bleibt es jedoch dann beim Grundsatz[773], daß der Anspruchsteller das anspruchsbegründende Tatbestandsmerkmal darzulegen und notfalls zu beweisen hat. Dies bedeutet, daß z.B. personelle Verpflechtungen im Rahmen des § 17 I vom Anspruchsteller nachgewiesen werden können, nicht jedoch vom Mehrheitsaktionär im Rahmen des § 17 II per se zu widerlegen sind. Nur durch diese Unterscheidung bleibt die Bedeutung von § 17 II, die in der Umkehrung der Darlegungs- und Beweislast zuungunsten des Mehrheitsaktionärs liegt, vollständig erhalten und wird zudem vermieden, daß die Umkehrung auf Beherrschungsmittel ausgedehnt wird, die von der Vermutung nicht erfaßt werden sollen. Um im Beispiel der Personalverpflechtungen zu bleiben, bedeutet diese Differenzierung:

---

769 Vgl. Koppensteiner in Kölner Kommentar, § 17, Rdn.77.

770 S. Werner, a.a.O., S.171.

771 Vgl. auch A/D/S, Vorbem. zu §§ 311-313, Rdn.34 und 54.

772 So zu Recht Koppensteiner in Kölner Kommentar, § 17, Rdn. 82. Das zusätzlich von Koppensteiner ins Feld geführte Argument der fehlenden Möglichkeit, einen Negativbeweis zu erbringen, greift jedoch m.E. trotz der ansonsten überzeugenden Argumentation zumindest in den Fällen personeller Verpflechtung nicht, da es für den Mehrheitsaktionär nur zweier Organigramme bedarf, um dieses sonstige Beherrschungsmittel zu widerlegen.

773 Vgl. Emmerich in Emmerich/Habersack, § 17, Rdn.27. Emmerich verweist bei sonstigen Beherrschungsmitteln außerhalb der mit der Mehrheitsbeteiligung verbundenen Personalhoheit auf § 17 I und schlußfolgert daraus konsequenterweise, daß die Abhängigkeit von Fall zu Fall positiv nachgewiesen werden müsse.

Der Mehrheitsaktionär hat im Rahmen von § 17 II darzulegen und notfalls zu beweisen, daß er nicht über die vermutete Personalhoheit verfügt. Er hat jedoch darüber hinaus nicht darzulegen bzw. zu beweisen, daß er auch nicht über die Möglichkeit eines beherrschenden Einflusses qua personeller Verpflechtung verfügt. Letztere Möglichkeit muß der Anspruchsteller nach § 17 I – wenn auch unter Erleichterungen[774] – selbst darlegen und ggf. beweisen. Nach der hier abgelehnten Ansicht müßte der Mehrheitsaktionär auch das Fehlen sonstiger Beherrschungsmittel – demnach auch das Fehlen einer personellen Verpflechtung -darlegen bzw. beweisen, womit der Anwendungsbereich des § 17 II über den inhaltlichen Umfang der Vermutung hinaus ausgedehnt würde.

Somit ist festzuhalten, daß für eine erfolgreiche Widerlegung der aus § 17 II folgenden Abhängigkeitsvermutung nicht die Widerlegung sonstiger Beherrschungsmittel erforderlich ist, die außerhalb der an die Mehrheitsbeteiligung anknüpfenden Personalhoheit vorliegen könnten.

(c) Besondere Abreden über die Stimmrechtsausübung jenseits von Stimmbindungen als taugliche Widerlegungsmittel ?

In der Literatur werden für die Widerlegung der Abhängigkeitsvermutung des § 17 II herkömmlich drei Widerlegungsmittel genannt. Angeführt werden zunächst Satzungsbestimmungen[775] der AG, die für die Wahl der Aufsichtsratsmitglieder qualifizierte Mehrheitserfordernisse vorsehen und somit bewirken, daß die Stimmenzahl des Mehrheitsaktionärs abweichend vom Grundsatz des § 133 nicht ausreicht. Eine zweite Kategorie der Widerlegungsmittel bildet der Entherrschungsvertrag[776]. Schließlich werden Stimmbindungsverträge[777] mit Aktionären oder Dritten als taugliche Widerlegungsmittel angeführt. Hierbei geht es um Stimmbindungen, durch die der Mehrheitsaktionär entweder auf die Ausübung des Stimmrechts aus einem wesentlichen Teil seiner Aktien verzichtet oder sich an die Zustimmung anderer Aktionäre oder Dritter bindet, auf deren Abstimmungsverhalten er keinen Einfluß hat[778].

Fraglich ist, ob sonstige vertragliche Abreden zwischen dem Mehrheitsaktionär und Dritten oder zwischen dem Mehrheitsaktionär und anderen Aktionären, die keine Stimmbindungen enthalten, als taugliche Widerlegungsmittel in Betracht kommen. Zu denken ist insbesondere an Abreden über eine Autorisation des K qua Stimmrechtsvollmacht oder Legitimationszession. Für eine Gleichstellung dieser Autorisationsabreden mit Stimmbin-

---

774 Die Befürwortung solcher Erleichterungen findet sich sogar im Urteil des OLG Düsseldorf zum zweiten Feno-Fall, wonach an die Darlegungslast des Klägers keine allzu hohen Anforderungen gestellt werden dürfen, s. OLG Düsseldorf, ZIP 1993, S. 1794, r.Sp..

775 Vgl. Krieger in Münchener Handbuch des Gesellschaftsrechts, § 68, Rdn.60; Eschenbruch, a.a.O., Rdn. 2039; Koppensteiner in Kölner Kommentar, § 17, Rdn. 86 ; Hüffer, AktG, § 17, Rdn. 21.

776 S. Emmerich in Emmerich/ Habersack, § 17, Rdn. 28 ; Götz, Entherrschungsvertrag, S.45 ff. zur Stimmrechtsbeschränkung als zentralem Inhalt des Entherrschungsvertrages ; kritisch zur praktischen Tauglichkeit des Entherrschungsvertrages Eschenbruch, a.a.O., Rdn.2041.

777 S. Hüffer, AktG, § 17, Rdn.22; Emmerich in Emmerich/Habersack, § 17, Rdn. 28 ; A/D/S, Vorb. zu §§ 311-313, Rdn.50.

778 Vgl. Emmerich in Emmerich/Habersack, § 17, Rdn. 28.

dungs- und Entherrschungsverträgen unter dem Aspekt „taugliches Widerlegungsmittel" sprechen drei Erwägungen.

Erstens hat die Analyse der Gesetzgebungsgeschichte an anderer Stelle ergeben[779], daß für die Widerlegung der nach § 17 II ausgelösten Abhängigkeitsvermutung bewußt auf eine Restriktion der Widerlegungsmittel verzichtet wurde. Sonstige Abreden über die Stimmrechtsausübung und eine mit ihnen ggf. verbundene Verlagerung der Stimmrechtsmacht mittels Autorisation gehören demnach zu dem „ Gesamtbild der Beziehungen zwischen den Unternehmen ", das für die Beurteilung einer Widerlegung entscheidend ist.

Zweitens können Autorisationsabreden im gleichen Umfang wie Stimmbindungen die *vertragliche Verfestigung eines Ausübungshindernisses* für die Stimmrechtsmacht des Mehrheitsgesellschafters bewirken. Soweit zur Widerlegung der Abhängigkeitsvermutung gefordert[780] wird, daß sich die Ausübung des Stimmrechts basierend auf einem verbindlichen Rechtsakt nicht mehr nach dem Willen des mit Mehrheit beteiligten Unternehmen richten dürfe, sondern letztlich von dem anderen Vertragsbeteiligten bestimmt werden müsse, macht es keinen Unterschied, ob dieser verbindliche Rechtsakt auf einer Stimmbindung beruht oder auf einer sonstigen Abrede. Zudem wird bei der Prüfung der *Begründung* von Abhängigkeitsverhältnissen im Rahmen abgeleiteter Stimmenmacht dem berechtigten Unternehmen das Stimmengewicht des gebundenen Gesellschafters zugerechnet[781]. Warum sollte dann im Zusammenhang mit Autorisationsabreden bei der Kehrseite der abhängigkeitsrechtlichen Medaille – der Widerlegung der Vermutung- nicht berücksichtigt werden können, daß sich der Mehrheitsaktionär auch außerhalb von Stimmbindungen der Stimmrechtsmacht begeben kann ?

Drittens wurde bei der Erörterung des Abhängigkeitsbegriffs unterstrichen, daß der zentrale Fluchtpunkt der Abhängigkeitsvermutung die mit der Stimmrechtsmehrheitsherrschaft verbundene Personalhoheit ist. Sieht eine besondere Abrede die autonome Ausübung des Stimmrechts durch K auch für etwaige Aufsichtsratswahlen der Z vor, kann diese Abrede ebenso die Wahrscheinlichkeit eines einflußkonformen Verhaltens des Z-Vorstandes beeinflussen wie eine in der Interimszeit vereinbarte Stimmbindung, die K die Disposition über die Stimmrechtsausübung des V qua Weisung gestattet.

Als **Zwischenergebnis** bleibt somit festzustellen, daß besondere vertragliche Abreden zwischen Mehrheitsgesellschafter und Dritten bzw. anderen Aktionären auch jenseits der „klassischen" Stimmbindungsverträge als Widerlegungsmittel geeignet sein können.

(2) Perspektive und Maßstab der abhängigkeitsrechtlichen Untersuchung

Vor der Prüfung der einzelnen Fallgruppen ist weiterhin zu überlegen, welche Anforderungen an die Beurteilung der Möglichkeit eines beherrschenden Einflusses zu stellen sind.

---

779 S. die Ausführungen auf S. 200 sowie Fußnote 766.

780 Vgl. Geßler in Geßler/Hefermehl, § 17, Rdn. 106 und Rdn.103.

781 S. Koppensteiner in Kölner Kommentar, § 17, Rdn. 39 u. 40.

(a) Persönliche Sicht und Maßstab der Perspektive

Der beherrschende Einfluß nach § 17 II und damit die Beantwortung der Frage, aus *welcher* Sicht eine etwaige Widerlegung der Abhängigkeitsvermutung zu beurteilen ist, bestimmt sich für die Mehrheitsherrschaft nach dem zentralen Begriff der Personalhoheit. Unabhängig von der Frage, ob das Objekt des beherrschenden Einflusses die gesamte Unternehmens- und Geschäftspolitik darstellen muß[782] oder ob nur einer der zentralen Unternehmensbereiche[783] wie Finanzierung, Organisation, Ein- oder Verkauf ausreicht, ist jedenfalls die Prüfung, ob die Möglichkeit eines beherrschenden Einflusses gegeben ist, an der persönlichen Sicht eines auf seine Wiederbestellung bedachten Vorstands der Zielgesellschaft festzumachen. Dies entspricht der Charakterisierung der Abhängigkeit als die Wahrscheinlichkeit einflußkonformen Verhaltens. Die dadurch erforderliche Wahrscheinlichkeitsprognose hat sich an der Situation des Vorstandes auszurichten, dessen Wiederbestellungsinteresse seine in § 76 I vorgesehene Autonomie der Geschäftsführung und Unternehmenspolitik gefährdet. Diese Perspektive ist auch gemeint, wenn in der Literatur[784] die Voraussetzungen des Abhängigkeitsbegriffs aus der Sicht des möglicherweise abhängigen *Unternehmens* beurteilt werden. Der BGH stellt seit der Seitz-Entscheidung[785] bei der Prüfung der Abhängigkeitsvoraussetzungen ebenfalls auf die Sicht des möglicherweise abhängigen Unternehmens ab, was zuletzt in der VW-Entscheidung[786] noch einmal bestätigt wurde. Auch das OLG Düsseldorf[787] machte den Ausgangspunkt seines Urteils zum zweiten Feno-Fall an der Perspektive der Zielgesellschaft Feno als möglicherweise[788] abhängigem Unternehmen fest.

Ist somit auf die Perspektive der Vorstandsmitglieder von Z abzustellen, stellt sich die weitere Frage nach den Anforderungen, die an sie zu stellen sind. Diese Frage betrifft demnach den *Maßstab* der Beurteilung. Hier ist zu beachten, daß die Bejahung der Ab-

---

782 Vgl. Geßler in Geßler/Hefermehl, § 17, Rdn. 13.

783 S. Hüffer, AktG, § 17, Rdn. 7 wonach der Einfluß auf wesentliche unternehmerische Teilfunktionen genügt. Vgl. a. Emmerich in Emmerich/Habersack, § 17, Rdn.7.

784 Vgl. Krieger in Münchener Handbuch des Gesellschaftsrechts, § 68, Rdn. 37 ; Emmerich in Emmerich/Habersack, § 17, Rdn.10; Hüffer, AktG, § 17, Rdn. 4.

785 S. BGHZ 62, 193, 196 a.E. sowie 197 a.A.. Der BGH betont, daß für die Frage, ob ein Abhängigkeitsverhältnis vorliegt, entscheidend darauf abzustellen sei, daß die abhängige Gesellschaft insbesondere im Interesse ihrer Minderheitsaktionäre und Gläubiger gegen einen fremdbestimmten Unternehmerwillen geschützt werden müsse und es damit gerade im Bereich der §§ 312 ff. auf die Sicht des abhängigen Unternehmens ankomme.

786 S. BGH NJW 1997, 1855 (1856, r.Sp.) zur Frage, ob das Land Niedersachsen im Geschäftsjahr 1993 einen beherrschenden Einfluß auf die VW-AG ausübte und dementsprechend eine Verpflichtung zur Aufstellung eines Abhängigkeitsberichtes bestand.

787 Vgl. OLG Düsseldorf, ZIP 1993, 1791 (1793, r.Sp.).

788 Die Formel der Abhängigkeitsüberprüfung „aus Sicht des abhängigen Unternehmens" nimmt das Ergebnis der Abhängigkeitsuntersuchung trotz der Besonderheiten des Urteilsstils fälschlicherweise vorweg. Deshalb hätte das OLG Düsseldorf hier erst recht vorsichtig formulieren müssen, da es die Abhängigkeit sogar in letzter Konsequenz verneint. Hier geht es gerade darum, erst zu untersuchen, ob aus Sicht der Zielgesellschaft die Abhängigkeitsvoraussetzungen vorliegen. Besser ist es deshalb, bei der in der Rspr. regelmäßig zitierten Formel auf das *möglicherweise* abhängige Unternehmen abzustellen.

hängigkeit u.a. die Pflicht zur Aufstellung des Abhängigkeitsberichtes nach § 312 I auslöst. Vorstandsmitglieder, die dieser Pflicht nicht nachkommen, sind zur Aufstellung durch Zwangsgeld nach § 407 I anzuhalten. Die Frage, ob aus Sicht des Vorstandes ein Abhängigkeitsverhältnis zu bejahen ist, kann demnach nur aufgrund *objektivierbarer* und *nachvollziehbarer* Umstände beantwortet werden, die die Gefahr begründen, daß ein durchschnittlich vernünftiger Vorstand in der Situation des Z-Vorstandes dazu veranlaßt werden könnte, die zukünftige Unternehmenspolitik wegen seines (zu unterstellenden) Wiederbestellungsinteresses nicht mehr autonom zu gestalten, sondern an den anderweitigen unternehmerischen Interessen des Herrschaftssubjektes auszurichten. Die Auswirkungen eines objektivierten Maßstabes auf das Erfordernis der Rechtssicherheit werden im Laufe der weiteren Untersuchung vertieft[789].

Ein objektivierter Maßstab bringt mit sich, daß psychologische Sonderumstände[790] des Einzelfalls, die sich einer Kategorisierung mittels Fallgruppenbildung entziehen, aus der weiteren Betrachtung ausscheiden. Deshalb ist für die abhängigkeitsrechtliche Beurteilung entscheidend auf den Inhalt des Aktienkaufvertrages und auf die zwischen den Parteien getroffenen Abreden über die Ausübung des Stimmrechts bzw. über die Einräumung einer mittelbaren Unternehmensbeteiligung abzustellen. Dieser Inhalt ist aus Sicht eines an seiner Wiederbestellung interessierten Vorstandes der Z zu beurteilen.

(b) Kenntnis der Abreden seitens des Vorstands der Zielgesellschaft ?

Da die Abreden der Parteien sowohl für die Prüfung einer Abhängigkeitsbegründung als auch für die Anforderungen an eine erfolgreiche Widerlegung der Abhängigkeitsvermutung unter dem Blickwinkel der Personalhoheit heranzuziehen sind, bedingt eine Untersuchung dieser Abreden, daß der Vorstand der Zielgesellschaft über eine entsprechende Kenntnis der Vereinbarungen verfügt. Im Rahmen der folgenden Prüfung der einzelnen Fallgruppen wird diese Kenntnis ganz losgelöst von den aktien- und wertpapierhandelsrechtlichen Mitteilungs- und Offenlegungspflichten vorausgesetzt. Es wird davon ausgegangen, daß dem Vorstand der Z der Abschluß des Aktienkaufvertrages und ggf. der Inhalt besonderer Vereinbarungen zwischen V und K bekannt ist. Diese Annahme basiert auf zwei Gründen.

Der erste Grund ist an dem Untersuchungszweck festzumachen. Eine Zielsetzung der Untersuchung liegt darin, zu prüfen, ob und ggf. unter welchen Voraussetzungen eine Abhängigkeit der Z von K bereits in der Interimszeit auf Grundlage eines sich ankündigenden Wechsels des Mehrheitsaktionärs der Z vorliegen könnte. Weiterhin sollen die abhängigkeitsrechtlichen Auswirkungen besonderer Abreden zwischen den Parteien ana-

---

789 Zu den Anforderungen, die an eine rechtssichere Anwendung des Abhängigkeitsbegriffs im Bereich einer vormitgliedschaftlichen Abhängigkeitsbegründung zu stellen sind, vgl. die Überlegungen in diesem Abschnitt, S. 270 ff..

790 Koppensteiner lehnt psychologische Sonderumstände für eine Abhängigkeitsbegründung ab, da die zu Gebote stehenden Einflußmöglichkeiten sicher sein müßten und aus der bloßen Tatsache, daß sich jemand in der Vergangenheit so verhalten hat, als bestünde beherrschender Einfluß, nicht ableiten lasse, daß dies auch in Zukunft so sein werde, vgl. Koppensteiner in Kölner Kommentar, § 17, Rdn.54.

lysiert werden. Die Frage nach der Begründung einer etwaigen Abhängigkeit der Z von K bereits im Interimsstadium stellt sich jedoch nicht, wenn dem Vorstand ein bevorstehender Machtwechsel verborgen bleibt. Denn wie sollte K über die Möglichkeit eines beherrschenden Einflusses auf Z im Wege des direkten Kontaktes mit dem Vorstand via Weisung oder Anregung oder über sein Abstimmungsverhalten in der Hauptversammlung[791] der Z verfügen können, falls dem Vorstand der Z nicht einmal die vertragliche Beziehung zwischen dem Mehrheitsgesellschafter V und dem Käufer-Unternehmen K bekannt wäre, weil es sich beispielsweise um einen geheimen Aktienkaufvertrag in Verbindung mit einer verbergenden[792] Treuhand handelt ? Die Gefahr einer stillschweigenden Harmonisierung mit den Wünschen des K ist solange gebannt, wie dem Z-Vorstand der für die Zukunft geplante Wechsel des Mehrheitsaktionärs unbekannt ist. Soweit es um die Anforderungen geht, die an die Widerlegung der Abhängigkeitsvermutung zu stellen sind, kann z.B. eine Stimmbindung, durch die V sich den Weisungen des K auch für die Wahlen des nächsten Aufsichtsrates der Z unterstellt, nur Auswirkungen auf die Beseitigung der Gefahr eines einflußkonformen Verhaltens des Z-Vorstandes zugunsten des V haben, wenn der Z-Vorstand *weiß*, daß V sich seiner Stimmrechtsmacht begeben hat.

Der zweite Grund für die Annahme liegt in praktischen Erwägungen. Die Parteien sind schon bei der Prüfung der Z im Rahmen der due-diligence-procedure auf entsprechende Informationen des Vorstands angewiesen, was letzterem die Kenntnis von der Existenz eines Kaufinteressenten verschafft. Zudem werden in der Praxis dem Vorstand der Z regelmäßig der Abschluß des Aktienkaufvertrages und etwaige besondere Abreden über die Einräumung einer mittelbaren Unternehmensbeteiligung des K an Z oder über die Stimmrechtsausübung zur Kenntnis gelangen. Denn die Parteien haben im Regelfall ein Interesse daran, den Vorstand der Zielgesellschaft in ihre Akquisitionspläne möglichst frühzeitig einzubinden. In den „faulen" Fällen folgt dies schon daraus, daß die Parteien auf die Geschäftsführungshandlungen des Vorstandes für etwaige Nachteilszufügungen gegenüber Z angewiesen sind. In den „sauberen" Fällen ist eine Geheimdiplomatie aus betriebswirtschaftlicher Sicht nicht sinnvoll, da ein Vorstand, der im Dunkeln gelassen wird, keine für die Zielgesellschaft sinnvolle Strategie entwickeln kann, die sich in die zukünftigen neuen Beteiligungsverhältnisse optimal einfügt.

(c) Konkrete oder abstrakte Sicht ?

Die bisherigen Überlegungen haben gezeigt, daß für die Möglichkeit eines beherrschenden Einflusses und für die Anforderungen an die Widerlegung der Abhängigkeitsvermutung die Perspektive eines auf seine Wiederbestellung bedachten und durchschnittlich vernünftigen Vorstands der Z in Kenntnis der zwischen den Parteien getroffenen Abreden maßgeblich ist. Da das Wiederbestellungsinteresse des Leitungsorgans die prägende De-

791 Eine Veranlassung i.S.d. § 311 I kann im direkten Kontakt mit dem Vorstand mittels Anregungen, Erwartungen, Weisungen, Richtlinien etc. erfolgen oder über das Abstimmungsverhalten in der Hauptversammlung oder über die Aufsichtsratsmitglieder, s. Hüffer, AktG, § 311, Rdn. 16, 17. S.a. Koppensteiner in Kölner Kommentar, § 311, Rdn. 16 zur indirekten Einwirkung auf die Leitung der abhängigen Gesellschaft mittels Hauptversammlungsbeschlusses.

792 Zu den Erscheinungsformen der Treuhand vgl. Beuthien, Treuhand, S. 76 ff..

terminante der Personalhoheit darstellt, bleibt zu klären, ob die Perspektive der abhängigkeitsrechtlichen Beurteilung konkret oder abstrakt anzuwenden ist.

Eine abstrakte Anwendung bedeutet, daß für die Untersuchung, ob eine besondere Abrede der Parteien ein einflußkonformes Verhalten des Vorstandes der Z befürchten läßt, *nicht* der Zeitpunkt der nächsten Aufsichtsratswahlen der Z berücksichtigt wird. Dann käme es nur darauf an, ob die Möglichkeit des Mehrheitsgesellschafters, seine Gefolgsleute in den Aufsichtsrat zu wählen, im Lichte der zwischen den Parteien getroffenen Abreden bei V verbleibt oder auf K übertragen wird. Eine konkrete Sichtweise würde dagegen den Zeitpunkt der nächsten Aufsichtsratswahlen in die abhängigkeitsrechtliche Prüfung einbeziehen. Steht beispielsweise fest, daß die nächsten Aufsichtsratswahlen der Z erst wieder in einigen Jahren stattfinden werden, stellt sich die Frage, welche Konsequenzen dies für die Interimszeit entfaltet, nur bei konkreter Betrachtungsweise. Die Wahl eines geeigneten Beurteilungsmaßstabes stellt eine entscheidende Weichenstellung für die gesamte abhängigkeitsrechtliche Prüfung dar.

Für einen konkreten Beurteilungsmaßstab spricht zunächst, daß bei abstrakter Betrachtungsweise der Ansatzpunkt der Personalhoheit zu einer unbeabsichtigten Fiktion führen könnte. Abhängigkeit setzt voraus, daß der Vorstand der Gesellschaft infolge des gesellschaftsrechtlich fundierten Übergewichts eines anderen Unternehmens möglicherweise daran gehindert ist, sein Verhalten nur an den Interessen der von ihm repräsentierten Gesellschaft zu orientieren[793]. Blendete man den konkreten Zeitpunkt der nächsten Aufsichtsratswahlen aus, würde die Befürchtung eines einflußkonformen Verhaltens für die hier interessierenden Fälle eines bevorstehenden Wechsels des Mehrheitsgesellschafters alleine bei dem Unternehmen festgemacht, das *theoretisch* in der Interimszeit infolge der besonderen Absprachen die Besetzung des Z-Aufsichtsrates festlegen könnte. Damit verengte sich die weitere abhängigkeitsrechtliche Untersuchung auf die Frage, ob V seine Wahlmöglichkeit für die Interimszeit behält oder zusammen mit seiner Stimmrechtsmacht auf K überträgt. Für den Vorstand der Zielgesellschaft kann der Zeitpunkt, in dem durch einen neuen Aufsichtsrat über seine Wiederbestellung entschieden werden wird, tatsächlich aber noch in weiter Ferne liegen. Liegen die letzten Aufsichtsratswahlen der Z und seine Bestellung noch nicht lange zurück und handelt es sich um eine Interimszeit, die aus der Sicht des Z-Vorstandes lange vor den nächsten Aufsichtsratswahlen beendet sein wird, bestimmt sich ein möglicher Einfluß qua Personalhoheit nicht danach, welches Unternehmen in der Interimszeit den Aufsichtsrat *rein hypothetisch* mit seinen Vertrauensleuten besetzen könnte. Für seine Wiederbestellung ist aus der Sicht des Leitungsorgans allein von Interesse, welches Unternehmen im *relevanten* Zeitpunkt tatsächlich über die Wahlmöglichkeit verfügen wird. Dies spricht gegen die Heranziehung eines bloß abstrakten Maßstabes.

Nun könnte man gegen diese Argumentation einwenden, daß es auch im Normalfall der Mehrheitsherrschaft nicht darauf ankommt, ob der Mehrheitsaktionär seine Beteiligung vielleicht vor den nächsten Aufsichtsratswahlen veräußern wird oder nicht. Dieses Gegenargument übersieht jedoch, daß sich in allen Fallgruppen der Untersuchung bereits ein zweites potentielles Herrschaftssubjekt abzeichnet, während im Normalfall in der Zukunft liegende Veräußerungsvorgänge rein hypothetischer Natur sind. Deshalb spielt es

793 So Koppensteiner in Kölner Kommentar, § 17, Rdn. 58.

für die Widerlegung der aus § 17 II folgenden Abhängigkeitsvermutung im Normalfall auch keine Rolle, ob der amtierende Mehrheitsherrschafter sich *irgendwann* einmal seiner Personalhoheit begeben wird. Dagegen ändert sich die Sachlage, sobald die Möglichkeit eines Wechsels des Mehrheitsgesellschafters geschaffen wird. Zur Abgrenzung und Gewichtung der vom aktuellen Mehrheitsaktionär oder vom zukünftigen Mehrheitsgesellschafter ausgehenden Einflußpotentiale auf den Z-Vorstand ist deshalb nur eine konkrete Sichtweise geeignet.

Darüber hinaus zeigt auch die Diskussion über die Mindestlaufzeit von Entherrschungsverträgen, daß bei der Prüfung, ob die Befürchtung eines einflußkonformen Verhaltens des Vorstands beseitigt wird, eine konkrete Sichtweise geboten ist. Die h.M.[794] fordert hier eine Laufzeit von mindestens fünf Jahren, damit die *nächsten* Aufsichtsratswahlen nicht dominiert werden können und der Entherrschungsvertrag zumindest über die nächste Vorstandsbestellung hinausreicht. M.a.W. reicht es zur Entherrschung nicht aus, daß der Mehrheitsaktionär nur ein Geschäftsjahr lang *abstrakt* auf seine Personalhoheit verzichtet, sondern der Verzicht muß über die Wahlperiode der im Amt befindlichen, nicht mit seiner Mehrheit gewählten Verwaltungsmitglieder hinausgehen[795]. Eine noch konkretere Sichtweise stellt *Götz* in seiner Untersuchung zum Entherrschungsvertrag an. Demnach entfällt der Abhängigkeitsausschluß, sobald die letzte in seine Laufzeit fallende Aufsichtsratswahl beendet ist[796]. *Götz* begründet dieses Ergebnis aus Sicht der Personalhoheit konsequent: da die Verwaltungsmitglieder der Tatsache Rechnung tragen, daß das vertragsschließende Unternehmen bei der nächsten Wahl keiner Stimmrechtsbeschränkung mehr unterliegen wird, verliert der Entherrschungsvertrag trotz seiner *formellen* Weitergeltung seine faktische Wirkung mit der Folge, daß der Entherrschungsvertrag fortan nicht mehr geeignet ist, die Abhängigkeit auszuschließen[797]. Wird diese Schlußfolgerung auf die zu untersuchenden Fallgruppen übertragen, bedeutet der konkrete Beurteilungsmaßstab, daß die Begründung der Abhängigkeit und die Widerlegung der Abhängigkeitsvermutung nicht allein anhand der theoretischen Situation in der Interimszeit zu beurteilen sind.

Eine konkrete Sichtweise muß darüber hinaus auch die Wahrscheinlichkeit des Gelingens oder Mißlingens des angestrebten Machtwechsels bei der Z berücksichtigen. Von dieser Wahrscheinlichkeitsprognose hängt ab, in welchen Fällen der Vorstand der Z damit rechnen muß, zukünftig einem anderen Mehrheitsgesellschafter gegenüberzustehen und in welchen Fällen er davon ausgehen muß, daß es beim status quo ante bleiben wird. Die Beurteilung der Wahrscheinlichkeitsprognose richtet sich dann nach folgender Frage: Wie würde ein auf seine Wiederbestellung bedachter durchschnittlich vernünftiger Vorstand einer deutschen AG in der Situation des Z-Vorstandes unter Einbeziehung aller ihm in der

794 S. Emmerich in Emmerich/Habersack, § 17, Rdn.32; Hüffer, AktG, § 17, Rdn.22; LG Köln AG 1992, 238, r.Sp.; Koppensteiner in Kölner Kommentar, § 17, Rdn. 90. Gegen die h.M. wendet sich Werner mit der Feststellung, daß von einer Unabhängigkeit der Verwaltungsorgane erst dann gesprochen werden könne, falls ein Einflußausschluß für wenigstens drei aufeinanderfolgende Aufsichtsrats- und Vorstandswahlen sichergestellt werde, was eine Vertragsdauer von mehr als 10 Jahren voraussetze, s. Werner, a.a.O., S. 177/178.

795 So Geßler in Geßler/Hefermehl, § 17, Rdn.105.

796 S. Götz, Entherrschungsvertrag, S.61.

797 Vgl. Götz, a.a.O., S.61; zustimmend auch Hentzen, ZHR 157 (1993), 71.

Interimszeit zur Kenntnis gelangten Daten und objektiven Umstände des Akquisitionsvorhabens die Wahrscheinlichkeit eines Machtwechsels beurteilen ? Wenn im Fortgang der Untersuchung von der Sicht, der Perspektive oder der Einschätzung des Z-Vorstandes die Rede ist, ist dieser Maßstab gemeint.

Es bleibt somit **festzuhalten**, daß es für die weitere abhängigkeitsrechtliche Prüfung nicht ausreicht, zu untersuchen, bei welchem Unternehmen die Personalhoheit in der Interimszeit angesiedelt ist. Darüber hinaus ist eine konkrete Betrachtungsweise anzulegen und damit eine Differenzierung nach dem Zeitpunkt der bei der Z anstehenden Aufsichtsratswahlen vorzunehmen. Weiterhin ist auch zu berücksichtigen, welche Einschätzung der Z-Vorstand auf Basis objektiver Umstände hinsichtlich der zukünftigen Mehrheitsherrschaft vornimmt und somit, ob er mit einem Gelingen oder einem Scheitern der Akquisition rechnet. Die Frage, wie weit dieser anzulegende konkrete Beurteilungsmaßstab reicht, wird bei der Prüfung der einzelnen Fallgruppen behandelt[798].

(3) Spezielle Voraussetzungen für die Widerlegung der Abhängigkeitsvermutung?

Als dritte übergreifende Fragestellung ist vor Einstieg in die Prüfung der einzelnen Fallgruppen zu erwägen, ob neben der Untersuchung der zwischen den Parteien getroffenen Vereinbarungen noch weitere Voraussetzungen zu beachten sind.

(a) Scheinvertragsproblematik

In der Literatur wird bei Entherrschungsverträgen als Widerlegungsmittel die Ansicht vertreten, daß es einer besonderen Sicherstellung des vertragskonformen[799] Verhaltens bedürfe. Fraglich ist, ob diese Überlegungen auch auf die Abreden zwischen V und K übertragbar sind. Dagegen ist einzuwenden, daß den Vertragsparteien nicht unterstellt werden kann, daß sie nach § 117 BGB ein Scheingeschäft abschließen wollen[800]. Zwar scheint auch der Gesetzgeber ein gewisses Mißtrauen gegen die vertragliche Beseitigung des beherrschenden Einflusses gehabt zu haben, da eine erfolgreiche Widerlegung nicht vom Abschluß des Vertrages, sondern von den „Gesamtbild der Beziehungen“[801] abhängen sollte. Diese Einschätzung ist jedoch nicht so zu verstehen, daß es eine tatsächliche Vermutung für das Vorliegen eines Scheingeschäfts gebe und daß die Parteien für eine erfolgreiche Widerlegung noch etwas Zusätzliches leisten müßten. Eine derartige Vermutung wäre auch mit dem allgemeinem Zivilrecht nicht vereinbar, da die Parteien eines Vertrages diesen nicht eigens rechtfertigen müssen[802]. Deshalb wäre an ein Scheingeschäft nur bei Vorliegen entsprechender Anhaltspunkte zu denken. Bei einem tatsächlichen Verstoß gegen die Verpflichtungen aus einer Abrede wäre zudem zu erwägen, daß

798 Zum Problem, ob der hier entwickelte Beurteilungsmaßstab auch zu einer Verengung des abhängigkeitsrechtlichen Schutzes führen darf, s. die Diskussion in diesem Abschnitt auf S. 216 ff..

799 S.Götz, Entherrschungsvertrag, S. 64 -71 m.w.N..

800 So zu Recht Hentzen, ZHR 157 (1993), S.71.

801 S. den Ausschußbericht zit. bei Kropff, a.a.O., S.29.

802 Vgl. Koppensteiner in Kölner Kommentar, § 17, Rdn. 91.

dieser Verstoß als Indiz für ein Scheingeschäft herangezogen werden könnte und damit etwaige Widerlegungswirkungen der Abrede ex tunc beseitigt würden[803].

Für die weitere Untersuchung ist somit davon auszugehen, daß die besonderen Abreden zwischen V und K keines zusätzlichen Nachweises einer tatsächlichen Durchführung bedürfen und ernsthaft gewollt sind. Diese Annahme entspricht auch der wirtschaftlichen Zielsetzung der Parteien, für die Interimszeit eine Überbrückungslösung zu finden, die dem Käufer-Unternehmen bereits vor dem dinglichen Rechtsübergang bestimmte Befugnisse hinsichtlich Z sichert.

(b) Eigenständiges Interesse des K an der Abrede ?

Mit der Scheinvertragsproblematik eng verbunden ist die Forderung nach einem eigenständigen Interesse des Vertragspartners des Mehrheitsaktionärs an der vertraglichen Gestaltung. So vertritt *Geßler* die Auffassung, daß bei Stimmbindungsverträgen die Annahme eines Scheinvertrages naheliege, falls der Vertragspartner kein eigenständiges Interesse an der Stimmbindung habe[804]. Für den Entherrschungsvertrag wird teilweise angenommen, daß der Mehrheitsaktionär eine klare Motivation[805] für die Entherrschung haben müsse, um den Verdacht eines Scheinvertrages zu beseitigen. Die Frage, ob für eine erfolgreiche Widerlegung der Abhängigkeitsvermutung seitens V ein eigenständiges Interesse des K an der Abrede erforderlich wäre, kann hier jedoch dahinstehen. Wie bereits bei der Untersuchung der durch das Abspaltungsverbot bedingten Grenzen der Gestaltungsfreiheit festgestellt[806], hat K in den Fällen der Vereinbarung einer mittelbaren Unternehmensbeteiligung ein eigenständiges Interesse in Gestalt der angestrebten Vorverlagerung der wirtschaftlichen Partizipation an Z. Sofern die Parteien nur eine besondere Abrede über die Stimmrechtsausübung treffen, liegt das eigenständige Interesse des K darin, an der Willensbildung in der Hauptversammlung der Z im Vorgriff auf seine zukünftige Mehrheitsherrschaft mitzuwirken und somit bereits in der Interimszeit über Weichenstellungen zu befinden, deren Auswirkungen ihn in seiner späteren Position als Mehrheitsaktionär treffen werden.

(4) Zusammenfassung

Für die Untersuchung der einzelnen Fallgruppen ist der materielle Inhalt der zwischen den Parteien getroffenen Abrede(n) unter der Ägide der Personalhoheit aus dem konkreten Blickwinkel eines auf seine Wiederbestellung bedachten Vorstandes der Z zu prüfen. Dabei ist aus der Perspektive des Z-Vorstandes sowohl der Zeitpunkt der nächsten Auf-

---

803 S. die analoge Überlegung für Entherrschungsverträge bei Hentzen, a.a.O., S.71.

804 S. Geßler in Geßler/Hefermehl, § 17, Rdn.106.

805 Vgl. Möhring in Festschrift für Westermann, S. 427 (434). Nach Möhring muß sich der Abschluß des Ausschlußvertrages (= Entherrschungsvertrages) aus der jeweiligen wirtschaftlichen Situation des Falles ergeben und analog zu § 116 aus der Sicht eines ordentlichen und gewissenhaften Geschäftsleiters vernünfig und wirtschaftlich gerechtfertigt erscheinen. S. auch die Nachweise bei Koppensteiner in Kölner Kommentar, § 17, Rdn. 90.

806 S. die Ausführungen im dritten Abschnitt, S. 117 ff..

sichtsratswahlen als auch die Prognose über ein Gelingen bzw. Scheitern der Akquisition zu berücksichtigen. Von der Ernsthaftigkeit der Abrede kann ausgegangen werden.

cc) Die abhängigkeitsrechtliche Prüfung der Vereinbarung einer Treuhand oder einer atypischen Unterbeteiligung

Die abhängigkeitsrechtliche Ausgangssituation dieser Fälle ist dadurch gekennzeichnet, daß die Abhängigkeitsvermutung sowohl für V über §§ 16 I, 17 II als auch für K über §§ 16 IV 2.Var., 17 II gilt. Zu prüfen ist demnach, unter welchen Voraussetzungen die Vermutung jeweils widerlegt werden kann bzw. unter welchen Bedingungen der Abhängigkeitsbericht der Z für die Interimszeit nur im Verhältnis zu V oder zu K zu erstellen ist. Da im Rahmen der hier zur Systematisierung des Untersuchungsgegenstandes vorgenommenen Fallgruppenbildung nicht alle Möglichkeiten des Einzelfalles erschöpfend behandelt werden können, soll der Schwerpunkt der nachfolgenden Untersuchung darauf gelegt werden, typisierte Kriterien zu finden, die beispielsweise in eine richterliche Sachverhaltswürdigung einfließen könnten.

(1) Fälle der Stimmbindung oder der Einräumung von Weisungsrechten zugunsten des K

Unter Zugrundelegung der in *Übersicht 4* auf Seite 132 zusammengefaßten Arten von Stimmbindungen wird für die Untersuchung nach dem Inhalt des Stimmbindungsvertrages unterschieden.

(a) Interimskonsortialvertrag mit K als Gesellschafter der Z

Es ist allgemein anerkannt[807], daß die aus dem Mehrheitsbesitz folgende Vermutung der Abhängigkeit mit Hilfe einer das Stimmrecht des Mehrheitsgesellschafters schuldrechtlich beschränkenden Poolabsprache ausgeräumt werden kann. Schließt V in seiner Eigenschaft als Mehrheitsaktionär der Z mit K als deren Minderheitsaktionär zur „Flankierung" der Vereinbarungstreuhand resp. der atypischen Unterbeteiligung für die Interimszeit einen Poolvertrag, richtet sich die weitere Prüfung u.a. danach, wie strikt die konsortiale Stimmbindung ausgestaltet sein muß, um V die Widerlegung zu ermöglichen. Durch die Anbindung des Abhängigkeitsbegriffs an die Personalhoheit ist für eine erfolgreiche Widerlegung erforderlich, daß die Mehrheitsrechte bei der Besetzung des Aufsichtsrates neutralisiert[808] werden. Damit sind solche Interimskonsortialverträge nicht von Interesse, die – losgelöst von dem für den Pool festgelegten Einigungsmechanismus – nur Beschlußgegenstände bei der Z betreffen, die außerhalb der Personalhoheit liegen. Sieht der Poolvertrag beispielsweise nur eine Einigung zwischen V und K über Abstimmungen in der Hauptversammlung der Z vor, die die Kapitalausstattung (Kapitalerhöhungen und -herabsetzungen) oder die Ausschüttungen bzw. die Thesaurierung betreffen, wird dadurch eine Neutralisierung des Besetzungsrechtes für den Aufsichtsrat nicht ermöglicht. Für die

---

807 Vgl. Hoffmann-Becking, Schuldrechtliche Gesellschaftervereinbarungen, ZGR 1994, S.452; Hüffer, AktG, § 17, Rdn.22 ; Koppensteiner in Kölner Kommentar, § 17 Rdn. 88.

808 S. A/D/S, Vorbem. zu §§ 311-313, Rdn.54.

Untersuchung zu (a)[809] wird deshalb vorausgesetzt, daß der Poolvertrag (auch) Wahlabsprachen für die Konstituierung des Aufsichtsrats umfaßt.

(aa) Mehrheitsprinzip als Einigungsmechanismus

Sieht der Poolvertrag das Mehrheitsprinzip[810] und eine Stimmgewichtung nach Nennwerten oder nach der Anzahl der gehaltenen Stückaktien für das interne Einigungsverfahren vor, kann V als Mehrheitsaktionär den Pool und damit die der Hauptversammlung der Z vorausgehende Abstimmung dominieren. Dann ist auf Basis der konkreten Perspektive der abhängigkeitsrechtlichen Beurteilung zu differenzieren, wann aus Sicht des Vorstandes der Z mit den nächsten Aufsichtsratswahlen zu rechnen ist und ob der Vorstand mit dem Eintritt der im Aktienkaufvertrag festgelegten Bedingung(en) und damit mit einem Gelingen der Akquisition (***positive Akquisitionsprognose***) oder derem Scheitern (***negative Akquisitionsprognose***) rechnet.

(aaa) Aufsichtsratswahlen in der Interimszeit

Ist absehbar, daß die nächsten Aufsichtsratswahlen der Z noch in die Interimszeit fallen, etwa weil die letzte reguläre Amtsperiode schon mehrere Jahre dauert und bis zum Bedingungseintritt des Aktienkaufvertrages noch eine längere Zeitspanne[811] verstreichen wird, beispielsweise weil noch ein komplexes Gutachten zu erstellen ist oder die Erteilung einer Landesbürgschaft oder eines Förderbewilligungsbescheides[812] geprüft wird, wird der auf seine Wiederbestellung bedachte Vorstand der Z die Unternehmenspolitik nach den Vorstellungen des V ausrichten. Diese Harmonisierung gründet auf der Überlegung, daß der Vorstand das backing des V für die bevorstehenden Wahlen und damit mittelbar für seine persönliche erneute Bestellung benötigt. Für K bedeutet diese Fallkonstellation zweierlei. Zum einen verbleibt die Entscheidung über die Wahl der Aufsichtsratsmitglieder bei V,

---

809 Zum Problem eines nur partiellen Weisungsrechtes im Verhältnis zur Interessenwahrungspflicht des Treugebers s. die Überlegungen in diesem Abschnitt, S. 228 f..

810 Zu den verschiedenen Möglichkeiten einer Ausgestaltung des Einigungsmechanismus vgl. die Ausführungen im dritten Abschnitt, S. 130.

811 Zu den vielfältigen Bedingungen, die außerhalb der Fusionskontrolle eine längere Interimszeit verursachen können, s. die Darstellung im ersten Abschnitt, S. 59 ff..

812 Nicht selten wurden im Rahmen der ersten und zweiten Privatisierungswelle in den neuen Ländern die entsprechenden Kaufverträge von der Bewilligung einer Förderung abhängig gemacht. Hierbei hatte und hat die Förderverwaltung z.B. zu prüfen, ob der Erwerb einer von Stillegung bedrohten Betriebsstätte im Wege des share-deals mit Mitteln der regionalen Wirtschaftsförderung unterstützt werden soll, vgl. Tetsch, a.a.O., S. 160 ff.. Die Vorbereitung der Entscheidung und die dafür notwendigen Gutachten über die Arbeitsplatzeffekte und Überlebensfähigkeit der Betriebsstätte nach einer erfolgten Übernahme können sehr zeitaufwendig sein. Handelt es sich bei dem Rechtsträger der Betriebsstätte um eine AG und vereinbaren die Parteien des Aktienkaufvertrages die aufschiebende Bedingung eines positiven Förderbescheides oder einer verwaltungsverfahrensrechtlichen Zusage, kann die Interimszeit entsprechend lange ausfallen, so daß absehbar sein kann, daß die nächsten Aufsichtsratswahlen noch vor dem dinglichem Vollzug stattfinden werden.

da der Interimskonsortialvertrag das Mehrheitsprinzip vorsieht. Damit behält V für die Interimszeit auch die Personalhoheit. Zum anderen wird der Vorstand der Z seinen Wünschen nicht Folge leisten, sofern sie im Widerspruch zu denen des V stehen, selbst wenn der Vorstand das Gelingen der Akquisition als wahrscheinlich ansieht und somit davon ausgeht, nach seiner angestrebten Wiederbestellung einem neuen Herrn im Hause gegenüberzustehen. Denn er benötigt zunächst und alleine das Wohlwollen des V, um die Interimszeit zu „überstehen". Diese Überlegung gilt erst recht, wenn der Vorstand der Z mit einem Scheitern der Akquisition rechnet, da dann eine kontinuierliche und unbeeinträchtigte Mehrheitsherrschaft des V vorliegt. Somit bleibt festzuhalten, daß V bei Vorliegen eines Interimskonsortialvertrages mit Mehrheitsprinzip die Widerlegung nicht gelingt, falls der Z-Vorstand davon ausgehen muß, daß die nächsten Aufsichtsratswahlen noch in die Interimszeit fallen werden.

Fraglich ist, ob das Mißlingen der Widerlegung auf seiten des V dazu führt, daß K seinerseits die Widerlegung der Abhängigkeitsvermutung nach §§ 16 IV 2.Var., 17 II gelingt. Dies wäre zu verneinen, falls der Interimskonsortialvertrag gleichsam als verknüpfendes Band zwischen V und K auch zu deren gemeinsamen Herrschaft über Z führte, obwohl sich V im Konfliktfall im Pool aufgrund des Mehrheitsprinzips jederzeit durchsetzen könnte. Die Beantwortung der Frage erfordert einen kurzen Blick auf den in Rspr. und Literatur anzutreffenden Meinungsstand zur Begründung einer gemeinsamen Beherrschung qua Konsortialvertrag.

Eine gemeinsame Beherrschung kann auf vertraglicher, organisatorischer, rechtlicher oder tatsächlicher Basis beruhen[813]. Als vertragliche Grundlagen gemeinsamer Beherrschung kommen neben Regelungen über eine gemeinsame Unternehmenspolitik oder die Schaffung eines gemeinsamen Leitungsorgans insbesondere Stimmbindungs- und Konsortialverträge[814] in Betracht. Damit wäre eine Interessenkoordination der Parteien, die zu einer gemeinsamen Herrschaft über Z führen könnte, grundsätzlich durch Vereinbarung eines Interimskonsortialvertrages vorstellbar. Soll dieser Grundsatz jedoch auch dann gelten, wenn V aufgrund des Mehrheitsprinzips jede der Hauptversammlung vorausgehende Abstimmung im Konsortium dominieren und damit letztlich auch die in der Interimszeit stattfindenden Aufsichtsratswahlen determinieren könnte ? *Koppensteiner*[815] nimmt eine gemeinsame Beherrschung an, falls durch geeignete Verfahrensregelungen sichergestellt ist, daß es zur kontinuierlichen Bildung eines Gesamtwillens kommt. Seiner Auffassung nach genügt die Verpflichtung zur inhaltlich identischen Stimmabgabe auch dann, wenn darüber mit Mehrheit entschieden wird. Die Möglichkeit eines gemeinsamen beherrschenden Einflusses hänge nur davon ab, ob die Bildung eines Gesamtwillens sichergestellt sei, nicht aber davon, in welchem Verfahren dies geschehe. Selbst bei einem ständig überstimmten Unternehmen nimmt *Koppensteiner* noch eine gemeinsame Beherrschung an, da auch ein solches Unternehmen an der auf ein anderes Unternehmen hin ori-

---

813 Vgl. BHGZ 74, 359,367.

814 S. Hüffer, AktG, § 17, Rdn. 15; Leipelt, Abhängigkeit und gemeinsame Beherrschung im Recht der Wettbewerbsbeschränkungen, S.176.

815 S. Koppensteiner in Kölner Kommentar, § 17, Rdn. 74.

entierten Verfolgung eines gemeinsamen Zweckes teilnehme und ihn fördere, indem es die Ausübung seines Stimmenpotentials der Entscheidung der Mehrheit unterwerfe[816].

Gegen die Annahme einer gemeinsamen Beherrschung der Z durch K und V in der Interimszeit qua Konsortialvertrag sprechen jedoch zwei Erwägungen.

Erstens zielen die von *Koppensteiner* vorgebrachten Argumente auf eine andere Ausgangssituation ab. Diese ist dadurch gekennzeichnet, daß sich eine gemeinsame Beherrschung erst aus der *Addition* der verschiedenen Stimmrechte ergibt. Hier geht es aber um Fälle, in denen V als (Noch-)Mehrheitsgesellschafter in der Interimszeit auch ohne Konsortialvertrag über ein Stimmrechtspotential verfügt, das zur Beherrschung der Z ausreicht, ohne daß er auf das zusätzliche Stimmrechtspotential des K angewiesen wäre.

Zweitens scheidet eine aus dem Konsortialvertrag folgende gemeinsame Beherrschung auch deshalb aus, weil V aufgrund des Mehrheitsprinzips trotz Vorliegens eines Konsortialvertrages nach wie vor eine hervorragende[817] Stellung innehat. Die Annahme einer Beherrschung auch durch K degenerierte[818] dann zu einer bloßen Fiktion, wohingegen die Vermutung, die aus § 17 II i.V.m. § 16 IV 2.Var. folgt, nur einen Erfahrungssatz abbilden soll. Die Möglichkeit, K ständig überstimmen zu können, sichert V die alleinige Herrschaft, während sie mit Blick auf K als rechtliches Ausübungshindernis anzusehen ist. Diese Qualifikation als rechtliches Ausübungshindernis ergibt sich daraus, daß das mit der Vereinbarungstreuhand bzw. atypischen Unterbeteiligung idealtypisch verbundene generelle Weisungsrecht[819] des K qua besonderer Abrede in Form des konkreten Konsortialvertrages abbedungen wird. Damit gilt auch nicht der aus § 16 IV 2. Var. resultierende Erfahrungssatz, der die wirtschaftliche Innehabung der Mitgliedschaft mit einer korrespondierenden Leitungsmacht verknüpft.

Folglich kann K bei Vorliegen eines Interimskonsortialvertrages mit Mehrheitsprinzip die Abhängigkeitsvermutung als ständig von V überstimmbarer Interimskonsortialpartner widerlegen, falls die Aufsichtsratswahlen aus Sicht des Vorstandes der Z in die Interimszeit fallen. Dies gilt sowohl für die positive als auch für die negative Akquisitionsprognose, da es aus Sicht des Vorstandes entscheidend auf die Personalhoheit in der Interimszeit ankommt.

(bbb) Keine Absehbarkeit des Zeitpunkts der nächsten Aufsichtsratswahlen im Verhältnis zur Interimszeit

Wie sind die Fälle zu beurteilen, in denen der Z-Vorstand aufgrund der zeitlichen Konstellation nicht absehen kann, ob die nächsten Wahlen des Aufsichtsrats noch in die Interimszeit fallen oder erst nach deren Beendigung stattfinden ?

---

816 Wie Fußnote zuvor.

817 Der BGH verneint eine gemeinsame Beherrschung, falls ein beteiligtes Unternehmen eine hervorragende Stellung eingeräumt erhält, vgl. BGH WM 1987, 326 (328).

818 So auch Leipelt, Abhängigkeit und gemeinsame Beherrschung im Recht der Wettbewerbsbeschränkungen, S.185. Leipelt spricht sich für diese Bewertung aus, wenn ein Gesellschafter des Konsortiums permanent überstimmt wird.

819 Zum Weisungsrecht des Treugebers, das aus der Geschäftsbesorgung folgt s. die Darstellung im zweiten Abschnitt, S. 96. Zur strukturellen Annäherung der atypischen Unterbeteiligung an die Treuhand vgl. S. 102.

Befindet sich der Z-Vorstand einerseits z.B. in der Mitte oder im zweiten Drittel seiner nach § 84 I S.1 bis zu fünf Jahren vorgesehenen Amtsperiode, handelt es sich andererseits um eine komplexere Akquisition mit entsprechenden Bedingungen im Aktienkaufvertrag, die noch diverse Gutachten über die Zielgesellschaft erfordern, ist auch im Rahmen von Wahrscheinlichkeitskategorien nicht vorhersehbar, ob die für den Z-Vorstand relevante personelle Weichenstellung im Aufsichtsrat noch in der Interimszeit erfolgen wird. Dann wird ein durchschnittlich vernünftiger Vorstand nicht nur auf die Stimmrechtsverhältnisse in der Interimszeit achten, womit eine Widerlegung seitens V ausscheidet, sondern auch einkalkulieren, daß die Aufsichtsratswahlen ggf. erst in einem Zeitpunkt stattfinden, in dem der neue Mehrheitsgesellschafter K das Steuer hält. Dementsprechend läßt sich auch nicht ausschließen, daß K wegen dieser Erwägungen des Z-Vorstandes über ein entsprechend starkes Einflußpotential verfügt, obwohl sich im Konsortium in der Interimszeit allein V durchsetzen könnte. In diesen Fällen darf den übrigen Minderheitsgesellschaftern der Z nicht durch Anerkennung einer Widerlegung das Risiko auferlegt werden, daß K angesichts seines Einflußpotentials den Vorstand der Z zu nachteiligen Maßnahmen veranlassen könnte. Folglich scheidet in der „Grauzone", in der eine Einschätzung des zukünftigen zeitlichen Ablaufs der Akquisition im Verhältnis zu dem Zeitpunkt der nächsten Aufsichtsratswahlen seitens des Z-Vorstandes nicht möglich oder mit Unsicherheiten verbunden ist, eine erfolgreiche Widerlegung der Abhängigkeitsvermutung bei positiver Akquisitionsprognose auch für K aus.

Hat der Vorstand der Z jedoch keine vernünftigen Zweifel an dem Scheitern der Akquisition, kommt es auf die Prognostizierbarkeit des Zeitpunktes der nächsten Aufsichtsratswahlen im Verhältnis zur Dauer der Interimszeit nicht mehr an. Fallen die Aufsichtsratswahlen in die Interimszeit, verfügt V als dominierender Konsortialpartner über die Personalhoheit; finden sie erst nach deren Ende statt, bleibt es aus Sicht des Z-Vorstandes ebenfalls bei der Mehrheitsherrschaft des V. Dann gelingt K die Widerlegung.

Auf das ähnlich gelagerte Problem einer vom Vorstand vorweggenommenen Prognoseunsicherheit im Hinblick auf das Gelingen bzw. Scheitern der Akquisition wird sogleich eingegangen.

(ccc) Ausichtsratswahlen nach Beendigung der Interimszeit

α) Positive Akquisitionsprognose

Haben die letzten Aufsichtsratswahlen erst kürzlich vor Abschluß des Aktienkaufvertrages und der Vereinbarung der mittelbaren Unternehmensbeteiligung sowie des Interimskonsortialvertrages stattgefunden, ist aus Sicht des Vorstandes der Z nicht damit zu rechnen, daß die Interimszeit noch die nächsten Ausichtsratswahlen überdauern wird. In diesem Fall wirkt sich der im Interimskonsortialvertrag vorgesehene Einigungsmechanismus für eine Abstimmung im Pool über das Stimmverhalten bei den Aufsichtsratswahlen – so er denn zwischen den Parteien überhaupt[820] vereinbart wurde – auf die Personalhoheit

820 Obwohl auch aus Sicht der Parteien die Interimszeit vor den nächsten Aufsichtsratswahlen beendet sein wird, kann aufgrund kautelarjuristischer Vorsicht im Interimskonsortialvertrag dennoch das Mehrheitsprinzip für eine Einigung hinsichtlich der personellen Besetzung des Auf-

nach Beendigung der Interimszeit nicht mehr aus. Zu diesem Zeitpunkt wird aus der Einschätzung des Vorstandes der Z der neue Mehrheitsaktionär K die personellen Weichenstellungen festlegen. Den Vorstand der Z interessiert es demnach nicht, wie eine rein theoretische Abstimmung im Interimskonsortium ausgehen würde, sondern nur, wer im Zeitpunkt der nächsten Aufsichtsratswahlen das Ruder in den Händen halten wird. Demgemäß wird sich der Vorstand bereits in der Interimszeit auf die unternehmenspolitischen Wünsche des K einstellen, wenn der Eintritt der im Aktienkaufvertrag vorgesehenen Bedingung(en) und damit ein Gelingen der Akquisition überwiegend wahrscheinlich ist. Dann wird K aus der Sicht des Vorstandes bei den nächsten Aufsichtsratswahlen als neuer Mehrheitsaktionär der Z indirekt über dessen Wiederbestellung entscheiden. Bei positiver Akquisitionsprognose ist das Mehrheitsprinzip des Interimskonsortialvertrages aus konkreter Sicht akademischer Natur, da es für den Vorstand der Z mit überwiegender Wahrscheinlichkeit zum entscheidenden Zeitpunkt nicht mehr existieren wird. Folglich kann K bei überwiegend[821] wahrscheinlichem Bedingungseintritt die Abhängigkeitsvermutung[822] nicht widerlegen, obwohl der Interimskonsortialvertrag das Mehrheitsprinzip zugunsten des V vorsieht.

Es bleibt zu klären, ob die fortbestehende Abhängigkeitsvermutung zu Lasten des K mit sich bringt, daß V seinerseits die Abhängigkeitsvermutung für die Interimszeit erfolgreich widerlegen kann. Hierfür könnte auf den ersten Blick die oben angestellte konkrete Betrachtungsweise sprechen, die bei überwiegender Wahrscheinlichkeit des Bedingungseintritts des Aktienkaufvertrages <u>und</u> angesichts der erst nach Beendigung der Interimszeit stattfindenden Aufsichtsratswahlen die Personalhoheit bei K ansiedelt. Man könnte sich dementsprechend fragen, warum V die Widerlegung nicht gelingen sollte, wo doch hinsichtlich K soeben festgestellt wurde, daß die von den Parteien vorgesehene Regelung in der Interimszeit für die Personalhoheit aus Sicht des Z-Vorstandes nur von akademischer Relevanz sei.

Gegen eine erfolgreiche Widerlegung seitens V ist aber einzuwenden, daß eine Widerlegung gleichsam nur als (negativer) Reflex der bei K angesiedelten Personalhoheit erschiene. V hat die Möglichkeit eines beherrschenden Einflusses jedoch für die Interimszeit nicht durch einen entsprechenden Rechtsakt ausgeräumt. Vielmehr verfügt er nach Abschluß des Interimskonsortialvertrages aufgrund des Mehrheitsprinzips noch immer über die – allerdings nur theoretische – Personalhoheit. Der Interimskonsortialvertrag beinhaltet somit keine rechtliche Verfestigung[823] eines Ausübungshindernisses. Dies spricht gegen einen generellen Automatismus, der eine erfolgreiche Widerlegung durch V nur deshalb annimmt, weil K seinerseits infolge des konkreten Beurteilungsmaßstabs die Widerlegung nicht gelingt.

---

sichtsrates für den Fall vorgesehen sein, daß sich die Akquisition wider Erwarten verzögern sollte.

821 Zur Frage, ob durch die Anwendung von Wahrscheinlichkeitskriterien die Rechtssicherheit beeinträchtigt wird, vgl. die Ausführungen in diesem Abschnitt, S. 270 ff..

822 Auf die Problematik einer vormitgliedschaftlichen Abhängigkeit der Z von K kommt es also an dieser Stelle noch nicht an, da die Abhängigkeit unmittelbar aus der nicht widerlegten Abhängigkeitsvermutung nach § 16 IV 2.Var. i.V.m. § 17 II resultiert.

823 S. zu dieser Formel für die Widerlegung Hüffer, AktG, § 17, Rdn.19.

Lehnt man einen generellen Automatismus, der für alle Fälle der fehlenden Widerlegung seitens K eine erfolgreiche Widerlegung des V mit sich brächte, ab, stellen sich zwei weitergehende Fragen:

Widerspricht eine Verneinung der Widerlegung der Abhängigkeitsvermutung zu Lasten des V nicht der im Rahmen der allgemeinen Anforderungen an die Widerlegung bejahten konkreten[824] Perspektive ? Gibt es jenseits der gemeinsamen Beherrschung Fälle, in denen ein Unternehmen von mehreren anderen Unternehmen abhängig sein kann ?

Zur ersten Frage ist festzustellen, daß nach der hier befürworteten konkreten Sichtweise der mit der Personalhoheit eng verknüpfte Zeitpunkt der nächsten Aufsichtsratswahlen nicht ausgeblendet werden darf. Wird dieser Zeitpunkt berücksichtigt, bedeutet dies, daß K die Widerlegung nicht mit dem pauschalen Hinweis gelingt, daß V sich in der Interimszeit jederzeit im Konsortium hätte durchsetzen können. Das Abstellen auf den konkreten Zeitpunkt der nächsten Aufsichtsratswahlen bedeutet umgekehrt jedoch nicht, daß der aktuelle Mehrheitsgesellschafter V, der das Konsortium dominiert, von der Verantwortung automatisch freizustellen ist. Gelingt die Akquisition nicht, wäre V bei Anerkennung einer Widerlegung für den vergangenen Zeitraum der Interimszeit aus der Abhängigkeitsvermutung entlassen, obwohl er sich in der Interimszeit hätte durchsetzen können. V könnte dann widerlegen, obwohl er bei einem Scheitern der Akquisition vor Abschluß des Aktienkaufvertrages, in der Interimszeit aufgrund des Mehrheitsprinzips und nach Beendigung der Interimszeit ununterbrochen die Stimmrechtsmacht des Mehrheitsgesellschafters innehat.

Nun ließe sich gegen diese Argumentation wiederum einwenden, daß es für die abhängigkeitsrechtliche Beurteilung nur auf das ex-ante-Urteil des Vorstandes der Zielgesellschaft ankomme, da nur bei einer negativen Akquisitionsprognose ein einflußkonformes Verhalten zugunsten des V zu befürchten sei, wenn der Vorstand der Z mit den nächsten Aufsichtsratswahlen erst nach Beendigung der Interimszeit rechnet. Man könnte der Argumentation, die sich gegen eine automatisch erfolgreiche Widerlegung seitens V wendet, weiterhin entgegenhalten, daß der hier bejahte konkrete Beurteilungsmaßstab nicht konsequent durchgehalten werde, da er hinsichtlich des K zur Verneinung der Widerlegung führt und jetzt bei V nicht gelten soll.

Letztendlich bedeutete aber eine pauschale Anwendung des konkreten Beurteilungsmaßstabes *zugunsten* des V, daß man den übrigen Minderheitsaktionären der Z das Restrisiko einer von dem Vorstand bereits einkalkulierten Fehlprognose aufbürdete. Bestehen aufgrund objektiver Umstände noch ungeklärte Fragen hinsichtlich des Gelingens der Akquisition – was in der Praxis v.a. bei komplexen Akquisitionen zutreffen kann – wird sich der Vorstand der Z bei einer aus seiner Sicht überwiegenden Wahrscheinlichkeit des Bedingungseintritts des Aktienkaufvertrages zwar zur Durchsetzung seines Wiederbestellungsinteresses an den unternehmenspolitischen Wünschen des K ausrichten. Im Konfliktfall würde er diesen tatsächlichen oder vermeintlichen Wünschen auch die Priorität vor dissentierenden Wünschen des V einräumen, solange er damit rechnet, daß die noch bestehenden Hürden für einen Machtwechsel bewältigt werden können. Allerdings wird es in den meisten Fällen gar nicht zum diametralen Konflikt zwischen Verkäufer- und Käuferunternehmen kommen. Im Regelfall ist deshalb nicht auszuschließen, daß ein

824 Vgl. die Überlegungen in diesem Abschnitt, S. 206 ff..

durchschnittlich taktisch denkender Vorstand wegen der von ihm einkalkulierten Unsicherheit seiner eigenen Prognose über das Gelingen der Akquisition auch bemüht sein wird, es sich nicht mit dem Verkäufer-Unternehmen und (Noch-) Mehrheitsaktionär vorzeitig „zu verderben“. Der Vorstand wird folglich keinen Konfliktkurs gegenüber V einschlagen, solange dies nicht zwingend erforderlich ist. Er wird eine Gratwanderung zwischen dem potentiellen Alt- und dem potentiellen Neugesellschafter vorziehen, um das Wohlwollen beider Parteien des Aktienkaufvertrages nicht zu verlieren. Das vom Z-Vorstand einkalkulierte Restrisiko der Prognose kann V demnach ein verbleibendes Einflußpotential sichern, das nur im offenen Konflikt zwischen ihm und K dem Einflußpotential des K geopfert würde. Dieses Einflußpotential des V darf umso weniger vernachlässigt werden, wenn man an die Möglichkeit denkt, daß die Parteien an einem Strang ziehen und zur Durchsetzung ihrer anderweitigen unternehmerischen Interessen in einer konzertierten Aktion den Vorstand der Z gemeinsam zu nachteiligen Maßnahmen veranlassen.

Die vorstehenden Überlegungen sprechen gegen eine Entlassung des V aus der Abhängigkeitsvermutung, solange die Möglichkeit seines beherrschenden Einflusses angesichts einer durch den Z-Vorstand einkalkulierten Prognoseunsicherheit nicht vollständig ausgeschlossen ist. Eine Widerlegung läßt sich unter diesen Bedingungen nicht mit dem Schutzzweckgedanken[825] des Rechts der abhängigen Unternehmen vereinbaren, der auf einen *effizienten* Schutz der abhängigen Gesellschaft, der Minderheitsaktionäre und der Gläubiger vor kompensationsloser Benachteiligung bei einer Einflußnahme durch das herrschende Unternehmen abzielt. Das hier grundsätzlich befürwortete Konzept einer konkreten Sichtweise der Personalhoheit darf nicht dazu führen, daß der Schutzzweck durch Zubilligung einer Widerlegung seitens V beeinträchtigt werden könnte, wenn beim Z-Vorstand noch vernünftige Restzweifel hinsichtlich des Gelingens des Machtwechsels bestehen. Das Konzept der konkreten Sichtweise dient dazu, dem abhängigkeitsrechtlichen Schutzzweck im größtmöglichen Umfang zum Erfolg zu verhelfen. Es zielt auf eine Erweiterung des Schutzes der Zielgesellschaft ab und nicht auf dessen Verengung. Es dient zur Überprüfung und ggf. zur Korrektur einer nur auf die aktuelle Situation in der Interimszeit abstellenden Sichtweise, die der Wahrscheinlichkeit des einflußkonformen Verhaltens aufgrund einer verkürzten Perspektive nicht immer gerecht werden kann. Es dient jedoch nicht der Entlassung aus der abhängigkeitsrechtlichen Haftung, wenn der Vorstand der Z damit rechnen muß, daß sich seine eigene positive Wahrscheinlichkeitsprognose über den anstehenden Machtwechsel noch als fehlerhaft erweisen kann. Bei überwiegender Wahrscheinlichkeit des Eintritts der im Aktienkaufvertrag festgelegten Bedingung(en) wird folglich K durch Berücksichtigung des Zeitpunkts der nächsten Aufsichtsratswahlen trotz des im Interimskonsortialvertrag vorgesehenen Mehrheitsprinzips in die Verantwortung genommen, V jedoch nicht aus ihr entlassen, solange der Vorstand der Z von seinem Einflußpotential nicht vollständig befreit ist, weil er damit rechnen muß, daß der „deal“ trotz seiner positiven Prognose noch platzen kann.

Das Streben nach einer optimalen Schutzzweckerreichung bedeutet in der Konsequenz aber nicht, daß eine Widerlegung seitens V nur zuzulassen wäre, wenn der Z-Vorstand über die absolute Gewißheit verfügte, daß die Akquisition gelingt. Für eine Wi-

825 S. statt vieler Hüffer, AktG, § 311, Rdn. 1 m.w.N..

derlegung reicht es aus, wenn der Vorstand infolge von objektiven Umständen, die auch einer richterlichen Tatsachen- bzw. Beweiswürdigung zugänglich sind, den Bedingungseintritt nur noch als Formalakt ansehen muß. Dies ist z.B. anzunehmen, wenn der Z-Vorstand über seine Verbindungen zu den Aufsichtsräten der Parteien von der bevorstehenden Genehmigung der Akquisition erfährt oder von der begleitenden Investmentbank bzw. von dem Kreditvergabeausschuß in Kenntnis gesetzt wird, daß die Finanzierung des Beteiligungskaufs sichergestellt werden kann. In diesen Fällen unterliegt V zwar in der Interimszeit keinem unmittelbaren rechtlichen Ausübungshindernis, da er *theoretisch* bis zum Vollzug des Machtwechsels den Aufsichtsrat der Z festlegen könnte; jedoch führt die konkrete Sichtweise dazu, daß sich der Z-Vorstand bei fehlenden Zweifeln an dem Gelingen der Akquisition allein an K ausrichten wird, wobei dieses Ergebnis dann im Gegensatz zu den zuvor genannten Sachverhaltskonstellationen mangels einer auf vernünftigen Gründen beruhenden Prognoseunsicherheit auch nicht aus Schutzzweckgründen zu korrigieren ist. Fordert man für eine erfolgreiche Widerlegung der Abhängigkeitsvermutung des § 17 II, daß der Widerlegende stets einem *rechtlichen Ausübungshindernis* unterliegen muß, könnte man dieses Erfordernis in den Fällen einer nicht mehr zweifelbehafteten positiven Akquisitionsprognose bei Aufsichtsratswahlen, die aus Sicht des Z-Vorstandes erst nach einem erfolgreichen Machtwechsel stattfinden, insofern als erfüllt ansehen, als der Abschluß des Aktienkaufvertrages V zwar nicht daran hindert, seine Stimmrechtsmacht noch in der Interimszeit auszuüben, ihm aber die Möglichkeit nehmen wird, zum *relevanten* Zeitpunkt über die Zusammensetzung des Aufsichtsrates zu befinden.

Zur zweiten Frage ist zu bemerken, daß die Zulassung einer nicht-komplementären Mehrfachabhängigkeit[826] nur die logische Konsequenz der bereits[827] diskutierten Rechtsfolgen der Zurechnung des § 16 IV 2.Var. ist. Verneint man wie hier eine Absorptionswirkung der Zurechnung, hat dies zur Folge, daß eine zweifache Abhängigkeitsvermutung vorliegt, die bei fehlender Widerlegung seitens beider Parteien zu einer Mehrfachabhängigkeit führt, ohne daß diese auf der Addition von Einflußpotentialen beruht oder auf der Koordination hinsichtlich eines Gemeinschaftsunternehmens basiert.

Damit bleibt festzuhalten, daß V die Abhängigkeitsvermutung widerlegen kann, falls der Z-Vorstand aufgrund objektiver Umstände keine vernünftigen Zweifel am Gelingen der Akquisition hegt und die nächsten Aufsichtsratswahlen der Z aus seiner Sicht erst nach Beendigung der Interimszeit stattfinden werden. In Fällen, in denen objektivierbare Restzweifel des Z-Vorstandes am Gelingen der Akquisition bestehen bleiben, gebietet der Schutzgedanke des Rechts der abhängigen Unternehmen, ein noch vorhandenes Einflußpotential des V und die damit noch vorhandene Befürchtung eines einflußkonformen Verhaltens des Z-Vorstandes zugunsten des V trotz der zu Lasten des K wirkenden Ab-

826 Die generelle Möglichkeit einer nicht-komplementären Mehrfachabhängigkeit außerhalb der klassischen Gemeinschaftsunternehmen nimmt auch Weber, ZIP 1994, S. 682, r.Sp. an. Hierbei wendet sich Weber zu Recht gegen die „Automatik", die bei Bejahung einer anderweitigen Abhängigkeit mit sich brächte, daß die Gesellschaft von dem vermuteten Herrscher nicht (mehr) beherrscht wird.

827 S. dazu die Diskussion zu den Rechtsfolgen des § 16 IV 2. Var. in diesem Abschnitt, S. 189 ff..

hängigkeitsvermutung nicht zu ignorieren und dann eine Widerlegung seitens V ebenfalls zu verneinen.

β) Negative Akquisitionsprognose

Rechnet der Z-Vorstand mit dem Scheitern der Akquisition, kann V die Abhängigkeitsvermutung nicht widerlegen, da es aus der konkreten Sicht des Vorstandes kontinuierlich bei seiner Mehrheitsherrschaft bleibt. Eine Widerlegung scheidet aus, weil V in der Interimszeit keinem rechtlichen Ausübungshindernis unterliegt und der konkrete Beurteilungsmaßstab eine Widerlegung nicht zuläßt.

Fraglich ist, ob K die Widerlegung gelingt. Zwar kann er im Konsortium in der Interimszeit ständig durch V überstimmt werden; hinzu kommt, daß K aus Sicht des Z-Vorstandes mit überwiegender Wahrscheinlichkeit auch nicht der zukünftige Mehrheitsgesellschafter sein wird. Sofern jedoch aufgrund objektiver Umstände noch vernünftige Restzweifel an dem endgültigen Scheitern der Akquisition bestehen, kann hier mit Blick auf die Ergebnisse zur positiven Akquisitionsprognose vice versa nichts anderes gelten. Ist es z.B. aus Sicht des Z-Vorstandes zwar unwahrscheinlich, aber noch möglich, daß sich zur Finanzierung der Akquisition ein Ersatzpartner findet oder ist eine Ablehnung der beabsichtigten Akquisition durch die Aufsichtsräte der Parteien zwar wahrscheinlich, aber noch auf der Kippe, gelten die Überlegungen hinsichtlich V bei einer positiven, aber noch zweifelbehafteten Akquisitionsprognose entsprechend. Das bedeutet, daß die Abhängigkeitsvermutung zu Lasten des K nicht als widerlegt anzusehen ist, solange der Vorstand der Z einkalkulieren muß, daß er wider seiner eigenen Wahrscheinlichkeitsprognose doch K als neuem Mehrheitsgesellschafter gegenüberstehen könnte, der dann indirekt über seine Wiederbestellung befinden wird.

(bb) Einstimmigkeitsprinzip als Einigungsmechanismus

Sieht der Interimskonsortialvertrag das Einstimmigkeitsprinzip vor, ist davon auszugehen, daß die Parteien das Wiederaufleben[828] der freien Entscheidung in der Hauptversammlung der Z im Falle des Dissenses vereinbaren werden, um nicht ihrer Stimmrechtsmacht verlustig zu gehen. Da V dann seine Mehrheitsstimmrechtsmacht angesichts des Wiederauflebens der Entscheidungsautonomie in der Interimszeit letztlich nicht verliert, ist diese Fallgruppe mit der Situation vergleichbar, in der sich K als ständig überstimmbarer Interimskonsortialpartner befindet. Hier wie dort kann V die Zusammensetzung des Aufsichtsrates bestimmen, während K aufgrund der vertraglichen Ausgestaltung daran gehindert ist, sich im Konfliktfall in der Interimszeit durchzusetzen. Im Konfliktfall macht es keinen Unterschied, ob V sich wegen des Mehrheitsprinzips bereits im vorgeschalteten Entscheidungsprozeß im Konsortium durchsetzen könnte oder angesichts des Wiederauflebens der Entscheidungsautomie im Falle der Nichteinigung mit K erst in der Hauptversammlung der Z. Somit gelten dieselben abhängigkeitsrechtlichen Folgen wie beim Interimskonsortialvertrag mit Mehrheitsprinzip:

---

828 Zum Wiederaufleben der Entscheidungsautonomie vgl. die Darstellung im dritten Abschnitt, S. 130.

Fallen die nächsten Aufsichtsratswahlen aus Sicht des Z-Vorstandes in die Interimszeit, kann V nicht widerlegen. K gelingt die Widerlegung unabhängig von der Akquisitionsprognose, es sei denn, daß der Vorstand der Z den Zeitpunkt der nächsten Aufsichtsratswahlen im Verhältnis zur Dauer der Interimszeit nicht absehen kann. Letzterenfalls gelingt eine Widerlegung durch K nur, wenn der Z-Vorstand keine vernünftigen Zweifel an dem Scheitern der Akquisition hegt.

Finden die nächsten Aufsichtsratswahlen aus Sicht des Z-Vorstandes erst nach Beendigung der Interimszeit statt, hängt die abhängigkeitsrechtliche Beurteilung wiederum von der Einschätzung des Gelingens der Akquisition durch den Z-Vorstand ab. Hält der Z-Vorstand den Bedingungseintritt des Aktienkaufvertrages für überwiegend wahrscheinlich, bleibt es auf Grundlage des konkreten Beurteilungsmaßstabes schon in der Interimszeit bei der Abhängigkeitsvermutung zu Lasten des K, obwohl er sich infolge des Wiederauflebens der Entscheidungsautonomie in der Interimszeit nicht durchsetzen könnte. Auf Grundlage der bereits beim Mehrheitsprinzip[829]ausgeführten Erwägungen zum Schutzzweckgedanken gelingt V seinerseits nur dann die Widerlegung, wenn der Z-Vorstand das Gelingen der Akquisition als Formalakt beurteilen muß. Verbleiben auf Basis objektiver Umstände vernünftige Restzweifel, bleibt V in der abhängigkeitsrechtlichen Verantwortung.

Bei negativer Akquisitionsprognose gelingt V die Widerlegung nicht, da seine Personalhoheit für die Interimszeit durch das Wiederaufleben der Entscheidungsautonomie sichergestellt ist und der Z-Vorstand mit dem Bestehenbleiben seiner Mehrheitsherrschaft zum relevanten Zeitpunkt rechnet. K gelingt die Widerlegung nur, falls aus Sicht des Z-Vorstandes keine vernünftigen Zweifel an dem Scheitern der Akquisition bestehen.

(cc) Abstimmung im Pool nach Maßgabe des K

Führt der Poolvertrag aufgrund einer Stimmgewichtung zugunsten des K dazu, daß dieser über die Abstimmung im Konsortium die Wahl der Aufsichtsratsmitglieder der Z festlegen kann, gelten die sogleich folgenden Erwägungen zu einem Stimmbindungsvertrag mit einem generellen Weisungsrecht des K entsprechend.

(b) Stimmbindungsvertrag mit K als Drittem

(aa) Generelles Weisungsrecht des K

(aaa) Aufsichtsratswahlen in der Interimszeit

Sieht der Stimmbindungsvertrag für die Interimszeit ein generelles Weisungsrecht des K vor, betrifft es auch die Wahl der neuen Aufsichtsratsmitglieder der Z. Ist für den Vorstand der Z absehbar, daß die nächsten Aufsichtsratswahlen noch in die Interimszeit fallen, ist die Personalhoheit zu einem Zeitpunkt auf K verlagert, auf den es aus Sicht des Z-Vorstandes für die Realisierung seiner Wiederbestellung ankommt. In diesem Fall scheidet eine Widerlegung der aus §§ 16 IV 2.Var., 17 II folgenden Abhängigkeitsvermutung

829 S. dazu die Darstellung in diesem Abschnitt, S. 218 f..

seitens K unabhängig von der Einschätzung der Erfolgsaussichten der Akquisition aus. V gelingt dann ebenfalls unabhängig von der Akquisitionsprognose die Widerlegung, da die Stimmbindung als rechtliches Ausübungshindernis seine Personalhoheit in der Interimszeit beseitigt und auch die konkrete Sichtweise keine Korrektur diese Ergebnisses erfordert.

Fraglich ist aber, ob dieses Ergebnis auch zutrifft, wenn der Stimmbindungsvertrag kündbar ist. Weiterhin ist das Ergebnis im Lichte der Begrenzungen des Weisungsrechtes des K durch die den V treffenden Treupflichten zu überprüfen.

α) Kündbarkeit der Stimmbindung

Zur Beurteilung der abhängigkeitsrechtlichen Folgen einer Kündbarkeit des Stimmbindungsvertrages bietet sich an, die vergleichbare Problematik beim Entherrschungsvertrag heranzuziehen. Hier werden im wesentlichen drei Auffassungen vertreten.

Eine Ansicht[830] sieht es als unschädlich für die Widerlegung der Abhängigkeitsvermutung an, daß der Entherrschungsvertrag durch eine Partei gekündigt werden kann. Sie begründet[831] diese Position mit dem Argument, daß die Möglichkeit, sich den beherrschenden Einfluß wieder zu beschaffen, nicht mit der Möglichkeit gleichzusetzen sei, einen beherrschenden Einfluß auszuüben. Zwar komme es für die Abhängigkeit nicht auf den Willen an, Einfluß auszuüben; habe sich aber ein Unternehmen vertraglich gebunden und damit mindestens für die Vertragsdauer auf seine Einflußmöglichkeit verzichtet, so sei dieser Vertragszustand solange entscheidend[832], wie er bestehe und gehandhabt werde, selbst wenn er auch rechtlich leicht geändert werden könne.

Eine zweite Meinung[833] will die Widerlegung trotz ordentlicher Kündbarkeit des Entherrschungsvertrages zulassen, falls der Entherrschungsvertrag nicht vor der nächsten, in seine Laufzeit fallenden Aufsichtsratswahl beendet werden kann. Andernfalls bestehe keine Wirksamkeit über den Zeitpunkt der ersten Kündigungsmöglichkeit hinaus[834].

Eine dritte Ansicht[835] sieht eine Kündbarkeit des Entherrschungsvertrages für die Wirksamkeit der Widerlegung nur dann als unschädlich an, falls es sich um eine außerordentliche Kündigungsmöglichkeit handele und die Kündigungsgründe im einzelnen und abschließend aufgezählt seien. Nur dann wisse die Verwaltung der Gesellschaft, woran sie sei und ob eine Kündigung drohe.

---

830 Vgl. Geßler, DB 1965, 1691 (1696, l.Sp.); A/D/S, Vorbem. zu §§ 311-313, Rdn. 50.

831 S. Geßler, DB 1965, 1696, r.Sp..

832 Wie Fußnote zuvor.

833 Vgl. Götz, Entherrschungsvertrag, S.62/63.

834 Ein Beispiel für eine Kündigungsregelung findet sich bei Götz, a.a.O., Anlage 2. In § 2 des Entherrschungsvertrages zwischen der ASKO Deutsche Kaufhaus AG und der MASSA AG ist vorgesehen, daß der Vertrag von jedem Vertragspartner mit einer Frist von 3 Monaten zum Jahresende gekündigt werden kann.

835 So Werner, a.a.O., S.178. Geßler in Geßler/Hefermehl, § 17, Rdn.108 will im Gegensatz zu seiner in DB 1965, S.1696 geäußerten Auffassung für Stimmbindungsverträge und die anderen zur Widerlegung der Abhängigkeitsvermutung geeigneten Verträge eine Kündigung nur zulassen, wenn es sich um eine Kündigung aus besonderem und namentlich wichtigem Grund handele.

Überträgt man diese Diskussion zum Entherrschungsvertrag auf die Kündbarkeit eines zwischen den Parteien für die Interimszeit vereinbarten Stimmbindungsvertrags, ist wie folgt zu unterscheiden:

In den praktisch wichtigsten Fällen wird eine Kündbarkeit der Stimmbindung nur[836] vorgesehen sein, falls die mittelbare Unternehmensbeteiligung bzw. der Aktienkaufvertrag beendet wird, weil die Akquisition gescheitert ist. In diesen Fällen müssen die Parteien sicherstellen, daß die eigens zur Durchsetzung der Partizipation des K an Z gewählte Stimmbindung des V nicht den Zeitpunkt überdauert, in dem feststeht, daß K die Mehrheitsbeteiligung an Z nicht erwerben wird. Gelingt die Akquisition, ist eine Kündbarkeit überflüssig, da K die dingliche Rechtsstellung des Mehrheitsgesellschafters erhält. Demnach wird die abhängigkeitsrechtliche Beurteilung wiederum von der Wahrscheinlichkeit des Eintritts der im Aktienkaufvertrag festgelegten Bedingung(en) vorgegeben. Steht aus Sicht des Z-Vorstandes ein Gelingen der Akquisition außer Zweifel, etwa weil die erforderlichen Finanzierungszusagen absehbar sind oder die Genehmigung durch den Aufsichtsrat bei K oder V nur einen Formalakt darstellt, ist eine vorzeitige Beendigung der Stimmbindung mittels Kündigung entsprechend unwahrscheinlich. Dann gelingt V die Widerlegung.

Handelt es sich ausnahmsweise um Fälle, in denen eine Kündbarkeit der Stimmbindung unabhängig vom Gelingen der Akquisition noch in der Interimszeit möglich sein soll, stellt sich die Frage, ob V die Abhängigkeitsvermutung erfolgreich widerlegen kann. Hierbei vermag die Ansicht, die beim Entherrschungsvertrag eine erfolgreiche Widerlegung an die namentliche und abschließende Aufzählung der Kündigungsgründe knüpft, nicht zu überzeugen. Soweit sie argumentiert, nur bei namentlicher Aufzählung wisse die Verwaltung der Gesellschaft, woran sie sei und ob eine Kündigung drohe, verkennt sie, daß einzig darauf abzustellen ist, ob aus Sicht der Verwaltung der Eintritt des Kündigungsgrundes *selbst* wahrscheinlich ist. Diese Wahrscheinlichkeit bedarf einer eigenständigen Beurteilung und das Wahrscheinlichkeitsurteil kann logisch nicht dadurch ersetzt werden, daß die Verwaltung nur *dem Grunde nach* weiß, wann eine Kündigung erfolgen kann. Denn es macht für die Wahrscheinlichkeit eines einflußkonformen Verhaltens einen großen Unterschied, ob die Verwaltung abstrakt weiß, unter welchen Voraussetzungen eine bestimmte Rechtsfolge eintritt oder ob sie auch mit dem Eintritt dieser Voraussetzungen konkret rechnet. Die Meinung von *Götz,* die die Wirksamkeit des Entherrschungsvertrags mit dem Zeitpunkt der ersten Kündigungs*möglichkeit* entfallen läßt, falls der Entherrschungsvertrag noch vor den nächsten Aufsichtsratswahlen beendet werden könnte, hält sich zwar konsequent an die hier befürwortete konkrete Beurteilung der Personalhoheit. Sie berücksichtigt aber nicht hinreichend den Unterschied zwischen der aktuell ausgeschlossenen Potentialität des beherrschenden Einflusses und der bloßen Fähigkeit des Mehrheitsgesellschafters, sich die aktuell *nicht* vorhandene Einflußmöglichkeit *zukünftig* wieder zu beschaffen. Übertragen auf den Stimmbindungsvertrag ist deshalb eine im Vertrag vorgesehene Kündigungsmöglichkeit, die für die noch andauernde Interimszeit regelmäßig nur als außerordentliche Kündigungsmöglichkeit vorgesehen sein wird, grundsätzlich als unschädlich anzusehen, es sei denn, der Z-Vorstand geht aufgrund objektiver Anhaltspunkte von einer demnächst erfolgenden Kündigung seitens V aus, die

836 S. hierzu die Ausführungen im dritten Abschnitt, S. 131 f..

die Stimmbindung noch vor den nächsten Aufsichtsratswahlen der Z beenden wird. Dann gelingt V die Widerlegung ab dem Zeitpunkt nicht mehr, in dem der Z-Vorstand erstmals mit einer Kündigung rechnen muß.

β) Begrenzung des Weisungsrechtes durch Treupflichten des V

Vereinbaren die Parteien des Aktienkaufvertrages eine Stimmbindung mit generellem Weisungsrecht des K für die Interimszeit, wird das Weisungsrecht durch die den V gegenüber Z und deren Minderheitsaktionären treffenden Treupflichten begrenzt. Die Analyse der gängigen kautelarjuristischen Vermeidungsstrategien der Kollisionsproblematik hat ergeben, daß die praktische Konkordanz zwischen zulässiger Stimmbindung und der durch die Treupflichten bedingten Einschränkung des Stimmverhaltens in den kritischen Fällen üblicherweise mittels einer Suspension[837] der Bindungswirkung hergestellt wird. Damit läßt sich die Fragestellung dahingehend präzisieren, ob die aufgrund der Stimmbindung grundsätzlich dem K zuzuordnende Personalhoheit in der Interimszeit dadurch beeinträchtigt werden kann, daß V den Weisungen des K dann nicht nachkommen muß, falls sich das von K begehrte Abstimmungsverhalten in der Hauptversammlung der Z als Treupflichtverletzung des V darstellte. Dann wäre auch daran zu denken, die aufgrund des Weisungsrechts des K abgelehnte Widerlegung der zu seinen Lasten ausgelösten Abhängigkeitsvermutung einer Revision zu unterziehen.

Eine Beeinträchtigung der Personalhoheit des K mit einer vom o.a. Ergebnis abweichenden Folge für das Gelingen der Widerlegung wäre denkbar, falls bei der Wahl des Z-Aufsichtsrates eine an V ergehende Weisung des K, in der Hauptversammlung für seine Gefolgsleute zu votieren, eine Treupflichtverletzung des V bewirkte, wenn V der Weisung Folge leistete. Dann würde aufgrund der Suspension der Bindungswirkung die Möglichkeit des K eingeschränkt, die personelle Zusammensetzung des Z-Aufsichtsrats vorzugeben. Allerdings dürfte eine zur Treupflichtverletzung des V führende Weisung seitens K, die allein auf der von ihm ausgewählten Person gründet, nur in krassen Ausnahmefällen vorliegen. In Anlehnung an die Untersuchung der durch Treupflichten des V abgeleiteten Begrenzung der Stimmrechtsvollmacht ist die personelle Auswahlfreiheit des K nur in den dort genannten (Ausnahme-)Fällen beschränkt[838]. Dies bedeutet, daß eine Weisung des K durch V nur dann nicht zu befolgen wäre, falls aufgrund *objektiver Umstände*, die schon im Zeitpunkt der Benennung des Kandidaten vorliegen, davon ausgegangen werden muß, daß die von K benannte Person in ihrer späteren Eigenschaft als Aufsichtsratsmitglied der Z beispielsweise die treuwidrige Zerschlagung der Z oder eine sonstige durch K veranlaßte Schädigung der Z unterstützen oder bewußt zulassen wird. Dies dürfte auch für die „faulen" Fälle kaum ex ante feststellbar sein. Zudem wäre dann aufgrund der Suspension der Stimmbindung zwar *rechtlich* eine Befreiung des V von der konkreten Weisung anzunehmen; rein *faktisch* dürfte V sich jedoch gerade in den kritischen Fällen des im gemeinsamen Interesse betriebenen lootings an die Weisung des K halten.

837 S. zur gängigen kautelarjuristischen Lösung der Kollisionsproblematik mittels Suspension der Bindungswirkung die Darstellung im dritten Abschnitt, S. 137 f..

838 Vgl. die Ausführungen im dritten Abschnitt, S. 123 f..

Eine von der personellen Auswahlfreiheit hinsichtlich der Kandidaten für den Aufsichtsrat zu trennende weitergehende Frage, die sich im Rahmen der Suspensionswirkung stellt, betrifft die Möglichkeiten des K, eine nachteilige Maßnahme i.S.d. § 311 zu veranlassen. Hier ist zu überlegen, ob K in der Interimszeit angesichts einer Suspension der Stimmbindung im Falle einer zu einer Treupflichtverletzung des V führenden Weisung überhaupt in der Lage wäre, eine nachteilige Maßnahme qua Einflußnahme zu veranlassen. Sofern die Suspensionswirkung tatsächlich eine Veranlassung durch K unmöglich machte, könnte man daran denken, daß die wegen der Personalhoheit bestehenbleibende Abhängigkeitsvermutung der Z von K dennoch widerlegt wäre, da K keinen Nachteil während der Interimszeit veranlassen könnte und damit das System des Nachteilsausgleichs entbehrlich wäre.

Gegen eine solche Schlußfolgerung ist jedoch einzuwenden, daß eine Veranlassung der Nachteilszufügung nicht zwingend nur über die Beschlußfassung[839] in der Hauptversammlung der Z erfolgen kann, sondern gerade auch außerhalb der Hauptversammlung durch den Direktkontakt[840] des K mit dem Vorstand der Z. Selbst wenn man also annimmt, daß eine Nachteilsveranlassung seitens K mittels Steuerung des Stimmverhaltens von V rechtlich wegen der Suspensionswirkung ausscheidet, und zusätzlich unterstellt, daß V auch faktisch der konkreten Weisung nicht nachkommt, könnte K jederzeit im direkten Kontakt mit dem Vorstand der Z seine Wünsche und Vorstellungen zur zukünftigen Geschäftspolitik bereits in der Interimszeit äußern und damit den Prozeß der stillschweigenden Harmonisierung initiieren, solange er nur über die Möglichkeit verfügt, die personelle Zusammensetzung des Aufsichtsrates festzulegen.

Gegen die Schlußfolgerung spricht zudem, daß die Nachteilszufügung von einer Treupflichtverletzung streng zu unterscheiden ist, auch soweit es um eine Veranlassung durch Beschlüsse in der Hauptversammlung geht. Eine Beschlußanfechtung wegen einer Treupflichtverletzung nach § 243 I steht einer Anwendung von § 311 schon nicht[841] entgegen, soweit der Mehrheitsgesellschafter selbst eine Treupflichtverletzung begeht, die gleichzeitig als eine von ihm ausgehende Nachteilsveranlassung zu qualifizieren ist. Umso mehr ist eine Nachteilsveranlassung von der Treupflichtverletzung zu trennen, wenn es um ein Abstimmungsverhalten des V geht, das für ihn eine Treupflichtverletzung darstellt und für das Käufer-Unternehmen eine Nachteilsveranlassung via Weisung.

Schließlich kann die Einschränkung der Weisungsbefugnisse des K aufgrund der Treupflichten des V auch deshalb nicht zu der Beseitigung der zu Lasten des K wirkenden Abhängigkeitsvermutung führen, weil die Einschränkungen des Weisungsrechts im Rah-

---

839 Eine „Veranlassung" i.S.d. § 311 kann auch in der Vornahme eines Gewinnverwendungsbeschlusses oder eines Beschlusses über die Änderung des Unternehmensgegenstandes oder über die Auflösung des Unternehmens liegen. Eine andere Frage ist dann, ob diese Veranlassungen einen nachteiligen Charakter aufweisen. Dabei ist grundsätzlich zu beachten, daß der Gesetzgeber der Mehrheit der Aktionäre das Recht zugesprochen hat, unabhängig vom Vorliegen eines sachlichen Grundes die Auflösung oder die Umwandlung zu beschließen und im Rahmen der §§ 58 III, 254 frei über die Verwendung des Bilanzgewinnes zu entscheiden. Vgl. hierzu Habersack in Emmerich/Habersack, § 311, Rdn. 19.

840 Vgl. Fußnote 791.

841 So die h.M., s. Habersack in Emmerich/Habersack, § 311, Rdn. 54; Hüffer, AktG, § 243, Rdn. 43 m.w.N..

men der Suspension nicht weiter reichen, als die den V in seiner Eigenschaft als Mehrheitsgesellschafter selbst treffenden Restriktionen. Die den Mehrheitsgesellschafter treffenden Treupflichten können aber auch im Normalfall nicht verhindern, daß ein Treupflichtverstoß mit einer Nachteilsveranlassung zusammenfällt und somit auch die abhängigkeitsrechtliche Haftung greift. Anderfalls wären die Schutznormen der §§ 311 ff. in vielen Fällen nur eine stumpfe Waffe.

Damit bleibt **festzuhalten**, daß die in der Praxis vorgesehene Suspension der Stimmbindung bei Weisungen des K, die im Falle ihrer Befolgung zu Treupflichtverletzungen des Verpflichteten V führten, nicht zur Folge hat, daß die Abhängigkeit der Z von K beseitigt wird. K kann somit die aus §§ 16 IV 2.Var.,17 II folgende Abhängigkeitsvermutung nicht widerlegen. Auf der anderen Seite bleibt es bei der Widerlegung durch V.

(bbb) Aufsichtsratswahlen nach Beendigung der Interimszeit

Stehen die nächsten Aufsichtsratswahlen aus Sicht des Z-Vorstandes erst nach Beendigung der Interimszeit an, hängt die abhängigkeitsrechtliche Beurteilung bei Vorliegen eines Stimmbindungsvertrages mit generellem Weisungsrecht des K von der Wahrscheinlichkeitsprognose über den Eintritt der im Aktienkaufvertrag festgelegten Bedingung(en) ab.

α) Negative Akquisitionsprognose

Unterliegt die Prognose über ein Scheitern der Akquisition keinem vernünftigen Zweifel, bleibt es bei der Abhängigkeitsvermutung zu Lasten des V trotz der Stimmbindung für die Interimszeit, da der Vorstand der Z aus seiner Perspektive für die Durchsetzung seines Wiederbestellungsinteresses das Wohlwollen des V in einem Zeitpunkt benötigt, in dem die Stimmbindung der Interimszeit beendet und V wieder uneingeschränkter Mehrheitsgesellschafter der Z sein wird. Damit gelingt V unter Einbeziehung des konkreten Beurteilungsmaßstabes nicht die Widerlegung der Abhängigkeitvermutung, obwohl er für die Interimszeit einem rechtlichen Ausübungshindernis in Gestalt der Weisungsbefugnisse des K unterworfen ist. Auch wenn die Prognose noch zweifelbehaftet ist, geht dies zu Lasten des V, da sein Einflußpotential nicht beseitigt ist, solange der Z-Vorstand mit einem Scheitern der Akquisition rechnet.

K kann seinerseits für die Interimszeit die aus §§ 16 IV 2.Var., 17 II folgende Abhängigkeitsvermutung nicht widerlegen, wenn der Vorstand der Z seine eigene Wahrscheinlichkeitsprognose noch mit Unsicherheiten behaftet sieht. In diesem Fall kann der Z-Vorstand auch bei überwiegend wahrscheinlicher negativer Akquisitionsprognose nicht ex-ante ausschließen, daß K wider Erwarten doch der zukünftige Mehrheitsgesellschafter sein wird. Das darauf gründende Einflußpotential des K darf dann nicht ignoriert werden. Hegt der Z-Vorstand keine vernünftigen Zweifel am Scheitern der Akquisition, gelingt K die Widerlegung, obwohl für die Interimszeit die (allerdings nur theoretische) Personalhoheit auf ihn verlagert wurde.

β) Positive Akquisitionsprognose

Rechnet der Vorstand der Z mit dem Eintritt der Bedingung(en) des Aktienkaufvertrages, ohne daß noch vernünftige Zweifel an dieser Prognose bestehen, wird sich aus seiner Sicht die in der Interimszeit mittels Stimmbindung auf K verlagerte Personalhoheit auch in seiner späteren Position als Mehrheitsgesellschafter manifestieren. Dann wird der Vorstand sich bereits in der Interimszeit an den Wünschen des K orientieren. Es bleibt demnach bei der zu Lasten des K aus §§ 16 IV 2.Var., 17 II resultierenden Abhängigkeitsvermutung. Gleiches gilt, wenn der Vorstand der Z zwar noch Zweifel hegt, das Gelingen der Akquisition für ihn aber überwiegend wahrscheinlich ist.

Auf der anderen Seite vermag V die Abhängigkeitsvermutung im Falle einer positiven und nicht zweifelsbehafteten Akquisitionsprognose zu widerlegen, da er sich aufgrund eines rechtlichen Ausübungshindernisses der Personalhoheit für die Interimszeit begeben hat und er aus Sicht des Z-Vorstandes nach Bedingungseintritt seine Position als Mehrheitsgesellschafter einbüßen wird. Aus der Einschätzung des Z-Vorstandes handelt es sich somit auch unter Zugrundelegung des konkreten Beurteilungsmaßstabes um einen kontinuierlichen Machtverlust des V, der während der Interimszeit auf dem generellen Weisungsrecht des K gründet und nach deren Beendigung auf der dinglichen Inhaberschaft der Mitgliedschaft seitens K. Davon abweichend gelingt V die Widerlegung nicht, solange der Z-Vorstand die Unsicherheit seiner positiven Akquisitionsprognose einkalkulieren muß.

(ccc) Keine Absehbarkeit des Zeitpunkts der nächsten Aufsichtsratswahlen im Verhältnis zur Interimszeit

Vermag der Z-Vorstand nicht einzuschätzen, ob die nächsten Aufsichtsratswahlen noch in die Interimszeit fallen oder nicht, bleibt es unabhängig von der Akquisitionsprognose bei der Abhängigkeitsvermutung zu Lasten des K. Der Vorstand kann infolge der fehlenden Prognostizierbarkeit des Zeitpunktes nicht ausschließen, daß die Wahl zu einem Zeitpunkt stattfindet, in dem K über sein Weisungsrecht die Zusammensetzung des kommenden Aufsichtsrates der Z bestimmen kann.

V kann die Widerlegung nur gelingen, wenn der Z-Vorstand ohne weitere Zweifel von dem Gelingen der Akquisition ausgeht. In diesen Fällen macht es für den Z-Vorstand keinen Unterschied, ob K die Zusammensetzung des nächsten Aufsichtsrates qua Weisungsrecht noch in der Interimszeit bestimmen kann oder qua dinglicher Inhaberschaft der Mehrheitsbeteiligung erst nach Beendigung der Interimszeit. Handelt es sich um eine noch zweifelbehaftete Akquisitionsprognose, kann der Vorstand nicht sicher sein, ob seine Wiederbestellung indirekt nicht doch von V entschieden wird, weil die Akquisition wider Erwarten fehlschlägt. In diesem Fall gelingt V die Widerlegung nicht.

(bb) Punktuelles Weisungsrecht des K

Sieht der Stimmbindungsvertrag nur ein punktuelles Weisungsrecht vor, ist nach dem Inhalt des Weisungsrechts zu unterscheiden.

Sofern das punktuelle Weisungsrecht auch die Wahl des Aufsichtsrats umfaßt, gilt dasselbe Ergebnis wie unter (aa) zum generellen Weisungsrecht.

Wird die Wahl des Aufsichtsrats nicht von den Weisungsbefugnissen des K erfaßt, bleibt es für die Interimszeit bei der Personalhoheit des V. Ist für den Z-Vorstand absehbar, daß die nächsten Aufsichtsratswahlen noch in die Interimszeit fallen, kommt es auf das spätere Gelingen der Akquisition nicht mehr an. Dann kann V die Abhängigkeitsvermutung sowohl bei positiver als auch bei negativer als auch bei zweifelbehafteter Akquisitionsprognose nicht widerlegen, da ihn K nicht zu einer seinen personellen Vorstellungen entsprechenden Wahl anweisen kann und V folglich allein über die Zusammensetzung des Z-Aufsichtsrates befindet.

Aufgrund des Stimmbindungsvertrags steht auf der anderen Seite fest, daß K auch nicht indirekt über die Personalentscheidungen in der Interimszeit entscheiden kann. Die Begrenzung der Weisungsrechte auf Punkte außerhalb der Wahlen des Aufsichtsrats läßt sich dann gleichzeitig als Aufhebung des aus der mittelbaren Unternehmensbeteiligung folgenden Erfahrungssatzes deuten, wonach aus der wirtschaftlichen Innehabung der Mehrheitsbeteiligung auch die Leitungsmacht folgt. Denn obwohl K in seiner Eigenschaft als Treugeber bzw. atypisch Unterbeteiligter nach § 16 IV 2.Var. als wirtschaftlicher Eigentümer der Beteiligung anzusehen ist, folgt aus der Begrenzung des Weisungsrechts im Stimmbindungsvertrag, daß die wirtschaftliche Position nicht auch zur Personalhoheit in der Interimszeit führt.

Fraglich ist allerdings, ob K als Treugeber trotz eines nur punktuellen und außerhalb der Personalhoheit liegenden Weisungsrechtes die Widerlegung schon deshalb versperrt ist, weil V im Rahmen des Treuhandvertrages eine *Interessenwahrungspflicht* trifft. Dieser Aspekt findet sich bei *Mertens* im Rahmen der an anderer Stelle[842] bereits abgelehnten These einer für den Treugeber mit Ausnahme von rein eigennützigen Treuhandformen stets unwiderlegbaren Abhängigkeitsvermutung. Man könnte argumentieren, daß unter Beachtung dieses Aspektes ein nur auf Punkte außerhalb der Personalhoheit abzielender Stimmbindungsvertrag als bloßes Lippenbekenntnis anzusehen ist, da V infolge der Treuhand ohnehin die Interessen des K zu wahren habe. Dann könnte man auch daran denken, die Interessenwahrungspflicht des V gegenüber dem Vereinbarungstreugeber bzw. atypisch Unterbeteiligten K ihrerseits als rechtliches Ausübungshindernis der Mehrheitsherrschaft anzusehen, das V an der Besetzung des Aufsichtsrates der Z nach seinen eigenen Vorstellungen hindert und somit das oben gefundene Ergebnis wieder in Frage stellen.

Gegen diese Gedankenführung ist jedoch einzuwenden, daß die durch die Wahlmöglichkeit bei V verbleibende Personalhoheit nicht durch seine Interessenwahrungspflicht wieder aufgehoben wird. Denn durch die Verpflichtung des Vereinbarungstreuhänders bzw. atypisch Hauptbeteiligten V, auf die wirtschaftlichen Interessen des K im Hinblick auf die für ihn gehaltene Beteiligung Rücksicht zu nehmen, wird V nicht verpflichtet, auch *nur* die von K präferierten Aufsichtsratsmitglieder in der Hauptversammlung der Zielgesellschaft zu wählen. Eine davon abweichende Beurteilung setzte voraus, daß eine optimale Verwaltung des Treugutes auch *personell* an die von K aus den verschiedensten und möglicherweise sogar beteiligungsfremden Beweggründen bevorzugten Aufsichts-

842 Vgl. die Überlegungen in diesem Abschnitt, S. 191 ff..

ratsmitglieder der Z gekoppelt wäre. Gegen die Annahme einer solchen Kopplung spricht aber, daß der Substanzwert der Beteiligung an Z und die aus ihr fließende Rendite angesichts der Vorstandsautonomie nach § 76 I mittelbar allenfalls von der fachlichen Befähigung der im Kontrollorgan tätigen Personen abhängen und nicht von den persönlichen Vorlieben des K. Ob eine fachlich qualifizierte Kontrolle des Z-Vorstandes zu einer Sicherung oder Steigerung der Rendite oder des Substanzwertes der Beteiligung führt und auf diesem Wege dem Treugut zugute kommt, hängt folglich nicht davon ab, ob die Personen des zu wählenden Aufsichtsrates geeignete Verbündete des K zur Durchsetzung seiner (möglicherweise sogar anderweitigen) unternehmerischen Interessen sind. Folglich wird V aufgrund der Interessenwahrungspflicht nur dann in der ihm verbleibenden Personalhoheit beeinträchtigt, wenn die von ihm präferierten Aufsichtsratmitglieder von vornherein nicht die notwendige fachliche Qualifikation mitbringen – ein ex ante nur selten feststellbarer Fall, der zudem nicht bedeutet, daß die von K avisierten Personen dann trotz des vom Stimmbindungsvertrag gerade nicht vorgesehenen Weisungsrechtes von V zu wählen wären, sondern nur zur Folge hätte, daß die von V beabsichtigte konkrete Auswahl der zukünftigen Aufsichtsratsmitglieder der Z einer Revision bedürfte. Ansonsten bleibt es dabei, daß V seine Gefolgsleute in den Aufsichtsrat der Z unterbringen kann, ohne daß darin ein Verstoß gegen die Interessenwahrungspflicht des V gegenüber K aus dem Treuhandverhältnis zu sehen ist. Damit gelingt K die Widerlegung, während es hinsichtlich V beim o.a. Ergebnis bleibt.

Im übrigen gilt das Ergebnis, das zum Interimskonsortialvertrag mit Mehrheitsprinzip gefunden wurde, da diese Art der besonderen Abrede ebenfalls nicht ausreicht, um die Personalhoheit in der Interimszeit von V auf K zu verlagern.

(2) Fälle der Autorisation

Auch für die Fälle der Autorisation des K ist die abhängigkeitsrechtliche Ausgangslage bei Vereinbarung einer Treuhand oder einer atypischen Unterbeteiligung regelmäßig durch die zweifache Abhängigkeitsvermutung gekennzeichnet und somit zu fragen, ob K oder V die Widerlegung gelingen kann.

(a) Stimmrechtsvollmacht

(aa) „Unwiderrufliche und verdrängende" Stimmrechtsvollmacht

Dieser Typus der Stimmrechtsvollmacht ist durch die eingeschränkte Möglichkeit seines Widerrufs nur in Verbindung mit der Beendigung des Grundverhältnisses sowie durch den gleichzeitig erklärten schuldrechtlichen Stimmrechtsverzicht seitens V charakterisiert[843].

Vermag K durch die Vollmacht auch die personelle Zusammensetzung des Aufsichtsrates der Z zu bestimmen, wird die Personalhoheit in der Interimszeit von V auf K wie in den Fällen der Stimmbindung, die ein Weisungsrecht des K für die Wahl des Aufsichts-

843 S. zur Charakterisierung der sog. „unwiderruflichen und verdrängenden" Stimmrechtsvollmacht die Darstellung im dritten Abschnitt, S. 113 ff. und die Zusammenfassung auf S. 120.

rates vorsieht, verlagert. Es macht für die Innehabung der Stimmrechtsmacht keinen Unterschied, ob K die Personalentscheidungen mittels Weisungsrecht via V trifft oder unmittelbar selbst in der Hauptversammlung der Z als Bevollmächtigter mit Wirkung für V auftritt. Dabei schließt auch eine evtl. Einschränkung der Reichweite der Stimmrechtsvollmacht infolge der dem V gegenüber Z und seinen Mitaktionären obliegenden Treupflichten nicht aus, daß es zu abhängigkeitsrechtlich relevanten Einflußnahmen des K auf Z kommen kann. Die Überlegungen zur Einschränkung[844] der Stimmbindung gelten hier entsprechend. Eine Beeinträchtigung der Personalhoheit des K ist sogar abzulehnen, wenn die Bevollmächtigung zur Wahl der Aufsichtsratsmitglieder allein zu dem Zweck erteilt wurde, Z treuwidrig zu schädigen und demnach § 138 I BGB zur Anwendung gelangte. Zwar könnte die Hauptversammlung in diesem Fall K als Bevollmächtigten zurückweisen[845]. Wie bei der Stimmbindung dürfte die Sittenwidrigkeit praktisch jedoch nur schwerlich bereits im Augenblick der Wahlentscheidung feststellbar sein. Wie wollte dies ein Versammlungsleiter bei der Stimmabgabe erkennen ? Schließlich bedeutet die rechtliche Unwirksamkeit der Stimmrechtsvollmacht nicht, daß die Parteien diese auch faktisch beachten. Vielmehr werden sich die Parteien gerade in kollusiven Fällen de facto so verhalten, als ob es sich um eine wirksame Vollmacht handele.

Damit scheidet eine Beeinträchtigung der durch die Stimmrechtsvollmacht vermittelten Personalhoheit des K regelmäßig aus.

(aaa) Aufsichtsratswahlen in der Interimszeit

Finden die nächsten Aufsichtsratswahlen aus Sicht des Z-Vorstandes noch in der Interimszeit statt, bedeutet dies, daß K die Widerlegung nicht gelingt, da er im Wege der Vollmacht über die Stimmrechtsmacht des Mehrheitsgesellschafters in einem für das Wiederbestellungsinteresse entscheidenden Zeitpunkt verfügt.

In dem schuldrechtlichen Stimmverzicht des V liegt ein rechtliches Ausübungshindernis, das zu einer erfolgreichen Widerlegung seitens V führt. Dies gilt bei positiver, bei negativer und bei zweifelbehafteter Akquisitionsprognose, da es für eine erneute Amtsperiode aus Sicht des Z-Vorstandes allein auf die Machtverhältnisse in der Interimszeit ankommt.

(bbb) Keine Absehbarkeit des Zeitpunkts der nächsten Aufsichtsratswahlen im Verhältnis zur Interimszeit

Hier gelten die Überlegungen auf S. 227 zum Stimmbindungsvertrag mit generellem Weisungsrecht des K entsprechend.

844 Vgl. die Ausführungen auf S. 224 ff. in diesem Abschnitt.

845 S. die Überlegungen auf S. 123 f..

(ccc) Aufsichtsratswahlen nach Beendigung der Interimszeit

α) Positive Akquisitionsprognose

Fallen die nächsten Aufsichtsratswahlen aus Sicht des Z-Vorstandes in die Zeit nach Beendigung der Interimszeit, kann K bei einer positiven Akquisitionsprognose die Abhängigkeitsvermutung nicht widerlegen, da sich in diesem Fall auf Basis des konkreten Beurteilungsmaßstabes die zukünftige Mehrheitsherrschaft des K nahtlos an die bereits für die Interimszeit geltende Verlagerung der Personalhoheit aufgrund der Stimmrechtsvollmacht anfügen wird. V gelingt eine erfolgreiche Widerlegung nur, falls die positive Akquisitionsprognose keinem vernünftigen Zweifel mehr unterliegt.

β) Negative Akquisitionsprognose

Fraglich ist, wie der Sachverhalt zu beurteilen ist, wenn der Z-Vorstand bei einer negativen und nicht zweifelbehafteten Prognose für den Bedingungseintritt des Aktienkaufvertrages mit den nächsten Aufsichtsratswahlen erst nach Scheitern der geplanten Akquisition rechnet. Hinsichtlich V ist hier einerseits festzustellen, daß er sich für die Interimszeit de iure durch die unwiderrufliche und verdrängende Stimmrechtsvollmacht der Personalhoheit begeben hat; andererseits kommt es de facto aus Sicht des Z-Vorstandes auf diesen Verzicht nicht an, da sein konkretes Wiederbestellungsinteresse die Stimmrechtsmacht in einem Zeitpunkt benötigt, in dem V aufgrund der mittlerweile gescheiterten Akquisition wieder uneingeschränkter Mehrheitsaktionär sein wird. Aus dem hier vertretenen Verständnis[846] der konkreten abhängigkeitsrechtlichen Beurteilung dient dieser Prüfungsmaßstab v.a. der optimalen Realisierung des abhängigkeitsrechtlichen Schutzzweckes und der ggf. erforderlichen Korrektur einer nur auf die formale Rechtsstellung in der Interimszeit abstellenden Sichtweise. Unter Berücksichtigung dieser Zielsetzung kann V die Widerlegung der Abhängigkeitsvermutung ebensowenig auf die nur für die Interimszeit geltende Stimmrechtsvollmacht zugunsten des K stützen, wie auf einen Stimmbindungsvertrag mit generellem Weisungsrecht des K. Für die typische abhängigkeitsrechtliche Gefährdungslage ist vielmehr zu beachten, daß der Vorstand der Z sein einflußkonformes Verhalten an derjenigen Herrschaft festmachen wird, die im Zeitpunkt der für sein Wiederbestellungsinteresse relevanten Wahl des Aufsichtsrates besteht. Damit gelingt V die Widerlegung selbst dann nicht, wenn er zwar einem rechtlichen Ausübungshindernis seiner Mehrheitsherrschaft in der Interimzeit unterliegt, dieses Ausübungshindernis aber aus Sicht des Vorstandes der Z in dem Zeitpunkt hinfällig sein wird, in dem die nächsten Aufsichtsratswahlen stattfinden.

Für K gilt, daß er aufgrund der Stimmrechtsvollmacht für die Interimszeit zwar die theoretische Personalhoheit innehat, andererseits aber auch, daß unter Zugrundelegung der konkreten Sichtweise diese durch die Vollmacht vermittelte Personalhoheit nicht mehr existieren wird, wenn die nächsten Aufsichtsratswahlen anstehen. Hegt der Z-Vorstand an seiner Prognose über das Scheitern der Akquisition keine vernünftigen Zweifel mehr, etwa weil sich herausstellt, daß der Drittfinanzierungsbedarf des K für die

846 Vgl. hierzu die Überlegungen auf S. 218.

Übernahme der Z derart überdimensioniert ist, daß kein Kreditinstitut einspringen wird, gelingt K die Widerlegung.

γ) Zweifelbehaftete Akquisitionsprognose

Hier gilt wie in den Fällen der Stimmbindung, daß Zweifel in der Prognose des Z-Vorstandes nicht zu einer Entlassung aus der abhängigkeitsrechtlichen Verantwortung führen. Dies bedeutet:

Gelänge die Akquisition wider Erwarten doch, resultierte die Anerkennung einer erfolgreichen Widerlegung seitens K im Falle einer negativen Akquisitionsprognose in dem befremdlichen Ergebnis, daß in der Interimszeit keine Abhängigkeit der Z von K bestand, obwohl letzterer die Personalhoheit *ohne Unterbrechung* seit Erteilung der unwiderruflichen und verdrängenden Stimmrechtsvollmacht innehatte. Zudem ist ein verbleibendes Einflußpotential des K nicht mit Sicherheit auszuschließen, da ein durchschnittlich vernünftiger Vorstand bei begründeten Zweifeln die Möglichkeit einer eigenen Fehlprognose und damit das Gelingen der Akquisition einkalkuliert, auch wenn er das Scheitern für überwiegend wahrscheinlich hält. Dann ist auch nicht gewährleistet, daß sich das einflußkonforme Verhalten ausschließlich an V orientiert. Deshalb ist auch bei der Stimmrechtsvollmacht davon auszugehen, daß K die Widerlegung nicht gelingt, soweit die negative Akquisitionsprognose noch mit Zweifeln behaftet ist.

Auch V gelingt die Widerlegung in diesen Fällen nicht, da der Z-Vorstand davon ausgeht, daß er mit überwiegender Wahrscheinlichkeit wieder uneingeschränkter Mehrheitsgesellschafter der Z sein wird, wenn die indirekte Entscheidung über seine Wiederbestellung getroffen wird.

Bei einer positiven, aber noch mit Zweifeln behafteten Akquisitionsprognose bleibt die zweifache Abhängigkeitsvermutung zu Lasten der Parteien ebenfalls bestehen.

(bb) Widerrufliche und verdrängende Stimmrechtsvollmacht

Wird K für die Interimszeit eine jederzeit widerrufliche Stimmrechtsvollmacht bei gleichzeitigem schuldrechtlichen Stimmrechtsverzicht seitens V erteilt, stellt sich die Frage, ob die Widerruflichkeit ein anderes Ergebnis bewirkt, als das unter (aa) gefundene. Dies wäre zu erwägen, falls aufgrund der freien Widerruflichkeit der Vollmacht im Gegensatz zu den unter (aa) untersuchten Fällen keine vollständige Verlagerung der Personalhoheit auf K in der Interimszeit anzunehmen wäre.

Dagegen sprechen jedoch die Erwägungen, die bereits im Zusammenhang mit der Kündigungsmöglichkeit von Stimmbindungsverträgen diskutiert wurden[847]. Demnach darf die Fähigkeit des V, sich durch den Widerruf[848] der Stimmrechtsvollmacht in der Interimszeit wieder die Möglichkeit eines beherrschenden Einflusses zu verschaffen, nicht mit der *aktuell* vorhandenen Möglichkeit, einen beherrschenden Einfluß ausüben zu können, gleichgesetzt werden, es sei denn, der Z-Vorstand geht aufgrund objektiver Umstän-

---

847 S. die Darstellung in diesem Abschnitt, S. 222 ff..

848 Der praktisch häufigere Fall dürfte ohnehin die Erteilung einer nur im Zusammenhang mit der mittelbaren Unternehmensbeteiligung widerruflichen Stimmrechtsvollmacht sein.

de von einem Widerruf seitens V aus. Trifft letzteres nicht zu, bedeutet dies, daß die Verlagerung der Personalhoheit auf K während der Interimszeit nicht an der (für die meisten Fälle auch in praktischer Hinsicht theoretischen) Widerrufsmöglichkeit scheitert, womit dasselbe Ergebnis wie unter (aa) gilt.

(cc) Widerrufliche Stimmrechtsvollmacht ohne schuldrechtlichen Verzicht auf die Stimmrechtsausübung

Wird K von V eine widerrufliche und nicht „verdrängende" Stimmrechtsvollmacht erteilt, gilt zunächst wie unter (bb), daß die theoretische Widerruflichkeit für die Verlagerung der Personalhoheit unschädlich ist und es nur darauf ankommt, ob der Z-Vorstand mit dem Widerruf selbst rechnet.

Fraglich ist jedoch, ob der fehlende schuldrechtliche Stimmrechtsverzicht zu einer abweichenden Beurteilung führt. Fallen die nächsten Aufsichtsratswahlen aus Sicht des Z-Vorstandes in die Interimszeit, kann V die Widerlegung nur dann gelingen, falls er sich seiner Stimmrechtsmacht entledigt hat. Mangels schuldrechtlichen Verzichts auf die Stimmrechtsausübung bestehen an einer solchen Entledigung Zweifel, da V sich noch nicht einmal verpflichtet hat, auf einen Auftritt neben dem Bevollmächtigten K in der Hauptversammlung, die den neuen Aufsichtsrat wählt, zu verzichten[849]. Jedoch ist diese Möglichkeit schon aus praktischen Erwägungen erheblich eingeschränkt[850]. Selbst wenn V tatsächlich neben K auftreten könnte, führte eine vom Votum des K abweichende Stimmabgabe wegen Perplexität zur Nichtberücksichtigung beider Stimmabgaben. Damit wäre V nach Erteilung der Stimmrechtsvollmacht nur durch deren Widerruf (nebst Beseitigung der Legitimation) in der Lage, wieder autonom über die Zusammensetzung des Aufsichtsrates zu befinden. Die Widerrufsmöglichkeit allein hindert V aber nach hiesiger Auffassung nicht an der Widerlegung der Abhängigkeitsvermutung. Somit gelten auch hier die unter (aa) gezogenen Schlußfolgerungen, da auch bei diesem Vollmachtstypus als Ausgangspunkt eine vollständige Verlagerung der Personalhoheit in der Interimszeit von V auf K vorliegt und damit die Überlegungen zu den Konsequenzen eines konkreten Beurteilungsmaßstabes der Widerlegung entsprechend herangezogen werden können.

(b) Legitimationszession

Die Reichweite der Legitimationszession hängt vom Umfang der materiellen Ermächtigung und damit vom schuldrechtlichen Innenverhältnis[851] der Parteien ab.

---

849 Zur Frage, ob es eine „verdrängende" Stimmrechtsvollmacht überhaupt gibt, s. die Ausführungen im dritten Abschnitt auf S. 114. Verpflichtet sich V schuldrechtlich zum Stimmrechtsverzicht, so hindert ihn dies nicht mit dinglicher Wirkung, sein Stimmrecht auszuüben. Im Unterschied zum hier angesprochenen Fall liegt dann jedoch zumindest ein schuldrechtliches Ausübungshindernis seiner Mehrheitsstimmrechtsmacht vor.

850 Die praktischen Möglichkeiten des V, neben K aufzutreten, sind eingeschränkt, s. die Überlegungen im dritten Abschnitt, auf S. 114.

851 Bei der Legitimationszession ist zwischen der Übertragung des Rechtsscheins und der materiellen Ermächtigung zu trennen, s. die Darstellung im dritten Abschnitt, S. 126 f..

Umfaßt die Ermächtigung nur Befugnisse des Zessionars K, die *außerhalb* der Wahl des Aufsichtsrats liegen, hat sich V für die Interimszeit nicht seiner Personalhoheit begeben. Dann gelten analog die Überlegungen zum Stimmbindungsvertrag mit einem nur punktuellen Weisungsrecht des K, das lediglich Abstimmungspunkte der Hauptversammlung der Z umfaßt, die außerhalb der Personalhoheit[852] liegen:

Dies bedeutet, daß bei aus Sicht des Z-Vorstandes noch in die Interimszeit fallenden Aufsichtsratswahlen V die Widerlegung nicht gelingt; K kann mit Blick auf seine begrenzten und nur außerhalb der Personalhoheit liegenden Befugnisse die Abhängigkeitsvermutung widerlegen. Dagegen scheitert eine Widerlegung durch K, falls nicht absehbar ist, ob die Aufsichtsratswahlen der Beendigung der Interimszeit vorausgehen, es sei denn, der Vorstand rechnet ohne weitere vernünftige Zweifel mit einem Scheitern der Akquisition. In diesem Fall kann K weder in der Interimszeit noch nach deren Beendigung die personelle Zusammensetzung des Aufsichtsrats bestimmen. Finden die nächsten Aufsichtsratswahlen aus der Perspektive des Z-Vorstandes nach Beendigung der Interimszeit statt, gelingt K die Widerlegung bei positiver und nicht zweifelbehafteter Akquisitionsprognose nicht, da die personellen Weichenstellungen im Aufsichtsrat aus Sicht des Z-Vorstandes erst zu einem Zeitpunkt erfolgen werden, in dem K bereits Mehrheitsgesellschafter geworden ist. V seinerseits kann in diesem Fall widerlegen, obwohl er sich in der Interimszeit durch die begrenzte Ermächtigung der Legitimationszession nicht seiner Personalhoheit begeben hat. Anders ist der Sachverhalt zu beurteilen, wenn die Akquisitionsprognose zweifelbehaftet ist. Hier bleiben sowohl V als auch K in der abhängigkeitsrechtlichen Verantwortung.

Wird K durch V mittels Legitimationszession auch zur Wahl des Aufsichtsrates ermächtigt, wird die Personalhoheit in der Interimszeit auf ihn verlagert. Dann gelten entsprechend die Ausführungen zur „unwiderruflichen und verdrängenden" Stimmrechtsvollmacht.

(c) Gemeinsamer Bevollmächtigter

Wählen die Parteien für die Interimszeit einen gemeinsamen weisungsabhängigen Bevollmächtigten, bestimmt sich die abhängigkeitsrechtliche Beurteilung danach, wer über das Abstimmungsverhalten des Bevollmächtigten bei den Aufsichtsratswahlen der Z befinden kann.

Liegt die Entscheidungskompetenz bei V – etwa weil der Bevollmächtigte aufgrund eines Poolvertrages mit Mehrheitsprinzip bestellt wird – oder lebt bei Nichteinigung die Entscheidungsautonomie wieder auf, gelten dieselben Erwägungen wie beim Interimskonsortialvertrag mit Mehrheitsprinzip[853]. Eine davon abweichende Regelung dergestalt, daß sich der gemeinsame Bevollmächtigte bei Nichteinigung von K und V der Stimmabgabe enthalten muß, ist ebenso unwahrscheinlich[854] wie ein Ausschluß des Wiederauflebens der Entscheidungsautonomie bei Nichteinigung im Interimskonsortialvertrag. Hier wie

852 Vgl. die Überlegungen in diesem Abschnitt, S. 227 ff..

853 S. die Untersuchung in diesem Abschnitt, S. 212 ff..

854 Zu dieser Überlegung vgl. die Ausführungen auf S. 130 und S. 220.

dort werden sich die Parteien nicht dem Risiko unterwerfen, ggf. ihrer Stimmrechtsmacht vollständig verlustig zu gehen.

(3) Sonstige Abreden

Vereinbaren die Parteien eine Interessenwahrungsklausel zugunsten des K, eine Auskunftsverpflichtung des V oder die vorherige Erörterung des durch V beabsichtigten Abstimmungsverhaltens mit K, wird die Personalhoheit in der Interimszeit ebensowenig von V auf K verlagert wie bei einer besonderen Abrede, die einen Zustimmungsvorbehalt zugunsten des K vorsieht, der nur Abstimmungsgegenstände außerhalb der Wahlen des Aufsichtsrats betrifft. In diesen Fällen gelten entsprechend die abhängigkeitsrechtlichen Überlegungen zum Interimskonsortialvertrag mit Mehrheitsprinzip oder zu einer beschränkten Autorisation, die nicht die Aufsichtsratswahlen umfaßt.

Zu überlegen ist, was in den Fällen eines *generellen* Zustimmungsvorbehaltes gilt. Hier könnte V die personelle Zusammensetzung des Aufsichtsrates der Z in der Interimszeit nicht ohne die Mitwirkung des K vorgeben. K alleine könnte jedoch auch nicht positiv den Aufsichtsrat festlegen. Bliebe eine Einigung aus, könnte man daran denken, daß infolge gegenseitiger Blockierung beiden Parteien des Aktienkaufvertrages die Widerlegung zumindest in den Fällen gelingt, in denen absehbar ist, daß die Aufsichtsratswahlen noch in die Interimszeit fallen.

Dagegen spricht jedoch, daß eine gegenseitige Blockade zu einem Totalverlust der Stimmrechtsmacht führte, was weder im Interesse des V noch des K wäre. Vielmehr ist davon auszugehen, daß beide Parteien einem faktischen Einigungszwang[855] unterliegen, der zu einem Interessengleichlauf in der Interimszeit führt. Dieser Interessengleichlauf bewirkt, daß sich V und K eher auf den kleinsten gemeinsamen Nenner der Zusammensetzung des Aufsichtsrates einigen werden, als den übrigen Minderheitsaktionären diese Entscheidung zu überlassen. Aus dem Zustimmungsvorbehalt ergibt sich dann nicht die Unabhängigkeit der Z wegen einer eventuellen gegenseitigen Blockade der Herrschaftssubjekte, sondern das Bestehenbleiben beider Abhängigkeitsvermutungen.

Für die Fälle, in denen die nächsten Aufsichtsratswahlen aus Sicht des Z-Vorstandes erst nach Beendigung der Interimszeit stattfinden, ist eine Widerlegung auf Grundlage gegenseitiger Blockierung ebenfalls abzulehnen, da dann allein auf die Akquisitionsprognose abzustellen ist:

Bei negativer und nicht zweifelbehafteter Prognose gelingt V die Widerlegung nicht, da es für das Wiederbestellungsinteresse des Z-Vorstandes nur darauf ankommt, daß V dann wieder der uneingeschränkte Mehrheitsgesellschafter sein wird. K gelingt die Widerlegung, obwohl er für die Interimszeit infolge des faktischen Einigungszwanges über ein (gemeinsames) Beherrschungsmittel verfügt, da er im für den Z-Vorstand entscheidenden Zeitpunkt keine Stimmrechtsmacht in der Hauptversammlung der Z mehr haben wird.

Bei positiver und nicht zweifelbehafteter Prognose gelingt K die Widerlegung nicht, da er aus Sicht des Z-Vorstandes als zukünftiger Mehrheitsgesellschafter indirekt über

855 Zur Diskussion über einen faktischen Einigungszwang insbesondere bei paritätischen Gemeinschaftsunternehmen s. Leipelt, a.a.O., S. 216 ff. mit zahlreichen Rechtsprechungsnachweisen.

dessen Wiederbestellung befinden wird. V kann dann aus seiner abhängigkeitsrechtlichen Verantwortung entlassen werden.

Schließlich gelingt bei einer mit Zweifeln belasteten Prognose beiden Parteien nicht die Widerlegung, da für den Z-Vorstand nicht feststeht, ob die Fortsetzung seines Amtes von der Stimmrechtsmacht des V abhängen wird oder aber von der des K. Beiden Einflußpotentialen ist somit Rechnung zu tragen.

Ist nicht absehbar, ob die nächsten Aufsichtsratswahlen in die Interimszeit fallen oder nicht, bleibt es ebenfalls bei der zweifachen Abhängigkeitsvermutung, da dann der Z-Vorstand nicht ausschließen kann, daß seine Wiederbestellung zu einem Zeitpunkt auf dem Spiel steht, in dem beide Parteien infolge des faktischen Einigungszwanges über Einflußpotential verfügen.

(4) Zusammenfassung und Systematisierung der Fallgruppen

Auf Grundlage der zweifachen Abhängigkeitsvermutung zu Lasten von V und von K in den Fällen der Vereinbarungstreuhand und der atypischen Unterbeteiligung hat die Untersuchung ergeben, daß eine erfolgreiche Widerlegung der Abhängigkeitsvermutung in der Interimszeit von drei Parametern bestimmt wird:

- dem Ausmaß und dem Inhalt der Stimmrechtsverlagerung auf K in der Interimszeit, d.h. von der Frage, unter welchen Voraussetzungen die Personalhoheit auf K übergeht oder bei V verbleibt;
- dem voraussichtlichen Zeitpunkt der nächsten Aufsichtsratswahlen aus der Sicht des Vorstandes der Zielgesellschaft, d.h. von der Unterscheidung, ob aus der konkreten Perspektive des Z-Vorstandes die nächsten Aufsichtsratswahlen noch in die Interimszeit fallen oder erst nach deren Beendigung stattfinden werden oder ob der Zeitpunkt der Wahlen im Verhältnis zur Interimszeit nicht prognostizierbar ist;
- der Wahrscheinlichkeitsprognose des Z-Vorstandes über den Eintritt oder das Ausbleiben der im Aktienkaufvertrag festgelegten Bedingung(en), d.h. von der Unterscheidung, ob es sich um eine nicht mit Zweifeln behaftete Prognose über das Gelingen oder das Scheitern der geplanten Akquisition (positive oder negative Akquisitionsprognose) handelt oder um eine Prognose, die noch mit vernünftigen Zweifeln behaftet ist.

Aus diesen Parametern ergeben sich drei unterschiedliche (Ergebnis-) Fallgruppen, die je nach kautelarjuristischer Ausgestaltung durch die Verlagerung der Personalhoheit auf K in der Interimszeit, durch das Bestehenbleiben der Personalhoheit bei V oder durch die Besonderheit eines Zustimmungsvorbehaltes gekennzeichnet sind.

Fallgruppe 1:

Die Personalhoheit wird *auf K* in der Interimszeit verlagert bei Erteilung einer entsprechenden Stimmrechtsvollmacht seitens V und bei einer Legitimationszession mit einer die Wahlen des Aufsichtsrats umfassenden materiellen Ermächtigung. Eine Verlagerung wird auch durch einen Interimskonsortialvertrag herbeigeführt, der eine Stimmgewichtung vorsieht, die K die Oberhand im Pool für die Abstimmung über das Stimmverhalten im Hinblick auf die nächsten Aufsichtsratswahlen der Z verschafft. Schließlich wird eine Verlagerung auch durch Stimmbindungsverträge mit generellem oder einem die Aufsichtsratswahlen betreffenden speziellen Weisungsrecht des K verursacht. Hierbei stehen einer Bejahung der Verlagerung der Personalhoheit auf K die Kündbarkeit der Stimmbindung bzw. die Widerruflichkeit der Stimmrechtsvollmacht seitens V grundsätzlich nicht entgegen, da die Möglichkeit, sich den beherrschenden Einfluß wieder zu beschaffen, nicht mit der aktuell *nicht* vorhandenen Möglichkeit, beherrschenden Einfluß auszuüben, gleichgesetzt werden darf. Etwas anderes gilt, falls der Z-Vorstand mit einer Kündigung bzw. mit einem Widerruf rechnet. Die Verlagerung der Personalhoheit auf K und die damit verbundene Möglichkeit einer für Z nachteilhaften Veranlassung seitens K i.S.d. § 311 I scheitert auch nicht daran, daß bei der Autorisation des K und bei Stimmbindungsverträgen die den V treffenden Treupflichten zu beachten sind.

Wird die Personalhoheit in der Interimszeit auf K verlagert, ist damit die abhängigkeitsrechtliche Prüfung noch nicht abgeschlossen. Das endgültige Ergebnis richtet sich danach, welches Unternehmen zum *relevanten* Zeitpunkt über die personelle Zusammensetzung befinden kann. Zu unterscheiden ist somit, ob die Verlagerung der Personalhoheit in der Interimszeit auf K nur theoretischer Natur ist oder aber gemessen am konkreten Wiederbestellungsinteresse des Z-Vorstandes Bestand hat. Die Untersuchung, welchem Unternehmen die Widerlegung letztendlich gelingt, richtet sich folglich nach der konkreten Sicht des Z-Vorstandes, nach dem Zeitpunkt der nächsten Aufsichtsratswahlen der Z und nach der Einschätzung der Erfolgsaussichten der beabsichtigten Akquisition auf seiten des Z-Vorstandes.

Ist für den Vorstand der Z absehbar, daß die Aufsichtsratswahlen noch in die Interimszeit fallen, gelingt V die Widerlegung der Abhängigkeitsvermutung unabhängig von einer positiven, negativen oder mit Zweifeln behafteten Akquisitionsprognose, da der Z-Vorstand zur Realisierung seines Wiederbestellungsinteresses allein auf K angewiesen ist, dem die Widerlegung folglich nicht gelingt. In diesem Fall korrespondiert das endgültige abhängigkeitsrechtliche Ergebnis mit der Verlagerung der Personalhoheit in der Interimszeit.

Finden die Aufsichtsratswahlen aus Sicht des Z-Vorstandes erst nach der Beendigung der Interimszeit statt, gelingt V bei einer negativen Akquisitionsprognose die Widerlegung nicht, da auf Grundlage des konkreten Beurteilungsmaßstabs der Widerlegung unbeachtlich ist, daß er sich für einen Zeitraum der Personalhoheit begeben hat, auf den es aus Sicht des Z-Vorstandes nicht mehr ankommen wird. K kann seinerseits widerlegen, wenn der Z-Vorstand keine vernünftigen Zweifel daran hegt, daß die Übernahme der Z scheitern wird. Auf die Verlagerung der Personalhoheit in der Interimszeit kommt es dann nicht mehr an. Bei positiver Akquisitionsprognose gelingt K die Widerlegung nicht, da er aus Sicht des Z-Vorstandes kontinuierlich – zunächst derivativ, dann originär – die Rechte des Mehrheitsgesellschafters innehaben wird. Unterliegt die Prognose über das Gelingen der Akquisition keinem vernünftigen Zweifel, kann V widerlegen. Hält der Z-Vorstand das Gelingen der Akquisition zwar für wahrscheinlich, aber noch offen, da restliche Zweifel nicht ausgeräumt wurden, gelingt weder V infolge des ihm verbleibenden Einflußpotentials noch K infolge der positiven Prognose die Widerlegung. Geht der Vorstand von einem wahrscheinlichen Scheitern der Akquisition aus, kalkuliert er aber auch ein, daß die Akquisition wider Erwarten zum Erfolg führen könnte, gelingt K die Widerlegung nicht, da der Vorstand nicht sicher sein kann, daß er auf das Wohlwollen des K verzichten kann. Für V bleibt es ebenfalls bei der Abhängigkeitsvermutung, da der Vorstand aufgrund des überwiegend wahrscheinlichen Scheiterns der Akquisition auch mit der Wiederherstellung der uneingeschränkten Mehrheitsherrschaft des V rechnen muß.

Kann der Vorstand der Z nicht absehen, ob die Aufsichtsratswahlen noch in die Interimszeit fallen oder nicht, gelingt V die Widerlegung nur bei einer positiven und nicht mit Zweifeln behafteten Akquisitionsprognose, da dann die Wiederbestellung des Z-Vorstandes indirekt entweder durch K in der Interimszeit aufgrund der abgeleiteten Rechte des Mehrheitsgesellschafters V oder infolge der Stimmbindung entschieden wird oder nach Beendigung der Interimszeit wiederum durch K als (Voll)Mehrheitsgesellschafter. In allen übrigen Fällen können weder V noch K die Abhängigkeitsvermutung widerlegen.

Fallgruppe 2:

Die Personalhoheit wird in der Interimszeit *nicht* auf K verlagert, wenn die besondere Abrede der Parteien eine Auskunftsverpflichtung des V, einen Zustimmungsvorbehalt zugunsten des K außerhalb der Aufsichtsratswahlen, eine Interessenwahrung oder die vorherige Erörterung des Abstimmungsverhaltens vorsieht. Auch beim Interimskonsortialvertrag mit Mehrheitsprinzip oder mit Einstimmigkeitsprinzip unter Wiederaufleben der Entscheidungsautonomie sowie bei Autorisation und Stimmbindung außerhalb der Wahlen des Aufsichtsrats wird die Personalhoheit in der Interimszeit bei V belassen.

Dann ist abhängigkeitsrechtlich wiederum nach der bereits in Fallgruppe 1 praktizierten Differenzierung zu unterscheiden:

Ist für den Vorstand der Z absehbar, daß die Aufsichtsratswahlen noch in die Interimszeit fallen, kann V die Abhängigkeitsvermutung unabhängig von der Qualität der Akquisitionsprognose nicht widerlegen, da er aus Sicht des Vorstandes allein über die Wahl der Aufsichtsratsmitglieder und damit indirekt über seine Wiederbestellung befinden wird. K dagegen gelingt die Widerlegung, da in der Nichtverlagerung der Personalhoheit resp. in dem beschränkten Umfang der Abrede gleichzeitig ein rechtliches Ausübungshindernis zu sehen ist. In diesem Fall korrespondiert das endgültige abhängigkeitsrechtliche Ergebnis mit der fehlenden Verlagerung der Personalhoheit auf K in der Interimszeit.

Finden die Aufsichtsratswahlen aus Sicht des Z-Vorstandes erst nach Beendigung der Interimszeit statt, gilt das zur ersten Fallgruppe gefundene Ergebnis entsprechend, da es auf die Verteilung der Stimmrechtsmacht in der Interimszeit nicht ankommt, sondern nur auf die Akquisitionsprognose. Dies bedeutet, daß eine Widerlegung jeweils nur bei einer nicht mehr zweifelbehafteten positiven oder negativen Akquisitionsprognose möglich ist.

Kann der Vorstand der Z nicht absehen, ob die Aufsichtsratswahlen noch in die Interimszeit fallen oder nicht, gelingt V im Unterschied zur ersten Fallgruppe die Widerlegung selbst dann nicht, falls der Vorstand der Z keine Zweifel hat, daß die Akquisition gelingt. Denn der Vorstand kann ex ante nicht mit Sicherheit ausschließen, daß die Aufsichtsratswahlen zu einem Zeitpunkt stattfinden werden, in dem V noch über eine ausreichende Stimmrechtsmacht verfügt. K kann widerlegen, falls es sich um eine nicht mehr zweifelbehaftete negative Akquisitionsprognose handelt.

Fallgruppe 3:

Wird ein Zustimmungsvorbehalt festgelegt, der (auch) die Wahlen des Aufsichtsrats betrifft, wird die Personalhoheit in der Interimszeit weder ausschließlich auf K verlagert, noch verbleibt sie ausschließlich bei V. Vielmehr ist aufgrund des faktischen Einigungszwangs zunächst von dem Bestehenbleiben der zweifachen Abhängigkeitsvermutung auszugehen. V bzw. K gelingt dann die Widerlegung unter den in (3), S.199 f. genannten Bedingungen.

dd) Die abhängigkeitsrechtliche Prüfung der Vereinbarung eines Nießbrauches oder einer typischen Unterbeteiligung

(1) Ausgangssituation

Vereinbaren die Parteien für die Interimszeit als mittelbare Unternehmensbeteiligung einen Nießbrauch oder eine typische Unterbeteiligung, wird keine Abhängigkeitsvermutung zu Lasten des K nach § 16 IV 2.Var. i.V.m. § 17 II ausgelöst, da V in diesen Fällen die Beteiligung regelmäßig nicht[856] für Rechnung des K hält. Damit unterscheidet sich die abhängigkeitsrechtliche Ausgangslage grundlegend von der zuvor geprüften, da die Vereinbarungstreuhand und die atypische Unterbeteiligung eine zweifache Abhängigkeitsvermutung bewirken, während es für die anderen Institute bei der alleinigen Abhängigkeitsvermutung zu Lasten des V gemäß §§ 16 I, 17 II bleibt.

Ist die Ausgangslage dadurch gekennzeichnet, daß die Abhängigkeitsvermutung nur zu Lasten des V greift, stellen sich drei Fragen, die im folgenden getrennt erörtert werden sollen.

Die erste Frage betrifft die Voraussetzungen, unter denen V eine Widerlegung der Abhängigkeitsvermutung grundsätzlich gelingen kann (sogleich unter (2)).

Die zweite Frage konzentriert sich auf das Käufer-Unternehmen und beinhaltet die Prüfung, ob Z von K in der Interimszeit auch außerhalb der von § 16 IV 2.Var. erfaßten Fallgestaltungen abhängig sein kann, obwohl K noch nicht Inhaber der Mehrheitsbeteiligung ist (s. unter (3)).

Die dritte Frage beschäftigt sich mit einer abhängigkeitsrechtlichen Gesamtbetrachtung und soll die zu den beiden anderen Fragen gefundenen Ergebnisse zusammenführen (s. unter (4)).

(2) Prinzipielle Widerlegungsmöglichkeiten seitens V

Auf Basis der unter cc) angestellten Überlegungen kann V die Widerlegung der Abhängigkeitsvermutung grundsätzlich in drei Konstellationen gelingen:

Die erste Konstellation betrifft die Fälle, in denen V sich aufgrund eines rechtlichen Ausübungshindernisses der Möglichkeit begibt, die Zusammensetzung des Aufsichtsrates

---

856 Vgl. die Untersuchung zum Nießbrauch und zur typischen Unterbeteiligung in diesem Abschnitt, S. 188 f..

in der Interimszeit festzulegen und der Z-Vorstand absieht, daß die Wahlen zum nächsten Aufsichtsrat noch in die Interimszeit fallen.

Bei der zweiten Konstellation handelt es sich um die Fälle, in denen der Z-Vorstand absieht, daß die Aufsichtsratswahlen erst nach Abschluß der Akquisition stattfinden werden und er an dem Gelingen der Akquisition keine vernünftigen Zweifel hegt. Eine Widerlegung kommt dann nicht nur in Betracht, wenn V in der Interimszeit einem rechtlichen Ausübungshindernis unterliegt. Sie kann auch erfolgreich sein, wenn V sich in der Interimszeit nicht seiner Stimmrechtsmacht begeben hat, da es für die erneute Bestellung des Z-Vorstandes aus dessen Sicht bei einer positiven und nicht mit Zweifeln behafteten Akquisitionsprognose nur darauf ankommt, daß K als neuer Mehrheitsgesellschafter die personelle Zusammensetzung des Aufsichtsrates festlegen wird. Eine Widerlegung scheidet jedoch aus, falls aus Sicht des Z-Vorstandes vernünftige Restzweifel an dem Gelingen der Akquisition bestehen und damit der abhängigkeitsrechtliche Schutzzweck wegen des V verbleibenden Einflußpotentials beeinträchtigt werden könnte.

In der dritten Konstellation kann der Z-Vorstand nicht absehen, ob die nächsten Aufsichtsratswahlen noch in die Interimszeit fallen oder nicht. Hier kann V nur widerlegen, falls er in der Interimszeit einem rechtlichen Ausübungshindernis unterliegt <u>und</u> der Vorstand ohne weitere Zweifel mit dem Gelingen der Übernahme durch K rechnet. Denn dann wird ausschließlich K entweder in der Interimszeit über die von V abgeleitete Stimmrechtsmacht oder danach in seiner Eigenschaft als Mehrheitsgesellschafter über die Zusammensetzung des neuen Aufsichtsrates befinden.

In allen übrigen Fällen gelingt V die Widerlegung nicht, da die Gesamtwürdigung ergibt, daß sein Einflußpotential nicht mit der erforderlichen Sicherheit neutralisiert wurde. Dies gilt insbesondere, wenn der Vorstand der Z nicht absehen kann, ob die nächsten Aufsichtsratswahlen noch in die Interimszeit fallen und vernünftige Restzweifel an dem Gelingen der Akquisition bestehen. Hier kann sich der Vorstand der Z nicht sicher sein, ob seine Wiederbestellung zu einem späteren Zeitpunkt indirekt nicht doch von dem Votum des V abhängen wird.

Die weitergehende Frage, wie sich diese prinzipiellen Widerlegungsmöglichkeiten seitens V in den Fällen des Nießbrauchs oder der typischen Unterbeteiligung zu einer etwaigen abhängigkeitsrechtlichen Beziehung zwischen Z und K verhält, ist damit noch nicht beantwortet. In einen nächsten Schritt ist deshalb zu untersuchen, ob eine Abhängigkeit der Z von K auch vorstellbar ist, wenn keine Abhängigkeitsvermutung über § 16 IV 2.Var. ausgelöst wird. Erst danach kann in einem letzten Schritt das abhängigkeitsrechtliche Gesamtbild diskutiert werden.

(3) Abhängigkeit der Z von K?

(a) Abhängigkeit von K als Minderheitsgesellschafter?

Hält K im Zeitpunkt des Abschlusses des Aktienkaufvertrages bereits eine Minderheitsbeteiligung an Z, stellt sich die Frage, ob bei vollständiger Verlagerung der Stimmrechtsmacht in der Interimszeit oder bei Übertragung zumindest der Befugnis, die Aufsichtsratsmitglieder der Z zu wählen, eine Abhängigkeit der Z von K nach § 17 I zu bejahen ist.

Die Regierungsbegründung zum AktG 1965[857] stellt zu den Anforderungen, die an einen beherrschenden Einfluß zu stellen sind, folgendes fest: „ Der Entwurf beschränkt sich daher auf das Erfordernis des beherrschenden Einflusses. Dieser kann auf den verschiedensten Grundlagen beruhen. Rein tatsächliche Verhältnisse werden dazu allerdings nur selten ausreichen, weil sie es in aller Regel nicht gestatten, sich das abhängige Unternehmen ohne Rücksicht auf zufällige Entwicklungen und auf die nicht sichere Mitwirkung anderer zu unterwerfen.“ Losgelöst von der an späterer Stelle noch aufzugreifenden Frage, ob eine Beherrschung immer gesellschaftsrechtlich begründet oder vermittelt sein muß, zeigt dieses Zitat, daß v.a. solche Sachverhaltskonstellationen ausgeschieden werden sollen, die aufgrund nicht vorhersehbarer Umstände einem Unternehmen zufallsbedingt die Möglichkeit eröffnen, Einfluß auf die Geschäftspolitik eines anderen Unternehmens zu nehmen. Der BGH nahm diesen Gesichtspunkt später im VEBA/Gelsenberg-Urteil[858] auf und erkannte, daß auch ein unter 50 % liegender Aktienbesitz in Verbindung mit weiteren *verläßlichen* Umständen rechtlicher oder tatsächlicher Art einen beherrschenden Einfluß begründen kann. So bejahte der BGH angesichts der regelmäßigen Hauptversammlungspräsenz von weniger als 80 % eine Beherrschung der VEBA AG durch die Bundesrepublik Deutschland gemäß § 17 I, obwohl der Bund im Zeitpunkt des Eingliederungsbeschlusses nur 43,74 % der VEBA-Aktien hielt. Daneben sah der BGH eine zusätzliche Verstärkung des Einflusses auch in dem Entsendungsrecht[859] des Bundes für den Aufsichtsrat der VEBA. Die Einordnung der regelmäßigen Hauptversammlungspräsenz als verläßlichen Umstand, der die Minderheitsbeteiligung zu einer beherrschenden Beteiligung verstärkt, erfolgte auch im dem jüngeren Beschluß[860] des BGH zur Abhängigkeit der VW AG vom Land Niedersachsen. Hier hatte das Land Niedersachsen in der für das Geschäftsjahr 1993 durchgeführten Hauptversammlung bereits im fünften Jahr mit seiner Beteiligung von 20 % die Mehrheit der Stimmrechte der in der Hauptversammlung vertretenen Aktionäre; zusätzlich wurde das Land mit zwei Mandaten im Aufsichtsrat vertreten[861].

Diese Rechtsprechung des BGH zeigt zunächst, daß eine Minderheitsbeteiligung des K der Annahme einer auf § 17 I beruhenden Abhängigkeit der Z nicht entgegensteht, solange rein zufällige Machtkonstellationen nicht berücksichtigt werden.

Fraglich ist, ob eine Minderheitsbeteiligung auch dann für die Abhängigkeitsbegründung ausreichen kann, falls K weniger als eine Schachtelbeteiligung hält. Dies könnte

857 Zitiert bei Kropff, a.a.O., Aktiengesetz, S. 31.

858 Vgl. BGHZ 69, 334 (347) = BGH BB 1977, 1665 (1668, r.Sp.).

859 S. BGH BB 1977, 1668, r.Sp. a.E..

860 Vgl. BGH AG 1997, 374. Im Ausgangsverfahren wurde im Rahmen eines Verfahrens nach § 132 FGG eine Abhängigkeit verneint, s. AG Wolfsburg AG 1995, 238 und den Vorlagebeschluß des OLG Braunschweig, AG 1996, 271. Zur Frage, ob die VW-AG verpflichtet war, einen Abhängigkeitsbericht über ihre Beziehungen zum Land Niedersachsen zu erstellen, s. auch Mertens, AG 1996, 241.

861 S. BGH AG 1997, 374 (376, r.Sp.). Mertens spricht sich trotz dieser signifikanten statistischen Reihe gegen eine ausreichende und verläßliche Stimmrechtsbasis aus, da bereits eine geringe Zunahme der Aktionärspräsenz ausgereicht hätte, um die Hauptversammlungsmehrheit des Landes zu kippen und deshalb die Prognose, das Land werde sich in der Hauptversammlung stets durchsetzen können, nicht gerechtfertigt sei, s. Mertens, AG 1996, 245.

trotz des o.a. Beschlusses zur VW-AG angesichts der BGH-Entscheidung zur Beton und Monierbau AG[862] zweifelhaft sein. Hier hatte der BGH entschieden, daß die auch aus §§ 311, 317 in Anspruch genommene Hausbank im Zeitpunkt der Kreditrückführungen der BuM kein herrschendes Unternehmen war. Er begründete dieses Ergebnis u.a. damit, daß der „nicht einmal 25 % erreichende, geschweige denn einer Mehrheitsbeteiligung nahekommende Aktienbesitz der Beklagten und der Sitz ihres Vorstandsmitglieds im Aufsichtsrat von BuM...auch in Verbindung mit ihrer wirtschaftlich gewiß bedeutsamen Gläubigerrolle keine ausreichende Grundlage für eine gesellschaftsrechtlich abgesicherte, umfassende und beständige Einflußmöglichkeit auf die Unternehmensleitung und –politik von BuM von solcher Stärke, wie sie § 17 AktG verlangt,“[863] bildeten. Losgelöst von der Bedeutung der BuM-Entscheidung für das Erfordernis der gesellschaftsrechtlichen Vermittlung des beherrschenden Einflusses, auf das noch zurückzukommen ist, stellt sich an dieser Stelle die Frage, ob die zitierte Argumentation des BGH einer Abhängigkeit der Z von K in der Interimszeit entgegensteht, falls K in dem fraglichen Zeitraum eine Beteiligung an Z hält, die unter 25 % liegt. Dem ist entgegenzuhalten, daß der BuM-Fall die Problematik behandelt, ob ein über die Minderheitsbeteiligung vermittelter gesellschaftsinterner Einfluß durch das Hinzutreten[864] *außer*gesellschaftsrechtlicher Druckmittel – im entschiedenen Fall durch die Hauptgläubigerrolle der Hausbank – zu einem beherrschenden Einfluß verstärkt werden kann. Demgegenüber betrifft der hier interessierende Fall nicht die durch eine externe und besondere wirtschaftliche Beziehung zur Z verstärkte Rolle des Minderheitsgesellschafters K, sondern die Verlagerung gesellschaftsinterner Machtmittel vom Mehrheitsgesellschafter V auf den Minderheitsgesellschafter K in der Interimszeit. Somit geht es hier um eine Verstärkung der Minderheitsbeteiligung durch *inner*gesellschaftsrechtliche Mittel. Daß der Ansatz der BuM-Entscheidung dieser Art der Verstärkung nicht entgegensteht, sondern sie im Gegenteil berücksichtigt, wird zudem daran deutlich, daß der BGH en passant den von der Hausbank einige Jahre vor der Kreditrückführung mit einer anderen Aktionärin geschlossenen Konsortialvertrag[865] nur deshalb nicht zur Abhängigkeitsbegründung heranzog, weil die Konsortialpartnerin ihre Beteiligung bis auf eine Restbeteiligung von 6 % an die dann zum fraglichen Zeitpunkt mit 44 % beteiligte Großaktionärin O. veräußert hatte. Die Verstärkungsfähigkeit einer unter 25 % liegenden Minderheitsbeteiligung durch gesellschafts*interne* Mittel wie beispielsweise durch eine Stimmbindung wurde damit vom BGH gerade nicht[866] in Zweifel gezogen.

Ist K bereits beim Abschluß des Aktienkaufvertrages bzw. bei Begründung der mittelbaren Unternehmensbeteiligung Aktionär der Z, kann somit eine die Personalhoheit um-

---

862 Vgl. BGHZ 90, 381.

863 So BGHZ 90, 397.

864 S. BGHZ 90, 397.

865 Zum Sachverhalt vgl. BGHZ 90, 391 (unten).

866 Dies zeigt auch die Argumentation des BGH zum Revisionsvorbringen, daß der Konsortialvertrag mit R bis in die zweite Hälfte des Jahres 1977 hinein nachgewirkt habe. Hier unterstellt der BGH immanent, daß der Konsortialvertrag ein taugliches Mittel zur Verschaffung unternehmerischen Einflusses auf die Geschäfte von BuM gewesen wäre, wenn er nicht „ durch die tatsächliche Entwicklung“ – d.h. der Veräußerung eines Großteils der Beteiligung durch die Konsortialpartnerin R an O – überholt worden wäre. Vgl. BGHZ 90, 392.

fassende Autorisation seitens des Mehrheitsgesellschafters V oder eine entsprechende Stimmbindung des V auch dann zur Abhängigkeitsbegründung der Z von K nach § 17 I führen, falls K eine Beteiligung hält, die unter 25 % liegt. Das Erfordernis einer gesellschaftsrechtlichen Vermittlung des Einflusses wird gewahrt, da der Einfluß des K zumindest *auch* auf seiner schon vorhandenen Gesellschafterstellung beruht, die durch die Delegation der Stimmrechtsmacht des V eine abhängigkeitsrechtlich zu erfassende Verstärkung erfährt.

(b) Abhängigkeit bei fehlender Gesellschaftereigenschaft des K ?

Vereinbaren die Parteien für die Interimszeit einen Nießbrauch oder eine typische Unterbeteiligung an den Aktien des V, ohne daß K bereits Aktionär der Z ist, ist zu untersuchen, ob eine Abhängigkeit der Z von K in der Interimszeit vorstellbar ist, obwohl K weder Inhaber der Mitgliedschaft ist, noch die in § 16 IV 2.Var. vorgesehene Zurechnung greift. Die bislang im Rahmen des § 16 IV 2.Var. i.V.m. § 17 II angestellten Überlegungen zu einem konkreten abhängigkeitsrechtlichen Beurteilungsmaßstab haben sich der Frage gewidmet, ob eine qua Gesetz ausgelöste Abhängigkeitsvermutung widerlegt werden kann. Nunmehr geht es um die Abhängigkeits*begründung* selbst. Es ist zu prüfen, ob eine Abhängigkeit nach § 17 I vorstellbar ist, falls K über keine eigene Beteiligung an Z verfügt und auch nicht als wirtschaftlicher Inhaber der Mehrheitsbeteiligung anzusehen ist. Dabei kann für die Abhängigkeitsbegründung auf zwei Gesichtspunkte abgestellt werden, auf deren Unterscheidung noch im Laufe der weiteren Untersuchung zurückzukommen ist. Der erste Gesichtspunkt knüpft an eine von V abgeleitete Stimmrechtsmacht des K in der Interimszeit an. Hier stellt sich die Frage nach einer *außer*mitgliedschaftlichen Abhängigkeitsbegründung, die auf den derivativen Rechten des K beruht. Der zweite Gesichtspunkt knüpft an die Stellung des K als (mutmaßlich) zukünftiger Mehrheitsgesellschafter der Z an. Läßt sich die Befürchtung eines einflußkonformen Verhaltens des Z-Vorstandes zugunsten des K schon in der Interimszeit an diesem Umstand festmachen ? Diese Problematik einer *vor*mitgliedschaftlichen Abhängigkeitsbegründung wirft eine Reihe von Fragen auf, denen im folgenden nachgegangen werden soll.

(aa) Das Erfordernis der gesellschaftsrechtlich bedingten oder vermittelten Einwirkungsmöglichkeit

(aaa) Meinungsstand

In Rspr.[867] und Literatur[868] herrscht ein breiter Konsens, daß die Begriffsbestimmung des § 17 I auf gesellschaftsrechtlich bedingte oder zumindest vermittelte Einwirkungs-

---

867 Grundlegend ist hier wiederum das BuM-Urteil in BGHZ 90, 381 (395). Auch das OLG Düsseldorf geht bei der Entscheidung des zweiten Feno-Falles von dem Basiserfordernis einer gesellschaftsrechtlichen Bedingung bzw. Vermittlung des Einflusses aus, s. OLG Düsseldorf, ZIP 1993, 1793, r.Sp..

868 S. Ulmer, Aktienrechtliche Beherrschung durch Leistungsaustauschbeziehungen, ZGR 1978, 457, 470 ff.; Rittner, Die Beteiligung als Grund der Abhängigkeit einer Aktiengesellschaft, AG

möglichkeiten zu begrenzen ist. Als früher Gegner dieser Konzeption bejaht *Prühs* einen beherrschenden Einfluß i.S.d. § 17 I auch dann, falls sich ein Unternehmen in einer tatsächlichen Abhängigkeit befindet, weil es sich „in existentiellen Angelegenheiten dem Diktat eines anderen Unternehmens beugen muß, da andernfalls seine Lebensfähigkeit bedroht ist"[869]. In dieselbe Richtung geht die Untersuchung von *Werner*, der eine Abhängigkeit bei Geschäftsbeziehungsverhältnissen zwischen Unternehmen annimmt, die „weit über den normalen Rahmen"[870] hinausgehen. Dies sei z.B. anzunehmen, wenn die Entscheidung über die Errichtung eines Zweigwerkes oder die Eröffnung einer Filiale durch den Einfluß eines Nachfragers gegen die Interessen der AG negativ beeinflußt werde[871]. Auch *Dierdorf* bejaht eine Abhängigkeit i.S.d. § 17 I, falls die wirtschaftliche Zwangslage des Unternehmens infolge finanz- oder leistungswirtschaftlicher Beziehungen eine „besondere Intensität"[872] erreiche, mit der sich die betroffenen Unternehmensleiter konfontriert sähen.

Die altbekannte und klassische Diskussion um die Anforderungen, die an das Beherrschungsmittel zu stellen sind, hat in jüngerer Zeit eine Renaissance bei der Untersuchung neuer Vertragstypen erfahren, die durch einen besonderen organisationsrechtlichen Bezug geprägt sind. Es handelt sich dabei um Just-in-Time-Verträge[873], Qualitätssicherungsvereinbarungen[874] und Franchiseverträge[875], denen gemeinsam ist, daß ein Eingriff in die Binnenorganisation des Vertragspartners aufgrund enger organisatorischer Verzahnung erfolgt.

Die Diskussion, ob bestimmte einschneidende wirtschaftliche Außenbeziehungen in den Abhängigkeitsbegriff einbezogen werden können, soll an dieser Stelle nicht vertieft werden. Stattdessen werden in einem ersten Schritt die wesentlichen Argumentationslinien für das Erfordernis der gesellschaftsrechtlichen Vermittlung analysiert. In einem zweiten Schritt wird dann geprüft, ob eine vormitgliedschaftliche Abhängigkeitsbegründung

---

1976, 1465 (1515, l.Sp.). Köhler unterscheidet zwischen marktbedingter und verwaltungsbedingter Einflußmöglichkeit, vgl. Köhler, Der Schutz des abhängigen Unternehmens im Schnittpunkt von Kartell- und Konzernrecht, NJW 1978, 2473 (2476, r.Sp.). Nach Hüffer liegt eine Abhängigkeit i.S.d. § 17 nur vor, wenn es um gesellschaftsrechtlich fundierte, in die Innenstruktur der AG eingreifende Einflußmöglichkeiten geht, s. Hüffer, AktG, § 17, Rdn. 8.

869 So Prühs, Die tatsächliche Abhängigkeit aus aktienrechtlicher Sicht, DB 1972, 2001 (2005, r.Sp.).

870 So Werner, a.a.O., S.142.

871 Vgl. Werner, a.a.O., S.143.

872 So Dierdorf, a.a.O., S.155.

873 S. dazu Nagel, Der Lieferant On Line – Unternehmensrechtliche Probleme der Just-in-Time-Produktion am Beispiel der Automobilindustrie, DB 1988, S.2291. Vgl. a. Nagel/Riess, Der faktische Just-in-Time-Konzern – Unternehmensübergreifende Rationalisierungskonzepte und Konzernrecht am Beispiel der Automobilindustrie, DB 1989, 1505 (1508, r.Sp.). Demnach führen JiT-Lieferbeziehungen zur Entstehung faktischer Konzernverhältnisse, wenn der Automobilhersteller einen beherrschenden Einfluß auf wesentliche Unternehmensfunktionen des Zulieferunternehmens wie Investitions- und Personalpolitik oder Produktionsorganisation erhält.

874 Vgl. Ensthaler, Haftungsrechtliche Bedeutung von Qualitätssicherungsvereinbarungen, NJW 1994, 817 (819, l.Sp.).

875 S. Oechsler, Konzernrecht und Austauschverträge, ZGR 1997, 464 (468).

mit der herrschenden Konzeption kompatibel ist. Nur falls letzteres nicht zutreffen sollte, wäre eine vertiefte Diskussion über die Rechtfertigung des Erfordernisses erforderlich.

(bbb) Argumente für das Erfordernis der gesellschaftsrechtlichen Vermittlung des beherrschenden Einflusses

Analysiert man die Überlegungen zur Qualifikation des Beherrschungsmittels, lassen sich drei Hauptargumente für das Erfordernis der gesellschaftsrechtlichen Vermittlung des beherrschenden Einflusses ausmachen.

Der BGH hatte in der BuM-Entscheidung das Erfordernis auf ein systematisches Fundament gestützt. Da § 17 und die daran anknüpfenden Vorschriften spezifisch aktienrechtliche Regelungen seien und auf Tatbestände abstellten, die typischerweise aktien- oder jedenfalls gesellschaftsrechtlich geprägt seien, liege es nahe[876], auch § 17 I auf gesellschaftsrechtlich bedingte oder zumindest vermittelte Einwirkungsmöglichkeiten zu begrenzen. Dafür spreche zudem die vom Leitbild[877] der Mehrheitsbeteiligung ausgehende Abhängigkeitsvermutung. Der Hintergrund dieser zunächst etwas tautologisch anmutenden Argumentation wird klarer, wenn man die weitergehenden Überlegungen des BGH berücksichtigt. Danach würde die Einbeziehung nichtgesellschaftlicher Einflüsse in die aktienrechtlichen Vorschriften verbundener Unternehmen „in einem kaum mehr zu übersehenden Ausmaß in das Marktgeschehen eingreifen“[878], da diese aktienrechtlichen Vorschriften gerade nicht bezweckten, die Gefahren zu bannen, die jedem auf dem Markt auftretenden Unternehmen von der Ausübung fremder wirtschaftlicher Macht drohen. Spätestens an dieser Stelle wird deutlich, daß hinter den tragenden Überlegungen die *Abgrenzung* zweier unterschiedlicher Regelungskomplexe steckt. Der BGH drückt dies so aus, daß der nötige Rechtsschutz gegen Risiken einer marktwirtschaftlichen Betätigung im Falle eines zu bejahenden Schutzbedürfnisses „nicht die Aufgabe des Rechts der verbundenen Unternehmen, sondern des Zivilrechts, des Wettbewerbsrechts und des Rechts der Allgemeinen Geschäftsbedingungen“[879] sei. M.a.W. zielt die Bejahung des Erfordernisses der gesellschaftsrechtlichen Vermittlung darauf ab, die effiziente Verwirklichung der unterschiedlichen Regelungszwecke einerseits des Aktienrechts, andererseits insbesondere des Wettbewerbsrechts durch eine zweckmäßige „Arbeitsteilung“ sicherzustellen. Diese wohlabgegrenzte Arbeitsteilung soll nicht gestört werden. Pointierter ausgedrückt soll vermieden werden, daß vermöge der Anerkennung einer externen wirtschaftlichen Machtstellung als abhängigkeitskonstitutives Element durch die kalte Küche des Rechts der verbundenen Unternehmen die Eingriffsvoraussetzungen des Kartellrechtes und der Inhaltskontrolle unterminiert werden. Am deutlichsten tritt dieser Kern der Argumentation bei *Oechsler* zutage. Er unterstreicht, daß die Einbeziehung externer Austauschverträge in das System des Nachteilsausgleichs § 317 zu einer das übrige System sprengenden[880] Generalklausel der Marktergebniskontrolle umgestaltete. Auch *Köhler*[881] und *Ul-*

876 S. BGHZ 90, 395.
877 Wie Fußnote zuvor.
878 So BGHZ 90, 396.
879 Wie Fußnote zuvor.
880 S. Oechsler, ZGR 1997, 479.

mer[882] sehen in der Abgrenzung der unterschiedlichen Regelungszwecke das Hauptziel des Erfordernisses der gesellschaftsrechtlichen Vermittlung.

Damit bleibt festzuhalten, daß die erste Argumentationslinie dadurch gekennzeichnet ist, daß eine allgemeine Marktergebniskontrolle unterhalb der kartell- und zivilrechtlichen Eingriffsschwellen[883], die durch Einbeziehung externer Austausch- und Leistungsbeziehungen in den Abhängigkeitsbegriff des § 17 I entstünde, unterbunden werden soll.

Die zweite Argumentationslinie knüpft an den typischen Interessenkonflikt an, den das Recht der verbundenen Unternehmen regeln soll. Der BGH umschreibt diesen Konflikt so, daß vor allem Minderheitsaktionäre innerhalb der abhängigen Gesellschaft gegen nachteilige Einwirkungen auf deren Unternehmensführung geschützt werden sollen, die sich aus der „Ausnutzung spezifisch gesellschaftsrechtlicher Mittel ergeben können und deshalb auch mit gesellschaftsrechtlichen Mitteln zu bekämpfen sind“[884].

Der Schutzzweck der §§ 311-317 als zentrale Normen für das Rechtsverhältnis zwischen abhängigem und herrschendem Unternehmen ist damit nicht für jedwede Gefahr konzipiert, die sich für die Aktionäre und die Gläubiger aus machtbedingten Ungleichgewichten von Unternehmen ergeben können[885]. Viemehr soll dem Spannungsverhältnis[886] Rechnung getragen werden, das sich aus der dem Vorstand nach § 76 zugedachten Treuhänderstellung und deren Durchbrechung in faktischen Abhängigkeitsverhältnissen ergibt. Dieses Spannungsverhältnis kann jedoch nicht durch Maßnahmen gesellschaftsfremder Geschäftspartner der AG herbeigeführt werden, sondern nur von einem Mehrheitsaktionär, der selbst weitere Beteiligungen an anderen Unternehmen hält. Nur in diesen Fällen ist zu befürchten, daß der Mehrheitsaktionär die unternehmerischen Interessen der AG zugunsten der ökonomischen Ziele der anderen Gesellschaften vernachlässigen könnte[887].

---

881 Köhler betont, daß die Anwendung des § 311 auf die „marktbedingte“ Abhängigkeit bewirke, daß über das System des Nachteilsausgleichs jedenfalls dann das Rechtswidrigkeitsmoment und damit die Anwendbarkeit der zivil- und kartellrechtlichen Schutznormen entfiele, wenn man in der Regelung eine Erlaubnis zur vorläufigen Nachteilszufügung erblicke, s. Köhler, NJW 1978, 2478, l.Sp.. Ähnliche Befürchtungen werden auch dem BGH gekommen sein, da er davon spricht, daß bei Einbeziehung externer Austauschbeziehungen in das Recht der verbundenen Unternehmen die außerhalb des Aktiengesetzes verfügbaren Rechtsbehelfe überlagert, geschwächt oder ganz in Frage gestellt werden könnten, s. BGHZ 90, 397.

882 Ulmer weist zudem darauf hin, daß es kaum einleuchtet, daß der Gesetzgeber ausgerechnet nur die Aktiengesellschaften gegen die externen Gefahren hätte schützen wollen, vgl. Ulmer, ZGR 1978, 470.

883 Vgl. Oechsler, ZGR 1997, 479. Man kann den Gedanken Oechslers auch auf eine Regulierungsargumentation stützen, da die Einbeziehung externer Faktoren unterhalb der kartellrechtlichen Eingriffsschwellen eine Regulierung mit sich brächte, die der Gesetzgeber gerade nur unter eingeschränkten Voraussetzungen (z.B. die marktbeherrschende Stellung im Rahmen des Diskriminierungsverbotes des § 20 I GWB n.F..) zulassen will.

884 So BGHZ 90, 396.

885 Vgl. Ulmer, ZGR 1978, 469.

886 Wie Fußnote zuvor.

887 Vgl. Oechsler, ZGR 1997, 480. Daß der Schutz der Minderheitsgesellschafter dann nicht über die Einräumung unmittelbarer Ansprüche gegenüber dem Mehrheitsaktionär gewährleistet wird, sondern über den Bestand der abhängigen Gesellschaft im Rahmen des Nachteilsausgleichs ist laut Oechsler eine gesetzgeberische Entscheidung.

Die zweite Argumentationslinie ist demnach durch eine Schlußfolgerung vom Schutzzweck auf die Qualifikation des Beherrschungsmittels geprägt. Da die Minderheitsgesellschafter vor einem *Binnenkonflikt* geschützt werden sollen, kann der beherrschende Einfluß auch nur auf internen und verwaltungsbedingten[888] Einflußmöglichkeiten beruhen und nicht auf der Begrenzung der Entscheidungsfreiheit der Leitung von außen.

Die dritte Argumentationslinie beruht auf dem Bestreben, durch die Ausgrenzung externer Austauschbeziehungen aus dem Abhängigkeitsbegriff eine mit Rechtsunsicherheit behaftete Ausuferung der §§ 311 ff. zu unterbinden. Der BGH stellt dazu fest, daß die Einbeziehung dieser externen Beziehungen „weit über das Ziel jener Vorschriften hinausschießen"[889]würde. M.a.W. soll durch das Erfordernis der gesellschaftsrechtlichen Vermittlung auch der Dammbruch verhindert werden, der zu einer Überschwemmung des aktienrechtlichen Abhängigkeitsbegriffs führen könnte.

(ccc) Vereinbarkeit einer vormitgliedschaftlichen Abhängigkeitsbegründung mit dem Erfordernis eines gesellschaftsrechtlich bedingten oder vermittelten beherrschenden Einflusses ?

Bei der Prüfung, ob die Annahme einer *nicht*mitgliedschaftlichen Abhängigkeitsbegründung mit dem Erfordernis der gesellschaftsrechtlichen Fundierung des beherrschenden Einflusses kompatibel wäre, sind zwei Fallgruppen zu trennen.

Die erste Fallgruppe betrifft die besonderen Abreden der Parteien, die für die Interimszeit die Möglichkeit des V, den Aufsichtsrat der Z festzulegen, auf K übertragen. Durch diese Abreden wird K zwar nicht zum Gesellschafter der Z; dennoch ist die qua Abrede geschaffene Einflußmöglichkeit des K als gesellschaftsrechtlich bedingt anzusehen, da sie von den Herrschaftsrechten des Mehrheitsgesellschafters V unmittelbar abgeleitet ist. Wie ein Blick auf die zweite Variante des § 17 I zeigt, reicht für die Bejahung der Möglichkeit eines beherrschenden Einflusses auch die mittelbare Beherrschungsmöglichkeit aus. Dies zeigt, daß der beherrschende Einfluß sich aus der Stimmenmacht ergibt, die das herrschende Unternehmen in der Hauptversammlung der abhängigen Gesellschaft ausüben kann. Dabei ist nicht erforderlich, daß die Stimmenmacht des herrschenden Unternehmens auf einer eigenen Beteiligung gründet; es reicht aus, daß das Unternehmen die Abgabe der Stimmen inhaltlich kontrollieren kann[890]. Ein mittelbar beherrschender Einfluß kann insbesondere daraus resultieren, daß ein an dem abhängigen Unternehmen selbst nicht beteiligter Dritter Weisungsbefugnisse über die Stimmrechte aus der Beteiligung eines anderen Unternehmens erhält[891]. *Geßler*[892] nennt als Fall der mittelbaren Be-

888 Zur Unterscheidung von marktbedingter und verwaltungsbedingter Einflußmöglichkeit s.a. Köhler, NJW 1978, 2476, r.Sp..

889 So BGHZ 90, 396. Auch Köhler ordnet diese Argumentation dem Prinzip der Rechtssicherheit zu, vgl. Köhler, NJW 1978, 2475, l.Sp.. Zum Problem der Rechtssicherheit s.a. die Ausführungen in diesem Abschnitt, S. 270 ff..

890 Zur Möglichkeit der Entkopplung von Stimmrechtsmacht und Beteiligung vgl. Koppensteiner in Kölner Kommentar, § 17, Rdn. 57; Geßler in Geßler/Hefermehl, § 17, Rdn. 48.

891 S. Geßler in Geßler/Hefermehl, § 17, Rdn. 48 und 66, wonach es für die mittelbare Abhängigkeit genügt, daß das nicht beteiligte Drittunternehmen Weisungsbefugnisse über die Beherrschungsmittel des Mehrheitsgesellschafters erhält.

herrschung die Legitimationszession oder sonstige vertragliche Überlassung der Beherrschungsmittel des Mehrheitsgesellschafters an einen nicht beteiligten Dritten. Somit läßt sich eine derivative Beherrschungsmöglichkeit des K als gesellschaftsrechtlich fundierter Fall der mittelbaren Beherrschung von Z auffassen. Betrachtet man diese erste Fallgruppe unter dem Blickwinkel der Ausgangsfrage, wird deutlich, daß es hierbei nicht um die Problematik einer *vor*mitgliedschaftlichen Abhängigkeitsbegründung geht. Letztere hat die Frage zum Gegenstand, ob die Möglichkeit eines beherrschenden Einflusses allein aus der *zukünftigen* Innehabung der Mehrheitsbeteiligung resultieren kann, während es bei der ersten Fallgruppe um Fälle einer in der Interimszeit schon *aktuellen* Ableitung der Stimmrechtsmacht vom Mehrheitsgesellschafter V durch eine entsprechende Autorisation des K oder eine Stimmbindung des V gegenüber K geht. Diesen Unterschied verkennt *Krieger*, wenn er in seiner Untersuchung zur „vorwirkenden" Abhängigkeit zwar zu Recht davon ausgeht, daß eine mittelbare Abhängigkeit der Gesellschaft durch die Einräumung einer verläßlichen Verfügungsmöglichkeit über das Stimmverhalten des verkaufenden Aktionärs in der Hauptversammlung erfolgen kann, diese Form der Abhängigkeitsbegründung jedoch als eine „*vorwirkende*" Abhängigkeit „aufgrund besonderer vertraglicher Vereinbarungen" ansieht[893]. Man sollte deshalb terminologisch in diesen Fällen besser von einer *außer*mitgliedschaftlichen Abhängigkeit sprechen, die auf der Verlagerung der Stimmrechte des Mehrheitsaktionärs auf einen Dritten beruht, der keinen Aktionärsstatus bei der Z hat.

Umfaßt die zweite Fallgruppe demnach solche Fälle, die durch eine fehlende oder für eine außermitgliedschaftliche Abhängigkeitsbegründung unzureichende Verlagerung der Stimmrechtsmacht auf K in der Interimszeit charakterisiert sind, stellt sich die Frage, ob einer vormitgliedschaftlichen Abhängigkeitsbegründung das Erfordernis der gesellschaftsrechtlich fundierten Vermittlung des beherrschenden Einflusses entgegensteht.

Soweit das Erfordernis auf die Vermeidung einer allgemeinen Marktergebniskontrolle unterhalb der kartell- und zivilrechtlichen Eingriffsschwellen abzielt, ist dies zu verneinen. In der zweiten Fallgruppe geht es wie auch bei der außermitgliedschaftlichen Abhängigkeitsbegründung nicht um Fälle, die durch Kredit-, Liefer- oder sonstige Austauschbeziehungen zwischen K und Z gekennzeichnet sind. Da somit nicht[894] die Einbeziehung externer Austausch- und Leistungsbeziehungen in Rede steht, wird die Abgrenzungsproblematik zwischen dem aktienrechtlichen Abhängigkeitsbegriff samt seinen spezifischen Folgenormen und den Rechtsbehelfen des Wettbewerbsrechts nicht berührt. Die Gefahr, über die Anerkennung einer vormitgliedschaftlichen Abhängigkeitsbegründung auch die allgemeinen „unternehmerischen Umweltbedingungen"[895], die jedes am Markt agierende Unternehmen treffen, in den Abhängigkeitsbegriff zu integrieren und damit sy-

892 Vgl. Geßler in Geßler/Hefermehl, § 17, Rdn. 66.

893 S. Krieger in Festschrift für Semler, 506 /507.

894 Auch Krieger, der einer Bejahung der vormitgliedschaftlichen Abhängigkeit außerhalb vertraglicher Sonderumstände kritisch gegenübersteht, konzediert, daß es hier nicht um den Schutz vor nichtgesellschaftlichen Einflüssen geht, wie es bei der Einbeziehung von Liefer-, Lizenz- und Kreditbeziehungen der Fall wäre, vgl. Krieger in Festschrift für Semler, 508.

895 S. den Ausdruck bei Werner, a.a.O., S.142.

stemwidrig eine allgemeine Marktergebniskontrolle im Recht der verbundenen Unternehmen anzusiedeln, realisiert sich folglich nicht.

Soweit das Erfordernis der gesellschaftsrechtlichen Fundierung des beherrschenden Einflusses an dem typischen Interessenkonflikt zwischen Mehrheits- und Minderheitsgesellschafter anknüpft, steht dies einer vormitgliedschaftlichen Abhängigkeitsbegründung ebenfalls nicht entgegen. Denn aus Sicht der Minderheitsgesellschafter der Z macht es keinen Unterschied, ob eine nachteilige Maßnahme durch den aktuellen Mehrheitsgesellschafter V oder durch K mit Blick auf seine zukünftige Mehrheitsmitgliedschaft veranlaßt wird. In beiden Fällen entsteht ein Binnenkonflikt, der wegen der Anknüpfung an die einerseits aktuelle, andererseits zukünftige Mehrheitsherrschaft aus der Ausnutzung spezifisch gesellschaftsrechtlicher Mittel resultiert und damit auch mit den gesellschaftsrechtlichen Mitteln des Aktienrechts zu lösen ist. *Weber* bringt diesen Gedanken zutreffend zum Ausdruck, indem er die gesellschaftsrechtliche Vermittlung bei der vormitgliedschaftlichen Abhängigkeitsbegründung mit anderen Fällen der mittelbaren Beherrschungsmöglichkeit vergleicht[896]. Erfolgt im Normalfall der mittelbaren Beherrschung die gesellschaftsrechtliche Vermittlung horizontal über ein anderes Unternehmen (wie z.B. bei der Stimmbindung), liegt die gesellschaftsrechtliche Vermittlung bei der vormitgliedschaftlichen Abhängigkeitsbegründung in der Person selbst in ihrer Rolle als zukünftiger Mehrheitsgesellschafter[897].

Es bleibt das dritte Argument für das Erfordernis der gesellschaftsrechtlichen Vermittlung, das auf dem Gedanken der Rechtssicherheit und Vorhersehbarkeit beruht. Hier läßt sich zunächst nicht leugnen, daß die Bejahung einer vormitgliedschaftlichen Abhängigkeitsbegründung eine Erweiterung der herkömmlicherweise auf die aktuelle dingliche Innehabung der Mehrheitsmitgliedschaft oder auf die aktuell vorgenommene Verlagerung der Stimmrechtsmacht begrenzten Interpretationen des Abhängigkeitsbegriffs bedeutet. Jedoch fußt diese Erweiterung nicht auf der Einbeziehung externer Austauschbeziehungen, sondern auf der konsequenten Beachtung der hinter dem Recht der verbundenen Unternehmen stehenden Konfliktlage. Die Diskussion, ob der Rechtssicherheitsgedanke aus anderen Gründen der Anerkennung einer vormitgliedschaftlichen Abhängigkeitsbegründung entgegensteht, soll an späterer Stelle[898] geführt werden. Hier genügt die Überlegung, daß eine abhängigkeitsrechtliche Erfassung des K jedenfalls nicht aus der vom BGH befürchteten Ausuferung infolge einer Berücksichtigung allgemeiner Marktverhältnisse resultieren würde.

Damit ist festzuhalten, daß eine vormitgliedschaftliche Abhängigkeit mit dem Erfordernis einer gesellschaftsrechtlichen Fundierung des beherrschenden Einflusses und den in der BuM-Entscheidung durch den BGH entwickelten Vorgaben vereinbar ist.

---

896 Vgl. Weber, ZIP 1994, S.684.

897 Wie Fußnote zuvor.

898 S. hierzu die Überlegungen in diesem Abschnitt auf S. 270 ff..

(bb) Vereinbarkeit der vormitgliedschaftlichen Abhängigkeit mit dem zentralen Ansatzpunkt der Personalhoheit ?

Bei der Untersuchung, welcher Maßstab an eine erfolgreiche Widerlegung der Abhängigkeitsvermutung anzulegen ist, wurde deutlich[899], daß der Abhängigkeitsbegriff im Bereich der auf der Stimmrechtsmacht beruhenden Herrschaftsmöglichkeit auf der Konzeption der Personalhoheit beruht. Zu fragen ist nun, ob die Annahme einer vormitgliedschaftlichen Abhängigkeit, die weder auf der gegenwärtigen Mitgliedschaft gründet, noch auf der Zurechnung nach § 16 IV 2.Var. basiert, noch an die bereits in der Interimszeit auf K verlagerte Stimmrechtsmacht anknüpft, mit diesem zentralen Ansatzpunkt des Rechts der faktisch abhängigen Unternehmen kompatibel ist.

Lutter hat in seiner Untersuchung des ersten Feno-Falles, der sich 1985 zutrug, auch die Frage nach einer vormitgliedschaftlichen Abhängigkeitsbegründung und deren Verhältnis zur Personalhoheit angesprochen[900]. Dem Fall lag verkürzt folgender Sachverhalt[901] zugrunde:

Die Friedrich Flick KG hatte am 31.12.1985/01.01.1986 ihre 100%ige Beteiligung an der Feno-AG zu 98 % an die Alma-Beteiligungsgesellschaft mbH – einer Tochtergesellschaft der Deutschen Bank AG – und zu 2 % an eine andere Bank dinglich übereignet. Dieser Übereignung waren monatelange Verhandlungen vorausgegangen, die in einem Angebot der Friedrich Flick KG vom 28.11.1985 und deren Annahme durch die Deutsche Bank AG für die Erwerber am 17.12.1985 resultierten. Bereits in den Verhandlungen war festgelegt worden, daß die Finanz-Beteiligungen der Feno AG an Grace und an der Daimler-Benz AG umgehend von der Feno AG veräußert werden sollten. Anschließend sollte ein Rumpfgeschäftsjahr gebildet werden, der Sonderertrag aus der Veräußerung der Beteiligungen an die neuen Aktionäre ausgeschüttet und im Anschluß die so „geleichterten" Aktien an der Börse plaziert werden. Die Veräußerungen erfolgten hinsichtlich Grace am 05./10.12.1985 und bez. Daimler am 17./18.12.1985. Aus diesem Sachverhalt ergibt sich eine Fülle von abhängigkeitsrechtlichen Fragen, falls man zwei Parameter unterstellt:

- erstens die Veranlassung des Verkaufs der Beteiligungen durch die Deutsche Bank in ihrer Eigenschaft als künftige (über die Alma mittelbare) Inhaberin der Mehrheitsbeteiligung an Feno, worauf auch indiziell die Erarbeitung eines entsprechenden Konzeptes[902] durch die Deutsche Bank hindeutet;
- zweitens, daß die Veräußerung der Beteiligungen ein asset stripping zum Nachteil[903] der Feno i.S.d. § 317 darstellt.

Betrachtet man den Fall unter zeitlichen Aspekten, fällt auf, daß zumindest die Veräußerung der Grace-Beteiligung noch in die Vorabschlußphase fällt. Offen bleibt, ob die

899 Vgl. die Ausführungen in diesem Abschnitt, S. 196 ff..

900 S. Lutter in Festschrift für Steindorff, 133.

901 Zum Sachverhalt des ersten Feno-Falles vgl. Lutter in Festschrift für Steindorff, 126. Zur Ablehnung des Antrages auf gerichtliche Bestellung von Sonderprüfern durch die beiden Flick-Neffen s. AG Düsseldorf, ZIP 1988, 970 sowie die Rezension von Hirte, ZIP 1988, 953.

902 Vgl. Lutter in Festschrift für Steindorff, 132/133.

903 Zur Frage, ob die Veräußerung einen Nachteil darstellen kann und zu den damit verbundenen Kausalitätsfragen vgl. Lutter in Festschrift für Steindorff, 135 ff..

zweite Veräußerung bez. Daimler bereits in die Interimszeit fällt. *Lutter* geht zwar in der Sachverhaltsdarstellung noch davon aus, daß das Angebot der Friedrich Flick KG am 17.12.1985[904]durch die Deutsche Bank AG angenommen wurde, betont aber an späterer Stelle, daß die Feno-Aktien erst am 18.12.1985[905]schuldrechtlich erworben wurden. Dieser feine zeitliche Unterschied spielt insofern eine Rolle, als an dieser Stelle Fälle der ersten Hauptfallgruppe behandelt werden und noch nicht Fälle der dritten Hauptfallgruppe, die in der Vorabschlußphase liegen. Für die Frage, ob eine vormitgliedschaftliche Abhängigkeitsbegründung mit der Konzeption der Personalhoheit vereinbar ist, soll diese Unterscheidung vorerst jedoch nur als Merkposten dienen. Auf das Problem, ob auch Optionsgestaltungen bzw. bindende Angebote eine vormitgliedschaftliche Abhängigkeit begründen können, wird an entsprechender Stelle[906] zurückgekommen.

Lutter bejaht eine Gleichbehandlung des künftigen mit dem existenten „Herrschafter" dann, „wenn sich die Voraussetzungen der Herrschaft so konkret abzeichnen, daß sich ein „normaler" und „vernünftiger" Vorstand darauf einstellt, – so, wie er sich dem herrschenden Unternehmen in Kenntnis von dessen Machtmitteln gegenüber einstellt"[907]. *Lutter* begründet diese Formel mit der Identität des potentiellen Konfliktes im Zeitraum nach erfolgter dinglicher Übereignung der Aktien und im Zeitraum vor Annahme der Offerte bzw. vor dinglichem Rechtsübergang. Nachdem der Vorstand der Feno den „Wunsch" zur Veräußerung der beiden Beteiligungen erhalten habe, sei ihm spätestens klar gewesen, daß die Deutsche Bank das Ruder übernommen habe auf dem Hintergrund künftiger und dann fraglos mitgliedschaftlicher Herrschaft[908]. Die Beteiligungsverkäufe seien somit *sub specie* der bevorstehenden mitgliedschaftlichen Herrschaft zu betrachten, was nach *Lutter* zur Qualifikation der Deutschen Bank als herrschendes Unternehmen schon im Zeitpunkt vor Annahme der Offerte führt[909].

Gegen die Formel von *Lutter* wendet sich *Krieger*[910]. Selbst wenn man von einem hinreichend sicher bevorstehenden Anteilswechsel ausgehen müsse, sage dies für die Wahrscheinlichkeit einflußkonformen Verhaltens noch nichts. Für diese Wahrscheinlichkeit müsse man die Frage ins Auge fassen, wie eng die Gesellschaft noch in den Konzern des scheidenden Großaktionärs eingebunden sei. Weiterhin sei für die Wahrscheinlichkeit zu fragen, ob der alte Vorstand überhaupt im Amt bleiben wolle oder ob nicht ohnehin mit dem Anteilswechsel auch ein Revirement an der Unternehmensspitze verbunden sei.

---

904 S. Lutter in Festschrift für Steindorff, 126.

905 So Lutter in Festschrift für Steindorff, 132.

906 Vgl. die Ausführungen in diesem Abschnitt, S. 301 ff.. Beim ersten Feno-Fall wirkt sich der Unterschied zwischen Vorabschluß – und Interimsphase aufgrund der dicht beieinanderliegenden Zeitpunkte praktisch nicht aus, während bei einer allgemeinen Untersuchung nicht vernachlässigt werden darf, daß es Optionsgestaltungen geben kann, die über 20 Jahre laufen, und dann sehr wohl zwischen den beiden Phasen unterschieden werden muß.

907 So Lutter in Festschrift für Steindorff, 133.

908 Vgl. Lutter in Festschrift für Steindorff, 133. Dies umso mehr, als das Konzept zur Veräußerung der Beteiligungen durch die Deutsche Bank selbst erarbeitet worden war und der Vorstand der Feno wußte, daß entweder die Deutsche Bank oder eine Tochtergesellschaft die Aktien übernehmen würde.

909 So Lutter in Festschrift für Steindorff, 134.

910 Vgl. für die folgende Darstellung Krieger in Festschrift für Semler, 509/510.

Deshalb sei es ganz und gar von den Umständen des Einzelfalls abhängig, ob sich aus der hinreichenden Sicherheit eines bevorstehenden Machtwechsels überhaupt auf eine Wahrscheinlichkeit schließen lasse, daß sich der Vorstand bereits jetzt gegenüber dem künftigen Mehrheitsaktionär einflußkonform verhalten werde. Schließlich bezeichnet *Krieger* es auch als „gewagte Unterstellung“[911] anzunehmen, „der Vorstand werde sich allein in Erwartung des künftigen Herrschaftswechsels schon vorwirkend den Einflüssen des bislang herrschenden Unternehmens widersetzen“.

Für eine Diskussion der beiden konträren Aufassungen von *Lutter* und *Krieger* sind verschiedene Fragen auseinanderzuhalten. An dieser Stelle geht es nur darum, ob sich die *Luttersche* Formel in die auch von *Krieger* anerkannte Konzeption der Beherrschung qua Personalhoheit einfügt. Sollte dies unter allgemeinen Gesichtspunkten zu bejahen sein, ist eine ganz andere Frage, wie sich die prinzipielle Möglichkeit einer vormitgliedschaftlichen Abhängigkeitsbegründung zu der möglicherweise noch andauernden Herrschaft des Mehrheitsaktionärs verhält. Letzterer Frage soll erst im Rahmen der abhängigkeitsrechtlichen Gesamtwürdigung nachgegangen werden.

Um den Fokus der Diskussion auf die Kernproblematik zu lenken, bedarf es zunächst einer begrifflichen Präzisierung bzw. Eingrenzung. *Krieger* prüft die Wahrscheinlichkeit des einflußkonformen Verhaltens unter dem Oberbegriff „vorwirkende“ Abhängigkeit. Dieser Begriff ist mißverständlich, da ein zukünftiges Ereignis (i.e. die zukünftige Innehabung der Mehrheitsbeteiligung durch K) nicht etwa eine kausale Wirkung auf ein Stadium entfalten könnte, das in der Gegenwart liegt (i.e. die Interimszeit). Eine andere Annahme widerspräche nicht nur der Logik, da das zukünftige Ereignis in der Gegenwart noch gar nicht existiert, sondern auch dem linearen Zeitablauf. Vielmehr hängt die abhängigkeitsrechtliche Beurteilung von der Frage ab, ob die subjektive und gegenwärtige *Kenntnis* oder das auf objektiven Umständen beruhende gegenwärtige *Wahrscheinlichkeitsurteil* oder gar die gegenwärtige *Gewißheit* des Eintritts einer zukünftigen Tatsache bereits vor deren Realisation eine abhängigkeitsrechtliche Beziehung zwischen K und Z zu begründen vermögen. Damit geht es nicht darum, daß eine spätere Mehrheitsbeteiligung des K nach gelungener Akquisition und die erst dann geltende Abhängigkeitsvermutung des § 17 II auf die Interimszeit zurückwirken bzw. daß – betrachtet von Standpunkt der Gegenwart – die zukünftige Mehrheitsbeteiligung „vorwirkt“. Fraglich ist allein, ob die Kenntnis oder die Erwartung des Vorstandes der Z bereits in der Interimszeit zur Abhängigkeitsbegründung führen kann. Diese Überlegung findet sich auch bei *Weber*, der zutreffend unterstreicht, daß ein erst zukünftiges Ereignis naturgemäß für ein zeitlich früher liegendes nicht kausal werden kann, wohl aber die *Vorstellung*[912] vom Eintritt des Ereignisses ursächlich für die Wahrscheinlichkeit einflußkonformen Verhaltens sein kann. Aus diesem Grunde sollte zur Kennzeichnung der Problematik auch nicht von „vorwirkender“ Abhängigkeit gesprochen werden, sondern nur von vormitgliedschaftlicher Abhängigkeit.

Die eigentliche Kritik von *Krieger* setzt nun nicht bei der Kausalitätsfrage an, sondern stellt die Befürchtung eines einflußkonformen Verhaltens im vormitgliedschaftlichen Sta-

---

911 So Krieger in Festschrift für Semler, 512.

912 S. Weber, ZIP 1994, 685, l.Sp..

dium selbst in Frage[913]. Für den Ansatzpunkt der *Lutterschen* Formel und gegen die Auffassung von *Krieger* spricht jedoch, daß die Konzeption einer Gefahr einflußkonformen Verhaltens seitens des Vorstandes des Herrschaftsobjektes aufgrund der Personalhoheit insgesamt von einer „Unterstellung“ ausgeht. Diese Unterstellung wird von *Krieger* nur im Zusammenhang mit der Möglichkeit der vormitgliedschaftlichen Abhängigkeitsbegründung kritisiert, ansonsten aber nicht[914] bezweifelt. Sie betrifft ein rechtssoziologisches Phänomen, das in der Abhängigkeitsvermutung des Gesetzgebers enthalten ist. Im Interesse der Minderheitsaktionäre und Gläubiger der abhängigen Gesellschaft wird zur optimalen Verwirklichung des Schutzzweckes von einem Menschenbild ausgegangen, das von opportunistischen Beweggründen geprägt ist. Das Leitbild eines seiner Verantwortung gerecht werdenden Vorstandes, der die Fortsetzung seiner persönlichen Karriere aufs Spiel setzen würde, weil er aufgrund kaufmännischen Kalküls von der vermeintlichen oder tatsächlich vorgegebenen Linie desjenigen Unternehmens abweicht, das über seine Wiederbestellung indirekt über die Konstituierung des Aufsichtsrates entscheiden kann, wird aus Schutzzweckgründen entsprechend ausgeblendet. Daß diese Sichtweise bewußt negativ -typisierend ist und im Einzelfall auch aus praktischen Gründen nicht zutreffen muß, beseitigt den Ansatzpunkt der Personalhoheit als tragende Säule der Abhängigkeit infolge von Mehrheitsherrschaft nicht. Beispielsweise können im Einzelfall Vorstände aus Altersgründen gar nicht an ihrer Wiederbestellung interessiert sein. Oder aber praktisch noch häufiger anzutreffen: der amtierende Vorstand täuscht nur aus taktischen Gründen im Poker um eine lukrative Abfindung sein Wiederbestellungsinteresse vor. Oder aber es handelt sich tatsächlich um einen Vorstand, dem die sachliche Rechtfertigung gegenüber den Aktionären auf der nächsten Hauptversammlung und der stakeholder-value[915] insgesamt wichtiger sind als Weisungen des herrschenden Unternehmens und die Fortsetzung seiner persönlichen Karriere. Oder aber das herrschende Unternehmen weiß den anfänglich geleisteten Widerstand des Vorstands später zu schätzen. Diese grundsätzlich verschiedenen Spielarten einer komplexen Realität namens „Unternehmen“ sind so mannigfaltig wie die Persönlichkeitsstrukturen und Charakteren der beteiligten Entscheidungsträger. Sie hindern jedoch auch schon im Normalfall der dinglichen Mehrheitsherrschaft nicht, im Interesse eines optimalen Schutzes der Minderheitsaktionäre und Gläubiger der Gesellschaft ein Weltbild zugrunde zu legen, das gezielt einseitig-typisierend und simplifizierend von rückgratlosen „Nieten in Nadelstreifen“ ausgeht. Denn andernfalls würde das Ergebnis einer abhängigkeitsrechtlichen Prüfung von nicht vorhersehbaren, kaum nachprüfbaren und wechselnden v.a. subjektiven Umständen des Einzelfalls bestimmt. Der abhängigkeitsrechtliche Schutz wäre eine Funktion der Charakterschwäche des einzelnen Vorstandsmitgliedes. Wie sollte ein Gericht feststellen, ob der amtierende Vor-

---

913 Vgl. auch Weber, ZIP 1994, 684, l.Sp..

914 Dies wird bei der weiteren Gedankenführung von Krieger deutlich, da er die „vorwirkende“ Abhängigkeit unter dem label „Wahrscheinlichkeit einflußkonformen Verhaltens“ prüft, s. Krieger in Festschrift für Semler, 509 ff..

915 Auf dem Markt der Managementkonzepte ist der Begriff „ shareholder-value“ vom Modebegriff zum Unwort geworden, s. Werder, Shareholder Value-Ansatz als (einzige) Richtschnur des Vorstandshandelns ?, ZGR 1998. 69 (71). Neuerdings wird zunehmend von „stakeholder value“ gesprochen.

stand im Einzelfall tatsächlich aus rücksichtslosen Opportunisten oder aus verantwortungsbewußten Firmenlenkern besteht ?

Dierdorf bringt diese Konzeption etwas weniger drastisch dadurch zum Ausdruck, daß ein hypothetisches Urteil über eine bestehende Beherrschungsmöglichkeit gerechtfertigt sei, weil sich „die Vorstandsmitglieder einer in Mehrheitsbesitz stehenden Aktiengesellschaft nach menschlichem Ermessen aus Sorge um ihre persönlichen Belange, ihr berufliches Fortkommen etc. zu Wohlverhalten gegenüber den Wünschen des mit Mehrheit beteiligten Unternehmens veranlaßt sehen werden“[916]. Wer wie *Krieger* von einer „gewagten Unterstellung“ ausgeht, müßte konsequenterweise bereits im Normalfall diese Grundkonzeption de lege ferenda angreifen und nicht das in ihr enthaltene, aus Schutzzweckgründen bewußt gewählte worst-case-Szenario eines hemmungslosen Karrierestrebens deutscher Vorstände lediglich im Falle der vormitgliedschaftlichen Abhängigkeitsbegründung unter Hinweis auf im Einzelfall vorstellbare, von der Typisierung abweichende[917] Sachverhalte anzweifeln.

In die Konzeption der Abhängigkeitsbegründung qua Personalhoheit im Rahmen der Mehrheitsherrschaft fügt sich die Annahme eines einflußkonformen Verhaltens aufgrund des vom Vorstand als wahrscheinlich angesehenen Machtwechsels demnach ein, während nach der Auffassung von *Krieger* der Ansatzpunkt der Personalhoheit insgesamt zu revidieren wäre. Diesen Weg geht *Krieger* jedoch nicht. Zudem ist zu beachten, daß sich eine Bejahung der Möglichkeit einer vormitgliedschaftlichen Abhängigkeitsbegründung im Rahmen des § 17 ***Absatz 1*** bewegt. Dies bedeutet, daß die Darlegungs- und Beweislast beim Anspruchsteller liegt. Es ist seine Aufgabe, objektive Umstände darzulegen, die den Rückschluß auf eine vormitgliedschaftliche Abhängigkeitsbegründung in der Interimszeit erlauben. Wie an anderer Stelle noch vertieft werden wird, gibt es eine Fülle von Indizien, die einen solchen Rückschluß tragen können[918]. Auch *Krieger* verkennt diesen Ansatz nicht, will ihn aber auf Ausnahmefälle begrenzen. In Ausnahmesituationen könne man

---

916 So Dierdorf, a.a.O., S.155/156.

917 In diesen Kontext ist die Überlegung von Krieger einzuordnen, ob der Vorstand der Zielgesellschaft überhaupt im Amt bleiben will, vgl. Krieger in Festschrift für Semler, 509. Dieser Aspekt spricht schon im Normalfall der dinglichen Inhaberschaft einer Mehrheitsbeteiligung nicht gegen eine Abhängigkeit und ist dort für den Mechanismus der Personalhoheit von keiner Relevanz. Der abhängigkeitsrechtliche Schutz darf nicht von ggf. wechselnden Ruhestandsplänen bzw. privaten Vorstellungen zur Ausdehnung der persönlichen Lebensarbeitszeit determiniert werden. Auch unter Zugrundelegung des hier entwickelten konkreten Beurteilungsmaßstabes der Personalhoheit sind die von Krieger genannten Aspekte nicht von Bedeutung, da es sich nicht um typisierbare objektive Kriterien handelt, sondern um die von Koppensteiner zu Recht als unbeachtlich angesehenen psychologischen Sonderumstände des Einzelfalls, s. Fußnote 790. Die abhängigkeitsrechtliche Beurteilung darf sich nicht an der nicht ex- ante kategorisierbaren Befindlichkeit einzelner Vorstandsmitglieder ausrichten. Ist der von Krieger genannte Aspekt für den Normalfall der dinglichen Inhaberschaft einer Mehrheitsbeteiligung unbeachtlich, spielt er bei der vormitgliedschaftlichen Abhängigkeitsbegründung ebensowenig eine Rolle.

918 S. die kritische Rezension des Urteils des OLG-Düsseldorf zum zweiten Feno-Fall, S. 289 ff..

sich vorstellen, daß „ein zeitlich nahe und hinreichend sicher bevorstehender Mehrheitserwerb der letzte Tropfen sein kann, der das Faß zum Überlaufen bringt“[919].

Für die Möglichkeit einer vormitgliedschaftlichen Abhängigkeitsbegründung spricht zudem, daß der dann erforderliche Abhängigkeitsbericht dazu beitragen kann, sicherzustellen, daß die Vorstandsautonomie gewahrt bleibt. K wird im Bewußtsein, daß etwaige Einwirkungen in den Abhängigkeitsbericht aufgenommen werden, eher vor einer nachteiligen Veranlassung zurückschrecken. Hierfür läßt sich auch eine rechtstatsächliche Umfrage von *Hommelhoff*[920] heranziehen. Demnach kämpften die Tochtervorstände aufgrund ihrer Ergebnisverantwortlichkeit „um jede Mark“ ; insofern sei die Ankündigung, einen bestimmten Vorgang in den Abhängigkeitsbericht aufnehmen zu müssen, ein geläufiges Druckmittel, die Veranlassung abzuwehren[921]. Damit kann die Anerkennung der prinzipiellen Möglichkeit einer vormitgliedschaftlichen Abhängigkeitsbegründung den Vorstand der Z in die Lage versetzen, Einwirkungen des K im Vorfeld zu begegnen. Verneinte man dagegen die Möglichkeit einer vormitgliedschaftlichen Abhängigkeitsbegründung, nähme man dem Vorstand die Defensivwaffe des Abhängigkeitsberichts, um etwaige Einflußnahmen abzuwehren oder wenigstens transparent zu machen.

Von K ausgehende Einwirkungen auf Z bzw. auf deren Vorstand in der Interimszeit sind in vielfältiger Form vorstellbar. Zu denken ist z.B. an eine im Vorfeld der dinglichen Übereignung veranlaßte Versilberung des Beteiligungsvermögens wie im ersten Feno-Fall[922] oder an die finanzielle Unterstützung des Aktienerwerbs durch Besicherung oder finanzielle Hilfen seitens der Zielgesellschaft für den zukünftigen Aktionär[923]. Neben den Zerschlagungs-, Besicherungs- und Versilberungsfällen kommen aber auch die Veranlassung nachteiliger Verkehrsgeschäfte oder die Veranlassung von Ausgliederungen[924] in Betracht.

---

919 So Krieger in Festschrift für Semler, 515.

920 Vgl. Hommelhoff, Praktische Erfahrungen mit dem Abhängigkeitsbericht, ZHR 156 (1992), 295.

921 S. Hommelhoff ZHR 156 (1992), 301.

922 Vgl. zum Sachverhalt die Ausführungen auf S. 250 f.. Vgl. allgemein auch Peltzer, Hostile Takeovers in der Bundesrepublik Deutschland ?, ZIP 1989, 69 (71).

923 S. dazu Fleischer, Finanzielle Unterstützung des Aktienerwerbs und Leveraged Buyout, AG 1996, 494 (507). Vgl. auch den Fall der Glöggler Holding AG/Augsburger Kammgarn-Spinnerei AG, LG Düsseldorf in AG 1979, 290. Zur Kreditbesicherung im Konzern vgl. Messer, ZHR 159 (1995), 375 sowie Sonnenhol/Groß, Besicherung von Krediten Dritter an Konzernunternehmen, ZHR 159 (1995), 388 und Schön, Kreditbesicherung durch abhängige Kapitalgesellschaften, ZHR 159 (1995), 351. Vgl. weiterhin Lutter/Wahlers, Der Buyout: Amerikanische Fälle und die Regeln des deutschen Rechts, AG 1989, 1 (8 ff.); Peltzer, Rechtliche Problematik der Finanzierung des Unternehmenskaufs beim MBO, DB 1987, 973 (976 ff.).

924 Als Beispiel ist die Ausgliederung und die Übertragung der Datenverarbeitung der Adam Opel AG auf die EDS-GmbH zu nennen. Diese Maßnahmen erfolgten zumindest auf Empfehlung des GM-Vorsitzenden, s. LG Darmstadt, AG 1987, 218 (220, l.Sp.). Das LG Darmstadt verneinte jedoch angesichts der dadurch erzielten Einsparungen einen Nachteil für die Adam Opel AG, s. LG Darmstadt, AG 1987, 218 (220, l.Sp.). Zur Ausgliederung von Unternehmensteilen s.a. Ulrich Hübner in Festschrift für Stimpel, 791 (796 ff.).

Als **Fazit** bleibt festzuhalten, daß die Annahme einer vormitgliedschaftlichen Abhängigkeitsbegründung nicht nur mit dem Konzept der Personalhoheit vereinbar ist, sondern aus ihm unmittelbar und zwingend resultiert. Entgegen *Krieger* ist dem Ansatz der *Lutterschen* Formel, die für die Wahrscheinlichkeit einflußkonformen Verhaltens darauf abstellt, wie konkret sich die Voraussetzungen der Herrschaft abzeichnen, zuzustimmen. Wie die Untersuchung bereits[925] gezeigt hat, ist *Lutter*[926] allerdings nicht in seiner Ansicht zu folgen, daß eine vormitgliedschaftliche Abhängigkeit nicht dem Erfordernis der gesellschaftsrechtlichen Fundierung des beherrschenden Einflusses genüge und es sich somit nur um eine – wenngleich beachtliche – Form der tatsächlichen Abhängigkeit handele.

(cc) Vormitgliedschaftliche Abhängigkeit und teleologische Auslegung des Abhängigkeitsbegriffs

Zu prüfen ist weiterhin, ob eine teleologische Auslegung des Abhängigkeitsbegriffs der Annahme einer vormitgliedschaftlichen Abhängigkeitsbegründung entgegensteht.

Krieger[927]vertritt hierzu die Auffassung, daß im Vordergrund der Regelungen der §§ 311 bis 318 die Privilegierungsfunktion stehe. Diese erlaube dem herrschenden Unternehmen nachteilige Einflußnahmen auf die Gesellschaft und dem Vorstand, solchen Einflußnahmen zu folgen, sofern die Nachteile ausgeglichen würden. Es sei kein Grund ersichtlich, diese Privilegierung schon im Vorgriff auf einen erst noch bevorstehenden Aktienerwerb zu gewähren und damit beispielsweise die Haftungsbestimmungen der §§ 93, 116, 117 außer Kraft zu setzen[928].

Gegen diese Argumentation spricht bereits, daß der potentielle Konflikt zwischen den Interessen des eine anderweitige wirtschaftliche Interessenbindung aufweisenden Unternehmens und den Interessen der Minderheitsaktionäre im Falle eines einflußkonformen Verhaltens aufgrund künftiger Mehrheitsherrschaft identisch ist mit dem Fall einer stillschweigenden Harmonisierung aufgrund aktueller Mehrheitsherrschaft. Dem Minderheitsaktionär ist es gleichgültig, ob die Nachteilsveranlassung infolge einer bereits vorhandenen dinglichen Rechtsposition oder aber infolge einer berechtigten Erwartung zum Erfolg führt.

Weiterhin ist die von *Krieger* unterstellte Privilegierungsfunktion als Hauptziel des Rechts der abhängigen Unternehmen keinesfalls unstreitig. Eine Gegenüberstellung von Schutz- und Privilegierungsfunktion sowie eine Gewichtung zugunsten einer Funktion hängen auch von der vieldiskutierten Frage ab, ob die Zulässigkeit einer faktischen Kon-

925 S. die Ausführungen auf S. 247 ff..

926 Vgl. Lutter in Festschrift für Steindorff, 133. Lutter lehnt trotz Bejahung der Konfliktidentität eine mitgliedschaftliche Vermittlung des beherrschenden Einflusses ab. Diese Inkonsequenz wird zu Recht von Weber als widersprüchlicher Lösungsansatz gewertet, da Lutter einerseits auf Basis der herrschenden Meinung die Möglichkeit einer tatsächlichen Abhängigkeit verneint, bei der eigenständigen Anknüpfung an die zukünftige Mehrheitsherrschaft jedoch nur wieder auf die vorher abgelehnte tatsächliche Herrschaft zurückkommt und das Erfordernis der gesellschaftsrechtlichen Vermittlung des beherrschenden Einflusses nicht näher untersucht, s. Weber, ZIP 1994, 685, l.Sp..

927 S. Krieger in Festschrift für Semler, 513/514.

928 So Krieger in Festschrift für Semler, 514.

zernierung aufgrund der §§ 311 ff. vom Gesetzgeber gebilligt wird oder ob nur Tatsachen hingenommen werden. Letzterenfalls wäre in der nachteiligen Veranlassung im Prinzip eine rechtswidrige Handlung zu sehen; dem Nachteilsausgleich käme dann nur haftungsausschließende Funktion zu[929].

Gegen die Argumentation von *Krieger* ist schließlich einzuwenden, daß sie an der falschen Stelle ansetzt. Selbst wenn man unterstellt[930], daß das Recht der abhängigen Unternehmen die Vermögensordnung insgesamt zugunsten der Obergesellschaft außer Kraft setzt, geht es bei der Anerkennung einer vormitgliedschaftlichen Abhängigkeit doch nicht um eine Begünstigung von K als zukünftigem Mehrheitsgesellschafter, sondern um einen effizienten Schutz der Minderheitsaktionäre und Gläubiger der Z als abhängigem Unternehmen. Es gilt, nachteilige Veranlassungen durch K auch abhängigkeitsrechtlich erfassen zu können und nicht, K im Vorfeld durch die Annahme einer vormitgliedschaftlichen Abhängigkeitsbegründung zu privilegieren. Auch *Weber* sieht die Dinge angesichts der aus Sicht des abhängigen Unternehmens als Gefahrenabwehr konzipierten Schutznormen durch die Argumentation von *Krieger* auf den Kopf gestellt[931], wenn als zentraler Zweck des Abhängigkeitsbegriffs die aus Sicht der Obergesellschaft stattfindende Privilegierung herangezogen wird.

Damit folgt aus der teleologischen Auslegung des Abhängigkeitsbegriffs die Notwendigkeit, eine Abhängigkeitsbegründung im vormitgliedschaftlichen Stadium anzuerkennen.

(dd) *Vormitgliedschaftliche Abhängigkeit und systematische Auslegung des Abhängigkeitsbegriffs*

(aaa) *§ 20 II Nr. 1 i.V.m. § 16 e contrario ?*

§ 20 II Nr. 1 bestimmt für nicht-börsennotierte Aktiengesellschaften[932], daß für die aktienrechtliche Mitteilungspflicht nach Absatz 1 der Vorschrift zu den Aktien, die dem Unternehmen gehören, auch Aktien rechnen, deren Übereignung das Unternehmen verlangen kann. § 16 enthält keine gleichlautende Bestimmung. *Krieger* will diesem Unterschied entnehmen, daß ein schuldrechtlicher Übereignungsanspruch typischerweise nicht genügen soll, um eine Mehrheitsbeteiligung zu begründen und daß er folglich auch nicht genügen soll, um eine Abhängigkeitsvermutung auszulösen[933]. Wer demnach wie *Lutter* den künftigen Mehrheitsgesellschafter wie einen existenten Mehrheitsaktionär behandele, der

---

929 Vgl. zum Meinungsstand statt vieler Hüffer, AktG, § 311, Rdn. 6, 7, m.w.N..

930 Auch diese Annahme von Krieger ist für den Fall, daß der Nachteilsausgleich nicht vorgenommen wird, nicht allgemeines Gedankengut, s. Hüffer, AktG, § 311, Rdn. 49 und Krieger (selbst!) in Münchener Handbuch des Gesellschaftsrechts, § 69, Rdn. 59, wonach die allgemeinen Vorschriften nur durch § 311 verdrängt werden, solange sich die nachteilige Veranlassung auch in den Grenzen des § 311 hält.

931 Vgl. Weber, ZIP 1994, 680, l.Sp..

932 Vor dem dritten Finanzmarktförderungsgesetz waren die Anwendungsbereiche der §§ 20,21 nicht von den Pflichten der §§ 21 ff. WpHG gelöst, s. Meixner, NJW 1998, 1896 (1899, r.Sp.).

933 So Krieger in Festschrift für Semler, 511.

dehne die Abhängigkeitsvermutung des § 17 II auf Personen aus, die das Gesetz gerade nicht der Abhängigkeitsvermutung unterwerfen wolle[934].

Gegen die methodische Zulässigkeit des Umkehrschlusses von *Krieger* ist zunächst einzuwenden, daß die Mitteilungspflichten einen spezifischen Zweck verfolgen, der mit dem Zweck der Definition der Mehrheitsbeteiligung nicht identisch ist. Ein Blick auf die Gesetzgebungsmaterialien[935] zeigt, daß ein Ziel der aktienrechtlichen Mitteilungspflichten darin liegt, die Aktionäre, die Gläubiger und andere Beteiligte über das Vorhandensein eines Großaktionärs und über vorhandene oder sich bildende Aktienpakete zu unterrichten und den heimlichen Aufkauf von Aktienpaketen zu unterbinden. Die Zurechnung von Aktien, deren Übereigung das Unternehmen verlangen kann, beruht nach den Diskussionen im Wirtschaftsausschuß auf der Zielsetzung der damaligen Neufassung, Umgehungen der Mitteilungspflicht zu unterbinden[936]. Besteht die aktienrechtliche Intention demnach darin, geplante Konzernverbindungen in einem frühzeitigen Stadium im Interesse von Minderheitsaktionären und Gläubigern transparent zu machen, zielen die §§ 21 ff. WpHG darauf ab, durch kapitalmarktrechtliche Offenlegungspflichten die Transparenz für Anleger und Gesellschaften im Interesse eines funktionierenden Wertpapierhandels herzustellen[937]. Die einzelnen Anleger sollen frühzeitig über Paketbildungen oder Paketauflösungen informiert werden, um auf ein Anschleichen eines Aufkäufers oder ein Wegschleichen eines Paketaktionärs reagieren zu können, da sowohl der Aufbau als auch der Abbau eine Insidertatsache sein können[938]. Beiden Regelungskomplexen der Mitteilungspflichten ist demnach gemein, daß – aktienrechtlich wegen des Schutzes der Minderheitsaktionäre und Gläubiger, wertpapierhandelsrechtlich aus Kapitalmarktgründen – ein Anschleichen an die Zielgesellschaft unterbunden werden soll. Damit sollen die Mitteilungs- bzw. Offenlegungspflichten typischerweise in einem frühen zeitlichen Stadium einsetzen Auch deshalb werden im Wortlaut der Norm Übereignungsansprüche erfaßt. Der von *Krieger* gezogene Umkehrschluß berücksichtigt folglich nicht, daß es sich bei § 20 II Nr.1 um einen selbständigen Regelungskomplex handelt, dessen spezifische Reichweite nicht entnommen werden kann, daß durch die Nichterwähnung von Übereignungsansprüchen in der Definition der Mehrheitsbeteiligung bei dem eine andere Zielsetzung aufweisenden § 16 eine vormitgliedschaftliche Abhängigkeitsbegründung generell ausgeschlossen sein soll. Wenn die Offenbarungs- bzw. Mitteilungspflichten darauf abzielen, ein Anschleichen an die Zielgesellschaft transparent zu machen, gehört es typischerweise zum topos, auch Übereignungsansprüche zu erfassen. Daraus läßt sich nicht ableiten, daß im Stadium vor Übereignung des Aktienpakets eine Abhängigkeit der Zielgesellschaft vom Käufer-Unternehmen ausscheidet. Die Unzulässigkeit des Umkehrschlussses ergibt sich sogar auf Basis der eigenen Ausführungen von *Krieger*, da dieser selbst davon ausgeht, daß der telos der (aktienrechtlichen) Meldepflicht auf die frühzeitige Einstellung[939] der Gesellschaft auf die kommenden Verhältnisse abzielt.

934 Wie Fußnote zuvor.

935 Vgl. Kropff, a.a.O., S.40/41.

936 Vgl. Kropff, a.a.O., S.42.

937 S. Schneider, AG 1997, 81.

938 Wie Fußnote zuvor.

939 S. Krieger in Festschrift für Semler, 511.

Ganz unabhängig von den vorstehenden methodischen Erwägungen spricht gegen die Schlußfolgerung von *Krieger* zudem, daß er den Befund „Abhängigkeit" nach § 17 I mit der in § 17 II aufgestellten Abhängigkeitsvermutung gleichsetzt. Seine Argumentation möchte vermeiden, daß die Abhängigkeitsvermutung auf Unternehmen ausgedehnt wird, die der Gesetzgeber nicht der Abhängigkeitsvermutung unterwerfen will. Wie die bisherige Untersuchung jedoch gezeigt hat, betrifft die vormitgliedschaftliche Abhängigkeitsbegründung gerade nicht solche Fallgruppen, bei denen über § 16 I oder über die Zurechnungsnorm des § 16 IV 2.Var. die Abhängigkeitsvermutung ausgelöst wird. Hier geht es nicht um Fälle des § 17 II, sondern um solche, die auf § 17 ***Absatz I***[940] basieren. Selbst wenn man somit trotz der teleologischen und topologischen Unterschiede der beiden Normenkomplexe die methodische Zulässigkeit des Umkehrschlusses von *Krieger* akzeptierte, ließe sich aus ihm nur entnehmen, daß der Gesetzgeber auf eine vierte Art der Zurechnung für § 16 IV verzichtet und damit von der Auslösung der Abhängigkeits*vermutung* im Falle schuldrechtlicher Übereignungsansprüche abgesehen hat. Bewiesen wäre aber nicht, daß mit dem Verzicht auf eine vormitgliedschaftliche Abhängigkeits*vermutung* auch die Möglichkeit einer vormitgliedschaftlichen Abhängigkeits*begründung* im Rahmen des § 17 I mit seiner vollkommen anderen Darlegungs- und Beweislaststruktur von vornherein ausgeschlossen werden sollte.

Damit steht § 20 II Nr. 1 i.V.m. § 16 e contrario einer vormitgliedschaftlichen Abhängigkeitsbegründung nach § 17 I nicht entgegen.

(bbb) § 117 als ausreichende Schutznorm ?

Als weiteres Argument gegen die Annahme einer vormitgliedschaftlichen Abhängigkeitsbegründung könnte daran zu denken sein, die in § 117 I S.1 normierte Schadensersatzpflicht als ausreichende Sanktion zu betrachten und somit die Notwendigkeit einer im Falle eines unterbliebenen Nachteilsausgleichs nach § 317 I S.1 ausgelösten abhängigkeitsrechtlichen Haftung des Käufer-Unternehmens für nachteilige Veranlassungen gegenüber Z in Zweifel zu ziehen. *Krieger*[941] vertritt dementsprechend die Ansicht, daß es für den Schutz der Minderheitsaktionäre und der Gesellschaft vor den schon im Vorfeld der dinglichen Übereignung wachsenden Einflußmöglichkeiten des künftigen Großaktionärs keines Rückgriffes auf die vormitgliedschaftliche Abhängigkeitsbegründung bedürfe. Ausreichend seien die allgemeinen Regeln des Aktienrechts, namentlich die Verpflichtung, bei mißbräuchlicher Benutzung des Einflusses auf die Gesellschaft nach § 117 Schadensersatz zu leisten. Zwar fehle dann der instrumentale Schutz, der sich mit dem Abhängigkeitsbericht und seiner Kontrolle durch die Abschlußprüfer verbinde; jedoch sei dies naturgemäß zu relativieren, da sich die Frage der „vorwirkenden Abhängigkeit" immer nur für relativ kurz bemessene Übergangszeiträume stelle und in dieser Zeit nicht mit breitflächigen und schwer erkennbaren nachteiligen Einwirkungen, sondern allenfalls mit

---

940 Auch Weber lehnt die Argumentation von Krieger als unbeachtlich ab, da die vormitgliedschaftliche Abhängigkeit gar nicht an § 17 II anknüpft, s. Weber, ZIP 1994, 687 l.Sp..

941 Vgl. Krieger in Festschrift für Semler, 514.

ganz punktuellen Einflußnahmen in besonders wichtigen Angelegenheiten zu rechnen sei[942].

Diese Auffassung von *Krieger* vermag aus drei Gründen nicht zu überzeugen.

Der erste Grund wird von *Krieger* selbst angeführt. Mit der Bejahung einer vormitgliedschaftlichen Abhängigkeitsbegründung käme nicht nur die Haftung des K als herrschendes Unternehmen nach § 317 I in Betracht, die nach Ansicht von *Krieger* durch § 117 aufgefangen werden könnte; vielmehr wäre – wie bereits an anderer Stelle[943] ausgeführt – durch die Erstellung eines Abhängigkeitsberichts und durch die in § 313 vorgesehene Abschlußprüfung die *Präventivfunktion* des Rechts der abhängigen Unternehmen sichergestellt. Die Einordnung von § 117 als ausreichende Schutznorm nähme dem Vorstand der Z die Möglichkeit, etwaige Versuche einer nachteiligen Einflußnahme seitens K in der Interimszeit unter Hinweis auf den zu erstellenden Abhängigkeitsbericht abzuwehren. Mit der ausschließlichen Anwendung des § 117 reduzierte man die Problematik einer nachteiligen Veranlassung seitens K nur auf die Schadensersatzperspektive, die jedoch erst dann virulent wird, wenn das Kind in den Brunnen gefallen ist, d.h., wenn K tatsächlich den Vorstand der Z zu einer nachteiligen Maßnahme oder einem nachteiligen Rechtsgeschäft veranlaßt hätte. Das spezifische Instrumentarium des Abhängigkeitsberichts gelangte damit gar nicht erst zur Anwendung.

Zweitens ist der Prämisse von *Krieger*, in der Interimszeit sei nicht mit breitflächigen und schwer erkennbaren nachteiligen Einwirkungen zu rechnen, sondern allenfalls mit „ganz punktuellen Einflußnahmen" in relativ kurz bemessenen Übergangszeiträumen weder im Ansatz noch in der behaupteten Konsequenz zu folgen.

Wie im ersten Abschnitt gezeigt wurde[944], kann es je nach Sachverhaltsgestaltung aufgrund vielfältiger, im Aktienkaufvertrag festgelegter Bedingungen zu einer deutlichen zeitlichen Verschiebung des Vollzugseintritts kommen. Schon von daher handelt es sich nicht immer um kurz bemessene Übergangszeiträume. Zudem scheint die Prämisse von *Krieger* von einem funktionalen Zusammenhang zwischen Länge des „Übergangszeitraums" und Qualität der Einflußnahme auszugehen. Für die Qualität der Einflußnahme kommt es jedoch nicht auf die abstrakte Länge der Interimszeit an, sondern auf die Intensität des durch anderweitige unternehmerische Interessen des K hervorgerufenen Interessenkonfliktes. M.a.W. kann je nach Sachverhaltsgestaltung auch in einem relativ kurzen Zeitraum ein großer Nachteil veranlaßt werden, wie das Beispiel der Versilberung im ersten Feno-Fall[945] illustriert. Schließlich vermag die Prämisse von Krieger auch nicht in ihrer Konsequenz zu überzeugen. Unterstellt man wie *Krieger*, daß in relativ kurz bemessenen Übergangszeiträumen nur ganz punktuelle Einflußnahmen in besonders wichtigen Angelegenheiten in Betracht kämen, spricht dies nicht gegen die Annahme einer vormitgliedschaftlichen Abhängigkeit, sondern erst recht dafür, diese punktuellen Einflußnahmen im hierfür eigens vorgesehenen Abhängigkeitsbericht zu erfassen. Handelte es sich

---

942 Wie Fußnote zuvor.

943 S. die Ausführungen in diesem Abschnitt, S. 255 mit Fußnote 920.

944 S. die Ausführungen im ersten Abschnitt, S. 59 ff..

945 Hier ging es nur um einen Zeitraum von wenigen Monaten, der jedoch selbst im Kopper`schen Sinne nicht in „peanuts", sondern in einem ausgeschütteten Sonderertrag von ca. 2,8 Mrd. DM resultierte, s. Weber, ZIP 1994, S. 679 mit Fußnote 8.

dagegen um breitflächige und schwer erkennbare nachteilige Einwirkungen, führte dies auch nicht zum Versagen eines abhängigkeitsrechtlichen Schutzes. Man gelangte dann in den Bereich des qualifizierten faktischen Konzerns, der durch die fehlende Isolierfähigkeit[946] der ausgleichspflichtigen Nachteilszufügung gekennzeichnet ist. Wäre Z einer derart verdichteten Leitungsmacht durch K unterworfen, daß es bereits im Interimsstadium zu nicht mehr isolierfähigen Nachteilsveranlassungen seitens K käme, wäre Z bzw. wären deren Minderheitsaktionäre und Gläubiger ggf. durch die pauschale Verlustübernahmepflicht[947] des K nach § 302 analog zu schützen, da das Regelungsmodell des Einzelnachteilsausgleichs nach § 311 verfehlt würde. Eine Abhängigkeit der Z wäre demnach sowohl bei breitflächigen Einflußnahmen als auch bei punktuellen Einflußnahmen zu bejahen. *Krieger* geht aber implizit davon aus, daß nur bei breitflächigen Einflußnahmen ein abhängigkeitsrechtlicher Schutz überhaupt erforderlich wäre, nicht jedoch bei punktuellen und damit auch isolierfähigen Nachteilsveranlassungen durch K, auf die das System des Einzelausgleichs gerade abzielt. Diese Annahme tritt zu Tage, wenn *Krieger* logisch vom angeblichen Fehlen breitflächiger und schwer erkennbarer nachteiliger Einwirkungen in dem Übergangszeitraum auf die fehlende Notwendigkeit einer „vorwirkenden" Abhängigkeit schließt.

Drittens basiert die Argumentation von *Krieger* auch auf der Überlegung, daß § 117 I ein gleiches Schutzniveau schaffen könnte wie § 317. Dies trifft jedoch nicht zu, da die beiden Tatbestände keine strukturelle Äquivalenz aufweisen. Bei § 117 handelt es sich um einen Tatbestand des Deliktsrechts[948]. Unabhängig davon, ob man für § 117 verlangt, daß die Rechtswidrigkeit durch eine Interessenabwägung positiv[949] festgestellt werden muß oder ob man fordert, daß zur ungerechtfertigten Verwirklichung des Tatbestandes das pflichtwidrige Verhalten des Beeinflußten hinzutreten[950] muß, statuiert § 317 II zugunsten des Anspruchstellers eine spezifische Beweislastregel, die § 117 I nicht vorsieht. Dem-

946 S. statt vieler Hüffer, AktG, § 302, Rdn. 6 m.w.N..

947 Vgl. Hüffer, AktG, § 311, Rdn. 11 mit § 302, Rdn. 30. Es entspricht der h.M., daß bei einer qualifizierten faktischen Konzernierung der AG kein Schutzdefizit gegenüber der GmbH eintreten darf. Somit ist § 302 grundsätzlich auch auf den qualifizierten faktischen AG-Konzern anwendbar.

948 S. BGH NJW 1992, 3167, 3172, l.Sp. ; Hüffer, AktG, § 117, Rdn.2. Zur Entstehungsgeschichte und zum deliktischen Charakter ausführlich Kropff in Geßler/Hefermehl, § 117, Rdn. 3 ff. (5).

949 So Brüggemeier, Einflußnahme auf die Verwaltung einer AG, AG 1988, S.97. Brüggemeier stützt die von ihm für § 117 geforderte positive Interessenabwägung auf eine topologische Auslegung, da § 117 in der Systematik verwandter deliktischer Vermögensschutztatbestände zwischen der bloß fahrlässigen Beeinträchtigung eines Gewerbebetriebes nach § 823 I BGB und der vorsätzlichen sittenwidrigen Schädigung nach § 826 BGB stehe.

950 Diese Auffassung wird von Kropff in Geßler/Hefermehl, § 117, Rdn. 23 vertreten. Demnach müsse bei dem veranlaßten Verwaltungsmitglied für das Rechtswidrigkeitsurteil hinzukommen, daß sein Handeln gegen die Pflichten eines ordentlichen Vorstands- oder Aufsichtsratsmitglieds, Prokuristen oder Handlungsbevollmächtigten verstößt. Gegen diese Ansicht spricht, daß sie nicht die Grenze zum eigenständigen Haftungstatbestand des § 117 II beachtet, s.a. Hüffer, AktG, § 117, Rdn.6.

nach trägt das herrschende Unternehmen als Beklagter unstreitig[951] die Beweislast für die Frage, ob auch ein ordentlicher und gewissenhafter Geschäftsleiter einer unabhängigen Gesellschaft das Rechtsgeschäft vorgenommen oder die Maßnahme getroffen oder unterlassen hätte. Folglich läßt sich ein auf § 317 I, II basierender Anspruch nicht durch die – von vielen Autoren ohnehin als konzeptionell[952] mißlungen angesehene- deliktische Norm des § 117 I substituieren.

Damit bleibt festzuhalten, daß eine Anerkennung der vormitgliedschaftlichen Abhängigkeitsbegründung nicht an der Existenz des § 117 I scheitert.

(ccc) Vormitgliedschaftliche Abhängigkeitsbegründung und andere Regelungskomplexe

Die vormitgliedschaftliche Abhängigkeit ist dadurch gekennzeichnet, daß das auf objektiven Anhaltspunkten beruhende Wahrscheinlichkeitsurteil des Z-Vorstandes über die Herbeiführung der zukünftigen Mehrheitsgesellschafterstellung des K bereits in der Gegenwart – d.h. in der Interimszeit- abhängigkeitsrechtliche Folgen im Rahmen des für das Recht der faktisch abhängigen Unternehmen zentralen Personalhoheitskonzepts auslöst. Zu fragen ist, ob diese Anknüpfung an eine zukünftige Rechtsstellung auch in anderen Regelungskomplexen anzutreffen ist.

Soweit es um das deutsche Aktienrecht geht, ist dies zu bejahen. Insbesondere im Zusammenhang mit der verdeckten Sacheinlage, der verbotenen Leistung oder der Darlehensgewährung ist die Gleichbehandlung des zukünftigen mit dem gegenwärtigen Aktionär kein Novum[953]. Im Bereich der aktienrechtlichen Meldepflichten wurde bereits erwogen, die Pflichten vorzuverlegen[954], um die freien Aktionäre möglichst frühzeitig zu un-

---

951 Die Beweislastverteilung ist unstreitig, wenn auch die Herleitung und Einordnung differiert. Koppensteiner sieht das Begriffswesentliche des Nachteils im Sorgfaltsverstoß und ordnet die Aufbürdung der Beweislast unter diesen Aspekt ein, vgl. Koppensteiner in Kölner Kommentar, § 317, Rdn. 25. Brüggemeier bezeichnet § 317 II als spezifischen abhängigkeitsrechtlichen Widerlegungstatbestand; die Rechtswidrigkeitsvermutung werde widerlegt, wenn die Verwaltung der abhängigen Gesellschaft die Maßnahme auch hätte vornehmen können, weil sie auch von dem Unternehmensinteresse einer unabhängig gedachten Gesellschaft gedeckt wäre, s. Brüggemeier, AG 1988, 99, r.Sp.. Hüffer sieht in § 317 II keine Exkulpationsmöglichkeit, sondern einen Tatbestandsausschluß, s. Hüffer, AktG, § 317, Rdn. 11.

952 S. Brüggemeier, AG 1988, S.98, l.Sp.unter Hinweis auf § 117 VII Ziff.1. Nach Wiedemann entspricht § 117 nicht mehr dem heutigen sozialethischen Standard, s. Wiedemann, Gesellschaftsrecht, Band I, § 8 II 4 (S.436/437). Wiedemann spricht sich deshalb für eine restriktive Auslegung aus, die im Rahmen des § 117 nur zu einer Schadensersatzverpflichtung quivis ex populo gelangt; dagegen sei der herrschende Gesellschafter, der seine Kontrollmacht nicht gelegentlich, sondern ständig ausübt, gehalten, die Belange der übrigen Aktionäre loyal zu berücksichtigen. Vgl. ferner Weber, ZIP 1994, 678 zusammen mit Fußnote 2. Weber unterstreicht die fehlende Wirksamkeit der Deliktsnorm des § 117, der in der Praxis keine tatsächliche Haftungsfunktion zukomme.

953 Vgl. Lutter in Festschrift für Steindorff, 133 m.w.N..

954 Schon 1968 wurde von Wiedemann im Rahmen einer rechtsvergleichenden Studie erwogen, die Mitteilungspflichten vorzuverlegen, um zu vermeiden, daß eine Mitteilung erst mit dem zu verhindernden Schadenseintritt zusammenfällt, vgl. Wiedemann, Minderheitenschutz und Aktienhandel, S. 62.

terrichten, falls sich mit Sicherheit abzeichnet, daß ein fremde Firma mehr als das bestehende Paket erwerben wird.

Ein Blick über den Tellerrand des deutschen Rechts zeigt zudem, daß die Anknüpfung an die zukünftige Rechtsstellung auch in der europäischen Fusionskontrolle eine Rolle spielt. In der Bekanntmachung[955] der Europäischen Kommission über den Begriff des Zusammenschlusses in der Europäischen Fusionskontrolle wird im Rahmen der sole control in Ziffer 15. ausgeführt: „ Eine Option, die zum Kauf oder zur Umwandlung von Aktien berechtigt, verleiht an sich noch keine Kontrolle, solange die Option nicht in naher Zukunft aufgrund einer rechtlich verbindlichen Absprache ausgeübt wird. Wenn es jedoch wahrscheinlich ist, daß die Option ausgeübt wird, kann dies ein weiteres Indiz sein, das – zusammen mit anderen – den Schluß nahe legt, daß eine alleinige Kontrolle vorliegt “. Wenngleich nicht vernachlässigt werden darf, daß es hier um die Ausfüllung des Kontrollkonzeptes der mit eigenen Zielsetzungen versehenen Europäischen Fusionskontrolle geht und nicht um eine abhängigkeitsrechtliche Definition, zeigt die zitierte Passage, daß eine aktuelle Position (hier die wettbewerbliche Kontrolle) auch durch die Wahrscheinlichkeit des Eintritts einer zukünftigen Rechtsstellung (hier die Erlangung der Gesellschafterstellung durch Ausübung der Option) abgeleitet werden kann.

Damit bleibt festzuhalten, daß auch ein breit angelegter Vergleich mit anderen Regelungskomplexen tendenziell für die mit der Annahme einer vormitgliedschaftlichen Abhängigkeitsbegründung verbundenen Einbeziehung einer zukünftigen Rechtsstellung in die gegenwärtige Beurteilung eines Sachverhaltes spricht.

(ee) Erforderlicher Grad der Einflußintensität

Die Frage, welcher Maßstab an die Solidität des beherrschenden Einflusses im Rahmen einer vormitgliedschaftlichen Abhängigkeitsbegründung zu legen ist, beinhaltet zwei zu unterscheidende Aspekte.

Der erste Aspekt betrifft die Überlegung, ob eine vormitgliedschaftliche Abhängigkeit der Z von K zwingend erfordert, daß sich die Potentialität der Beherrschung auch auf die einheitliche Leitung der Z erstrecken muß. *Krieger* vertritt dazu die Meinung, daß die Wahrscheinlichkeit einflußkonformen Verhaltens nur dann in dem für die Abhängigkeitsbegründung erforderlichen Umfange vorliege, falls sich ein vernünftiger Vorstand dem künftigen Großaktionär so weit unterwerfe, daß dieser schon vor dem Erwerb der Aktienmehrheit in der Lage sei, die abhängige Gesellschaft einheitlich zu leiten[956]. Entscheidend sei somit die Beantwortung folgender Frage: Könnte der künftige Aktionär heute schon einheitlich leiten, wenn er nur wollte ?[957]

---

955 Bekanntmachung der Kommission über den Begriff des Zusammenschlusses der Verordnung (EWG) Nr. 4064/89 des Rates vom 21. Dezember 1989 über die Kontrolle von Unternehmenszusammenschlüsssen, ABl. Nr. C 385/5 v. 31.12.1994.

956 Vgl. Krieger in Festschrift für Semler, 510.

957 Wie Fußnote zuvor. Diese Ausgangsfrage ist eine Hauptweichenstellung für die Untersuchung von Krieger, da er für den Regelfall die Möglichkeit einer einheitlichen Leitung im Interimsstadium verneint und somit eine „vorwirkende“ Abhängigkeit nur bei ungewöhnlichen vertraglichen Gestaltungen oder aufgrund besonderer tatsächlicher Umstände für denkbar hält.

Dieser Ansatzpunkt von *Krieger*, der für die Bejahung einer vormitgliedschaftlichen Abhängigkeitsbegründung eine hohe Hürde aufstellt, führt in die bekannte abhängigkeitsrechtliche Fragestellung, wie sich der Abhängigkeitsbegriff des § 17 zu dem Konzernbegriff des § 18 I S. 1 verhält. Denn *Krieger* wäre nur dann zuzustimmen, falls der Begriff der Abhängigkeit voraussetzte, daß das herrschende Unternehmen auch einheitlich leiten könnte.

Dagegen spricht bereits die in § 17 II verankerte Abhängigkeitsvermutung, die auf der Mehrheitsbeteiligung beruht und damit die Möglichkeit einheitlicher Leitung gerade nicht zur Voraussetzung eines beherrschenden Einflusses macht[958]. Dieser Einsicht entspricht auch der Ansatz im Seitz-Urteil[959] des BGH, wonach der Konzernbegriff des § 18 I zwar ein Abhängigkeitsverhältnis i.S.d. § 17 voraussetze, für die Feststellung eines Abhängigkeitsverhältnisses aber nicht umgekehrt erforderlich sei, daß sich daraus im Wege einheitlicher Leitung ein Konzernverhältnis entwickeln könne.

Zudem ist mit *Kohte* davon auszugehen, daß der potentielle Konflikt, der durch den „vorauseilenden Gehorsam"[960] des Vorstandes gegenüber dem Käufer-Unternehmen gekennzeichnet ist, vom Normzweck des § 17 besser erfaßt werden kann als durch das Erfordernis einer nur nach § 18 notwendigen einheitlichen Leitung, die i.d.R. erst nach Vollzug des Unternehmenskaufes bzw. nach speziellen vertraglichen Vereinbarungen erfolgen wird.

Damit scheitert eine vormitgliedschaftliche Abhängigkeit nicht daran, daß die Intensität des beherrschenden Einflusses ggf. (noch) keine einheitliche Leitung in der Interimszeit ermöglicht.

Der zweite Aspekt der Ausgangsfrage betrifft den *Umfang* der Einwirkungsmöglichkeiten. Soll für eine vormitgliedschaftliche Abhängigkeitsbegründung erforderlich sein, daß K über eine umfassend-generelle Einwirkungsmöglichkeit auf Z verfügt und damit alle zentralen Unternehmensbereiche wie Ein- und Verkauf, Organisation und Finanzierung von einer möglichen Einflußnahme erfaßt werden könnten ? Gegen eine solche Forderung ist einzuwenden, daß ein Konzern schon angenommen wird, wenn das herrschende Unternehmen nur einen zentralen Unternehmensbereich kontrolliert[961]. Deshalb ist es nicht nachvollziehbar, warum an den Begriff der Abhängigkeit weitergehende Bedingungen geknüpft werden sollten als infolge der Interdependenz[962] der Unternehmensbereiche an den der Konzernierung. Zudem ist zu bedenken, daß in § 308 I S.2 im Rahmen des

958 Vgl. zu diesem Gedanken auch Werner, a.a.O., S.48. Werner sieht die Einordnung der Abhängigkeitsverbindung als potentiellen Konzern im Widerspruch zum Gesetzesmechanismus der Abhängigkeitsvermutung.

959 S. BGHZ 62, 193 (196). Koppensteiner, der vom BGH als dissentierende Meinung zitiert wird, hat in seiner Kommentierung zwar das Argument, bei Gemeinschaftsunternehmen könne keine mehrfache Konzernzugehörigkeit vorliegen, verworfen, jedoch zum Kern des Problems festgehalten, daß es vom Zweck der an die Abhängigkeit anknüpfenden Normen nicht darauf ankommen könne, ob sich aus der Abhängigkeit ein Konzern entwickeln kann, s. Koppensteiner in Kölner Kommentar, § 17, Rdn. 16.

960 So Kohte in seiner Urteilsrezension des zweiten Feno-Falles in EWiR § 17 AktG 1/94, S. 212.

961 Vgl. Habersack in Emmerich/Habersack, § 17, Rdn.7 und § 18, Rdn. 13 f..

962 Kontrolliert die Konzernmutter z.B. den Bereich der Unternehmensorganisation, hat dies auch unmittelbare Auswirkungen auf die Finanzierung oder den Vertrieb.

Vertragskonzerns vorgesehen ist, daß der Beherrschungsvertrag das Weisungsrecht des herrschenden Unternehmens einschränken[963] kann. Auch im Lichte dieser Vorschrift muß eine vormitgliedschaftliche Einwirkungsmöglichkeit nicht[964] umfassend-generell sein.

Zusammenfassend ist festzuhalten, daß die Annahme einer vormitgliedschaftlichen Abhängigkeit der Z von K weder bedingt, daß K bereits in der Interimszeit einheitlich leiten könnte, noch voraussetzt, daß sich der beherrschende Einfluß auf sämtliche Unternehmensbereiche der Z erstreckt.

(ff) Dauer der Beherrschungmöglichkeit

Zu überlegen ist weiterhin, ob für die Annahme einer vormitgliedschaftlichen Abhängigkeitsbegründung eine Mindestdauer für die Möglichkeit eines beherrschenden Einflusses auf Z zu fordern ist. Im Schrifttum wird teilweise vertreten, daß die Beherrschungsmöglichkeit von einer gewissen[965] Dauer sein müsse. Gegen dieses Erfordernis lassen sich drei Argumente anführen.

Erstens zeigt die historische Auslegung, daß der Gesetzgeber aus Rechtsklarheitsgründen darauf verzichtet hat, zeitliche Mindestanforderungen an den beherrschenden Einfluß zu stellen. In der Begründung des Regierungsentwurfs[966] wird das Beispiel einer vorübergehenden Bankbeteiligung angeführt, die für die Beherrschungsmöglichkeit auch dann genügen soll, wenn es unwahrscheinlich ist, daß von der Beherrschungsmacht Gebrauch gemacht wird. Der Gesichtspunkt der Rechtsklarheit steht einer zeitlichen Mindestanforderung auch deshalb entgegen, weil operationale Kriterien[967] zur Abgrenzung der in Betracht kommenden Zeitspanne fehlen. Denn wo sollte man – losgelöst von den Besonderheiten des Einzelfalls – eine abstrakte zeitliche Grenze ziehen: bei einer Woche[968], zwei Wochen oder einem Monat ? Dies zeigt, daß es nicht auf die zeitliche Erstreckung des beherrschenden Einflusses ankommt, sondern auf dessen Verläßlichkeit[969].

---

963 § 308 I S.2 läßt nachteilige Weisungen zu, sofern der Vertrag nichts anderes bestimmt. Damit kann die Zulässigkeit nachteiliger Weisungen im Beherrschungsvertrag abbedungen werden, s.a.Hüffer, AktG, § 308, Rdn.1.

964 So zutreffend Weber, ZIP 1994, 689, l.Sp..

965 Vgl. A/D/S, Vorbem. zu §§ 311-313, Rdn. 36; Rittner, DB 1976, 1465 (1469, l.Sp.). Rittner fordert für die Möglichkeit des beherrschenden Einflusses eine zeitliche Beständigkeit; so soll bei einer vorübergehenden Bankbeteiligung, die nur über wenige Wochen oder Monate reicht, ein beherrschender Einfluß regelmäßig nicht zu bejahen sein.

966 Vgl. die Regierungsbegründung bei Kropff, a.a.O., § 17, S.31 (unten).

967 S. Emmerich in Emmerich/Habersack, § 17, Rdn. 9. Nach OLG Köln AG 1991, 140, 141, l.Sp., kann auch beim qualifiziert faktischen GmbH-Konzern eine bestimmte Zeitdauer des Beherrschungsverhältnisses nicht allgemein verbindlich festgelegt werden.

968 Der BGH hatte in einem Urteil zum qualifizierten GmbH-Konzern sogar geprüft, ob eine *einwöchige* faktische Konzernierung zur Haftung analog § 303 I führen kann und dabei eine Haftung nur verneint, weil die Ereignisse, die den wirtschaftlich aussichtslosen Zustand der Gesellschaft verursachten, vor der Konzernierung stattgefunden hatten und die bloße Beibehaltung des status quo ante während der einwöchigen Konzernierungsphase keinen die Konzernhaftung auslösenden Eingriff darstelle, s. BGH NJW 1997, 943 (944, r.Sp.).

969 S. Hüffer, AktG, § 17, Rdn. 7, wonach es um eine *verläßliche* Einflußmöglichkeit geht.

Bezeichnenderweise können die Autoren, die eine „gewisse" Dauer der Beherrschungsmöglichkeit fordern, selbst keine näheren zeitlichen Angaben machen.

Der zweite Gesichtspunkt, der gegen eine zeitliche Mindestanforderung spricht, wurde bereits bei der Diskussion, ob § 117 I als ausreichende Schutznorm angesehen werden kann, erwähnt. Ein funktionaler Zusammenhang zwischen der Dauer der Beherrschung und der Intensität des Eingriffs ist zu verneinen, weil auch in relativ kurz bemessenen Zeiträumen einschneidende Nachteile zu Lasten der abhängigen Gesellschaft herbeigeführt werden können. Zudem ist bei der Begründung der Möglichkeit eines beherrschenden Einflusses ungewiß, wie lange er bestehen wird. Dann müßte unter Zugrundelegung einer zeitlichen Mindestanforderung zunächst unentschieden bleiben, ob eine Abhängigkeit vorliegt. Die Gefährdungen treten jedoch unabhängig davon ein, wie lange der gefahrenträchtige Zustand fortdauern wird[970].

Schließlich zeigt ein Vergleich mit der Abhängigkeitsvermutung des § 17 II, daß die Forderung nach einem Zeitfaktor für die Abhängigkeitsbegründung den zentralen Ansatzpunkt der Personalhoheit nicht hinreichend berücksichtigt. Die Abhängigkeitsvermutung setzt nicht voraus, daß die Beteiligung auf eine bestimmte Dauer angelegt ist. Entscheidend ist nur, daß sich die Verwaltungsmitglieder zur Rücksichtnahme auf das mit Mehrheit beteiligte Unternehmen gezwungen sehen, um ihr Verbleiben im Amt nicht zu gefährden[971]. Deshalb kann die zeitliche Begrenzung einer im Rahmen des § 17 I tauglichen Beherrschungsgrundlage nur dann erheblich sein, wenn durch sie gerade die für das Abhängigkeitsverhältnis typische Zwangssituation beendet wird[972]. Bei der vormitgliedschaftlichen Abhängigkeit ergibt sich die Zwangssituation des Z-Vorstandes aus der positiven Wahrscheinlichkeit, daß K als zukünftiger Mehrheitsgesellschafter indirekt über seine Wiederbestellung durch die Wahl des nächsten Z-Aufsichtsrates befinden kann. Diese Zwangssituation endet, wenn der Z-Vorstand aufgrund objektiver Umstände seine Wahrscheinlichkeitsprognose ändert und fortan davon ausgeht, daß K nicht über die nächste personelle Zusammensetzung des Aufsichtsrates entscheiden kann. Ist der Z-Vorstand von einem Gelingen der Akquisition überzeugt, kann sich die spezifische Gefährdungslage innerhalb nur weniger Wochen oder Monate in der Interimszeit realisieren, wie das Beispiel des ersten Feno-Falles[973] zeigt.

Folglich ist ein abstrakter Mindeszeitfaktor für die Dauer einer vormitgliedschaftlichen Abhängigkeit nicht erforderlich.

(gg) Grad der Konkretisierung des Machtwechsels

Die Untersuchung der den Parteien zur Verfügung stehenden Widerlegungsmöglichkeiten im Rahmen der durch eine Vereinbarungstreuhand oder durch eine atypische Unterbeteiligung ausgelösten zweifachen Abhängigkeitsvermutung hat gezeigt, daß eine erfolgreiche Widerlegung in den Fällen, in denen die nächsten Aufsichtsratswahlen der Z aus der Ein-

---

970 Zu dieser Argumentation, die zur Irrelevanz eines Zeitfaktors führt vgl. Koppensteiner in Kölner Kommentar, § 17, Rdn. 23.

971 Vgl. Dierdorf, a.a.O., S.55.

972 Wie Fußnote zuvor.

973 S. zum Sachverhalt die Darstellung auf S. 250 f..

schätzung des Vorstandes erst nach Beendigung der Interimszeit stattfinden werden, von der Wahrscheinlichkeitsprognose über das Gelingen oder das Scheitern der Aktienübertragung auf K abhängt. Das Wahrscheinlichkeitsurteil des Z-Vorstandes wird seinerseits durch die Einschätzung beeinflußt, wie *konkret* sich der zukünftige Machtwechsel bereits in der Interimszeit abzeichnet. Zu überlegen ist somit, wonach sich der Grad der Konkretisierung des bevorstehenden Machtwechsels für eine vormitgliedschaftliche Abhängigkeitsbegründung bemißt.

Soweit es um Fusionskontrollsachverhalte geht, richtet sich die Konkretisierung des Machtwechsels nach der Genehmigungswahrscheinlichkeit des Vorhabens. Hierzu existiert infolge der gesetzlichen Vorgaben und angesichts einer langjährigen Praxis der Fusionskontrollbehörden eine Reihe objektiver Kriterien, auf die an entsprechender Stelle[974] im Zusammenhang mit der zweiten Hauptfallgruppe eingegangen wird.

Auch außerhalb der Fusionskontrolle bewegt sich eine Beurteilung der Konkretisierung des Machtwechsels und damit ein Wahrscheinlichkeitsurteil über das Gelingen der geplanten Akquisition nicht im luftleeren Raum. Hier sind ebenfalls eine Fülle objektiver Indizien vorstellbar, die dem Rechtsanwender im Rahmen einer ggf. erforderlichen richterlichen Beweiswürdigung den Rückschluß auf die subjektiven Tatbestandsvoraussetzungen auf seiten des Vorstandes der Zielgesellschaft erlauben. An dieser Stelle ist zu betonen, daß es nicht um einen Rückschluß von einem tatsächlichen Verhalten des Z-Vorstandes auf eine vormitgliedschaftliche Abhängigkeit der Z geht; vielmehr geht es darum, objektive Indizien zu finden, die für einen bestimmten Inhalt der Akquisitionsprognose herangezogen werden können. Anschauungsmaterial dafür bietet der zweite Feno-Fall, der bei der Rezension[975] der Entscheidung des OLG Düsseldorf einer Analyse unterzogen werden soll.

Als Indizien für den Inhalt einer vom Z-Vorstand angestellten Akquisitionssprognose, die von einem Kläger nach § 17 I dargelegt werden könnten, kommen Schreiben an die Vorstandsmitglieder der Z, Protokolle der Vorstands- und Aufsichtsratssitzungen, der Geschäftsbericht der Z, Aktionärsbriefe des Vorstands, aber auch mündliche Unterrichtungen in Form von Telefonaten, Besprechungen etc., die durch Zeugenbeweise beigebracht werden können, in Betracht. Da ein Minderheitsaktionär als Anspruchsteller nicht mit den internen Begleitumständen des Beteiligungskaufs vertraut ist, dürfen an die Darlegungs- und Beweislast nicht zu hohe Anforderungen gestellt werden (s.a. S. 284, 288). Dies bedeutet in praxi, daß die Grenze zu einem unzulässigen Ausforschungsbeweisantrag sehr weit gezogen werden muß. Wenngleich die Prozeßrealität lehrt, daß wegen der Vielzahl der beteiligten Personen auch häufig entsprechend valide Informationen nach außen dringen werden, kann im Einzelfall eine Darlegung dennoch mit Schwierigkeiten verbunden sein. Dies ist der Preis einer rechtssicheren Anwendung des Abhängigkeitsbegriffs (s. a. S. 270 ff.). Inhaltlich können die Indizien zeigen, daß der Vorstand der Z in der Interimszeit aufgrund objektiver Umstände mit überwiegender Wahrscheinlichkeit von einem Gelingen oder einem Scheitern der Anteilsübertragung auf K ausgehen mußte. Als Beurteilungsmaßstab ist auf die Perspektive eines durchschnittlich vernünftigen und auf seine Wiederbestellung bedachten Geschäftsleiters abzustellen.

---

974 Vgl. die Überlegungen auf S. 283 ff. in diesem Abschnitt.

975 S. die Rezension auf S. 286 ff. in diesem Abschnitt.

Für den Rückschluß auf eine positive Akquisitionsprognose sollen folgende Beispiele genannt werden:

Vorstellbar ist, daß der Z-Vorstand von der beabsichtigten Genehmigung des Beteiligungskaufs durch die Aufsichtsräte der Parteien offiziell oder auf dem „kleinen Dienstweg" erfährt. Denkbar ist weiterhin, daß dem Z-Vorstand die Ergebnisse erster Bodenuntersuchungen zur Vorbereitung eines Schadstoffgutachtens über das Betriebsgrundstück der Z, dessen negativer Ausgang zur aufschiebenden Bedingung des Aktienkaufvertrages gemacht wurde, zur Kenntnis gelangt. Zeigen die ersten Untersuchungen keine Anzeichen einer Kontamination, kann dies ein Indiz dafür darstellen, daß der Z-Vorstand ab Kenntnisnahme mit einem Gelingen der Akquisition rechnen mußte. Vorstellbar ist auch, daß der Z-Vorstand von der Finanzierungszusage des die Akquisition begleitenden Kreditinstituts Kenntnis erlangt oder über eine bevorstehende Patronatserklärung der Konzernmutter von K informiert wird. Denkbar wäre ferner, daß der Vorstand der Z von dem Landesbürgschaftsausschuß über die beabsichtigte Erteilung einer Ausfallbürgschaft zugunsten des K oder von der Bewilligungsstelle der Förderverwaltung über die bevorstehende Bewilligung eines Förderantrages unterrichtet wird. Die Reihe von Beispielen ließe sich aufgrund der Vielfältigkeit der im Aktienkaufvertrag aufnehmbaren Bedingungen beliebig fortsetzen. Sie illustriert, daß auch außerhalb der Fusionskontrollsachverhalte eine Darlegung der Konkretisierung des Machtwechsels in der prozessualen Situation praktisch möglich ist. Aus den vorgenannten Beispielen wird auch deutlich, daß bestimmte Indizien innerhalb der Interimszeit zu einer Zäsur führen können. Erfährt der Z-Vorstand aufgrund eines objektivierbaren Umstandes z.B. erst einige Zeit nach Abschluß des Aktienkaufvertrages, daß die dort festgelegte(n) Bedingung(en) einer Übereignung des Aktienpaketes mit überwiegender Wahrscheinlichkeit erfüllt werden können, ist innerhalb der Interimszeit zwischen zwei Zeitabschnitten zu trennen, die abhängigkeitsrechtlich unterschiedlich zu beurteilen sind.

Vice versa können auch entsprechende Beispiele für den Rückschluß auf eine negative Akquisitionsprognose angeführt werden. Z.B. kann der Z-Vorstand durch Kontakte zu dem oder den begleitenden Kreditinstitut(en) in der Interimszeit erfahren, daß die Finanzierung der Akquisition mit überwiegender Wahrscheinlichkeit platzen wird. Fraglich ist dann, ob eine vormitgliedschaftliche Abhängigkeitsbegründung auch möglich ist, wenn der Vorstand der Z mit überwiegender Wahrscheinlichkeit von einem Scheitern der Akquisition ausgeht, jedoch nicht ausschließen kann, daß die Akquisition wider Erwarten doch gelingt. Im Rahmen der Fälle des § 16 IV 2.Var. wurde zu dem Problem einer mit Unsicherheiten behafteten Prognose festgestellt, daß Restrisiken der Einschätzung nicht zu Lasten der Minderheitsaktionäre gehen dürfen. Im Rahmen einer negativen Aquisitionsprognose wurde[976] weiterhin befürwortet, K nicht aus der abhängigkeitsrechtlichen Haftung zu entlassen, falls an dem Scheitern der Akquisition auf seiten des Z-Vorstandes noch vernünftige Zweifel bestehen. Nun könnte man die Ansicht vertreten, daß diese Beurteilung auch auf die Fälle übertragbar ist, die nicht zu einer Zurechnung nach § 16 IV 2.Var. führen. Allerdings spricht gegen einen solchen Transfer, daß es bei den Fällen des § 16 IV 2.Var. darum ging, zu prüfen, unter welchen Voraussetzungen K die durch die enge wirtschaftliche Interessenbindung an Z ausgelöste gesetzliche Abhängigkeits*vermu-*

976 Vgl. die Ausführungen auf S. 220.

tung widerlegen kann. Im Rahmen der Vermutung müssen Zweifel an einem Scheitern der Akquisition und das damit noch vorhandene Einflußpotential zu Lasten des insofern darlegungs- und beweislastpflichtigen K gehen. M.a.W. ist für diese Fälle dann im Zeifel davon auszugehen, daß das dem K aufgrund des Unsicherheitsfaktors in der Prognose des Z-Vorstandes verbleibende Einflußpotential beherrschender Natur ist. Bei den Fällen außerhalb von § 16 IV 2.Var. liegt die Darlegungs- und Beweislast für eine vormitgliedschaftliche Abhängigkeits*begründung* nach § 17 I – abgesehen von Beweiserleichterungen – beim Anspruchsteller. Damit muß notfalls nachgewiesen werden, daß das auch bei überwiegender Wahrscheinlichkeit eines Scheiterns der Akquisition aufgrund des Unsicherheitsfaktors noch verbleibende Einflußpotential des K *beherrschender* Natur ist.

(hh) Vormitgliedschaftlicher Konzern als Gegenargument ?

Gegen eine vormitgliedschaftliche Abhängigkeitsbegründung könnte auch eingewandt werden, daß bei deren Bejahung die Konzernvermutung des § 18 I S.3 ausgelöst würde. Bedeutet dies, daß die Anerkennung einer Abhängigkeit der Z von K im Interimsstadium ins Uferlose[977] führte und sogar noch über die Rechtsfolge eines vormitgliedschaftlichen Unterordnungskonzerns hinaus eine Konsolidierungspflicht nach § 290 I HGB auslöste ?

Der Befürchtung, die Anerkennung einer vormitgliedschaftlichen Abhängigkeitsbegründung könnte weit über das Ziel hinausschießen, ist zunächst entgegenzuhalten, daß eine Konzernvermutung nicht aus heiterem Himmel über die Beteiligten hineinbrechen würde, sondern nur dann greifen könnte, falls eine Abhängigkeitsbegründung nach § 17 I dargelegt werden kann. Wie bereits unter (gg) angesprochen, wird dies in der prozessualen Situation nur dann zutreffen, wenn greifbare objektive Indizien für die Befürchtung eines einflußkonformen Verhaltens des Z-Vorstandes zugunsten des K aufgrund des hinreichend konkretisierten Machtwechsels dargelegt werden können. Darüber hinaus obliegt es dem Anspruchsteller des § 317, auch die Veranlassung und den Schaden darzulegen und notfalls – allerdings unter Erleichterungen[978] – zu beweisen. Geht es um die Frage, ob die Berichtspflichten nicht ordnungsgemäß erfüllt wurden, muß ebenfalls zuerst die Abhängigkeit der Z von K dargelegt werden. Dies zeigt, daß es dem Anspruchsteller bzw. den die gerichtliche Prüfung beantragenden Aktionär zumindest obliegt, den ersten Schritt zu machen und die Schwelle der Abhängigkeitsbegründung durch Darlegung entsprechender Indizien zu überwinden. Gelingt dies, ist es Sache des Anspruchgegners resp. Beklagten, die durch die dargelegte und notfalls bewiesene Abhängigkeit ausgelöste Konzernvermutung zu widerlegen. Die Anforderungen, die an die Widerlegung zu stellen sind, richten sich dann nach der Konzernkonzeption. Sofern ein enger Konzernbegriff[979] zugrunde gelegt wird, müßte der Nachweis geführt werden, daß Z in der Interimszeit nicht eine wirtschaftliche Einheit mit K bildete. Insbesondere wäre nachzuweisen, daß Z keiner einheitlichen Finanz-, Liquiditäts- und Erfolgsplanung i.S. einer Betriebsabteilung des K

977 Die Befürchtung eines „ vorwirkenden" Konzerns und einer Konsolidierungspflicht klingt bei Krieger bereits am Anfang seiner Untersuchung an, s. Krieger in Festschrift für Semler, 504.

978 Bei der Veranlassung kann der Beweis vermutungsbegründender Tatsachen genügen, beim Schaden kann § 287 ZPO weiterhelfen; s.Hüffer, AktG, § 317, Rdn.12.

979 S. Koppensteiner in Kölner Kommentar, § 18, Rdn.14 ff..

unterfiel[980] oder daß zwar eine Gesamtkonzeption bestand, diese aber nicht durchgeführt[981] wurde. Unter Zugrundelegung des weiten Konzernbegriffs[982] müßte nachgewiesen werden können, daß K auch nicht hinsichtlich einzelner wesentlicher Bereiche der Unternehmenspolitik wie der Investitions-, Finanz-, Produktions-, Absatz- oder Personalpolitik die unternehmerische Leitfunktion durch Planung, Organisation, Koordinierung und Kontrolle wahrgenommen hat. Beim ersten Feno-Fall wäre eine (hypothetische) Widerlegung angesichts des von der Deutschen Bank en detail ausgearbeiteten Veräußerungskonzeptes[983] zumindest im Rahmen des weiten Konzernbegriffs schwerlich gelungen, wenn nicht sogar aufgrund der finanziellen Dimension der Veräußerungen auch im Rahmen des engeren Konzernbegriffs gescheitert.

Diese Erwägungen zeigen, daß die Konzernvermutung nach § 18 I S.3 nur in den Fällen bestehen bliebe, in denen eine Widerlegung daran scheitert, daß die Intensität der vormitgliedschaftlichen Abhängigkeit in einem tatsächlichen Zugriff des K auf alle bzw. auf einen wesentlichen Bereich der unternehmerischen Tätigkeit der Z bereits in der Interimszeit mündet. Dann ist kein Grund ersichtlich, warum diese Intensität der Leitungsmacht nicht durch die Konzernvorschriften erfaßt werden sollte. Die vormitgliedschaftliche Abhängigkeit führt somit nicht ins Uferlose, sondern hält sich an die Darlegungs- und Beweislast für die Auslösung und die Widerlegung der Konzernvermutung.

(ii) Rechtssicherheit versus Zielerreichung ?

Abschließend soll erörtert werden, ob eine vormitgliedschaftliche Abhängigkeit mit dem Erfordernis der Rechtssicherheit vereinbar ist. Ist es dem Z-Vorstand zuzumuten, für die Interimszeit einen Abhängigkeitsbericht hinsichtlich K zu erstellen ? Kann der Vorstand überhaupt rechtssicher beurteilen, ob er zur Aufstellung des Abhängigkeitsberichts verpflichtet ist und voraussehen, daß er einer möglichen Haftung aus § 318 I ausgesetzt ist ? Birgt eine Bewertung, die auf Wahrscheinlichkeitsprognosen des Z-Vorstandes fußt, nicht die Gefahr, in den Bereich nicht justiziabler psychologischer Umstände abzudriften ?

Der BGH hat im Seitz-Urteil das Verhältnis des Schutzzwecks des Rechts der abhängigen Unternehmen zum Gebot der Rechtssicherheit wie folgt umschrieben: „Wenn auch der Gesichtspunkt der Rechtssicherheit schon wegen der weitreichenden Folgerungen, die das Gesetz an eine Abhängigkeit knüpft,... nicht außer Betracht bleiben darf, so hat doch der Schutzzweck des Gesetzes den Vorrang. Jedenfalls kann sich das Bestehen eines Abhängigkeitsverhältnisses nicht nach der Leichtigkeit seiner Feststellung richten. Sonst wäre es, um etwa die Berichtspflicht nach § 312 AktG auszuschalten, nur erforderlich, die Einflußmöglichkeiten auf ein anderes Unternehmen verwickelt und undurchsichtig zu ge-

---

980 Koppensteiner sieht die verbundweite Koordination des finanziellen Bereiches als ausreichende und notwendige Bedingung des Konzernbegriffs an, s. Koppensteiner in Kölner Kommentar, § 18, Rdn. 20.

981 Vgl. Hüffer, AktG, § 18, Rdn. 19.

982 Vgl. Geßler in Geßler/Hefermehl, § 18, Rdn. 7 ff. (10); Hüffer, AktG, § 18, Rdn. 9; Krieger in Münchener Handbuch des Gesellschaftsrechts, § 68, Rdn. 68.

983 S. Lutter in Festschrift für Steindorff, 133. Lutter betont, daß der Vorstand der Feno niemals von sich aus auf den Gedanken gekommen wäre, die Beteiligungen an Grace und an Daimler zu veräußern.

stalten. Gerade gegen die feineren, nicht gleich auf der Hand liegenden und in ihrer Vielfalt schwer erfaßbaren Möglichkeiten eines fremden Unternehmereinflusses hat der Gesetzgeber aber den einzelnen Aktionär und die Gesellschaftsgläubiger absichern wollen...“[984].

Der zuletzt genannte Gesichtpunkt des BGH findet seine Stütze in den Gesetzgebungsmaterialien, wonach nicht nur bewußt auf eine abschließende Aufzählung der Beherrschungsmittel verzichtet wurde, sondern auch auf die Nennung von Beispielen für die möglichen Grundlagen des beherrschenden Einflusses[985]. Damit wurde zur Vermeidung von Umgehungsmöglichkeiten ein geringeres Maß[986]an Rechtssicherheit in Kauf genommen, als durch Schaffung eines NC der Beherrschungsmittel möglich gewesen wäre.

Der zuerst genannte Gesichtspunkt bedarf jedoch einer näheren Erörterung. Sofern es dem BGH nur darum geht, Schutznormen und ihre unbestimmten Rechtsbegriffe umgehungsresistent[987]auszulegen, wofür auch spricht, daß die Rechtssicherheit „nicht außer Betracht bleiben darf“, ist ihm beizupflichten. Soweit aber im Konfliktfall pauschal ein Vorrang der Verwirklichung des Schutzzweckes vor der Rechtssicherheit postuliert würde, könnte dem nicht gefolgt werden. Denn eine mit erheblichen Rechtsunsicherheiten behaftete Rechtsanwendung könnte schon wegen des unvermeintlichen Verstoßes gegen das Gleichheitsgebot nicht zur optimalen Schutzzweckverwirklichung beitragen. Eine Vermeidung der Kollision zwischen Schutzzweckverwirklichung und Rechtssicherheit kann deshalb nur da ansetzen, wo methodisch auch bei der Ausfüllung von Generalklauseln oder z.B. der mitgliedschaftlichen Treupflichten angesetzt wird: bei der Bildung von Fallgruppen. Mit anderen Worten geht es um die Schaffung möglichst objektiver, systematisierter und typisierter Rechtskriterien[988]. Hierzu trägt nach der hier vertretenen Auffassung nicht nur die Überprüfung der Wahrscheinlichkeitsprognose bzw. die Konkretisierung des anstehenden Machtwechsels anhand objektiver Indizien bei, sondern auch die Beachtung der abhängigkeitsrechtlichen Darlegungs- und Beweislast. Auf diese Weise wird die Gefahr gebannt, daß nicht justiziable Umstände als Differenzierungskriterien für die Lösung eines praktischen Falles herangezogen werden.

Wollte man dagegen von der Schwierigkeit, im Einzelfall eine vormitgliedschaftliche Abhängigkeit nachzuweisen, auf deren Nichtexistenz schließen, wäre auch in anderen Rechtsgebieten eine Subsumtion nicht möglich. Als Beispiel seien hier nur die deliktischen Tatbestände des Zivilrechts oder die Fahrlässigkeitstatbestände des Strafrechtes genannt. Auch hier muß die richterliche Tatsachenfeststellung bzw. Beweiswürdigung auf objektive Indizien zurückgreifen, um Rückschlüsse auf die subjektive Seite des Tatbestandes zu ziehen. Kann z.B. durch Zeugenbeweis oder durch entsprechende Schriftwechsel nachgewiesen werden, daß der Vorstand der Zielgesellschaft zu einem bestimmten

---

984 So BGHZ 62, 193 (197 unten sowie 198 oben).

985 Vgl. die Regierungsbegründung bei Kropff, a.a.O., § 17, S.31.

986 S. dazu Dierdorf, a.a.O., S.34 mit Fußnote 67. Als Gegenbeispiel zur deutschen Konzeption nennt Dierdorf sect. 154 des britischen Companies Act von 1948, in dem eine abschließende Aufzählung möglicher Beherrschungsgrundlagen erfolgte.

987 Vgl. Werner, a.a.O., S.46.

988 S. Werner, a.a.O., S.46 mit Fußnote 82. Werner weist zu Recht darauf hin, daß das Gebot der Rechtssicherheit nicht zwingend eine restriktive Normauslegung erfordert, solange nur objektive und systematisierte Kriterien herangezogen werden.

Zeitpunkt der Interimszeit von der bevorstehenden Finanzierungszusage der Investmentbank oder der baldigen Genehmigung der beabsichtigten Akquisition durch die Aufsichtsgremien erfahren hat, steht einem objektivierbaren Rückschluß auf die Akquisitionsprognose des Vorstandes nichts entgegen. Hierbei ist die bereits erwähnte Frage maßgebend: Wie würde ein auf seine Wiederbestellung bedachter durchschnittlich vernünftiger Vorstand einer deutschen AG in der Situation des Z-Vorstandes unter Einbeziehung aller ihm in der Interimszeit zur Kenntnis gelangten Daten und objektiven Umstände des Akquisitionsvorhabens die Wahrscheinlichkeit eines Machtwechsels beurteilen ?

Die Anwendung von § 17 I bedeutet, daß kein Vorstand befürchten müßte, aufgrund nicht vorhersehbarer Umstände für das Fehlen des Abhängigkeitsberichts zur Rechenschaft gezogen zu werden. Es bleibt Sache des Anspruchstellers, die konkreten Umstände[989] darzulegen und ggf. zu beweisen, aus denen die Möglichkeit eines beherrschenden Einflusses des Käufer-Unternehmens in der Interimszeit abgeleitet werden kann. Der Anspruchsteller muß zumindest klare Beweisanzeichen[990] vortragen, die den objektivierten Rückschluß auf eine vormitgliedschaftliche Abhängigkeit zulassen. Deshalb muß ein Vorstand nur fürchten, zur Rechenschaft gezogen zu werden, wenn er bereitwillig mit K zum Nachteil der Z paktiert hat und den oder die Nachteile nicht im Abhängigkeitsbericht transparent macht.

Zusammenfassend bleibt festzuhalten, daß eine vormitgliedschaftliche Abhängigkeitsbegründung nach § 17 I mit den in Rspr. und Literatur präzisierten Voraussetzungen des beherrschenden Einflusses vereinbar ist und einer rechtssicheren und vorhersehbaren Anwendung nichts entgegensteht. Die vormitgliedschaftliche Abhängigkeit ist als selbständige Ausprägung eines beherrschenden Einflusses anzusehen.

(4) Abhängigkeitsrechtliche Gesamtbetrachtung

(a) Möglichkeiten der abhängigkeitsrechtlichen Beziehungen

Bevor auf die denkbaren Fälle eingegangen wird, soll die abhängigkeitsrechtliche Ausgangssituation erneut ins Gedächtnis gerufen werden:

Aufgrund der dinglichen Inhaberschaft der Mehrheitsbeteiligung besteht in der Interimszeit eine Abhängigkeitsvermutung zu Lasten des V. Die Vereinbarung eines Nießbrauchs oder einer typischen Unterbeteiligung an den noch im Eigentum des V stehenden Aktien reicht nicht aus, um auch zu Lasten des K eine Abhängigkeitsvermutung nach § 16

989 Die Herleitung der vormitgliedschaftlichen Abhängigkeitsbegründung auf Basis konkreter Umstände wird auch von Weber betont, vgl. Weber, ZIP 1994, 689, r.Sp..

990 Nach dem Grundsatz der Sachnähe ist es dann Sache der Beklagten, die vom Kläger vorgetragenen Beweisanzeichen für eine organisationsvermittelte Abhängigkeit zu entkräften, s. Kohte, a.a.O., S.212. Im übrigen sieht auch das OLG Düsseldorf in der Feno-Entscheidung die Notwendigkeit, daß an die Darlegungslast des Klägers keine allzu hohen Anforderungen gestellt werden dürfen, da er als Außenstehender die einzelnen Abreden der Parteien des Aktienkaufvertrages nicht kennen kann, s. OLG Düsseldorf ZIP 1993, S. 1794, r.Sp.. Auch diese Erleichterung bedeutet jedoch nicht, daß eine Klage sich im luftleeren Raum bewegt, da der Kläger durch den Vortrag von Beweisanzeichen nach wie vor den ersten Schritt zur Darlegung machen muß.

IV 2.Var. i.V.m. § 17 II auslösen, wie es bei der Vereinbarung einer Treuhand oder einer atypischen Unterbeteiligung regelmäßig zutrifft. Die prinzipielle Möglichkeit einer vormitgliedschaftlichen Abhängigkeit der Z von K nach § 17 I ist zu bejahen.
In dieser Situation sind logisch vier Möglichkeiten vorstellbar:

- singuläre Abhängigkeit der Z von V aufgrund der Abhängigkeitsvermutung;
- singuläre Abhängigkeit der Z von K nach § 17 I entweder auf *außer*mitgliedschaftlicher Basis infolge einer die Personalhoheit verschaffenden Stimmrechtsverlagerung von V auf K oder infolge der Verstärkung der Stimmrechtsmacht einer bereits vorhandenen Minderheitsbeteiligung des K an Z oder auf Grundlage einer *vor*mitgliedschaftlichen Abhängigkeit mit Blick auf die aus Sicht des Z-Vorstandes wahrscheinliche zukünftige Erlangung der Mehrheitsbeteiligung seitens K;
- Abhängigkeit der Z sowohl von V als auch von K (Mehrfachabhängigkeit);
- Fehlen eines Abhängigkeitsverhältnisses.

Da die Ausgangslage durch die alleinige Abhängigkeitsvermutung zu Lasten des V gekennzeichnet ist, ist für die weitere Prüfung nach den auf S. 239 f. zusammengefaßten Konstellationen zu differenzieren.

(b) Fälle der erfolgreichen Widerlegung durch V

(aa) Konstellation 1: Rechtliches Ausübungshindernis und Aufsichtsratswahlen in der Interimszeit

Kann der Vorstand der Z absehen, daß die nächsten Aufsichtsratswahlen noch in die Interimszeit fallen, vermag V die Abhängigkeitsvermutung nicht durch den Nachweis zu widerlegen, daß er sich de facto bereits in der Interimszeit zugunsten seines Nachfolgers K zurückgezogen hat; vielmehr muß V die *Möglichkeit* zur Beherrschung selbst widerlegen[991]. Eine Widerlegung setzt somit voraus, daß die zwischen den Parteien getroffene besondere Abrede zu einem rechtlichen Ausübungshindernis führt, durch das V für die Interimszeit seine Stimmrechtsmacht für die Wahlen des Aufsichtsrates der Z verliert.

Für K bringt eine erfolgreiche Widerlegung seitens V infolge der vertraglichen Verlagerung der Stimmrechtsmacht auf ihn mit sich, daß er bereits in der Interimszeit über die personelle Zusammensetzung des Aufsichtsrates der Z entscheiden könnte. Daher begründet eine besondere Abrede zwischen den Parteien in Form einer Autorisation des K oder einer generellen Stimmbindung des V oder in Gestalt einer punktuell zumindest die Aufsichtsratswahlen umfassenden Stimmrechtsverlagerung die Abhängigkeit der Z von K nach § 17 I. Zu unterstreichen ist, daß es sich dabei nicht um eine *vor*mitgliedschaftliche Abhängigkeitsbegründung handelt, sondern entweder um eine Abhängigkeit, die aus der Verstärkung einer bereits vorhandenen Minderheitsbeteiligung des K an Z mittels einer von V abgeleiteten Stimmrechtsmacht resultiert oder um eine *außer*mitgliedschaftliche Abhängigkeit, falls K keine Beteiligung an Z hält. Der Anknüpfungspunkt für die Abhängigkeitsbegründung liegt bei beiden Möglichkeiten nicht in der wahrscheinlichen zukünftigen Stellung des K als neuer Mehrheitsgesellschafter der Z nach Beendigung der Inte-

---

991 Vgl. a. Weber, ZIP 1994, 686, l.Sp.. Weber unterscheidet allerdings nicht danach, zu welchem Zeitpunkt die nächste personelle Weichenstellung im Aufsichtsrat erfolgen wird.

rimszeit, sondern in der von V erhaltenen Stimmrechtsmacht, die aus einer besonderen schuldrechtlichen Abrede folgt.

In der Konstellation 1 ist somit entweder eine singuläre außermitgliedschaftliche Abhängigkeit der Z von K anzunehmen oder eine singuläre Abhängigkeit der Z von K, die auf der Verstärkung seiner Minderheitsbeteiligung an Z durch die von V erhaltene Stimmrechtsmacht gründet.

(bb) Konstellation 2: Positive Akquisitionsprognose und Aufsichtsratswahlen nach Beendigung der Interimszeit

In dieser Konstellation hängt die erfolgreiche Widerlegung durch V nicht davon ab, ob die besondere Abrede mit K in der Interimszeit ein unmittelbares[992] rechtliches Ausübungshindernis seiner Mehrheitsstimmrechtsmacht verankert oder nicht. Sieht der Z-Vorstand das Gelingen der Akquisition als Formalakt an oder hegt er an deren Erfolg keine vernünftigen Zweifel, wird er in beiden Fällen die Unternehmenspolitik an den Vorstellungen des zukünftigen Mehrheitsgesellschafters K ausrichten.

Sieht die Abrede ein unmittelbares rechtliches Ausübungshindernis vor, durch das V für die Interimszeit seine Stimmrechtsmacht mit Blick auf die Aufsichtsratswahlen mittels Autorisation oder Stimmbindung an K verliert, ist zu fragen, ob eine singuläre Abhängigkeit der Z von K außer- oder vormitgliedschaftlich begründet wird, falls K keine Beteiligung an Z hält. Da es nach dem hier entwickelten konkreten Beurteilungsmaßstab auf den Zeitpunkt der nächsten Aufsichtsratswahlen ankommt, knüpft die Abhängigkeitsbegründung nicht an die dem Käufer-Unternehmen schon in der Interimszeit verliehene Stimmrechtsmacht an, sondern an die Befürchtung eines einflußkonformen Verhaltens des Z-Vorstandes, die aus dem zukünftigen und vom Vorstand nicht mehr in Frage gestellten Machtwechsel resultiert. Damit handelt es sich um einen Fall der vormitgliedschaftlichen Abhängigkeitsbegründung.

Erlangt K in der Interimszeit nicht die aus Sicht des Z-Vorstandes ohnehin nur theoretische Möglichkeit, den nächsten Aufsichtsrat zu bestimmen, kann ebenfalls eine singuläre vormitgliedschaftliche Abhängigkeit der Z von K bestehen.

---

992 Bei positiver und nicht zweifelbehafteter Akquisitionsprognose des Z-Vorstandes und Aufsichtsratswahlen, die aus Sicht des Z-Vorstandes erst nach Beendigung der Interimszeit stattfinden, könnte man den Aktienkaufvertrag als (mittelbares) rechtliches Ausübungshindernis ansehen, das V zwar nicht daran hindert, in der Interimszeit die Hauptversammlung der Z zu dominieren, jedoch aus Sicht des Z-Vorstandes die Ursache darstellt, daß V zum *relevanten* Zeitpunkt der nächsten Konstituierung des Z-Aufsichtsrates wegen der dann mittlerweile abgeschlossenen Akquisition nicht mehr über die Personalhoheit verfügen wird, vgl. auch S. 219. Wem diese Auslegung des Aktienkaufvertrages als mittelbares rechtliches Ausübungshindernis zu weit hergeholt erscheint, muß die geschilderte Sachverhaltskonstellation aufgrund des konkreten Beurteilungsmaßstabes als Ausnahme vom Grundsatz ansehen, daß für eine Widerlegung der Mehrheitsherrschaft ein rechtliches Ausübungshindernis der Stimmrechtsmacht schon in der Interimszeit vorliegen muß.

(cc) Konstellation 3: Positive Akquisitionsprognose und rechtliches Ausübungshindernis in der Interimszeit bei fehlender Absehbarkeit des Zeitpunkts der nächsten Aufsichtsratswahlen im Verhältnis zur Interimszeit

Hält K an Z keine eigene Beteiligung, kommt in der dritten Konstellation eine singuläre Abhängigkeit der Z von K in Betracht, die einerseits auf dem außermitgliedschaftlichen derivativen Einflußpotential des K in der Interimszeit beruht (für den Fall, daß die Aufsichtsratswahlen noch in die Interimszeit fallen) und andererseits auch auf dem vormitgliedschaftlichen beherrschenden Einflußpotential des K infolge der vom Z-Vorstand vorhergesehenen Stellung als zukünftiger Mehrheitsgesellschafter gründet (falls die Aufsichtsratswahlen erst nach Beendigung der Interimszeit stattfinden werden). Damit basiert die Befürchtung eines einflußkonformen Verhaltens des Z-Vorstandes zugunsten des K auf beiden Modalitäten einer nichtmitgliedschaftlichen Abhängigkeit.

(c) Fälle der fehlenden Widerlegung durch V

(aa) Fälle singulärer Abhängigkeit der Z von V

Bevor auf die Problematik des Verhältnisses zwischen einer denkbaren vormitgliedschaftlichen Abhängigkeit der Z von K und der fortbestehenden Abhängigkeitsvermutung zu Lasten des V eingegangen wird, sind die Fälle auszuscheiden, in denen es bei der singulären Abhängigkeit der Z von V bleibt.

Ist absehbar, daß der neue Aufsichtsrat vor Beendigung der Interimszeit gewählt wird, benötigt der Z- Vorstand die noch vorhandene Stimmrechtsmacht des V, um seine Wiederbestellung zu sichern. Dann bleibt es bei der alleinigen Abhängigkeit der Z von V, auch wenn der Vorstand der Z mit einem Gelingen der Akquisition rechnet. Der Vorstand muß sein „Überleben" für die nächste Amtsperiode sicherstellen. Da das Käufer-Unternehmen – wenn überhaupt – erst die möglicherweise noch mehr als fünf weitere Jahre entfernte übernächste Wahl des Aufsichtsrates dominieren wird, wird der Vorstand erst dann seine Unternehmenspolitik an ihm ausrichten, wenn er sich der Fortsetzung seiner Karriere für die kommende Amtsperiode sicher ist.

Rechnet der Z-Vorstand mit den nächsten Aufsichtsratswahlen erst nach Ende der Interimszeit, ist bei negativer Akquisitionsprognose ebenfalls kein Raum für eine vormitgliedschaftliche Abhängigkeitsbegründung, da K aus Sicht des Z-Vorstandes nicht die Stellung des Mehrheitsaktionärs erlangen wird. Auch in diesem Fall bleibt es bei der alleinigen Abhängigkeit der Z von V.

(bb) Fälle des Zusammentreffens der Abhängigkeitsvermutung zu Lasten des V mit einer denkbaren vormitgliedschaftlichen Abhängigkeit der Z von K

Diese Problematik stellt sich, wenn V mangels Begründung eines rechtlichen Ausübungshindernisses in der Interimszeit seine Mehrheitsherrschaft noch nicht aus den Händen gegeben hat und der Vorstand der Z bei positiver Akquisitionsprognose nicht absehen kann, ob die nächsten Aufsichtsratswahlen in die Interimszeit fallen oder nicht. Hier gilt einerseits die Abhängigkeitsvermutung zu Lasten des V fort; andererseits kann der Vorstand auch nicht ausschließen, daß die Zusammensetzung des Aufsichtsrates vom zukünftigen Mehrheitsgesellschafter K vorgegeben wird. Diese Konstellation wird in der Praxis am häufigsten vorkommen, insbesondere, wenn die Amtsperiode des aktuellen Aufsichtsrates schon vor einiger Zeit begonnen hat und der Vorstand der Z keinen Grund hat, an dem Gelingen der Akquisition zu zweifeln. Aber auch, wenn der Vorstand zwar mit überwiegender Wahrscheinlichkeit von einem Gelingen des angestrebten Machtwechsels ausgeht, jedoch nicht sicher auszuschließen vermag, daß die Akquisition letztendlich scheitern könnte, weil es sich um eine komplexere Transaktion mit verschiedenen „Fallstricken" handelt, kann es zu einem Zusammentreffen zwischen dem Einflußpotential des Altgesellschafters aus der noch vorhandenen Herrschaftsmöglichkeit in der Interimszeit und dem Einflußpotential des K, der möglicherweise als Neugesellschafter über die Wiederbestellung des Vorstandes indirekt entscheiden wird, kommen. Der Vorstand der Zielgesellschaft befindet sich demnach in dem Dilemma, daß er nicht mit Gewißheit vorhersehen kann, ob der gegenwärtige oder der zukünfige Herr im Hause seine Wiederbestellung in den Händen hat.

Wie verhält sich eine prinzipiell denkbare vormitgliedschaftliche Abhängigkeit der Z von K zu der an sich fortbestehenden Abhängigkeitsvermutung hinsichtlich V ?

Eine erste Möglichkeit könnte darin zu sehen sein, daß eine vormitgliedschaftliche Abhängigkeitsbegründung trotz ihrer prinzipiellen Vorstellbarkeit im konkreten Fall ausscheidet und es nur bei der Abhängigkeitsvermutung zu Lasten des V bleibt.

Hierfür könnte zum einen angeführt werden, daß eine Abhängigkeit der Z von K nur dann angenommen werden dürfe, falls die Abhängigkeitsvermutung zu Lasten des Altgesellschafters V widerlegt sei. Dieser Gedanke hätte zur Konsequenz, daß § 17 II gleichsam als Sperre für eine anderweitige Abhängigkeitsbegründung, die außerhalb der vertraglichen Delegation der Stimmrechtsmacht liegt, fungierte. Anders ausgedrückt gäbe es unter Zugrundelegung dieser Konzeption einen strikten Automatismus zwischen der Widerlegung der Abhängigkeitsvermutung durch V und der Abhängigkeitsbegründung im Hinblick auf K. Vermag V die Abhängigkeitsvermutung aufgrund eines rechtlichen Ausübungshindernisses zu widerlegen, hätte dies zur Folge, daß K automatisch aufgrund der ihm von V eingeräumten vertraglichen Beherrschungsmittel als herrschendes Unternehmen anzusehen wäre. Vice versa bliebe es bei der exklusiven Herrschaft des V, falls die Widerlegung mißlingt. Für den dritten Weg einer vormitgliedschaftlichen Abhängigkeit vom Käufer-Unternehmen, die selbständig neben die mitgliedschaftliche Abhängigkeit vom Verkäufer-Unternehmen tritt, bliebe bei Annahme eines solchen dualistischen Exklusivitätsmodells kein Raum mehr.

Zum anderen könnte das Exklusivitätsmodell auch auf die Überlegung gestützt werden, daß die vormitgliedschaftliche Abhängigkeit der Z von K ausscheide, weil jede Einflußnahme seitens K dem noch amtierenden Altgesellschafter V zuzurechnen sei. Die Zurechnung ließe sich auf eine mittelbare Abwehrpflicht[993] stützen, die auf der Abhängigkeitsvermutung basiert. Man könnte V aus einer abhängigkeitsrechtlichen Garantenstellung die von ihm geduldeten nachteilhaften Einwirkungen auf Z, die von K ausgehen, zurechnen.

993 Dieser Gedanke findet sich auch bei Weber, ZIP 1994, 683, l.Sp..

Als zweite Möglichkeit wäre daran zu denken, eine Mehrfachabhängigkeit der Z sowohl von V als auch von K anzunehmen.

Als dritte Möglichkeit käme in Betracht, daß für die Interimszeit evtl. nachteilige Veranlassungen durch V nur noch K als zukünftigem Mehrheitsgesellschafter zugerechnet würden. Dann wäre eine singuläre vormitgliedschaftliche Abhängigkeitsbegründung zu Lasten des K anzunehmen und die an sich fortwirkende Abhängigkeitsvermutung im Verhältnis zu V würde durch die vormitgliedschaftliche Abhängigkeit konsumiert bzw. beseitigt.

Die vierte und letzte Möglichkeit könnte darin liegen, daß Z für die Interimszeit als unabhängiges Unternehmen einzustufen wäre. Als Begründung könnte man anführen, daß sich die vormitgliedschaftliche Abhängigkeit zum zukünftigen Mehrheitsgesellschafter und die mitgliedschaftliche Abhängigkeit zum gegenwärtigen Mehrheitsgesellschafter gegenseitig aufheben und zur Neutralisierung des beherrschenden Einflusses in toto führen.

Gegen die beiden letztgenannten Möglichkeiten ist einzuwenden, daß sowohl eine konsumierende Zurechnung an K als auch die Annahme einer gegenseitigen Neutralisierung des beherrschenden Einflusses bewirken, daß V frühzeitig aus seiner abhängigkeitsrechtlichen Verantwortung entlassen wird, obwohl die gesetzliche Abhängigkeitsvermutung fortgilt und sein Einflußpotential als Altgesellschafter möglicherweise sogar durch langjährige Strukturen in der Z flankiert wird. Bei Annahme einer Neutralisierung erhielten die Minderheitsaktionäre der Zielgesellschaft Steine statt Brot, da letztendlich sowohl der in der Abhängigkeitsvermutung verankerte Mechanismus der Personalhoheit als auch die Anerkennung einer vormitgliedschaftlichen Abhängigkeitsbegründung zu ihrem besonderen Schutz dienen. Der potentielle Konflikt zwischen den Interessen des dinglichen Inhabers der Mehrheitsbeteiligung und denen der Minderheitsaktionäre wird durch eine vormitgliedschaftliche Abhängigkeit zum Käufer-Unternehmen nicht aufgehoben, sondern durch das Hinzutreten eines weiteren Herrschaftssubjekts noch *verstärkt*. Denn gab es vor Abschluß des Aktienkaufvertrages nur die anderweitigen unternehmerischen Interessenbindungen des V, tragen zu der potentiellen Gefährdung der Vorstandsautonomie nunmehr zusätzlich die anderweitigen Interessenbindungen des K bei. Dieser Aspekt spricht nicht nur für eine Verstärkung der Gefährdung als solcher, sondern auch für die erhöhte statistische Wahrscheinlichkeit einer nachteilhaften Veranlassung, da der Vorstand der Z nunmehr von zwei Seiten bedrängt werden könnte.

Eine Zurechnung an K stellt zudem ebenso wie die Annahme einer gegenseitigen Neutralisierung der Einflußpotentiale eine reine Spekulation[994] zu Lasten der Minderheitsaktionäre der Z dar. Sie knüpft an das im Einzelfall *tatsächlich* praktizierte Machtgefüge in der Z an und nicht mehr an die hier allein entscheidende *Potentialität* des beherrschenden Einflusses, die anhand verläßlicher Kriterien ex ante zu beurteilen ist. Im Rahmen einer ex-ante-Beurteilung kann aber nicht verläßlich vorhergesagt werden, ob das vormitgliedschaftliche Einflußpotential des K die dem V in der Interimszeit verbleibende Stimmrechtsmacht verdrängt. Ebenfalls in den Bereich der Spekulation fällt die Annahme, daß der Z-Vorstand infolge einer balance of power die Geschicke der Gesellschaft nunmehr von beiden Seiten unbeeinflußt führen könnte. Vorstellbar ist stattdessen eine en-

994 Vgl. auch Weber, ZIP 1994, 686, r.Sp.. Weber betont hier zu Recht, daß eine Zurechnung an K ebenso in Betracht kommen könnte wie eine Zurechnung an V.

tente cordiale zwischen Verkäufer- und Käuferunternehmen zu Lasten der Zielgesellschaft, wie der erste Feno-Fall zeigt. Ob eine vormitgliedschaftliche Abhängigkeit de facto zur alleinigen Herrschaft des K oder aber zur gegenseitigen Blockierung der Parteien führt, ist folglich eine Frage der tatsächlichen *Ausübung* des beherrschenden Einflusses bzw. des tatsächlichen *Verzichts* auf seine Ausübung und nicht mehr eine solche der Potentialität der Beherrschung.

Demnach ist ein exklusives Abhängigkeitsverhältnis der Z von K qua Zurechnung des Beherrschungspotentials des V ebenso abzulehnen wie die Annahme einer gegenseitigen Neutralisierung beider Einflüsse.

Gegen die Annahme einer Sperrwirkung, die aus der durch V nicht widerlegten Abhängigkeitsvermutung resultiert und gegen ein mit der Sperrwirkung einhergehendes Exklusivitätsverhältnis der Beherrschung ist einzuwenden, daß bei Anerkennung der Möglichkeit einer vormitgliedschaftlichen Abhängigkeitsbegründung kein sachlicher Grund besteht, eine äquivalente Beherrschungsform durch die andere zu verdrängen. Warum sollte man K bei einer auf Basis seines vormitgliedschaftlichen Einflußpotentials von ihm veranlaßten Nachteilszufügung in den Genuß einer abhängigkeitsrechtlichen Freistellung gelangen lassen ? Noch deutlicher wird dies, wenn man das Zurechnungsargument betrachtet. Werden V die Veranlassungen durch K aufgrund einer Garantenstellung angelastet, folgt daraus nicht, daß K selbst aus der abhängigkeitsrechtlichen Verantwortung zu nehmen ist. Denn andernfalls bewirkte die gerade zu Gunsten der abhängigen Gesellschaft in § 17 II statuierte Abhängigkeitsvermutung, daß ein weiterer und möglicherweise finanziell potenterer Anspruchgegner der in § 317 normierten Ansprüche wegfiele. Eine absorbierende Zurechnung des Einflußpotentials zu Lasten des V stößt zudem auf dieselben methodischen Bedenken wie eine absorbierende Zurechnung zu Lasten des K. Schließlich ist *Weber* darin zuzustimmen, daß eine Zurechnung allein an V oder allein an K auch deshalb ausscheidet, weil sichere und vorhersehbare Differenzierungskriterien[995] nicht ersichtlich sind.

Damit bleibt nur die zweite Möglichkeit, die eine Mehrfachabhängigkeit der Z von V und von K beinhaltet. Sie beruht nicht auf dem klassischen Fall einer gemeinsamen Herrschaft, die erst durch die Summierung oder Komplementierung von Einflußpotentialen begründet wird, denn hier reicht jedes Einflußpotential für sich genommen schon aus, um einen beherrschenden Einfluß ausüben zu können. Nur diese Möglichkeit wird der fehlenden Widerlegung der Abhängigkeitsvermutung seitens V im gleichen Maße gerecht wie der Anerkennung einer auf Grundlage von objektiven Kriterien dargelegten und notfalls zu beweisenden vormitgliedschaftlichen Abhängigkeit von K. Nur sie stellt sicher, daß beiden Einflußpotentialen Rechnung getragen wird. Zur Charakterisierung der Beherrschungsform läßt sich entweder eine Mehrfachabhängigkeit sui generis[996] annehmen

995 Weber, ZIP 1994, 686, r.Sp., spricht davon, daß ein einseitiger Zugriff auf einen der beiden Noch- bzw. Noch-Nicht-Gesellschafter unter Anwendung von im Einzelfall möglicherweise „recht zweifelhaften Kriterien" erfolgen würde.

996 Hierzu tendiert Weber, ZIP 1994, 682, r.Sp. und 686, r.Sp..Weber spricht von einer anderweitigen Abhängigkeit nichtkomplementärer Natur und will die „unkoordinierte", aber unzulässigerweise geduldete Herrschaftsausübung den Fällen koordinierter Herrschaftsausübungen gleichstellen. Die Frage, ob nicht doch eine Koordination vorliegen könnte, wird von Weber

oder aber bei Befürwortung eines Koordinierungserfordernisses[997] der beiden Herrschaftswillen auf die vertraglich vereinbarte Partizipation des K an Z abstellen. Erfaßt werden können auf diese Weise insbesondere die Fälle, in denen Verkäufer- und Käuferunternehmen bei der Veranlassung eines Nachteils zusammenwirken.

c) *Unterfall 2: Vereinbarung einer mittelbaren Unternehmensbeteiligung ohne besondere zusätzliche Abreden über die Stimmrechtsausübung*

aa) Fälle des § 16 IV 2.Var.

Begründen die Parteien anläßlich des Aktienkaufvertrages für die Interimszeit eine Vereinbarungstreuhand oder eine atypische Unterbeteiligung, ohne eine gesonderte Regelung über die Stimmrechtsausübung in der Hauptversammlung der Z zu treffen, gilt zunächst die zweifache Abhängigkeitsvermutung zu Lasten des K nach §§ 16 IV 2.Var., 17 II und zu Lasten des V nach §§ 16 I, 17 II. Mangels abweichender besonderer Abrede ergeben sich für die Vereinbarungstreuhand die im zweiten Abschnitt[998] dargestellten idealtypischen Folgen für das Stimmrecht. Dies bedeutet, daß K als Treugeber ein *generelles* Weisungsrecht für die Geschäftsbesorgung durch V erhält. Diese Geschäftsbesorgung bezieht sich auf alle Belange einer treuhänderischen Verwaltung der Beteiligung und umfaßt auch die Wahlen des Aufsichtsrates der Z[999]. Für die atypische Unterbeteiligung, die durch den Unterbeteiligungsvertrag im Innenverhältnis die Rechtsstellung des K so definiert, als ob

---

nicht vertieft, da er nicht von der Vereinbarung einer mittelbaren Unternehmensbeteiligung ausgeht, sondern vom bloßen Vorliegen eines Aktienkaufvertrags. Aber auch hier stellt sich die Frage, ob die implizite These der fehlenden Koordinierung, die von Lutter in Festschrift für Steindorff, 134, im Hinblick auf die Vertragspflichten des Aktienkaufvertrages nicht geteilt wird, so zutrifft. Vgl. dazu auch die Ausführungen zur zweiten Hauptfallgruppe, S. 282 ff..

997 Diese Alternative stellt sich rechtskonstruktiv nur, wenn man der Auffassung ist, daß bei mehreren Herrschaftssubjekten immer eine Koordinierung stattfinden müsse, auch wenn jeder Einfluß bereits für sich betrachtet als herrschend qualifiziert werden kann.

998 S. die dortigen Ausführungen auf S. 96.

999 Schließen die Parteien im ersten Unterfall der ersten Hauptfallgruppe einen Stimmbindungsvertrag, mit einem *punktuellen* Weisungsrecht des K, das die Wahlen des Z-Aufsichtsrates nicht umfaßt, wird das aus dem Geschäftsbesorgungsverhältnis folgende dispositive und *alle* mit der Beteiligung verbundenen Belange umfassende Weisungsrecht des K abbedungen. Dann folgt allein aus der Interessenwahrungspflicht des V keine Verpflichtung, für die von K präferierten Aufsichtsratsmitglieder zu votieren, s. die Ausführungen auf S. 228 f.. Hat K dagegen ein generelles Weisungsrecht, bezieht es sich auch auf die Z-Aufsichtsratswahlen, da die Wahlen einen unmittelbaren Zusammenhang mit der Geschäftsbesorgung aufweisen. Anders ausgedrückt sind die Wahlen beim generellen Weisungsrecht zwar der Geschäftsbesorgung zuzuordnen; bei einer abweichenden Ausgestaltung der Treuhand, die *kein* Weisungsrecht des K für die Aufsichtsratswahlen vorsieht, ändert die Verpflichtung des V zur Interessenwahrnehmung jedoch nichts an der Geltung des Parteiwillens.

er bereits in der Interimszeit selbst an Z als Hauptgesellschafter beteiligt wäre, ergibt sich bei struktureller Annäherung an die Treuhand dasselbe[1000].

Aus dem Weisungsrecht des K ergibt sich eine Verlagerung der Stimmrechtsmacht bereits in der Interimszeit. Dann gelten die abhängigkeitsrechtlichen Ergebnisse zu einem Stimmbindungsvertrag mit generellem Weisungsrecht des K entsprechend[1001].

bb) Nießbrauch und typische Unterbeteiligung

Für diese Fälle gilt mangels Haltens der Beteiligung für Rechnung des K die alleinige Abhängigkeitsvermutung zu Lasten des V. Da ohne zusätzliche Abrede die Entscheidung über die Stimmrechtsausübung in der Interimszeit bei V verbleibt, gelten die Ergebnisse zu 3. b) dd) (4) (c) entsprechend[1002].

d) Unterfall 3: Besondere Abreden über die Stimmrechtsausübung ohne Vereinbarung einer mittelbaren Unternehmensbeteiligung

Sofern die Parteien des Aktienkaufvertrages nur eine Regelung über die Stimmrechtsausübung treffen, ohne auch eine wirtschaftliche Partizipation des K an Z für die Interimszeit vorzusehen, ist die Ausgangslage durch die alleinige Abhängigkeitsvermutung zu Lasten des V gekennzeichnet. Die abhängigkeitsrechtliche Beurteilung richtet sich dann danach, ob V die Widerlegung gelingt oder nicht und folgt somit grundsätzlich den Ausführungen unter 3. b) dd) (4) (b), S. 273 ff. und (c), S. 275 ff..

Problematisch ist allerdings, ob bei dem Unterfall 3 der ersten Hauptfallgruppe, der im Gegensatz zu den vorhergehenden Unterfällen 1 und 2 keine mittelbare Unternehmensbeteiligung des K an Z aufweist, auch eine *Mehrfachabhängigkeit* der Z bei dem Zusammentreffen der fortwirkenden Abhängigkeitsvermutung zu Lasten des V mit der vormitgliedschaftlichen Abhängigkeitsbegründung der Z von K angenommen werden kann. Sieht man in dem gleichzeitigen Vorliegen von Einflußpotentialen des aktuellen und des zukünftigen Mehrheitsherrschers eine Herrschaftsform sui generis, auf die mangels Addition von Einflußpotentialen auch nicht die herkömmlichen Koordinierungserfordernisse anwendbar sind, bleibt es beim Ergebnis einer Mehrfachabhängigkeit. Verlangt man dagegen auch hier eine Koordinierung, die einen Interessengleichlauf sicherstellt, ist das Ergebnis nochmals zu überdenken, da eine mittelbare Unternehmensbeteiligung im Unterfall 3 nicht vereinbart wurde und damit der bei den anderen Unterfällen mögliche Verweis auf eine Vorverlagerung der Partizipation als Mittel der Interessenkoordination zwischen V und K nicht möglich ist. Zu fragen ist somit, ob eine Koordinierung bzw. eine Sicher-

---

1000 Bei der atypischen Unterbeteiligung wird es für möglich erachtet, Weisungsrechte des atypisch Beteiligten zu vereinbaren. Wird die atypische Unterbeteiligung der Treuhand strukturell stark angenähert, ist auch ohne eine ausdrückliche besondere Abrede ein Weisungsrecht des K zu bejahen, vgl. die Überlegungen auf S. 102.

1001 S. die Untersuchung auf S. 221 ff. in diesem Abschnitt.

1002 Vgl. die Untersuchung auf S. 275 ff..

stellung des tatsächlichen Interessengleichlaufs allein aus dem Aktienkaufvertrag hergeleitet werden kann.

Dagegen könnte auf den ersten Blick sprechen, daß Käufer und Verkäufer typischerweise unterschiedliche Interessen verfolgen, die sich nicht nur hinsichtlich des Kaufpreises in einer Interessenpolarität niederschlagen. *Hölters*[1003] nennt hier beispielsweise die Haftungsproblematik, evtl. Wettbewerbsverbote und Bewertungsfragen, die bei jedem Unternehmenskaufvertrag eine Rolle spielen.

Ein Abstellen auf den natürlichen Interessengegensatz in der *Verhandlungs*situation für die Beantwortung der Ausgangsfrage, ob der Aktienkaufvertrag eine Koordinierung oder einen tatsächlichen Interessengleichlauf der Parteien ermöglichen kann, ist jedoch nicht nur simplifizierend, sondern setzt auch an der falschen Stelle an. Dies wird deutlich, wenn man sich vergegenwärtigt, daß der Aktienkaufvertrag das austarierte Endprodukt darstellt, das gerade zu einer Auflösung[1004] der Interessenpolaritäten führt.

Lutter geht in seiner Untersuchung des ersten Feno-Falles sogar noch einen Schritt weiter. Die Flick KG sei aus der Option bzw. aus dem Aktienkaufvertrag schuldrechtlich zur Kooperation[1005] verpflichtet gewesen. Hätte sie das Handeln der Deutschen Bank mit den ihr noch zur Verfügung stehenden gesellschaftsrechtlichen Mitteln zu verhindern versucht, hätte sie laut *Lutter* ihre vorvertraglichen Pflichten bzw. ihre Vertragspflichten aus dem Aktienkaufvertrag positiv verletzt. Daraus schließt *Lutter*, daß die Koordination bzw. Kooperation zwischen Alt- und zukünftigem Neugesellschafter sogar schuldrechtlich abgesichert[1006] sei. Nun schießt diese Schlußfolgerung von *Lutter* m.E. über das Ziel hinaus. Denn unterstellt[1007] man wie *Lutter* in seiner Untersuchung, daß die von der Deutschen Bank initiierten Veräußerungen der Kronjuwelen der Feno als eine Veranlassung nachteiliger Rechtsgeschäfte zu Lasten der Zielgesellschaft Feno anzusehen sind, kann aus einer allgemeinen Option bzw. einem allgemeinen Aktienkaufvertrag keine (Neben-) Verpflichtung hergeleitet werden, als aktueller Mehrheitsgesellschafter und Verkäufer kollusiv über die anschließende Konstruktion einer Sonderertragsausschüttung zusammen mit dem künftigen Mehrheitsgesellschafter und Käufer zum Nachteil der übrigen Aktionäre der Feno zu wirken. Dies widerspricht nicht nur dem Erfordernis des Verschuldens im Rahmen der pVV. Folgte man der Ansicht *Lutters*, wäre darüber hinaus auch eine positive Verpflichtung des aktuellen Mehrheitsgesellschafters und Verkäufer-Unternehmens anzunehmen, die Aktien der Zielgesellschaft zu leichtern und am asset stripping mitzuwirken. Anders gewendet: eine hypothetische Weigerung des Mehrheitsaktionärs, dem Käufer beim looting der Zielgesellschaft behilflich zu sein, darf nicht als Schlechtleistung qualifiziert werden, die über eine pVV sogar noch geahndet würde.

Lutter ist aber dahingehend zuzustimmen, daß eine Koordinierung wegen der in der Verhandlungssituation typischerweise divergierenden Interessen der Parteien nicht aus-

1003 S. Hölters in Handbuch des Unternehmens- und Beteiligungskaufs, Abschnitt I, Rdn.110 ff..

1004 Zumindest sollte diese Auflösung kautelarjuristisch angestrebt werden, s. Hölters in Handbuch des Unternehmens- und Beteiligungskaufs, Abschnitt I, Rdn.116.

1005 S. Lutter in Festschrift für Steindorff, 134.

1006 Wie Fußnote zuvor.

1007 Vgl. Lutter in Festschrift für Steindorff, 135 unter ausdrücklicher Annahme, daß der Verkauf einer oder aller Finanzbeteiligungen der Feno unter Wert erfolgt sei.

scheidet. Auch wenn eine Koordinierung dann nicht unmittelbar auf dem Aktienkaufvertrag beruht, läßt sie sich gerade in den kritischen Fällen, die eine Haftung aus § 317 auslösen, auf den *tatsächlichen* Interessengleichlauf stützen. Z.B. hat der Verkäufer der Beteiligung ein Interesse daran, daß die Finanzierung der Übernahme der Zielgesellschaft auf seiten des Käufers sichergestellt werden kann, damit er den vereinbarten Kaufpreis erhält. Wenn der amtierende Mehrheitsgesellschafter dann nicht sein verbleibendes Einflußpotential nutzt, um einer Versilberung der Zielgesellschaft oder einer Besicherung durch Vermögensgegenstände der Z entgegenzutreten, besteht kein Grund, das Koordinierungserfordernis zu verneinen, wenn das Kind in den Brunnen gefallen ist[1008]. Dies gilt erst recht, wenn beide Parteien an einem Strang ziehen und zu Lasten der Zielgesellschaft die Akquisition durch Besicherung, Ausplünderung oder Ausgliederung erst ermöglichen.

Verlangt man demnach ein Koordinierungserfordernis für die beiden selbständigen und gleichrangigen Einflußpotentiale von K und V, obwohl eine Mehrfachabhängigkeit der Z hier gerade nicht auf der Addition von für sich betrachtet nicht ausreichenden Einflußpotentialen beruht, steht dies der Annahme einer Mehrfachabhängigkeit auch dann nicht entgegen, wenn die wirtschaftliche Partizipation des K an Z nicht vorverlagert wurde.

4. <u>Zweite Hauptfallgruppe</u>: Fälle, die der Fusionskontrolle unterliegen oder keine sonstigen Vereinbarungen neben dem Aktienkaufvertrag aufweisen

a) Ausgangssituation

Die Untersuchung im vierten Abschnitt hat ergeben, daß Überbrückungsregelungen für die Interimszeit in Gestalt der Vorverlagerung der wirtschaftlichen Partizipation an Z oder der Stimmrechtsausübung in der Hauptversammlung der Z vom Mehrheitsgesellschafter und Verkäuferunternehmen auf das Käuferunternehmen regelmäßig in Konflikt mit den fusionskontrollrechtlichen Vollzugsverboten geraten. Deshalb werden zunächst die Fälle des *vollzugsverbotskonformen* Vorgehens der Parteien untersucht. Sie sind dadurch gekennzeichnet, daß neben dem Abschluß des Aktienkaufvertrages weder eine mittelbare Unternehmensbeteiligung des K an Z noch eine besondere Abrede über eine Stimmrechtsverlagerung auf K vereinbart wird. Auch Fälle, die zwar nicht der Fusionskontrolle unterfallen, bei denen die Parteien aber aus anderen Gründen keine besonderen Abreden treffen, sind der zweiten Hauptfallgruppe zuzuordnen. Da die Entscheidung des OLG Düsseldorf zum zweiten Feno-Fall einen fusionskontrollrechtlichen Sachverhalt betrifft, soll anschließend eine kritische Rezension des Urteils im Lichte der gewonnenen Erkenntnisse erfolgen.

Schließlich bleiben die abhängigkeitsrechtlichen Konsequenzen zu untersuchen, falls sich die Parteien nicht vollzugsverbotskonform verhalten.

1008 Zur finanziellen Unterstützung des Aktienerwerbs s. Fleischer, AG 1996, 494 ff..

b) Vollzugsverbot und Möglichkeit vormitgliedschaftlicher Abhängigkeitsbegründung bei vollzugsverbotskonformen Vorgehen der Parteien

Handeln die Parteien vollzugsverbotskonform, wird in der Interimszeit die Stimmrechtsmacht des V nicht auf K verlagert. Eine außermitgliedschaftliche Abhängigkeitsbegründung der Z von K beispielsweise durch Vereinbarung eines generellen Weisungsrechtes des K im Rahmen eines Stimmbindungsvertrages oder mittels Autorisation des K scheidet dann von vornherein aus.

Fraglich ist, ob in den Fällen, in denen nach der Untersuchung zur ersten Hauptfallgruppe eine Mehrfachabhängigkeit der Z von V aus der fortbestehenden Abhängigkeitsvermutung und von K aus dem Gesichtspunkt der vormitgliedschaftlichen Abhängigkeit in Betracht kommt, die fusionskontrollrechtlichen Besonderheiten eine abweichende Beurteilung erfordern. Dann müßte aus dem Vollzugsverbot zu folgern sein, daß eine vormitgliedschaftliche Abhängigkeitsbegründung vor Freigabe durch die zuständige Fusionskontrollbehörde bzw. vor Ablauf der Untersagungsfristen ausgeschlossen ist.

Diese Schlußfolgerung läßt sich nicht darauf stützen, daß das Vollzugsverbot keine einheitliche Leitung des Zielunternehmens durch den Käufer gestattet, solange die fusionskontrollrechtliche Prüfung andauert. Wie bereits an anderer Stelle[1009] ausgeführt, hat die vormitgliedschaftliche Abhängigkeit nicht zur Voraussetzung, daß der zukünftige Mehrheitsaktionär vor dem dinglichen Erwerb der Mehrheitsbeteiligung in der Lage sein muß, die Gesellschaft einheitlich zu leiten, wenn er nur wollte. Aber auch, sofern es um die Potentialität des beherrschenden Einflusses qua künftiger Mitgliedschaft geht, stehen die Vollzugsverbote einer Abhängigkeitsbegründung nicht entgegen. Die vormitgliedschaftliche Abhängigkeit knüpft im Gegensatz zur außermitgliedschaftlichen Abhängigkeit nicht an die aktuelle Verlagerung der Stimmrechtsmacht des dinglichen Inhabers der Mehrheitsbeteiligung auf den Käufer durch besondere Abreden in der Interimszeit an, sondern allein an die *faktische* Wirkung einer sich hinreichend sicher und konkret abzeichnenden zukünftigen Mehrheitsherrschaft unter der Ägide der Personalhoheit. Die Befürchtung, daß der Vorstand sich (auch) gegenüber dem zukünftigen Mehrheitsgesellschafter einflußkonform verhält, kann somit bereits mit Abschluß des schuldrechtlichen Aktienkaufvertrages, der von den Vollzugsverboten nicht[1010] erfaßt wird, bestehen.

Damit stehen die Vollzugsverbote der Annahme einer vormitgliedschaftlichen Abhängigkeitsbegründung nicht entgegen.

c) Kriterien für eine auf objektiven Umständen beruhende Akquisitionsprognose bei Fusionskontrollsachverhalten

Eine rechtssichere Anwendung der abhängigkeitsrechtlichen Vorschriften bedeutet für die vormitgliedschaftliche Abhängigkeit, daß die spezifische Gefährdungslage, die aus der Befürchtung eines einflußkonformen Verhaltens seitens des Vorstandes der Zielgesellschaft resultiert, anhand objektiver Kriterien festgemacht werden kann. Diese objektiven

1009 Vgl. die Darstellung auf S. 264 in diesem Abschnitt.
1010 Vgl. die Ausführungen auf S. 154.

Kriterien müssen einen Rückschluß auf den Grad der Konkretisierung des anstehenden Machtwechsels erlauben. Zu prüfen ist demnach, ob sich für den Spezialfall der fusionskontrollrechtlichen Sachverhalte Umstände festmachen lassen, die ex ante für eine positive oder negative Akquisitionsprognose bzw. für die Wahrscheinlichkeit des Eintritts oder des Ausbleibens der Rechtsbedingung[1011] herangezogen werden können. Demnach ist auf folgende Frage abzustellen: Wie würde ein auf seine Wiederbestellung bedachter durchschnittlich vernünftiger Vorstand einer deutschen AG in der Situation des Z-Vorstandes unter Einbeziehung aller ihm in der Interimszeit zur Kenntnis gelangten Daten und objektiven Umstände des Akquisitionsvorhabens die Wahrscheinlichkeit einer Freigabe bzw. einer Untersagung des beabsichtigten Zusammenschlusses beurteilen ?

Wenngleich vielen Fusionskontrollverfahren ein gewisser Grad an programmierter Unsicherheit infolge der im Einzelfall sehr schwierigen[1012] Abgrenzung des räumlich und sachlich relevanten Marktes immanent ist, lassen sich für viele Fälle ex -ante -Kriterien benennen, die den Rückschluß auf eine Akquisitionsprognose, die ein durchschnittlich vernünftiger Geschäftsleiter anstellen würde, ermöglichen.

Losgelöst von spezifischen materiellen Kriterien der Fusionskontrolle kann der wichtigste Umstand in einem entsprechenden Vorgespräch mit dem verantwortlichen Berichterstatter der Beschlußabteilung liegen. Erfährt hier der Vorstand der Z vor einer offiziellen Entscheidung mittelbar oder unmittelbar, daß die Genehmigungsfähigkeit des Vorhabens z.B. gegen geringfügige Auflagen i.S.d. § 40 III S.1 GWB n.F. hergestellt werden kann oder daß der Freigabe keine weiteren Bedenken entgegenstehen, kann der objektivierte Rückschluß auf die Befürchtung eines einflußkonformen Verhaltens zugunsten des Käufers und zukünftigen Mehrheitsgesellschafters vom Rechtsanwender jenseits von psychologischen Sonderumständen gezogen werden. Die Darlegung einer vormitgliedschaftlichen Abhängigkeitsbegründung kann dann durch den Anspruchsteller in justiziabler Form auf Zeugenvernehmungen, Gesprächsvermerke, Memos, Sitzungsprotokolle oder auf entsprechende Schriftwechsel gestützt werden. Auch hier dürfen an die Darlegungs- und Beweislast nicht zu hohe Anforderungen gestellt werden, da der Anspruchsteller regelmäßig als Außenstehender nicht in das Verfahren eingebunden war. Klagt z.B. ein Minderheitsaktionär der Z nach §§ 317 I S.1, IV i.V.m. 309 IV S.1 und 2 oder nach §§ 318 I S.1, IV i.V.m. 309 IV S.1 und 2, kann es für einen ggf. erforderlichen Beweisantritt ausreichen, daß der Kläger die Vernehmung des verantwortlichen Berichterstatters anbietet, falls nicht ohnehin unstreitig sein sollte, daß das Leitungsorgan der Z von einer Freigabe des Vorhabens ausging. Der Berichterstatter könnte dann auch ohne Rückgriff auf ihm im Laufe des Fusionskontrollverfahrens bekannt gewordene Geschäfts- oder Betriebsgeheimnisse der Z oder des K bekunden, in welche Richtung sich die Er-

---

1011 Zu den fusionskontrollrechtlichen Rechtsbedingungen s. die Darstellung im ersten Abschnitt, S.59 f..

1012 Dieser Dreh- und Angelpunkt der fusionskontrollrechtlichen Prüfung präjudiziert das Ergebnis und beinhaltet z.T. umfangreiche Ermittlungen tatsächlicher Natur beispielsweise durch Befragung von Kunden, Konkurrenten, Zulieferern und anderen Marktteilnehmern. Regelmäßig wird die Praxis der Fallbearbeitung nicht durch juristische Kernprobleme dominiert, sondern durch die spezifische Branchenkenntnis, was sich z.B. auch in dem Aufbau der Beschlußabteilungen beim Bundeskartellamt und in der dort geführten umfangreichen Unternehmensdokumentation niederschlägt.

mittlungen und Prüfungen des relevanten Marktes bewegt haben und ob bereits in den Vorgesprächen absehbar war, daß dem Vorhaben keine unüberwindlichen Hindernisse entgegenstanden.

Darüber hinaus werden viele Entscheidungen aufgrund materieller Kriterien der Zusammenschlußkontrolle vorhersehbar sein. Soweit hierbei eine Restunsicherheit hinsichtlich der Freigabe besteht, ist eine vormitgliedschaftliche Abhängigkeitsbegründung nicht ausgeschlossen, sofern aus der objektivierten Sicht des Z-Vorstandes eine überwiegende Wahrscheinlichkeit für die Freigabe des Vorhabens spricht. Nur falls absehbar ist, daß der Fusion Bedenken entgegenstehen, die aufgrund der Marktstruktur auch nicht ausgeräumt werden können, ist davon auszugehen, daß der Z-Vorstand mit überwiegender Wahrscheinlichkeit von einem Scheitern der Akquisition ausgehen muß. Dann scheidet eine vormitgliedschaftliche Abhängigkeitsbegründung aus.

Als Beispiele für objektive Umstände, die indiziell für eine Prognose über die Freigabe bzw. Nichtuntersagung oder über die Untersagung herangezogen werden können, lassen sich u.a. nennen[1013]:

- die absoluten und relativen Marktanteile von K und Z;
- die Finanzkraft der Unternehmen;
- der Zugang zu den Beschaffungs- und Absatzmärkten;
- die Marktzutrittsschranken und deren Auswirkungen auf potentiellen Wettbewerb;
- ausländischer Wettbewerb.

Obwohl über die Freigabe letztendlich eine Gesamtbetrachtung aller von einem Zusammenschluß betroffenen Märkte entscheidet, wird es möglich sein, in einer Vielzahl von Fällen ex ante eine zuverlässige Prognose über die überwiegende Wahrscheinlichkeit des Gelingens oder Scheiterns der Akquisition aus fusionskontrollrechtlicher Sicht anzustellen. Ergibt beispielsweise bereits die Markanteilsaddition, daß ein Zusammenschluß zwischen K und Z weit von einer Einzelmarktbeherrschung oder einer oligopolistischen Marktbeherrschung entfernt wäre oder handelt es sich um einen Markt mit sehr niedrigen Marktzutrittschranken für potentiellen Wettbewerb, kann – vorbehaltlich wettbewerblicher Besonderheiten des Einzelfalls – von einer positiven Akquisitionsprognose ausgegangen werden. Diese Beispiele zeigen, daß sich auch für die Konkretisierung eines Machtwechsels im Rahmen des fusionskontrollrechtlichen Verfahrens die Darlegung einer vormitgliedschaftlichen Abhängigkeitsbegründung nicht im Vakuum der praxisfremden Spekulationen über psychologische Sonderumstände bewegt, sondern auf objektive Umstände gestützt werden kann.

1013 Kriterien, die für die Wahrscheinlichkeitsprognose herangezogen werden können, finden sich auch in der von der Grundsatzabteilung des Referates Fusionskontrolle des Bundeskartellamtes erstellten Checkliste zum Fusionskontrollverfahren.

d) *Rezension des Feno-Urteils des OLG Düsseldorf*

aa) *Zum Sachverhalt*

Prozessualer Aufhänger des Falls war die Anfechtungsklage eines Aktionärs der beklagten Feno nach § 243 I gegen die am 17.07.1991 ergangenen beiden Entlastungsbeschlüsse der Hauptversammlung zugunsten des Vorstandes und des Aufsichtsrates. Der Kläger rügte den Verstoß gegen die Berichtspflichten nach §§ 312 ff., der – sofern zu bejahen – über § 120 III S.2 (Vorlage des Lageberichtes) i.V.m. § 312 III (Schlußerklärung des Vorstandes) und über §§ 314 II, 171 II (Stellungnahme des Aufsichtsrates zum Abhängigkeitsbericht und zu dem Ergebnis der Prüfung dieses Berichts durch die Abschlußprüfer) dazu führt, daß die Entlastungsbeschlüsse selbst gesetzwidrig und anfechtbar sind.

Der Kläger stützte den Verstoß gegen die Berichtspflichten auf die seiner Ansicht nach bereits im Zeitraum vom 17.05.1990 bis zum 11.09.1990 vorhandene Abhängigkeit der Feno vom Stora-Konzern in dessen Eigenschaft als *Käufer* der Mehrheitsbeteiligung. In dem Abhängigkeitsbericht des Feno-Vorstands wurde eine Abhängigkeit der Feno von Stora vor dem Datum der dinglichen Übertragung des Aktienpakets von VEBA auf Stora (11.09.1990) nicht ausgewiesen.

Das OLG Düsseldorf verneinte eine Abhängigkeit der Feno vom Stora-Konzern im Zeitraum vor der dinglichen Vollendung der Akquisition und damit auch einen Verstoß gegen die Berichtspflichten. Was war vorgefallen ?[1014]

1988 wurde in der Satzung der Feno ein Höchststimmrecht aufgenommen, das eine Beschränkung des Stimmrechts auf 5 % des Grundkapitals vorsah und nur mit einer Mehrheit von mindestens ¾ des bei der Beschlußfassung vertretenen Grundkapitals aufgehoben werden konnte.

1989 erwarb die VEBA eine Mehrheitsbeteiligung an Feno in Höhe von 50, 0007 %.

Am 30.04.1990 erwarb die Stora KB AB 24, 99 % des Feno-Grundkapitals als Vertreterin der Stora Verwaltungs-GmbH. Am selben Tag wurde ein Aktienkaufvertrag zwischen der VEBA und der Stora Verwaltungs-GmbH über 38, 5707 % des Feno-Grundkapitals sowie ein weiterer Kaufvertrag zwischen VEBA und der Stora Beteiligungs GmbH über weitere 11,43 % abgeschlossen. Neben Streubesitz hielten zwei andere Gesellschaften jeweils 5 %, die nach dem 30.04.1990 an die Stora Verwaltungs-GmbH übertragen wurden.

Nach verschiedenen Vorfällen nahm am 17.05.1990 – das Datum, das vom Kläger als Anfangspunkt der Abhängigkeit von Stora angesehen wurde – der Vorstandsvorsitzende der Stora ununterbrochen an der Aufsichtsratssitzung der Feno teil, die mit dem sofortigen Niederlegen des Aufsichtsratsmandates seitens des Aufsichtsratsvorsitzenden – dem ehemaligen Vorstandsvorsitzenden der VEBA – sowie seitens eines weiteren Aufsichtsratsmitgliedes endete.

Nach Anmeldung des Zusammenschlußvorhabens am 31.05.1990 beim Bundeskartellamt wurde der Wegfall des Höchststimmrechts in der Hauptversammlung der Feno am 18.07.1990 beschlossen; die Eintragung des Beschlusses ins Handelsregister erfolgte am 31.07.1990.

1014 Vgl. zum Sachverhalt OLG Düsseldorf, ZIP 1993, 1791, 1792.

Nach Erlaß einer Nichtuntersagungsverfügung durch das BKartA übertrug die VEBA das ihr gehörende Aktienpaket in Höhe von 50,0007 % am 11.09.1990 auf die beiden Stora-Töchter-GmbH's.

1991 erstellte der Feno-Vorstand einen Abhängigkeitsbericht zur VEBA für den Zeitraum vom 31.07.1990 bis 11.09.1990 und einen weiteren Abhängigkeitsbericht zum Stora-Konzern für den 11.09.1990 bis zum Ende des Jahres.

bb) Hauptargumentationsansätze des OLG Düsseldorf

Wie dem Sachverhalt zu entnehmen ist, handelt es sich um einen Fall, der nach der in dieser Untersuchung entwickelten Systematik in die zweite Hauptfallgruppe einzuordnen ist. Er ist durch das Fusionskontrollverfahren gekennzeichnet; besondere Abreden der Parteien des Aktienkaufvertrages über die Vorverlagerung der wirtschaftlichen Partizipation an Feno in der Interimszeit von der Mehrheitsgesellschafterin VEBA auf die Käuferin Stora vor dinglicher Übereignung der Aktien sind nicht bekannt. Ebensowenig sind besondere Abreden der Parteien des Aktienkaufvertrages über eine Stimmrechtsausübung durch Stora für VEBA oder über eine Stimmbindung der VEBA gegenüber Stora für die Interimszeit bekannt. Eine Abhängigkeit der Feno von Stora, die auf einer Verstärkung der bereits am 30.04.1990 erworbenen Minderheitsbeteiligung an Feno über 24,99 % des Grundkapitals durch eine Verlagerung der Stimmrechtsmacht von VEBA auf Stora beruht, scheidet mangels entsprechender besonderer Abreden aus. Der Vorstand der Feno hatte in dem Abhängigkeitsbericht formal auf den Tag der dinglichen Übereignung des Aktienpaketes der VEBA an die beiden Stora-Töchter – den 11.09.1990 – abgestellt, so daß die Kernfrage des Falles ist, ob eine vormitgliedschaftliche Abhängigkeit der Feno von Stora, die an die Wahrscheinlichkeit ihrer zukünftigen Stellung als neue Mehrheitsaktionärin anknüpfen würde, bereits vor diesem Zeitpunkt in Betracht kommt. Damit ist zu untersuchen, wie der Zeitraum beginnend mit dem Abschluß der Aktienkaufverträge (30.04.1990) bis zum Tag der dinglichen Übereignung der Aktienpakete (11.09.1990) abhängigkeitsrechtlich zu beurteilen ist. Bevor eine eigene Würdigung des Sachverhaltes erfolgt, soll zunächst auf die Argumente des Gerichts eingegangen werden.

(1) Der Ausgangspunkt der abhängigkeitsrechtlichen Prüfung

Das Gericht beginnt seine Analyse des zweiten Feno-Falles mit der Wiedergabe der allgemeinen Voraussetzungen eines Abhängigkeitsverhältnisses nach § 17 I. Ausreichend[1015] sei die Möglichkeit, die Geschäftsführung oder das Unternehmensorgan zu besetzen, welches seinerseits die Geschäftsführung besetzt. Neben dieser Bezugnahme auf die Personalhoheit wiederholt[1016] das Gericht die übrigen allgemein anerkannten Voraussetzungen des Abhängigkeitsbegriffs: Potentialität des beherrschenden Einflusses, Beurteilung aus der Sicht des „abhängigen" Unternehmens, Notwendigkeit einer gesellschaftsrechtlich bedingten oder zumindest vermittelten Einflußmöglichkeit und Ausgrenzung rein wirtschaftlicher Abhängigkeit sowie verläßliche Basis des beherrschenden Einflusses.

1015 S. OLG Düsseldorf ZIP 1993, 1793, r.Sp..
1016 Vgl. OLG Düsseldorf ZIP 1993, 1793, r.Sp. und 1794, l.Sp..

Von besonderem Interesse für die Würdigung des Sachverhaltes sind auch die prozessualen Ausführungen des Gerichtes, „daß an die Darlegungslast des Klägers keine allzu hohen Anforderungen gestellt werden dürfen, weil er die einzelnen Abreden des Vertrages vom 30.04.1990 als Außenstehender, der an dem Vertragsschluß nicht beteiligt war, nicht kennen kann“[1017].

(2) Die Besonderheit des Höchststimmrechtes

Der Feno-Fall weist die Besonderheit auf, daß das in § 16 der Satzung verankerte Höchststimmrecht erst mit der Eintragung des vom 18.07.1990 stammenden Hauptversammlungsbeschlusses in das Handelsregister am 31.07.1990 entfiel. Dies bedeutet, daß das Höchststimmrecht noch drei Monate nach Abschluß der Aktienkaufverträge galt. Das Gericht schlußfolgert daraus, daß ein beherrschender Einfluß überhaupt erst nach Aufhebung des Höchststimmrechtes in Frage kommt und daß diese Möglichkeit „ jedoch rechtlich und tatsächlich nur für die VEBA AG und nicht für die Unternehmen des Stora-Konzerns“[1018] bestand.

(3) Die These vom Exklusivitätsverhältnis der Beherrschung unter alleiniger Anknüpfung an die Abhängigkeitsvermutung des § 17 II

Eine entscheidende Weichenstellung[1019] in der Argumentation des Gerichts findet sich bei den Ausführungen zur Frage, ob in den Fällen, in denen zu Lasten des dinglichen Mehrheitsaktionärs die Abhängigkeitsvermutung nach § 17 II greift, überhaupt Raum für eine vormitgliedschaftliche Abhängigkeitsbegründung bleibt. Das Gericht stellt insofern fest: „Streitet hingegen die Vermutungsregel für und gegen ein Unternehmen, das allein eine Mehrheitsbeteiligung hält, so kann ein herrschender Einfluß durch ein anderes Unternehmen nur angenommen werden, wenn die Vermutung des § 17 Abs. 2 AktG widerlegt wird. Für eine solche Widerlegung der Vermutung muß dabei der Nachweis geführt werden, daß das mit Mehrheit beteiligte Unternehmen – etwa aufgrund besonderer Absprachen – keinen beherrschenden Einfluß ausüben kann..., sondern diese Möglichkeit nur für das andere Unternehmen besteht“[1020]. Demnach geht das Gericht nur von einer exklusiven Beherrschungsmöglichkeit der Zielgesellschaft entweder durch den Altgesellschafter und Verkäufer über die dingliche Innehabung der Mehrheitsbeteiligung oder durch den zukünftigen Gesellschafter und Käufer über die durch besondere Abreden abgeleitete Möglichkeit eines beherrschenden Einflusses aus.

1017 So OLG Düsseldorf ZIP 1993, 1794, r.Sp..

1018 S. OLG Düsseldorf ZIP 1993, 1796, l.Sp..

1019 Den vom Gericht angenommenen Automatismus exklusiver Abhängigkeit sieht auch Weber als entscheidende Weichenstellung des Urteils an, vgl. Weber, ZIP 1994, 683, l.Sp..

1020 So OLG Düsseldorf ZIP 1993, 1794, l.Sp..

(4) Die Reduzierung einer nichtmitgliedschaftlichen Abhängigkeitsbegründung auf vertragliche Beherrschungsmöglichkeiten und besondere Abreden

Mit der unter (3) erwähnten These eines exklusiven Herrschaftsverhältnisses ist die weitere Prüfung des Gerichts programmiert. Es stellt zunächst fest, daß die gegen die VEBA AG greifende Vermutung des § 17 II zwar angesichts des Höchststimmrechts bis zum 30.07. 1990 widerlegt gewesen sei; diese Widerlegung bewirke jedoch nur, daß bis zu diesem Zeitpunkt *keinerlei* Beherrschung über die Feno vorgelegen habe[1021]. Nach der Abschaffung des Höchststimmrechts habe lediglich eine Abhängigkeit der Feno von VEBA nach § 17 II bestanden, da sich aus dem Vorbringen des Klägers keine hinreichenden Anhaltspunkte ergäben, daß eines der Unternehmen des Stora-Konzerns beherrschenden Einfluß auf die Beklagte hatte[1022]. Dieses Ergebnis stützt das Gericht auf den Umstand, daß weder ein etwaiger Stimmbindungsvertrag[1023] zwischen der VEBA AG und Stora geschlossen wurde, noch einem Unternehmen der Stora- Gruppe vor der dinglichen Übertragung der Aktien die Stimmrechtsausübung[1024] eingeräumt wurde. Das Gericht endet mangels Vorliegens einer besonderen Abrede mit der Feststellung, daß die Gesamtumstände zwar dafür sprächen, daß „ die zum Stora-Konzern gehörenden Käufer der Aktienmehrheit auch schon vor deren Übertragung nicht vollständig ohne Einfluß auf die Beklagte waren“[1025], jedoch die „maßgebliche Entscheidungsfreiheit“[1026] bei VEBA verblieben sei und somit die zu Lasten der VEBA geltende Abhängigkeitsvermutung nicht[1027] als widerlegt angesehen werden könne.

cc) Würdigung des Sachverhalts und Stellungnahme

Eine eigene Stellungnahme soll in zwei Schritten entwickelt werden. In einem ersten Schritt soll die rechtliche Argumentation des Gerichts im Lichte der gewonnenen Erkenntnisse der vorausgegangenen Abschnitte beleuchtet werden. In einem zweiten Schritt werden die vom Gericht festgestellten tatsächlichen Umstände einer eigenen Beurteilung unterzogen.

(1) Zur rechtlichen Argumentation des Gerichts

Dreh- und Angelpunkt der Entscheidung ist die Annahme des Gerichtes, daß eine nichtmitgliedschaftliche Abhängigkeitsbegründung der Zielgesellschaft nur dann in Betracht kommt, falls aufgrund besonderer Abreden zwischen den Parteien die nach § 17 II zu Lasten des Verkäufers in der Interimszeit wirkende Abhängigkeitsvermutung erfolgreich wi-

---

1021 Vgl. OLG Düsseldorf ZIP 1993, 1795, l.Sp..

1022 So ungenau OLG Düsseldorf ZIP 1993, 1795, r.Sp. – geht es doch um die *Möglichkeit* des beherrschenden Einflusses und nicht um dessen tatsächliche Ausübung.

1023 S. OLG Düsseldorf ZIP 1993, 1795, r. Sp..

1024 Vgl. OLG Düsseldorf ZIP 1993, 1796, l.Sp..

1025 S. OLG Düsseldorf ZIP 1993, 1798, l.Sp..

1026 Vgl. OLG Düsseldorf ZIP 1993, 1798, r.Sp..

1027 Wie Fußnote zuvor.

derlegt werden kann. Damit reduziert das Gericht die Möglichkeit einer nichtmitgliedschaftlichen Abhängigkeitsbegründung auf den Fall, der im Rahmen der Untersuchung als *außer*mitgliedschaftliche[1028] Abhängigkeit aufgrund der vertraglichen Delegation von Stimmrechtsmacht vom Mehrheitsgesellschafter auf den Käufer als Nichtgesellschafter der Z in der Interimszeit bezeichnet wird. Wie die Untersuchung gezeigt hat[1029], kann jedoch eine *vor*mitgliedschaftliche Abhängigkeit, die auf § 17 I beruht, als weitere und von der außermitgliedschaftlichen Abhängigkeit zu trennende Ausprägung der nichtmitgliedschaftlichen Abhängigkeit auftreten. Diese vormitgliedschaftliche Abhängigkeit knüpft nicht an die vertragliche Delegation der Stimmrechtsmacht an, sondern an den auch vom OLG Düsseldorf übernommenen Ansatzpunkt der Personalhoheit, die den Mechanismus des einflußkonformen Verhaltens des Vorstandes der Zielgesellschaft befürchten läßt. Wie nachgewiesen wurde[1030], folgt aus dem Zusammentreffen einer vormitgliedschaftlichen Abhängigkeit der Zielgesellschaft vom Käufer mit der Abhängigkeitsvermutung im Verhältnis zum Verkäufer und Mehrheitsaktionär eine *Mehrfachabhängigkeit* der Zielgesellschaft und keine Konsumtion der vormitgliedschaftlichen Abhängigkeit durch die Abhängigkeitsvermutung. Damit hängt die konkrete Beurteilung des Falles davon ab, ob sich aus dem unstreitigen Sachverhalt Umstände ergeben, die den objektivierten Rückschluß auf die Befürchtung eines einflußkonformen Verhaltens des Feno-Vorstandes zugunsten der Stora bereits in der Interimszeit im Hinblick auf deren zukünftige Stellung als Mehrheitsgesellschafterin der Feno zulassen.

(2) Würdigung der tatsächlichen Umstände des Sachverhaltes

Der Feno-Fall beinhaltet eine ganze Serie von tatsächlichen Umständen, die für den objektivierten Rückschluß auf eine vormitgliedschaftliche Abhängigkeitsbegründung in Betracht kommen könnten.

Zu erwähnen sind folgende Vorkommnisse:

- Am 16.05. 1990 nimmt der Rechtsanwalt Dr. M seinen Antrag an das AG Düsseldorf zurück[1031], den Vorstandsvorsitzenden der Stora KB AB zum neuen Aufsichtsratsmitglied der Feno zu bestellen.
- Am 17.05.1990 nimmt der Vorstandsvorsitzende der Stora an der Aufsichtsratssitzung der Feno von Anfang bis Ende teil; am Ende der Sitzung legt der als Aufsichtsratsvorsitzende tätige ehemalige Vorstandvorsitzende der VEBA AG sein Mandat mit sofortiger Wirkung nieder und scheidet zusammen mit einem anderen Aufsichtsrat aus[1032].
- Am 21.05.1990 bestellt das AG Düsseldorf zwei RA`e zu neuen Aufsichtsratsmitgliedern der Feno, nach Vortrag des Klägers[1033] zwei Vertraute von Stora.

1028 S. die auf S. 243 verwandte Terminologie.
1029 S. die Untersuchung auf S. 243 ff..
1030 S. die Überlegungen auf S. 275 ff..
1031 Vgl. OLG Düsseldorf ZIP 1993, 1792, l.Sp..
1032 S. OLG Düsseldorf ZIP 1993, 1792, l.Sp..
1033 Vgl. OLG Düsseldorf ZIP 1993, 1797, l.Sp..

- In dem Jahresbericht der Stora für das Jahr 1990 heißt es: „Die Feldmühle ist seit dem 1. Mai (rechtlich ab September) als Tochtergesellschaft in die Stora-Gruppe eingegliedert“[1034].
- Am 17.07.1991 erklärt der Vorstandssprecher der Feno sowie der Aufsichtsratsvorsitzende, daß seit dem 17.05. 1990 ein faktisches Konzernverhältnis zwischen Feno und Stora bestanden habe; Stora sei seit diesem Zeitpunkt für Feno der neue Großaktionär gewesen; es hätten jedoch nicht zwei Abhängigkeitsberichte für den gleichen Zeitraum gefertigt werden können[1035].

Würdigt man diese Umstände in einer Gesamtbetrachtung, fragt es sich, was der Kläger sonst noch hätte vortragen können, um das Gericht auf die schon vor der dinglichen Übereignung der Aktien virulente Gefahr eines einflußkonformen Verhaltens des Vorstandes der Feno zugunsten der Stora aufmerksam zu machen. Eine abschließende Würdigung des Urteils kann zwar nicht ohne vollständige Kenntnis der Prozeßakten und etwaiger Besonderheiten des Verfahrens erfolgen. Auf Basis des festgestellten Sachverhaltes ergibt sich aber eine Reihe von Kritikpunkten. Das Gericht scheint bei seiner eigenen Urteilsbegründung ein gewisses Unbehagen zu verspüren. Diese Unbehagen schlägt sich in einer phasenweise apologetisch gehaltenen Diktion der Entscheidungsgründe nieder.

Die Präsenz des Vorstandsvorsitzenden der Stora in dem Aufsichtsrat der Feno sieht das Gericht zwar „auch in Ansehung des § 109 Abs.1 AktG als unüblich“[1036] an; jedoch läßt sie sich „mit der nicht fernliegenden Möglichkeit erklären, daß die Anwesenheit gestattet worden ist, um ihm im Hinblick auf den künftigen Aktienerwerb und die vorgesehene Eingliederung der Beklagten in den Stora-Konzern Informationsmöglichkeiten zu verschaffen“[1037]. Den Erklärungen des damaligen Vorstandssprechers der Feno und des damaligen Aufsichtsratsvorsitzenden, daß sie die Stora seit dem 17.5.1990 als die neue Großaktionärin angesehen hätten, billigt das Gericht zwar „eine gewisse indizielle Bedeutung zu, da sie eine Aussage darüber treffen, wie die Spitzenvertreter der Leitungsorgane der Beklagten deren Lage bewerteten“[1038]. Entscheidende Bedeutung komme diesem Umstand jedoch nicht zu, da für die Beurteilung der Frage der Abhängigkeit auf „die objektivierte Sicht“[1039] abzustellen sei, nicht jedoch auf „die persönliche Einschätzung der Leitungsorgane der abhängigen Gesellschaft“[1040].

Insbesondere die Erklärungen der Leitungsorgane der Feno könnten jedoch im Gegensatz zur Auffassung des Gerichts nicht aufschlußreicher sein, geht es hier gerade nicht um fernliegende und unbeachtliche psychologische Sonderumstände, sondern um die anhand der objektiven Vorgänge im Aufsichtsrat der Feno sehr nachvollziehbare und für den Mechanismus der Personalhoheit essentielle Einschätzung des Vorstandes der Zielgesellschaft, daß der neue Lotse nach den Vorboten des 16.05. 1990 seinen Fuß am 17.05. 1990 schon auf die Planken des Schiffes gesetzt hat. Dabei verwechselt das Gericht die

---

1034 S. OLG Düsseldorf ZIP 1993, 1792, l.Sp. a.E../ r.Sp. a.A..
1035 S. OLG Düsseldorf ZIP 1993, 1792, r.Sp..
1036 So OLG Düsseldorf ZIP 1993, 1797, l.Sp..
1037 Wie Fußnote zuvor.
1038 So OLG Düsseldorf ZIP 1993, 1797, r.Sp.
1039 Wie Fußnote zuvor.
1040 Wie Fußnote 1038.

Frage nach der *Möglichkeit* des beherrschenden Einflusses mit der über den Abhängigkeitsbegriff hinausgehenden Frage, ob die Stora bereits in der Interimszeit *tatsächlich* einen beherrschenden Einfluß auf Feno ausgeübt hat. Auf diese Weise stellt das Gericht an die Darlegungslast der Klägers weitaus höhere Anforderungen, als für den Vortrag einer schon in der Interimszeit bestehenden Abhängigkeit erforderlich ist, obwohl das Gericht eingangs selbst unterstreicht, daß an die Darlegungslast des Klägers keine allzu hohen Anforderungen gestellt werden dürften. Hierzu sei eine weitere Passage der Urteilsbegründung zitiert: „ Daß der Manager der Stora-Konzernspitze in der Aufsichtsratssitzung darüber hinaus irgendeinen Einfluß auf die Geschäftspolitik oder die Geschäftsführung der Beklagten genommen hätte, hat der Kläger hingegen weder konkret vorgetragen noch ist dies sonst ersichtlich“[1041]. Kein Wunder ! – möchte man dem Gericht entgegenrufen, war es doch nicht Aufgabe des Klägers, eine tatsächlich erfolgte Einflußnahme der Stora auf Feno darzulegen noch gar zu beweisen.

Das Gericht verkennt zudem, daß die Geschehnisse in der Aufsichtsratssitzung für den Vorstand der Feno eine einschneidende Zäsur darstellen mußten, die nur als Machtübernahme gedeutet werden können. Der Präsenz des primus inter pares des zukünftigen Mehrheitsgesellschafters im Aufsichtsrat kommt v.a. im Zusammenhang mit den zeitgleichen und drastisch vor Augen geführten Rücktritten der „alten Garde“ eine starke Symbolkraft zu, die jedem durchschnittlich vernünftigen Vorstand einer deutschen AG signalisiert hätte (und in dem entschiedenen Fall ja auch tatsächlich signalisiert hat), daß eine wichtige Etappe des Machtwechsels bereits am 17.05.1990 zurückgelegt wurde. Eine positive Akquisitionsprognose unter fusionskontrollrechtlichen Gesichtspunkten ergibt sich ebenfalls aus „erster Hand“, da nach den eigenen Bekundungen des Vorstandssprechers der Feno ein faktisches Konzernverhältnis mit Stora bereits am 17.05.1990 vorlag. Die Einschätzung, daß man es bereits zu diesem Zeitpunkt mit dem neuen Großaktionär zu tun gehabt habe, macht nur Sinn, wenn gleichzeitig auch mit einer Freigabe des Zusammenschlußvorhabens gerechnet wurde. Daß in dem Jahresbericht der Stora sogar schon der 01.05.1990 als Datum der (noch nicht rechtlichen) Eingliederung der Feno genannt wird, tut diesem Ergebnis kein Abbruch, da die Leitung der Stora offenbar von einem – allerdings durch den bekannten Sachverhalt nicht weiter belegbaren – noch früheren Zeitpunkt der faktischen Abhängigkeit der Feno als zukünftiger Tochtergesellschaft ausging. Der im Jahresbericht erwähnte frühere Zeitpunkt spricht somit nicht gegen eine vormitgliedschaftliche Abhängigkeitsbegründung, sondern nährt im Gegenteil Spekulationen, daß sich möglicherweise noch weitergehende Vorkommnisse ereignet haben, die nicht zur Kenntnis des Klägers gelangt sind. Jenseits von bloßen Mutmaßungen ist jedenfalls nach dem unstreitigen Sachverhalt der 17.05.1990 als abhängigkeitsrechtlicher Wendepunkt anzusehen. Diese Zäsur blendet das Gericht vollständig mit dem bequemen Erklärungsversuch aus, der Vorstandsvorsitzende der Stora habe möglicherweise nur aus rein informatorischen Gründen die Aufsichtsratssitzung besucht. Der Leser des Urteils möge seine eigenen Schlußfolgerungen ziehen, wenn das Gericht sich in den Entscheidungsgründen selbst attestiert, daß diese Möglichkeit nicht fernliegend sei.

1041 So OLG Düsseldorf ZIP 1993, 1797, l.Sp..

Summa summarum bleibt festzuhalten, daß *Kohte* in seiner Urteilsrezension beizupflichten ist, daß es Sache der Beklagten gewesen wäre, die klaren Beweisanzeichen für eine organisationsvermittelte Abhängigkeit der Feno von Stora zu entkräften[1042].

Es bleibt zu überlegen, ab welchem konkreten Zeitpunkt eine vormitgliedschaftliche Abhängigkeitsbegründung der Feno von Stora anzunehmen ist. Nach den Bekundungen der Leitungsorgane und der hier vertretenen Einschätzung kommt dafür das Datum der Aufsichtsratssitzung vom 17.05.1990 in Betracht. Fraglich ist jedoch, ob diesem Ergebnis nicht entgegensteht, daß die Aufhebung des Höchststimmrechts bei Feno erst zum 31.07.1990[1043] wirksam wurde. Für die VEBA AG bedeutete dies zwar, daß sie eine entsprechende Mehrheitsstimmrechtsmacht erst nach diesem Zeitpunkt erlangte. Für eine vormitgliedschaftliche Abhängigkeitsbegründung der Feno von Stora ist dieses Datum jedoch nicht relevant, da sie im Gegensatz zu einer außermitgliedschaftlichen Abhängigkeitsbegründung nicht an die hier auch ausgebliebene Übertragung der aktuellen (und dann in der Tat wegen der Beschränkung nicht ausreichenden) Stimmrechtsmacht der Mehrheitsaktionärin VEBA AG auf Stora anknüpft, sondern allein an die Befürchtung eines einflußkonformen Verhaltens des Vorstandes zugunsten des Käufer-Unternehmens infolge der berechtigten Erwartung des Machtwechsels. Diese Befürchtung wäre bis zum Beschluß der Hauptversammlung nur dann entfallen, falls der Vorstand der Feno damit gerechnet hätte, daß das Höchststimmrecht auf unbestimmte Zeit weiterbestehen und auch Stora als zukünftige Mehrheitsgesellschafterin an der Festlegung des nächsten Aufsichtsrates hindern würde. Hiervon ist angesichts der Einlassungen der Leitungsorgane nicht auszugehen. Damit gilt folgende abhängigkeitsrechtliche Beurteilung:

Bis zum Wegfall des Höchststimmrechts am 31.07.1990 konnte die VEBA die aus § 17 II folgende Abhängigkeitsvermutung widerlegen. Auf der anderen Seite bestand bereits ab dem 17.05.1990 eine auf objektiven Umständen beruhende singuläre vormitgliedschafliche Abhängigkeit der Feno von Stora nach § 17 I. Zu dieser Abhängigkeit trat ab dem 31.07. 1990 die mitgliedschaftliche Abhängigkeit von der (Noch-)Mehrheitsgesellschafterin VEBA. Dabei könnte man zwar daran denken, daß die VEBA durch den Rücktritt ihres ehemaligen Vorstandsvorsitzenden vom Aufsichtsratsvorsitz der Feno einen Teil ihrer Personalhoheit faktisch eingebüßt hat. Auf Basis des bekannten Sachverhaltes reicht dies jedoch nicht aus, um zweifelsfrei auch eine ab dem 31.07.1990 greifende Widerlegung durch die VEBA anzunehmen. Ab dem 31.07.1990 bis zur dinglichen Übertragung der Aktien am 11.09.1990 bestand somit eine Mehrfachabhängigkeit der Feno von Stora und von VEBA ; danach eine singuläre mitgliedschaftliche Abhängigkeit von Stora. Angesichts des bekannten Sachverhaltes spricht einiges dafür, daß der Vorstand der Feno diese Mehrfachabhängigkeit auch in den Abhängigkeitsbericht aufgenommen hätte, wenn ihm die generelle Möglichkeit einer bislang in der Literatur nur vereinzelt und für spezielle Fälle befürworteten vormitgliedschaftlichen Abhängigkeit bekannt gewesen wäre und er zudem nicht irrig von der Annahme ausgegangen wäre, es hätten für denselben Zeitraum nicht zwei Abhängigkeitsberichte gefertigt werden können.

Sofern hypothetisch eine präzisere Aufklärung des Sachverhaltes ergeben hätte, daß der Feno-Vorstand absehen konnte, daß die nächsten Feno-Aufsichtsratswahlen erst nach

---

1042 S. Kohte, a.a.O., S.212.

1043 Vgl. OLG Düsseldorf ZIP 1993, 1795, l.Sp..

Freigabe des Zusammenschlußvorhabens stattfinden würden, kommt sogar eine Widerlegung der durch den Wegfall des Höchststimmrechts an sich wieder aufgelebten Abhängigkeitsvermutung durch VEBA in Betracht, da nach den Aussagen der Leitungsorgane schon vor dem 31.07.1990 keine vernünftigen Zweifel mehr an dem Gelingen der Akquisition bestanden. Denn bereits am 17.05.1990 betrachtete man die Stora als die neue Großaktionärin. In diesem Fall wären aus Sicht des Feno-Vorstandes die weiteren personellen Weichenstellungen im Aufsichtsrat und seine Wiederbestellung durch letzteren – auch unter Berücksichtigung der mitbestimmungsrechtlichen[1044] Besonderheiten – maßgeblich allein von der Stora entschieden worden und nicht mehr von der VEBA. Dann wäre ab dem 17.05.1990 eine singuläre vormitgliedschaftliche Abhängigkeit der Feno von Stora nach § 17 I anzunehmen, die sich mit dem 11.09.1990 nahtlos in eine mitgliedschaftliche Abhängigkeit von Stora auf Basis der ab diesem Zeitpunkt geltenden Abhängigkeitsvermutung nach § 17 II fortsetzte.

e) Fälle des nicht- vollzugsverbotskonformen Verhaltens der Parteien

Zum fusionskontrollrechtlichen Komplex soll abschließend untersucht werden, wie die Fälle abhängigkeitsrechtlich zu beurteilen sind, wenn die Parteien des Aktienkaufvertrages gegen das Vollzugsverbot verstoßen. Ein Verstoß liegt vor, falls die Parteien eine besondere Abrede treffen, die für die Interimszeit die wirtschaftlichen Folgen des beabsichtigten Zusammenschlusses vorwegnimmt, indem K von V wettbewerblich erhebliche Nutzungs- oder Einwirkungsmöglichkeiten an resp. auf Z erhält. Wie die Prüfung des kautelarjuristischen Gestaltungsspielraums im vierten Abschnitt gezeigt[1045] hat, können die Parteien bei Sachverhalten, die der Fusionskontrolle unterliegen, regelmäßig keine Überbrückungsregelungen treffen, ohne gegen die Vollzugsverbote der deutschen oder europäischen Zusammenschlußkontrolle zu verstoßen. Wonach richtet sich die abhängigkeitsrechtliche Beurteilung, wenn die Parteien für die Interimszeit dennoch z.B. eine Ver-

---

1044 Der Feno-Aufsichtsrat wies eine Mitgliederzahl von 20 Personen nach § 95 I i.V.m. § 7 I Nr.3 MitbestG auf, s. OLG Düsseldorf, ZIP 1993, 1797, l.Sp.. Auch bei den mitbestimmungsrechtlichen Besonderheiten verwechselt das Gericht die *Möglichkeit* eines beherrschenden Einflusses mit der für § 17 I unbeachtlichen Frage, ob die Stora tatsächlich angesichts der aktuellen Zusammensetzung des Aufsichtsrates einen beherrschenden Einfluß ausübte. Für die Möglichkeit eines beherrschenden Einflusses ist es unter Beachtung des konkreten Beurteilungsmaßstabes allein entscheidend, ob Stora die Wiederbestellung des Feno-Vorstandes via Aufsichtsrat zum *relevanten* Zeitpunkt in den Händen gehabt hätte. Sofern absehbar gewesen ist, daß die nächsten Wahlen erst nach Vollendung der Akquisition stattfinden würden, hätten die mitbestimmungsrechtlichen Erfordernisse nichts daran geändert, daß Stora über 10 Mandate hätte entscheiden können und über die gemäß § 29 II MitbestG 1976 vorgesehene Zweitstimme des Aufsichtsratsvorsitzenden die Personalentscheidungen indirekt hätte vorgeben können. Auswirkungen der Unternehmensmitbestimmung im Bereich des MitbestG 1976 auf die Möglichkeit eines beherrschenden Einflusses des Mehrheitsanteilseigners qua Personalhoheit werden nach h.M. wegen der Zweitstimme des Aufsichtsratsvorsitzenden abgelehnt, s.a. Hüffer, AktG, § 17, Rdn.11 m.w.N..

1045 S. dazu die Gesamtzusammenfassung auf S. 172 f..

einbarungstreuhand mit genereller Stimmbindung des Verkäufers und Inhabers der Mehrheitsbeteiligung begründen ?

aa) Abhängigkeitsrechtliche Beurteilung hinsichtlich V

V trifft für die Interimszeit aufgrund seiner noch bestehenden dinglichen Inhaberschaft der Mehrheitsbeteiligung an Z die Abhängigkeitsvermutung des § 17 II. Fraglich ist, ob V angesichts der schwebend unwirksamen[1046] besonderen Abrede die Abhängigkeitsvermutung widerlegen kann. Zur Beantwortung dieser Frage ist danach zu unterscheiden, ob eine Freigabeentscheidung ergeht oder eine Untersagungsverfügung.

(1) Freigabeentscheidung

(a) Aufsichtsratswahlen in der Interimszeit

Wird der Zusammenschluß freigegeben, tritt eine rückwirkende Heilung der Abrede ein; es bleibt jedoch bei der Bußgeldsanktion. Ist für den Vorstand absehbar, daß die nächsten Aufsichtsratswahlen noch in das laufende Fusionskontrollverfahren fallen und damit noch in der Interimszeit stattfinden werden, könnte man die Ansicht vertreten, daß V sich in den Fällen, in denen K aufgrund der Abrede die Wahlen des Aufsichtsrates entscheiden könnte, wirksam seiner Stimmrechtsmacht begeben hat. Für die Abhängigkeitsbegründung vertritt *Weber*[1047] die Auffassung, daß eine Freigabeentscheidung rückwirkend keine faktischen Beherrschungsmöglichkeiten schaffen könne, da die Heilung ex tunc nur eine rechtliche Fiktion darstelle. Dieser Meinung ist zuzustimmen. Hier geht es zwar um die Frage, ob eine rückwirkende Heilung, die zur Wirksamkeit der besonderen Abrede von Anfang an führt, die *Widerlegung* seitens V gestattet. Aber auch in diesem Zusammenhang wäre eine Argumentation, die ausschließlich auf ein infolge der zeitlich erst späteren Freigabe als *rechtlich* wirksam anzusehendes vertragliches Ausübungshindernis der Mehrheitsherrschaft des V abstellt, verfehlt. Denn eine rechtliche Fiktion, die auf einer behördlichen oder gerichtlichen Subsumtion in der Zukunft beruht, kann rechtserhebliche tatsächliche Verhaltensweisen in der Interimszeit nicht mehr im nachhinein beeinflussen. Aus diesem Grunde kann V auch hier eine Widerlegung der Abhängigkeitsvermutung nur gelingen, wenn sich aus der objektivierten Sicht des Vorstandes der Zielgesellschaft in der Interimszeit ergibt, daß die Befürchtung eines einflußkonformen Verhaltens des Z-Vorstandes zugunsten des V ausgeschlossen werden kann. Daraus folgt:

Hält der Z-Vorstand in der Interimszeit die Abrede bereits für endgültig wirksam, weil er z.B. die auch im Schrifttum streitige[1048] Reichweite des Vollzugsverbots übersieht, scheidet die Befürchtung eines einflußkonformen Verhaltens zugunsten des V aus, falls

1046 Zu den Rechtsfolgen des Vollzugsverbotes s. die Zusammenfassung im vierten Abschnitt, S. 153.

1047 S. Weber in ZIP 1994, 688, l.Sp., der eine andere Schlußfolgerung als absurde Behauptung ansieht.

1048 Vgl. die Ausführungen im vierten Abschnitt, S. 154 ff. zur Ansicht von Bechtold und der Gegenauffassung von Günther und Mestmäcker.

der Vorstand mit den nächsten Aufsichtsratswahlen noch in der Interimszeit rechnet. Denn in diesem Fall richtet sich der Vorstand nach der aus seiner Perspektive wirksamen Übertragung der Stimmrechtsmacht auf K, womit eine stillschweigende Harmonisierung mit den unternehmenspolitischen Vorstellungen des K und nicht mehr mit denen des V zu erwarten ist. Fraglich ist jedoch, ob dieses Ergebnis, das unmittelbar an die Abrede der Parteien in der Interimszeit anknüpft, angesichts des Verstoßes gegen das Vollzugsverbot Bestand haben kann. Da mit der Freigabeentscheidung feststeht, daß objektiv durch die Vorwegnahme des Zusammenschlusses in Gestalt der Vorverlagerung von Partizipations- oder Weisungsrechten auf K keine Wettbewerbsgefährdung eingetreten ist, besteht kein Grund, neben der nach wie vor greifenden Bußgeldsanktion V die Widerlegung der Abhängigkeitsvermutung zu versagen.

Eine Widerlegung kann zudem gelingen, wenn der Z-Vorstand die Abrede zwar für (vorläufig) unwirksam hält, jedoch davon ausgeht, daß die nächsten Aufsichtsratswahlen davon unbeeinflußt von K dominiert werden, weil die Parteien sich *tatsächlich* an die Abrede halten werden.

(b) Aufsichtsratswahlen nach Beendigung der Interimszeit

Hier knüpft eine Widerlegung der Abhängigkeitsvermutung nicht an die in der Interimszeit zwischen den Parteien vollzugsverbotswidrig vereinbarte Vorverlagerung von Rechten auf K an, sondern an die Akquisitionsprognose des Z-Vorstandes. Hat dieser keine vernünftigen Zweifel an der Freigabe des Zusammenschlusses bzw. sieht er die Freigabe als bloßen Formalakt an, wird er die unternehmenspolitischen Zielsetzungen an K ausrichten und nicht mehr an V. Eine Widerlegung durch V scheidet dagegen aus, falls die Prognose des Z-Vorstandes auch bei überwiegender Wahrscheinlichkeit einer Freigabe noch mit Unsicherheiten behaftet ist.

(c) Keine Absehbarkeit des Zeitpunkts der nächsten Aufsichtsratswahlen im Verhältnis zur Interimszeit

In diesem Fall kommt eine Widerlegung durch V nur in Betracht, wenn der Z- Vorstand sowohl von einer nicht mehr zweifelbehafteten positiven Prognose über die Freigabe des Zusammenschlusses ausgeht als auch davon, daß die zwischen den Parteien getroffene Abrede ggf. dazu führt, daß die Wahlen schon in der Interimszeit gleichfalls von K entschieden werden.

(2) Untersagungsverfügung

Sofern eine Untersagungsverfügung ergeht, unterlag V rein rechtlich betrachtet in der Interimszeit mit Blick auf die endgültige Unwirksamkeit der Abrede zu keinem Zeitpunkt einem wirksamen Ausübungshindernis seiner Stimmrechtsmacht. Zu überlegen ist, ob diese rechtliche Würdigung ein anderes Ergebnis als das zur Freigabeentscheidung gefundene mit sich bringt.

(a) Aufsichtsratswahlen in der Interimszeit

Zu den Fallgruppen, in denen eine rückwirkende Heilung der Abrede eintritt, wurde festgestellt, daß eine Argumentation, die lediglich auf die aus der ex-post-Perspektive zu beurteilende rechtliche Wirksamkeit abstellt, verfehlt ist. Auch in den Fällen einer Untersagungsverfügung könnte man sich dementsprechend auf den Standpunkt stellen, daß für die Frage einer erfolgreichen Widerlegung der Abhängigkeitsvermutung seitens V ausschließlich auf die Prüfung zurückzugreifen ist, ob sich aus der objektivierten Sicht des Z-Vorstandes in der Interimszeit ergibt, daß die Befürchtung eines einflußkonformen Verhaltens zugunsten des V ausgeschlossen werden kann. Dementsprechend käme es nur darauf an, ob der Z-Vorstand von der Wirksamkeit oder der tatsächlichen Durchführung der Abrede ausging. Bejahendenfalls könnte man schlußfolgern, daß eine stillschweigende Harmonisierung nur noch mit den unternehmenspolitischen Vorstellungen des K zu befürchten wäre. Im Ergebnis bedeutete dies aber eine Besserstellung des V gegenüber der Situation, in der er sich vollzugsverbotskonform verhalten und folglich mit K überhaupt keine Überbrückungsregelung getroffen hätte. Denn hätte V überhaupt keine Abrede getroffen, bliebe es bei der Abhängigkeitsvermutung zu seinen Lasten, während eine rein tatsächliche Sichtweise in den Untersagungsfällen mit sich brächte, daß V aufgrund der Abrede aus der abhängigkeitsrechtlichen Verantwortung entlassen werden könnte. In den Fällen einer rückwirkenden Heilung der Abrede könnte man dies zwar genauso sehen; allerdings steht hier durch die Freigabe fest, daß ein funktionierender Wettbewerb nie bedroht wurde. Deshalb läßt sich in den Freigabefällen die Abrede zur Widerlegung heranziehen, auch wenn sie schwebend unwirksam war. Dagegen darf V für den durch die Untersagungsverfügung oder durch ein späteres Urteil festgestellten objektiven Verstoß gegen das Wettbewerbsrecht nicht auch noch durch Anerkennung einer Widerlegung abhängigkeitsrechtlich belohnt werden. Eine Anerkennung der Widerlegung, die auf einer rein tatsächlichen Sichtweise des Z-Vorstandes beruhte und die somit die wettbewerbsrechtlichen Besonderheiten ausklammerte, wäre zudem nicht mit der Einheit der Rechtsordnung vereinbar. Denn die auch gegen das materielle Wettbewerbsrecht verstoßende Abrede würde herangezogen, um V abhängigkeitsrechtlich zu entlasten. Somit ist eine Widerlegung seitens V, die auf der endgültig unwirksamen Abrede beruht, ausgeschlossen, selbst wenn die ansonsten hier befürwortete tatsächliche Sicht ergeben sollte, daß der Z-Vorstand mit der de-facto-Durchführung der Abrede rechnete.

(b) Aufsichtsratswahlen nach Beendigung der Interimszeit

Hier scheitert eine Widerlegung seitens V zunächst nicht daran, daß die Einheit der Rechtsordnung mißachtet würde. Denn Anküpfungspunkt für eine Widerlegung ist nicht die wettbewerbswidrige Abrede, sondern die Akquisitionsprognose. Allerdings kann eine Widerlegung nur dann erfolgen, wenn diese Akquisitionsprognose ohne vernünftige Zweifel positiv wäre. Angesichts der späteren Untersagungsverfügung kann aber nicht davon ausgegangen werden, daß der Z-Vorstand in der Interimszeit keine weiteren Zweifel an einer vermeintlichen Freigabe hatte. Untersagungsverfügungen fallen nicht vom heiteren Himmel. Demnach scheidet eine Widerlegung aus, da vernünftige Restzweifel an der Prognose angesichts des dann nicht sicher auszuschließenden Einflußpotentials zu Lasten des V gehen.

(c) Keine Absehbarkeit des Zeitpunkts der nächsten Aufsichtsratswahlen im Verhältnis zur Interimszeit

Auch hier scheidet eine Widerlegung aus, da es an einer nicht mehr zweifelbehafteten positiven Akquisitionsprognose fehlt. Der Z-Vorstand kann nicht ausschließen, daß er das Wohlwollen des V für seine Wiederbestellung benötigen wird.

Insgesamt bleibt festzuhalten, daß V im Falle einer Untersagungsverfügung die Widerlegung der Abhängigkeitsvermutung nicht gelingt.

bb) Abhängigkeitsrechtliche Beurteilung hinsichtlich K

Fraglich ist, wie sich die unter aa) vorgenommene Differenzierung auf K auswirkt. Auch hier gilt zunächst, daß K nicht abhängigkeitsrechtlich „belohnt" werden darf, wenn aus der späteren Untersagung des Zusammenschlusses der objektive Verstoß gegen das Wettbewerbsrecht feststeht. Weiterhin vermag die aus einer spätereren Freigabe des Zusammenschlusses resultierende Fiktion einer ex-tunc-Heilung der Abrede die grundsätzlich an tatsächlichen Kriterien festzumachende Befürchtung eines einflußkonformen Verhaltens des Z-Vorstandes auch mit Blick auf K nicht zu präjudizieren. Für die weitere Analyse soll wie in der ersten Hauptfallgruppe nach dem Inhalt der Abrede unterschieden werden.

(1) Vereinbarung einer Treuhand oder einer atypischen Unterbeteiligung

(a) Freigabeentscheidung

Wie die Untersuchung zur ersten Hauptfallgruppe[1049] gezeigt hat, bewirkt der Normalfall einer wirksamen Vereinbarung in diesen Fällen der mittelbaren Unternehmensbeteiligung, daß eine zweite Abhängigkeitsvermutung zu Lasten des K nach §§ 16 IV 2.Var., 17 II ausgelöst wird, da V die Beteiligung für Rechnung des K hält. Liegt nun bei Fusionskontrollsachverhalten darin regelmäßig[1050] ein Verstoß gegen das Vollzugsverbot, stellt sich die Frage, welche Konsequenzen dies für die Anwendung der Zurechnungsnorm des § 16 IV 2. Var. entfaltet.

Sofern eine Freigabeentscheidung ergeht, ist die Vereinbarung, die ein Halten für Rechnung des K durch V vorsieht, als von Anfang an wirksam anzusehen. Eine Widerlegung der Abhängigkeitsvermutung für die Interimszeit könnte K dann entsprechend in den Fällen gelingen, in denen eine Widerlegung für die nicht fusionskontrollrechtlich erfaßten Fallgruppen[1051] als möglich erachtet wurde. Demnach kommt eine Widerlegung in Betracht, falls der Z-Vorstand mit Aufsichtsratswahlen noch vor Abschluß des Fusions-

1049 S. die Ausführungen auf S. 189 ff. (191) in diesem Abschnitt.

1050 Eine Gesamtzusammenfassung zum kautelarjuristischen Gestaltungsraum der Parteien bei Fusionskontrollsachverhalten findet sich auf S. 172 f. im vierten Abschnitt.

1051 Vgl. die Zusammenfassung und die Kategorisierung der Ergebnisfallgruppen auf S. 236 ff..

kontrollverfahrens rechnet und die Stimmrechtsmacht wegen einer Einschränkung oder Abbedingung des grundsätzlich aus dem Institut folgenden Weisungsrechtes des K bei V verbleibt.

Rechnet der Z-Vorstand mit den Aufsichtsratswahlen erst nach Beendigung des Fusionskontrollverfahrens, kann eine Widerlegung nur gelingen, falls der Z-Vorstand ohne weitere vernünftige Zweifel von einer Untersagung des Zusammenschlusses und damit von einem Scheitern der Akquisition ausgeht. Vermag der Z-Vorstand den Zeitpunkt der nächsten Aufsichtsratswahlen nicht abzusehen, gelingt die Widerlegung nur, falls die Stimmrechtsmacht in der Interimszeit bei V verbleibt und aus Sicht des Z-Vorstandes eine nicht zweifelbehaftete negative Akquisitionsprognose vorliegt.

(b) Untersagungsverfügung

Fraglich ist, wie die Fallgruppe zu beurteilen ist, wenn eine Untersagungsverfügung ergeht. Hier wäre rein rechtlich betrachtet die Vereinbarung der Treuhand bzw. der atypischen Unterbeteiligung als endgültig unwirksam anzusehen. Führt diese Rechtsfolge des Fusionskontrollverfahrens auch dazu, daß § 16 IV 2.Var. für die Interimszeit keine Anwendung findet ?

Dagegen spricht, daß eine solche Konsequenz zu dem befremdlichen Ergebnis führte, daß K im Falle einer durch die Fusionskontrollbehörde festgestellten objektiven Wettbewerbswidrigkeit des Zusammenschlusses abhängigkeitsrechtlich besser gestellt würde, als er stünde, wenn er nur gegen die Verfahrensvorschrift als solche verstößt. Denn im Falle einer rückwirkenden Heilung bei Freigabe des Vorhabens greift zu Lasten des K die Abhängigkeitsvermutung aus §§ 16 IV 2.Var., 17 II. Dagegen würde bei einer endgültigen Unwirksamkeit der Vereinbarung keine Abhängigkeitsvermutung ausgelöst. Der Anspruchsteller der §§ 317, 318 könnte sich bei einer rein zivilrechtlichen Betrachtungsweise dann nicht auf die Abhängigkeitsvermutung stützen, sondern müßte eine Abhängigkeitsbegründung nach § 17 I darlegen und notfalls beweisen.

Aus diesem Grunde muß es für die hier interessierenden Fälle zur Bejahung des § 16 IV 2.Var. genügen, daß die Parteien des Aktienkaufvertrages eine Abrede getroffen haben, die die wirtschaftlichen Chancen und Risiken der Beteiligung – wenn auch vollzugsverbots- und sogar objektiv wettbewerbsrechtswidrig – auf den Käufer in der Interimszeit verlagern. M.a.W. ist für die Bejahung eines Haltens für Rechnung nicht erforderlich, daß eine – fusionskontrollrechtlich betrachtet – wirksame Vereinbarung vorliegt. Diese Auslegung entspricht auch dem telos des § 16 IV 2. Var., der als Erfahrungssatz mit der Verlagerung der wirtschaftlichen Innehabung der Beteiligung auch einen tatsächlichen Wechsel der Weisungsrechte auf das Unternehmen, für dessen Rechnung die Beteiligung gehalten wird, verknüpft[1052]. Damit wird eine Abhängigkeitsvermutung zu Lasten des K auch in den Fällen ausgelöst, in denen eine spätere Untersagung des Vorhabens erfolgt. Es gelten dann dieselben Widerlegungsmöglichkeiten des K wie bei einer aufgrund der Heilung von Anfang an als wirksam anzusehenden Vereinbarung.

1052 Zur Zielsetzung des § 16 IV 2.Var. vgl. insbesondere die Überlegungen auf S. 185 f..

(2) Vereinbarung eines Nießbrauchs oder einer typischen Unterbeteiligung/ Besondere Abreden über die Stimmrechtsausübung ohne Vereinbarung einer mittelbaren Unternehmensbeteiligung

Erfolgt die Vereinbarung vollzugsverbotswidrig, gelten im Falle einer Freigabe die Überlegungen zu den nicht fusionskontrollrechtlich erfaßten Sachverhalten entsprechend[1053].

Da K im Falle einer fusionskontrollrechtlichen Untersagung nicht besser gestellt werden darf, als er stünde, wenn die Delegation der Stimmrechtsmacht aufgrund einer Freigabeentscheidung als von Anfang wirksam anzusehen wäre, können die zu einer außer- und vormitgliedschaftlichen Abhängigkeit der Z gefundenen Ergebnisse hier analog herangezogen werden.

Für die Möglichkeit einer außermitgliedschaftlichen Abhängigkeitsbegründung bedeutet dies: Vereinbaren die Parteien z.B. einen Nießbrauch, der mit einer generellen Stimmbindung des V verbunden wird und K einen wettbewerblich erheblichen Einfluß auf Z bereits in der Interimszeit sichert, geht die schwebende Unwirksamkeit dieser Absprachen nach Erlaß der Untersagungsverfügung in eine endgültige Unwirksamkeit über. Trotz der zivilrechtlichen Unwirksamkeit der Delegation der Stimmrechtsmacht kommt eine außermitgliedschaftliche Abhängigkeit der Z von K in Betracht, falls der Z-Vorstand mit den nächsten Aufsichtsratswahlen der Z noch in der Interimszeit rechnet und entweder davon ausgeht, daß die Abrede wirksam ist oder zwar deren Unwirksamkeit kennt, jedoch erwartet, daß die Abrede von den Parteien de facto vollzogen wird.

Reicht die Delegation der Stimmrechtsmacht vom sachlichen Umfang her nicht aus, um eine außermitgliedschafliche Abhängigkeit auszulösen, weil die Möglichkeit der Festlegung der Aufsichtsratsmitglieder für die Interimszeit bei V bleibt, ist eine vormitgliedschaftliche Abhängigkeit der Z von K zu prüfen.

f) Fehlen besonderer Abreden außerhalb von Fusionskontrollsachverhalten

Schließen die Parteien lediglich einen Aktienkaufvertrag ab, scheidet eine außermitgliedschaftliche Abhängigkeitsbegründung der Z von K mangels vertraglicher Delegation der Stimmrechtsmacht des V auf K aus. Dann besteht jedoch die Möglichkeit einer vormitgliedschaftlichen Abhängigkeitsbegründung der Z von K, die unter den im Rahmen der ersten Hauptfallgruppe erörterten Bedingungen[1054] selbständig neben die Abhängigkeitsvermutung im Verhältnis zu V treten kann.

1053 S. die abhängigkeitsrechtliche Prüfung des Nießbrauchs und der typischen Unterbeteiligung auf S. 239 ff.. Zu den isolierten besonderen Abreden der Parteien über die Stimmrechtsausübung s. die Analyse auf S. 280 ff..

1054 Vgl. die Untersuchung auf S. 275 ff..

5. Dritte Hauptfallgruppe: Fälle in der Vorabschlußphase und Sukzessiverwerb

a) *Optionsgestaltungen, bindende Angebote, Vorhand und Vorverträge*

Diese Fälle der dritten Hauptfallgruppe sind dadurch gekennzeichnet, daß ein möglicher Machtwechsel des Mehrheitsgesellschafters zwar bereits auf das Käufer-Unternehmen konkretisiert ist, ein Aktienkaufvertrag jedoch noch nicht zustande gekommen ist. In der Vorabschlußphase werden die Vorvertragsparteien bzw. Optionsgeber und Optionsnehmer regelmäßig keine besonderen Abreden über eine Stimmrechtsverlagerung bzw. eine Verlagerung der wirtschaftlichen Teilhabe an Z auf K treffen. Da noch nicht feststeht, ob der Kaufvertrag zustande kommen wird, wären Überbrückungsregelungen von der in der ersten Hauptfallgruppe geprüften Art verfrüht. Beispielsweise wäre es nicht sinnvoll, K in der Vorabschlußphase in den Genuß von Dividendenausschüttungen der Z gelangen zu lassen oder eine ausschlaggebende Rolle in der Hauptversammlung der Z einzuräumen, solange die Initiierung der Akquisition nicht begonnen hat. Ebensowenig sinnvoll wäre es, z.B. dem Optionsnehmer bereits zu einem Zeitpunkt die Stimmrechtsmacht des Mehrheitsgesellschafters der Z zu verschaffen, in dem noch nicht absehbar ist, ob die Option überhaupt ausgeübt wird. Auch in dem Sonderfall eines schon zustande gekommenen, aber durch die Ausübung eines Optionsrechtes bedingten Aktienkaufvertrages, der nach der hier vorgenommenen Chronologisierung einer typischen Akquisition nicht mehr zur Vorabschlußphase gehört, sondern schon zur Interimszeit, wird V den K nicht in die Lage versetzen, Entscheidungen in der Hauptversammlung der Z mit der Stimmrechtsmacht eines Mehrheitsgesellschafters zu dominieren, solange die Ausübung des Optionsrechtes unsicher ist. Mangels vertraglicher Delegation der Stimmrechtsmacht von V auf K scheidet in den vorgenannten Fällen eine außermitgliedschaftliche Abhängigkeitsbegründung bzw. eine Abhängigkeit, die auf der Verstärkung einer bereits vorhandenen Minderheitsbeteiligung des K an Z beruht, aus. Zu überlegen bleibt demnach, ob eine vormitgliedschaftliche Abhängigkeitsbegründung der Z von K im Lichte der gewonnenen Erkenntnisse in Betracht kommt.

Für Optionsgestaltungen hat *Möhring* in einer älteren Abhandlung[1055] die Möglichkeit eines beherrschenden Einflusses des Optionsberechtigten grundsätzlich abgelehnt, wenn keine anderen faktischen Beherrschungsmittel dazutreten. Zwar reiche auch nur eine mittelbare Einwirkungsmöglichkeit aus; jedoch müsse immer feststehen, daß die Möglichkeit des beherrschenden Einflusses *ad hoc* bestehe, was bei der Option nicht der Fall sei. Da nicht feststehe, ob das Optionsrecht überhaupt jemals ausgeübt werde, verneint *Möhring* das Bedürfnis, diese Sachverhalte unter den Abhängigkeitstatbestand zu subsumieren.

In seiner Erwiderung zur Abhandlung von *Lutter* zum ersten Feno-Fall, der eine Optionsgestaltung betraf, macht sich *Krieger*[1056] die Argumentation von *Möhring* zu eigen und verneint bei Optionen mangels Verfestigung des künftigen Mehrheitserwerbs eine „vorwirkende“ Abhängigkeit.

1055 Vgl. Möhring in Festschrift für Westermann, 436.

1056 S. Krieger in Festschrift für Semler, 509.

Werner[1057] unterscheidet in seiner Untersuchung zum Abhängigkeitstatbestand zwei Fallgruppen. Soweit es sich bei dem zukünftigen Erwerb um eine Anteilsaufstockung handele, werde ein vorhandener Einfluß verstärkt; der zukünftige Zuerwerb sei dann als faktische Einflußmöglichkeit i.S.d. § 17 I zu berücksichtigen, falls der Erwerber eine dem Anwartschaftsrecht vergleichbare Erwerbsposition besitze. Letztere soll nach *Werner* bei Optionen jedoch in den Fällen der Anteilsaufstockung nicht gegeben sein, solange offen sei, ob die Option auch tatsächlich ausgeübt werde. Für den Beteiligungs*neuaufbau* sieht *Werner* eine Einflußmöglichkeit als äußerst eingeschränkt an, da abgesehen von atypischen Fallgestaltungen regelmäßig die Voraussetzungen eines sofort ausübbaren Einflusses zu verneinen seien.

Gegen die Argumentation von *Krieger* läßt sich zunächst mit *Weber*[1058] einwenden, daß es nicht darauf ankommt, ob im Zeitpunkt einer vormitgliedschaftlichen Abhängigkeitsbegründung der Mehrheitswechsel mit Gewißheit feststeht. Dieses Erfordernis wendet *Krieger* auch nicht bei bedingten Kaufverträgen an, da er hier auf die *Wahrscheinlichkeit*[1059] des Bedingungseintritts abstellt, womit seine Argumentation nicht konsequent durchgehalten wird.

Die Abhandlung von *Werner* erscheint ebenfalls nicht konsequent. Eine dem Anwartschaftsrecht vergleichbare Position ist dadurch charakterisiert, daß der Berechtigte über ein einseitiges Gestaltungsrecht verfügt und damit in der Lage ist, eine Rechtsänderung herbeizuführen, ohne auf die Mitwirkung Dritter angewiesen zu sein. Gerade diese Gestaltungsmöglichkeit ist bei den Optionen gegeben, womit die Qualifikation als Anwartschaftsrecht entgegen *Werner* nicht davon abhängt, ob feststeht, daß die Option auch tatsächlich ausgeübt wird. Zudem ist der Differenzierung zwischen Anteilsaufstockung und Beteiligungsneuaufbau nicht zu folgen. In beiden Fallgruppen geht es um die Möglichkeit des Optionsberechtigten, durch Ausübung der Option eine Mehrheitsbeteiligung herbeizuführen.

Die abhängigkeitsrechtliche Prüfung muß deshalb wie in den anderen Hauptfallgruppen auch hier bei der Frage ansetzen, unter welchen Voraussetzungen im Rahmen des konkreten Beurteilungsmaßstabes der Personalhoheit ein einflußkonformes Verhalten des Z-Vorstandes zu befürchten ist. *Noack* bejaht dies, wenn die Ausübung des Optionsrechtes keinen Bedingungen mehr unterliegt, die der Optionsnehmer nicht einseitig herbeiführen kann[1060]. Im Falle der bedingungslosen Ausübungsmöglichkeit werde der rational agierende Geschäftsleiter den jederzeit ins Werk zu setzenden Vorgang einer Anteilsübernahme bedenken und sich auf den künftigen Mehrheitsgesellschafter einstellen. *Weber*[1061] verlangt über das von *Noack* geforderte einseitige Zugriffsrecht hinaus, daß die Optionsausübung unter Berücksichtigung der konkreten Fallumstände hinlänglich wahrscheinlich sein müsse. Ihm ist beizupflichten, da die bloße Einräumung eines Optionsrechtes als einseitiges Zugriffsrecht dann nicht ausreichen kann, wenn aus Sicht des Vorstandes der Zielgesellschaft die Ausübung des Optionsrechtes z.B. aus finanziellen oder sonstigen

---

1057 S. Werner, a.a.O., S.116.

1058 Vgl. Weber, ZIP 1994, 688.

1059 So Krieger in Festschrift für Semler, 509.

1060 Vgl. Noack, a.a.O., S. 90.

1061 S. Weber in ZIP 1994, 688.

Gründen nicht im Betracht kommt. Weiß z.B. der Z-Vorstand, daß K in absehbarer Zeit mangels entsprechender Kapitalausstattung auf die Ausübung des ihm eingeräumten Optionsrechtes verzichten wird, reicht die Charakterisierung der Option als einseitiges Zugriffsrecht nicht aus, um die Befürchtung eines einflußkonformen Verhaltens des Z-Vorstandes zu bejahen. Anders ausgedrückt genügt es nicht, daß das Optionsrecht als Damoklesschwert über den Köpfen des Z-Vorstandes schwebt; es muß auch an einem hinreichend dünnen Faden hängen. Dies muß umso mehr für Fälle gelten, die durch eine langjährige Laufzeit[1062] der Option gekennzeichnet sind. Die Voraussetzung einer aufgrund konkreter Umstände wahrscheinlichen Ausübung der Option für eine vormitgliedschaftliche Abhängigkeitsbegründung findet auch im europäischen Recht eine Parallele im Fusionskontrollrecht. Neben anderen Indizien sieht dort die Europäische Kommission[1063] die Wahrscheinlichkeit der Optionsausübung als weiteres Indiz für die alleinige Kontrolle des Optionsberechtigten an.

Über die Ausübungswahrscheinlichkeit der Option hinaus ist jedoch in Anlehnung an die anderen Hauptfallgruppen im Rahmen des konkreten Beurteilungsmaßstabes auch darauf abzustellen, zu welchem *Zeitpunkt* die Option aus Sicht des Z-Vorstandes wahrscheinlich ausgeübt werden wird. Ist dabei absehbar, daß die Option nicht vor den nächsten Aufsichtsratswahlen der Z ausgeübt werden wird, wird sich der Z-Vorstand an den Wünschen des aktuellen Mehrheitsherrschers und Optionsgebers orientieren. In Fällen, in denen nur der konkrete Zeitpunkt der i.ü. schon hinreichend wahrscheinlichen Optionsausübung im Verhältnis zu den nächsten Aufsichtsratswahlen nicht absehbar ist, tritt das durch die Optionsausübungsmöglichkeit vermittelte Einflußpotential des K als vormitgliedschaftliche Abhängigkeit der Z von K neben das nach § 17 II noch bestehende Einflußpotential des V. Die vorstehenden Überlegungen gelten nicht nur für Optionsverträge, sondern auch für Festofferten und bedingte Hauptverträge.

Es bleibt zu klären, ob jenseits der Optionsgestaltungen in der Vorabschlußphase eine vormitgliedschaftliche Abhängigkeitsbegründung möglich ist, falls ein zukünftiger Mehrheitswechsel bereits hinreichend konkretisiert ist. Im Gegensatz zur Ansicht von *Weber* und *Noack* ist dies auch für Fallgestaltungen denkbar, in denen kein einseitiges Gestaltungsrecht besteht. Kann der Z-Vorstand aufgrund objektiver Umstände absehen, daß ein Vorvertrag zum Abschluß des Aktienkaufvertrages führt, und besteht aus seiner Sicht eine positive Akquisitionsprognose, kann dies ebenso die Befürchtung eines zugunsten von K bereits in der Vorabschlußphase einsetzenden einflußkonformen Verhaltens begründen wie eine Vorhand, die auf Basis konkreter Umstände in der Einschätzung des Z-Vorstandes im Abschluß eines Kaufvertrages münden wird. Bei der Vorhand wird diese Wahrscheinlichkeitsprognose allerdings im Regelfall nur bestehen, wenn sie konkrete

---

1062 Hier ist das Beispiel der zwanzigjährigen Option der Advanta Management AG zu nennen, vgl. die Darstellung im ersten Abschnitt, S. 69 mit Fn. 114.

1063 Vgl. Ziffer 15. der Bekanntmachung über den Begriff des Zusammenschlusses der VO Nr. 4064/89 des Rates vom 21. Dezember 1989 über die Kontrolle von Unternehmenszusammenschlüssen, ABl. Nr. C 385/5 vom 31.12.1994. Nach Ziffer 15. kann eine alleinige Kontrolle auch anzunehmen sein, wenn die Option in naher Zukunft aufgrund einer rechtlich verbindlichen Absprache ausgeübt wird.

Anbietungspflichten[1064] des Vorhandverpflichteten beinhaltet und wenn dessen Entschluß zur Veräußerung zu erwarten ist. Handelt es sich um eine Vorhand mit rein informatorischen Charakter oder um eine Vorhand, die eine Annahmepflicht erst im Falle eines äquivalenten Angebotes seitens des Vorhandberechtigten konstituiert, wird der Z-Vorstand allein auf Basis des ihm zur Kenntnis gelangten Verkaufsentschlusses des Vorhandverpflichteten ohne weitergehende Besonderheiten des Einzelfalles (noch) keine positive Wahrscheinlichkeitsprognose über einen Machtwechsel anstellen. Anders kann es sich verhalten, wenn die Vorhand als einseitig bindender Vorvertrag ausgestaltet ist. Ab dem Verkaufsentschluß des Vorhandverpflichteten hängt dann die Erlangung der Mehrheitsbeteiligung von dem Willen des Vorhandberechtigten ab. Werden die nächsten Aufsichtsratswahlen in diesem Fall aus Sicht des Z-Vorstandes erst nach vollzogener Vorhand bzw. erst nach Zustandekommen des Aktienkaufvertrages oder nach der Übereignung des Aktienpaketes stattfinden oder läßt sich der Zeitpunkt nicht absehen, liegt das über den Mechanismus der Personalhoheit vermittelte Einflußpotential des Vorhandberechtigten bereits aktuell vor. Bei Konsortialgestaltungen muß es zudem überwiegend wahrscheinlich sein, daß die Vorhand *nicht* durch mehrere Poolmitglieder mit der Konsequenz ausgeübt wird, daß die Nachfrage quotal umgelegt wird und damit kein Gesellschafter die Grenze zur Mehrheitsbeteiligung überschreiten kann.

Praktischer Hauptanwendungsfall für eine vormitgliedschaftliche Abhängigkeitsbegründung ist unter den dargestellten Voraussetzungen die Vorhand eines Poolmitgliedes, die die Erlangung der Mehrheitsherrschaft in der Z ermöglicht und deren Ausübung aus Sicht des Z-Vorstandes aufgrund objektiver Umstände überwiegend wahrscheinlich geworden ist. Anknüpfungspunkt für die Abhängigkeit ist in einem solchen Fall nicht die bereits vorhandene Beteiligung des Poolmitglieds, sondern seine aus Sicht des Z-Vorstandes bevorstehende Mehrheitsherrschaft. Deshalb handelt es sich um eine vormitgliedschaftliche Abhängigkeitsbegründung, obwohl das besagte Poolmitglied bereits Gesellschafter der Z ist. Man könnte hier präziser sagen, daß es sich um eine vor*mehrheits*mitgliedschaftliche Abhängigkeit handelt.

b) Sukzessiverwerb beim Rahmenvertrag und Haftungsfälle

Schließen die Parteien einen Rahmenvertrag über einen sukzessiven Beteiligungserwerb des K und hat K bereits eine erste Tranche erworben, stellt sich die Frage, welche abhängigkeitsrechtlichen Folgen entstehen, wenn die Übereignung einer weiteren Tranche K die Mehrheitsherrschaft über Z ermöglichte. Auch hier ist wiederum auf die Befürchtung eines einflußkonformen Verhaltens seitens des Z-Vorstandes abzustellen. Man könnte gegen eine solche Befürchtung einwenden, daß der Rahmenvertrag im Gegensatz zu den Optionsgestaltungen gerade keinen jederzeit möglichen Zugriff des K auf die Mehrheitsbeteiligung an Z gestatte. Aber wie bereits unter a) diskutiert, ist für eine hinreichende Wahrscheinlichkeitsprognose nicht erforderlich, daß K in der Vorabschlußphase bereits über ein anwartschaftsgleiches einseitiges Zugriffsrecht verfügt. Eine Abhängigkeitsbe-

---

1064 Vgl. zu den verschiedenen Spielarten der Vorhand die Ausführungen im ersten Abschnitt, S. 66 f..

gründung ist deshalb möglich, wenn der Z-Vorstand aufgrund objektiver Umstände damit rechnen muß, daß die nächste Tranche an K veräußert werden wird und wenn nach seiner Einschätzung der Zeitpunkt der nächsten Aufsichtsratswahlen nicht zweifelsfrei vor Abschluß dieser zur Mehrheitsherrschaft des K führenden (Teil)Akquisition liegt. Dann kann eine drohende Haftung des V aus pVV des Rahmenvertrages, die bei einer Verweigerung des Abschlusses eines entsprechenden Aktienkaufvertrages über die nächste Tranche einsetzte, die Wahrscheinlichkeitsprognose eines Herrschaftswechsels noch positiv verstärken.

Vergleichbare Erwägungen gelten für die Fälle, in denen ausnahmsweise ein Abbruch der Verhandlungen zu einer Haftung des V aus cic führte. Auch hier kann die Gefahr einer Haftung die Wahrscheinlichkeit eines bevorstehenden Herrschaftswechsels positiv beeinflussen. Allerdings wird eine positive Akquisitionsprognose regelmäßig nicht bereits in der frühen Vorabschlußphase feststellbar sein, sondern allenfalls bei weit fortgeschrittenen Vertragsverhandlungen, die dem Z-Vorstand zur Kenntnis gelangt sind und eine hinreichende Konkretisierung des Machtwechsels aufweisen. Ist das Stadium der Vertragsreife erreicht oder befinden sich die Parteien unmittelbar davor, besteht wie bei den Optionsgestaltungen die Möglichkeit einer vormitgliedschaftlichen Abhängigkeitsbegründung.

Zusammenfassung der Ergebnisse und Ausblick

Die Untersuchung hat gezeigt, daß bereits vor der beabsichtigten dinglichen Übertragung eines Aktienpaketes, das die Mehrheitsbeteiligung an einer Zielgesellschaft ermöglicht, abhängigkeitsrechtliche Beziehungen der Zielgesellschaft zu dem Unternehmen, das die Übernahme mittels Beteiligungskaufs anstrebt, entstehen können. Eine Abhängigkeit kann auf vier Modalitäten beruhen:

Sie kann erstens aus der *Verstärkung* einer schon vor Abschluß des Aktienkaufvertrages *vorhandenen Minderheitsbeteiligung* des Käufers an der Zielgesellschaft resultieren. Die Verstärkung kann mittels Autorisation des Käufers zur Abstimmung in der Hauptversammlung der Zielgesellschaft oder durch Stimmbindung des Mehrheitsaktionärs herbeigeführt werden.

Die Abhängigkeit kann zweitens *außer*mitgliedschaftlich bedingt sein. Hierbei handelt es sich um einen Unterfall der *nicht*mitgliedschaftlichen Abhängigkeit. Diese Form der Abhängigkeitsbegründung leitet sich aus der Verlagerung der Stimmrechtsmacht des Mehrheitsgesellschafters auf den Käufer, der keine eigene Beteiligung an der Zielgesellschaft hält, ab. Eine außermitgliedschaftliche Abhängigkeit nach § 17 I knüpft wie die auf der Verstärkung einer bereits vorhandenen Minderheitsbeteiligung beruhende Abhängigkeit an besondere Abreden der Kaufvertragsparteien an. Diese Abreden können die Erteilung einer Stimmrechtsvollmacht oder eine Legitimationszession zugunsten des Käufers oder eine Stimmbindung des Mehrheitsaktionärs gegenüber dem Käufer vorsehen.

Eine nicht auf der dinglichen Innehabung der Mehrheitsbeteiligung beruhende Abhängigkeit kann drittens durch besondere Abreden über eine *wirtschaftliche Teilhabe* des Käufers an der Zielgesellschaft vor der Übereignung des Aktienpaketes begründet werden. Führen die Abreden in Gestalt einer mittelbaren Unternehmensbeteiligung des Käufers an der Zielgesellschaft zu einer Zurechnung der Mehrheitsbeteiligung nach § 16 IV 2.Var., wird zu Lasten des Käufers die Abhängigkeitsvermutung des § 17 II ausgelöst. In diesem Fall tritt die wirtschaftliche Innehabung der Mitgliedschaft seitens des Käufers selbständig neben die noch vorhandene formale Eigentümerposition des Verkäufers.

Eine Abhängigkeit der Zielgesellschaft vom Käufer kann viertens *vor*mitgliedschaftlich begründet werden. Hierbei handelt es sich um einen weiteren Unterfall der *nicht*mitgliedschaftlichen Abhängigkeit, der im Gegensatz zur außermitgliedschaftlichen Abhängigkeit nicht auf einer vom Mehrheitsgesellschafter abgeleiteten Stimmrechtsmacht und auch nicht auf der Zurechnungsnorm des § 16 IV 2. Var. beruht. Die vormitgliedschaftliche Abhängigkeit knüpft unmittelbar an den Mechanismus der mit der Personalhoheit verbundenen Befürchtung eines einflußkonformen Verhaltens des Vorstandes der Zielgesellschaft an und beruht auf § 17 I. Sie kann zu einer Mehrfachabhängigkeit der Zielgesellschaft von dem (noch) dinglich berechtigten Mehrheitsgesellschafter nach § 17 II und von dem Käufer der Mehrheitsbeteiligung nach § 17 I führen.

Eine vormitgliedschaftliche Abhängigkeit, die an die wahrscheinliche Erlangung der zukünftigen *Mehrheits*herrschaft anknüpft, kann auch begründet werden, wenn zwar bereits eine Minderheitsbeteiligung des Käufers an der Zielgesellschaft besteht, diese aber mangels besonderer Abreden nicht durch die Stimmrechtsmacht des Verkäufers verstärkt wird. Denn dann beruht die Abhängigkeit nicht auf der gegenwärtigen Beteiligungsstruktur der Interimszeit, sondern allein auf der Befürchtung eines einflußkonformen Verhaltens des Z-Vorstandes infolge seiner auf objektiven Umständen beruhenden Wahrscheinlichkeitsprognose über die zukünftige Beteiligungsstruktur. In diesem Fall läßt sich die Begriffsbestimmung präziser als vor*mehrheits*mitgliedschaftliche Abhängigkeit beschreiben.

Eine vormitgliedschaftliche Abhängigkeit kann unter bestimmten Bedingungen auch bei Sachverhalten vorliegen, die der Fusionskontrolle unterliegen.

Sie kann unter spezifischen Voraussetzungen zudem bereits vor dem Zustandekommen des Aktienkaufvertrages bei Optionsgestaltungen, bindenden Angeboten, Vorverträgen, Rahmenverträgen im Zusammenhang mit einem Sukzessivbeteiligungserwerb, bei der Einräumung einer Vorhand insbesondere zugunsten eines Poolmitglieds und bei fortgeschrittenen Vertragsverhandlungen begründet werden.

Im einzelnen gelangt die Untersuchung zu folgenden Ergebnissen:

1. Die Problematik einer Abhängigkeitsbegründung, die zu Lasten des die Übernahme anstrebenden Unternehmens vor dem dinglichen Erwerb der Aktien einsetzt, basiert auf share deals in Form des Pakethandels (S. 54-56). Die typische Chronologie einer Akquisition kann in drei Abschnitte eingeteilt werden (S. 56-62 mit *Übersicht 1*, S. 62/63).

Die *Vorbereitungsphase* ist durch die Anbahnung der ersten Kontakte des verkaufswilligen Unternehmens mit dem oder den Kaufinteressent(en) häufig im Rahmen des Bieterverfahrens gekennzeichnet (S. 56/57).

Die *Vorabschlußphase* wird durch die Aufnahme der Vertragsverhandlungen mit einem nunmehr konkretisierten Verhandlungspartner eingeleitet und endet mit dem Abschluß des Aktienkaufvertrages (S. 58). In der Vorabschlußphase werden in praxi regelmäßig rechtliche Instrumentarien eingesetzt, die z.T. durch die angloamerikanische Übernahmepraxis beeinflußt sind. Sie weisen unterschiedliche Bindungswirkungen auf und reichen von bloßen verhandlungspsychologischen Mitteln bis zu Optionsgestaltungen und Vorverträgen (S. 63-70 mit *Übersicht 2*, S. 71).

Die *Interimszeit* umfaßt als dritte Phase die Zeit vom Zustandekommen des Aktienkaufvertrages bis zum Gelingen bzw. Scheitern der beabsichtigten Akquisition (S. 59-62). Sie kann im Einzelfall infolge vielfältiger vertraglicher Bedingungen (S. 60-62) oder Rechtsbedingungen (S. 59/60) eine beachtliche Länge aufweisen. Für die Parteien kann deshalb ein Bedürfnis bestehen, dem Käufer z.B. im Rahmen einer Stichtagsregelung (S. 72/73) im Aktienkaufvertrag oder anbei des Aktienkaufvertrages bereits vor Bedingungseintritt eine Rechtsstellung zu verschaffen, die derjenigen eines Mehrheitsgesellschafters der Zielgesellschaft angenähert ist.

2. In der Interimszeit können die Parteien die wirtschaftliche Teilhabe des Käufers an der Zielgesellschaft durch Begründung einer mittelbaren Unternehmensbeteiligung in unterschiedlicher Intensität ermöglichen (S. 75-104 mit *Übersicht 3*, S. 105).

Die Vereinbarung eines Nießbrauchs an den noch zu übereignenden Aktien hat idealtypisch zur Folge, daß das Stimmrecht beim Verkäufer und Besteller des Nießbrauchs verbleibt (S. 79-86), sei es aufgrund exklusiver materieller Zuordnung, sei es aufgrund der Eigenschaft des Bestellers als geborener Vertreter der aus Nießbraucher und

Besteller bestehenden Rechtsgemeinschaft. Vermögensrechtlich entscheidet allein der Besteller über die Ausübung des Bezugsrechtes bei Kapitalerhöhungen gegen Einlagen (S. 88). Dann unterfällt nur der dem Wert des Bezugsrechts entsprechende Teil der neuen Anteile dem Nießbrauch (S. 89). Dagegen umfaßt der Nießbrauch bei einer Kapitalerhöhung aus Gesellschaftsmitteln den erhöhten Anteil (S. 90). Dem Besteller gebührt ein etwaiger Kursgewinn bei der Veräußerung der Aktien (S. 90/91).

Die Vereinbarung einer Treuhand als fremdnützige und fiduziarische Vollrechtstreuhand ordnet ebenso wie die Vereinbarung einer der Treuhand strukturell angenäherten atypischen Unterbeteiligung die wirtschaftliche Inhaberschaft der Mehrheitsbeteiligung dem Käufer als Treugeber bzw. atypisch Unterbeteiligten zu (S. 91-104). Für das Stimmrecht resultieren daraus Weisungsrechte des Treugebers bzw. atypisch Unterbeteiligten (S. 96 und S. 102); die vermögensrechtlichen Konsequenzen bestimmen sich aus der Geschäftsbesorgung des Verkäufers der Beteiligung für den Käufer (S. 97/98).

In Rahmen einer typischen Unterbeteiligung verbleibt das Stimmrecht beim Verkäufer als Hauptbeteiligtem (S. 101). Gewinn- und Verlustrisiken der Beteiligung werden trotz umfangreicher Variationsmöglichkeiten (S. 102-104) auf die Unterbeteiligungsquote begrenzt.

3. Die Parteien verfügen bei Akquisitionsvorhaben, die nicht der Fusionskontrolle unterliegen, über zahlreiche abgestufte Gestaltungsmittel, um Mitwirkungs-, Informations–, Zustimmungs- oder Entscheidungsrechte des Käufers in der Interimszeit festzulegen (S. 138-141 mit *Übersicht 5*, S. 142). Die Stimmrechtsmacht des Verkäufers der Mehrheitsbeteiligung kann noch vor der avisierten dinglichen Übereignung des Aktienpaketes ganz oder teilweise durch Autorisation oder Stimmbindung auf den Käufer verlagert werden.

Das gesellschaftsrechtliche Abspaltungsverbot steht einer nur eingeschränkt widerruflichen und mit einem schuldrechtlichen Stimmrechtsverzicht des Verkäufers verbundenen Stimmrechtsvollmacht zugunsten des Käufers nicht entgegen. Dies gilt sowohl für eine zur Flankierung einer mittelbaren Unternehmensbeteiligung erteilten Stimmrechtsvollmacht (S. 117-120) als auch für eine isolierte Stimmrechtsvollmacht (S. 120/121). Aus den gesellschaftsrechtlichen Treupflichten des Verkäufers und Vollmachtgebers können sich für die Stimmrechtsvollmacht Begrenzungen ergeben, die die personelle Auswahl des Bevollmächtigten und die Reichweite seines Abstimmungsermessens betreffen (S. 123-125). Entsprechendes gilt für die Autorisation des Käufers im Wege der Legitimationszession (S. 126-128).

Die Parteien des Aktienkaufvertrages können für die Interimszeit einen Stimmbindungsvertrag schließen (S. 128-132). Dieser kann als Interimskonsortialvertrag ausgestaltet werden, falls K bereits in der Interimszeit eine Beteiligung an Z hält (S. 129) oder eine Stimmbindung gegenüber K als Nichtaktionär enthalten (S. 130). Beide Varianten sind mit dem gesellschaftsrechtlichen Abspaltungsverbot vereinbar (S. 133/134). Stimmbindungsverträge als Instrumente einer Überbrückungsregelung für die Interimszeit können inhaltlich sehr differenziert ausgestaltet werden (*Übersicht 4*, S. 132). Die Problematik einer Kollision zwischen der Stimmbindung des Verkäufers und seinen Treupflichten als Mehrheitsaktionär der Z wird kautelarjuristisch regelmäßig dadurch gelöst, daß eine Suspension der Bindungswirkung (S. 135-138) für die Fälle vorgesehen wird, in denen die Befolgung der vom stimmbindungsberechtigten Käufer erteilten Weisungen eine Treupflichtverletzung des stimmbindungsverpflichteten Verkäufers bewirkte.

4. Der kautelarjuristische Gestaltungsspielraum der Parteien des Aktienkaufvertrages für Überbrückungsregelungen in der Interimszeit bei Akquisitionsvorhaben, die der Fusionskontrolle unterliegen, ist erheblich eingeschränkt (S. 143-172; Gesamtzusammenfassung S. 172/173). Abreden, die dazu dienen, die wirtschaftliche Position und die Stimmrechtsmacht des Mehrheitsaktionärs während des laufenden Fusionskontrollverfahrens auf den Käufer vorzuverlagern, verstoßen regelmäßig gegen die Vollzugsverbote der deutschen (S. 156-169) und europäischen (S. 169-172) präventiven Zusammenschlußkontrolle. Die Vollzugsverbote bewirken eine schwebende Unwirksamkeit der von ihnen erfaßten Abrede mit der Möglichkeit einer rückwirkenden Heilung im Falle der Freigabe bzw. des Ablaufes der Untersagungsfristen (S. 149-153). Die Parteien des Aktienkaufvertrages werden bei vollzugsverbotskonformen Verhalten i.d.R. weder kumulativ noch isoliert die wirtschaftliche Teilhabe an Z bzw. das Stimmrecht in der Hauptversammlung der Z auf den Käufer vorverlagern (S. 153-156; 173).

5. Die abhängigkeitsrechtliche Prüfung ist anhand von Fallgruppen vorzunehmen, deren Systematisierung sich an der jeweiligen zeitlichen Phase des Akquisitionsprozesses und dem konkreten vertraglichen Gestaltungsspielraum der Parteien orientieren kann (S. 175-178).

Die Abhängigkeitsbegründung und die Anforderungen, die an eine Widerlegung der aus § 17 II folgenden Abhängigkeitsvermutung zu stellen sind, richten sich nach dem zentralen Ansatzpunkt der Personalhoheit und dem mit ihr verbundenen Mechanismus der Befürchtung eines einflußkonformen Verhaltens des Vorstandes der Z (S. 196-199). Für die Widerlegung ist entscheidend, ob die Möglichkeit, über die Wiederbestellung des Vorstands indirekt durch die Wahl der Aufsichtsratsmitglieder zu befinden, ausgeschlossen wurde; sonstige Beherrschungsmittel werden nicht von § 17 II erfaßt und sind deshalb auch nicht zu widerlegen (S. 199-202). Als taugliche Widerlegungsmittel können neben Stimmbindungen insbesondere auch Abreden über die Autorisation des Käufers herangezogen werden (S. 202/203). Für die abhängigkeitsrechtliche Untersuchung einzelner Fallgruppen kann davon ausgegangen werden, daß die Abreden dem Vorstand der Zielgesellschaft bekannt sind (S. 205/206) und daß ohne entsprechende Anhaltspunkte keine generelle Vermutung eines Scheingeschäfts besteht (S. 209 f.).

Der Mechanismus einer auf dem Wiederbestellungsinteresse gründenden Befürchtung eines einflußkonformen Verhaltens der Leitungsorgane ist als roter Faden der gesamten abhängigkeitsrechtlichen Untersuchung zugrunde zu legen. Er führt zu einem konkreten und objektivierten Beurteilungsmaßstab aus der Sicht des Vorstandes der Zielgesellschaft (S. 204-209). *Konkret* bedeutet, daß nicht allein darauf abgestellt werden darf, ob der Widerlegende in der Interimszeit einem rechtlichen Ausübungshindernis unterliegt, das seine Möglichkeit, den Aufsichtsrat der Zielgesellschaft zu bestimmen, für diesen Zeitraum beseitigt. Zusätzlich ist zu berücksichtigen, in welchem Zeitpunkt die nächsten Wahlen des Aufsichtsrates aus der Sicht des Vorstandes der Zielgesellschaft stattfinden werden und ob dieser Zeitpunkt absehbar ist (S. 206-209). *Objektiviert* bedeutet, daß die für die Untersuchung anzustellenden Wahrscheinlichkeitsprognosen nicht an psychologischen Sonderumständen des Einzelfalls festgemacht werden dürfen, sondern auf kategorisierbaren Umständen und Indizien beruhen müssen, die einem etwaigen Beweisantritt seitens des

Anspruchstellers zugänglich sind (S. 266-269; S. 283-285). Der konkrete Beurteilungsmaßstab ist ggf. korrigierend anzulegen, um die Schutzzweckerreichung des Rechts der abhängigen Unternehmen möglichst umfassend sicherzustellen (S. 215-220). Er berücksichtigt zudem die Prognosewahrscheinlichkeit eines Machtwechsels aus der Perspektive eines auf seine Wiederbestellung bedachten und durchschnittlich vernünftigen Geschäftsleiters und stellt somit auch auf die Wahrscheinlichkeit des Gelingens oder des Scheiterns der geplanten Akquisition anhand objektivierbarer Kriterien ab (S. 212 ff.).

Der vom Rechtsanwender für die abhängigkeitsrechtliche Beurteilung zu ziehende Rückschluß auf die Qualität der Akquisitionsprognose ist an folgender Frage festzumachen: Wie würde ein auf seine Wiederbestellung bedachter durchschnittlich vernünftiger Vorstand einer deutschen AG in der Situation des Vorstandes der Zielgesellschaft unter Einbeziehung aller ihm in der Interimszeit zur Kenntnis gelangten Daten und objektiven Umstände des Akquisitionsvorhabens die Wahrscheinlichkeit eines Machtwechsels beurteilen ? (S. 272, 284)

6. Wählen die Parteien eine mittelbare Unternehmensbeteiligung als Überbrückungsregelung für die Interimszeit, ist die Zurechnungsvorschrift des § 16 IV 2.Var. (S. 179-195 mit *Übersicht 6*, S. 182) zu beachten. Diese bewirkt bei Vereinbarung einer Treuhand oder einer der Treuhand strukturell angenäherten atypischen Unterbeteiligung für die Interimszeit eine die bestehende Beteiligung des Verkäufers nicht (S. 189-191) absorbierende Zurechnung der Mehrheitsbeteiligung an den Käufer, da die Kriterien (S. 179-187), die an ein Halten für Rechnung anzulegen sind, regelmäßig erfüllt werden (S. 187/188). Damit entsteht eine abhängigkeitsrechtliche Ausgangssituation, die durch eine zweifache (S. 195) und für beide Parteien widerlegbare (S. 191-195) Abhängigkeitsvermutung im Verhältnis zum Verkäufer über § 17 II und im Verhältnis zum Käufer über §§ 16 IV 2.Var., 17 II geprägt ist.

Eine erfolgreiche Widerlegung der Abhängigkeitsvermutung hängt vom Ausmaß einer Stimmrechtsverlagerung auf den Käufer, von der Abschätzbarkeit und dem mutmaßlichen Zeitpunkt der nächsten Aufsichtsratswahlen aus Sicht des Vorstandes der Zielgesellschaft, von der Art der Wahrscheinlichkeitsprognose, die mit Blick auf die Akquisition vom Vorstand der Zielgesellschaft angestellt wird, und von der Prognosesicherheit ab (Zusammenfassung der Ergebnisfallgruppen S. 236-239). Aus diesen Parametern können objektive Kriterien entwickelt werden, die für die Beurteilung der höchst unterschiedlichen Konstellationen herangezogen werden können (S. 211-236). Unter Beachtung des konkreten Beurteilungsmaßstabes sind Fälle vorstellbar, in denen eine Partei die Widerlegung gelingen kann, obwohl sie theoretisch über die Personalhoheit in der Interimszeit verfügt (S. 218 f., 226). Ebenso sind Fälle denkbar (S. 216, 226), in denen eine Partei zwar nicht in der Interimszeit über die Personalhoheit verfügt, jedoch eine Widerlegung der Abhängigkeitsvermutung nicht gelingt. Prognoseunsicherheiten gehen zu Lasten derjenigen Partei, die die Abhängigkeitsvermutung widerlegen möchte, da ein infolge der Prognoseunsicherheit verbleibendes Einflußpotential mit sich bringt, daß die Befürchtung eines einflußkonformen Verhaltens des Z-Vorstands nicht hinreichend sicher ausgeschlossen werden kann (S. 217 ff.).

Die Kündbarkeit eines Stimmbindungsvertrages und die Widerruflichkeit einer Stimmrechtsvollmacht heben eine Verlagerung der Personalhoheit auf K nicht auf; etwas anderes kann sich jedoch ergeben, falls der Vorstand der Zielgesellschaft mit einer Kündigung oder einem Widerruf aufgrund objektiver Umstände konkret rechnet (S. 222-224; S. 232/233).

Die Verlagerung der Personalhoheit auf K wird ebensowenig durch die auf den Treupflichten des V beruhenden Begrenzungen des Weisungsrechtes des K im Rahmen einer Stimmbindung oder durch Beschränkungen einer zu seinen Gunsten erteilten Stimmrechtsvollmacht bzw. Legitimationszession ausgeschlossen (S. 224 ff.; S. 230).

7. Die Möglichkeit einer vormitgliedschaftlichen Abhängigkeit der Zielgesellschaft vom Käufer einer Mehrheitsbeteiligung scheitert nicht an dem von der Literatur und vom BGH in der BuM-Entscheidung formulierten Erfordernis eines gesellschaftsrechtlich bedingten oder vermittelten beherrschenden Einflusses (S. 243-249). Die vormitgliedschaftliche Abhängigkeit ist eine unmittelbare Konsequenz des zentralen Ansatzpunktes der Personalhoheit (S. 250-256) und fügt sich in die teleologische (S. 256/257), systematische (S. 257-263) und sonstige (S. 263-270) Auslegung des Abhängigkeitsbegriffs ein. Eine vormitgliedschaftliche Abhängigkeitsbegründung ist weiterhin mit den Erfordernissen der Rechtssicherheit kompatibel (S. 270-272).

Eine vormitgliedschaftliche Abhängigkeit bedingt das Vorliegen objektiver Indizien oder Kriterien (S. 266-269), die eine hinreichende Konkretisierung des Machtwechsels untermauern. Sie müssen im Rahmen einer richterlichen Beweiswürdigung den Rückschluß auf die Befürchtung eines einflußkonformen Verhaltens seitens des Vorstandes der Zielgesellschaft zulassen.

Obwohl die Darlegungs- und die Beweislast einer auf § 17 I basierenden Abhängigkeit beim Anspruchsteller liegen, dürfen nicht allzu hohe Anforderungen an dessen Vortrag gestellt werden, da der Anspruchsteller regelmäßig keine Einblicke in die besonderen Abreden der Parteien erhält und auch nicht mit den Begleitumständen der Akquisition vertraut ist; deshalb reicht ggf. der Vortrag von Beweisanzeichen aus (S. 267; 284; 288; 293).

8. Vereinbaren die Parteien des Aktienkaufvertrages in der Interimszeit einen Nießbrauch oder eine typische Unterbeteiligung als Überbrückungsregelung, führt dies regelmäßig nicht zur Zurechnung der Beteiligung nach § 16 IV 2. Var.(S. 188/189). In Fällen, die nicht bereits infolge einer in der Interimszeit vorgenommenen Stimmrechtsverlagerung zu einer *außer*mitgliedschaftlichen oder zu einer auf der Verstärkung einer schon bestehenden Minderheitsbeteiligung beruhenden Abhängigkeit der Zielgesellschaft vom Käufer führen, kann eine *vor*mitgliedschaftliche Abhängigkeit vorliegen (S. 273-280).

Sie kommt ebenfalls in Betracht, sofern die Parteien zwar keine mittelbare Unternehmensbeteiligung vereinbaren, aber eine besondere Abrede über die Stimmrechtsausübung treffen, die ihrerseits nicht zu einer *außer*mitgliedschaftlichen Abhängigkeit der Zielgesellschaft vom Käufer führt (S. 280-282).

Schließlich kann eine vormitgliedschaftliche Abhängigkeit vorliegen, wenn die Parteien neben dem Aktienkaufvertrag keine weiteren besonderen Abreden über eine Stimmrechtsverlagerung oder eine mittelbare Unternehmensbeteiligung treffen (S. 300).

9. Trifft eine vormitgliedschaftliche Abhängigkeit im Verhältnis zum Käufer mit der fortdauernden Abhängigkeitsvermutung zu Lasten des Verkäufers zusammen, bewirkt dies eine Mehrfachabhängigkeit der Z von beiden Parteien des Aktienkaufvertrages (S. 275-279). Diese Mehrfachabhängigkeit beruht nicht auf den herkömmlichen Fällen einer

Summierung oder Komplementierung von Einflußpotentialen. Da jedes Einflußpotential für sich genommen die Befürchtung eines einflußkonformen Verhaltens des Vorstands der Zielgesellschaft hervorruft, kann diese Mehrfachabhängigkeit entweder als Abhängigkeitsmodalität sui generis angesehen werden oder als eine dem Koordinierungserfordernis genügenden Ausprägung der multiplen Abhängigkeit (S. 278/279). Das Koordinierungserfordernis wird nicht nur bei Vereinbarung einer mittelbaren Unternehmensbeteiligung erfüllt (S. 279), sondern auch in den Fällen, in denen lediglich ein Aktienkaufvertrag ohne weitergehende besondere Abreden abgeschlossen wurde (S. 279/280).

10. Bei Fusionskontrollsachverhalten stehen die Vollzugsverbote der Möglichkeit einer vormitgliedschaftlichen Abhängigkeitsbegründung nicht entgegen (S. 283). Für die Objektivierung der Wahrscheinlichkeitsprognose des Vorstandes der Zielgesellschaft über das Gelingen oder das Scheitern der Akquisition und den Grad der Konkretisierung des anstehenden Machtwechsels lassen sich auch bei Fällen, die der Zusammenschlußkontrolle unterliegen, zahlreiche Kriterien bzw. Umstände benennen (S. 283-285).

Handeln die Parteien des Aktienkaufvertrages vollzugsverbotswidrig (S. 294-300), dürfen sie abhängigkeitsrechtlich bei einer endgültigen Unwirksamkeit der Abrede aufgrund einer Untersagung nicht besser gestellt werden, als sie stünden, wenn die besondere Abrede infolge der Freigabe rückwirkend geheilt wird (S. 299). Zudem dürfen die Parteien bei vollzugsverbotswidrigen Verhalten nicht besser gestellt werden, als sie stünden, wenn sie auf die Abrede angesichts des Fusionskontrollverfahrens verzichtet hätten (S. 297).

Diese Wertungen führen zur Auslösung der Abhängigkeitsvermutung zu Lasten des Käufers der Beteiligung nach § 16 IV 2.Var. in den Fällen der verbotswidrigen Vereinbarung einer Treuhand oder einer atypischen Unterbeteiligung, obwohl die Abrede zivilrechtlich im Falle der Untersagung als endgültig unwirksam anzusehen ist. Zudem gelingt V eine Widerlegung nicht, falls sie auf eine auch objektiv wettbewerbswidrige Abrede gestützt würde. Wegen des übergeordneten Prinzips der Einheit der Rechtsordnung gilt dies selbst dann, wenn der Z-Vorstand in der Interimszeit tatsächlich von einer wirksamen oder de facto durchgeführten Abrede ausgeht (S. 297).

Jenseits der Zurechnungsnorm des § 16 IV 2.Var. kommt bei vollzugsverbotswidrigen Abreden sowohl bei Freigabe als auch bei Untersagung des Zusammenschlusses eine außer- bzw. vormitgliedschaftliche Abhängigkeitsbegründung vom Käufer der Mehrheitsbeteiligung in Betracht (S. 300).

11. Der vom OLG Düsseldorf entschiedene zweite Feno-Fall (S. 286-294) ist angesichts der gewonnenen Erkenntnisse zu den Fusionskontrollsachverhalten und der evidenten Beweisanzeichen (S. 290-292) des Sachverhaltes sogar als Schulfall einer vormitgliedschaftlichen Abhängigkeit der Zielgesellschaft vom Käufer-Unternehmen anzusehen (S. 293/294).

12. Wird der Aktienkaufvertrag außerhalb von Fusionskontrollsachverhalten nicht durch besondere Abreden ergänzt, ist ebenfalls eine vormitgliedschaftliche Abhängigkeitsbegründung vorstellbar, die selbständig neben die zu Lasten des Verkäufers geltende Abhängigkeitsvermutung treten kann (S. 300).

13. Optionsgestaltungen in der Vorabschlußphase können bei entsprechender Ausübungswahrscheinlichkeit der Option und unter Beachtung der konkreten Beurteilung der Personalhoheit zu einer vormitgliedschaftlichen Abhängigkeitsbegründung führen (S.

301-303). Eine Abhängigkeitsbegründung, die an die überwiegend wahrscheinlich gewordene zukünftige Mehrheitsmitgliedschaft anknüpft, kommt auch bei anderen Gestaltungsmitteln der Vorabschlußphase wie einem Vorvertrag oder einer Vorhand mit konkreter Anbietungspflicht in Betracht (S. 303/304). Das Gestaltungsmittel muß auf Basis objektiver Umstände oder Indizien die Befürchtung eines einflußkonformen Verhaltens des Vorstandes der Zielgesellschaft wegen einer hinreichenden Konkretisierung und Wahrscheinlichkeit des Machtwechsels hervorrufen.

14. Bei einem Sukzessivbeteiligungserwerb im Zusammenhang mit einem Rahmenvertrag oder bei weit fortgeschrittenen Vertragsverhandlungen, deren Abbruch zu einer cic-Haftung führen könnte, kann die Möglichkeit einer Haftung des Mehrheitsgesellschafters die Wahrscheinlichkeitsprognose über das Gelingen des Machtwechsels positiv beeinflussen bzw. verstärken (S. 305).

* * *

Es bleibt abzuwarten, wann die Ergebnisse dieser Untersuchung einer gerichtlichen Bewährungsprobe unterzogen werden können. Die Zahl der zukünftigen Beteiligungskäufe im Zeichen sich rasant entwickelnder Märkte insbesondere in den liberalisierten bzw. privatisierten Sektoren Telekommunikation, Energiewirtschaft, Wasser, Abfall und Post, aber auch im Informationstechnologie- und Internetbereich wird in den nächsten Jahren relativ und absolut anwachsen. Privatisierungsvorhaben und damit verbundene Umstrukturierungen werden eine rege Aktivität auf dem Markt für Unternehmenskontrolle auslösen. Die Verpflechtungen einer globalisierten Weltwirtschaft werden auch abseits der vielbeachteten Megafusionen im mittelständischen Bereich zu Größenwachstum führen. Auf der anderen Seite werden sich weiterhin viele Riesen auf ihre Kerngeschäftsfelder zurückziehen und Beteiligungen, die einem Rückzug auf die Kernkompetenzen entgegenstehen, veräußern. Die deutschen Kreditinstitute werden sich von einem großen Teil ihrer industriellen Beteiligungen trennen, was durch die zur Erleichterung des Strukturwandels im Rahmen der (Unternehmens-)Steuerreform vorgesehene steuerliche Verschonung der Erlöse möglicherweise noch begünstigt wird. Noch bestehende Mehrheitsbeteiligungen an vielen börsennotierten Newcomern des Neuen Marktes, deren einziger Vorzug die schnell verpuffte Kursphantasie der Neuemission ist, werden von den jetzigen Anteilsinhabern abgestoßen werden, um rechtzeitig vor dem zu erwartenden Niedergang Kasse zu machen und sich ins Privatierleben zurückzuziehen.

Die hier nur angedeuteten Szenarien dürften schon statistisch gesehen die Verlockungen für die Käufer-Unternehmen, vor dem dinglichen Erwerb einer Mehrheitsbeteiligung auf die Zielunternehmen einzuwirken und sie frühzeitig in den Dienst ihrer übergeordneten Strategie zu stellen, beträchtlich vergrößern. Jenseits der klassischen asset-stripping-Fälle und der zur Finanzierung der Übernahme veranlaßten Beleihung oder Besicherung der Zielgesellschaft werden immer ausgefeiltere Methoden entstehen, die wesentlich subtiler in die Vorstandsautonomie zum Nachteil der breiten Masse der Minderheitsaktionäre eingreifen werden.

Ob sich das Recht der abhängigen Unternehmen angesichts der sich abzeichnenden Entwicklung noch als schlagkräftig erweisen wird oder ob die Normen mittlerweile zusammen mit den Schläfen des Gesetzgebers angegraut sind, dürfte nicht zuletzt durch die praktische Handhabung und Schärfe der aktienrechtlichen Schutzinstrumente entschieden werden. Inbesondere die zukünftige juristische Spruchpraxis sollte dabei die Worte von *Harold Macmillan* beherzigen, um neue Herausforderungen auch durch die konsequente Weiterentwicklung des Rechts zu bewältigen: „ Die Vergangenheit sollten wir als Sprungbrett benutzen, nicht als Sofa “. Zu zeigen, daß es für diesen Sprung de lege lata keines Systembruchs bedarf, war und ist Anliegen dieser Untersuchung.

FSC
www.fsc.org
MIX
Papier | Fördert
gute Waldnutzung
FSC® C083411

Kolibri 360 GmbH
Ferdinand-Jühlke-Straße 7
99095 Erfurt, Deutschland
produktsicherheit@kolibri360.de

Druck:
CPI Druckdienstleistungen GmbH
im Auftrag der
Kolibri 360 GmbH
Ferdinand-Jühlke-Str. 7
99095 Erfurt